山东红色文献丛编

（初编）

上

张旭　徐晓方　主编

山东人民出版社

图书在版编目（CIP）数据

山东红色文献丛编．初编/张旭，徐晓方主编．-- 济南 ：山东人民出版社，2021.10

ISBN 978-7-209-13520-7

Ⅰ．①山… Ⅱ．①张…②徐…Ⅲ．①革命史－史料－山东Ⅳ．①K295.2

中国版本图书馆CIP数据核字(2021)第209182号

责任编辑 刘娇娇

装帧设计 武 斌

山东红色文献丛编.初编

SHANDONG HONGSE WENXIAN CONGBIAN.CHUBIAN

张旭 徐晓方 主编

主管单位 山东出版传媒股份有限公司

出版发行 山东人民出版社

出 版 人 胡长青

社　　址 济南市英雄山路165号

邮　　编 250002

电　　话 总编室（0531）82098914

市场部（0531）82098027

网　　址 http://www.sd-book.com.cn

印　　装 山东华立印务有限公司

经　　销 新华书店

规　　格 32开（148mm×210mm）

印　　张 30.625

字　　数 300千字

版　　次 2021年10月第1版

印　　次 2021年10月第1次

印　　数 1-1000

ISBN 978-7-209-13520-7

定　　价 138.00元（上下册）

《山东红色文献丛编（初编）》编写委员会

前 言

党的十八大以来，习近平总书记多次强调，要把理想信念的火种、红色传统的基因一代代传下去，让革命事业薪火相传、血脉永续。传承红色基因，赓续红色血脉，必然要传承和发扬红色革命文化。红色文献是红色革命文化的重要载体，将其保护好、开发好、利用好，对于发扬红色文化、传承红色基因具有重要意义。

中共山东省委党校（山东行政学院）图书和文化馆始建于 1949 年 10 月，经过 70 余年的历史积淀和几代图书馆人的不懈努力，现有图书 80 余万册，过刊 10 余万册，古籍近 2 万册，形成了以社会科学为重点，具有党校特色的藏书体系。2020 年 3 月开始，经过对馆藏 2.4 万册民国文献的全面系统整理，鉴别出红色文献 3000 余种 9000 余册。这批红色文献进一步彰显了馆藏民国文献的历史价值和文化底蕴，初步对外展示，就得到了中央党校和社会各界的高度重视。

经进一步鉴别研究，这些红色文献弥足珍贵。在内容上，有丰富的党员干部培训教材、时政参考资料、群众宣传材料以及工人运动、妇女运动和青年运动资料等，对研究山东早期党史和山东根据地干部教育具有重要参考价值。在来源上，主要由中共山东分局南下干部学校、渤海日报社、山东行政学院、山东政治学校、山东省总工会干部学校五大机构的藏书汇聚而成，这些机构有着复杂的演变历史，涉及山东省抗战建国学院、华东大学、齐鲁大学、山东大学等十几所学校，对研究建国前山东地区教育机构的演变具有重要参考价值。可以说，这批红色文献不仅见证了中共山东省委党校的发展历史，也见证了山东早期党的宣传出版史和干部教育史。这种多渠道的文献来源，不仅丰富了红色文献的品种数量，同时也形成了山东地域特色突出的代表性红色文献收藏体系。

在利用价值上，这些红色文献既是党史学习教育与研究的丰富素材，也是革命传统教育和红色文化传播的生动教材。这些红色文献涉及马列经典著作、毛泽东著作单行本、党员学习材料、英雄模范事迹资料、政治工作资料、时事参考资料、土改和整风运动经验材料、群团运动学习材料等多个方面，仅《共产党宣言》就有 10 个版本，《中国共产党党章》及党章学习材料有近 20 个版本，各类英雄模范人物传记资料达 30 余种。这些红色文献保存品相好，版本价值高，其中山东地区编印出版的就有 580 余种，可以为党史研究提供丰富的一手资料。

为了充分保护好、开发好、利用好这些珍贵的红色文献，在中共山东省委党校（山东行政学院）校（院）委会及山东人民出版社的高度重视和大力支持下，图书和文化馆选取了部分馆藏山东红色文献精品，整理为《山东红色文献丛编》，向社会各界和党员干部推荐，向革命老区和红色出版致敬，向党的百年华诞献礼！

《山东红色文献丛编》将分批陆续出版面世。本次出版的《山东红色文献丛编（初编）》，精选二十世纪四十年代由山东地区出版或与山东地区相关的稀见红色文献8种，编为《学习资料篇》《英模人物篇》《历史事件篇》3篇，旨在展现山东革命根据地开展的党的建设与干部教育、英模人物学习与宣传、重大历史事件经验总结等各项工作，以弘扬红色文化，传承红色精神，赓续红色血脉！

编　者

2021年10月

目　录

山东红色文献丛编（初编）

学习资料篇

黨員課本
山東新華書店出版
中共
圖書館
南下幹校

編者的話

這書是以山西陽泉石印的『黨員識字課本』為藍本，略加修改而成的。供略識文字的工農出身的黨員拿來作識字課本之用，同時也可學得些關於黨的基本知識，能有別的同志幫助講解最好，就是自習，能記着這些基本東西也是有益處的。

第一課

共產黨是工人階級的政黨，是工人階級中最有覺悟最先進的分子組成的。是工人階級的先鋒隊。

第二課

中國的工人階級有產業工人約佔二百五十萬至三百萬，城市手工業僱傭勞動者約佔一千二百萬，此外還有廣大的農村無產階級。它是中國人民中最有組織、最有紀律、最先進、最革命的階級。

—2—

第三課

中國工人階級，是最受壓迫，最進步的階級，它是中國人民民主革命的領導階級。只有在它的領導下，中國革命才能澈底完成。

第四課

中國共產黨是中國工人階級的先進的有組織的部隊，它代表中國民族和中國人民的利益。二十八年來，它始終站在鬥爭的最前線，領導中國人民爲爭取解放而奮鬥。

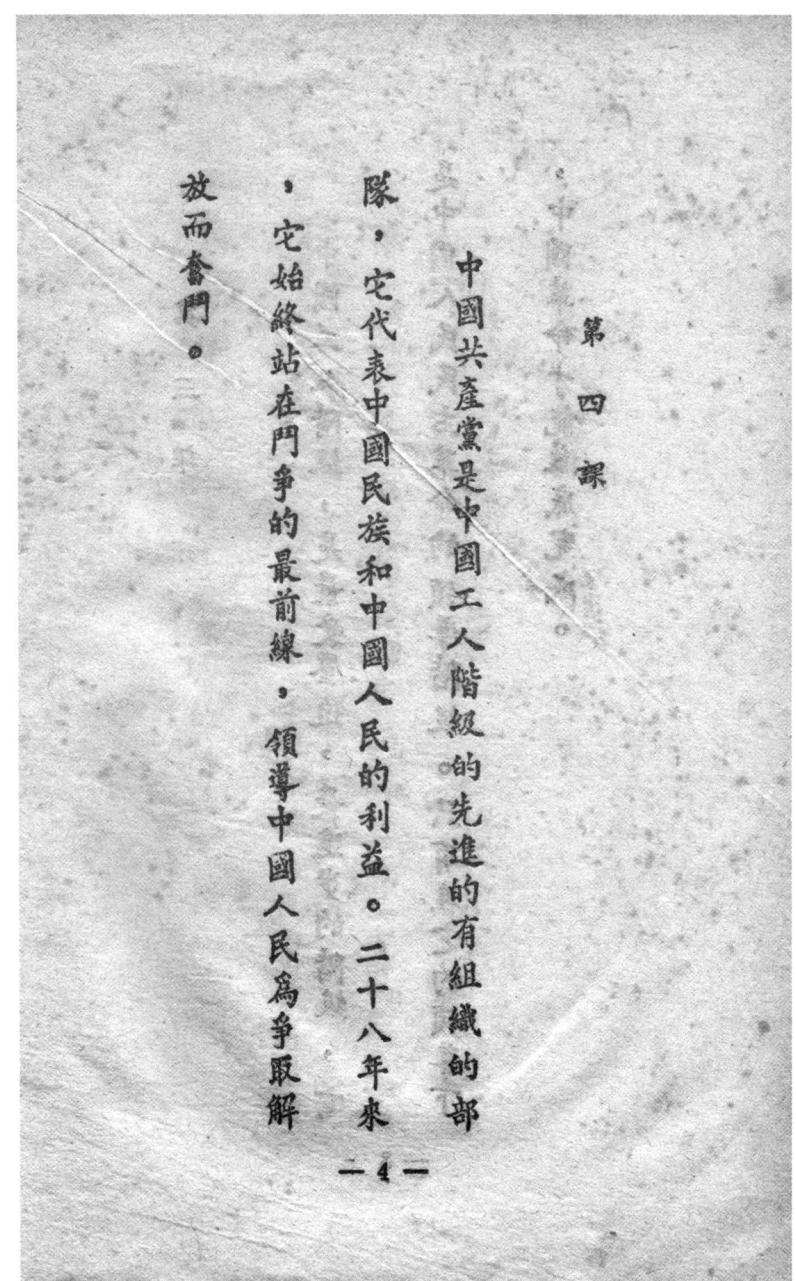

第五课

中國共產黨的領袖是毛澤東，他是中國人民革命的舵手，也是全國人民的領袖。他領導我們求解放，他領導我們建設新中國。

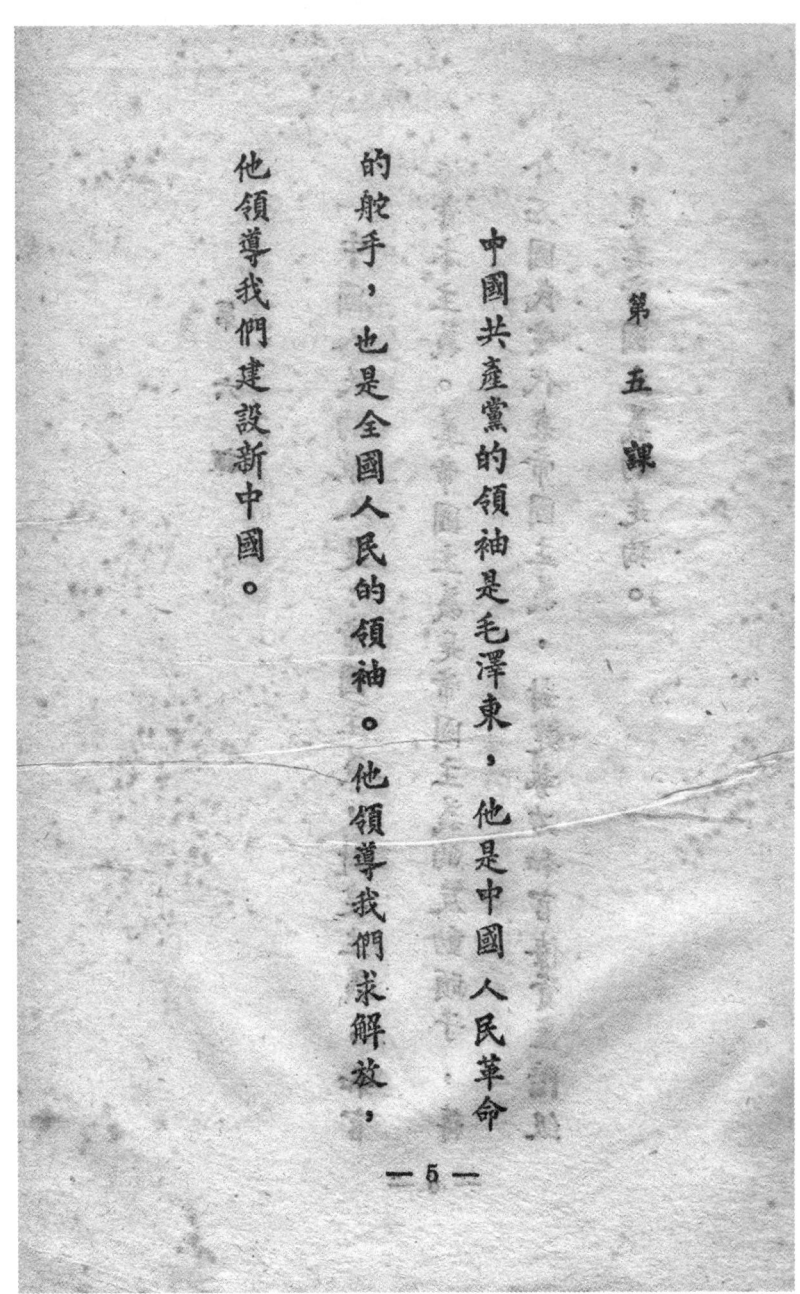

第六課

中國人民的敵人是：帝國主義，封建主義，和官僚資本主義。美帝國主義是帝國主義的反動頭子，蔣介石國民黨代表帝國主義，封建勢力和官僚資產階級，是美帝國主義的走狗。

第七課

新民主主義革命就是：無產階級領導的、以工人農民爲基礎的、人民大衆的、反對帝國主義、封建主義和官僚資本主義的革命。

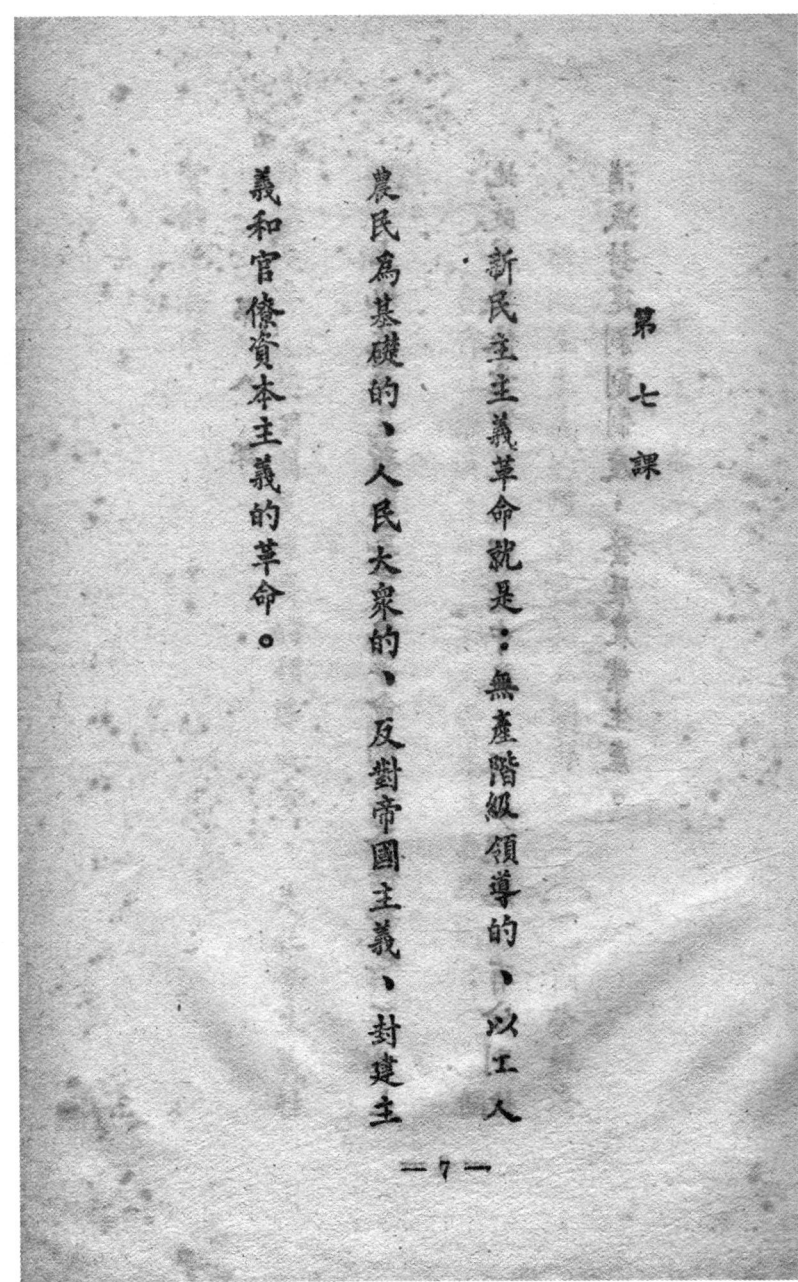

第八課

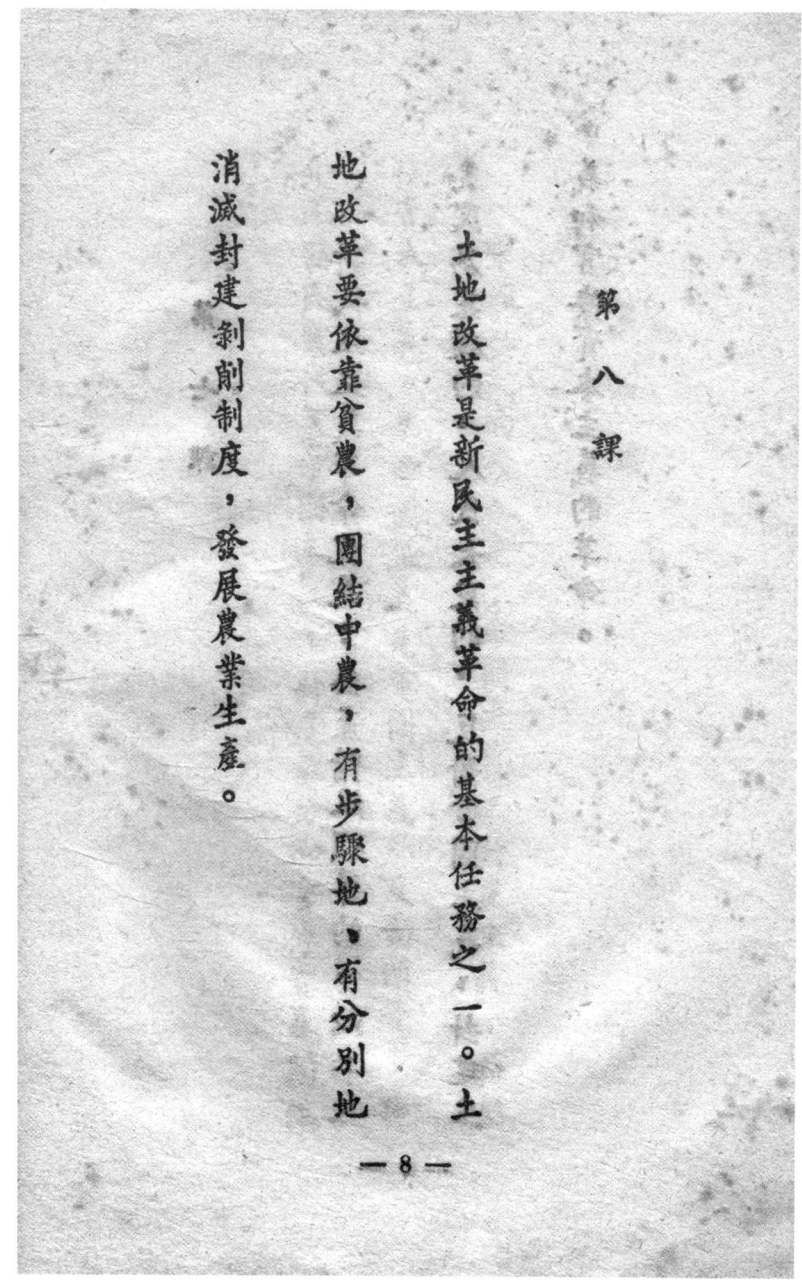

土地改革是新民主主義革命的基本任務之一。土地改革要依靠貧農，團結中農，有步驟地、有分別地消滅封建剝削制度，發展農業生產。

—8—

第九课

新民主主义的经济包括五个部分：（一）国营经济；（二）合作社经济；（三）私人资本主义经济；（四）个体经济；（五）国家和私人合作的国家资本主义经济。

国营经济是整个国民经济的领导成分，是社会主义性质的经济。

第十課

新民主主義的政權，是無產階級領導的，以工農聯盟為基礎的人民民主專政。它採取民主集中制，由各級人民代表會決定大政方針，選舉政府。在各級人民代表大會中，工人、農民、知識分子和其他革命民主階層都有代表參加。

第十一課

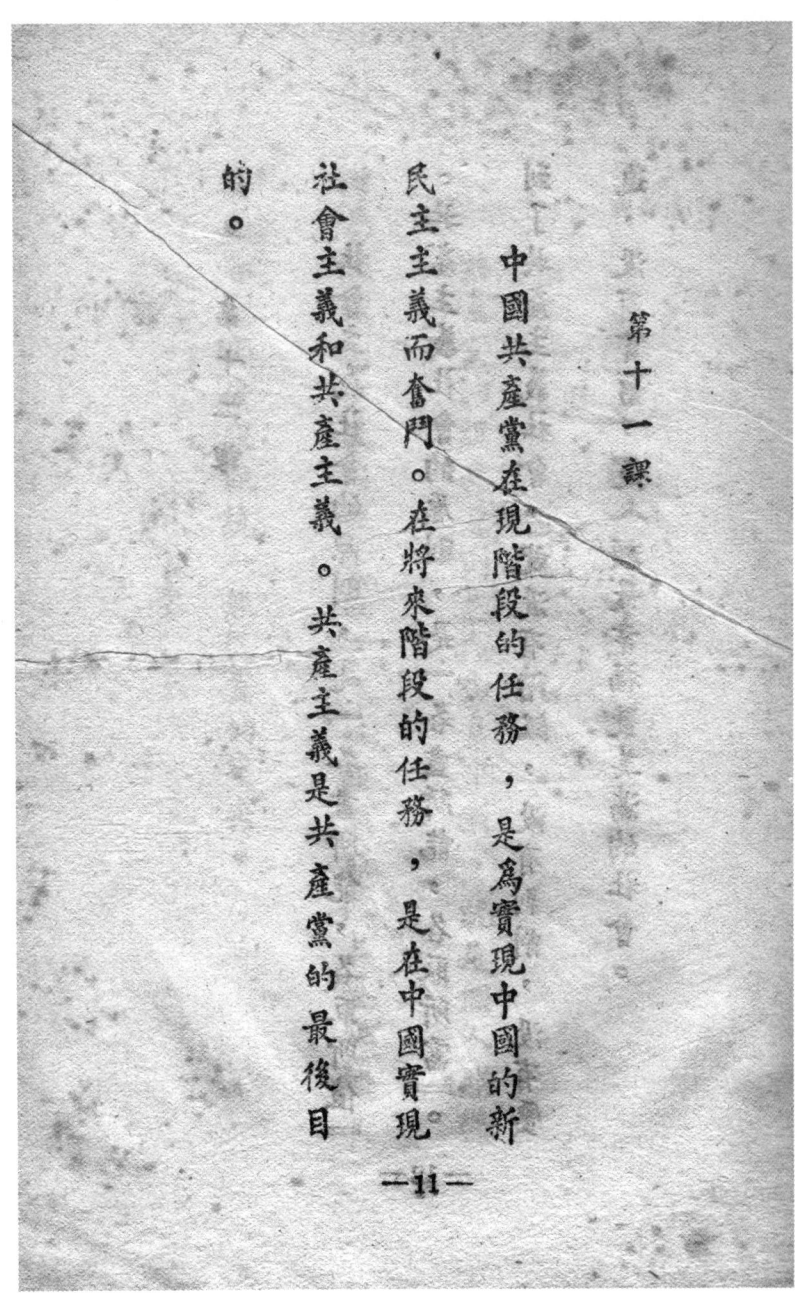

中國共產黨在現階段的任務，是爲實現中國的新民主主義而奮鬥。在將來階段的任務，是在中國實現社會主義和共產主義。共產主義是共產黨的最後目的。

第十二課

社會主義社會的原則，是『各盡所能，各取所值』。共產主義社會的原則，是『各盡所能，各取所需』。到了共產主義社會，就沒有階級，沒有剝削，沒有壓迫，沒有貧窮，是人類最幸福最美滿的社會。

—12—

第十三課

共產黨的組織原則是民主集中制，就是個人服從所屬組織，少數服從多數，下級組織服從上級組織，全黨各個部分組織統一服從黨的中央。

第十四課

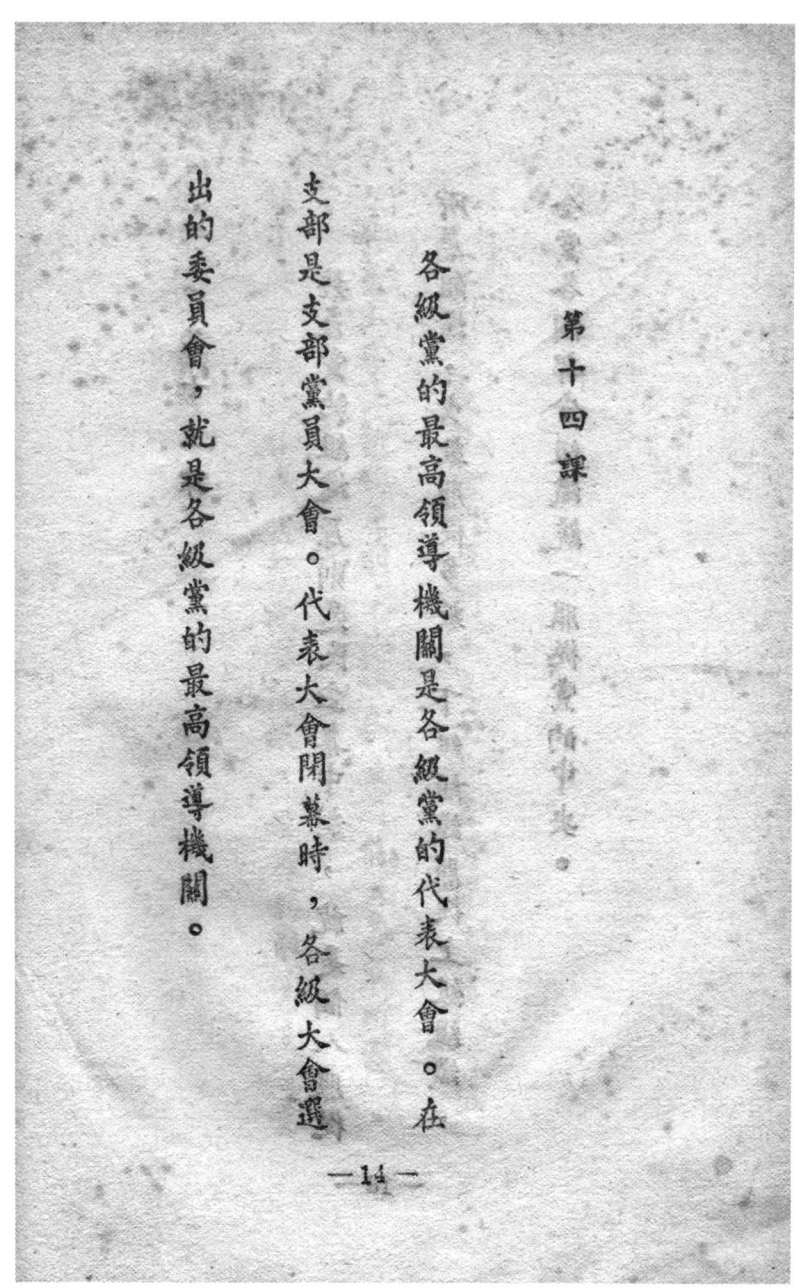

各級黨的最高領導機關是各級黨的代表大會。在支部是支部黨員大會。代表大會閉幕時，各級大會選出的委員會，就是各級黨的最高領導機關。

第十五課

全國黨的最高領導機關，在全國代表大會開會時期，是黨的中央委員會，這是由全國黨的代表大會選舉出來的。中央爲了便於領導各地的黨，在各地成立中央代表機關（中央局）。中央以下有省委（區黨委），地委，縣委（市委），區委。支部是黨的基層組織。

第十六課

支部是按照生產或工作單位組織的，在每一個工廠、礦山、農村、企業、街道、連隊、學校、機關裏，有三個黨員以上，就成立支部，成立支部要經縣委或市委批准。

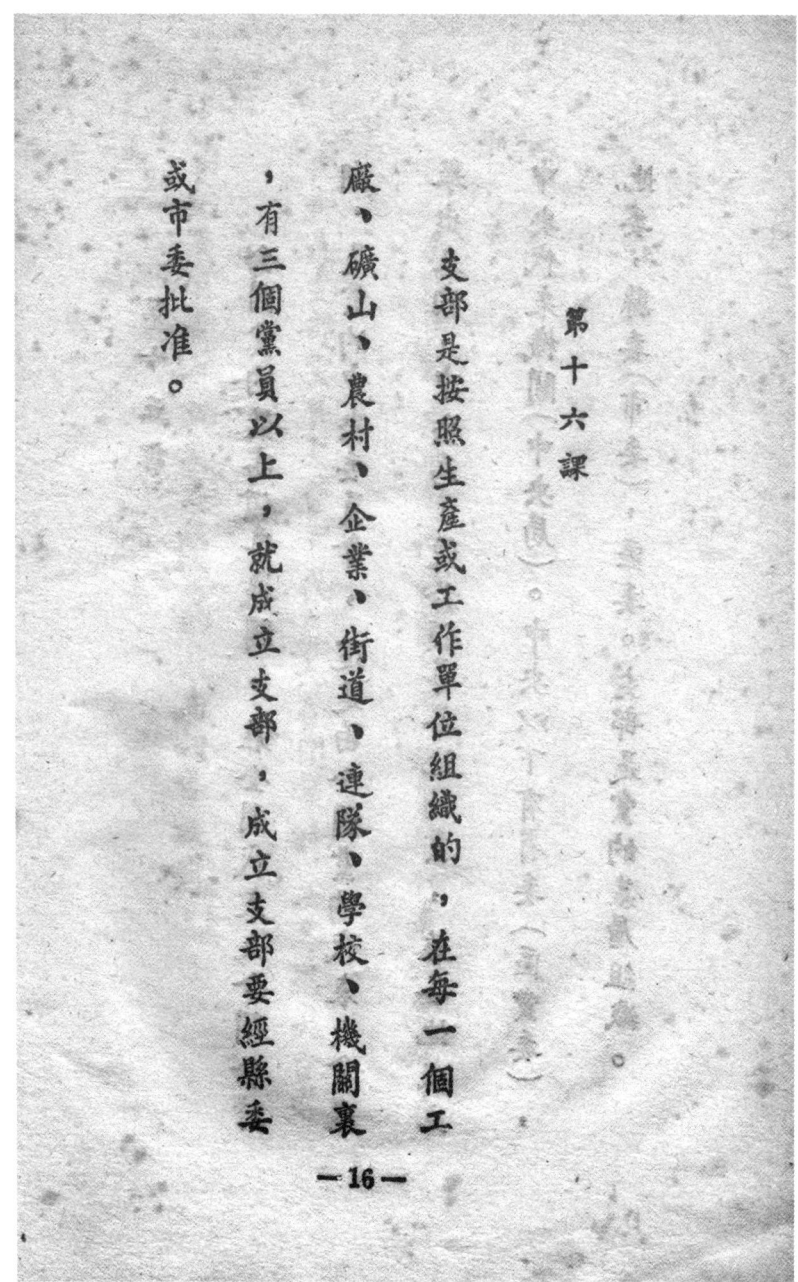

第十七课

支部任务有四條：（一）宣傳組織羣衆，實現黨的政策和决議；（二）向上級反映羣衆要求，組織羣衆解决他們自己的問題；（三）吸收新黨員，收黨費，審查和鑑定黨員，對黨員執行黨的紀律；（四）教育黨員，組織黨員學習。

第十八課

新黨員入黨，要按照入黨手續，有兩個正式黨員介紹，經支部大會决定，區委批准。工人、僱農、貧農、城市貧民、革命士兵，須經六個月候補期，中農、職員、知識分子、自由職業者，須經一年候補期，才能轉爲正式黨員。

第十九課

任何人都要年滿十八歲才能入黨，入黨的起碼條件：要承認黨綱、黨章，參加黨的一個組織，爲黨做工作，服從黨的決議，繳納黨費。

第二十课

黨員的義務有四條：（一）努力學習，提高自己的覺悟。（二）嚴守黨的紀律，執行黨的政策和決議。（三）為人民羣衆服務，反映羣衆要求，向羣衆宣傳黨的政策。（四）遵守政府和革命組織的紀律，積極工作做模範。

第二十一課

黨員的權利也有四條：（一）在黨的會議或黨的刊物上參加討論黨的政策和工作。（二）在黨內有選舉權，也有被選舉權。（三）黨員可以向上級提意見。（四）在黨的會議上可以批評黨的任何工作人員。

第二十二課

黨的政策及各種問題，在没有决定以前，每個黨員在黨的組織内和黨的會議上，都可自由地切實地進行討論，發表自己的意見。

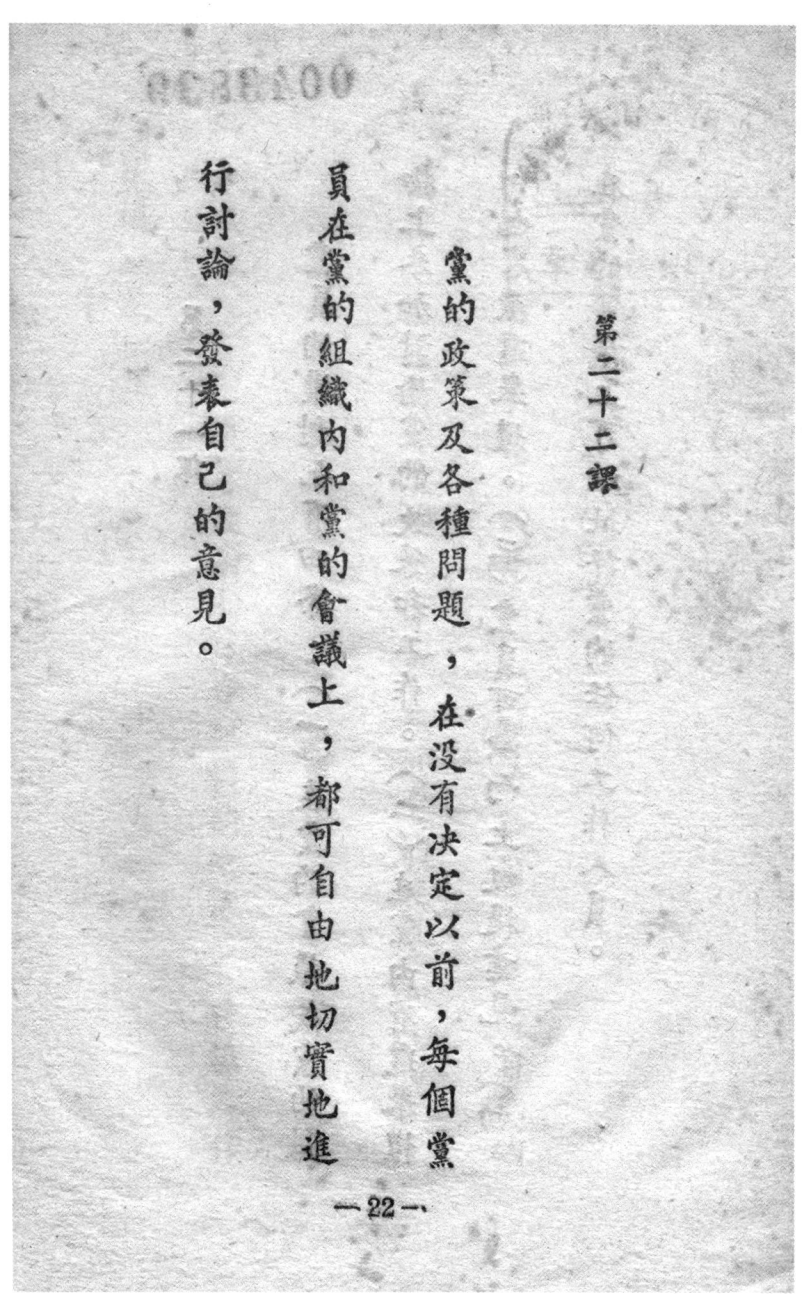

第二十三課

一個問題經過大家討論，最後由多數表決通過，做成決議之後，即須服從，並須無條件執行。少數人的意見就應該放棄，或聲明保留。

第二十四課

共產黨員應該不掩蓋自己工作中的錯誤和缺點，應該用批評與自我批評的方法，經常檢查自己工作中的錯誤和缺點，來教育自己並及時糾正這些錯誤和缺點，使工作不斷的改進。

第二十五課

那些自高自大，害怕承認自己的錯誤，害怕批評與自我批評的人，不配做共產黨員。毛主席號召我們，要經常進行批評與自我批評，好像爲了去掉灰塵，天天要洗臉，天天要掃地一樣。

第二十六課

共產黨員必須全心全意爲人民服務，時時刻刻爲人民興利除弊。應該不自私自利，要大公無私，積極工作，處處做羣衆的模範。不仗勢欺人，不貪污腐化。

第二十七課

共產黨員不能一時一刻脫離羣衆，必須虛心向羣衆學習，同時耐心教育羣衆，啓發和提高羣衆的覺悟。羣衆正確的意見，須導羣衆實行；羣衆不正確的意見，教育羣衆改正。要反對强迫命令，也要反對尾巴主義。

第二十八課

共產黨員應該把革命利益放在第一位，無論何時何地，堅持正確原則，向黨内一切違犯黨紀、對黨鬧獨立性、進行小組織活動等反黨行爲作鬥爭，向一切不正確的思想作鬥爭。

第二十九課

共產黨必須把未經改造而混進黨來的地主舊富農等剝削階級分子，奸細分子、流氓分子、官僚蛻化分子，不可救藥的貪污腐化分子，清除出黨，以保持黨的純潔。

第三十課

不執行黨的决議，違犯黨章、黨紀的黨員，應受到處分。按黨章規定，對黨員個人的處分是：當面勸告或警告；當衆勸告或警告；撤消工作；一定時期的留黨察看；開除黨籍是黨內的最高處分。

第三十一課

為了在黨內建立優良作風，確立模範標準，對於成績優異的黨員，按照黨章規定，給與獎勵。獎勵的方法，可以是當面獎勵和當衆獎勵，並傳佈其事蹟和經驗等。

—31—

第三十二課

黨對黨員的一切奬勵和處分，都是爲了教育黨員和羣衆，也是教育受奬勵和受處分的本人。黨對犯錯誤的同志是採取積極教育，治病救人的方針。

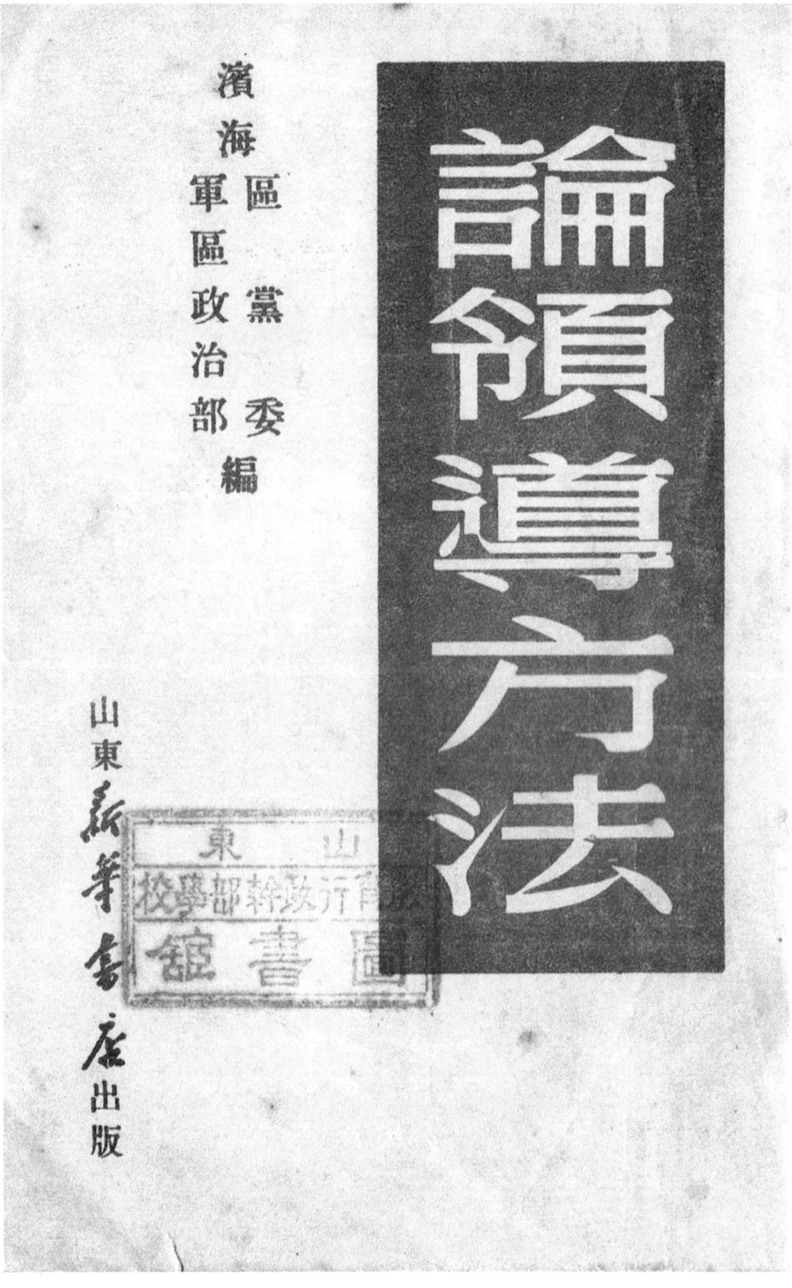
論領導方法

濱海區黨委
濱海軍區政治部 編

山東新華書店出版

論領導方法

濱海區黨委
軍區政治部 編

山東新華書店出版

論領導方法

編者 濱海區黨委
濱海軍區政治部
出版者 山東新華書店
一九四九年七月初版二萬册

什麼叫做正確的領導呢？

這絕對不是說坐在辦公室裏發號施令。

正確領導——這就是說：

第一、必須正確決定問題，而爲要正確執行決定問題，則非估計到羣衆所有的經驗不可，羣衆是親身經受到我們的領導之結果的。

第二、必須組織正確決定的執行，而爲要組織這種執行，也是非有羣衆之直接幫助不可。

第三、必須組織對於執行這種決定的情形之審查，而爲要組織這個審查，也非有羣衆之直接幫助不可。（斯大林：論黨工作之缺點）

目錄

附　錄

—1—

中共中央關於領導方法的決定

（一九四三年六月一日中央政治局通過）

（一）無論進行何項工作，有兩個方法是必須採用的，一是一般的與個別的相結合，二是領導與羣衆相結合。

（二）任何工作任務，如果沒有一般的普遍的號召，就不能動員廣大羣衆行動起來，但如果只限於一般號召，而領導人員沒有具體地直接地從若干單位將所號召者深入實施，突破一點，取得經驗，然後利用此種經驗去指導其他單位，則無法考驗自己提出的一般號召是否正確，也無法充實一般號召的內容，便於使一般號召歸於落空的危險。例如一九四二年的各地整風，凡有成績者，都是採用了一般號召與個別指導相結合的方法；凡無成績者，都是沒有採用此種方法。一九四三年的整風，各中央局、中央分局、區黨委及地委，除提出一般（全年整風計劃）外，必須在自己機關中及附近機關、學校、部隊中，選擇二、三單位（不要很多）深入研究，詳細了解整風學習在這些單位的發展過程，詳細了解這些單位中若干個（也不要很多）典型的具體幹部之歷史經歷、思想特點、學習勤惰與工作優劣，並親自指導這些單位的負責人，具體的解決各該單位的實際問題，藉以取得經驗。一機關、一學校、一部隊內部也有若干單位，該機關該學校該部隊的領導人員亦須這樣去做，這又是指導人員指導與學習相結合的方法。任何領導人員，凡不向下級具體單位的具體人員，具體事件學習者，必不能向一切單位作普遍的指導。這一方面必須普遍的提倡，使各級領導幹部都能學會使用。

（三）一九四二年的整風經驗又證明：每一具體單位的整風，必須在整風過程中形成一個以該單位首長爲核心的少數積極分子的領導骨幹，並使這一領導骨幹與參加學習的廣大羣衆密切結合，才能使整風完成任務。只有領導骨幹的積極性，而無廣大羣衆的積極性相結合，便將變爲少數人的空忙。但如果只有廣大羣衆的積極性，而無有力的領導幹部去恰當的組織羣衆的積極性，則羣衆的積極性既不可能持久，又不可能走上正確的方向與提到高級的程度。任何有羣衆的地方，大致都有比較積極的、中間狀態與比較落後的三部分人，而這三部分人的比例，又大致都是兩頭小，中間大，故領導者必須善於團結少數積極分子作爲領導的骨幹，並憑藉這批骨幹去提高中間分子，爭取落後分子。凡屬眞正團結一致、聯系羣衆的領導幹部，必須是從羣衆鬥爭中（例如整風學習）逐漸形成，而不是脫離羣衆鬥爭所能形成的。任何一個偉大的鬥爭過程，其開始階段、中間階段與最後階段的領導骨幹，不應該是也不可能是完全同一的，必須不斷地提拔在鬥爭中產生的積極分子（英雄）來替換原有骨幹中間相形見絀的分子，或腐化了的分子。許多地方及許多機關工作推不動的基本原因，就是缺乏這樣一個團結一致、聯系羣衆的經常健全的領導骨幹。一百個人的學校，如果沒有一個從教員中、職員中、學生中自然形成的（不是勉强湊集的）比較地最積極最正派最機敏的幾個人至十幾個人的領導骨幹，這個學校就一定辦不好。斯大林論黨的布爾什維克化的第九條中所說建立領導核心問題，我們應該應用到一切大小機關學校部隊中去。這種領導骨幹的標準，應是季米特洛夫論幹部政策中所舉的四條幹部標準（無限忠心，聯系羣衆，有獨立工作能力，遵守紀律）。無論執行戰鬥、生產、教育（包括整風）等中心任務，無論是執行整風學習，檢查工作，審查幹部或其他任何工作，除採取一般號召與個別指導相結合的方法以外，均須採取領導骨幹與廣大羣衆相結合的方法。

（四）在我黨的一切實際工作中，凡屬正確的領導，必須是從羣衆中來，到羣衆中去。這就是說，將羣衆的意見（分散無系統的意見）集中起來（經過研究，化爲集中的系統的意見）又向羣衆中去作宣傳解釋，化爲羣衆的意見，並使羣衆堅持下去，見之於行動，並在羣衆行動中考驗這些經驗是否正確，然後再從羣衆中集中起來，再向羣衆堅持下去，如此無限循環，一次比一次更正確、更生動、更豐富。這就是馬列主義的認識論，或方法論。

（五）領導骨幹與廣大羣衆在組織中在鬥爭行動中發生正確關係的思想，正確的領導意見，只能從羣衆中集中起來，又向羣衆中堅持下去的思想，在領導意見之實行時，要將一般號召與個別指導互相結合的思想，均必須在此次整風中普遍的加以宣傳，藉以糾正幹部中在此問題上存在着的錯誤觀點。許多同志不注重與不善於團結積極分子組織領導核心，不注意與不善於使這種領導核心與廣大羣衆密切地結合起來，因而使自己的領導變成脫離羣衆的官僚主義的領導。許多同志不注重與不善於總結羣衆鬥爭的經驗，而歡喜主觀主義地自作聰明地發表許多意見，因而使自己的意見變成不切實際的空論。許多同志滿足於工作任務的一般號召，不注意與不善於在作了一般號召之後，緊緊地接着從事於個別的具體的指導，因而使自己的號召停止在嘴上、紙上、或會議上，而變爲官僚主義的領導。此次整風，必須糾正這些缺點，在整風學習、檢查工作、審查幹部中學會領導與羣衆相結合，一般與個別相結合的方法，並在以後應用此種方法於一切工作。

（六）正確的領導意見是從羣衆中集中起來的又向羣衆中堅持下去的意見，這是基本的方法論。在集中與堅持過程中，必須採取一般號召與個別指導相結合的方法，這是前一個方法的組成部分，從許多個別指導中形成一般意見（一般號召），又拿這一般意見到許多個別單位中去考驗（不但自己這樣做，而且叫別人也是這樣做），然後集中新的經驗（總結經驗）作成新的指示去普遍地指導羣衆。同志們在這次整風中應該這樣去做，在任何工作中也應該這樣去做，比較好的領導，就是從比較善於這樣去做而得到的。

（七）任何工作（戰爭、生產、教育，或整風學習、檢查工作、審查幹部，或宣傳工作、組織工作、防奸工作等等）上級領導機關都應通過有關該項工作的下級機關的主要負責人，使他負起責任來，達到分工而又統一的目的（一元化）。不應只是由上級的個別部門去找下級的個別部門（例如上級組織部只找下級的組織部，上級宣傳部只找下級的宣傳部，上級鋤奸部只找下級的鋤奸部），而使下級的總負責人（例如書記、主席、主任、校長等）不知道，或不負責，應該使總負責人與分負責人都知道，都負責。這樣分工而又統一的一元化的方法，一件工作可經過總負責人推動很多幹部，有時甚至全體人員去做，可以解決各單個部門幹部不足的缺點，而使許多人都變爲自己工作的幹部。這也是領導與羣衆相配合的一種方式，例如審查幹部，如果僅僅由組織部這個領導機關的少數人孤立地去做，必不可能做好，如果通過某一機關或某一學校的行政首長，推動該機關學校的許多人員、學生，有時甚至是全體人員、全體學生都參加審查，而上級組織部的領導人員則正確的指導這種審查，實行領導與羣衆相結合的原則，審查幹部的目的就一定能完滿地達到。

（八）在任何一個地區、一個機關、一個學校、或一個部隊，不能同時有許多中心工作，在一個一定時間內只能有一個最中心的工作，輔以別的第二位、第三位的工作。這在該地區、該機關、該學校、該部隊的總負責人，必須考慮到該處的鬥爭歷史與鬥爭環境，將各項工作擺在適當的地位，而不是自己全無計劃，只按上級指示一件做一件，形成很多的『中心工作』及凌亂無秩序的狀態；上級機關亦不要不分輕重緩急的沒有中心的同時指定下級機關做很多項工作，以致引起下級在工作步驟上的凌亂，而得不到確定的結果；領導人員依照每一具體地區的歷史條件與環境條件，統籌全局，正確的決定每一時期的工作重心與工作秩序，並把這一秩序堅持地貫澈下去，而務必得到一定的結果。這是一種領導藝術，這也是在運用領導與羣衆相結合，一般與個別相結合這些原則時，必須注意解決的領導方法問題。

（九）領導方法問題上的各個細節問題，這裏不予一一說到，由各地同志根據本決定所說的原則方針自己去用心思索，發揚自己的創造力。鬥爭愈是艱苦，就愈是需要共產黨人的領導與廣大羣衆的要求密切地相結合，愈是需要共產黨人的一般號召與個別指導密切地相結合，而澈底粉碎主觀主義的與官僚主義的領導方法。我黨一切領導同志必須隨時拿科學的領導方法去和主觀主義的與官僚主義的領導方法相對立，而以前者去克服後者。主觀主義者與官僚主義者不知道領導與羣衆相結合、一般與個別相結合的原則，極大地妨礙黨的工作的發展，故為了反對主觀主義與官僚主義的領導方法，必須廣泛地深入地提倡科學的領導方法。

論領導方法

一、從羣衆中來，到羣衆中去

正確的領導

在我黨的一切實際工作中，凡屬正確的領導，必須是從羣衆中來，到羣衆中去。這就是說，將羣衆的意見（分散的無系統的意見），集中起來（經過研究化爲集中的系統的意見），又向羣衆中去做宣傳解釋，化爲羣衆的意見，並使羣衆堅持下去，見之於行動，並在羣衆行動中考驗這些意見是否正確，然後再從羣衆中集中起來，再向羣衆堅持下去。如此無限循環，一次比一次更正確，更生動，更豐富，這就是馬列主義的認識論或方法論。（中央關於領導方法的決定）

向群衆學習

我們共產黨員，無論在什麼問題上，一定要能夠同羣衆相結合。……『三個臭皮匠，合成一個諸葛亮』，這就是說，羣衆有偉大的創造力，中國人民中間，實在有成千成萬的諸葛亮，每個鄉村，每個市鎮，都有那裏的諸葛亮。我們應該走到羣衆中間去，向羣衆學習，把他們的經驗綜合起來，成爲更好的有條理的道理和辦法，然後再告訴羣衆（宣傳），並號召羣衆實行起來，解决羣衆的問題，使羣衆得到解放與幸福。（毛澤東：組織起來）

爲群衆服務

爲羣衆服務，這就是處處要想到羣衆，爲羣衆打算，把羣衆的利益放在第一位，這是我們與國民黨的根本區別，也是共產黨員革命出發點和歸宿。從羣衆中來，到羣衆中去，想問題從羣衆出發，而又以羣衆爲歸宿，那就什麼都好辦。因此我們共產黨員都要替人民着想，部隊的負責同志要替戰士着想，機關學校的負責同志要替大廚房着想，替雜務人員着想。（毛澤東：論合作社）

對群衆負責

假使向我們黨的幹部，提出這樣的一個問題：我們的一切工作，都是爲了誰？都應當對誰負責？我相信許多同志會這樣的回答：都是爲了黨與上級，都應當對黨與上級負責。這當然是對的，既然是黨與上級交給我們這些任務，他們是應該向黨與上級負責的。

但是，我們對於這種囘答，還不能滿意，因爲還不完全對。假若再問一下，整個黨的工作又都是爲了誰？又都應當對誰負責呢？我想恐怕就有些同志說不出來或者答覆得不適當。

我們的黨既是爲無產階級及人民大衆謀解放的，那麽我們的一切工作都是爲無產階級及一切人民大衆，並應當對他們負責，正是當然的。但就是這樣一個看起來好像很簡單的眞理，在我們的同志中，尙有不少的人，在思想上沒有把它搞通，因此在實際工作中，也就常常犯錯誤，使黨與自己脫離羣衆，與羣衆對立起來。（劉子久給淮北區黨委的信）

群衆觀點的具體內容

要掌握羣衆觀點羣衆作風的具體內容，就必須記住毛主席在去年中直生產展覽會上寫的題辭指示的『羣衆生產，羣衆利益，羣衆情緒，羣衆經驗』。什麽是羣衆生產呢？就是說要大家動手，要把生產成爲熱火朝天的羣衆運動。大家動手便不是把它放在生產運動之外，每個單位的領導同志，只有將本單位的羣衆生產很好的動員起來、組織起來，他那裏的生產才有羣衆基礎，才會有成績。什麽是羣衆利益呢？就機關學校部隊的利益說，就是在生產與供給上貫澈公私兩利的方針，以提高羣衆的生產積極性，使他們認識多用一分力量不但團體多得收入，個人也多得收入，而生產所得確能保障大家豐衣足食的生活，因此在供給工作方面就要貫澈面向羣衆爲大家服務的原則，在現有的物質基礎上照顧到羣衆的需要，而將供給調劑得更好，特別爲照顧事務人員的需要。再就老百姓的利益來說，去年各單位有好多生產事業同老百姓合辦的，要照顧老百姓的利益也是要貫澈公私兩利的原則，公私合作的生產事業，不僅有利於公家，而且必須幫助老百姓發展經濟。什麼是羣衆經驗？上面講到在去年的生產和供給方面有許多新創造，這些新創造不是某個領導者坐在窰洞中能够空想出來的，都是依靠羣衆經驗，都是羣衆創造的。所以作爲一個好的領導者，就是善於在羣衆運動中注意羣衆的經驗，把它總結出來，提高起來，又利用了去指導運動繼續前進。這就是毛主席所指示的『從羣衆中來，到羣衆中去』的領導原則。這就要我們眞正實行向羣衆學習，向勞動英雄與模範工作者學習。什麼是羣衆情緒呢？生產運動既是依靠羣衆的，就必須注意羣衆的情緒，如果不了解羣衆情緒，不注意鞏固羣衆的積極性，不傾聽羣衆的呼聲，就要使運動的開展受影響，受損失。（李富春：更向前一步）

二、抓住工作的中心一環

只應有一個中心

在任何一個地區、一個機關、一個學校、或一個部隊，不能同時有許多中心工作，在一個一定時間內，只能有一個最中心的工作，輔以別的第二位第三位的工作。這在該地區、該機關、該學校、該部隊的總負責人，必須考慮到該處的鬥爭歷史與鬥爭環境，將各項工作擺在適當的地位，而不是自己全無計劃，只按上級指示來一件做一件，形成很多的『中心工作』及凌亂無秩序的狀態；上級機關亦不要不分輕重緩急的沒有中心的同時指定下級機關做很多項工作，以致引起下級在工作步驟上的凌亂，而得不到確定的結果；領導人員依照每一具體地區的歷史條件與環境條件，統籌全局，正確的決定每一時期的工作重心與工作秩序，並把這一秩序堅持地貫徹下去，而務必得到一定結果。（中央領導方法決定）

反對平均主義

我們有些同志做工作計劃時，不知道抓住中心；檢查工作時，不知道找典型；

解決問題時，不知道從某一個關節着手。以致他們的許多計劃，常常是應有盡有，無所不包，早已成了日常習慣的業務，也要列入所謂計劃之內，把一些不關疼痛的東西和主要的東西同時並列在一起，這樣搞在一團，毫無眉目的所謂『工作計劃』，完全失去了工作計劃的意義。有些部隊的同志不知道，在一個相當時期內，只應該有一項爲當時情况所要求的中心工作，而以其他若干必不可少的工作附屬之，而是同時發動做很多項工作，想在這很多項工作中獲得成績。但是其結果則是一項也做得不澈底，一項也得不到滿意的成績。我們有些同志在檢查工作時，可以把所有的連隊都跑一遍，把政治工作的各個項目都考察一遍。但是結果呢？仍然沒有發現問題，沒有分析問題，沒有找出事件的癥結加以恰當的解决。所謂『總結工作經驗』，變成了一句空話。這些都是很嚴重的平均主義。平均主義的工作方法，其原意之想樣樣做好，但其結果一樣也做不好。這種平均主義方法，同形式主義一樣，其性質是主觀主義的，因爲它是從主觀思想出發，不是從工作的實際需要出發。（譚政：軍隊政治工作問題）

三、一般號召與個別指導相結合

任何工作任務如果沒有一般的普遍的號召，就不能動員廣大羣衆行動起來，但如果只限於一般號召，而領導人員沒有具體地直接地從若干單位將所號召者深入實施，突破一點，取得經驗，然後利用此種經驗指導其他單位，則無法考驗自己提出的一般號召是否正確，也無法充實一般號召的內容，便於使一般號召歸於落空的危險。……一九四三年的整風，如中央局、中央分局、區黨委及地委除提出一般號召（全年整風計劃）外，必須在自己機關中及附近機關、學校、部隊中選擇二、三單位（不要很多）深入研究，詳細瞭解整風學習在這些單位的工作過程，詳細瞭解這些單位中若干個（也不要很多）典型的具體幹部之歷史經驗、思想特點、學習勤惰與工作優劣，並親自指導各該單位的負責人，具體的解決各該單位的實際問題，藉以取得經驗，一機關、一學校、一部隊內部亦有若干單位，該機關該學校該部隊的領導人員亦須這樣去做，這又是領導人員指導與學習相結合的方法。（中央領導方法決定）

具體的指導

有些同志不知道開會訂計劃雖然是領導生產所不可缺少的工作，但這並不等於完全領導了生產運動，因爲開會訂計劃只能表示我們想要做些什麼，並不等於已經做了些什麼，要使這種計劃變爲實際，就還有許多工作要做。比如說需要將我們的計劃拿到羣衆中去討論，由羣衆來審查這些計劃是否合乎實際需要，羣衆完全了解和接受我們的計劃，使其變爲羣衆自己的計劃。需要定期檢查計劃的執行程度，看是否發生困難，並研究克服這些困難的辦法。需要隨時調查研究運動發展的情況，並總結經驗，以便發揚好的例子，糾正壞的傾向等。（高崗：黨在春耕運動中解決的三個問題）

反對空喊

……重號召不重組織，以一般號召代替具體指導……就是空喊。我們看到有些同志提出的號召是不適當的，他們沒有估計那裏的工作性質，沒有顧及那裏的羣衆情緒，他們所號召的東西，並不是那個部隊實際上所需要的東西。既是號召是正確的，我們也看到我們有些同志對於自己發出的號召是不負責任的。一個號召發出之後，第二個號召接着又來，在那裏，許多工作是在號召上打圈子，永遠停留在號召的階段，許多工作常常是有頭無尾的。……與此相反，我們應該根據『首長負責，自己動手，領導骨幹與廣大羣衆相結合，一般號召與具體指導相結合』的原則，一經提出號召，就應組織實行，並在實行中，突破一點，取得經驗，指導其餘。如果沒有具體指導，則所謂一般號召，就是自己給自己取消了。（譚政：軍隊政治工作問題）

四、領導骨幹與廣大羣衆相結合

一九四二年的整風經驗，又證明每一具體單位的整風學習，在整風過程中形成一個以該單位行政首長爲核心的少數積極分子的領導骨幹，並使這一領導骨幹與參加學習的廣大羣衆密切結合，才能使整風完成任務，只有領導骨幹的積極性，而無廣大羣衆的積極性相結合，便將變爲少數人的空忙；但如果只有廣大羣衆的積極性，而無有力的領導骨幹去恰當的組織羣衆的積極性，則羣衆積極性既不可能持久又不可能走向正確的方向與提到高級的程度。（中央領導方法決定）

首長負責親自動手

首長負責與羣衆結合呢？還是首長做官與羣衆隔離呢？這就是區別領導作風好壞的主要關鍵。……我們親眼看到，凡是首長負責與羣衆結合，丟掉了官僚主義的地方，就有生氣、有辦法、有創造，一切都日新月異。凡是首長不負責，與羣衆脫節，捨不得丟掉官僚主義的地方，就無生氣、無辦法、無創造，一切都毫無成就。

（李鼎銘：陝甘寧邊府簡政總結）

團結積極分子

任何有羣衆的地方大致都有比較積極的、中間狀態的與比較落後的三部分人，而這三部分人的比例又大致都是兩頭小中間大，故領導者必須善於團結少數積極分子作爲領導的骨幹，並憑藉這批骨幹去提高中間分子，爭取落後分子。（中央領導方法決定）

而我們團結積極分子的全部目的，就是在於吸引中間分子與鼓勵落後分子一道兒前進。離開這個目的，積極分子就失去作用，我們組織積極分子的工作，就是多餘的事。因此，在任何一個帶羣衆性的運動中，在我們的宣傳鼓動工作上，在我們組織步驟上，首要的問題是照顧中間分子與落後分子的問題，要從中間分子甚至落後分子的水平出發，要選擇爲中間分子與落後分子也能接受的組織形式與工作方法，要適應中間分子與落後分子的進度而規定整個運動的進度。

對待落後分子

對落後分子的工作，比較對進步與中間分子的工作更重要，因爲出大亂子常常是在這些人中間，同時對落後分子的工作須更艱苦，更細心耐煩，而且是長期的工作，因爲這是改造一個人的思想行動問題，過去對落後分子的工作，只片面的孤立落後分子，以落後分子爲教育部隊的典型。並企圖以此使落後分子知道恥辱，激發其自動性，結果常是相反。他更加落後，使他惱羞成怒，一貫的落後。（張宗遜：冬季練兵工作總結報告）

在改造落後分子的工作上，主要應採取耐心感化的方法，禁用單純懲辦的方法。……在這裏，首長們從愛護觀點出發的親切談話是最有效力的，一定要把這種首長談話與羣衆中的自我檢討自我教育配合起來，才能發生更大的效力。單純的懲辦甚至打駡的方法，只是一種脫離羣衆而毫無效果的辦法。（譚政：軍隊政治工作問題）

反對孤立主義

有些同志，首先不把政治工作看做是羣衆工作，不從羣衆觀點出發，不採取羣衆路線，不組織羣衆行動，寧願將政治工作鎖在狹隘的圈子裏，只有少數政治工作人員在做、在忙，廣大羣衆都在那裏閒着。許多事是可以而且應該協同軍事工作同志一起去做的，但是我們不願意去找人家，寧願使工作老是抓不開。至於動員了羣衆的，也有這種情形，在那裏，不知道照顧羣衆的需要，而是違背這種需要。不知道考察羣衆的情緒，而是忽視羣衆的情緒。從而關於領導羣衆的藝術問題，關於如何團結積極分子鞏固中間分子提高落後分子的問題，關於黨與非黨羣衆的聯系問

題，關於宣傳鼓動工作與組織工作互相配合的問題等等，都被認爲是不重要的，或者完全被忽視。（譚政：軍隊政治工作問題）

五　創造典型，開展英雄主義運動

許多地方及許多機關工作推不動的一個基本原因，就是缺乏……一個團結一致，聯系羣衆的經常健全的領導骨幹。一個百人的學校，如果沒有一個從教員中、職員中、學生中自然形成的（不是勉强湊集的）比較的最積極、最正派、最機敏的幾個人至十幾個人的領導骨幹，這個學校就一定辦不好。（中央領導方法決定）

選擧和獎勵英雄與模範的意義

選擧和獎勵勞動英雄及模範工作者，首先是爲了推動和改進工作，因爲勞動英雄和模範工作者創造了超出一般人的勞動標準和工作標準。這種標準既然在勞動英雄及模範工作者是可能的，則對於所有的勞動人民與工作人員在相同的條件下也應當是可能的，而他們所以還未能達到勞動英雄及模範工作者的標準，必然在其生產或工作中還存在着缺點。如果我們能把勞動英雄及模範工作者的標準及其條件和辦法，在一般羣衆和工作人員中加以宣傳和表揚，則不但可以刺激其積極性，而且可以在互相對照之下，發現其缺點，並進一步以勞動英雄和模範工作者的標準，作爲自己努力的標準，以勞動英雄和模範工作者的經驗作爲自己改造工作的辦法，使其生產或工作提高一步，使更多的人向勞動英雄及範模工作者看齊，使勞動英雄及模範工作者的標準更加普遍化。一年以來，不論是在農村、工廠、部隊、機關，只要那裏在羣衆中產生了一個勞動英雄或模範工作者，經過我們發現，把他獎勵宣傳，號召大家學習，則那裏的生產和工作就會得到改進、提高和發展，證明這是推動和改進工作普遍可以採用，並且是最好的辦法。

其次，勞動英雄和模範工作者的選舉和獎勵又是出產和培養幹部的一種好方法。因爲他們眞正是從羣衆中和實際工作中鍛鍊出來的，並在事實上證明了是羣衆中的優秀分子。他們努力生產或工作，在生產或工作中獲得了成績，表現出他們的創造才能，並且這些人大都爲人正派，又和羣衆有密切聯系，對政治也有較高的認識，這些都是作爲一個幹部的基本條件，如果我們能有計劃的下一番功夫去培養他們，提高其文化，加强其敎育，則他們的優良品質和創造才能將是更大更快的發揚。現在有些地方的勞動英雄和模範工作者已開始被引進到各種工作部門中來，逐漸成爲各種事業中的重要幹部了。過去我們在革命鬥爭中產生了一大批優秀幹部，這些幹部至今還是我們邊區的骨幹，但在今天邊區長期的全面的建設環境中，僅僅是這些老幹部就非常不够的了。如果我們不能引進一批新的幹部到我們的各項建設和各種組織中來，則我們的建設事業就不會順利完成，而這一批新的幹部的增進不在別的地方，恰好就在這些建設事業的本身，就在廣大的羣衆當中，就是由各種建設事業的羣衆運動中產生的這些勞動英雄和模範工作者。黨政軍民各種組織的領導者，必須深刻了解這點，並對此進行必要的組織工作。

再次，勞動英雄和模範工作者在黨政軍民一體來進行邊區全面建設的事業中，還有一種巨大的作用，就是它能成爲黨政領導與廣大羣衆密切結合的機構。這些勞動英雄和模範工作者散佈在各個機關和部門，他們又和廣大羣衆密切結合着，但他們不是一個普通的羣衆，而是羣衆中的積極分子，自然在一定範圍內形成爲羣衆的領袖。黨和政府經過他們可以把羣衆的意見集中來改善自己的領導，又可以經過他們把黨政的方針指示在羣衆中傳開並推進其實現，這樣使黨政與羣衆進一步密切結合起來。今年的生產在運動及其他建設工作中，我們很清楚的看出了這點，許多勞動英雄回到他們的鄉村，宣傳黨政軍生產建設方針，積極推動和組織羣衆生產，很自然的成爲黨和政府和軍隊各種政策的宣傳者和組織者。據說凡是有了勞動英雄的鄉村，鄉村黨政的工作就好，像增加了許多力量，比過去好做得多了。

以上三點是勞動英雄和模範工作者在客觀上所起的主要作用，這些客觀作用一旦被我們自覺的認識並掌握的時候，就變成了我們改進工作、培養幹部及聯系羣衆最好的方法，就成爲我們當前各種工作中可以普遍採用的組織形式與工作方式，而我們只有清楚的認識到這些，才能把今年全邊區勞動英雄及模範工作者的選舉、獎勵工作做得更好，因此這是首先應在全體黨政軍民幹部中進行廣泛宣傳和教育的。（解放日報社論：新的組織形式和工作方式）

發現典型

做領導工作的同志，在羣衆運動中，需要以最關切的態度對待自己的部下，很細心的研究與瞭解他們，很殷勤的栽培他們，當他們需要扶助的時候，就去幫助他們，當他們表現幾次成績的時候，就去獎勵他們，提拔他們上進，只有這種關切的態度，才能發現羣衆中的英雄，培養出很好的幹部。有了這批積極分子，就有了團結羣衆的核心，在他們的影響下，使全體羣衆更積極的行動起來。（朱德：八路軍新四軍的英雄主義）

這種羣衆中的天才、聖人、狀元、領袖、諸葛亮，本來就有，在我們今天新民主主義的土壤中，就更容易發生滋長。像趙占魁等新型的英雄人物，我想絕不會只在陝甘寧邊區能出，其他各個抗日民主根據地，都同樣的能出，只是因爲我們的思想方法與領導方法上有毛病，未被我們所發現，黨與政府及軍隊中的官僚主義，把他們壓住了。既偶而被發現，也未被我們所重視，而予以應有的發揚光大。（劉子久給淮北區黨委的信）

中央辦公廳研究、决定模範工作者典型的方法如下：

研究决定模範工作者

（一）進行的步驟——首先收集工作中的具體材料，來分別一個一個的研究出典型，然後由一個一個的具體典型材料决定具體人，反對以過去估計定人，然後捕風捉影的搞點材料來證明的辦法。……兩個月是研究具體典型時期，半個月是决定候選人時期。

（二）搜集和研究材料方法——首先由小處、近處的具體表現、具體事實這些活的材料着手，再參考六個月來每月評定分紅等級時的個人檢討的材料，然後聽取別人的意見，把這三方面聯系起來，追根究底的研究和分析，得出最後的典型結論。進行的方式是研究一個，搞清一個，再來一個，不是多頭並進全面出擊的方式，各單位自己有計劃的一個一個的來。

（三）在研究典型過程中，還須配合進行以下各方面的工作：

業務方面：先從現實的業務中，抽出兩個好典型材料，發動機關大衆進行研究，經過研究使大家學會這些典型的好辦法。這樣一來，個別人的辦法就普遍化了，可以促進業務的改造。要做到這，就要民主的動員大家參加，反對個人包辦。

政治方面：要叫我們同志認識到『羣衆中的天才、聖人、狀元、英雄、諸葛亮本來就有，只有在我們今天毛主席的新民主主義的政權下，就更容易發現和創造』。再比一比國民黨對羣衆的剝削虐待行爲，這種政治教育又通俗，又聯系實際，例子又多，收效可能更大。

文化方面：編些關於業務、生產、節約、衛生等方面典型的歌詞，各單位等級分紅標準也可編成各種歌詞，採用他們喜歡的調子，教他們一面唱，一面認字，同時學習。（新華社延安電）

英雄及模範的選舉

各種英雄及模範工作者，應經過認眞的選擇與民主的選舉，眞正是廣大羣衆所相信的人物。（譚政：軍隊政治工作問題）

要把選舉和獎勵勞動英雄及模範工作者的工作做好，除了……思想認識問題外，還必須進行很複雜的組織工作。在組織工作上，主要的應保證實現下列三條：第一，是認眞領導。去年勞動英雄的選拔有些地方是不認眞辦的，事前毫無準備，臨時隨便指定，勞動英雄未經羣衆討論和選舉。今年選舉則必須完全糾正這種缺點，所有黨政軍民各級領導機關和工作部門，從現在起就要很好的討論邊府決定，在所屬範圍內開始佈置工作，包括關於這一工作的傳達和宣傳，關於勞動英雄和模範工作者在各地區各部門具體標準的討論和規定，關於勞動成績調查和工作成績以及在選舉工作中各種工作的籌備與分工等，並於適當時候進行檢查，發現缺點，及時糾正，防止對此事採取應付馬虎態度。

第二，是發動羣衆。去年勞動英雄的選拔，許多地方沒有經過羣衆討論和選舉，而是單純由上面發現後指定的。今年則必須按照政府決定，認眞的由羣衆民主選舉，必須及早在羣衆中進行宣傳和醞釀，必須發動廣大羣衆參加選舉，使勞動英雄和模範工作者的選舉，眞正成爲羣衆自覺運動，防止發生形式主義的毛病。

第三，是愼選好人。去年勞動英雄的選舉，有些人是不合標準的，結果非但不能起勞動英雄的積極作用，反而在羣衆中發生不良影響，失掉選舉勞動英雄的意義，這是在今年選舉中應加嚴重注意的。爲防止這種缺點，必須把邊府規定的勞動英雄及模範工作者的標準廣爲宣傳，由黨政軍同羣衆共同提出候選人，每一候選人都應根據標準，由羣衆加以審查，並應經過不記名投票的方式選舉出來，只有經過羣衆認眞的民主的選舉，才能是眞正好的勞動英雄和模範工作者；也只有眞正好的勞動英雄和模範工作者，才能在羣衆中發生積極作用，達到改進工作、培養幹部及聯系羣衆的目的。（解放日報社論：採用新的組織形式與工作方式）

選舉標準

一、具備下列條件者得當選爲勞動英雄：

（一）積極從事建設事業之一（農業、工業、文教、軍事、合作、運輸、財政、金融、貿易、衛生、保育、行政、保安、司法建設）成效嘉著或有新的創造者；

（二）在建設事業中，能推動幫助別人著有成績者；

（三）遵守政策法令，擁護政府軍隊，團結羣衆，熱愛邊區足稱模範者。

二、具備下列條件者得當選爲模範工作者：

（一）參加或領導任何一項工作部門在工作中有新的創造或成效嘉著者；

（二）團結羣衆，團結幹部，得到周圍羣衆和幹部的擁護者；

（三）執行政策法令並能糾正別人違犯政策法令的行爲者。

三、各選舉單位（村鄉縣部隊機關學校等）得根據上述一般標準及其特殊情況，臨時規定具體的標準執行之。

四、凡邊區居民皆得爲勞動英雄和模範工作者之選舉及被選舉人，無階級、黨派、職業、宗教、信仰、文化程度、性別、民族、國籍的限制。（陝甘寧邊區政府頒佈勞動英雄與模範工作者選舉與獎勵辦法）

創造模範中的錯誤方法

我們很早而且不止一次的提出過創造模範村、鄉、連隊、支部的口號，並且訂出了具體的競賽、突擊計劃。但據我所知，迄我離開淮北時止，仍未能創造出一兩個眞正稱得起模範的村、鄉、連隊與支部。即便有時創造出了一個半個，也僅僅是熱鬧一時，不久便消沉了，而未能堅持下去。其原因，究竟何在呢？

第一、就是由於我們不懂得，或者忘記了一個最簡單、最明顯、最初步的眞理，即無論作什麼事，都是由人去作，而且都是由小處近處開始。因此，我們要想創造模範村、鄉、連隊……就必須從創造一批模範人着手，如模範村長、鄉長與人民，模範的連長、指導員與戰士，模範的支書、支幹與黨員……劉玉厚與郝家橋，劉建章與南區合作社，夏陶然與中滄小學，都是實際的例證。沒有這樣一種新時代的模範人物，自然不能創造出一種新時代的模範事業，如模範村、鄉、連隊等。同時模範鄉村、連隊與模範人物是到處都有的，但是假若我們不去發現、表揚、提高、幫助這樣的模範村鄉連隊……則這些模範村鄉連隊與模範人物的發展，也就會受到限制。我們是應當依靠着這些模範村鄉連隊與模範人物去推動一切的村鄉連隊與各色人物，並創造出更多這樣的模範。這就叫做相得益彰，互相發展，而起決定的能動作用的是模範人。過去我們是不懂得這種思想方法與領導方法，我們所用的方法常常是倒行的，是從主觀的籠統地去創造模範村、鄉、連隊……開始，而不是從原有村、鄉、連隊中去發現模範人開始，這是不合乎客觀事物發展規律的，也就是主觀主義的。所以，我們創造模範村、鄉、連隊的正確口號，由於我們在實際行動中的方法錯誤，結果就變成了不能實現的空喊。

第二、爲什麼有時我們也創造出了若干的模範事業，但是常常不能夠持久呢？這也是由於上面所說的那種錯誤的思想方法而來的。因爲，我們既把創造模範村鄉連隊的口號，提得很高，而又沒有從發現原來模範人物的正確方法開始，爲了完成任務，就不能不使用外力，從別處湊集一批幹部送到那裏去進行突擊，去代替，包辦，去『加油』，『打氣』。這樣，有時也能夠搞得熱火朝天，但這種熱鬧既不是由於內在力量的『自力更生』，也沒有在突擊過程中去打下基礎，一旦這種代替，包辦，『加油』，『打氣』的外力一去，就好像去了氣門塞的氣球一樣，很快就消失下去了。這是自然的道理。

最後，就是我們在提出創造什麼模範的口號與計劃時，往往是採用多頭並進，全線出擊的方式，例如，提出每縣創造一個模範區，每區創造一個模範鄉，每鄉創造一個模範村……沒有或者不會去運用『一般號召與個別指導相結合』，『集中力量，突破一點，取得經驗，推進全盤』的思想方法與領導方法，所以我們也就常常是『貪多嚼不爛』，事倍功半，甚至『徒勞無功』！（劉子久給淮北區黨委的信）

獎勵與競賽

獎勵競賽是警七團推行工作與教育戰士的主要方法，經過獎勵與競賽，大大發

動了戰士的進取心與積極性，消除了單純命令作風所造成的無生氣現象。（總政：警七團第七連）

但當羣衆的情緒還沒感覺到需要實行競賽的時候，就不應發動競賽。當這種競賽情緒在羣衆中醞釀到大體上成熟了的時機，便應立即號召競賽，並用一切力量組織這種競賽。這種時機成熟的標誌，就是不僅積極分子方面精神上已有充分準備，而且中間分子方面（他們往往佔多數）與落後分子方面，也已有了相當程度的準備，否則競賽便會變成少數人突出，只有少數人在做，不是多數人也能做起來的。（譚政：軍隊政治工作問題）

奬勵的好壞，與推動工作有很大的作用，這次經驗證明，越是高級機關奬勵越有效。

被奬勵者要是羣衆公認爲成績優良者，而不能絲毫帶假。若是帶假的奬勵，會起反作用。

適時的按期的奬。每一工作的最後結束，與每一工作階段的結束是奬勵的時機，既不要使奬勵遙遙無期，隔很長的時間，而影響羣衆情緒，又不要連續的奬勵，浪費經濟。（張宗遜：冬季練兵總結報告）

新的組織形式與工作方式

（上述方式創造典型，選舉並獎勵各種英雄與模範工作者，召開他們的會議）這是一項新的組織形式與工作方式的定型化合法化，值得引起大家注意。（解放日報社論：採用新的形式與工作方式）

（一切組織形式與工作方法採用與取消的）原則是：凡屬便利於組織和發揚廣大戰士羣衆積極性，藉以完成一定任務的組織形式與工作制度，便應當充分利用之，如果某種組織形式與工作制度，不便利於組織和發揚廣大戰士羣衆的積極性，完成一定任務的，就不應當採用，已經採用的就應當廢止，而代以新的東西。（譚政：軍隊政治工作問題）

但是過去我們多半沒有這樣做。有些組織形式與工作制度，在廣大羣衆看來已經沒有意義，我們的幹部常常藉口於這是上級的指示與規定，不敢稍有變更。同時，某些東西，在羣衆的實際生活中已成爲像空氣一樣的需要，我們却又藉口上級沒有決定與指示，也不敢建議或自動的增設。這些都是缺乏眞正羣衆觀點的表現，只要有眞正的羣衆觀點，就不會採取此種不負責任的態度。（劉子久給淮北區黨委的信）

反對形式主義

如果離開軍隊的具體任務去談政治工作的組織形式，工作方式，工作方法，把組織形式，工作方式，工作方法與整個軍隊的具體任務相分離，並把它看成絕對的東西，那是不能不變成教條主義形式主義的東西的。（譚政：軍隊政治工作問題）

這種形式主義，表現在訂計劃時不從自己連隊實際情況出發，一般化與公式化，工作中心要求過多，不去抓住基本環節。在教育工作上，只圖快圖分數多，不看教育收效，不看對象的接受態度。在組織制度上繁雜而無具體內容與工作，連隊會議積累……。

六、發揮創造性

什麽是創造性

我認為我們所需要的創造性，並不是那些『奇技淫巧』或者『降妖捉怪』的東西，而是那些原是能為羣衆興利除害，能幫助羣衆克服困難，提高工作效能，戰勝敵人，解除剝削壓迫，推動社會勞動生產力發展的任何發明與發現，不論是大小或多少，都是應當為我們所發揮並發揚的創造性。（劉子久給淮北區黨委的信）

創造性是怎樣產生的

這些歷史人物的創造性的產生，既不是神人傳授，也不是『生而知之』，而是從那些具體的現實，極平常的客觀事物與環境出發，去不斷實踐，反覆研究而得的結果。

因此，凡是願意『實事求是』，老老實實，埋頭苦幹，深思熟慮，決心爲羣衆服務，而又肯向羣衆學習者，不論是個人或集體，就必然有創造性，而且一定能夠創造出一些造福社會的新東西出來。（劉子久給淮北區黨委的信）

……總之，工作只求量不求質，只舖張表面不求實際內容，只憑主觀願望不看客觀事實，這種形式主義的工作作風，與我們黨從實際情況出發的實事求是的精神是完全不同的。我們必須予以克服。（蕭華：關於連隊政治工作建設問題）

發揚民主作風

我們常常提出發揮幹部（一般黨員與羣衆也是一樣）在工作中的積極性與創造性的問題。但是，在我們的幹部中，却不斷發現有所謂『疲蹋』（不積極）與『老一套』（無創造性）的現象，其故安在呢？這，其中原因雖多，若從我們的領導方面來檢討，我認爲最主要的就是：我們的領導作風不夠民主，工作方式不夠科學。

假若這種不民主的現象讓它繼續在黨內存在下去，而不迅速的加以克服，又怎樣能夠像毛主席在『論新階段』中所說的，表現出我們的『領導機關、幹部、黨員的創造能力，負責精神，工作活躍，敢於與善於提出問題，發表意見，批評缺點，以及對領導機關與領導幹部從愛護觀點出發的監督作用』呢？怎樣能使這些幹部，在工作中『提起勁來』，而不常常『鬱鬱不得志』，『當一天和尚撞一天鐘』呢？

但是，他們對我們並不是沒有意見。其所以不肯披肝瀝膽，開誠佈公，知無不言，言無不盡者，就是怕說出來之後，上級常常不理會，或者還會因此出岔子，因此，他們就服膺那兩句『是非皆因多開口，煩惱只怨強出頭』的格言，不肯去多嘴多舌，覺得多一事不如少一事了！他們既有意見，而又沒有說出來，悶在肚子裏，終覺有點不大舒服，就必然會發生『當面不說，背後亂說』，『會內不講，會外亂講』等自由主義的現象。因此，什麼『小廣播』，發牢騷，說怪話等歪風，也就常常當作對於領導方面不民主的一種懲罰而出現。我在中央黨校，看到過許多好說怪話、發牢騷、不安心的幹部，自從毛主席及黨中央號召每個同志，在整風當中，『有話就說』之後，讓他們在黨的會議上，痛痛快快的發了幾次牢騷，他們就心平氣和，比以前規矩多了。這些幹部，絕大多數，在政治上對黨是忠實的，對革命是有功績的，有些是由於領導上的不民主而造成的他們的不滿。若不用發揚民主的方式，使他們自己去把腦子裏那些好東西及髒東西一概倒出來，好的給發揚，髒的給洗乾淨，他們是難以接受別的好東西的，因為他們的腦子裏既然藏着一部分（有時是很多）髒東西，就給勉強灌一點點好的東西進去，也很快就被原來裏邊那些壞東西傳染了。沒有民主，則好的意見得不到承認。如果一個人腦子裏藏着很多髒東西，在沒有得到機會傾倒出來之前，他們是看不到他們自己有什麼缺點的。就好像一個人在未照鏡子之前，看不到自己的臉上有灰是一樣。這樣，你說他臉上有灰（有錯誤），他會不相信（不接受批評），更不會自動去洗臉（自我批評）。我們在去年的整風當中，也曾經不斷發生這類現象，不過未被我們認識到這是一種重要的思想領導法則，而把它加以發展與普遍運用罷了。

在發揚民主的條件下，一般幹部對於工作積極性的提高與創造性的發展，是有密切聯系與互相作用的。一個在工作中被發揮了積極性的幹部，其創造性必大，同時一個在工作中被發揮了創造性的幹部，其積極性也必高，那是一定的。（劉子久給淮北區黨委的信）

七、反對脫離羣衆與自滿

反對官僚主義

如果我們做地方工作的同志脫離了羣衆，不了解羣衆的情緒，不能夠幫助羣衆組織生產，改善生活，只知道向他們要救國公糧，而不知道首先用百分之九十的精力去幫助羣衆解決他們『救民私糧』的問題，然後僅僅用百分之十的精力就可以解決救國公糧的問題，那麽，這就是沾染了國民黨作風，沾染了官僚主義的灰塵。國民黨就是只向老百姓要東西，而不給老百姓以任何一點什麽東西的。如果我們共產黨員也是這樣，那麽，這種黨員的作風就是國民黨作風，這種黨員的臉上就堆上了一層官僚主義的灰塵，就得用一盆熱水好好洗乾淨。我覺得，在無論那一個抗日根據地的地方工作中，都存在有這種官僚主義的作風，都有一部分缺乏羣衆觀點因而脫離羣衆的工作同志，因此必須堅決地克服這種作風，才能和羣衆親密地結合起來。（毛澤東：組織起來）

官僚主義脫離群衆的兩種形式

怎樣才算脫離羣衆呢？

過去我們對於脫離羣衆的了解，一般是比較簡單的，有些人高高在上，不願和羣衆接近，對於民間痛苦漠不關心，在工作中不說服，不解釋，對羣衆實行强迫命令，在個人生活上貪求享受，以致腐化墮落，這是直接脫離羣衆，也就是官僚主義。這種毛病是共產黨員的品質問題。

但脫離羣衆決不只有這個形式，還有另外一種形式，就是表面看來，好像與羣衆有關係，而實際上是脫離羣衆。

爲什麼表面看來好像與羣衆有關係呢？因爲犯這種毛病的人，每天工作是很忙碌的，有的人爲了日常瑣事而忙碌，他們辦事大都出於被動的應付，思考和研究是很少的，有的人是爲着形式的公式而忙碌，上面有了什麼指示，只依樣畫葫蘆往下面背一遍就算完事。至於會議也是一種形式，事前沒有準備，到開會的時候大家照例出席、照例發言，而最後時毫無結果。還有的人是爲了寫指示寫報告而忙碌，這種人還迷信文件萬能，每天在文件裏兜圈子，他們所寫的指示和報告，往往是不着邊際的誇誇其談。……對於上級是只求報告的好看，不管實際工作，對於下級的檢查是看報告不問實際情形。以上這些人對於工作好像是積極熱心，並且有的主觀上的確是勤勤懇懇想把事情辦好，光從外表看來，好像並不是脫離羣衆，並不是官僚主義。

實際上怎樣呢？他們雖是忙碌，但羣衆的情形是不了解的。因爲他們沒有去抓住典型去做調查研究工作。我們知道，要想面面俱到的了解情況，任何黨的組織都不可能，也無必要和所有的羣衆逐個進行談話，要了解情況，只有選擇典型進行調查研究，才能對工作地區的具體情形有明確的了解。……再則他們雖然忙碌，但他們不可能很好的執行政策，不能解決羣衆的重大問題。黨的政策是解決羣衆的重大問題的指針，是根據羣衆的情形而訂出來的，這政策拿到一個具體地方去施行時，必須依照這地方的具體情形來靈活運用，才能解決羣衆問題。如果一則不研究黨的政策，再則不懂地方的情形，那就只能把黨的政策和指示當作敎條來傳達和執行，那就一定出岔子，其結果就使黨脫離羣衆，這樣不管怎樣忙碌，其結果還是脫離羣衆，還是官僚主義。

這不是個別黨員的品質問題，而是許多黨的、政府的、羣衆團體的領導機關的作風問題。如果不克服這類事務主義，或文牘主義形式主義的作風，則反官僚主義的鬥爭就無法貫澈。（解放日報：反對官僚主義）

反對軍閥主義

此外在我們的軍隊工作中，則存在有一種軍閥主義作風，這也是一種國民黨作風，因爲國民黨軍隊是脫離羣衆的。我們的軍隊必須在軍民關係上、軍政關係上、軍黨關係上、官兵關係上、軍事工作與政治工作關係上、幹部相互關係上，實行正確的原則，決不可犯軍閥主義的毛病。官長必須愛護士兵，不能漠不關心，不能採用肉刑。軍隊必須愛護人民，不能損害人民利益。軍隊必須尊重政府，尊重黨，不能鬧獨立性。我們的八路軍新四軍是人民的軍隊，歷來是好的，現在也是好的，是全國軍隊中一支最好的軍隊。但是近年確實生長了一種軍閥主義的毛病，一部分軍隊工作的同志養成了一種驕氣。對士兵、對人民、對政府、對黨橫蠻不講理，只責備地方，不責備自己，只看見成績，不看見缺點，只愛聽恭維話，不愛聽批評話。

例如陝甘寧邊區，就有這樣現象。經過去年的高幹會與軍政幹部會，又經過今年正月的擁政愛民運動與擁軍運動，這個傾向是克服下去，還有一些殘餘，也可以繼續去克服。華北華中各根據地上，這種毛病都是有的，那裏的黨與軍隊必須注意克服這種毛病，無論在地方工作中，在軍隊工作中，無論是官僚主義傾向與軍閥主義傾向，其毛病的性質都是一樣。就是脫離羣衆。（毛澤東：組織起來）

展開批評反對自滿

我們的同志，絕對大多數都是好同志。對於犯了毛病的人，已經展開批評揭發錯誤，也就可以改正。但是必須開展自我批評，正視錯誤傾向，認眞實行改正。如果地方工作中不批評官僚主義傾向，在軍隊工作中不批評軍閥主義傾向，那就是願意保存國民黨作風，願意保存官僚主義灰塵與軍閥主義灰塵在自己純潔的臉上，那就不是一個好黨員，如果我們在地方工作中去掉官僚主義傾向，在軍隊工作中去掉軍閥主義傾向，那就一切工作都會順利的開展。我們不應該自滿，我們還要繼續做自我批評，還要繼續求進步。……我們臉上有灰塵，就要天天洗臉，地上有灰塵，就要天天掃地。儘管我們在地方工作中的官僚主義傾向，在軍隊工作中的軍閥主義傾向，已經根本上克服了，但是這些惡劣傾向又可以生長起來的。我們是處在日本帝國主義與中國反動勢力的層層包圍之中，我們是處在散漫的小資產階級的包圍之中，極端惡濁的官僚主義灰塵與軍閥主義灰塵天天都向我們的臉上大批的撲來。因此，我們決不能一見成績就自滿自足起來，我們應該抑制自滿，時時批評自己的缺點，好像我們爲了清潔，爲了去掉灰塵，天天要洗臉，天天要掃地一樣。（毛澤東：組織起來）

我們全黨，首先是高級領導同志，無論遇到何種有利形勢與實際勝利，無論自己如何功在黨國，德高望重，必須永遠保持清醒與學習態度，萬萬不可衝昏頭腦，忘其所以。……毛主席最近號召我們放下包袱，正是此意。（中宣部總政通知）

時代是在急速奔流，以邊區來說，不過一兩年，面目已經改觀。我們必須要跟上時代，所以我們必須努力學習，必須把學習的任務提得很高，必須提高文化，必須學習毛主席的思想方法，必須放開眼界，必須打開腦筋思索問題，必須『借箭』，必須進行自我批評，其目的就是增加我們的知識與能力，以便實事求是的解決問題，改進工作，使我們進步得更快更好。（解放日報社論：我們從『前線』裏可以學到些什麽）

附錄

我們的動員方式

王赤軍

×部九連在今年是擔任專門生產的單位，任務較重，但由於他們開始對任務認識不够，顧慮較大，信心不高，所以在領受任務之後，表現猶豫，準備工作進行十分遲緩，這樣我就決定親自去幫助他們組織動員。

首先了解情況

我首先化費一夜零半天時間，分別找幹部談話，從談話中了解他們連裏的生產佈置概況，發現了：（一）找土地猶豫；（二）生產計劃和動員步驟並沒有全面研究與佈置；（三）生產情緒不旺盛，一部份信心高的未全發現，怕生產而想躲避的有四個，去年本連的勞動英雄爲人老實，別人問他今年怎樣，他只說：『怕什麼，我有把握……。』組織上沒有好好幫助他，推動他，讓他自流下去，所以不能給勞的同志以好影響；（四）幹部對今年生產顧慮土地難找，勞動力能否足够，重大任務怎樣傳下去；（五）工具和物質準備較充分，惟有一部分钁柄不能使用，犂鏵才動手做，自己不會找材料和裝置。

幫助他們解決了實際困難

一經了解之後，首先指出他們連上對接受任務後的整個部署抓得不緊，如此下去，將會影響本連重大生產任務的完成。接着幫助他們決定把土地確定在山神廟，钁柄部分不能使用的重砍，並給新戰士多準備些犂鏵的材料，尋找及裝置，同老百姓變工，肉食用老牛補助一些，以現有包谷換一條大老牛。給養改善就要做些流動生意，並寫信往柳林找關係，去公函到專署將王家橋的糧先運來供開荒時吃，這樣一來，幹部顧慮減少，信心提高，佈置也隨着更緊張了。

找出好的典型影響大家

第二步我們就找出典型研究情緒，先找到一個生產信心較好的同志白占榮，他對生產的認識是『有把握』，他說：『往年只聽人說，現在自己可以動手了，年歲已經有了，經驗還怕什麼。』他預定開三十畝熟地，另外種些副產，給公家繳錢×萬元。這時我和指導員找他談，經過研究他的初步計劃後，接着給他提出副產可以不交紅利，爭取開四十畝熟地，五畝荒地。他考慮一陣，計劃時間，我又帶他親自看過熟地，並且把他害怕分到班上挖地的顧慮也打消了，由他單獨開荒到秋收，他經過再三考慮計劃之後，就興奮的答應『有把握』。接着幫助他訂出計劃：（一）開荒數目；（二）產量；（三）耕作法；（四）播種和鋤草組織變工；（五）副產……等。接着又找到班長劉紅義同志談，他開三十畝老荒，他們的計劃一訂出就到下面講開了，大家議論紛紛。

幫助落後分子轉變

其次就研究情緒壞的典型——吳光景等四人。吳光景原來是宣傳隊的小鬼，他堅決不願在連裏工作，計劃用調皮的辦法連鬧到營，營鬧到團，團鬧到旅，再不成的話就到赤水當老百姓，同時他去年曾經一度企圖逃跑，怕吃苦，連裏組織生活緊，生產任務重，今年又企圖逃跑。這時已經坐了悔過室，情緒很低，不敢抬頭說話，我去和他談話時，問了幾句不作聲，就逗他：『你過去很愛漂亮的，現在怎麼攪到這樣髒呀！』他低着頭笑起來了。恰好有個殘廢同志在旁，我說：『你連個殘廢同志都不如。』他說：『我的思想錯了，還說啥。』後來，我就嚴正地指出他的錯誤，又拿他過去光榮的一段歷史來鼓勵他，指出他只要努力工作很好進步，是有前途的，結果他當時就表示態度，决心好好幹和不胡鬧。這次談話就在班上談的，周圍有着許多人，結果傳開了，吳光景都要好好幹，那我們還怕什麼呢——接着，那三個情緒最低的都相繼解決了。

領導者要善於引導群衆，並在適當的時機提出問題解決問題

在部隊情緒還在醞釀時，信心高的未下決心，不要急於隨便宣佈他的計劃，讓他考慮成熟——計劃多大，根據些什麽。對於壞的情緒也可以讓他暫時暴露，使大家知道，不要輕易找他談，不然會不暴露了，更忌隨便打擊，不然會使羣衆不滿意的（因不了解眞相）。對中間動搖不定的情緒，也不必急於解釋，讓他議論考慮，不過應該注意引導他向正處想，經過這樣一定時間，好的情緒漸漸佔了多數，壞的情緒逐漸減少，中間分子情緒動搖快下決心了，但缺少力量，這就是全面具體解釋的時機。而且這時的解釋是最有力量，不過解釋的重心應該包括今年生產節約的基本精神和有利條件；其次介紹好的單位及個別同志的典型計劃；再次特別重要的是着重解決戰士心中的顧慮——如生產組織警戒與生產部隊的適當調劑，是班排集體攪還是個人分開攪，給養衞生工具的保證，生產成果的分配（如超過任務公私對分）……這樣解釋才能使戰士易於接受而起應有的效果。

眞正能發動群衆的動員會

這以後就組織座談，開始動員爲了便於普及發言，首先以第一排和連部炊事班

爲單位召集，先由政指將本年本連的任務及有利條件（不忙於宣佈數量，以免嚇倒那些信心不高的同志），連的準備工作，物質保證與典型介紹，如七連的例子，本連凸出的幾個同志簡單扼要的提出來，隨後由該連兩個典型報告自己的計劃。這裏必須事前指出，大家都可以講出個人及營的計劃都可以，但未考慮成熟以前，可慢提出來，盡量深刻思考。接着由大家發言宣佈各人計劃，這時情緒高的就積極準備，準備好的就踴躍發言。去年的勞動英雄黃世榮同志，三十畝荒地、二十垧熟地的計劃（熟地不够以一畝荒地折三畝熟地）也宣佈了，接着要種四十畝的、三十畝的也紛紛提出來了，當時節約問題並未提，大家也自動的計劃出來，津貼日用品不要公家發，並說明爲啥不要，現有什麼不够的拿山貨及手工業來解決。當着較積極的都講完了，而决心未定的同志還在考慮之際，連部的計劃趁機宣佈了。連部的幾個人計劃種二百多畝地，大家聽後都覺得連的首長那樣忙，而且個別首長體力還差，都要生產，實在感動，因此給未下决心的人加了一把油，所以又是一批連續不斷的發言。到這時大部分講完了，僅剩下很少幾個人，因顧慮過大，總不敢大膽提出來。當時在會場上我又組織了炊事班發言，他們願以三人煑飯送飯，抽二人參加生產，並保證把給養弄好。這一下一則炊事班的情緒感動了他們，一則給養有保證，減少了開荒中的生活顧慮，於是將掉在最後的幾個同志也把計劃樂意的訂出來了。整個會議自始至終情緒非常高漲。

在會議中最重要的是對會場情緒的掌握，對凸出人物可以插幾句以引起全場注意，而更加堅定其信心，如情緒低落的王世海，也訂了二十八畝的計劃，我就在當中插了一句：『有把握嗎？』他就答應：『有把握！』再問把握在那裏？他說：『把握在手掌子上，年青小夥子下決心就能完成。』引得大家哄然大笑，而沒有信心的看着王世海的樣子，也都有了信心。再有計劃不切實的要指出，讓他考慮，這樣一來計劃都順利的訂出來了，而且都在二十畝以上。

最後我對大家宣佈：計劃訂出來了就要堅持下去，並允許明天有個考慮時間，我和連的幹部分別下班來幫助你們寫計劃。這樣可以防止個別計劃過火或受計劃過少的同志的影響，但大家都異口同聲的說：『一定能完成！』

其餘兩個排在這裏動員的時候早有些同志擠在旁邊聽着，晚上醞釀了一夜晚，第一排、連部及雜務人員又幫助他們閒扯，第二天還醞釀了一天，到他們動員時，更迅速的不費力的訂出來了，而且成績更好。——連長把大家計劃的數目一算很奇怪：『怎攪的？他們訂的計劃與我們連的計劃一樣的，還超過了任務，要好好攪有辦法。』

總之，這種動員方式從了解情況到弄通思想、具體幫助、發現典型、醞釀情緒和深入動員都是由下而上的座談的，不是由上而下的傳達式的，這樣的動員是普遍、深入、具體、穩固的，九連的生產情緒一直在高漲着。當我第二次過九連的時候，王世海一天挖了六分七，並和我說：『思想進步啦，工作努力，也不說怪話了。』

張治國在第七連光榮的歷史

總　政

張治國同志吳堡人，現年三十一歲，農民，家庭小時深受苛捐雜稅的剝削，三三年紅軍來了，就積極參加了革命工作，先做『擴紅』工作，自己弟兄五個老大老四都參加了紅軍，他還和老四爭着參加，後做『食糧會』工作，招待難民，把自己家裏的米都拿出來，爲此曾引起老婆她們不滿，他是爲公忘私的，以後當赤衞軍副連長，配合紅軍打『反動』。國共合作後，村裏的『反動』引上頑軍來，說他和他的一個叔伯弟兄是紅軍，綑起吊在驢棚裏，用刑拷打，用刀子往身上戳，死去活來，不像人樣。叫他口供，他一口拒絕。他父親到驢棚裏接連去叫了他四次，蹲在他面前直流淚。他爲他解釋：『你有五個兒子，死我一個，不要緊，我死了革命也不會死。』後來村裏老百姓一致要求保釋，才獲得了解放。但反動派組織武裝，又把他編入後備隊，『身在曹營心在漢』，他的精神非常痛苦。

四○年吳堡反動派走了，黨恢復了他的關係，擔任自衞軍副連長，幫助擴軍，擴下他五弟，不願當兵，他就自動來了。他自入了部隊，一貫表現忠實坦白，刻苦耐勞，擁護眞理，積極負責，眞正是熱愛革命，熱愛八路軍。那時部隊中歪風很盛，他的積極表現在上面受不到表揚，在下面又常常遭受落後分子的諷刺、打擊。駐清潤時，到四十里以外的地方去揹柴，別人只揹幾十斤，他每次都揹一百五十斤以上，有的人就罵他：『這天生的是個壞種，他一個人揹這麼多，連累我們大家非多揹不成。』揹糧時別人揹斗半，他揹三斗，又有人諷刺他說：『這下你可打算吃我們的一斤半了，你受苦在家裏還沒受够，到這裏來受。』對這些無聊的諷刺與謾罵，上面未加制止，任其發展，張治國心裏很難受，但還是一股勁的幹。他這樣想：『爲革命該這樣幹，不管你們諷刺不諷刺。』去年部隊改編時他由副班長降爲普通戰士，政治戰士和黨的小組長也不担任了。連長徵詢他的意見，他說：『我是來幹革命的，地位高就高興，地位低了就不高興，張治國並不是那樣子人。』挖草時他成了勞動英雄，先在二班，二班變成模範，組織上又提拔他去一班當副班長，他感覺一班戰士資格老，不好搞，不願去。政指說：『組織上有這樣的意見。』他聽到『組織』二字，就不再猶豫，而立即答應了，任一班副班長。

張治國同志雖然有着光榮的歷史，參加部隊後，那樣一貫的對黨忠實，樣樣模範，積極工作，但他却不幸被埋沒了，高幹會前，他共經過了好幾個連長和四個指導員，都未重視他，他是被埋了好幾年。

的確像張治國形容的『高幹會可一元化美了』，領導上來了個大轉變，深入下層，扶植正氣，獎勵模範，張治國被發現與受到獎勵了，去年三月整編後，開始挖甘草，許規定每人每天挖十八斤，差不多都是第一次挖草，沒有經驗，老鄉說每人每天頂多能挖七八斤，以致全部的戰士及幹部對完成十八斤的任務都缺乏信心，張治國自動地訪問挖甘草的老鄉，解釋宣傳，學到了挖掘的辦法，埋頭苦幹，第一天試挖的結果，三個鐘頭他就挖了十七斤半，他挖草時眞是實打實幹，找準了一個地方就一股勁地挖，別人喊他『兎子』。他挖天津草（甘草中質量最上等），他不管好也不好，挖起草來也不扯亂談，怕說話誤了挖草，手腫了不休息，肚痛病發作了也不肯請假，這樣第一週總結他超過任務九十八斤；第三週超過四百二十斤。這一驚人的數字，轟動了全連。他又能幫助別人，教人家怎樣找天津草，怎樣挖省力，別人看見他挖的地方草多，或者有天津草，總是對着他看『張治國你讓給我挖吧』，他會很慷慨地說：『可以，沒關係，誰挖了都是爲公家。』手挖腫了，一隻手有兩隻手高，他還不休息，每天也要挖四五十斤，對人們說：『不礙事，手腫了可還不痛還能挖。』有的人手上打兩個泡，請假，他看張治國的手，就不好意思的想請假了。有一次送到地裏去的午飯少了，有的人沒吃飽，講不滿意的話，張治國却說：『吃不飽只這一頓吧！再得兩個鐘頭就又吃飯了，這點困難都不能克服嗎？』別人沒話說了，就又扛着鐵鈎去挖草了。這時指導員許法善同志在該連幫助工作，和指導員連長商量好表揚了張治國，並召集了連排幹部會發動了全班開展張治國運動。同年九月，警三旅認爲張治國是全旅的模範軍人，在全旅發動學習張治國運動。

領導上對張治國的培養也是很注意的，特別是旅政和營敎導員。張治國運動剛在三營發動時，還有些戰士表示嫉妒。挖草時借用老鄉的飯碗，張治國任支部民運委員，担心給老鄉損壞了，抓的很緊，不到開飯時不讓大家隨便拿。楊子容是一個落後戰士，表示不服氣，『你什麼都管，這樣積極，再積極也還不是吃斤半，你能吃斤九兩。』上前就奪，張治國不給，就摔了張治國一繩子，張治國在氣憤之下打了他一拳，他就喊叫起來：『打咱，看丟了誰的人？』有的戰士就嚷：『模範軍人張治國打架咧。』連長召集大家講話：『張治國是原諒了你，假如是我，還不把你揍死。』羣衆有些不平。敎導員得悉說：『這樣處理問題不能把張治國在羣衆中建立起威信來。』就又召集全連宣佈楊子容有錯誤，張治國的錯誤更大。張治國是黨員，應該受嚴重處罰，行政上處罰，黨內還得處罰。這樣既敎育了張治國不會使他養成一種脫離羣衆的驕氣，也平復了大家對領導上處理這個問題的不滿。張治國當了三邊的勞動英雄，得了兩條毯子，想家，給家裏一條。指導員就乘機發動張治國同他婆姨比賽，替張治國寫信，提出要在生產、學習、戰鬥中做模範。婆姨回了信，也說要努力生產、孝敬父母等等，對張治國鼓勵了一番。張治國在延安參加勞動英雄代表大會，回去後冬訓，第一次實彈射擊已經過去，他沒有參加，要求打一次，領導上同意了，但又怕他打不中，影響不好，考慮的結果，是帶他一人去打，打好了就宣佈，打不好就不宣佈，打的結果成績相當好，步槍三發三中，打了十九環，機槍也全上了靶。

現在從旅到連對張治國都是重視的，表揚他、獎勵他，傾聽他的意見，號召大家向他學習，把他看做羣衆領袖革命軍人的一面旗幟，這是十分正確的。

眞正的群衆領袖

自張治國運動開展以後，張治國已經成了該連以至該旅全體軍人的一面旗幟，戰士們學習的一個最好的榜樣。每次工作任務下來後，指導員就找他商量一下，訂出他的工作計劃、競賽條件然後開動員大會，讓他上台講話，宣佈自己的計劃競賽條件，向大家提出比賽，指導員接着號召大家向他學習，發動每一個人向他挑戰。這樣一件工作就轟轟烈烈的搞起來了。在這種意義上講，該連一年來每一次工作所以能超過任務的完成，與張治國的作用全是分不開的，挖甘草不必說，就拿冬訓說吧，開始搞軍事體育，指導員就找張治國商量，看會不會發生什麼問題，張治國說：『別的沒有什麼，就是那一百五十米的賽跑，又是跳欄，又是爬牆，只規定跑八十秒鐘，大家沒有搞過，害怕搞不成，情緒有些不安。』指導員就在黨內動員，發動競賽，大家開始腿練的發痛，又找張治國談，叫他們不要出聲，免得影響大家，先規定一個預備週，讓張治國等先搞起來，慢慢在全連也就搞好了。

因為張治國是眞正與羣衆有聯系的，所以他能經常向連上提出一些有價値的意見以改進連上的工作。比如黨員彙報，有一種做法一聽見羣衆說句不滿意領導的話，就跑到連部彙報，不調査不解釋，引起羣衆不滿，使黨員脫離羣衆。他自己是這樣做，看見誰說怪話，先和他談，解釋說服，同時又彙報上級，但盡量由他在下面解決，不是由領導者立即在點名時提出批評。最近他更提出每個黨員要團結一個以上的羣衆，積極分子有計劃的去接近他鼓勵他，幫助他更加進步。這兩個意見，支部都採納了。幫助羣衆鋤草時，他提議組織民運組，說：『這是我們提出擁政愛民後的第一次實際工作，民運組不但要檢査羣衆紀律，還要向羣衆宣傳我們愛護他們的眞意。』他處處能提出積極的意見，成為指導員在工作中的最重要的助手。

他不僅能處處做模範，也善於做說服教育工作。依靠這兩種本領，就能到處把工作做好。他先在二班當戰士，在他的影響下二班是模範班；又調他去一班當副班長，班上全是老戰士，有許多調皮說怪話，張治國先了解一個人一個人的具體情形，想好辦法慢慢改造，比如楊綿子最調皮，飯稍吃不飽就罵：『當八路軍飯都吃不飽。』點名講話長一點，也罵：『講這麼多頂什麼事？』張治國去怕碰釘子，第一次談很客氣：『組織上叫我到班上來當副班長，我沒有能力，工作不到的地方，希望你原諒。』公差勤務張治國都跑在前頭，學習時自己拿出得獎的錢給每人買了個本子，慢慢感情弄融洽了，就和楊綿子談革命道理：『我們現在當兵是當的八路軍，爲的革命，爲的保衞邊區，不應當調皮，說話要對革命有利的，當兵當個好兵，家裏父母也光榮，一天價叫人家說長道短，有什麼好處？』最後用責問口氣向他說：『今天爲什麼來革命？目的是什麼？爲什麼要講怪話？』終於把楊綿子說服了。他對張治國發了誓：『我再偷懶，再講怪話就是龜孫子。』故意奪碗，同張治國打了一架的楊子容也在張治國的說服教育下，由二流子變成了小英雄，不到半年，一班又成了模範班。這次參加延安勞動英雄大會回去以後，更大加宣傳，在延安的所見所聞，宣傳毛主席，宣傳朱總司令，宣傳政府的優抗，大大的提高了部隊的情緒。

張治國在第七連有着高度的威信，有一次他沒有蓋被睡了覺，在他幫助下轉變的喬懷玉脫下自己的棉衣，爲他蓋上，他醒覺了，問喬懷玉：『你怎麼對我這樣親愛？』喬這樣回答：『好老張，你過去親愛了我，我怎麼能不親愛你！』——這是多麼動人的一個場面啊！從延安回去後，調營部當通訊員的楊綿子，一禮拜內自營部跑回來看過他五六次，——這又是多麼使人鼓舞的情景啊！他在羣衆中的威信是這樣的高，不僅戰士幹部心裏有問題也都願意對他傾訴，比如有一次二排長碰了連長的釘子，就找他訴苦，說不願在七連幹了。張治國很好地做了解釋：『連長一時態度不好，我想他不會對你有成見的。你要支部解決一下，我可以向支部建議，有意見向組織上講是對的，不過要保證連長的威信，不隨便講。我是個戰士，說這話不管對不對，不對的話就算沒有說。』

張治國在七連的作用不下於一個連級幹部，他已經成了七連團結的核心，是一個眞正的羣衆領袖。毫不誇張地說，七連一年來的進步，應大部歸功於張治國。從旅政到連的領導同志，發現與培養了像張治國這樣一個模範軍人，是我們領導工作的一個極大成績。

八路軍、新四軍的全體軍人應該向張治國看齊。

一九四四年七月七日

馬錫五同志的審判方式

解放日報

一月六日林主席在『邊區政府一年工作總結』報告『關於改善司法工作』中，曾經說到『提倡馬錫五同志的審判方式，以便教育羣衆』。

什麼是馬錫五同志的審判方式呢？

這裏是幾個具體的判例：

華池縣溪台區四鄉封家園子居民封顏貴，有女兒名叫捧兒，民國十七年許與張金才次子張柏兒爲妻，尙未過門。三一年五月，封顏貴見女兒旣已長大，而現時聘禮又復大增，遂企圖賭婚，一面教唆捧兒以『婚姻自主』爲藉口，要求與張家解除婚約，一面却以法幣二千四百元、硬幣四十八元，暗中許與城壕川南源張憲芝之子爲妻，被張金才得悉告發，經華池縣政府判決撤消後一次之婚約。三二年二月，捧兒赴趙家孤子鍾聚寶家吃喜酒，遇張柏兒亦到，由第三人介紹，雖未當面談話，捧兒已表示願與結婚。但同年三月，封顏貴復以法幣八千元、硬幣二十元、嗶嘰四疋，另許慶陽新堡區朱壽昌爲妻，張金才得悉後，即糾集張金貴等二十人攜棍棒爲武器，於三月十三日深夜闖入封顏貴家，封姓驚悉四散，遂將捧兒搶回成婚。封顏貴控告到庭，經判決張金才徒刑六個月，張柏兒封捧兒婚姻無效。當時封張兩造皆不同意，附近羣衆亦感不滿。適值馬錫五同志赴華池巡視工作，經上訴前來，受理後，首先詳詢當地區鄉幹部，了解了實際情形，其次又問了附近許多羣衆，了解了一般輿論趨向，下來就派平日與封捧兒接近的人去與談話，再親自切實徵求她的意見，了解了她實在不願與朱姓結婚，說：『死也要與張柏兒結婚的。』全部眞相既明，於是協同華池縣上同志舉行羣衆性的公開審理，將與此案有關的人一併集合起來，審明封姓屢賣女兒，張姓以張金才爲首、張金貴爲次糾衆搶親屬實以後，復徵詢封捧兒對婚事意見與前無異，最後徵詢到場羣衆對全案意見，一致認爲：『封姓屢賣女兒，搗亂政府婚姻法，應受懲處。張家黑夜搶親，既傷風化並礙治安，使四鄰害怕，以爲盜賊臨門，也應處罰，否則以後大家仿效起來，還成什麼世界。』羣衆特別關心的，就是張柏兒封捧兒兩人的婚姻問題，認爲一對少年夫婦沒有問題，不能給拆散。至此，一切都弄明白了，於是判決張柏兒與封捧兒雙方同意結婚，按婚姻自主原則，其婚姻准予有效。但不論新式舊式，均應採取合法手續，黑夜糾衆實行搶親，對地方治安及社會秩序妨礙極大，因之科處張金才、張金貴等以徒刑，其他附和者給予嚴厲之批評。封顏貴以女兒爲貨物反覆出賣，科苦役以示儆戒。羣衆聽到這一判決後，十分高興，認爲入情入理，非常恰當。各當事人聽到這一判決後，受罰者也表示自己罪有應得，勝利者（如張柏兒、封捧兒）更是皆大喜歡。尤其重要的是，因此用最生動的實例，當場教育了羣衆，教育了工作人員。

這是一件婚姻糾紛案。

合水縣五區六鄉王家莊王治寬，父在時買得高姓之地一塊計四段五畝，約據上寫明東南北三面俱靠王統一家的地，西面爲莊窰。王治寬企圖霸佔王統一家的一畝打糧場地地基，遂故意歪曲方向，把南面說成西面，因此發生土地糾紛。當時區鄉幹部及四鄰羣衆出面調解，認王治寬爲無理，王治寬不服，告到合水縣府，縣司法處只憑呈狀所說，未往實地調查，致將場地判歸王治寬所有。王統一不服，上訴分庭，雙方辯論各有各的道理。馬錫五同志即派石推事赴當地實際調查，石推事在馬錫五同志的審判精神之下，就協同縣、區、鄉許多幹部及約據上所寫有關房親與證明人四鄰居住的老年人等共二十餘人（出賣人已經不在），一面展開約據對照方向，仔細丈量段數畝數，同時徵詢老年人及四隣意見，一點一滴加以研究。這時羣衆首先發言，幹部接着發言，王治寬理屈辭窮，遂出而承認自己的佔地錯誤，自請處分，於是羣衆都亦大笑起來。結果經解釋說服，土地仍歸王統一，雙方互請吃了飯，王治寬並給王統一裝了烟（農民敬人土俗），取和了事，一般羣衆一致歡呼『眞是清官斷案』。

合水縣五區六鄉丑家覷丑懷榮，擁有丑家梁山地；同區二鄉丁家北堡子丁萬福，擁有川子河及附近山地。原來地廣人稀，大家對土地都不很重視，八路軍到來實行生產自給後，才注意起土地來。丁、丑雙方都企圖擴大土地面積，於是丁姓從川子河山上向北發展，丑姓從丑家梁山上向南發展，雙方接觸，發生衝突，民二七年涉訟至寧縣政府（友區政權）。丑懷榮藉助於該縣保安隊長（姪女婿）之勢，得縣府發給補契承業執照一紙，不僅把丑家梁山地，而且把丁萬福老業川子河及附近山地二百四十多畝完全斷給。丁姓不服，上訴平涼高等法院（友區政權）。並於當地殺猪請客，以金錢籠絡得力士紳及法院官吏，結果不僅收回川子河及附近山地，而且連丑家梁丑姓土地與墳墓一併歸其所有。羣衆紛紛議論：『貪贓枉法，徇情舞弊，兩家都無理，誰有面子能抵事，誰有金錢能抵事。』二九年我合水政權建立，丑姓又告訴前來。當時因百廢待舉，無暇詳爲研究，暫仍原狀。去年經馬錫五同志指派分庭石推事前往就地勘查，當經會同合水縣人員至當地召集了四隣七、八人，公正士紳與老年人四人，一個個慢慢的談兩天後，才將以上情況談清。第三天召集羣衆及幹部二十餘人，勘驗地形一天，然後先與幹部討論，再徵求一般羣衆及公正人士之意見，最後即以石推事與區長爲首，另外再在下面幹部及積極羣衆中組織了一批人，正式分頭出面進行調解，揣測雙方心理，將川子河及附近山地判歸丁姓，丑家梁山地判歸丑姓，雙方都樂意接受調解，並同意了這一判決，於是劃了疆界訂了息訟契據。數年爭論未解決的土地糾紛，遂於四天內澈底解決，當事人與一般羣衆都說：『政府處理案件眞正適合人心。』

這是兩件土地糾紛案。

這就是馬錫五同志的審判方式。

第一、他是深入調查的。以前，舉婚姻案來說，他不像華池縣初判那樣不調查不研究，片面地認爲張金才搶婚不當，於是一切都無理，不徵詢婚姻當事人意見，不追究封顏貴以捧兒爲財物反覆高價出售之錯誤。以前，舉第一件土地糾紛案來說，他也不像合水縣初判那樣不調查不研究，輕信呈狀，草率判決，使狡黠者反獲勝利。因此他就能抓住案件關鍵，就能從本質上而不是從現像上解決問題，他正做到了林主席報告內所說的『切實照顧邊區人民的實際生活，切實調查研究案情的具體情況，分別其是非輕重』。我們今天的司法工作主要依靠初審，但現有負責初審的幹部一般能力較弱，閱歷較差，要克服這一缺點，就必須使司法幹部多下鄉鍛鍊，多聯系羣衆，關起門來把玩舊型法律教條，是無補於事的。

第二、他是在堅持原則、堅決執行政府政策法令、又照顧羣衆生活習慣及維護其基本利益的前提下合理調解的，是善於經過羣衆中有威信的人物進行解釋說服工作的，是爲羣衆又倚靠羣衆的。馬錫五同志說：『眞正羣衆的意見比法律還要好，所謂三個農民老頂一個地方官。』這在前舉三個判例中都表現得很明白，因此他就能抓住所有人心，就能在當事人的內心，而不是表面上解決問題，他眞正做到了林主席報告內所說的『依雙方自願的原則的民間調解』。

第三、他的訴訟手續是簡單輕便的，審判方法是座談式而不是坐堂式的，不敷衍不拖延，早晨晚上，山頭河邊，羣衆隨時隨地都可要求談話審理案件。華池婚姻案最初就是封捧兒在路上碰到馬錫五同志，邀住他在一棵樹下告的狀，而馬錫五同志自己每年總要往各縣巡視工作數次，在巡視過程中，必嚴密檢視監獄，查問犯人，遇有可以改造者，即令交保釋放，以便增加我邊區勞動力，增强生產。因此，他是眞正『民間』的，而不是『衙門』的，眞正替人民服務，而不是替人民製造麻煩。

一句話，馬錫五同志的審判方式——這就是充分的羣衆觀點。

這就是馬錫五同志之所以被廣大羣衆稱爲『馬青天』的主要原因。

一個具體領導的榜樣

午人

『眞正要爲羣衆打算』這一個思想，安塞縣委書記李望淮同志在幹部們出發三鄉幫助工作之前，曾強調地向大家指出。

李同志自己參加三鄉工作，不僅幫助支部鄉政府總結去年經建工作，研究三四年全鄉的生產計劃，大會上動員和組織了全鄉的生產運動；並深入到行政村工作。到各自然村，他先了解那些人生產得好，那些人較差，親自幫助個別勞動差的人作生產計劃，口邊問着，手在筆記或打着算盤，這樣耐心細密親切和誠懇的態度，深深感動了每一個同他談話的農民。

李同志幫助安義元製定家庭生產計劃，談了半個白天，半個晚上，詳細檢查他去年農業生產、副業發展及各項大小收益，連一顆菜、一顆梨果、一斤羊毛都按出賣時或自用時的市價算成錢，又將買一尺布、買張紙、爲親戚送一次體物等也按適當的價格算成錢。如此詳細具體的計算了他家全年的收入和費用，又和他現有的人工、牛力、生產資本等計算一番，研究他在今年能擴大幾垧地，應該多打幾石糧，便能達到耕二餘一，進一步的豐衣足食。

李同志剛到蓮吉爾塔，就把高義德叫到村長家裏個別談。因爲他早已知道這姓高的生產不甚好。在檢查了高義德去年生產——只種兩垧地，收了一石糧，家裏三口吃飯人——後，便問：『你一石糧連吃也不够，再拿什麼穿衣零用？』這一句話有力的打動了老高的心，不用說，他是正在愁着這類問題的。再經過解釋勸說，他自動提出在今年要收回典出去的五垧地來自種，一共要掏種七垧熟地，開幾垧荒地，要參加變工隊去換牛工下種。

在陳家窪，李同志知道了張好賢藉口工作忙而不抓緊生產，去年只打五石糧，今年又打算留下四垧麥地自種，把其餘十二垧地夥出去，自己專攔羊。李同志就找他計算，先按他自己所打算的把十二垧地夥種出去，即每垧按八斗的收成，能打九石六斗糧，四六來分，能分得三石八斗四升。四垧麥子打二石五斗，才能共得六石多糧，比去年增加不了很多。經過李同志對他家務的打算和說服，結果他計劃不但要自種十六垧熟地（四垧麥子在內），新開荒地一律要鋤過三次，計算可得十九石多糧（熟地可收九石六斗，熟地增收二石五斗，荒地增收一石六斗，合計約十三石七斗多），此外要很好推動和領導羣衆生產，『一定要把生產和工作都執行好』，這是他的生產，從心裏感到今年努力執行計劃，就能比去年多增加九石糧的收入。

李同志細密的研究變工隊的組織，和變工與不變工效率的差數。他檢查張有直在去年春耕中一個不定型的牛犋變工耕種五垧地的情形。據張有直談，五垧地第一二兩天是三個牛犋四個人，第三天是二個牛犋三個人，其實用了八個牛工十二個人工，這已經比四二年單獨行動八犋要十六個人工，節省了五個人工（因爲每家牛要跟二人），表面上看牛工同樣費了八個，但經李同志仔細追究，四二年所用的三犋牛都很强，每牛每日能耕種二畝地，而去年的三犋牛中只有一犋是較强的，兩犋較弱，單獨耕，每日僅達一畝半，由於變工耕種，弱的牛犋達到和强的牛犋同樣每日二畝的效率，即節餘出二畝半地的——即一個多的牛工，由此，五垧地變工耕種的結果，能節省出五個人工和一個多牛工，那末五十垧地，五百垧地，都變工耕種，當然更會節省得多了。李同志，就以此實例來宣傳和號召，所有的人工牛工驢工都相互變起來，當會有更多的餘力來擴大生產。

同樣他幫助羣衆組織一個變工隊，不僅是隨便把幾個钁頭手或牛犋湊合到一起就算組織起來，而且具體的幫助他們作了勞動計劃。如對黃瓜塔背莊的驢變工送糞，就計算全莊要上一千零二十五袋糞，三個驢子每驢一天，遠近平均送十五袋，則共需二十三天送完，正月初開始送，月底就全部送上山，如此就能早抽出時間來翻熟地開荒地了。

再關於黃瓜塔後莊閻××的使用農貸，李同志曾費了兩三個鐘頭來談話，不但刺激和提高了他的生產情緒，且在政治上教育和堅定了他。閻××開始要用二萬五千元農貸，才計劃種十二垧地（自己要做飯的），雖比去年提高了四垧，但多打不到三石糧，那末農貸的作用太小了。李同志說：『拿這錢買糧借給你得了，何必要將農貸用一年打不多的糧。』因爲反覆商量，要提高生產計劃，閻××的態度很不滿意，表示不想用農貸，也不提高計劃。可是在他走了之後，李同志心裏仍然爲他的生產及生活設想。並知道了他是個共產黨員，又將他叫轉回來，非常懇切的一面指責一面安慰，講一個好黨員自己生產好，同時還要幫助別人生產，領導羣衆生產，要在工作上、生活行動上作羣衆的模範。李同志說：『你自己憑心想一下，你剛才的態度連新的農民都不滿意，這是黨員與羣衆的模範嗎？』這樣閻××才回心轉意，肯定地答覆：『我要堅決爲革命到底，人不幹革命，還活什麼！』

到陳家窪的村民大會上，李同志特別關切模範村，就親自向到會的男女老小講話，以通俗和該村的事例解說模範村該怎樣更加努力，要作全模範鄉的核心。他講：『自己努力生產，多種地，多打糧，有吃有穿了，過年過節人家吃啥，咱也吃啥，不然人家娃娃吃白饃，咱的娃娃想吃沒有，這爲老子的多難受呀！……』人們都聽得笑了，尤其是婦女們最敏捷。有許多人說：『現在政府爲老百姓眞把心用盡了。』

在工作完畢後離開陳家窪的前一晚，李同志專門召集了勞動不好的，要用農貸的，沒有土地沒糧吃的，在生產中有困難問題的八個人，一個一個的談過，都給具體的解決了問題，一一針對毛病糾正和教育了。

還有一個例外的事，連高顏太本人也沒有料想到，就是他去年打了八石糧，還

— 75 —

舊租和穿布費去了一石，買一條小牛，賣糧兩石，因爲小牛仍不能成立單犋耕種，爲相配起來用，又託人再買了較大的牛，但買價却要七萬元，需賣四石糧食，這時，人家古曆臘月十九集上要牛價，又適值糧價跌落，四石糧還賣不够七萬，將高難住沒辦法想，買下牛就要賣完糧食，當時沒吃的，如不買牛，生產又成大問題。李同志爲照顧他的發展生產，又照顧吃飯問題，便在借給二萬元的農貸外，又破例以暫借政府款項名義借給二萬元，所餘三萬元再需賣一石多米，就可以將牛價充墊了，俟後把先買的小牛賣了，來還淸所暫借政府的二萬元。這一下當卽解決了他的牛價的大困難，替他保存了吃糧，使他有力量擴大生產。

李同志到陳家窪還乘工作之暇，專繞全村巡視廁所，看羣衆對積肥的重視程度和方法。這種眞正爲羣衆打算和具體領導的方法，是值得我們學習的。

安塞縣秋冬工作如何進行

李望淮

由於邊區進入長期全面建設的環境，要求各縣對全盤工作預先有一個周密的適合時間和情況的計劃和具體辦法，否則全面的建設工作一定不會領導得好。李望淮同志這篇文章將安塞縣今年秋冬兩季所應做的工作計算出來，按其性質及時間性排列出進行的程序，幷根據已往經驗，指出完成這些工作的主要辦法。這種有計劃、有算法是值得各地重視和學習的，特此介紹。

——編者——

今年秋冬兩季，我們需要做的工作是很多的，概括計算一下，就有下面十七項之多：

（一）種麥田，（二）植苜蓿割野草，（三）送交夏徵轉送軍糧，（四）傳達、檢查、佈置合作社工作，（五）總結佈置文教工作，（六）組織放青運鹽，（七）審查幹部，（八）秋收（包括除蟲）秋徵，（九）開秋荒地，（十）準備冬天三大盛會的材料（選舉勞動英雄，徵集展品，收集意見等），（十一）訓練基幹自衛軍，（十二）辦冬學普及讀報、識字小組等文化事業，（十三）訓練區鄉幹部，（十四）教育黨員與調查整理一個支部，（十五）準備春耕及明年生產工作（如總結全年工作，製定明年計劃，發動砍柴拾糞等），（十六）進行擁軍運動，（十七）總結機關生產，製定明年的機關生產計劃等。

上述這些工作大部分是有時間性的，需要按時進行或按時完成的，不能一切兩斷，只能前後交錯或在同時配合進行。因此如果不按其緩急輕重，預先有一個全盤計劃，結果就會顧此失彼，以致有些工作會落空，有些工作會作不好，所以我們現在對這些工作進行的步驟大致計劃如下：

九月初——十月底爲第一階段，準備與號召開合作社主任會與文敎工作的一攬子會，以研究新的方針決議，並佈置具體實施。此外還要以審查幹部爲中心，同時組織收集三大盛會的材料，組織種麥，發動割野草，組織放青運鹽，佈置開秋荒地，宣傳秋收中拔掉穀根除盡蚱蟲，整理文敎工作材料，並進行冬學幹訓的準備工作。

十一月初——明年二月初爲第二階段，中心工作爲訓練民兵及配合進行冬學與區鄉幹部訓練，同時整理三大盛會的材料，總結全年工作，製定明年計劃，發動擁軍運動，製定明年機關生產計劃。

按照以上工作程序，怎樣具體去做這些工作呢？我們的意見：

一、抓住中心，配合推進次要工作。縣級幹部有明確的分工，各鑽一門主要的工作，並負責到底。

二、對每項工作及早進行準備工作，使能適時的組織實現。我們的工作常常是一件緊接着一件的，有時並堆集在一個時間，因之有的適時組織進行佈置是可以的，但有些工作必須要提早準備，否則就會耽誤時間，失去主動。比如今冬自衛軍的訓練問題，爲要達到實施訓練的目的，我們曾於六月下旬研究確定全縣基幹自衛軍分爲五個單位，訓練時間一月至二月，爲此就要事前規定地址，並指定專人負責，領導變工隊，够在訓練期間每人每天的菜蔬及砍好燒的柴火，自衛軍只要自帶口糧、用具、被毯就行，不致發生菜柴困難而影響訓練。訓練時間預定在古曆十一月底至十二月中止。這次訓練除講如何使用現有武器和一些必須的軍事政治常識外，同時也就是冬學，可以普遍進行識字，達到識字組與訓練自衛軍密切聯系起來，爲此要派縣區幹部專任各種教員。

三、正確的估計與配備自己的力量，以免顧此失彼和任務龐大不能完成。比如放青運鹽，在去年我們全縣出發有四千餘頭牛驢，運回五千馱私鹽。但今年耕地面積擴大了七八萬畝，勞力未多增加，又加上雨水廣多時大莊稼不易早鋤，又要轉運軍糧，還要增種數千畝麥子，這樣一來就不能照去年辦法來計劃，依據上述各項需要之人力畜力，只能抽出兩千餘頭牛驢去運一次食鹽。再比如於七月底至八月上旬期間，我們一方面要做夏徵，另一方面要同時召開全縣合作社主任區長聯席會和文教工作一攬子會，這樣要幾個負責人把這些都親自攪好是不可能的。然而放鬆那一個也是不行的，那只有一方面抽出一批幹事科員下鄉，配合鄉幹部由區書負責進行夏徵；一方面由縣長、二科長、抗聯主任、聯社主任負責分一批幹部主持合作社主任聯會，由宣傳部長、一科長、文教工作團團長等負責主持文教會的進行，如此在同一時期可以完成數件工作。

四、適時進行工作檢查，研究總結教訓，取得經驗教育幹部，推動工作向前邁進，這種檢查研究除在一定時間進行外，應在每一件工作進行中隨時發現毛病缺點，隨時糾正修改與補救，發現新的經驗即時研究推廣。爲此在一個時期的工作必須依據工作性質，要有明確分工，專人負責，並進行定時的彙報制，相互交換經驗。

這就是根據過去經驗，對今年秋冬兩季工作進行的一些意見，這些工作有的已經是如此做着，有的打算如此做，我想其他縣一定也發生同類的困難和問題，是否如此計劃和解決，或有更好的辦法和經驗，均希指正，或將其經驗介紹出來，以利工作之進行。

我的幾點工作經驗

齊長發

教育與提高老戰士的工作經驗

老戰士是部隊中的骨幹，他們經過許多戰鬥和艱苦的鍛鍊，有的負過幾次傷，甚至殘廢了；有的有五六年、七八年或十多年的鬥爭歷史。但是，他們的進步還是不够的，甚至有個別落伍了。他們爲什應會這樣呢？檢討其根源，有兩方面的原因：

第一、在戰士本身方面：有的因成分關係，頭腦簡單、遲鈍，接受教育不靈敏，了解問題差，容易把問題看錯、說錯、做錯；有的工作久了，厭倦，不安心，要求到後方餵猪、種菜；有的因爲政治進步差，容易受外界影響。如有一個戰士因聽壞人說『入黨不好，犯了錯了不得——麻煩』，就不願入黨。

第二、這是主要的一方面，就是在我們的工作中，往往暴露以下缺點：

一、教育不深入——上課吧，聽不聽三點鐘；個別談話吧，不但沒有教育了，反而使戰士感到『熊了一頓』。可是我們不能即時檢討教育中的主觀教條，却怪戰士太落後，不接受教育。

二、處理問題主觀——聽到一點風聲就大發雷霆；戰士講道理，硬說他不坦白，打掩護。有一次×××同志行軍時病了，不能走（因該同志當天受了批評，我們懷疑他可能因批評不高興），負責幹部却說：『早飯吃了七八個饃，有什麼病！裝着——不管他！』其實他眞眞病了。

三、處理問題方式不好——以個性代替紀律，如錯誤嚴重些，就聲音大些，拍的桌子也越響些，好像故意表示一下自己的威風。這樣戰士雖然不得不承認錯誤，但是他的心裏却是不高興的，自然就會影響他的情緒。

四、批評與表揚不適當——有的看到其缺點，而抹煞了他的優點。老戰士有這樣的輿論：『十好不算好——一個壞就壞了。』有的看到其優點，而不注意他的缺點，特別是戰鬥好的戰士，連隊中往往有這樣輿論：『能打仗就好，平時吊兒浪當不怕。』這都是偏向，前者可使戰士悲觀，後者可使戰士驕傲自大。

五、不關心戰士生活——平時給養改善與精神上的教育，當然是我們的經常工作，特別在戰士負傷或生病時。這是戰士情緒變化最快的時候，也是我們最忽視的地方。因此戰士有這樣的輿論：『沒有病是好同志，有病了就沒人管了。』如我連陳××同志，在五年前陸房突圍時負傷了，當時排長帶着隊伍走了沒管他，現在提起來還哭呢！

以上都是我們工作中的缺點，我們應當首先澈底轉變，才能談到教育戰士。

今後如何改進這個工作呢？

一、進行教育前要首先了解戰士心理——特別是個別談話，需要針針見血。這並不是說要多麼高明的談話技術，而要使你所說的話，正符合戰士腦筋所想的就對了。如戰士高××同志愛唱『四郎探母』中的『我好比虎離山受了孤單，我好比南來雁失羣離散……』，而他是贛榆城俘虜來的，在城裏曾當過班長有錢化。在他情緒不高時，我們和他談話時就問他：『你近幾天也覺得是失羣離散，受孤單了嗎？』接着就指出他平時的優點和缺點，結果他很愉快的接受了批評。

二、處理問題基本是爲了教育，不要强調形式——對於犯錯誤同志的批評，不一定要他當面很完滿的承認。曾有很多這樣的例子：當面接受的很好，但就是不轉變；有的接受雖不大好，倒眞正轉變了，因爲有一種人很慣用軍閥隊伍裏『是是，對對』的『軍人首重服從』的一套形式，其實不見得口服心服；也有一種人因意識關係，很難爲情的當面承認，但是他的決心是再也不犯這種錯誤了。這就要我們在教育以後，注意他的實際行動，繼續進行教育。

三、表揚與批評要嚴明——問題發生後，首先要細心考慮，不要强調工作雷厲風行，錯了錯辦。雷厲風行是好的，但用在辦錯事上就壞了。要考慮淸楚，該批評就批評，該表揚就表揚。如我連陳××同志，排長發給他一支槍，他不要，並且態度很不好，當時排長就拉他到連部說：『不要他了！』其實他平時有不少優點，還是小組長。因而惹得他大哭起來，並且說：『排長對我有多少意見，爲什麽不在黨內提出來，現在却不要我了！』說完又哭，情緒大受刺激。

四、執行紀律不應當帶上個人的脾氣——違犯了紀律的同志，應當受到紀律的制裁。但要解釋受處罰的原因及教育意義。如果只憑個人脾氣去執行紀律，戰士就會認爲紀律是你個人的，而害怕你；但是離開你，他還是犯錯誤的，再說幹部如果形成一種個人權威觀念，那就是自己思想上的軍閥殘餘表現。

五、關心戰士生活——特別着重在以身作則。幹部在生活上要和最苦的戰士去比；在戰場上不丟傷兵，就不消說了；對於病員，『裝病』二字萬萬說不得，就是他眞裝病，也要很好的照顧，以階級友愛的精神去感化和指責。

六、問題處理錯了，幹部可以自我批評的精神承認錯誤，以平服戰士的不滿情緒。如副班長于××同志不安心工作，叫我嚴厲的批評了一下，很不高興，當時雖然說沒有意見，但是幾天來的情緒却是低落了。以後我在支部大會上檢討了自己的缺點，他就馬上向小組長反映說：『看指導員很好，向他提個意見吧，被他熊了一頓！今天開了支部大會，又好了！』

七、加强個別教育，幫助他分析和認識問題，免受外界的壞影響。

總而言之，任何人都願意向好處走，尤其老戰士，在思想上已確定革命是光明的；政治上是純潔的；他們是今天部隊中的骨幹；又是幹部的泉源。有人說『老兵不如新兵』，那眞有些顚倒本末。

連隊發揚民主生活的經驗

以前我們的民主作風太差，幹部發了洋財，戰士提意見，反把戰士『熊』一頓；連部生活特殊，戰士提出意見，幹部則說這是我們打仗繳來的，不但不採納，反而批評一頓。形成幹部與戰士的隔閡，甚至有些較進步的同志，盼着團部來檢査工作，因爲有話沒處去說。

經過上級指示，與我們幹部研究的結果：只有發揚民主，才能克服這種傾向。於是在各種會議上動員，俱樂部設意見箱，要戰士大胆提意見。並提出『意見提錯不算錯，大家踴躍提意見』的口號。這樣做了一個時期，大家敢說話了。不但容易管理了，並且更啓發了戰士自覺的檢討自己的缺點，在軍人大會上，就有十四個人反省，有的曾企圖逃跑，有的被組織逃跑或企圖腐化……等都坦白的反省出來，這對工作的推動及戰士的進步，都有很大作用。

由此，我們得到如下兩點經驗：

一、對戰士的意見，不要追求詞句，只看他提的意見對不對，應先檢討幹部本身，再把詞句不當的地方向大家解釋。如我們連的給養不好，有的戰士提意見說：『連部吃寃枉——給養也搞不好。』那我們就平心靜氣的研究，給養不好是事實，因飯裏有沙子；說『連部吃寃枉』却是詞句不當，因爲他們不懂方式，只是感覺到飯不好就生氣，如果給養好了，戰士也就沒有意見了。這樣一面改善了給養，一面向大家解釋，並指出提意見方式的不對，問題就解決了。既改進了工作，也教育了大家。

二、即使意見不正確，也不要輕易說『極端民主』。因爲『極端民主』四字往往是個別幹部壓抑民主的藉口。在戰士方面呢？大多是不會分析什麼是民主，什麼程度就是極端；甚至個別戰士簡單的了解：『民主就是提意見』，『極端民主就是不叫提意見』，有一次戰士提意見要伙房劉××同志下步槍班，因爲他態度不好；不然他們就要全部當伙伕，這顯然是不對了。當時我們這樣解釋說：『人員調動是行政問題，軍隊的民主範圍是有限的，譬如大家對連排長有意見，就能不要他們了嗎？我們只能提出他的缺點，要他糾正。』並且說如有的同志不了解，可以單獨找我們談，不要回班亂講。果然有一位潘××同志來問，經詳細解釋後，他很滿意的回去了，並向其他同志解釋。

革命戰士是不會無故向幹部找毛病的，他們提出意見來，幹部要首先自我檢討，即使是一種輿論或謾駡，也不必感情衝動，要冷靜的研究他爲什麼這樣，先找出自己的缺點，糾正以後再向戰士解釋，指出他駡人的錯誤。這樣他會感覺對不起你，而檢討他自己的過失——幹部虛心了，戰士是不會極端民主、亂鬧問題的。

因此做連隊工作，就必須在複雜緊張的工作中，把握着頭腦冷靜、善於尋根到底的精神去了解問題，尤其對戰士的心理，不要單憑自己一股熱情，亂衝衝的蠻幹一頓。因爲事情是複雜的，必須在複雜的環境中，把握問題的要點，簡單化當然是不成的。這是我在工作中的體驗。

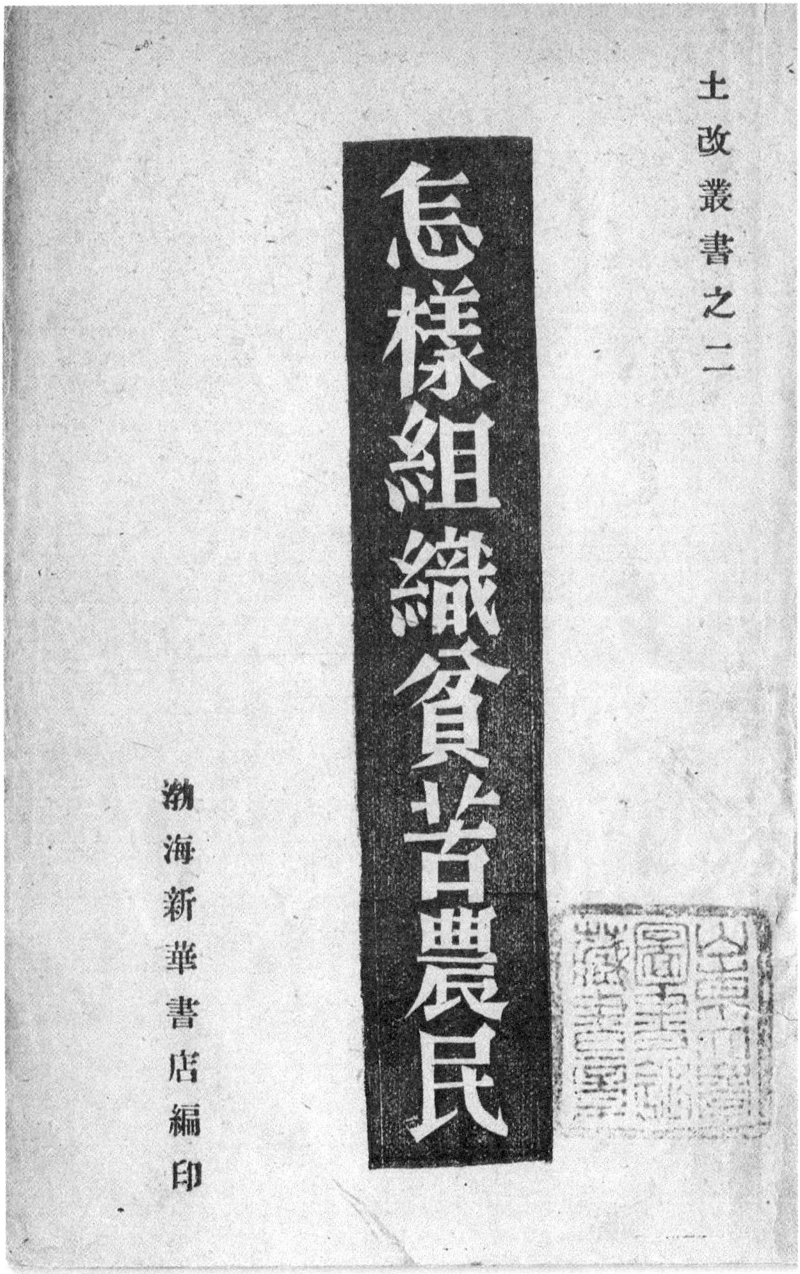
土改叢書之二

怎樣組織貧苦農民

渤海新華書店編印

土改叢書之二

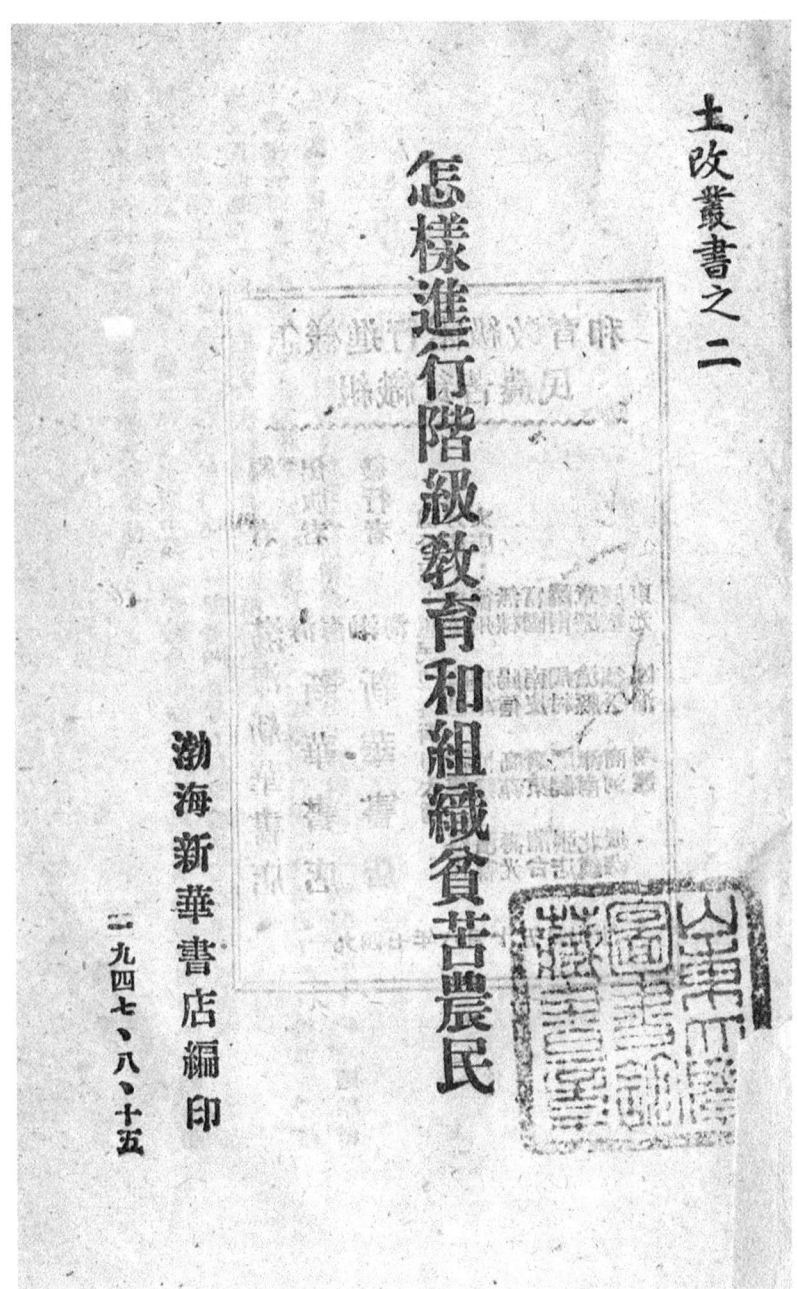

怎樣進行階級教育和組織貧苦農民

渤海新華書店編印

一九四七、八、十五

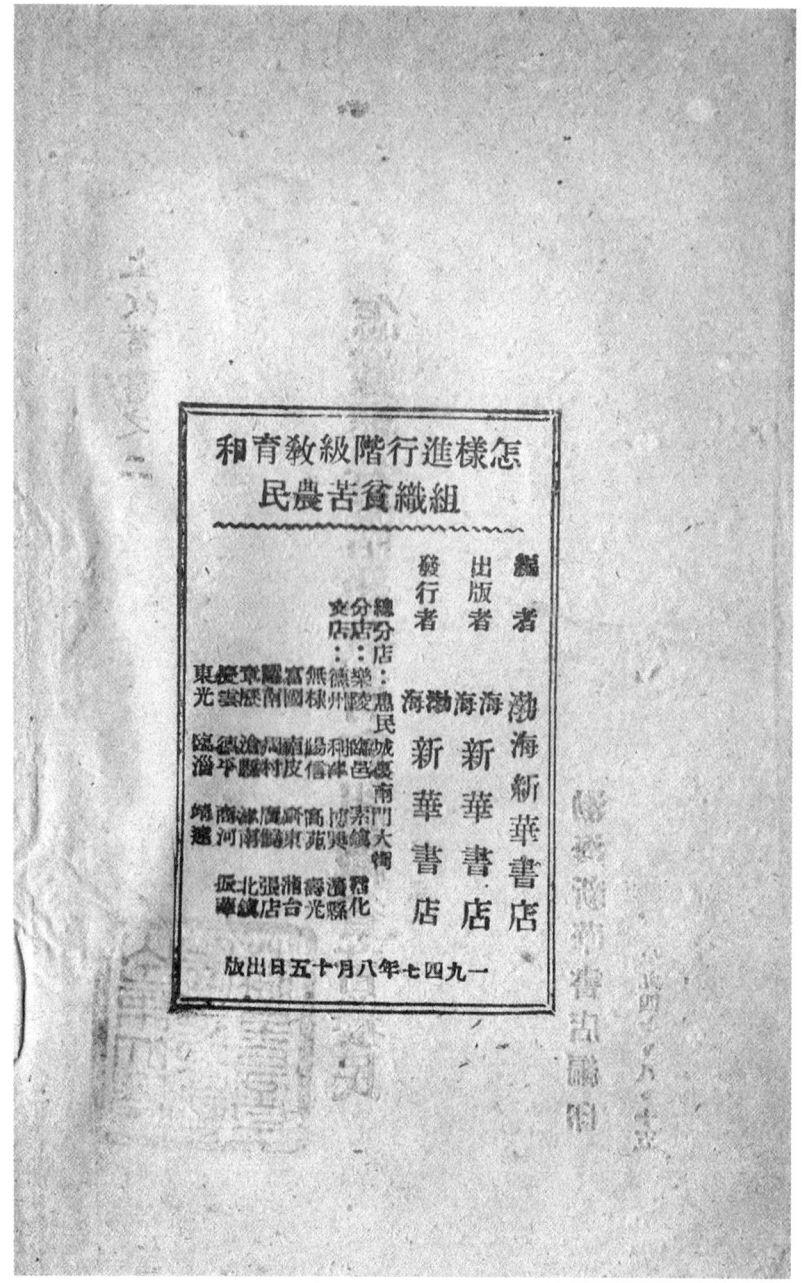

怎樣進行階級教育和組織貧苦農民

編者　渤海新華書店
出版者　海海新華書店
發行者　渤海新華書店
總分店：惠民城裏南門大街
分店：樂陵　德州　無棣　富國　霑南　章歷　慶雲　東光
臨邑　利津　陽信　南皮　[illegible]村　滄縣　德平　臨淄
[illegible]鎮　博興　高苑　齊東　廣饒　[illegible]南　商河　[illegible]
支店：霑化　[illegible]縣　壽光　蒲台　張店　北鎮　[illegible]

一九四七年八月十五日出版

說明

爲了目前土改運動的需要，特從其他解放區的報紙上選得這二十來篇文章，分爲四部份，但主要內容只兩個：一是怎樣進行階級教育？二是怎樣進行組織貧僱農？這可以說是目前土改運動最重要的，也是急需要研究做好的兩個問題。

我區的土改正在轟轟烈烈的進行着，一些新的經驗，將要隨着工作的開展而產生，但是及時吸收外區的經驗，做爲我們工作中的參考還是很必要的，只要不犯機械搬運的毛病，這些寶貴經驗對我區土改將有很大的幫助。

編者

目錄

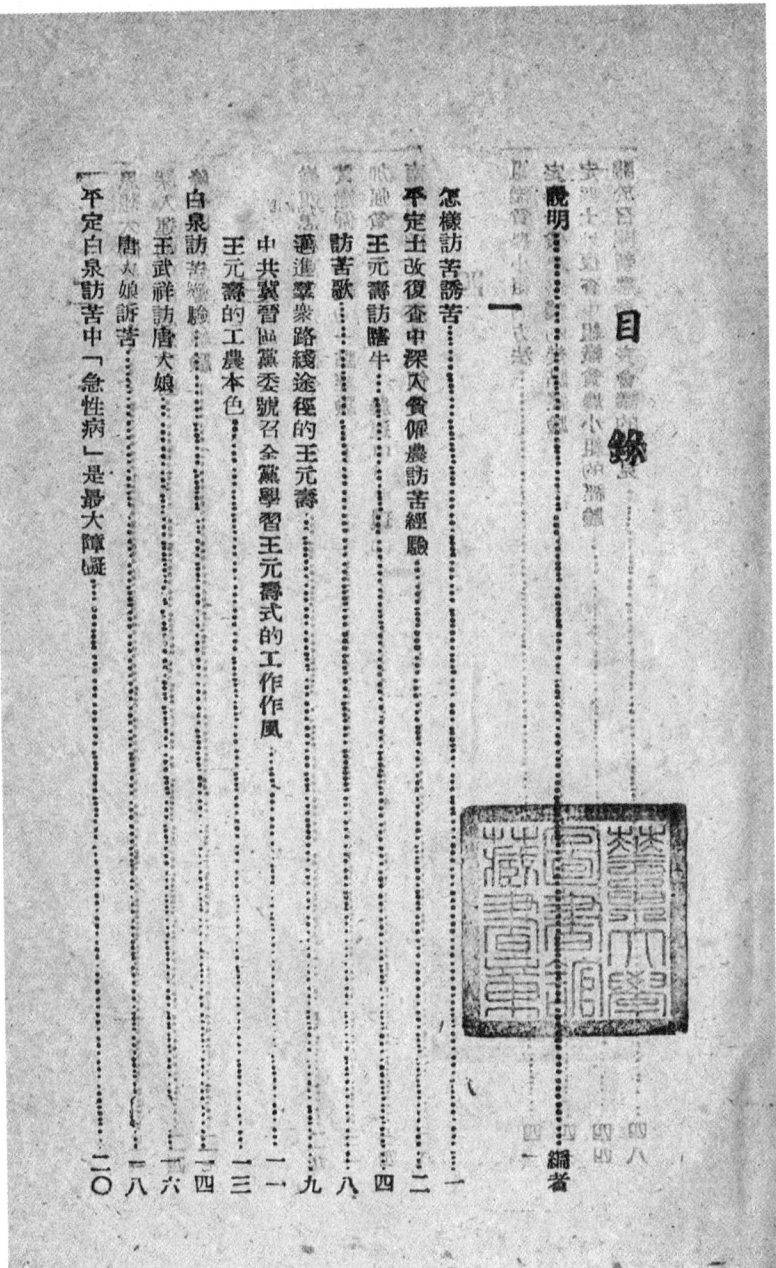

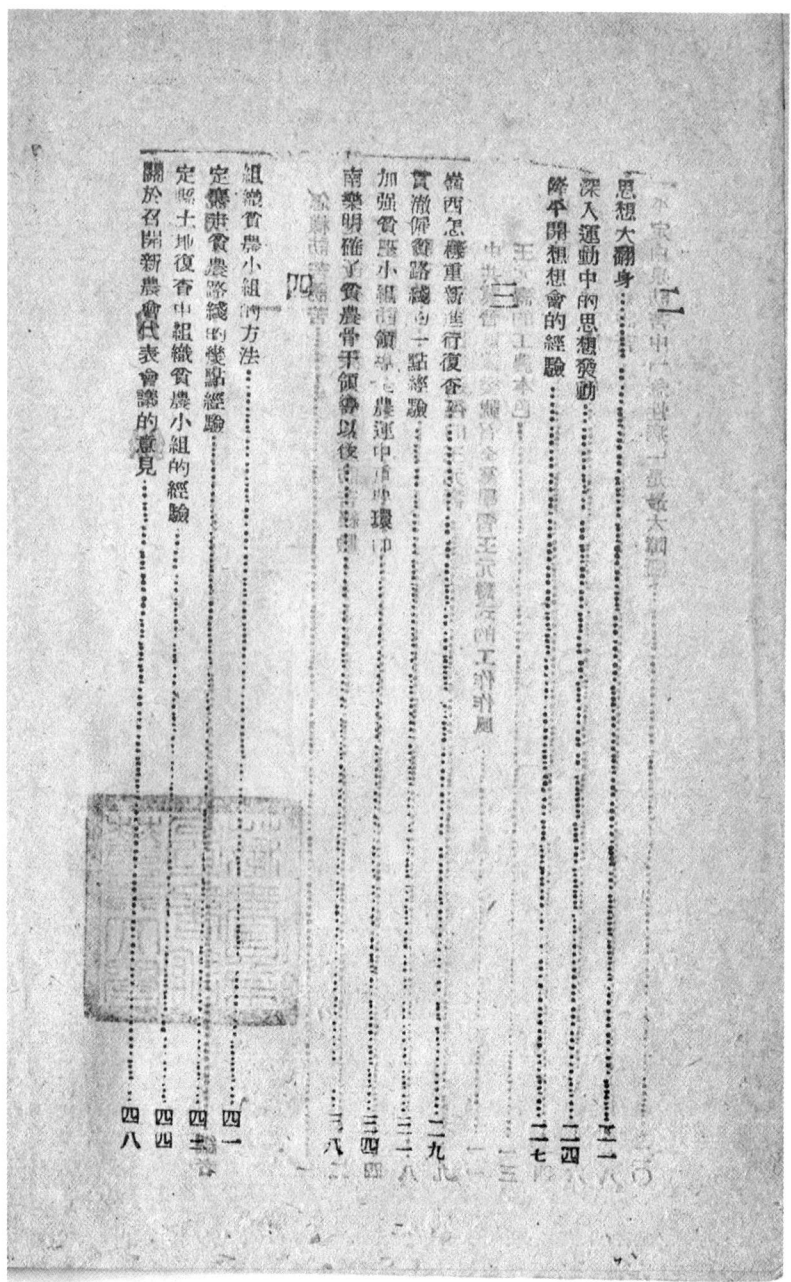

怎樣訪苦誘苦？

萬泉張戶村的經驗

世雄

萬泉張戶村貧苦農民三狗，是個山東的外鄉戶，又是青年人。他對八路軍早聽了些傳說，好壞都有，因之在他思想上也想接近，但又害怕。當我們武裝翻身隊來到張戶村時，地主惡霸又造謠，村裏人由於不了解不安起來，只因有一天，他在地裏割草，看見我們到地裏協助老百姓收麥，覺得比二戰區「油坊」好得多了。上午休息時，便和我們一塊閒拉起來，談了些關於時事翻身故事之後，他也就談起他的家常來了。

「我爺由山東逃難到這裏三十多年，受了一輩苦，害病沒錢買藥，死了買不起棺，沒地方埋，只好埋在路邊官地。我爸不認字，給人當長工賣榮，光景越過越窮。日本在時，成天要苦力，沒人敢去，咱沒錢只好拿命去頂。我弟兄四人，老二被人打了黑槍，其餘都是當長工受苦，二十一年光景過不去，借下財富錢要上利，父親把我賣給梁××作了兒。同志！你說咱不吸煙不胡花一毛錢怎麼老是窮？人家有錢的坐在那裏放賬收租享了福，都是坑了誰？」無意中他訴了一段苦，我們再給一些適當的誘導和啓發，他在思想上便更深刻更明確了。談到土地時，他笑着說：「地是窮根子，可是咱能買起了？」我們對他說：「你說油坊，編村地主惡霸過去欺了你，有苦你敢訴敢跟他們算賬，就能要回地，不是訛他。」三狗在考慮問題了，點頭說：「對啊，我相信你這話。」從此以後，三狗不但敢接近我們，而且和我們成了朋友，提供了不少的材料，並且連絡了自己的苦人。

二

這件事，給我們在開展工作上不少啓示：一、新區貧苦農民，對我們是想接近的，但我們一定要能解除他們心上的疑慮，首先在我們的行動上，處處表現我們爲民服務的優良傳統，使他們把我們與「三戰區」嚴格分開，而愛戴我們，接近我們。二、用交朋友辦法使羣衆敢於接近我們，和我們談心。根據他們切身的痛苦情形，打破他們的思想顧慮，幫助想辦法出主意。三、在談話中引導他們談到正題以後，多讓他們說，少拿出自己主觀的意見，少問張問李，不要引起他們的疑慮而不敢隨便說話。四、新區老百姓怕被人打黑槍，開始工作時，應採取祕密與公開相結合的方式，在運動沒大發動以前，不要使積極份子在羣衆中突出。這樣羣衆才不會對我們顧忌，也不敢和他們接近。

（新華日報太岳版）

平定土改復查中深入貧戶訪苦經驗

平定土改復查中，深入貧苦戶發動羣衆訴苦，獲得如下初步經驗：

一、首先放架子，不嫌窮人穿的劣，吃的劣住的破與跳蚤咬忍耐過一切苦，我們到窮人家，作風要羣衆化，槍不外帶、穿舊衣服、背包不要帶、不帶帽、不紮皮帶、不帶漂漂的手巾、穿的朵朵纖纖，羣衆就不會大懷疑我們，在支臣、王元壽很羣衆化，羣衆一見就告別人來了個老實人 我們住到窮人家，最好一鍋吃飯，但又要堅決不侵犯羣衆利益，在吃飯上自己要什也能吃下去，堅決的阻止給自己另做飯，如果住到一家羣衆很客氣，必然是不一心，如果很隨便，那就把自己當成好幹部或自家人了。

二、在深入到窮人家後先不要提出政治要求，如果你一來問幾口人？幾畝地？有苦沒苦？村裏誰壞？就會使他懷疑起來，當時群衆一定是很怕我們，又不敢不讓在，什麼也不敢説，我們要耐心等待（待覺悟發展）先建立熟習的感情，比如和他一鍋吃劣飯，和他一炕上睡「倒拉」，和他一塊去地幫助生産。

三、我們在感情建立時，政治上，有意的刺激他，比如王元壽對賠牛的過程「見什說什」，以苦引苦，要説到關節上，使這些話和他自己的苦正碰上。説的話一定要土的，不説「字眼話」。

四、在他表示仇恨地主時（對他危害的那一個或者對舊時社會表示仇恨），就是開始心動了，可和他進一步算賬追根，一般的在算賬後就會覺悟過來，在他初步搞通後可和他研究。敢不敢算賬？該不該算賬？有理沒理？等等，以求做到理直氣壯。

五、在培養中或培養到有一定成績，在思想上充分準備時刻迎擊地主、惡霸、漢奸、特務對農民的進攻，以及農民的命運、情面、思想、和家庭環境的影響，如果覺的有苦，只是不説，或者是情緒突然低落，如發現可及時找原因，仍然從感情上去感動，政治上相機刺激其思想，只有和這種思想不斷戰勝，才能培養好積極份子，我們自己一點不能灰心喪氣，因爲這種現象是必然的，就是情緒高時，也不要自滿，和骨幹白明黑夜滾在一塊是最好辦法。

六、個別發動是個初期的辦法，如果初步有了成績培養出積極份子了，可和積極份子商量讓他給找對象，因爲他是眼明的，這樣比較快，找到後，我們幫助骨幹教育與團結對象。

七、各街都有了些零散的積極份子；我們可以分片集中（碰頭），當時的目的見見面，簡單講講農民翻身教育，可分散了。個別的徵求意見，審查對象，農民認爲不妥當的可洗出去，成立貧農小組。

四

八、貧農小組成立後，可組織小型訴苦（一個或幾個組），要求普遍訴苦，農民把這叫做換心換苦，如果普遍訴苦了，農民們即認爲一條心了，信心就更高。

換苦時可組織不同類型人訴不同的苦（敵僞的、地主的、虐待的、討吃要飯的），以引起不同類型的苦，初期在羣衆中還犯一種偏向，即是認爲吃糠嚥菜受罪不是苦，地主壓迫的苦才是苦，這應當啓發。

九、在培養的對象大批發現了，即可用大的力量培養不同的典型苦人，在培養的差不多了，即可開辦訓練班，訓練鬥爭骨幹，發動鬥爭的時機，此時已經成熟了。

王元壽訪瞎牛

于野、循克

平定七區白泉是個七百多戶的村子，這次才獲得解放。解放後搞過一次改革鬥爭，因爲村幹部都是敵僞時代的壞份子，鬥爭弄得一團糟。鬥爭是幾個區的村子聯合參加的，有三十六村。在壞份子的主使下，把鬥爭目標弄亂了，結果形成三十五村集中鬥白泉全體羣衆，甚至喊出：白泉是漢奸村。弄得羣衆人人自危，個個心驚。

不久以前平定縣上工作團下去，羣衆心存疑懼，加上奸人造謠，羣衆更不敢和我接近。是一個非常糟糕的僵局。工作團的領導同志王元壽、石文臣等用了九牛二虎之力，才算把僵局打開。現在羣衆已初步發動，貧農小組也建立起來，農會也加強了，壞幹部也撤換了。

打開僵局的主要關節，是王元壽、石文臣等同志在窮人身上用了苦功，把基本羣衆發動了起來。這裏介紹的是王元壽發動瞎牛的故事。

一、找到窮人如獲至寶

老王在上白泉串游了兩天，一個對象也沒找下。走到誰家誰家也用驚異的眼光來看他，什麼也不敢說，問甚也是哼哼哈哈。老王不免有些焦急，心想儘是亂跑弄不成事，還得打聽打聽誰家最窮，找到窮人就好說。問這個也不知道，問那個也不知道。最後好容易碰到一個老漢才指點他有個瞎牛家，要了兩輩子飯。現在一家八口，有六口是要飯的。

老王一口氣就問到瞎牛家去。一孔破爛不堪的窰洞，走進去一抬頭就可碰到窰頂。一條髒炕，破蓆上睡着個生病的小女孩子，身上穿的衣服數不清有多少窟窿，比那白毛女穿的還不如。炕上炕下到處堆着破爛，發出叫人作嘔的怪氣味。

老王進去一看，心下有些嘀咕，因不嫌（註）可以，和有病人在一起，招下了病呢？轉念一想：「為羣衆服務，講不得招病不招病。胆子壯點就行。」

瞎牛不在家，和他老婆一說要在她家住，可把她弄糊塗啦，八路軍怎麼找到討飯的家來住呢？沒敢問什麼，把廚房的破炕『騰倒了騰倒』，讓老王和瞎牛一起住。

二、滚在一塊，建立感情

瞎牛是個五十開外的老漢，一把花白鬍鬚，破衣爛裳，髒手髒脚，樣子實在難看。可是老王偏愛這樣的人。他常常說：富人吃好穿好，漂漂亮亮，樣子確實不賴，內裏的心是黑的。窮人外表不好看，內裏的心是紅的。

瞎牛開初知道老王是幹部，一時換不清頭腦，心下着實不安。將老王細細一看，穿着和老百姓一模一樣，像個受苦出身的莊稼人，脚下穿着一雙破鞋，大姆指都露出外面。他越看越覺得他沒什麼可

六

怕。

老王和他扯拉，先問他光景苦，他哼了一聲。可是問到村裏幹部對咱好不好。瞎牛說：「都不賴，都不賴。咱是要飯的，誰能短下咱，只有長化，沒有短欠。」

老王一聽這話頭，老王想不能急，暫時把問苦的事擱下，轉到別的話頭上去。

瞎牛的孩孩病在床上，想喝點米湯，找米沒找到。老王說：「我一天領三十兩米，咱二年沒吃糠糊糊，真想吃你們的糠糊糊；省下米來給咱孩孩們吃。」瞎牛兩口自是感激不盡。於是瞎牛家吃什麼，老王也跟着吃什麼。

瞎牛下地，老王也跟他下地，瞎牛對老王漸漸熟起來，談的話也多了，一連三天，老王沒敢提到問苦的事。

三、以苦引苦，見甚說甚

老王跟瞎牛上地，地裏的草很多。老王說：「你這地這麼些草。」瞎牛嘆口氣說：「咱只有二畝「貓眼睛」也不長的地，咱成天在外頭討飯，照顧不來。沒工沒糞，指甚不荒？」老王說：「你是這麼說，財主們又有另外的想法，他們會說：「瞎牛該倒運，二畝地還荒下個道。」」

兩個人都是上了年紀的，鋤了會草，身上又熱又累，老王說：「我扛了三十多年長工，夏天裏掌櫃家喝着西瓜水，掌櫃的喝了老婆喝，老婆喝了孩孩喝，咱也喝哩，喝的是白開水。」又說：「扛長工有三死：吃了吃死，餓了餓死，受了受死，實際扛長工就是門裏要飯。」老王這話句句打動瞎牛的心。老王又說到窮人的命不值錢，這下瞎牛的話就來了：「有一年咱病在床上，動彈不得，一點吃的也沒有。老婆出去要飯，等到晌午要下了不多一點，孩孩們也在餓着，就叫孩孩們吃了，咱就餓了一天。」

回到家裏，瞎牛的老婆盤坐在炕上補破爛，扛長工的兒子也回來了。老王問他幾歲了，大孩子淘他「十八歲。」老王就對他娘說：「你拉把（扶養）這幾個孩孩真也不容易。懷他們時要去要飯，孩子養下了，放在家裏等要飯回來才喂奶；孩子會走了，領上去要飯，孩子大了懂點事時給他個碗教他去要飯。」轉回頭對那大孩子說：「你看你長了這麼大，你娘養你可不容易啦！」

瞎牛的老婆聽老王這麼說，手裏的針停了，直直望着兒子，眼睛一紅，掉下了淚水。

四、心動了，開始算賬

在三天中老王和瞎牛的友誼越來越親密。老王講他也願意聽，老王和他談了關於窮人的苦處，富人的罪惡，根據地農民翻了身過好光景。到第四天瞎牛的心眼開始變了，老王和他談起地主的可惡，瞎牛瞪眼說：「說起地主們真叫人氣死。那年咱村的鬼子毛（鄭富）修蓋房子就不用本村人，他告人說：『用下外村人，吃上能落堆屎，用上本村人，吃上就回他家去屙他媽的，你看可惡不可惡，窮人的屁眼也還要受剝削哩！』」

老王看着瞎牛心動了，該下手啦。就和他算他大小孩子給人看長工的賬，算來算去，四年工夫，財主家該給他十二石糧。這一算可把瞎牛算醒了。跳起來要去和財主家算去。老王再問他「只有咱長化，沒有缺欠，」對也不對？瞎牛搖手說：「那是我糊塗，那是我糊塗。」

後來瞎牛在訴苦會上比誰都積極，他理直氣壯的說：「你們算不算我不管，咱是一定要算的。咱這十二石米是凞苦掙下的，這裏走遍天下也能說的通。」

五、吃上白麵，感激八路軍

瞎牛分下一塊麥地，能打四五斗。老王帶他去收割，這一次瞎牛可是樂的不行，對老王說：「財

七

主大爺的麥咱也割啦，財主家的耳朵乖不厚。」又摸摸自已的耳朵說：「咱的耳朵乖可也不薄啦！要不是八路軍老人家來，這麥就割來啦？這地就退回來啦？」

端午節日，瞎牛全家吃了白麵，工作團還送給他四兩肉。瞎牛笑咪咪的說：「咱長了這麼大，鬍子也白了，過年也沒這麼吃過。」

（註）四不嫌：一、不嫌糠麵飯；二、不嫌衣服破爛；三、不嫌鋪破蓆片；四、不嫌虱子咬。

訪苦歌

（一）

下鄉要往窮人家鑽，心裏先有五不嫌：
不嫌糠麵飯，不嫌鋪破蓆片，
不嫌髒巴碗，不嫌著火蛋且（註一），
壁虱圪蚤能咬幾天，翻了身這些都能變。

（二）

上炕睡覺滾在一塊，親戚朋友拉扯起，
放架子放武器（註二），放背包放脾氣，
家裏沒水給擔水，上地更是要緊的。

（三）

千萬不要過發急，話語說的土土的，
見什你就拉扯什，以苦引苦最得勁。

（四）

咱們窮人嘛，不要多說話，
不要不說話，不要嫌窮人話囉嗦。

註一：老百姓叫破爛衣服是「火雞且」。

註二：武器不要帶在外面。

（工農通訊員王元壽、石文臣）

邁進羣衆路綫途徑的王元壽

冀晉日報社論

徹底的土地改革，必須依靠徹底的羣衆路綫，一年來的痛苦經驗，這樣教訓着我們。

羣衆路綫本來不是什麼神秘的東西，按照劉少奇同志的指示，就是要有「一切為了人民羣衆的觀點，一切向人民羣衆負責的觀點，相信羣衆自己解放自己的觀點，向人民羣衆學習的觀點」；「我們同志有了這些觀點，有了堅固的明確的這些羣衆觀點，才能有明確的工作中的羣衆路綫，才能實行正確的領導。」（見「修改黨章報告」）按照陳伯達同志的話說，就是「有事和羣衆商量。」很顯然，羣衆路綫不是什麼所不可解的問題，就是要高度的發揚民主，幹部要老老實實的當羣衆的勤務員。

九

但我們不少的同志，不完全相信羣衆的力量，不善於運用民主，不習慣於『有事和羣衆商量』，願意作羣衆的上司；因而遇事或則包辦代替，或則强迫命令，有的同志在大喊『羣衆路綫』，由於沒進行澈底的思想革命，走來走去還是那條老路，有的同志確實體驗到羣衆路綫的重要性，急求改進，但苦於不換門；或則曲折前進，或則躊躇不前，向領導上要經驗、要辦法。

在這方面王元壽從實踐中給了我們很寶貴的貢獻。給我們作出了榜樣，冀晉區黨委及冀晉工農婦青聯委會，同時發出了學習王元壽的號召，我們認爲是有着重大的意義的。

王元壽同志在學走羣衆路綫上的成就，不是偶然的，而是由於他樹立了堅定的階級立場及明確的革命人生觀，他清楚的知道，他的天職就是爲被壓迫的階級服務；他體驗到沒有貧農骨幹就沒有眞正的羣衆路綫，因而每到一村，即找窮人，訪窮人，以窮人的心幫助翻窮人的心；他有健康的階級感情，他最同情痛苦深重的工農羣衆，因而當他發現了窮朋友賭牛的時候，高興的如獲至寶；他保持了工農的本色，過着樸素的生活，不嫌吃糠麵飯，舖破蓆片，使格巴碗，挨虱子咬，看火靈且；他有優良的工作作風，和老實的工作態度，不高高在上要官僚、擺臭架，是以羣衆中一員的身份去接近羣衆；他『相信羣衆自己解放自己』的道理，因而他『根據羣衆的覺悟程度，去啓發和提高羣衆的覺悟，在羣衆出於內心自願的原則之下，幫助羣衆逐步組織起來，逐步開展當時當地內外環境所許可的一切必要的鬥爭。』（見『論聯合政府』），他與羣衆氣息相關，因而羣衆把他當成『自己人』，『知心人』，『無話不對老王說』，『無事不對老王言』。正因王元壽同志明確的樹立了這些觀點，因而在土地改革中他很自然的邁進了羣衆路綫的途徑。

爲了澈底完成土地改革這一歷史任務，我們必須堅決的拋棄舊作風，學習新作風，變王元壽式的人民公僕爲千百萬，第一、樹立明確的革命人生觀及堅定的階級立場，決心爲人民當勤務員，反對在羣運中看不起貧農，不要貧農，不發動貧農，不首先爲了貧農的富農思想。第二、高度發揚民主，改造工作作風，凡事與羣衆商量，要善於啓發與等待羣衆的覺醒，既不犯急性病，又不生慢性病；既不强迫命令，又不放任自流的踏實工作，從一人、一戶、一組着手發動羣衆。第三、放下幹部架子，鉆最「髒」，最窮最「落後」的羣衆中去。

中共冀晉區黨委號召全黨

學習王元壽式的工作作風

冀晉區黨委頃發出動員全黨學習王元壽同志工作作風與工作方法的號召。原文如下：

王元壽同志是平定縣工會的一個同志，工作一貫積極負責，此次土地改革中更表現了他一貫的艱苦樸實的羣衆化的工作作風，他每一到村首先找貧苦羣衆緊緊的依靠窮人，他同窮人吃飯睡覺等等一切完全生活在一起，他的穿帶作到了最大限度的羣衆化，他完全像一個一般農民，眞正同羣衆打成了一片，七月十五日冀晉日報登載的『訪髒牛』便是他深入窮人的一例，正因如此他同窮人建立了濃厚的階級感情，窮人看他是『自己人』、『知心人』，窮人『無話不對老王說，無事不對老王言』，羣衆的一舉一急他都能及時的聽到，所以他在工作中便能作到最大限度的實事求是，他對羣衆能適時的提出恰如其分的口號，引導羣衆逐漸的由不自覺到自覺，由不敢鬥到積極鬥爭，所以他走到那裏，那裏的羣衆運動便轟轟烈烈的開展起來，成爲找窮漢發動窮漢領導羣衆鬥爭的模範。他的作風是完全適合於走羣衆路綫的一套新作風。

一一

王元壽同志所以能如此，是因爲他具有堅强的羣衆觀點與堅强的階級立場，他完全明確的樹立了「老老實實當羣衆勤務員的思想和羣衆是主人翁的思想」，同時又樹立了「沒有貧農骨幹就沒有眞正的羣衆路綫」的思想，他的堅苦樸實羣衆化的作風便是這種思想的反映。

很顯然的我區目前不少幹部中存在着另一種作風，即是高高在上擺幹部架子，誇誇其談不深入羣衆，他們在生活中及各種場合中處處顯露自己是「英明的領導者」，是羣衆的「上司」，他們所羨慕的不是「羣衆化」，而是「洋化」、「貴族化」，他們同羣衆格格不入，在羣衆中完全孤立起來，形成了羣衆之外的一種「特殊階層」，他們不以此爲恥，反以此爲榮，他們在工作中習慣於簡單化强迫命令，過早的提出羣衆所不能接受的口號强制羣衆執行；當任務完不成時，他們不檢查自己的領導，而埋怨羣衆「落後」、「愚蠢」、「無知」，這種作風的存在與發展很顯然的是不能走羣衆路綫與勝利完成土地改革的，他腐蝕着黨，使黨在羣衆中孤立起來，一切工作死氣沉沉，一事無能，這是與王元壽同志的作風完全相反的，這種作風必須克服，爲此區黨委特號召我區全體幹部，放下架子，深入羣衆，學習王元壽同志的工作作風以使我區各地邁進羣衆路綫的途徑。

學習王元壽同志的工作作風，首先必須明確的樹立「一切爲了人民羣衆的觀點，一切向人民羣衆負責的觀點，相信羣衆自己能解放自己的觀點，向人民羣衆學習的觀點」，到處號召所有幹部「老老實實的當羣衆勤務員」，並普遍的發動與組織幹部以整風的精神去檢查與根除自己一切的非羣衆觀點，非羣衆路綫的思想作風，以期打下新思想與新作風的基礎。第二必須在幹部中開展四不嫌運動（不嫌糠麵飯，不嫌衣服破爛，不嫌鋪破蓆片，不嫌虱子咬），由領導幹部到一般幹部親自下手深入農村，找貧農去從實際生活中去體驗與鍛鍊。第三，又必須給過去一貫積極負責艱苦樸素的同志以鼓勵，及時的表揚學習王元壽作風中的模範，發現培養更多的王元壽，同時又必須給一貫强迫命令，思想上頑固不化，沒有改進的同志予批評，與思想鬥爭，以促進這些同志的進步。最後必須指出，學習王元壽同志的作風，不僅僅是區村幹部的事，而是各級領導同志均應向王元壽同志學習，要造成自上而下自下而上的一個羣衆性的運動，在運動中消滅非羣衆觀點非羣衆路綫的思想市場，以求我區工作大進一步。

（晉察冀日報）

冀晉區工農婦青聯委會號召

學習王元壽工農本色

冀晉區工、農、婦、青聯委會頃發出號召，號召全體羣衆幹部，學習王元壽同志的工農本色，學習他善於用羣衆語言以羣衆身份去接近羣衆，深入工作的優良作風。該號召強調指出：王元壽最寶貴優良品質是：「工農出身不變工農本色。」我們有些同志（少數的）在未當幹部以前很樸素，當了幹部就變了樣子，自以爲幹部高於羣衆，說話、走路、穿衣、吃飯……要變得和羣衆兩樣，擺起架子來，再不願（也不能）去接近窮苦羣衆。王元壽同志雖然也是縣幹部了，但他却不以幹部自居，不在羣衆面前擺幹部架子，和窮人滾在一起，完全一套的窮人生活習慣，「用窮人的心去幫助窮人翻心」。該號召指出：「這些說來省事，作起來就頗不容易，因爲這是一個階級立場和思想意識的具體表現。我們願意和大家一起向王元壽學習」。

【又訊】此間冀晉日報頃以「邁進羣衆路綫途徑的王元壽」爲題，發表社論，稱王元壽從實踐中給了我們學習走羣衆路綫的榜樣。指出：爲了徹底完成土地改革這一歷史任務，我們必須堅決的拋棄

一三

舊作風，學習新作風，變王元壽式的人民公僕爲千百萬。第一、樹立明確的革命人生觀及堅定的階級立場，決心爲人民當勤務員，反對在羣運中看不起貧農，不要貧農，不發動貧農，不首先爲了貧農的富農思想。第二、高度發揚民主，改造工作作風，凡事與羣衆商量，要善於啓發與等待羣衆的覺醒，既不犯急性病，又不生慢性病，既不強迫命令，又不放任自流的踏實工作，從一人、一戶、一組着手發動羣衆。第三、放下幹部架子，到最「髒」、最窮、最「落後」的羣衆中去。（晉察冀日報）

白泉訪苦經驗

平定白泉工作組，深入赤貧中「訪苦」工作已告一段落，在十八天中，培養了一百七十餘個赤貧農民。全體幹部普遍發揚「艱苦作風，眞正和貧苦農民打成了一片，這裏將訪苦中收到的一些經驗，初步整理，供各地研究參考。

一、首先放架子，不嫌窮人穿的爛，吃的爛，住的破與跳蚤咬，要很好體驗這些苦，這是羣衆觀點的考驗。到窮人家，槍不外揹，穿舊衣服，背包不要揹，不帶軍帽，不繫皮帶，不帶過漂的手巾，穿的呆呆繳繳，羣衆就不會太懷疑我們。石文臣、王元壽很羣衆化，羣衆一見就告別人來了個老實人。我們住到窮人家，一鍋吃飯，要什麼也能吃下去，堅決的阻止給自己另做飯，如果住到一家羣衆很客氣，必然是不一心，如果很隨便，那就把自己當成好幹部或自家人了，二、在深入到窮人家後，先不要提出政治要求，如果你一來問幾口人？幾畝地？有苦沒苦？村裏數誰壞？就會使他懷疑起來，當時羣衆一定是很怕我們，又不敢不讓在，什麼也不敢說。我們要耐心等待，先建立感情。比如和他一鍋吃爛飯，和他一炕上睡『道拉』，和他一塊去地幫助生產，如果有小孩可特別愛護小孩，婦女同志可以在苦多人家認點乾親戚，一般同志但有一絲親戚也可拉上，平時做些小營生。三、我們在感情建立時，政治上，有意識的啓發他，比如王元壽對瞎牛的過程『見什說什』，包括兩方面，一個是以苦引苦，一個是『道拉』北面的翻身，舊社會的不平，這要說到環節上，使這些話和他正中自己的苦，又不表現就是叫他做工作，我們說的話一定要土的，不說字眼話。四、在他仇恨地主時（對他危害的那一個或者對舊的社會表示仇恨），就是開始心動了，可和他進一步算賬追根，一般的在算賬中就會覺悟過來。在他初步搞通後可和他研究，敢不敢算賬？該不該算賬？有理沒理？等等，以求做到理直氣壯。五、培養時，在思想上要充分警惕『地主惡霸、漢奸特務、壞村幹部』對農民的進攻、威脅、麻痺、軟化以及農民的命運情面思想，和家庭環境的影響，如果覺的有苦，只是不說，或者是情緒突然低落，應及時找原因，仍然從感情上去感動，政治上相機刺激其思想。只有和這種思想不斷戰勝，才能培養好積極份子。六、個別發動是個初期的辦法，如果初步有了成績培養下積極份子了，可由積極份子找對象。一般經驗我們放下架子，三天能找一個剛敢接近我們，能初步說些心裏話的人，把他們動員起來，一天能找好幾個，因爲他們是眼明的，這樣比較快，找到後，我們幫助骨幹教育與團結對象。七、各地都有了零散的積極份子，我們可以分片集中，簡單講講農民翻身教育，可分散了。個別的徵求意見，審查對象，農民認爲不妥當的可洗出去，初步成立貧農小組，再次在小組討論再次清洗，一定要求隊伍純潔。八、在成份初步審査、對農組初步組成後，可組織小型訴苦（一個或幾個組），要求普遍訴苦，農民把這叫做換心換苦，如果普遍訴苦了，農民們即認爲一條心了，信心就更高。換苦時可組織不同類型人訴不同的苦（受敵僞的、受地主的、討吃要飯的），初期在羣衆中還犯一種

二五

偏向，即是認爲吃糠咽菜受罪不是苦，和地主算賬的苦才是苦，應當啓發。九、培養的對象大批發現了，即可用大的力量培養不同的典型苦人。在培養的差不多了，即可用辦訓練班式的大規模的訴苦翻心。十、找到貧戶家和貧戶生產是最好的辦法，開始可能不好意思，可是過兩天熟悉了就成了一家人了。因爲貧農誤不起工，白天上地晌午休息，咱們叫人家就會成爲負担討厭咱們，其次咱上地會給他認識幹部的本質，在生產時一邊生產一邊「道拉」，是以苦引苦建立情感的最好方法。十一、訪苦中，可能遇到兩種人，一種是一見面就敢說敢鬭，甚至大罵地主漢奸，對這些人要細心察查，可能有流氓地痞或僞裝積極份子，表面看光景並不好，可是本質不一定好。對於地痞流氓在鬥爭中去逐漸改造，而不是初期訪苦對象。另一種人，初接近，一問三不知，「忽出」「忽出」，好像大炮也吹不起來，躲躲藏藏，什麼也不和你講，或者給你幾個釘子碰；這些人看起來很落後，其實是最老實最受壓迫的人，他們爲窮困所逼，常感到一切冷酷無情，不肯輕言，但是經過耐心啓發後，他們是最正派最堅決的（瞎牛就是這類人）。十二、隨着覺悟的提高，積極份子亦有變化，不純潔份子初期積極後期不積極，老實農民則是積極性逐漸提高，應隨時注意其變化，幫助其發展。十三、在訪苦時期，主要對象是貧農，這可能會引起中農的一些懷疑，但是，貧農發動後，是會團結中農的，只有不侵犯中農利益，照顧中農利益，就不會脫離中農。

（晉察冀日報）

王武祥訪唐大娘

移糧工作組的王武祥同志，下決心要向王元壽學習。一早起也沒有找下個窮人，很不高興的回來了，臉上帶着灰色，眼裏轉着淚珠，飯也不吃了，後來同志們解釋了一番，才端起了飯碗，一面吃一面說：「晌午我一定不回來吃飯！」放下碗，怨着氣便走了！

出去找了一個窮人，一寸土地也沒，又在害病，想上地也不成，又找窮人李貴堂，已經去地裏了！找不見，連碰了兩個釘子，忽然想起了唐老人，家裏很髒，髒裏頭才有苦！就到了唐老人家裏。

唐老人嘆着氣：「唉！叫人家担一担水，五百塊錢，實在買不起，每天緊到吃飯時，東家要一鍋，西家要一碗！」武祥聽到這裏，跟手去給担了兩担水，唐老人歡喜得不行：「足够我七八天吃了！」接着就根根把把的說起家裏的情形來：「我二十四歲上就當了寡婦了，活了六十八歲，要了一輩子飯，生過兩個兒子，一個是窮裏餓死了，媳婦死後丟下個小孫孫，叫天恩……」她只是流着淚，武祥也有些忍不住了：「唐大娘，你的地不是沒人種嗎？我給你種吧？」

「你叫我大娘可不行……」

「我父親五十六歲，你比我父親年紀大，出門就得有大小！」

老人又嘆了口氣：「唉！咱地不多，不用你種……天恩那孩子，一天眼氣人家，叫叔叔，天恩，這是你叔叔……」武祥正拿起烟袋，小孩很靈，說：「叔叔，我給你點火。」唐大娘又說：「你們每天派飯？」武祥說：「不，我們自己做哩！大娘！我每天三十兩小米，和你吃在一塊好不好，我的米你的鍋……」「唉，你們是乾淨人，不嫌大娘髒！」

武祥看着唐大娘的破房露着天，牆上是壁虱，院裏是糞，蒼蠅嗡嗡滿天飛，鍋碗不洗一邊扔，炕上半截破席片……但是，他又想：唐大娘是人，咱也是人，他能吃，咱為什麼不能吃……。

第二天打早起來就到大娘家裏去，唐大娘正端着尿鍋往外走，一見武祥，又驚又喜，幾乎把尿鍋摔在地下！

「貓（土話，長輩對下輩的親熱的稱呼）！給你做飯吃哇！」武祥說：「大娘！我去取米。」大

一七

娘說：『不用，還有昨天的剩飯，先吃了再做吧！』武祥在一邊燒火，天恩劈柴；飯是剩下的糠糊糊，還長着白毛。唐大娘準備給武祥調菜，武祥說：『留下你吃吧，沒菜也是很好的飯』——那破蓆片上乾着黑豆葉菜，還是向人家要下的。吃飯時，武祥端起碗來，稍遲了一下，唐大娘說：『貓！你嫌不是！』武祥說：『就是這就能吃！』一氣吃了三碗！

武祥和唐大娘和自家人一樣了，拾柴拉糞找野菜，地也完全種上了，天恩成天在武祥後邊跟着，唐大娘說：『貓！大娘看着你和天恩的爹一樣親！』

有一天武祥回組去正遇吃飯，別人說你吃點吧！他拿起勺來又放了下來，他想：『回去剩下飯，大娘又說我嫌她髒哩！』

（晋綏日報）

唐大娘訴苦

『唉，苦命人，我活了六十八歲，要了一輩子飯，現在就一個孫子。我二十四歲守寡，大伯因賣地氣死，媳婦病死，二兒在窰中壓死，——原先也是有大有小的人家！』她流下淚來。

『貓（指武祥同志）！二小活着，還比你大幾歲，那天討飯回來，在窰場裏睡覺，坍下土來壓死了。第二天還不知道，有人說：『你二小壓死啦！你快去看看吧！』我急得跑去看……不像個人樣了！滿身都是血……』她說不下去了，只是哭，武祥和天恩都哭起來！

『我找見本家兄弟唐有德，把屍首刨出來，借了兩千塊錢買下了一寸厚的一口棺材，回來一看是五分板，我說板不對，人家說：「就是那板，活人還花死人的錢嗎!?」罵得我話也說不上來了，心裏想：命苦，算了吧！打算埋吧！誰知道人家本家不讓，說怕新墳壞了風水，只好另找個地方埋了。」

她撩起自己的衣服：「這是二小的衣裳，那時候我沒穿的，心裏想着很難過，又想：人死如燈滅，不用給他穿啦……唉！孩子死了也沒有穿件囫圇衣裳。」

「短着兩千塊棺材錢，每天要，非要我那二畝好地不行，値好幾石米的地，人家給了四斗玉茭、三斗米，剋扣了一石多米。和人家要，人家說：「再要！打斷你的腿！」」

「二畝地給了人家，光景也就不能過了，財主們瞅住了，又想買我的地，我說：賣了遠地留近地，老婆孩子們也能過去，一塊地人家只給八百元，本家李二德說：人家給八百，就八百賣了吧！要不然，再管上你十年白麵；結果賣了地什麼也不管。我告到村公所，人家扣呀！捆呀，也不說個上下，一塊地賣下了一肚子氣，眞是天下衙門朝南開，有理無錢進不來！」

「窮人們窮，一天比一天窮，財主們富，九出十一進，——拿上九塊錢，就進十一塊！財主們行善，是割上窮人的肉行的!!惡霸地主康文忠的媽康大媽，一件衣裳就花了十袋米，咱有那十袋米來，稠稠的能吃幾年！」「康大媽一見窮人就變臉，夏天窮人到她地裏拾麥穗，她把臉一變，把籃子摔在一邊，怕沾上窮氣。我討飯到她家時，人家端着碗子喂狗，咱也要不上！唉！咱還不如驢哩，人家喂狗，我說：少喂點，救救人吧！人家不理。人家小子們出來，變着臉：「麻煩，快走開！」狗咬也不給打狗，財主們眞是吃人的狼仔子！」

「我要了三十來年飯，八路軍來了，我有了吃的了，貓！要是我兒和媳婦活着，分房分地，該有多好……。」

那一天我在街上碰見了康文忠的小孩拿着糖餅子，我說：你也能吃這，你媽活着時抱着你出來，見人就說：「俺孩耳垂厚哩，是有福氣的。」現在你也不厚啦，說得他一聲不響就走開了——嘿！走你的吧！還是窮人的天下了。」

（晉察冀日報）

二〇

平定白泉村訪苦中「急性病」是最大障礙

平定白泉村第一階段的訪苦已告一段落，在組織訪苦中，堅決的預防了急性病的發展，工作組初到白泉，找不到訴苦對象，「奸特鑽空破壞，群衆對我們懷疑」，碰了釘子灰心喪氣。有的幹部說：「再有三個月也完不成這個村」，有的說：「只要人家有苦說我叫媽媽「大大」也行了」。幹部一度情緒低落精神頹喪，當時領導同志一面親自深入赤貧，以身作則，向全體幹部提出：堅決放下架子和赤貧農民打成一片，吃在一塊睡在一塊，工作果然突擊，急性病暫時克服。在培養對象時，因對拉鋸式的思想發動，估計不足，在奸特、地主造謠威脅破壞下，農民常易顧慮猶疑，這時候急性病，此起彼伏的復發，幹部再次情緒低落，怨恨農民落後，領導上及時提出：多下工夫找出農民心裏變化原因，繼續鞏固感情對症下藥，時時抓緊農民思想，在農民覺悟比較鞏固時急性病再次克服，在貧農積極份子大批湧現，但是覺悟還沒有提到階級的高度，不平衡性很大，好多幹部卻認爲差不多了。爲鬥爭了」喊怨領導沒計劃，領導小組提出，克服自滿。組織小型訴苦，深入翻心，大力培養典型苦人，這樣急性病第三次克服。十八天的訪苦經驗，急性病是走群衆路綫的最大障礙，這種急性病，發生的很普遍，在各個段落中都會發現，領導必須立定脚跟，捨得拿出時間，堅決走群衆路綫，及時發現急性病及時克服。

（晉察冀日報）

二

思想大翻身

潞城五區經驗介紹

潞城五區十五個月反奸、減租、查田運動中，由於反覆訴苦和行動中的思想教育是片斷的，以致農民在思想上沒有完全翻了身。因此領導上提出思想大翻身的口號，進行系統的思想教育。在運動中獲得幾點經驗：

一、打破各種各樣的阻礙思想把訴苦形成運動

訴苦是個老經驗，但訴透苦，形成運動却是一個難題，因爲有各種各樣的阻礙思想，首先是「丟人思想」，陳村公安員史全保要過飯，他認爲今天當了幹部，提起過去要飯怪丟人的，自己不訴。光追羣衆訴。羣衆看見他要飯還不訴，當然也不訴。解決這思想，我們提出「丟人是丟舊社會的人，丟地主的人，不是丟自己的人」。這樣張莊一個翻思想小組有五個僱工都訴出地主家的媳婦閨女黑夜用肉體勾引他們，來換取他們白天起早搭黑去勞動。他們揭發了這種「兩頭剝削」之後，把地主給他們的痛苦全都訴出來，承認把給地主隱藏的東西說出來，從思想上和地主分了家。其次「話說三遍淡如水」我們用「破解痛苦」，「拆劃痛苦」的辦法和具體事實，提出「越訴苦越多，越破解越有味」。再次是「落了的瘡痂忘了痛」，「說不說不頂事」思想，我們也用事實並提出「訴不透苦，翻不透身」來打破它。

只有把以上三種阻礙思想打破，才能形成大規模的運動，太行翻身英雄梁馬斗領導的李村溝，秋

二七

前就形成了運動，一口氣訴了三天三夜，婦女們眼紅了，嗓子號啞了，老漢老婆們「插根想起」，有四個訴得昏倒過去，大家不願回去吃飯，吃飯時端出沙鍋訴苦，許多婦女爲了參加會併了鍋灶。

二、「破解」痛苦，連串痛苦

訴出痛苦，不等於覺悟，必須用新社會的看法（階級分析方法）把苦「破解」開，「拆劃」開，先把痛苦「破解」開，然後把痛苦連串起來，才能做到「思想大翻身」。

李村溝的老榮則原籍是平順人，他爹吸大煙把一份家業吸光了，賣了他娘，他逃到黎城放牛，開荒十來年，受起二十多畝地，又叫他「摔家業爹爹給摔了」，他逃到李村溝，交不起租賣了老婆，災荒年兄弟給地主做活，還落了個餓死。他雖仇恨地主，但也仇恨他「摔家業爹」。他爹臨死時，老榮則說：「你死了就沒人摔我的家業了！」小組的人引導他想他爹是怎樣吸起了大煙，他想起是他個本家敎的，本家是個地主，和他爹相好，摔家業時，把五畝最好的地賣給了他。別人又引導了一下：「地主和你爹是真相好假相好？」老榮則想起他這五畝地，一年收兩季，能打二十石糧食，地主要買，他爹打了地主兩耳光，他爹等着打官司，地主却變了態度，每天拿着酒壺，提着煙燈到他家，和他爹成了相好，引誘他爹染上煙癮，摔了家業賣了娘，五畝好地謀到地主手。於是他「破解」開了，老榮則大哭起來說：「老財謀我五畝地，生出計謀滅我全家。」他把終身痛苦都歸結到地主身上，他覺悟到他爹上了當，他不仇恨他爹了。他又把一輩子痛苦連串起來，平順、黎城地主、李村溝地地主，張莊地主，那一個也給他許多痛苦，他覺悟到天下地主一樣黑，農民到處受壓迫，天下農民一樣苦。他又對比解放後團結起來，鬥倒了王茂林，缺房有了房，缺地有了地，還娶了老婆等情形，他說：「我三十五了，要不是毛主席，我想也想不到活還末兩天。我能爬動一天，要爲羣衆服上一天務。」這樣，老榮則就從歷史上覺悟起來。

在破解與運動的過程中，許多農民想想來了個大翻個，許多人由仇恨狗腿翻到仇恨地主，從埋怨爹娘翻到仇恨舊社會，大家找到了對頭。看穿了舊社會，思想上「開了竅」，認識到舊社會的制度與思想，像變戲法一樣「捉虎」人。

三、總結一生翻身要求和地主鬥爭的經驗

農民的一生是要求翻身的一生。每個人都用了各種各樣的手法和鬥爭方式，有的起早摸黑，埋頭苦受開發家，結果禁不起生災鬧病，婚喪大事；有的巴結地主，想叫地主拉一把，可是十個有十個都失望了；有的覺悟了的個人會向地主鬥，更覺悟到結成團體和地主鬥爭，但，最大最深刻的一次還是解放以後，從農民的自己鬥爭經驗中，可以總結出「團結、領導、武裝」的重要，從他們切身經驗中，提高其團結自覺，組織自覺和武裝自覺。

南僉數浩主任尹高成回憶了他一生和地主鬥爭的經驗：「你哄我肚皮，我哄你地皮。」打忙工三地鋤，有一次割麥開鐮那天吃的玉麥麵、餄餎，他們幾個人便丟三拉四的亂洒下麥子，和拾麥的人家同心合了意。他給地主種菜園，和幾個種菜把式商量好，擠了行，多賣少交，從中抽錢，他給地主打忙工撇玉麥，撇下來埋到地裏，叫他家裏人來刨，想了多少法，想弄上二畝地買個老牛，可是始終達不到。解放後，團結起來鬥爭翻了身，也有了房子也有了地了，也有了老婆，睡覺起來一睜眼看到好房子，幹工作就有勁了。王林回憶因地主強砍他大槐樹，組織了一百多人和地主鬥爭，叫人家打倒四個，結果失敗了。大家根據自己的經驗認識到：「以前沒有領導，團結不緊，政府又是人家的所以失敗了；解放後咱們有毛澤東共產黨領導，又是咱們的天下，所以翻了身。」

農民的思想大翻身，正迅速地改變着可能為地主特務利用藉以反攻的舊思想，改變着長在舊思意識基礎上殘餘的舊的階級關係和社會關係，使農民思想完全解放。

（晉察冀日報）

二三四

深入運動中的思想發動

于宗琪

（一）開展思想運動，集中的系統的提高羣衆階級覺悟，是深入運動的主要方向。

在大翻身運動中，長治各村曾採取了個別發動，集體訴苦換心思，對症下藥方，放包袱與地主徹底分家等等思想發動的方法，部份的不系統的解決了該鬥不該鬥的問題，鬥爭是不是正義的問題，鬥爭果實是誰的以及良心命運等思想問題，初步的提高了農民的階級覺悟。但正由於是部份的不系統的，所以在農民思想上仍存在可憐地主、還講良心命運、以及認爲鬥爭是個新法令、地脈三十年一週轉等等落後思想，所以在行動上相當普遍的給地主保存東西、保存財物、和地主割不斷關係。爲了最後的提高農民的階級覺悟，思想上系統的明確起來，得後的與地主階級割斷關係，分開家，思想上劃清階級界綫，就必須開展一個包括男女老少全體農民的思想運動。只有這個思想運動開展起來，才能達到最後的消滅地主，與農民的完全階級自覺。

（二）提高農民階級的自覺是思想運動的主要目標。

農民的封建思想是異常複雜而具體的，比如在鬥爭訴苦的時候，對地主敢打也敢鬥，可是在鬥爭過去後，他又可憐地主，講良心；仇恨本村地主，不仇恨外村地主；仇恨剝削過自己的地主，不仇恨沒有剝削過自己的地主；沒有把地主看成是一個階級，却看成是某一個人的問題。如霍村認爲地主有好地主壞地主之分，把地主的好過，看成是人家會鬧，會發家；還有把自己的窮看成是天生的命窮，沒福氣，往往把迷信和命運與地主階級分開來看，不了解迷信命運是封建地主階級的手腕，是爲封建地主階級而服務的，因此，必須叫全體群民明確認識，所謂良心、命運、道門等等這些是地主階級為了鞏固他的剝削，鞏固他的統治的手腕和辦法，不應當單純的討論，有神沒有神，有鬼沒有鬼，應當追根到地主階級身上，叫群眾明確兩個階級的觀點。

在提高群眾的階級自覺的思想運動上，雷村創造了從階級生活的對比，打開了思想運動的門，而在運動當中一系列的有中心的逐漸的解決，逐漸的提高群眾的階級覺悟，其過程是：頭一段主要是給地主算總賬，在給地主算總賬當中，給地主生活做了一個深刻的暴露，如說明地主蔡六孩半晌才起來，吃的燒餅鷄蛋湯，保養藥；出門坐的是轎車；小老婆跟上點煙，蓋的是八幅被，撑的是蚊帳。算了一下總賬，蔡六孩在雷村剝削了四十二戶，共八十五畝地，二十三間房子。

在給地主算生活總賬中，發現了一部份人認為地主男有鋼、女有志，有材料會成家，有一部份人認為地主有命有福。這時就自然而然的討論，為什麼有命有福？良心、命運、迷信的問題，最後得到結論：「不是命窮，是吃道沒有墳平」，「迷信、命運是地主的法，迷住窮人好剝削。」

這個問題解決後，又發現有部份人說有好地主與壞地主之分；有部份人說本村地主不好，外村地主好，剝削過自己的地主不好，沒有剝削過自己的地主好。問題發現後，就展開了爭論，最後給地主階級得出結論：「地主好比狗，走遍天下都吃屎」；「地主好比狼，走遍天下都吃羊」。地主並不分好壞，是「黃狼更比黑狼乖，當中鑽出豹子來」，「一個更比一個乖」。這樣使群眾明確了地主是一個階級，而不是一個人的問題，認識舊社會地主有錢走遍天下，窮人沒錢寸步難行；新社會翻身戶走遍天下，壞地主寸步難行。

在把這個思想問題解決之後，又有人提出：子母連腸，親戚朋友割不斷關係。討論後，大家認識了煤炭打不了牆，閨女養不了娘，親戚有錢親戚花，地主有錢剝削咱，這樣最後使農民更加覺悟起來」，朋友有錢朋友花，與地主割斷關係。

在這些問題都解決了以後，接着討論地主階級在運動中各種陰謀詭計以及他們今後的打算和後路。這時候農民在政治上，揭穿了地主的陰謀，認識到地主開始氣壯，其次是裝窮，接着想變天，存在兩條心。這樣經過了一步一步的農民階級覺悟，轉上了清查地主，共查出四百餘塊現洋，十二石糧食、十五床被。

（三）思想運動的組織領導問題

一、思想運動想要搞起來，必須強調小組討論，只有小組討論，才能暴露群衆的真實思想。在小組討論中，要善於誘導突破典型，突破敢於大胆暴露思想覺悟最快的人，然後再拿這種人來推動運動。比如河崖在討論中首先是由中農鎖敢於暴露真實思想，因此啓發了群衆，也由於他思想覺悟的最快，才帶領了廣大群衆。陳家莊是另一種典型，他們首先抓住第一戶地主天心院，討論天心院是否開明，農民鬪天心院，天心院鬪農民，天心院講良心不講良心？啓發群衆思想運動起來，這也是突破典型的另一種方法。

二、如天河抓住了群衆大家的突出的會道門迷信命運思想等問題，集中起來展開討論和辯論，有神沒有神，研究了農民老爺是吃斷沽光，才開始由認爲有老爺，到一半神一半人，再到不可不信不可全信，到最後肯定沒神沒有鬼，覺悟起來燒老爺、退會道門，追到特務地主老根底。

三、四區爲了啓發群衆敢說心裏話，組織了十多個不同典型的思想覺悟份子，到各村去啓發，作用很大。其中有的是迷信思想覺悟起來，有的是包庇地主覺悟起來，有的是主人翁思想覺悟了，認爲鬥爭是正義，這樣不同類型給群衆的啓發很大。

（四）在思想覺悟的基礎上，農民自覺的起來放包袱、割斷關係、挖「防空洞」。

農民當中相當普遍的存在着包庇地主、給地主放東西、可憐地主，和地主關係割不斷等等現象，產生這種現象的主要原因，思想不覺悟；要解決這個問題，必須在思想自覺的基礎上，去挖防空洞；而且必須是農民自覺自行挖，自己去挖。原家莊、河南、北寨、靈村等四村，在農民自覺的基礎上，有一百八十六戶放下包袱的，佔四個村總戶數七百五十五戶的四分之一強。四個村拿出衣裳六百一十九件，銀元一百五十元，被子二十二條，糧食十八石，當然必須分清楚，這當中有一部份是被地主的威脅收買而給他保存東西的，也有部份是思想上落後，給地主收藏東西。包庇地主思想是屁股下坐杆杖，自己心裏不穩當，包庇不僅是東西的包袱；而且一給地主保存了東西，思想就揹上了包袱。因此必須在農民思想自覺的基礎上挖防空洞，不但要強調叫他們思想覺悟起來放下包袱，而且更重要的是要他在思想上仇恨地主，不可單純向他要東西；更不能強迫落後放包袱。

（轉載人民日報）

隆平開思想會的經驗

李吉

隆平成功的組織了訴苦，一般經過二個過程：一是反省過程：群眾訴出由戰前國民黨統治期及戰後敵人在時所加給的痛苦——封建剝削、黑暗統治等，然後具體想想八路軍來後至土地改革後所得到的幸福。各地經驗，群眾訴苦比較難，容易不深刻，想現在的幸福倒較容易。第二個過程是討論：反省中群眾得出「過去壞現在好」的結論，往往是不深刻的原則概念，需要追根。過去苦到底是誰給

二七

的？今天翻身的好久是誰給的？使群衆把從地主追到國民黨蔣介石與共產黨毛主席做一比較，不但能更深刻的提高其階級覺悟，且能提高其政治認識。有些村莊群衆討論時在會場掛起蔣介石毛主席的像。大家對着蔣介石像訴苦，不由的罵他為雜種、壞蛋、王八，同時更感激毛主席是救命恩人，永遠願從他的領導，跟着他走等。第三個過程是大會總結教育：從反省研究過程中群衆雖解決很多思想問題，但也會有許多解決不了的糊塗觀念，如過去受苦是命或是自己無能？造成自己痛苦的，是否地主，蔣介石與自己有沒有關係等。因此需把想想會反省研究的問題統一整理，作系統教育和解答。

（冀南日報）

三

嶺西怎樣重新進行復查

一、走了彎路

易縣嶺西是四百一十多戶，一千七百餘人口的村莊。在易縣八區是最大的村莊。事變前封建勢力相當大，周圍三十餘村都欠該村地主的租粮和債息。因之，附近村莊對嶺西村就存下了歷史的矛盾。但這村雖是區公所住在村，總未下過多大工夫，這次復查開始，就確定爲全區的重點村，雖然新農會也產生了，牌子也掛上了；可是出了很多的亂子。

區裏召開的貧民會還沒有完，村武委會便吹號集合先下手了。隨着每天黑夜鬥爭，按統累稅冊子一直算到四十多戶。有的農民不讚成，幹部便吹：「你們怎麼不動又歇下來了!?」農民還不知道是怎麼一回事情。轉運東西的兩個中農說：「幹部亂搞着，勤務隊長叫來當夫來了。」鬥爭的第二天，嶺南水峪兩村也來清算，村與村打了兩次架，把水峪農民綁起二三十個來。參加鬥爭，只要先參加的那一部份，把中農關在門外。經區建議才吸收到三百零五人。果實丟的很多，一副赤金鐲子沒下落了。傢具和牲口，完全用劃碼的辦法分下去了。一頭驢抬高到市價的一倍，一頭騾子反比驢賤。賣涼粉的趙禿子僅有三畝半地，劃了驢出不起錢，愁的哭起來也不能退回。窮苦人仍是沒有吃穿。因此，人們對農會失望了。連小組長會議也開不起來。

二、深入下去組織貧農

區裏檢討了前一階段工作後，即抽出十個專人，以嶺西爲重點，再次展開復查。幹部完全分散到

二九

各街去活動，開會、吃飯、睡覺，完全和貧農滾在一起。以貧農找貧農的辦法，聯合到三十八戶，由貧農自己開小組會，完全自願的組成五組，選出正副組長。十個正副組長，組成一貧農團的委員會，選出正主任和兩個副主任。

三、比光景與小片訴苦結合

幾天的調查中，發覺有提高與降低成份的現象。地主說：「我生活並不好也是中農。」中農說：「我是貧農。」大家都覺得貧農吃香。貧農們說：「咱們比論比論吧，誰也別哭窮。」召開了四百餘人的大會，全體農民分成八大組，討論誰是地主富農，誰是中農貧農，誰是惡霸，誰最受苦。從上午直到晚上，進行了檢查和回憶，被地主砍去一條臂的趙洛彥說：「不要東西也得說說。」田侑子母親說：「地主要租子連種兒都交了還不够。逼的我男人打我上吊，逃外要飯七年。」地主范老沛用二斗穀子買一個青年婦女作姨太太，一斗米蓋起來三間房……

在檢查與訴苦中，發現了地主的冒牌與前次鬥的不澈底；穩定了中農情緒；貧農積極起來了。馬上轉入審查會員，開展羣衆性的洗驗運動，和追擊地主與分配果實。

四、必須抓住兩個關鍵

六天的復查中體會到：已經走了彎路的村莊，當再次復查時應抓住兩個關鍵：第一、堅決組織貧農小組，使之成為組織力量。對中農駭怕和幹部不滿情緒，應同時在黨內動員，說明組織貧農的目的主要為了對付地主，而不是反對中農和幹部，使每個黨員了解自己應起的作用和行動方法，爭取多數農民到貧農方面來，澈底走羣衆路綫。第二、在組織起貧農後，應即將全村比光景及訴苦運動結合起來，比光景不是幾個幹部和貧農的事；而應是全體農民自己討論，自己鑑定，自己宣佈，隨之很自然的便引起小型訴苦運動。再加以啓發，就很容易打破糊塗觀念與自私情面，把個人與地主的算個問題轉變成爲農民全體的階級仇恨，加强了中農與貧農的團結。至於新農會已有會員，應由全體農民認眞審查，開展羣衆性的洗臉運動和民主的分配果實，便能使農民的心翻過來，幹部作風得到改造，對封建勢力展開無情鬥爭。

（晋察冀日報）

貫徹僱貧路綫的一點經驗

東平

（一）認識不澈底就會動搖

我們剛一易縣八區幫助土地復查，腦子裏裝了一個抽象的雇、貧農路綫。關於怎樣做？做成什麼樣子？既沒有經驗，信心也不大高。所以一遇到實際困難，就碰了兩個大釘子：

第一、對村幹部和僱貧農的關係認識不足，一開始只憑熱情親自找雇、貧農談話，開會，而不結合搞通村幹思想，發動他們自覺的來共同進行這一工作。結果引起村幹部的懷疑和對抗。本來一般村幹部由於中國封建社會的歷史因襲和過去領導上的種種缺點，使他們對貧苦羣衆缺乏正確認識，歧視貧民，壓制羣衆的作風甚爲普遍，所以一看到發動貧民，就覺得這是上邊找岔子，貧民拆他們的台，因而反對貧農小組，抵抗塡平補齊政策，甚至故意在我們面前告發某些貧農是「二流子」「落後份子」，某些人是特務份子或特務家屬。我們遇到這種現象，就覺得問題複雜，只怕走了「特務路綫」。爲避免麻煩起見，便轉變方針，一切事通過村幹部，一切事找村幹商量，對羣衆却警惕起來。

第二、有的村莊（土地較多而且比較分散，如西渭莊北洪村），僱農貧農戶數是不很多，而其中又很少年氣勃勃的青壯年，老實人、老頭子、老婆子佔了很大的比重，本來他們肚子裏冤苦很多，但

三一

援他們談半天總挖不出多少東西來，談到鬭爭地主，他們往往搖搖頭說：「認命吧！幹部給點就要點。」比較膽大點的，經我反覆解釋政策以後，也敢於提出自己的要求，但一談到出頭和地主鬭爭，他們就推辭說：「不會說話，辦不了事，幹部說怎樣辦就怎樣辦吧！」這些現象會迷惑過我們，使村幹部在我們面前所講的：「貧民都落後、自私」「靠不住」之類的話發生了作用，我們會懷疑像西渭莊北洪村那樣村莊，貧民隊伍的人材「拔枯了」（認爲有點本事的都上升了），依靠這些老實人，老頭子幹不出什麼名堂來，於是把貧農小組暫時放在一邊，仍陷入幹部路綫的舊轍。

我們的這些動搖，是導源於一種主觀的，急性病的幻想，在開始總以爲貧苦羣衆像一顆裝置完備的地雷，只要我們碰一下就會爆炸起來的，像我們在涑水李各莊一帶所聽到的那樣。但這裏由於過去的工作不够深入，階級覺悟不够，因而從羣衆到幹部階級觀念都相當模糊，村幹部瞧不起他們，區幹部也不大注意他們，因此他們感覺羣衆沒依靠，沒信心，不敢自已起來積極的要求翻身，甚至仍然用舊社會的眼光來看我們的幹部和政府，仍然覺得「窮人窮命」，翻身沒自已的份兒。這就是他們不願意開會不積極鬭爭不願意說話的根本原因。其次自反特清算以來，歷次的鬭爭果實，大部份被村幹部和中農得去了，他們「人微言輕」沒得到什麼好處，「殺人容落兩手血」的痛苦經驗，却沉重的打擊了他們的鬭爭情緒。

我們不了解這種複雜的情況，不設法一點一滴的啓發他們的覺悟，解脫他們的疑慮，培養他們的信心，反在碰了釘子之後，埋怨他們「落後」「沒人材」，並因而放棄了階級路綫。這是階級立場不穩的露骨表現。

（二）樹立正確觀念貫澈依靠貧農路綫

在上面已說過，有許多村幹部（特別是中農成份的）對於貧農抱有很深的成見，他們不願意發動貧民，不贊成貧農小組：更不高興填平補齊的政策。他們說這樣一來會「獎勵落後」「獎勵懶惰」，會影響中農的鬥爭情緒及生產情緒，他們認為貧民的缺點太多了，比如：一、「落後」「自私」，不願意開會不積極鬥爭，勞動發不熱心，開會不發言，背後亂講「怪話」……。二、某些人搞破鞋………總之人品不好。三、某些人是因為「懶」「不會過」鬧窮的，分給東西也存不住。四、某些人是偽滿……總之，多少有些政治問題。

就這些所謂「缺點」看來，有的是以個別現象（如二流子標賭敗家）概括全體，有的只看現象不問原因（如有些窮人喝酒當衣鞋等），更甚至有些成見片面誇大，更有些（如所謂「落後」一類）本來是領導上的弱點（如經常不關心貧苦群眾，宣傳教育很差，自私利自，傷害群眾………）所帶來的惡果，也都含混的推在群眾頭上，從未和他們打算解決他們問題，應負的責任反倒輕輕放過。就這些觀點的本質上來看，他們有傳統的地主思想影響（如對「窮」的看法），也有反動的人性論的因素，總之，都是和無產階級觀點是不相容的。

這些錯誤思想的存在，一方面反映了部份中農（以村幹部為代表）的「富農路線的慾望」，同時更證明這裏群眾和幹部的階級覺悟還非常不足。因此，克服這些思想障礙的根本方法是進行反覆的思想教育，只有群眾有了高度的階級自覺，一切非階級的自私的觀點和主張，都會容易的拋棄。如果我們不求根本上的解決問題，而只單純的批評某種看法立場不穩，某種不合政策，這樣並不能說服幹部，克服障礙。

進行階級教育中最主要的一環是訴苦，我們應着重引導那些貧苦的老實農民訴苦翻心！從個別地主對他們的迫害，引導到整個階級的仇恨的，引導到集體鬥爭的自覺。同時，我們要組織村幹部和貧苦農民在一起訴苦，用別人的冤苦及他們受過的苦教育他們，使他們從共同苦難的回憶中去同情淺翻

三三

身的窮弟兄，從自己翻身的回憶中打破自私忘本思想，有些村不注意幹部的訴苦，有些村幹部覺得自己什麽都懂了，再用不着訴苦翻心，這都是不對的。

其次，在經過訴苦教育，羣衆和幹部對農民和地主的基本矛盾，及地主富，農民窮的基本原因有了初步認識之後，應進一步引導他們用新的觀點來批評那些有害的傳統思想（如「命窮」「吃窮」「懶窮」等），來分析所謂「窮人志短」以及當破鞋，當二流子，「人性不好」，「思想落後」等等問題。經過這樣一番思想鬥爭之後，許多非階級的觀點就會逐漸清除了。

再次，我們還要引導羣衆和幹部去認識，為什麽要以僱農貧農作鬭爭的骨幹？為什麽不發動僱農貧農不建立貧農小組，就不能搞垮封建。以及怎樣建立僱農貧農的核心領導作用？這一方面要從階級本質、階級關係上來說明問題，而更主要的積極的給僱農貧農撑腰，鼓勵他們挺身戰鬥，並敢於用自己英勇模範的行動，取得整個鬭爭的領導權。

（察哈爾日報）

加强貧農小組的領導是農運中重要環節

深水淮北農運的幾點經驗

江心

深水淮北村農民翻身鬥爭中的經驗證明：加强貧農小組的領導，是整個運動中的重要環節。現在把該村的經驗簡要介紹，以供各地參考：

一、由「齊心會」到「團結會」。

從鬥爭開始，就存在兩條不同路綫的鬥爭，這一鬥爭，表現在中農與貧農的兩種不同要求上，特別當鬥爭告一段落時則更加明顯，如中農反映：「東西都鬥出來啦，趕快分嘍算啊。」有的說：「他們是地主又是抗幹屬，怎麼好鬥呢？得罪了人不定能分得東西。」開始時領導上走了少數幹部路綫，接受了中農這種動搖的不澈底的思想，在大會上，少數幹部一呼喊，下面一應聲，就「通過」了無原則釋放地主的決議，使地主得到乘機破壞和掩藏物資的機會，使鬥爭陷入停頓狀態。而貧農的要求是：「鬥要鬥到底，不留尾巴。」「咱鬥的是地主，不能先說他是抗幹屬。」「反對妥協當走狗！反對先照顧地主不管窮人沒米吃！」以上兩種，前者是富農路綫，其特點是：滿足現狀，警惕性低，強調照顧，立場動搖，感情用事，鬥不澈底；後者是貧農路綫，其特點是：農民要團結，鬥爭要澈底，翻身要翻心，打破臭情面，立場要堅定，反對當走狗。在這兩條路綫的鬥爭中，該村貧農首先在貧苦積極份子的帶領之下團結起來，組織貧農小組，先開「齊心會」，然後再同中農一齊開「團結會」。

在貧農小組的齊心會上，他們覺得都是齊心的人，發言無顧慮，他們先進行思想檢討教育了自己，討論了「這次鬥爭澈底不澈底？咱們怎樣才算是澈底翻身？咱們的苦是否都訴完了？」「放了地主，他們有什麼破壞行動？誰給地主當走狗來？那些幹部不能代表咱們的利益？」「應當團結誰？鬥爭誰？以後怎麼辦？」經熱烈發表意見，最後決定：繼續扣押地主，開訴苦大會，查舉地主走狗，另選主席，和中農開團結會共同對付地主，並具體分別不同地主不同處置：對地主中主要份子晝夜扣押，次要地主白天由撥工組帶到貧農地裏勞動感化，晚上扣押，已向農民屈服的中小地主逐漸釋放，並家的沒直接剝削過人的子女不扣押。

把地主扣押起來以後，當晚召開農民團結大會，由於貧農小組的骨幹作用和有組織的力量，貧農的上述意見很快得到大會的通過。次序是先由貧農對上次鬥爭進行檢討，啓發起農民大家的思想反省，二十多個中農發言中，都揭發了自己的動搖思想。如說：「我主要是怕人家報復，人家文方面武方面都有人。我剛有碗粥喝了就忘了苦！」多數發言的中農都表示：「貧農鬥爭澈底，比咱們中農積極，要向他們看齊。」會上有人自動喊出口號：「農民團結起來，澈底打倒小蔣介石！」「跟着貧農走！翻身大家都翻身！」貧農的領導地位於此奠定基礎，也由此證明：中農與貧農在消滅封建剝削大家一齊翻身的總要求下，基本上是團結一致的，開始雖有不同要求，但在反覆說明解釋之下，中農可接受貧農的正確意見，「首先滿足無地、少地貧農的要求」會成爲所有中貧農自願接受的原則。

二、加強貧農小組的領導，必須與對村支部的領導和村幹部的領導相結合。

因爲土地改革中「首先滿足貧苦農民要求」是一條不能絲毫移動的原則，這就必須要加強貧農小組的領導，沒有他們集中的意見和他們集中的組織，便不能達到使貧農赤貧農澈底翻身的目的。但如果拋開村幹部、拋開廣大的黨員羣衆（一般大部爲中農或新上升的中農），去單純的領導貧農小組，便會使貧農孤立，而且會引起個別幹部及不堅定的黨員阻撓和破壞。應認識到：今天除了那些地主成份或有政治問題的以外，反抗貧農要求的幹部或黨員是少數的，如果於領導貧農小組同時去號召黨員無條件的支持貧農要求，號召所有幹部要大胆的敢於去經受貧農的考驗和改造，而且這個思想教育只要是抓的緊又是相輔進行的話，以上現象是可以避免的。不能堅定的站在貧農立場的黨員幹部，即便被農民推下台來也無話可說，如該村農會主任（下中農）犯了和地主喝酒拉攏的錯誤，被罷免後，向羣衆承認錯誤，仍積極工作，就是一個例子。

在鬥爭中的經驗證明：當貧農領導優勢尚不鞏固時，抓緊黨員幹部的思想教育，支持貧農的領導地位是極其重要的，在黨員幹部中反覆進行羣衆路線的教育，堅定階級立場的教育，十分必要。

三、貧農小組要經過羣衆路綫組織起來，由農民自己選擇組織形式。

貧農小組起初是由於積極份子聯合貧農由點到面發展起來的，此時雖有中農混入，但這樣由貧農為核心的「擴大聯合」却有利於鬥爭。如淮北貧農小組以前三組，每組只十人，後來每組二十多人，使農民更加團結，力量更加雄厚。但組織擴大以後，未及時查清階級，貧農小組內成份不純，因而領導上及時傾聽和集中貧農的意見感到困難，同時在討論問題時，還發生了右的偏向。如轉入分配以後，混進來的大部中農又提出：先給地主留生活（其動機是趕快處理地主問題結束鬥爭），有的提：給地主一人留五斗糧，還說：「地主沒牲口怎麼辦？」貧農馬上提出：「這樣他們仍比我們生活高，我們現在還沒的下鍋怎麼辦？」中農貧農的不同要求越來越加明顯，一致要求要分清階級，分出等次，公平合理的分配。領導上了解了這些情況以後，即抓緊這一要求，立即領導羣衆自己動手評定階級，先經小組自評，組員報告家庭狀況，大家討論，再經小組互評、大會通過的方法，不但進行得很快，而且非常澈底。會後農民反映：「弄清階級大家才能都翻身。」「階級是全村人評的，該分多少分多少沒的怨，誰也別冒充貧農了。」這樣，貧農小組的單獨組織與討論問題，全體農民都認為合理了（以前因有中農混入，故未混入的中農就不滿意），分配中先滿足貧農要求的具體實現有了保障。

貧農小組的組織辦法，有以下兩種，可由農民自己討論選擇：（一）貧農小組有固定的組織形式，把全體貧農編為一個大組或幾個小組。這種組織形式的好處，一是可以及時集中貧農階層的意見；二是要求一致，討論方便。（二）貧農小組沒有固定的組織形式，與中農混編　會小組，但貧農保持單獨的貧農會議，進行各項問題的討論。這種形式的好處是不僅能集中貧農路綫，而且能在各小組中去反映貧農的意見，在小組中起骨幹作用，堅持貧農路綫；同時，在對中農的團結上，形式上較好。但不論採取那種形式，必須在農會領導機關中佔有優勢的地位，才能使其發揮骨幹作用，使貧農路論得以貫徹。

二八

南樂明確了貧農骨幹領導以後

（察哈爾日報）

在二三區還舉行區指導員交權的儀式，由區指導員授予「權」字紅旗給貧農代表，貧農代表上台受旗後即高舉紅旗率領農民回村，信心十足的進行鬪爭。在千口召開的第三次貧農大會開了三天，會後貧農說：「我有權了，我想鬥誰就鬥誰，我是村裏總司令，村裏的事由我管。」到了這時貧農的權力就在全縣範圍内確立起來了。二區第四次的貧農大會上一個中農一面開會一面通知地主快走，貧農發現了馬上把他扣起來，并給他戴紙帽遊行。貧農少什麽東西，要換什麽東西，貧農翻身委員會很順利的給予通過。在分果實真正作到塡平補齊，貧農的積極性大大的提高。在每次鬥爭之後，跟着又選舉許多英雄，這些翻身英雄又全部都是貧農，這些英雄在四月中旬舉行的十萬人慶祝翻身大會上，都受到共產黨最隆重的表揚，貧農代表的地位更加提高，回到村裏的領導更加堅强。最典型的村子如一區的李楊村，是由七十五個貧農領導的，二區的韓森固是由四十七個貧農領導的，魏莊是由七十二個貧農領導的，四區的西邵郭村在三月初連羣衆會都開不成，自堅持走貧農路綫以後，經過曲折鬥爭，即在一個翻身英雄吳四水團結下的二十個貧農掌握了村中的一切大權，把全村都轟動起來。這些翻身英雄和貧農都是不怕一切，堅決鬥爭，自已掌握了權力。典型人物如四區韓村村長就是一個雇工，自報奮勇要當村長，而羣衆很擁護他。四區官莊組的四大貧農英雄，堅決勇敢，堅決打垮地主爲貧農謀利益，幾天不睡覺，在這一帶威信最高。

現在貧農翻身會在南樂差不多村村都有。四個月來這些貧農翻身代表大部份已提拔爲村幹或小區幹部，他們的戰鬥力和中農顯然是不同的，他們在農會、民兵和婦會裏面已確立優勢。

在目前，貧農新的要求是好地好房，好農具，上學（男女兒童和青年）尤其是討老婆。「中不中問貧農」這是南欒羣衆自己提出的口號，對於貧農提出的要求，如果還有一個貧農的答覆是「不中」，那麼我們就需要檢查一下看任務是否尚未完成。

（冀魯豫日報）

四

組織貧農小組的方法

——九地委工作團經驗之一

發動羣衆有兩種方法：一是自上而下的發動，博野土地改革和今春的一次復查，都是自上而下發動的，都不是走的羣衆路綫，而是上層路綫。因此貧農們說：『過去是反着做的，翻了個空身來。』這一次一開始就提出了和堅持了自下而上的發動羣衆的方法，各村採用的辦法有以下三種：第一是挨戶串通貧農，進行宣傳，針對每個人的實際情況，廣泛進行漫談，從中發現貧農中的積極份子。漫談教育成熟後，經過所發現的積極份子，採取葫蘆串蔓的辦法，由點到面的發展；以達到普遍的自由結組。第二種是在廣泛的串通中，採取「直撒種」和「多撒種」的辦法，普遍的進行宣傳發動，號召組織起來。這樣經過挨戶串通後，貧農立刻行動起來，互相串通，很快的組織了起來。第三種是：經過村幹部和村裏各種組織找最貧苦的黨員、幹部、會員，向下深入，首先串通去年土地改革中的貧農、積極份子、和鬥爭骨幹，經過他們再去進行廣泛串通。

最基本的辦法，是以貧農串連貧農，啓發教育用了以下的辦法：（一）典型訴苦，由個別到一家，由一家到四鄰，領導幹部普遍深入的接觸貧農、赤貧農，首先談身世、談生活、談苦處，從中發現各種典型的苦難事蹟，如楊村抗屬傅孿村，他父親被地主奪去僅有的幾畝地退不回來，去年臘月三十晚上，吃鹵自殺。以此進行反覆的教育，於是便引起了更多的羣衆訴苦。個別漫談訴苦後，緊接着就是挖窮根，從中清除各種「聽天由命」的思想，挖了窮根，緊接着就問翻身辦法，啓示訴苦羣衆首先組織起來。（二）用「比一比」「算一算」的辦法，啓發貧農羣衆「比窮富」「比成份」「比生活」，在比生活當中，有的村貧農自己提出具體口號，從近到遠，從現在到過去，從自己到別家啓發教育，並深入，有的積極份子提出還要「比功勞」看看誰組織的貧農多，於是更加積極起來。（三）抓住貧苦羣衆最迫切的問題，越抓越緊，越討越深，如楊圈一個住廟的老太太，七十歲了，房無一間，地無一壠，去年分到三畝地，尚未打糧食，誰要她加入貧農小組，她不幹，怨天、怨地、怨命不好，但一談到「為什麼咱就住在祠堂裏？」於是老太太馬上積極起來，才到處奔走組織。（四）進行「誰養活誰」「誰是主人」的教育，反覆解釋，「一切權利歸農會」，「窮人要掌握村中大權」，貧農最易接受，不同的小組、不同的對象、採取不同的辦法，部隊幹部深入貧苦抗屬，婦女幹部深入勞動婦女，並且及時變更教育方式，由羣衆講我們聽，到互相漫談，討論研究，提高羣衆覺悟程度。（五）細心傾聽貧農意見揣摸他們的心理，抓住關節，解脫其顧慮。這次根據六個村的體驗，由於自衛戰爭的不斷勝利，再經過幾次鬥爭，羣衆的變天思想很少了，現在他們是第一怕上級再做不澈底就走了，這次各村工作組都向羣衆檢討了過去做的不澈底的原因，向羣衆表示這次一定一竿子扎到底。第二怕果實分配不公，怕村幹部多得果實或個別幹部袒護地主，因此領導上一面教育多分果實的幹部，一面讓羣衆大膽的向其進行批評，幹部進行洗臉擦灰，退出多佔果實，由農民重新分配，並提出這次完全翻過來做，農民大會高於一切，一切服從農民的意見等等口號，農民翻身信心，隨之增強。

（晉察冀日報）

定襄走貧農路線的幾點經驗

一、上次區幹會上提出：了解貧農的生活狀況，換發貧農的心病，審查幹部和積極份子的成份作為我們走貧農路綫的「開步走」，這一步走的還不壞。後又提出：把能否認識多少貧農，能叫來多少名字，貧農中交下多少朋友，作為深入羣衆的標幟。北社、東村積極份子會上提出：「不到地主家去吃飯」，「不和地主多說話」，查立場和比立場，已成了積極份子的習慣。李莊每次關係大會後的「檢討會」成為檢查階級立場和進行公開教育的組織形式。這種做法，對於積極份子的培養，加強他們密切聯系羣衆的作風，防止和及時糾正自肥上是很好的。最近區委會上檢查階級立場以後，又提出區村幹部積極份子中開展「五不六多」運動（不吃地主請、不佔地主家、不和地主嘮閒話、不可憐地主、不給地主拉尾巴。多和貧農談話、多對貧農教育、多啓發貧農訴苦、多到貧農家裏頭、多給中農解釋、多當農民的勤務員）。

二、舊幹部的成份比較複雜。其中三部份：一種是異己份子，他們站地主階級的「保險公司」，這種人畢竟是少數的；一少部份是過去的貧農，本質很好，但因經濟上昇，思想上起了某些變化，忘記了窮人；一種不少的是原來的中農成份，他們是「兩面光」的政策，「皮子不讓焦，仁子也不讓生」的政策，對貧農階級不關心，對封建勢力的摧毀是很不澈底的。

西社對於異己份子堅決打下去，已獲得基本羣衆的滿意；對於第二種幹部，區幹部直接帶領，以「渡徒弟」方式，深入貧戶開會進行教育和鍛鍊，成績很大；惟對第三種幹部，還沒有恰當的處理辦法。會產生兩種偏向：一種是暫時不依靠，姑息態度，再一種就是不理不看，使舊幹部或多或少成了工作中的新障礙，起了反作用。如西社分配勝利果實中，中農和貧農代表鬧糾紛，實際上是幹部在中間鼓動的。

三、赤貧農階層中的成份比貧農階層複雜，其中有破產了的地主，有不少因抽大煙而傾家蕩產的，這些人不能當領導人。北社東一個農民領袖，分到勝利果實後，對貧戶又絲毫不關心了。決不應看到表面一時的鬥爭積極性（破壞性多於建設性的積極）而選拔他們，北社東的教訓，就是一例。

（晉察冀日報）

定縣土地復查中組織貧農小組的經驗

趙樹光報告、王天章、劉亞生整理

定縣大部地區是老區，歷經減租、土地返還、反黑地、土地改革各次羣衆運動，但以羣運首起的西湖村來看，土地改革還未澈底，農民仍未眞正組織起來翻透身，至於一般村莊就可以想見了。此次復查，縣委即以組織貧農入手，結合對村幹部進行教育，初步的貫澈了羣衆路綫，在組織貧農方面，獲得如下幾點經驗：

深入貧農，在貧農中扎根

一、縣區幹部到村後，說明任務，組織與動員村幹部洗臉擦灰，同時通過成份好、作風正派的村幹部了解情況，尋找綫索，調查受剝削、受壓迫嚴重的老實貧民。發現綫索之後，縣區幹部即分頭親自拜訪調查，講解此次復查的任務。綫索中條件好者，即以之做爲骨幹，去串通別的貧農，進行醞釀組成貧民小組。

二、開始調查時，採用「個人談心」方式，個別漫談，不要召集許多人一塊談。個別漫談沒有顧慮，能發現多方面的材料。集體談，發言不普遍，情況可能片面，或只談表皮問題，不談心腹大事。縣區幹部一般的應到農民家去住。不住財主家，一般的也不到幹部家，這樣便於接近羣衆，羣衆敢於暢所欲言。同時幹部對於農民生活的體驗，更會深刻一些。

三、幹部力量要集中，有重點的分片逐村做，一杆子扎到底。切忌分散力量，貪多，大平面的展開。三區各村一忽拉都組織了起來，組織不健全，沒人領導，任其自流發展，有的村被幹部派別掌握了，有的壞人趁機操縱，引起了一些不良結果。

打破顧慮當主人

一、開始時貧農有三怕：一怕上級不眞給做主撑腰，怕「糾偏」。有的貧農說：「你們別把俺們抬的高，摔的重呀！」「是不是還査錯退東西？」二是先怕村幹不參加，後怕村幹來參加，由於羣衆對自己解放自己信心不够，過去村幹對村中大事握有包辦權，在組織時羣衆說：「人家村幹部不管，光俺們沾哪？」「俺們能做幹部的主嗎？」但是當羣衆敢於自覺的組織起來時，又不願村幹部來參加鬥爭，怕他們多分了果實。三怕中農參加分東西，窮坑塡不平補不齊。因此領導上進行研究後，首先向羣衆承認已往工作中的缺點、錯誤，以及失去立場的地方，進行自我批評。並提出各級幹部都是羣衆的勤務員，羣衆可以向任何幹部提出批評。村幹部的功過，由羣衆去鑑定，打破羣衆對某些幹部的害惜心理。最後說明將來果實的分配，由群眾自己討論，這次是填窮坑，中農不能和你一樣分。經過解釋，群眾信心提高，一個貧農說：「這還有什麼說的呀！鬧吧，天塌咾有大家，地塌咾有大家，上級說了給做主，錯了大家負責。這還怕蛋哪！」

二、組織貧農小組要結合對村幹部的思想教育。平時群眾對某些村幹部不滿，開始時，貧農小組很容易把鋒芒指向村幹部。這時領導上要掌握緊：一方面抓緊對幹部的洗臉教育，以群眾的反映教促幹部改善作風，另一方面要向群眾說明：幹部群眾是一家人，幹、群間的問題，是農民內部的問題，如果幹部臉上有黑，群眾要幫助幹部擦去，不能把幹部的問題和對地主封建勢力的問題平列起來，混亂了自己的陣營。

貧農小組的組織

（一）貧農小組必須由貧農自己組織起來，經過貧農骨幹，團結吸收貧農，成立小組。參加貧農小組以個人為單位，貧農全家男女老少，都可組織參加（不必劃在一個組裏），人多勢眾。

（二）對組員的成份，入組的條件，須經過貧農小組的嚴格鑑定審查。成立時，不使「黑頭人」（地主或曾當過特務漢奸的）絕對防止混入，同時中農亦不允參加，在貧農的覺悟與領導權還未鞏固的時候，中農擁入，貧農的領導權有被取而代之的可能。貧苦的村幹部如要參加小組，須經過請求，由貧農做主決定是否吸收，領導上不得干預。只有這樣，才能保持組織的純潔，貧農小組的威信才能提高，中農才越益靠近貧農，而地主才越益孤立。如有的中農雖被拒絕加入貧農小組，不但不採取敵對的態度，還把地主挖防空洞的消息報告給小組，即是明證，從前貧農在村裏沒地位，小組成立之後，地位提高了。如七餘貧農張占奎，從前人們都叫他「小壞蛋」，現在搶着叫叔叫哥，託他在小組入個名，貧農小組的威信提高了。爲審查成份，有的村莊召開貧農大會，以組爲單位參加，各組代表互相巡視檢查，檢查各組中是否有「狗頭人」（地主、或曾當過特務漢奸的）或不够條件者，會後，各組進行討論審查，然後由小組代表聯席會鑑定表決，不够條件者即予洗刷。

（三）貧農小組的內部機構　命名均由組員自已確定。命名問題很要緊，組員很關心這個問題。七堡村貧農小組的名爲「貧農翻身填平大隊」，鬥志甚高。地主有的向外村遞倒東西，翻身填平大隊即自動組織了糾查隊，當天查獲一個包袱。爲保管這些東西，又組織了保管股，沒人記賬，大夥又選舉了一個秘書。總之，羣衆組織是羣衆自已的組織，應由羣衆自已去建設，這樣又適當又起作用，領導上不要事先就給農民擬訂一套組織形式，要羣衆去填，這樣就成了主觀主義。

（四）當貧農小組（翻身大隊）組織好後，中農成份的幹部與羣衆，可由貧農吸收參加。但是一定要保持貧農小組的單獨組織，這樣貧農的領導權才能鞏固，運動中骨幹作用才能鞏固。

團結會

召開團結會，中、貧農聯合大會，加强農民團結。開始時，中農不能參加貧農小組，中、貧農中間有一個界分，但當貧農小組已經組織起來，領導權已鞏固的時候，必須大力宣傳中、貧農是一家，貧農骨頭中農肉，不然貧農即會孤立。同時在大會上要說明復查的目的在於填窮坑，坑深的多填，坑淺的少填，貧幫中，中幫貧，大家一齊翻身。七堡中農婦女先前沒有允許她參加組織，後來參加了，並經過團結會，她說：「我不爲東西，光爲上個名兒。」這樣達到了農民的大團結，力量更加鞏固壯大了。

（晉察冀日報）

關於召開新農會代表會議的意見

一、新農會是在農民翻身運動中以貧農爲骨幹產生的。根據農民運動的一般規律，都是對地主惡霸的鬥爭勝利後，就開始比光景定成份，進而分配勝利果實，在這一階段，往往新舊幹部之間及中、貧農之間，特別是村與村之間會發生了很多問題。這些問題解決不好，就會影響農民內部不團結，減弱了自己的力量。因此，迫切需要召開新農會代表會議，來打通思想，以農民來教育農民，使這些問題得以完滿的解決，使農民更加團結一致對敵。

根據淶水一區的經驗，最好在各村新農會（眞正以貧農爲骨幹掌握了領導權者）產生以後，準備分配果實以前，召開這樣的會議最爲適宜。

二、在新農會代表會議上應解決些什麼問題呢？

1、更加深入貫澈「天下農民是一家」的階級友愛思想。在淶水一區這次代表會上，各個代表一致認爲「翻身大家翻」「一切爲了窮兄弟」「富村要照顧貧村」，因爲只有農民團結的一家人一樣，才有力量。今天翻身了，可要團結得緊緊的，一致對地主惡霸開火。

2、各村農民在翻身鬥爭中，各有成功的經驗與失敗的教訓。因此，交流經驗，互相學習特別重要。如趙各莊新農會幹部大公無私，把好地分給了窮兄弟，並且提出：「吃苦在前、享福在後」的口號；受到全村農民的擁護。其他村莊有的對移民照顧好，有的團結中農作得好，也有的村新農會與舊幹部鬧不團結。以上等等問題，大家相互學習，取長補短。

（3）思想搞通了，經驗交流了，對於村與村的具體問題就易於解決。涞水一區各村代表在解決村與村的問題時，大家都本着「富村幫貧村」「一切爲了窮兄弟」的精神下解決的，如玉斗村把已經分配了的地又退給了貧村南峪港，六順村把趕回的一羣羊又分給了貧村半羣，板城、趙各莊等十二個村莊歡迎貧村窮兄弟搬來，保證要加照顧。正如他們說的：「共產黨要不來，誰也翻不了身，窮兄弟都是一家人。翻身別忘共產黨，共產黨是要窮人全翻身。」全區各村代表在互助互讓的精神下，八十多件村與村的問題都得到了圓滿的解決。

（4）成立統一領導農民鬥爭的區新農會。各村新農會完全成立後，應根據會員多少，選出自己的代表，出席區代表會；由此可產生區新農會，但不能操之過急。涞水一區因各村新農會尚未完全成立，因此，只能由選舉組成新農會的籌備委員會。

（察哈爾日報）

四九

山东红色文献丛编（初编）

英模人物篇

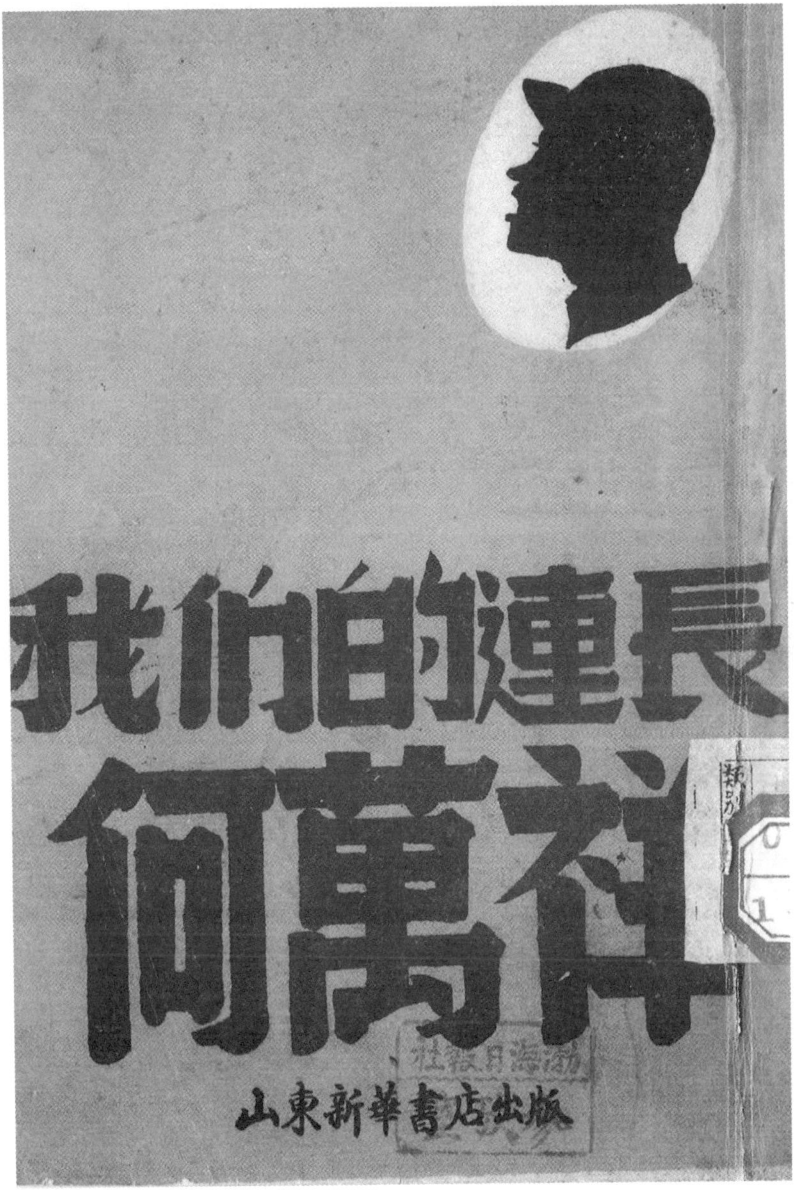
我們的連長
何萬祥
山東新華書店出版

目錄

前記：

他被追獎爲，濱海區的戰鬥英雄。

『有勝利的信心，有犧牲的決心』。這是他每次受領戰鬥任務後，對首長，對黨的答覆。因他抱了必死的決心，去完成任務，所以他每次，都光榮的完成了自己的任務。

『當兵，就不怕死，在戰場上，越怕死，有時倒容易死；越不怕死，有時倒很難死。』這是他的打仗哲學。是的，在戰場上，越是不怕死的人，動作就果敢和迅速，子彈就難睡上；越是怕死的人，決心就不堅強，動作就猶豫，子彈就容易打上。因此，在每次戰鬥中，他都英勇果敢的戰鬥着。

『世界上，沒有不能打仗的兵，只怕有不能打仗的官，不會帶。進攻的時候，幹部在前領着，戰士還能不跟上嗎！防禦的時候，幹部不動，戰士還敢先跑嗎？』這是他的「帶兵之道」。因此，在戰鬥中，他都是，進攻在前，退却在後。所以他帶的隊伍，就沒有不管打的——他到了四八連，八連曾攣喬町，攻桃林，威振隴海，到現在，還被稱爲鋼八連。他到了游擊四中隊，曾在郯城脚下，擊潰由馬頭增援來的強大敵軍，保證攻城部隊，消滅了城內頑守的殘敵。他到了六團二連，二連就成了每次戰役中的突擊隊，最先攻入敵強固據點，因之，獲得了『濱海軍區戰鬥突擊隊』的光榮稱號。

這位『戰鬥突擊隊』的領導者，濱海區的戰鬥英雄，我們的連長何萬祥同志，却終於爲了人民的解放事業而光榮的犧牲了。

是的，他是光榮的犧牲了，和我們永別了，但他的『完成任務的決心』他的『帶兵之道』，和他的打仗哲學，却永遠刻劃在大家的腦子裏。

何萬祥同志的英雄事業，是中國共產黨的光榮，也是八路軍的光榮。爲了紀念他，共產黨內將要出現，更多的，和他一樣的模範黨員；八路軍裏，將要出現，更多的，和他一樣的，戰鬥英雄。

一、英雄的出身

一九三六年，在甘肅的寧縣，有一個姓朱的，十六歲的放牛的青年。在他知道了中國工農紅軍，是替窮人謀利益的隊伍之後，便毅然的參加了紅軍。

他參加了紅軍以後，年老的父母捨不得年青而精明的孩子離開自己，便常到隊伍中來找他，想把他叫回去。

當父母來找他的時候，他總是不肯回去。有一次，叫的不耐煩了，他生氣的說：『叫我回去幹什麼！你挨剝削還沒挨够嗎？還叫我再回去挨一輩子嗎！』以後，他爲了避免家庭來找的麻煩，便決心改了姓換了名，叫着何萬祥。這便是濱海軍區的戰鬥英雄，我們的連長，何萬祥名字的由來。

由於他積極的工作與學習，和戰鬥勇敢，在一九三六年，他二十一歲的時候，便被吸收爲中國共產黨的黨員。

他入黨以後，階級覺悟更高，戰鬥更加勇敢了。在陝甘寧，在山西，在許多次的戰鬥中，他都用自己的英勇，在自己的崗位上，寫下了光榮的歷史。

抗日戰爭爆發之後，他隨着形勢的發展，來到山東，在山東寫下了下面的故事。

二、年關的禮物

大家還會記得，在一九四二年的一月裏，濱海區的部隊，正過着艱苦的日子。天天吃黃豆和地瓜乾，高粱米成了好飯，要想吃豬肉，那就更難了。

由於營養的不足，所以，這一時期，很多人患夜盲病。夜行軍的時候，總有些人要跌跤的。眼看着，舊曆年又快來到了，根據地內的老百姓都在忙着趕集，置辦過年的東西。部隊雖然已過了陽曆年，但陰曆年，是中國幾千年留傳下來的節日，戰士們，都希望着過它。問題就在於沒有錢過。因為過年費在陽曆年時，已經吃完了，要是再過一次，這一筆款，從什麼地方來呢？

恰巧，在陰曆十二月二十五日的下午，老四團的偵察員來報告了：「鬼子收買了大批肥豬現在喬町還有五六百個，準備明天從阿湖車站裝車運走。」

—— 2 ——

喬町，是隴海路北側的一個小圍子。在十字街口，修一個三層的大炮樓，裏面有一個翻譯官，和二十多個偽軍，駐守着。在它西南五里，便是阿湖車站。

為了打個勝仗來慶祝年關并為了弄這批豬來過年，當天的晚上四團的首長便派八連的連長，何萬辟同志帶着鋼八連向喬町進發。

利用漆黑的暗夜前進，在夜九點多鐘的時候，他和突擊排的排長——趙德運，已帶着突擊排，摸到南圍墻的腳下。

『搭人梯，往裏進！』何連長的命令一下，突擊排像一羣猿猴一樣，輕捷的跳進了圍子。敵人發覺了，全部上了大炮樓，進行頑抗，並發出訊號，叫阿湖增援。

何連長，一面佈置火力，壓制炮樓；一面命令趙排長，趕快找個梯子來。梯子找來了，在火力掩護下，戰士們很快的，把它從兩個槍眼之間，立到炮樓上。

何連長，飛快的爬上去，敵人猛烈的用槍打，但子彈不會拐彎，都從他的兩側飛走了。敵人想用炸彈炸他，但炸彈一出槍眼，就掉在地下才爆炸。於是，他安全的站在梯子上，向裏面喊話了：『老鄉！別打啦，繳槍吧！』

敵人仗着離鐵路近，增援來的快，不聽他的建議，仍然打槍抵抗，他不耐煩了，嘴裏叫着：『不聽話，老子也給你個炸彈嘗嘗！』連着從槍眼裏，塡進兩個炸彈去。翻譯官被炸死了！幾個偽軍被炸傷了！裏面停止抵抗，宣佈繳槍。他一面指揮部隊押俘虜，一面自語似的說：『叫你繳槍，不繳槍，非叫老子費事不可！』

十點多鐘了，他背着翻譯官的二把匣子槍帶着各式的戰利品，趕着五百多條肥猪，勝利的返回來。

三、急救縣大隊

舊曆年之後，他又奉命，帶領八連，到沭河邊周莊小寨一帶活動，去支援那裏的地方武裝。

這一天的早晨，他正在××村，給部隊上軍事課。忽然小寨那邊打起槍來，接着手榴彈也連續的響起來。

『趕快回去，收拾東西，準備戰鬥！』他說完，就向着打槍的方向，跑了去。跑到村邊，何連長看到，許多人，由小寨出來，向西南奔跑。他一看，就知道是敵人進了小寨。便叫通訊員趕快去叫一排帶出來。

通訊員剛走，有一個穿便衣的青年，迫促的跑到他面前，告訴他：臨沭縣大隊，和一個區公所，在小寨，被大哨的偽軍包圍了。現在已經突出來一部份，還有一部份沒出來。

正說着，一排出來了，他也沒往下問，敵人究竟有多少，就決心，帶領一排，跑步去增援。他向一排說：『縣大隊，被偽軍包圍了。救人要跟救火一樣的急，大家都要快着跑。』說完就帶着頭跑上去，一氣跑了三四里。

快到小寨的時候，他把三個班分開：由南，東南，西南，三路向小寨突進。

一百多個僞軍抓到了縣大隊的兩個伙夫，搶了許多百姓們未能帶走的東西。正集合起來，準備勝利的『凱旋』。看到隊伍增援上來了，也沒宣佈行軍序列，就多路的，向西跑去。

剛出莊，正碰上何連長帶的一個班。他把匣槍一揮說：『給我打！』一個排子槍打過去，敵人更加混亂了，像一羣趕散了的豬一樣，又向西北跳去。

他們緊緊的，在後面追趕着。敵人把搶到的東西，毫不吝惜的拋丟着：被子，破棉襖，女人的花鞋，鷄蛋，還有大花碗……零散的，丟在路的兩旁。何連長的隊伍，顧不的看這些東西，只是一味的追趕敵人。

有兩個人，不跑了。被前面的戰士，一把抓住。原來這兩個人，就是被敵俘去的伙夫。他們只顧自己逃命，把他倆個放開了。

何連長，帶着隊伍，追到河邊，終於捉到了八個僞軍，繳了九條步槍。他才停止追擊，向着已過河的，潰散的敵人叫道：『看你還敢過河不！』

四、英雄的轉變

由於他指揮的部隊，連貫的取得戰鬥的勝利。和長期的分散活動，不能及時的接受上級的教育，使得何連長的個人英雄主義發展了。

他驕傲自滿，認爲政治工作無用，只有帶着頭打仗，才能解決問題。由看不起指導員，到輕視政治機關，並且，在戰爭中發洋財。把得的手錶自已用，甚至把繳獲的紙幣，也私留下一部份，不交公。

指導員動員他交的時候，他驕傲的說：『這是老子拿命換來的，留下用吧，怕什麽。誰想要東西，下次打仗的時候，先領着頭冲進去，要什麼有什麼。」

錯誤思想的發展，日漸嚴重了。上級爲了教育培養這位有前途的英雄，便於三月裏，調他到幹部輪訓隊裏去學習。

在輪訓隊裏，開始他有些不滿意，認爲他學習，是××人搞的鬼，要故意的整他。並且，由不滿意，轉向對前途的悲觀。但是，當他聽到上級的：『世界上，沒有不犯錯誤的人，只要改錯，仍是好同志。』等話之後，便開始虛心的檢討自己，並下決心改正錯誤。

五個月的學習，在上級的教育，同學們的幫助，和自己虛心的下面，初步的轉變了他的思想意識：

他了解了，個人英雄主義的不對。一切事情的成功，都是黨的力量。連自己的本事，也是黨培養的。自己在家裏放牛的時候，連槍都不會打，還會指揮隊伍，打勝仗嗎？所以，離開了黨，個人便沒有一點本事了。

從前，雖然也知道，共產黨員，是替全人類謀利益的，但總是空洞的了解。只知道，黨員打仗要勇敢，不能怕死，要把敵人打敗。但打了勝仗之後，發點洋財，好像也是應當的。

現在，知道了，爲人民服務，是黨員的最高品質。摻雜私人利益，便是黨性不純的表現。因之，打勝仗消滅敵人的目的，是爲了解放被壓迫的人民，自己戰死了，也是光榮的。打仗若是爲了顯自己的本事，和乘機發洋財，都是不對的。

他把這些問題，弄清之後，便下決心，改正個人英雄主義思想，在出學之後，到新工作崗位時，要尊重上級，尊重政治機關，虛心學習，更勇敢的打仗。以改正過去所犯的錯誤。

九月裏，輪訓隊結業了，他被任命爲：一一五師教導二旅特務第二連的連長，担任保衛指揮機關的任務。

— 5 —

過了不久，他這個連，又編為臨郯海贛四縣游擊大隊的第四中隊，做為這個大隊的骨幹。」

從此以後，何連長由個人英雄主義，逐漸轉向革命英雄主義的道路上去。

五、活捉偽區長

十月裏，連綿的秋雨，下得惱人。慣於行軍作戰的八路軍，被悶在房子裏，的確悶的不耐煩了，大家盼望着，趕快晴天。

鬼子們，却利用這個機會，在贛榆北面的興莊，海頭，蘆溝子，大官莊，按了據點，企圖打通海青公路，控制富庶的沿海地區。

我們為了保衛根據地，粉碎敵控制沿海的企圖。便集中部隊，冒着大雨，與敵人展開了大規模的空前激烈的興海爭奪戰。

在這次戰役中，何連長受領了配合七區區公所插入敵人縱深，消滅墩尙偽區公所的任務。

當他同區級幹部，研究怎樣執行任務的時候。分區委書記說：『這個偽區長特別壞，他搜刮民財，鎮壓抗日，特別厲害。他任意向附近的村子要款，若交的晚了，便把村長抓去弔起來，不給飯吃。什麼時候交上款，才放回去。那一家接近我們的工作人員，便說是『勾通八路，』抓去罰錢，若交不上錢，便給活埋了。他用刮的老百姓的錢，娶了四個姨太太。第四的才二十歲，現在和他住在區部裏。當地的老百姓，恨死了他，很希望我們去，把他弄掉。』

區長接着說：『老百姓的確恨透了他。這一回，最好把他捉住，給七區的羣衆除一大害。我們有幾個隊員，很熟悉那裏的地形，他住在那一個房子裏，他們都知道。』

何連長聽了這些情形後，聯想起為人民服務來，立刻緊張了，氣得恨不能馬上跑過去，把偽區長抓出來，就地槍決，給人民除害。他嘴裏不由得駡道：『娘賣比，這傢伙眞壞極啦。這回非把他捉住不可。』

接着，他又問了據點的防禦情形，鬼子住地和區公所的距離，僞區長和他的隊伍，所住的房子。便下定了活捉僞區長的決心。

夜九時，何連長帶着輕捷的四中隊，向敵縱深的據點——墩尙馳去。

靠了區中隊員的帶路，在下着細雨的暗夜裏，疾速的前進。在一點多鐘的時候，他已經帶領二排，出現在僞區長住宅的屋頂上，院墻上。

慣於享樂的僞區長，也許正抱着年青的太太，做着甜蜜的夢。對於這位夜襲健將——何萬祥的光臨，一點也不知道。

何連長，探出頭來，聽了好久。不見一點動靜。便按照嚮導指定的房子，首先跳下去，堵住了僞區長的門。

兩個炸彈響過之後，警備班先繳了槍。何連長用力一脚，把僞區長的門踢開，提着匣槍冲進去。幾個戰士，緊隨在他的後面，冲進去。

在黑暗中，他撲到床上，抓住一個人。把匣槍頂着他的身子駡道：『繳槍，不繳槍老子揍死你！』對方不說話，只是發抖。他心裏駡道：『娘賣比，眞孬種。還沒打，就抖了。』

戰士們，點着了燈。他才看見自己抓的，是個年輕的女人，在女人裏面，躺着一個男人，嚇得一動也不敢動。

他趕快把匣槍，指向那個男人，並叫他坐起來，舉起兩隻手。

那男人坐起來，顫抖着說：『兄弟們，不要打。我就是石區長，你們叫我怎樣，我就怎樣。』

— 7 —

何連長聽說他就是僞區長，便問他槍放在什麽地方。

僞區長舉着雙手，指劃着說：『短槍在抽屜裏，手槍在枕頭底下，棹上皮箱裏，是七萬多法幣。』

戰鬥就這樣平淡的結束了，堂堂的區長，也就這樣柔順的，做了俘虜。當鬼子出來增援的時候，他們已帶着全部的勝利品，離開據點半里路了。愛面子的鬼子們，只好無目標的，打了些機槍彈，給遭遇『不幸』的僞區長送行。

何連長，爲人民服務的精神，圓滿的實現了，心裏有說不出的愉快，好像從身上，卸下了一塊幾十斤的大石頭一樣，輕鬆的赤回根據地來。

六、血戰郯城外

一九四三來到了。教二旅決定用攻佔郯城來慶賀新春。

一月×日的夜裏，六團的部隊，首先突破郯城日本多田指導官親身監修的工事，攻入城內。天亮了，僞軍大部繳了槍。只剩下鬼子和一部份死心的漢奸隊，固守的兩個砲樓，還未解決。這時，由馬頭增援的敵人，已經到了郯城近郊，砲彈不斷的，由城外飛到城內去。

這時候，我們的何連長，受到了最堅決的命令，『把四中隊，帶到西關，擋着敵人，無論如何，不能叫敵人打進城來。』

他帶着四中隊，跑步出了城。把一排佈置在西關西南，一百多米的墳地裏，嚴肅的命令一排長劉希其說：『城裏只剩下兩個炮樓了，爲了保證攻城部隊，消滅最後的敵人，你這個排死守這裏，把人死完，也不能讓敵人進到城裏去。我帶二排到前面去了。』

「連長，放心吧！我劉希共丟不了四中隊的人。」劉排長說完，看了看地形，把二三班就地佈置開，把一班伸到前面五十米的，一個小墳地裏去。

這時，是早晨七點多鐘，馬頭的鬼子五十多個，配合二百多偽軍，帶着一個迫擊炮，幾個擲彈筒，和幾挺輕重機槍，天不亮，就離開馬頭，進到這裏來，企圖把被圍困的夥伴救出去。八點鐘。敵人開始進攻了，先頭有二十多個人，沿着公路南邊的壕溝，蔭蔽的運動，突然的出現在一班的陣地前面。

一班長呂金鎖喊了聲：『上來了，打呀！』一排子炸彈打過去，敵人臥倒了。但敵人並不想後退，一面用機槍猛烈射擊，一面組織殘敵，準備發起二次冲鋒。

劉排長，疾速的帶着一個班，由南側壓下來，敵人才拖着兩個屍體退回去。

敵人剛退走，接着來的，是炮彈，和雨點般的子彈。這預示着，敵人佈置新的進攻。

劉排長，趕快把那個班，帶回原來的陣地，準備再來反冲鋒。

呂金鎖，眼看着四十多個帶鋼盔的敵人，又進到剛才的冲鋒出發地。他急忙告訴全班，準備打手榴彈，話剛說完。一個炸彈，突然落在他的面前，他也沒考慮，到底是個什麼彈，拾起來，就向着敵人擲過去。

炸彈一着地，就爆炸了，聲音並不很響，但放出很多濃烟來，順着風，飄向敵人那面去，原來是一個烟幕彈。

敵人爲了要救出城內的戰友，竟冒着逆風的煙幕，發起冲鋒。

呂金鎖，連忙指揮全班打炸彈，自己跑到最前面去打，嘴裏喊着：『打呀！死完也不能退。共產黨員，要拿出硬骨頭來，和敵人拚到底。』

敵人仍冒着炸彈的濃煙，頑强的前進不肯退回。於是，雙方激烈的戰鬥着，互不相讓。直到劉排長，又帶着那個班冲過來，才把敵人打退。但英勇頑强的一班長，可尊敬的呂金鎖同志，也光榮的犧牲了，另外還有三個戰士，負了傷。

炮彈又急驟的打過來。劉排長爲了集中力量，把兩個班，全帶回後面五十米的樹林裏去。

這時，城裏傳出一道命令來：『僞軍全部解决了，只剩下了十幾個鬼子。還留守一個炮樓，馬上就可消滅。無論如何。不能讓敵人增援進去。』

劉排長，沈重的告訴通訊員說：『你告訴首長放心吧！敵人的兩次冲鋒，都被我們打退了。我們就算一道外壕吧，一定能擋着敵人了。』

在敵人看來，他們的確像一道外壕，擋着了敵人，但外壕是死的，人們在它身上架上橋，便可通過。他們又好像一道圍牆，但圍牆也可以立上梯子爬上來。他們又好像是一層鹿砦，但鹿砦是可以炸開的。他們到底像什麼呢？敵人稱之爲，『活的障礙物。』

不過，死障礙——鹿砦，外壕，城牆。擋不住英勇的八路軍。而何連長所帶的一個排——活障礙，却擋着了鬼子。

十一點了，五十多個敵人，在炮火掩護下，又進到剛才的冲鋒出發地。但這一回，却不像前兩次那樣兇了，雖然敵人的指揮官，亂擺旗子和亂喊，但敵人仍隱伏在溝裏，遲遲不前。

忽然，溝裏的敵人混亂了，劉排長仔細一看，原來是敵人的重機槍，向他們掃射，逼着他們冲鋒。

正在這時候，敵人陣地裏，又發出一聲巨響，接着升起一股濃烟，在烟霧旁邊，倒下了四五個敵人。富有戰鬥經驗的劉排長，一看就知道，是敵人的手炮自己打炸了。

『別等着挨打啦，趁此反冲鋒吧！』他想到這裏，猛然站起來，把駁壳槍向上一揚，學着何連長慣用的姿勢喊道：『鬼子的炮打炸了，跟我冲呀！』

他帶着頭，一個反冲鋒壓下去，把敵人逐退了四十多步。

他退回原來的陣地上，把人數淸査了一下：犧牲了兩個，負傷的十一個。全排共有九個完好的人。

他又看了看太陽，已經十二點多了。敵人最多再發起兩次冲鋒，還是有信心，把他打回去的。

連部的通訊員，滿頭是汗的跑來了，迫促的說：『連長帶着二排，抄到敵人後面去了。叫您這個排，守着正面，無論如何不准退。』

劉排長把戰鬥經過，簡單的講了之後，堅決的說：『你告訴連長放心吧，我這排死不完，敵人別想進到城裏去。』

城裏最後的一個炮樓，還沒有解決，大太陽旗，仍在炮樓頂上搖擺着。但城外的敵人，只能用眼望着它，好像希特拉對高加索的油田一樣，可望而不可及。

從敵人的第三次冲鋒被打垮以後，敵人再也沒有發動進攻，變成了對峙的局面，直到太陽快落山的時候，城裏的炮樓炸倒了，太陽旗不見了。城外的敵人，才擡着二十多擡屍體，無可如何的，退回馬頭去。

鬼子和幾千僞軍們，憑着又深又寬的外壕，據守着二丈多高城牆的郯城，擋不住八路軍，突入城內。而何連長的一個排，却在平坦的西關外，擋住了二三百敵人，這個排，爲什麼這樣頑強呢？因爲他們是：何連長所帶的隊伍，古人所說的『强將手下無弱兵』，在此得到證明了。

—— 11 ——

七、夜闖贛榆城

四月裏，春花開放，萬物欣欣向榮。爲着適應敵後的新形勢，濱海地區的部隊，實行第三次的精兵減政。敎二旅和其他幾個部隊，合編山東濱海軍區。何連長，被編到濱海軍區所屬的六團，任第二連的副連長。

初到職時，他感覺有些別扭。因爲已經當了幾年的連長了，現在却當起副連長來。但經過一段思想鬥爭之後，最後他認識到，革命不是爲的當大幹部，而是爲的替人民服務。雖然當副連長，只要積極的幹工作，勇敢的打仗，也是一樣。於是，他安心的幹下去了。

十一月，我們爲了先機粉碎敵人的冬季掃蕩計劃，決定攻奪贛榆縣城。

在這次戰鬥中，由二十四個最勇敢的人，組成一個突擊隊，指定他爲突擊隊的隊長。命令他，首先在東北城門，突入城內。

當戰役的最高指揮員，下完命令，因爲任務的重要，他被指定，隨同團長營長，一同到司令部，當面接受最高指揮員的命令。說明任務的重要，全盤戰局在他這一濟之後。他興奮得，全身的毛孔都張開了。緊張得，在小凳子上，幾乎坐不住了，恨不能馬上天黑，帶上突擊隊，闖到城內去。

最高指揮員問他，對這次任務，有什麽意見。他站起來說：『對這個任務，我有勝利的信心。同時，也有犧牲的決心。任務完成不了，我也不回來了。』

最高指揮員，又把勝利的條件講了講，並預祝他成功。他聽完之後，把營長拉到門外，小聲的說：『營長。我最後的一個要求，你給我五發子彈吧！』

營長當時把子彈給了他。他取出自己的三號匣槍來，把他們全壓在彈倉裏，用兩手推拉了一下，大贊『拍拍』作響。於是，他高興的，用他慣用的，走路姿態，挺着胸脯，疾速的走回連部去了。

夜九時，他率領着由二十四隻猛虎組成的突擊隊。持着上好刺刀的三八式槍，靜悄悄的，摸到距東北門四十多米的墳地裏，輕輕的臥倒，瞪起兩隻大眼睛，看着城門，等着城門口，發出叫他冲鋒的訊號。

猛然，城門口火光一閃。是我們偽裝叫門者，把門叫開了，發出的叫他冲鋒的記號。他喊了聲：『跟我來！』帶着這羣猛虎，向城門撲去。

守城的偽軍，發覺被騙了。在城樓上的連忙打起槍來，並大聲喊叫，叫下面的人，趕快關門。

這稀疏的子彈，如何能阻擋住何萬祥的突擊隊。他們飛一樣的，跑到城門口，用力將未及關上的城門擁開，端着刺刀，冲進城門去。

剛進城門，迎面碰上敵人反冲鋒的部隊，由南街西街，向這裏冲來，企圖堵着這個缺口。阻止他們向裏面發展。由西街來的，機槍打的特別猛烈，人數也多，大聲吵叫着，向城門口擁來。何連長想：『假若敵人佔了城門，堵上這個缺口，後續部隊進不來，戰役計劃便破產了。還是先下手為強。』便決心向西街的敵人，發起冲鋒。他喊了聲：『娘賣比，先打西街的。跟我來！』就帶着頭，向西猛撲過去。

敵人發覺他們冲鋒，更猛烈的打起來，用連續的機槍，排手槍，和炸彈的火力，企圖堵住這條街口，死也不讓他們進去。但何連長，所帶的突擊隊，卻像河裏的魚一樣，冒着彈火的波浪，硬向前鑽。

在手榴彈爆炸的火光中，何連長看到，敵人的機槍射手倒下了，把機槍拋出四五步遠。他像疾風一樣的跑過去，把機槍搶過來，把匣槍向腰裏一插。端起機槍，用敵人彈夾裏所剩的子彈，向敵人掃射過去。

敵人果然後退了，突擊隊端着刺刀，從倒在街上的，橫三豎四的，敵人的屍體上，飛越過去，向前猛追，一直追近到鐘鼓樓的脚下。把敵人圍在鐘鼓樓裏。

敵人轉爲防禦了。縮在烏龜殼裏，向外打槍打炸彈，不敢出來反冲鋒了。這時，何連長清查了一下，突擊隊的人數，清查的結果，連他自己也不敢相信了。因爲他估計，這樣猛烈的冲鋒，一定會死傷幾個的，誰知連一個帶鄉花的都沒有呢！

後續部隊，像潮水一樣，從各方面擁進來。把南街反擊的敵人，也打退了。全城的偽軍，除被俘的以外，都跑到炮樓上，縮進院子裏，不敢出來了。

對敵人完全包圍的形勢，構成以後。我們即按照預定計劃，一個一個的，奪取炮樓。戰到第二天下午四點鐘，偽獨立七十一旅長李亞滿。便率領全體官兵，繳械投降，整個的戰鬥，宣告結束了。

在休息的時候，他到班裏去了解這次戰鬥的情形，有些人問他，這次突擊隊，是怎樣進城的，他把經過講了之後，又告訴戰士們說：『說句良心話吧！打仗的時候，越不怕死，越死不了。越怕死的話，越有危險。這一回，我們突擊隊，都是準備死的，可是打進城來，連一個帶花的也沒有。假若要是怕死的話，那非死不可。因爲我們剛進城門的時候，敵人兩路反冲鋒過來。因爲我們都拚上犧牲了，就向着較强的一路冲過去，結果把敵人冲垮了，嚇得他們不敢出擊了。假若怕死的話，守着城門，不敢向前冲，等敵人兩路合攏來，不被消滅，就有鬼啦。』

『對啦，連長說的真對。』一個親身參加突擊隊的戰士說：『假若咱守住城門，不向前發展，敵人非來消滅咱不可。可是，咱不顧一切的，向前一冲，倒把敵人冲退了。』

何連長接着說：『打仗的時候，你越軟，敵人就越硬，你一硬，敵人就軟了。有一回，十幾個漢奸隊，追的我沒辦法了。我回過頭去，把一隻捲好的綁帶打過去，他們都嚇得臥下了，我才安全的跑回來。若是光跑不打的話，說不定會被他們捉個活的去。』說到這裏，有一個戰士笑了，他嚴肅的說：『你笑什麼，不信的話，往後看吧！勇敢的人，總是不容易輕易打着的。』

是的，勇敢的人。是不容易輕易打着的。因爲蘇聯詩人說：『子彈怕勇士，刺刀不上勇士身。』史大林同志說：『敵人對綿羊，則是勇士。對勇士，則自己是綿羊。』

八、冲破石溝崖

戰士們，爲了試驗何連長的話，他們所期待的一天，終於到來了。

一九四四年的一月，我們向二十多年的慣匪，現任僞日照警備大隊副朱心齋所盤據的，自稱爲鋼鐵的據點——石溝崖，發動進攻。由於工事的堅固，敵人的兇頑，打了兩天，未能奏效。

第三天的下午，我們的何連長，（這時他已升爲第二連的連長）受領了由東南角突入北圍子的命令，當下完命令之後，團長，拍着他的肩臂說：『同志。這是最後的一次突擊了！成功不成功，就看你這一回了。希望你能完成這個任務。』

『首長放心，攻不進去，我不回來見你！』他不等首長說完，插了這樣一句，回身就走了。因爲他看到，因攻擊而死傷的二百多同志，早氣紅了眼睛，恨不能一步跳進圍子去，抓着漢奸朱心齋咬他兩口，給同志們報仇。

北圍子，是正方形，每一面，有一百多米長，圍牆高三米，厚一米，在四個角，突出四個圓形尖頂的大炮樓。炮樓高四五米，直立於天空。

在圍墻五十米以外，是寬深各五米的外壕。外壕的積土，翻向裏面，積堆在外壕的內側，有半人多高，敵人利用積土，每隔二十多米，挖了一個單人散兵坑，並且用木板蓋上頂，堆上土，防禦我們慣用的手榴彈。

在外壕的裏面，四個角裏，有四個突出的小炮樓，也是圓形尖頂的。槍眼挖在下層，用來專門射擊跳到外壕裏的人。壕底還滿佈着鐵蒺藜，也是防止我們跳進壕溝的。

外壕外面，是鐵絲網，鐵絲網的外面，是一個堅固的鹿砦，從圍裏到外壕，挖有幾條地下交通溝，敵人從裏面交通，我們是看不到的。

守着這個圍子的，就是匪首朱心齋和由五百多土匪組成的漢奸隊。最令人可恨的，是在一個炮樓頂上，高懸着一面太陽旗，它不害羞的，驕傲的，在空中飄擺着。

二連的戰鬥動作，本來是相當熟練的，在何連長率領下，更顯得格外的靈活。他們採取各種不同的姿勢躍進着，不一會，便順利的到達了沖鋒出發地，距東南角的外壕，只有四五十米。

白天，敵人很容易看出來，這是主攻方向。把所有火器，都集中到這裏，企圖在他們面前，造成一段阻攔地帶，擋着他們。

我們的鋼炮，平射炮，手炮及輕重機關槍，也集中的，制壓敵人的火力點。一定要把這段封鎖地帶沖破。給我們的英勇的突擊隊，開闢一條道路。

在這寬五十多米的正面上，雙方的火力，展開了強烈的比賽。手榴彈，像鵓鴿群似的，在空中『嬰嬰』的來回的飛舞。眞是天翻地覆，烏烟四起。勇士們，顧不了這許多，只是按照自己的任務，奮勇的戰鬥着，向前，向前，再向前。

何連長的面前，擺着一堆一堆的手榴彈，他用他熟練的姿勢，把它們一個一個的打過去。它們在外壕裏，在散兵坑窩上，飑着的開了花，好像告訴裏面的僞軍說：『還是何連長的手榴彈，趕快準備繳槍吧！』

戰鬥更加緊張了，他就把它們，兩個一起兩個一起的打進去。

在這無比的一陣激烈戰鬥中，何連長的耳朵被震得變聾」。但他瞪得像鷄蛋似的兩隻大眼睛，却看到鹿砦被拉開一個缺口，但有幾個戰士，倒在鹿砦旁邊，不動了。

何連長，更加憤怒了，想馬上從鹿砦缺口冲進去，給戰士們報仇。可是，突然『轟隆』一聲巨響，把他的思潮打斷了。他順着響聲看去，在漸漸昇起的濃烟中，看到外壕角上的小炮樓，被打掉了半邊。他興奮得挺起身來，大聲喊：『炮樓打垮了。冲呀！』隨着的他喊聲，破壞組一排向前砍斷鐵絲網，冲進外壕。一排也緊跟着，冲到外壕裏面去。

他親眼看着，戰士一個一個的跳到壕底。但沒有看到一個爬上對岸壕沿上去的。

等了幾分鐘，仍然只見往下跳，不見往上爬。他心裏急：『笨傢伙，蹲在壕裏等死嗎！還不往上爬？』將身子一挺，就竄下去。八班長劉進攻，想拉着他，自己先冲下去，但差一把沒拉住，便喊了聲！『八班跟我來！』緊隨着何連長，冲下去。

原來在壕底，受到北面西面，小炮樓裏交叉火力的射擊。和由壕沿上散兵坑裏丢出的大量的炸彈的轟擊。跳入壕溝的人，都倒在鐵蒺藜上，不是負傷，便是陣亡了。

他看到這種情形，心裏說：『老子可不在這裏等死，往上冲！』第一個先爬上壕沿，用脚把積土蹬了幾蹬，蹬出個踏垜，將身子緊貼於散兵坑與散兵坑之間的積土上。

劉進攻同志，帶着幾個戰士，也照樣爬上去，貼在積土上。

這積土，對前面的圍牆，就好像立射散坑的胸牆，圍牆上和高炮樓裏，打出的子彈，都被積土擋着，打不着他們，小炮樓裏的子彈，只能打到壕裏面，打不到這上面來。距他只有二米的散

— 17 —

兵坑裏，拚命的向外打槍，但可惜槍眼是向正前方開的，子彈又不會拐彎，一顆一顆的，飛到正前方去了。裏面的人，又向外塡手榴彈，但可惜手榴彈，又不會在斜坡上站住，它們都紛紛的滾到壕底下去開花。何連長，所選的這個地方，雖然距敵人最近，誰知比躲在壕底下，却安全的多呢！

他清醒了一下，被炮彈聲手榴彈聲震混了的腦筋，用左臂的袖子，擦了一下，被烟熏出的眼淚和汗水，然後側過身去，右手舉起匣槍，對準右面散兵坑的槍眼『拍』的就是一槍，接着又塞進一個炸彈去，嘴裏駡着：『娘賣比，你也嘗嘗老子的炸彈吧！』

炸彈在散兵坑裏爆炸了，裏面的敵人，再也不向外面打槍和投彈了。他便把匣槍向腰後一挿，轉過身去，兩手用力把槍眼扒大，先把劉進攻塡進去！然後又把他上好刺刀的三八式槍。遞進去，這樣就佔領了第一個散兵坑。

接着，他又扒開第二個，第三個……塡進第二個，第三個……戰士去。佔領了第二個，第三個……散兵坑。在敵人濃密的火力下，何連長這樣的奪取了敵人的前沿陣地，站住了脚。

敵人集中所有的火器，拚命的向他們狂射，掩護着十幾個敵人忠實的走狗，自認爲不怕死的『英雄』，向他們反冲鋒，企圖把他們消滅於陣地前沿，或者把他們逐出去。

何連長，手裏打着炸彈，嘴裏駡着：『出來找死嗎？看老子的炸彈！』指揮着戰士們，守着每一個剛奪取的散兵坑。

在他們激烈決鬥的時候，我們的後續部隊，源源的冲上來，有的臥在積土上，有的鑽進散兵坑裏，更有的站在積土上，向圍子裏投炸彈，

何連長，看着部隊來的多了，又指揮他們，向前追進，終於一步一步的，佔領了東南角的外壕和全部的散兵坑，出來反擊的敵人，幾個僥倖未被打死的，像老鼠一樣，鑽進了大圍子。

突然，『轟隆轟隆』又兩聲巨響，圍牆角上的高炮樓，又被炸倒了半邊，冒着迷漫的烟霧，我們的連長，何萬群同志，率領着老六團第二連的十幾個猛士，翻過被炸倒的炮樓，衝進了北圍子。

黨給他的神聖的任務，他光榮的完成了。一般人認爲：鋼鐵般牢不可破的，已付了二三百人的代價，未攻克的石溝崖，被他帶着一個連，衝破了！在快黃昏的時候，僞日照警備大隊附，日特兼國特，二十年來，走波浪如赤平地，殺人不眨眼的慣匪，爲日萬人民所深惡痛絕的朱心齋，被從最後的一個炮樓上，活捉下來。

看着舉着雙手，從炮樓裏出來的朱心齋，何連長，心裏罵道：『你就是朱心齋呀！總算是看到你了。』暗示着，你這賣國的單人『英雄』，究竟被八路軍的革命英雄主義者，所戰敗了，柔順的，當了俘虜兵。

槍炮聲停了，夜轉爲靜悄悄的，勇士們，除了站崗的以外，都因連續戰鬥的疲勞，而入了甜蜜的夢鄉。

八班長劉進攻，在睡醒一覺的時候，回憶起白天戰鬥的那幅圖畫來：想到死傷的那些人，感覺自己非常僥倖。又聯想到，何連長所說的：『不怕死的不易死』那句話。

想到這裏，他自己暗暗的笑了。因爲他發覺了：小胆的眞是傻瓜，爬在壕裏不敢前進，等着挨敵人的打，不是負傷，便是陣亡。咱們跟着連長，衝上壕去，却沒有打着一個。何連長，眞聰明，怪不得，他每次打仗，都在前面。

何連長的話，劉進攻在這次戰鬥中，深切的領會到了，許多的英勇的戰士們，也和劉進攻一樣的領會到了。

九、深刻的回憶

在敵後很少進行的帶正規性的攻堅戰，對僞頑固據點石溝崖的進攻，勝利的完成了。這勝利，是與何連長分不開的。因此，在戰鬥結束之後，軍區司令部及政治部，頒發聯合命令，公佈他爲戰鬥英雄，並授予甲等獎品。

看到命令之後，他高興得幾乎跳起來，對上級這樣的關懷他，覺得十分滿意，並深切的感謝上級對他的獎勵。

但，高興之後，又感覺有些慚愧，由慚愧又轉向悲傷，甚至悲得這位在戰場上，流過四次血，未覺疼苦的英雄，幾乎流出淚來。因爲他想起一件事情來，這件事，像針尖一樣，刺疼了他的心。

這便是，在二年以前，調他往輪訓隊，他不滿意，而企圖逃跑的一件事：

因爲，那時候，他認爲上級看不起他。記他的成見，專門和他鬧別扭。專找他的缺點，不看他的成績，眼看着，打仗不如他的人，一個一個的提拔了，自己不但沒提拔，反而調去受訓，眞是氣人。於是便想不聽組織分配，脫離教導二旅，到新四軍去。

幸而未出不遠，自己又回來了。

現在，明白了，那時，並不是上級對自己有成見。主要是自己不對，是自己逞英雄，鬧獨立性，看不起上級，看不起政治機關，認爲打了勝仗，是自己的功勞。上級調自己受訓，本來是爲了培養自己，反而認爲是故意的整自己，用自己狹小的眼光，來看上級，眞是饞了上級，對不起黨。

現在，事實證明了，上級的領導，是公正的，是偉大的，因爲自己稍有了點轉變，上級便這樣鼓勵自己了。

再說，打勝仗吧，也不是自己的功勞，而是戰友們用血肉換來的。自己所指揮的部下，爲什麼能這樣勇敢的戰鬥呢？並不光是因爲自己指揮的好，主要的，還是由於他們，對解救國家事業的信仰和忠誠。戰士們，若不自覺的勇敢向前，自己再有本事，也指揮不上去。

戰士們，都能大公無私的，爲了解放被壓迫的人民，而犧牲自己。自己當了多少年的幹部了，打仗的時候——却想乘機發點洋財，爲個人謀利益，怎能對的起爲着消滅敵人，而犧牲的戰士呢！

想到這裏，我們的英雄連長，又怎能不悲傷呢？

我們的何連長，想來想去，過去所做的一些事，越想越不對。越想越難過。越想越對不起『英雄』這個稱號，但究竟怎麼辦呢？

想到最後，何連長，得出了結論：今後，只有更加進步，才能對得起上級。要想進步，就得虛心的檢討自己，深刻的反省，過去所犯的錯誤。

於是，他拔出多日未用過的自來水筆，用不十分通順的字句給過去和他在一起工作較久的同志們——排長劉希其等人寫信了：說明自己，過去如何不對。現在正進行反省，恐怕自己想不完全，希望他們，多加幫助，對他不正確的思想和行動，多加批評。

十、永垂大泉山

深刻的回憶，使他的思想，又向前推進了一步。從此以後，他說話做事，都很檢點，甚至連他嘴邊常帶的『娘賣比』三字也輕意不說了，怪不得他的營長，向上級會報的時候說：『自從打了石溝崖之後，何萬群的思想，有了猛然的進步。」

三月，天氣漸暖。戰士們在操場上，用勁的操做着，現出躍躍欲試的姿態，希望把新學的本事，與敵人較量一下。

這時，魯中軍區組織了討吳戰役。爲了互相觀摩，山東軍區決定由六團抽一個營，代表濱海的部隊，赴魯中參加作戰。

六團決定派一營前去出征，在出發之前，他被叫到團部，團長親身和他談話。

團長很誠懇的說：「你，這次出發，是代表了全濱海區的部隊。希望你，發揚過去一貫的英勇作風，給兄弟部隊，以好的影響，勝利的完成任務，光榮的歸來。」

他容前沈靜的答道：「首長，這次出發，我若是打不死，就一定能完成任務。假若完不成任務，我也不回濱海區來了。」

團長又說了些鼓勵和安慰他的話，把勝利的條件，着重的講了講。他也信心十足，高興的回來，準備遠征了。

三月二十五的夜裏，關乎全盤戰局的第一着：大泉山的爭奪戰開始了。是第三連的主攻。我們的何連長，所帶的第二連，留在指揮陣地上，準備那裏吃緊，便派到那裏去。

戰至二十六日的拂曉，在鋼炮的支援下，三連高排長，所率的濱海健兒，已突破了兩道鹿柴，正要立梯子爬圍牆。但炸彈打光了，戰士們拾起附近的石頭，向裏面打，掩護衝鋒；敵人的炸彈也打光了，便向外丟木棒，阻止他們衝鋒，在相距十多米的戰線上，雙方展開了，極劇烈的拚石頭與木棒的戰鬥。

何連長，站在山坡上，瞪着兩隻眼看着，心裏一面稱贊高排長的勇敢，一面想：趕快去增援才好，不然怕要吃虧了。

這時，村裏的敵人，分幾路向山上增援。他看到這種情形，急得兩隻脚，在地上亂跳，恨不能馬上跑去增援。

『報告連長！營長的命令，叫你帶一個排，跑步去增援三連，堅決攻進山頂上的小圍子去！』營部的通訊員，飛也似的跑到他的面前來，傳達了上面的命令。

大泉山頂上的小圍子，是敵人用它捍衛大泉莊的，裏面佈着一個連。配備一挺重機槍，和兩挺輕機槍。若把山頂佔領，則大泉莊的敵人，可不戰而逃。

聽到叫他增援的命令，他像剛出籠的鳥樣的高興，帶着二排，飛下山坡，向着大泉山衝去。

大泉莊出來增援的部隊，被我們的部隊阻止住了。這時，在山頂上的高排長已經豎上梯子，爬到圍牆上去。何連長，趕到之後，跟在高排長的後面，爬上去。他的通訊員，王進東同志，又隨在他的後面，爬上去。

三個英雄，猛然跳進了圍子，敵人的一挺重機槍，躲在地堡裏，連續的吐出子彈，把這個突破口，封鎖住了。

『我去消滅這挺重機槍！』高排長說着，提着手槍跑過去了，在離槍還有五米達的時候，被一顆子彈打中，雖然頑强的歪了幾歪，但終於倒下去，光榮的犧牲了。

『娘賣比，老子日你的娘呀！』何連長的眼睛都氣紅了。手裏提着兩顆炸彈，從地堡的側面跑過去，要把那挺可恨的重機槍，和用它的人，一同炸碎。

剛跑出幾步，被從北面炮樓裏，打出的一顆子彈打中，光榮的倒下去。從此，我們英勇的連長，何萬祥同志，便和我們永別了，他為了完成黨給他的任務，供獻了自己的最後的一滴血！

英雄的通訊員，年青的王進東同志，看到自己的首長倒下去！恨不能馬上蹦上炮樓，把射中他首長的那個敵人吃掉。

— 23 —

於是，他像氣瘋了的小牛一樣，提着捷克式馬槍，衝進了炮樓的下層，勇猛的踏上梯子，要去活捉他的仇人。

可是，當他剛踏上第一道樓階的時候，被上面的敵人，射中頭部，跌倒下來。

三位勇敢的英雄，都頑强的犧牲了！但當他三人，在圍內進行慘烈戰鬥的時候，圍外的我軍，給他們報仇的人們，像湖水似的湧進來。把圍牆衝碎了，把裏面的敵人，全部消滅了。那挺可恨的重機槍，也到了我們手裏，變成可愛的武器，它馬上轉過頭去，吐出更多的子彈，向由大泉莊內突圍的敵人，無情的射擊，好像用這堅决的行動，贖它的罪過似的。

敵人跑遠了，戰鬥勝利的結束了。營長把這三位爲解救被吳逆化文，所壓榨的人民，而積極作戰；爲完成自己的任務，而頑强戰鬥；爲實現共產主義的理想，而流盡最後一滴血的英雄們的屍體，埋葬在大泉山的脚下。

這時，山脚下，正開着潔白而微紅的桃花。魯中的戰友們，把樹上的花，折下幾枝來，插在他們的墳頂上，以表示對他們的友愛與尊敬，剛被解放出的羣衆們，用鐵鍬往他們的墳墓上，多添幾鍬土，以表示對他們的感激。

濱海軍區，爲了永久紀念這位英勇善戰的連長。把這次繳來的重機槍，命名爲『何萬祥重機槍』，把他帶領的第二連，授命爲『何萬祥連』。

他的英名，不但遍傳了濱海和魯中，而且將遍傳全中國，爲中人民所歌頌，永垂不朽。

一九四五·十月

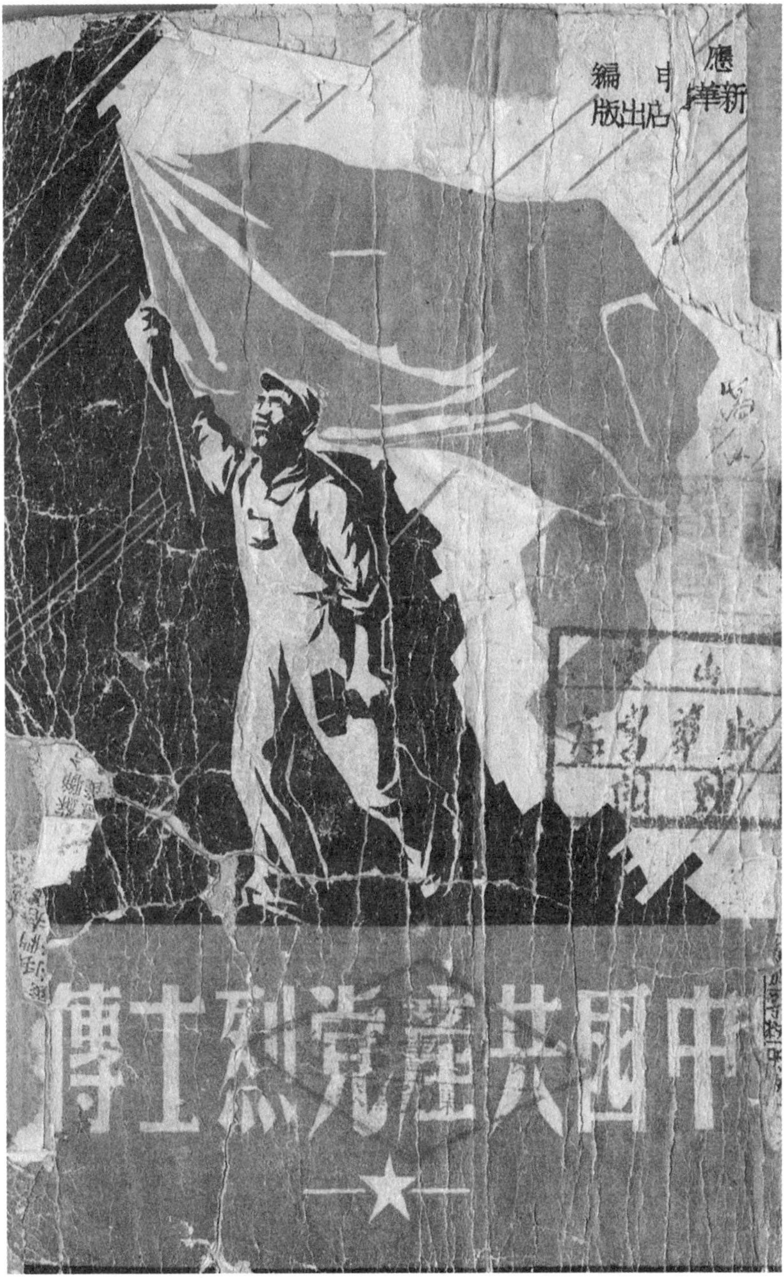
中國共產黨烈士傳

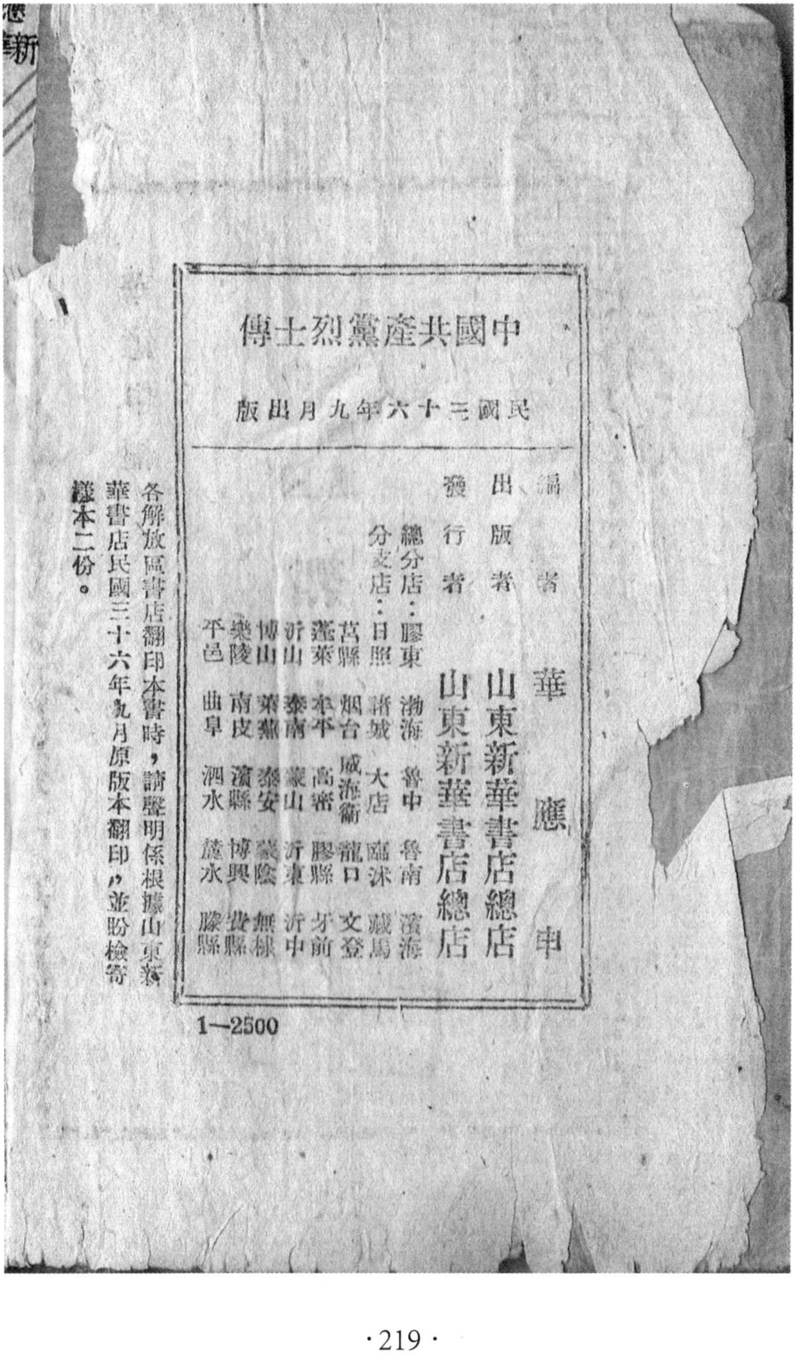

中國共產黨烈士傳

民國三十六年九月出版

編著者　華應申
出版者　山東新華書店總店
發行者　山東新華書店總店
總分店：膠東　渤海　魯中　魯南　濱海
分支店：日照　諸城　大店　臨沭　藏馬
莒縣　烟台　威海衛　龍口　文登
蓬萊　牟平　高密　膠縣　牙前
沂山　泰南　蒙山　沂東　沂中
博山　萊蕪　泰安　蒙陰　無棣
樂陵　南皮　濱縣　博興　費縣
平邑　曲阜　泗水　蘆水　滕縣

各解放區書店翻印本書時，請聲明係根據山東新華書店民國三十六年九月原版本翻印，並盼檢寄樣本二份。

1—2500

代序

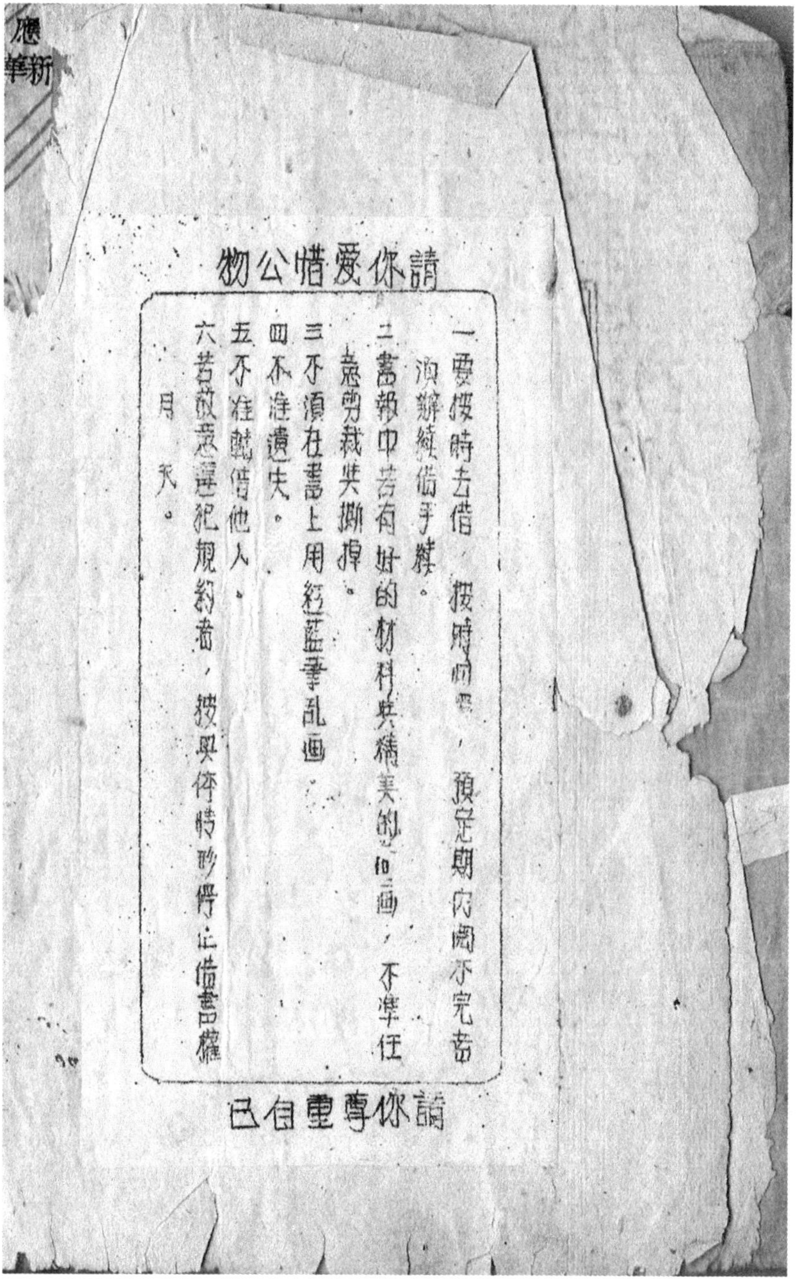

應
新華

請你愛惜公物

一、要按時去借，按時歸還，預定期內閱不完者須辦續借手續。

二、書報中若有好的材料與精美的插画，不準任意剪裁與撕掉。

三、不須在書上用紅藍筆乱画。

四、不准遺失。

五、不准轉借他人。

六、若故意違犯規約者，按其[illegible]情形停止借書權　月　天。

請你尊重自己

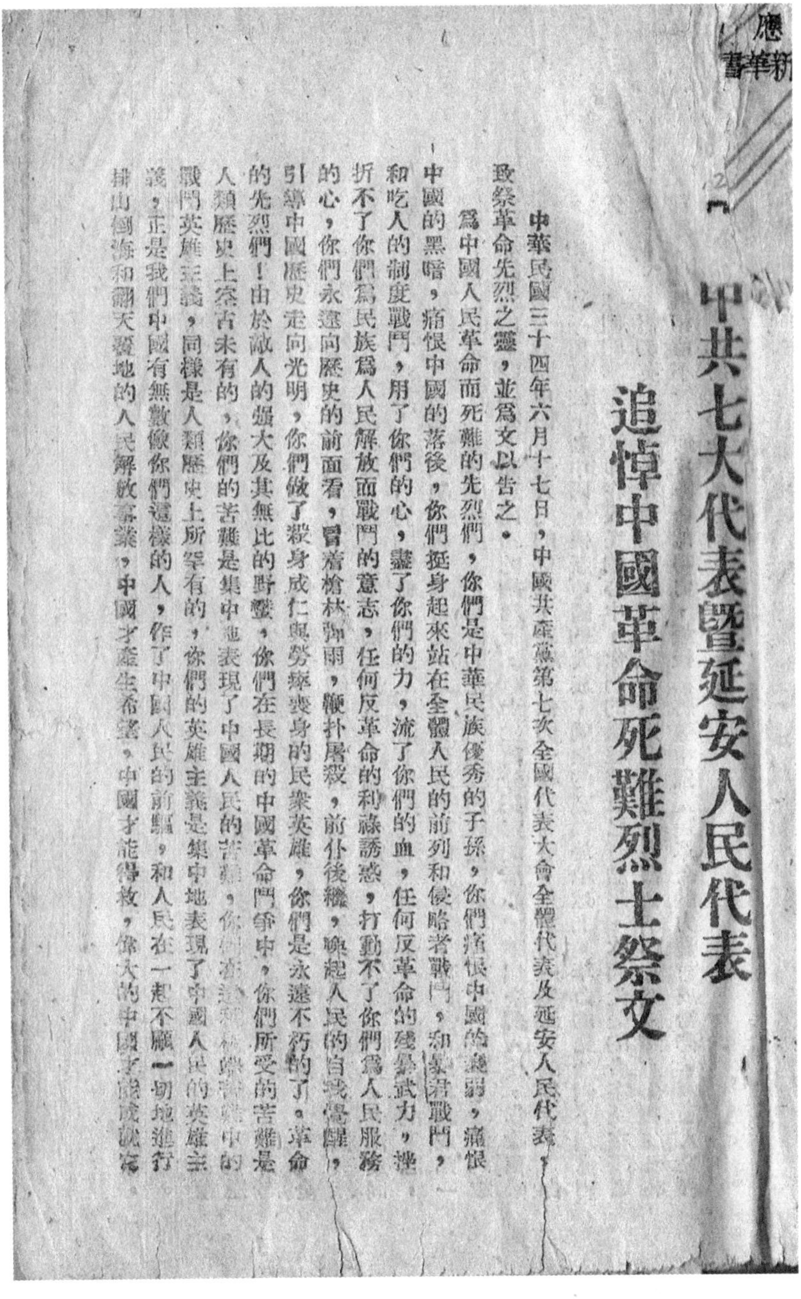

中共七大代表暨延安人民代表
追悼中國革命死難烈士祭文

中華民國三十四年六月十七日，中國共產黨第七次全國代表大會全體代表及延安人民代表，致祭革命先烈之靈，並爲文以告之。

爲中國人民革命而死難的先烈們，你們是中華民族優秀的子孫，你們痛恨中國的積弱，痛恨中國的黑暗，痛恨中國的落後，你們挺身起來站在全體人民的前列和侵略者戰鬥，和暴君戰鬥，和吃人的制度戰鬥，用了你們的心，盡了你們的力，流了你們的血，任何反革命的殘暴武力，挫折不了你們爲民族爲人民解放而戰鬥的意志，任何反革命的利祿誘惑，打動不了你們爲人民服務的心，你們永遠向歷史的前面看，冒着槍林彈雨，鞭扑屠殺，前仆後繼，喚起人民的自我覺醒，引導中國歷史走向光明，你們做了殺身成仁與勞瘁喪身的民衆英雄，你們是永遠不朽的了。革命的先烈們！由於敵人的强大及其無比的野蠻，你們在長期的中國革命鬥爭中，你們所受的苦難是人類歷史上空前未有的，你們的苦難是集中地表現了中國人民的苦難，你們在這種艱難困苦中的戰鬥英雄主義，同樣是人類歷史上所罕有的，你們的英雄主義是集中地表現了中國人民的英雄主義，正是我們中國有無數像你們這樣的人，作了中國人民的前驅，和人民在一起不顧一切地進行排山倒海和翻天覆地的人民解放事業，中國才產生希望，中國才能得救，偉大的中國才能成就奪的偉大。沒有這樣的人民前驅，中國就將不免於滅亡，四萬萬五千萬人民，就將永遠成為奴隸。你們雖然犧牲了，但經過你們的手，經過你們的智慧，却已鍛鍊出了一個更壯大更有力的隊伍。你們已盡了你們偉大的責任，你們還沒有完成的一切事業就是要由我們生者來担承。我們在這裏告訴我們的先烈們：中國人民偉大的解放事業，在我們偉大的人民舵手毛澤東同志指導下，經過全體共產黨員和一切革命民主主義者的努力，已創造了百年來沒有過的局面，步步的向着勝利的方向前進。我們中國共產黨第七次全國代表大會全體代表及延安人民代表，將和中國共產黨的全體黨員及黨外廣大羣衆一道，以不屈不撓的鋼鐵般的意志，為我們的領袖毛澤東同志在中國共產黨第七次代表大會上向全國人民提出的中國大憲章——論聯合政府——的實現而鬥爭。毛澤東同志提出的中國大憲章正是先烈們的鮮血在思想上政治上所凝成的結果，是反映了先烈們的意志，是全體中國人民目前奮鬥的總路線和總目標，只有實現這個中國大憲章，才能將中國建設成為一個獨立自由民主統一與富強的新國家。革命的先烈們！我們雖然已更接近着勝利，可是我們的敵人還是強大的，我們在毛澤東同志的指導下，有十二萬分堅定的信心，率領全體人民，排除萬難，繞過暗礁，戰勝中國民族人民的仇敵，並實現你們一切的希望，創造出一個真正的獨立、自由、民主、統一與富強的新中國，使新中國的大旗，驕傲的飄揚於地球上。革命的先烈們！願你們安息吧！你們的事業已深印在人民的心中，你們的犧牲流血已有結果，你們光榮的名字是在照耀着我們，你們的英雄主義是在激勵着我們，我們一定會像你們一樣奮不顧身繼續踏着你們的血跡前進，我們相信不管任何反革命的勢力，最後都將被中國人民革命的力量打成粉碎，中國人民根據自己的戰鬥必將取得全部的勝利。

中國人民解放萬歲！

中國革命烈士的英名萬歲！

目錄

吉鴻昌

李大釗同志革命史略

李大釗同志是河北省樂亭縣人。生於清光緒十四年（一八八八），死於民國十六年，（一九二七），享年三十有九。先在北洋法政專門學校攻政治經濟，後留學於日本早稻田大學政治經濟系。民國成立，大釗同志學成歸國，被北京晨報社聘爲主任編輯。北京晨報在當時是比較激進的報紙，大釗同志就在這個報紙上宣傳民族革命的思想和馬克思主義的學說，得到廣大青年讀者的歡迎，使晨報的銷路驟然增加。

一九一四年，袁世凱在日本帝國主義的暗助下，陰謀恢復帝制，大釗同志就首先在報紙上樹起反對袁氏稱帝的旗幟，揭露袁氏的陰謀，痛斥帝制的罪惡。一九一五年一月一日袁氏宣佈稱帝，大釗同志更奔走呼號，猛力攻擊，由大釗同志所點着的反對袁氏稱帝的火炬，終於燃燒全國，消滅了袁氏帝制。

大釗同志對於袁世凱因稱帝而和日本帝國主義簽訂的賣國二十一條件，以及西原借款，更是深惡痛絕，極力反對。大釗同志的這種民族革命的思想，英勇鬥爭的精神，受到許多人，尤其是許多青年學生的衷心敬仰。當時北京各學校的學生都要求學校聘請大釗同志講學，不久大釗同志就被聘爲北京大學的經濟學教授，並兼北大圖書館長職。

在担任北大圖書館長和經濟學教授時，大釗同志特別注意於擴充有關民族思想的書籍，並盡力向學生灌輸民族革命的思想。一九一九年五月四日在北京爆發了有偉大歷史意義的「五四運動」

，廣大羣衆尤其是青年學生，舉行示威，反對日本在歐戰和會上所提出佔有德國歸還我國的青島、膠州灣等處的無理要求，反對北京政府簽字於巴黎和約。這個運動的首先發動者是北大學生，這是大釗同志和當時北大的其他一些先進教授，經常以民族革命的思想灌輸於北大學生的結果。

大釗同志不僅是思想上的灌輸者，而且是『五四』運動的直接組織者和領導者。北京大學所以能成爲『五四』運動的主要骨幹，大釗同志是起了很大的作用的。

『五四』運動又是文化上和思想上的革命。在『五四』運動後，新文化運動就開始蓬勃起來，向舊禮教舊文化擲出了投槍。而大釗同志正是一個勇猛的槍手。他是『新青年』雜誌的編者之一。他在思想上的貢獻是很大的，他不只破壞傳統中國的舊思想，而且建立了一種較有系統的新思想。大釗同志可以說是辯證法唯物論和唯物史觀的最先介紹者與傳播者。

大釗同志不但有民族革命的思想，而且是一個共產主義者，是馬克思、列甯的信徒。他在日本留學時，就特別注意研究馬克思的經濟學說和列甯主義。在北大担任圖書館長時，搜集了許多馬克思學說的書籍。他在北大所講授的經濟學，是以馬克思經濟學說爲中心基礎的。他介紹馬克思學說的書籍給學生看，解答學生的疑問，循循善誘，誨人不倦。他決不放棄任何宣傳馬克思學說的機會，他的這個功績，就成了北方共產主義運動的基礎。

經過了一個時期宣傳馬克思的學說之後，大釗同志就着手進行共產主義的組織活動了。一九二〇年，他在北京各學校組織了社會主義研究組，並組織了共產主義的小組，準備創立中國共產黨。一九二一年七月中國共產黨正式成立，大釗同志是創始人之一。他是北方黨的唯一創造者和領導者，也是全國黨的堅强而優秀的領導者之一。

大釗同志對於促成國共合作，也起了極大的作用。他原是辛亥革命時代的國民黨員，一九二四年國民黨改組後，是國民黨中最有威望的中央委員。大釗同志深刻認識共產國際對中國共產黨的提議：『只有民族統一戰線，只有國共合作，才能開展廣大的革命運動。』大釗同志用了他的智慧、能力與忠貞執行了我黨的政策，促成了國共合作。在國民黨改組的綱領上，使孫中山先生明白接受了最有利於民族革命運動的『三大政策』，大釗同志是起了作用的。

黨和大釗同志在北方採取聯合國民軍，打倒直系曹吳軍閥的策略，並在羣衆中造成廣大的革命基礎。結果國民軍取得了北方數省的政權，造成了南北革命統一的前途，使孫中山先生得以北上。在孫中山先生北上和逝世前後，一切政治上的籌劃，策略上的決定，和實際工作上的措施，大釗同志都是最主要的主動者之一。

一九二六年三月，日本帝國主義派了四艘驅逐艦，掩護奉天軍閥張作霖的軍隊進攻天津，國民軍實行正當防衛，制止日艦通行。日本帝國主義就和英帝國主義所領導的東交民巷公使團，援引辛丑條約向中國政府提出最後通牒，限期答覆並要求撤廢大沽口的一切防禦工事，因而引起北京學生市民的憤怒，三月十八日在天安門前舉行示威，並向執政府請願，結果被執政府開槍射殺，釀成空前的流血慘案。大釗同志是這一次反日運動的最主要的領導者，他曾親身參加和指揮了那一次的示威與巷戰。當執政府門前流血慘劇發生時，徐謙等便跳牆逃走，大釗同志雖頭部受傷，却仍然從容不迫，鎮靜地指揮羣衆退却。他眞是一位進攻在前而退却在後的勇敢的領導者、指揮者。

『三一八』慘案後，大釗同志更成爲北方青年、北方羣衆革命鬥爭的燈塔，同時也就成了日本帝國主義、軍閥張作霖和北方政府的眼中釘，所以一九二六年，當國民軍退出天津北京，北京政權爲張作霖所據，大釗同志就被下令通緝。但大釗同志却毫無畏懼，爲了堅持北方的革命工作，雖在極端困難的環境下，仍然留在北京，繼續革命的活動。一九二七年四月九日，奉系軍閥在帝國主義指使下，逮捕了大釗同志。

大釗同志被捕後，屢受軍閥嚴刑拷打，逼問口供，用竹簽簽進大釗同志的指甲縫裏，及其他各種毒刑，大釗同志始終堅貞不屈，氣節凜然。他在監獄裏盡量宣傳共產主義，受到全監犯人的敬愛。大釗同志在獄中還繼續領導北方黨的工作，那些看守的兵士，爲他的崇高的精神所感，自願的成了大釗同志傳遞指示信件的交通員。

大釗同志被捕消息傳出後，一般同志和羣衆都非常悲憤。尤其是北方鐵路工人同志，曾計劃刼獄，搶救大釗同志。大釗同志知道後，堅決反對這種冒險行動。他感謝同志們對他的愛戴，但他看出在那時完全沒有實現這種計劃的可能，他不願意同志們做這種冒險而受無益的犧牲，使革命的力量再遭損失。北方黨接受了大釗同志的指示。大釗同志的這種爲黨爲革命而無個人的精神，實在是我們的最好模範。

社會的輿論以及廣大學生羣衆、名流、學者、教育家的營救，都終於無效，大釗同志被所謂最高法院判決死刑，四月二十八日竟被絞殺。臨刑時，大釗同志不只是慷慨激昂英勇的步上刑台，而且還作了最後一次演說，宣傳了共產主義眞理的必然勝利。使一切在場的人們無不受感動而流淚或嗟嘆。

大釗同志死後，遺櫬寄於宣外浙寺，一九三三年四月二十三日始安葬於北平西山萬安公墓。當時民衆輓曰：『爲革命而奮鬥，爲革命而犧牲，死固無恨；在壓迫下生活，在壓迫下呻吟，生者何堪！』可見民衆對大釗同志景慕欽仰之深。

大釗同志雖死，但他所教化的革命羣衆，尤其和他血肉相關的中國共產黨已經繼承着他的革命事業，並成爲目前全中國人民團結抗戰的堅强力量。我們紀念大釗同志，我們應繼承大釗同志的赴湯蹈火，百折不撓的戰鬥精神，應研究學習他所遺留給我們的寶貴指示。我們要繼續努力完成他未竟的革命事業，我們要爭取中國抗戰和中國革命的最後勝利。

紀念中華民族不朽的革命偉人

——李大釗同志

張如心

李大釗同志又名李守常，是中華民族無產階級先進戰士和中國共產黨的創始人之一，今年四月二十八號是他光榮殉難的十七週年紀念的日子，爲了紀念這一不朽的革命偉人、並强化我們黨內的無產階級氣節教育，把他的思想和他生平爲革命眞理而戰鬥的精神介紹一番，我想定是很有意義的一件事情。

大釗同志是河北省樂亭縣人，古人說：『燕趙古多慷慨悲歌之士』，這一句話自有共某種根據，可是大釗同志豈止是『慷慨悲歌』而已。他是中國有史以來最新人物之一、是二十世紀的中國馬克思主義新思潮最早的倡導者，是中國人民及中國共產黨的組織者與領導者：遠在民國五年，當着日本帝國主義利用歐戰，煽惑袁世凱稱帝，鼓勵張勳復辟，把咱們中國鬧得烏煙瘴氣的時候，大釗同志就在『新青年』上發表的『青春』一文中發出了下列的號召：

『吾族青年所當信誓旦旦，以昭示於世者，不在齦齦辯證白首中國之不死，乃在汲汲孕育青春中國之再生。吾族今後之能否立足於世界，不在白首中國之苟延殘喘，而在青春中國之投胎復活。蓋嘗聞之，生命者死與再生之連續也，今後人類之問題、民族問題，非苟生殘存之問題，乃復活更生、回春再造之問題也。』

要求中國回春再造、要求中國之再生、這就是大釗同志思想當時中國發出的沉痛呼聲；可是爲

— 5 —

着中國之回春再造，就必須振起精神與各種各色的黑暗勢力進行戰鬥，因此大釗同志在同一文中又昭示中國青年下列的努力方向：

『青年之自覺，一在衝決過去歷史之網羅，破壞陳腐學說之囹圄，勿令殭尸枯骨，束縛現在活潑潑地之我，進而縱現在青春之我，撲殺過去青春之我，促今日青春之我，禪讓明日青春之我……青年循蹈乎此，本其理性加以努力，進前而勿顧後，背黑暗而嚮光明，為世界進文明，為人類造幸福，以青春之我，創建青春之家庭，青春之國家，青春之民族，青春之人類，青春之地球，青春之宇宙……乘風破浪，迢迢乎遠矣。』

大釗同志這一指示是何等有力，何等正確與中肯！可以說它一直到現在對於我們許多青年仍然保持它的力量！

總之，李大釗同志的『青春』以及他在五四以前發表的其他論著，如『今』，『新的舊的』等都是充滿着向舊的黑暗反動的中國勢力頑強進攻的戰鬥精神和為新中國而奮鬥的生動活潑的朝氣，成為五四新思潮運動的最初的古典名作。可是還不只是如此，大釗同志的出類拔萃的地方還在於他的思想能夠隨着世界革命潮流及中國人民覺醒新生之需要不斷地前進。俄國的十月革命的勝利及由此發生中國革命從舊民主主義範疇轉向新民主主義範疇的轉變過程，推動了他的思想真正的『回春再造』，使他成為五四時代思想上最先進，同時在『衝決過去歷史之網羅，破壞陳腐學說之囹圄的事業』上最英勇善戰的一個開路先鋒。例如在五四時代，當着一些進步的思想家還在宣揚杜威、詹姆士實驗主義及尼采、伯格森的唯心論時，大釗同志却更進一步的在他的作品中間表露，帶着辯證法唯物論傾向的思想；又如當着一些進步的歷史學家還僅僅在片斷地疑古空氣的籠罩下時，大釗同志却更進一步的在『由經濟上解釋中國近代思想變動的原因』一文中，開始運用唯物史觀來作發現中國歷史規律的嘗試；再，在第一次世界大戰期間，陳獨秀等均主張參加英美法帝國主義集團，對德奧同盟國宣戰，在戰爭結束時，他們又興高采烈地慶祝『聯軍勝利』，而當時大釗同志却以滿腔熱情喊出了『庶民的勝利』『布爾什維主義的勝利』特出的口號，這可以說是當時唯一根據馬列主義原則來分析帝國主義戰爭的發端。對婦女解放運動的理解，大釗同志也與當時一般的進步思想家不同，他除主張男女平等之外，還特別强調『要有全世界無產階級的婦人的力量去打破有產階級（包括男女）專斷的社會制度，以作爲婦女澈底解放之保證』（參照他的『戰後之婦人問題』）。五四之後，大釗同志就開始了全面地宣傳馬克思主義的思想，例如他寫的『我的馬克思主義觀』一文，便是中國馬克思主義的最初啓蒙文獻之一。

自然，大釗同志當時所寫的關於馬克思主義的著作，在我們今天看來還不够成熟或者如魯迅先生所說的，尙有『未必精當的地方』可是『他的遺文却將永在，因爲它是先驅者的遺產，革命史上的豐碑』（參照魯迅給『守常全集』的題記）。一般說，從大釗同志個人的思想發展過程來看。他是從小資產階級的急進革命的民主主義者轉變爲具有初步共產主義思想的理論家，以後又從初步的共產主義思想逐漸成熟，終於成了一個堅强的馬克思主義信徒。大釗同志這一思想發展過程與中國無產階級的覺醒以及中國共產黨思想的準備過程底經歷是一致的。正是因爲如此，所以大釗同志後來成爲中國共產黨創始人之一，成爲中國人民解放鬥爭最好的組織者與領導者。

關於大釗同志生平奮鬥的歷史以及他對黨對革命所提供的許多貢獻，本刊另有專文介紹，此處不來發述，我這裏只想指出一點，就是大釗同志一貫爲馬克思主義而英勇頑强戰鬥的原則精神，他的高度共產主義的氣節和操守，還是今天我們全黨同志特別値得回憶與學習的地方。例如就拿五四運動來說，當時爲了抗擊中國革命的當前主要敵人——日本帝國主義及封建勢力，大釗同志在文化戰線上組成了廣泛的統一戰線，這一統一戰線不僅包括了許多小資產階級的民主主義者，而且還吸引了當時是進步的，但已帶有妥協性的資產階級思想家如胡適之等參加，『新青年』

— 7 —

便是當時文化統一戰線的言論機關。大釗同志在這一期間一方面與他們聯合，共同打擊革命的主要敵人，另一方面卻明確地保持自己最前進的革命立場，後來當著文化統一戰線內部發生分化（這一分化正反映中國革命從舊民主主義到新民主主義的轉變過程中內部的鬥爭），以胡適之為代表的資產階級知識份子，埋頭『整理國故』提倡『點滴改良』的妥協論調時，大釗同志卽與之進行堅決的鬥爭，『問題與主義』的論爭也就在此時開始了，當時他團結了所有的急進的小資產階級民主主義者於自己的週圍，提高了許多前進青年的政治認識。後來在創立中國共產黨的過程中，他又曾經與無政府主義者、合法馬克思主義的傾向作鬥爭，堅決執行與貫徹中國黨的無產階級路線。第一次大革命的前夜，大釗同志堅決的擁護當時國共合作的統一戰線政策，並在當時國民黨改組及國共合作的事業上，盡了很大的努力，大釗同志在當時統一戰線工作中間，一方面極力地團聚一切可能的革命同盟者以擴大革命勢力，另一方面同時在統一戰線中毫不動搖地保持自己明確堅定的無產階級立場，他曾經激烈地與當時破壞國共合作的西山會議派作堅決的鬥爭，而成為北方革命勢力的團結者領導者的中心。正是因為如此，所以日本帝國主義及其走狗——奉系軍閥，都把大釗同志看作為『心腹中的大患』與『不共戴天之仇人』，極力地謀害他，而大釗同志終於在他們這種反動卑劣陰謀毒害下面壯烈地犧牲了！

大釗同志生平最值得我們讚揚與學習的就是他的高度原則性與英勇戰鬥的精神。他不是『潔身自好』的『左』的空談主義者，也不是『隨波逐流』的無原則的自由主義者，更不是『偷生怕死』的投降主義者。他是一位英勇善戰的馬克思主義信徒，是共產黨中最有氣節的典型代表人物之一，他能於各種複雜環境下面堅持自己無產階級的立場，同時又善於團聚組織一切革命的或有利於革命的勢力向反動派進攻。為了貫徹無產階級的立場，他不僅與反動的軍閥、封建勢力堅決的進行搏鬥。而且還與自己的同盟者中的動搖妥協份子，以及黨內各種各色的機會主義者、叛徒

「奸細作不調和的鬥爭，一直到最後爲了黨與革命英勇地犧牲了自己的生命，而「殺身成仁」「捨生取義」。總之大釗同志的無產階級純潔性、堅決性與戰鬥性是他生平最大的優點，也洒他永垂不朽的地方！

紀念大釗同志我們必須學習他這些優良作風，特別要發揚他的高度原則性與英勇善戰的精神以克服目前黨內存在的庸俗腐朽無原則的自由主義！

十六年前的回憶

——紀念父親的死，一併紀念母親——

星華

父親的被難日，是民國十六年四月二十八日，離現在已經整整十六年了；但是留給我的印象是很深的。

被捕的九號那天，正是舊曆清明節，一早起來，天氣非常溫和，我和妹妹愉快的換上了新的裌衣，父親看到了立刻說：『快到外面去玩吧，眞是春天了！』

實際上，他這幾天來忙碌，很少像今天這樣得空和我們講話的。每天夜裏，他回來得很晚；早晨不知是幾時離開了房間；有時他也留在家裏，埋頭整理一些書籍和文件。我常常蹲在一旁，呆呆地看着他把那些書籍和帶字的紙片投到火爐裏去；它們立刻化成灰，像灰色的蝴蝶，飛滿天空；父親的面孔馬上嚴肅起來，現出一種難以猜測的神情。

『是不是他在痛心這些和他相伴的書籍和文件的無辜被燒？』我這樣猜想着。『既然不願意把它們燒掉，何必還要這樣作呢？』我想來想去，找不到適當的理由；實在忍不住了，便很奇怪的向父親問道：

『爹，爲什麽把它們燒掉呢，怪可惜的。』

『不願要它們就給燒掉，你孩子家知道什麽！』呆了一會，父親才這樣的回答。

父親永遠是慈祥的，從沒有駡過我們，更沒有打過我們。我向來愛對父親發着許多無意識的

—11—

問題，無論他怎樣忙，對於我的詢問，總是很感興趣的，耐心的講給我聽，不知為什麼，這次父親卻這樣的含混的回答，我有點懷疑。

後來從母親嘴裏知道，過幾天張作霖要派人來檢查。果然，沒出兩天工夫，父親那裏的一位工友閻振，一早出去到街上買東西，直到夜晚不見回來；第二天，父親他們才知道他是被關在警察廳裏了。我們心裏都很不安，為這位工友焦急着。現在，父親這裏，只剩了一個工友幫忙，所以父親他們也必須自己作飯，從此，父親也就開始學習作飯了。

局勢頗見嚴重，父親的工作也更加緊張起來。他並不因情形的惡化而發愁或灰心；當他的工作閒暇時，他還談些惹人發笑的話。父親對他那艱苦的革命事業，永遠是抱樂觀的。

幾天以來，也常有父親的朋友們，偷空來勸父親離開北平；父親對他們的勸告，反倒不很注意。母親當然時時為父親担着一份心，向父親發着嘮叨的勸告。但是，這對父親也是毫無效果的，反而惹起他的不快來。

「不是常對你說嘛？我是不能輕易離開北平的，假如我走了，北平的工作留給誰領導？這裏馬上就會垮台！」他很堅決地講給母親聽。

「你要知道，現在是什麼時代，這裏的工作是怎樣的重要……那能離開呢！」父親繼續的說着，一直說得母親閉口無言，他也就不再說了。

我雖然也在發愁，但總脫不掉孩子氣，自己玩到高興的時候，會把什麼事情都丟向腦後的，絕不像母親整天浸在憂愁裏。

我們就這樣不安地把日子過掉，不久，那可怕的一天終於到了。

× × × ×

九號的早晨，母親帶了妹妹到兵營那邊的兒童娛樂場上散步去了；因為天氣好，他們是興緻勃勃的走了，連早飯也沒有吃。

裏間屋裏，父親在黑色的桌旁寫字，我坐在外間的長木椅上看報。短短的一段新聞還沒有看完，便聽到「嚓……」快槍發着尖銳的爆炸聲。緊接着就是庚子賠款委員會那邊發出一陣紛亂的喊叫，又聽見有許多人從那列矮小的圍牆上跳到我們的院裏來。

「什麼？爹！」我瞪着兩隻受驚的眼睛向父親問着。

「沒有什麼，不要怕，星，跟我到外面去看看吧！」他不慌不忙的從抽屜裏取出那支閃着光亮的小手槍，便向院裏走來。當我們走出房門時，看見許多赤手空拳的青年，像一羣受驚的小鳥似的東奔西撞，找不到適當的去處。我緊隨在父親的身後，走出這座充滿恐怖的院子，找到一間僻靜的小屋，暫時安靜下來。

父親坐在椅子上，面孔非常冷靜，手裏仍握着那唯一的武器；看樣子，如可能抵抗時，一定要抵抗一下。因此我也有些膽壯起來了。

一會兒，外面傳來一陣沉重的皮鞋聲，迎接着這響聲，我的心激烈地跳動起來。我沒有哼氣，只是用恐怖的眼光，瞅了瞅父親。

「不要放走一個！」粗暴的吼聲在窗外響起來了。

那穿着灰制服，長筒皮靴的憲兵們，和穿便衣的偵探，以及穿黑制服的警察，一時蜂擁而入，擠滿了這間小屋。他們像一羣魔鬼似的，把我們包圍起來。他們每人有一支手槍，槍口對着我和父親，發出無情的冷光。在這許多軍警中間，我發現了前幾天被捕的那位工友閻振，用小白繩給牢牢的拴着胳膊，被一個肥胖的便衣偵探，像牽一匹狗似的，毫不放鬆地拉着；從他那向兩邊披散着的長髮間，露出一條蒼白的臉來。一看便知，顯然他是受過苦刑的，他們把他帶來，當然是叫他認人的。

那粗大身格，滿臉橫肉，有一雙陰險眼睛的便衣偵探指着父親，向闔振問道：

『你認識他嗎？』

他只簡單搖一搖頭，表示不認識。

『哼，你不認識嗎？我可認識他呢！』他在狡猾的冷笑着，又鄭重的吩咐他的左右：

『看好，別讓他得空自殺，先把手槍給奪過來！』

他手下的那一夥，立刻把父親的手槍奪過去了。隨後，很仔細的在父親身上搜了一遍。父親是永遠保持着他慣有的嚴峻態度，沒有向他們講任何道理，因爲他明白，對他們是沒有道理可講的，但他在敵人面前也決不示弱和恐懼。

在殘暴的斥叫下，父親束手受縛，我眼看着他們把父親拖走了，我當然也免不了要被那羣暴徒們牽走。

× × ×

在被高大磚牆密密圍起來的警察廳的院子裏，我看見母親和妹妹也都被牽來了，還看見譚祖堯的未婚妻李婉玉和她的妹妹柔玉，我們一塊被關在女拘留所裏。

差不多十多天過去了，我們始終也沒有看見父親，更無從打聽他們的消息。我和母親，每天都沉在猜疑裏，一天，上午十一點鐘左右，我們正在吃中飯，手裏的窩頭還沒有啃完，聽見警察喊母親、我和妹妹的名字，說是『提審』。

在法庭上，我們和父親見了最後的一面。

父親身上，仍穿着他那件灰色舊棉袍，可是沒有戴眼鏡。在那亂蓬蓬的長髮下，我看到了他那副平靜而慈藹的臉。

『爹！』我也忍不住喊出聲來，母親也哭得癱在地上，妹妹也跟着哭起來了。

『不許亂喊！』法官拿起驚堂木來，重重的在桌上敲了一下。

『不許亂喊！』他的手下也應聲的斥責着。

父親瞅了瞅我們，沒有說一句話，臉上的表情非常平靜，旣不愉快，也不傷心。似乎他的心並沒有放在我們身上。而是另外一種偉大的力量籠罩了他的整個精神，顯然這就是他平日對我們所講的他對於革命事業的信心，使得他如此安靜和沉着。

『這是我的妻子！』他指着母親說。接着他又指了一下我和妹妹：『這是我的兩個女孩子！』

『她是你最大的孩子嗎？』法官指着我問父親。

『是的，我是他們最大的孩子！』我不知當時爲什麼那樣的機智和胆大，恐怕父親說出哥哥來，我就這樣的搶着說了。

『不要多嘴！』法官怒氣冲冲的，又將他面前那塊木板恨恨的敲了一陣。

『不要多嘴！』他的左右也狐假虎威的重複着。

父親立刻就會意到了，接着說：

『是的，他是我最大的孩子。我的妻，是一個鄉下女人，我的孩子們年紀都小，可以說她們什麼也不懂，一切都與她們沒有關係！』父親說完了這段話，不再說了，又望了望我們。

法官命令着把我們急速押下去，就這樣，同父親見了一面，就匆匆分別了。

× × ×

父親以後的情形一點也無從知道，我和母親，每天仍舊浸在猜疑，焦急和掛念裏。

不久，另一個女政治犯，也是父親的一個學生也被捕到警察廳來了，當女禁子不在身邊時，我們就向她打聽一些外面的消息。她說起父親被捕的那天，北平城，以至全中國，甚至她興奮的說全世界，是如何的轟動。她說，報上還有父親的照片，不知是從那裏找來的，是一張很神氣的照片，臉上發着慈祥的光，活像一個菩薩，並且這像片是擺在報頭上的。她講得很起勁，她完全忘掉當時是深夜了，而且還是被關在沒有自由的拘留所裏，她談話的聲音不由得高起來了。她又說到，報上每天的輿論，都是站在父親方面的，就是最反動的報，也在讚揚着父親的人格、道德和學問。其中輿論是不一致的：有的勸告當局，不要把這樣一個人輕易的處治，有的主張立刻釋放，有的主張關一二年再放，最後還有這樣的主張：就是把他終生監禁起來，叫他在監獄裏專心埋頭寫作等等。

但是當她講完了這許多情形之後，她馬上失望的加上了一句：『我覺得報上無論怎樣替李先生說話，恐怕沒有一點效果，……他的案情是多嚴重啊！』

我和母親聽到這消息後，心裏是如何的興奮和不安！

× × ×

二十八日黃昏的時候，警察第二次喊着母親和我以及妹妹的名字，這次是叫我們收拾行李出拘留所了。在忙亂中，我幫着母親，用顫抖的手，整理好我們的幾件破衣服之後，一個警察一直把我們押送到大門口。在路上，我焦急着不知父親的情形怎樣，決定低聲的問一下警官。

『警官先生，有件事向你打聽一下，你知道我父親……怎樣了？』我的聲音不自主的有些發抖，兩眼擠滿了熱淚。

『唉！回去吧，回去以後什麼都會知道的！』他用一種哀傷的口吻說。

於是我們像從樊籠裏逃出的小鳥似的，走出那座漆黑堅實的大鐵門。

回到朝陽裏，天已全黑了。這座寂靜冷落的門前，在我已感到說不出的生疏了。我的舅老爺——父親的舅父，打開了大門，一見到是我們，意外高興地向院裏高聲喊着：

— 15 —

對着母親照看孩子的雨子媽，簡直樂得閉不上嘴。『這是老天的保佑！』她只說了這麼一句。母親看見留在家裏的三個孩子，當然免不了一陣傷心。

『她媽回來了！』

× × ×

第二天，舅老爺到街上去買報，我們在家裏不安地等待着他把父親的消息帶回來。這位老人是從街上哭着回來的，他的手裏緊緊的握着一份報。

當我看到報上用頭號字登着『李××等昨已執行絞決』，我立刻感到眼前蒙了一團雲霧；暈倒在床上了。我醒過來時，母親房裏亂成一團：母親傷心過度，死去了三次，每次都是剛剛把她叫醒，她又暈過去了，……

我們這一羣孩子，像丟了父母的一窩小燕，一個個團團的圍繞在母親的床前。

『媽，媽啊！……我們在這裏了！』我們是用那樣可憐的聲調，在母親的耳邊喊着。

『記住，昨天是你爹被害的日子，昨天是幾號呢？』當母親醒轉過來時，這樣低聲的問我。

我從地上撿起那幾張零亂的報，擺在眼前，橫住心，咬緊牙齒，勉強略略看了一遍。那上面清楚的登着父親等二十餘人在昨天上午被絞死了；其中還記着工友閻振就刑前的一句話：『難道我們就這樣死掉嗎？』

我把報紙扔在床上之後，低聲向母親說：

『媽，昨天是四月二十八。』母親微微的點了一下頭。

不到幾天工夫，我們重新把父親裝殮起來，將靈柩暫停在宣外浙寺裏面；母親帶着我和兩個弟弟兩個妹妹，回到鄉下去住，哥哥也離開了北平。我們的家庭，就這樣分散了。

四月二十六日

悼向警予同志

李明

在半殖民地與半封建的中國，婦女羣衆是最深刻的受到帝國主義和封建勢力的壓迫與束縛，所以在中國人民解放的高潮中，婦女羣衆必然是一支有力的軍隊，同時，在婦女運動中也就產生出艱苦卓絕，堅毅勇敢的戰士和領袖，必然成爲廣大婦女羣衆的表率。向警予同志正是中國婦女羣衆這樣先進的戰士和領袖之一。

警予同志其所以成爲中國婦女界的先進與先覺，首先是在於她敏捷的見解，認識了中國婦女解放的道路，在她很早寫的論文當中就指出『我們應當注意和參加政治運動。現在一般婦女對政治問題好像秦人視越人之肥瘠，毫不關心似的，這樣奴隸心理，決不是覺悟的婦女所應有』。同時又說『我們的工作應當深入到下層貧苦民衆中去，喚醒千百萬最受壓迫的婦女爲她們自己解放利益而奮鬥』，在這次她很簡明的指出了中國婦女解放運動的兩個最主要的問題：第一、她說明中國婦女解放是整個政治運動的一部分，是整個中國人民解放運動的一部分，婦女只有參加政治運動，只有在中國人民整個解放之中，才能爭取自己的解放。這正是指斥當時一部分受着帝國主義麻醉的所謂婦女解放運動者，企圖把婦女運動領導到脫離政治的和非政治的道路。第二、她指明中國婦女解放運動必須喚起最受壓迫的千百萬婦女羣衆的參加，這是針對着當時少數婦女解放運動者企圖把婦女解放運動，限於少數智識界婦女的運動，變成爲貴族式的婦女運動。警予同志這一卓絕的見解，特別是她爲着這一見解而始終不移的奮鬥，就不能不使中國婦女解放運動，開闢着新的紀元，走到光明的坦途。同時也正由於她這樣的見解，就使她不只成為中國婦女解放運動的先進的戰士與領袖，而且就成為中國解放鬥爭最堅決最先進的階級，無產階級，為中國解放鬥爭最堅決，最先進的政黨，中國共產黨的光榮的幹部。

還在『五四』運動以前，警予同志肄業於湖南長沙的周南女學，她不只是為全校所稱讚的優異的學生，而且在當時風氣之先的湖南學生運動當中就著有聲望。她是當時留法勤工儉學運動湖南婦女界首倡人。所以不久，她就赴法實行半工半讀。因為她家境貧寒，無法供給學費，警予同志在法兩年，曾在樹膠工廠，紡織工廠做工，使她接觸了在當時法國工人階級中澎湃的革命潮流和馬克斯主義思想，而使確定自己的人生觀，堅決信奉馬克斯主義。她與蔡和森同志等首先發起工學世界社，並極力宣傳馬克斯主義，與當時該社中許多複雜的思想，和無政府主義思想，社會民主派思想，工團主義思想等，進行過堅決的鬥爭，這就奠定了未來的旅歐中國共產主義青年團的基礎。

一九二二年警予同志回國，參加中國共產黨第二次代表大會，即在這次大會上被選為中央委員。她從此時起就担任中央婦女部的領導工作，在三四年的長期中，中共中央關於婦女運動的一切指導文件，大多數都是她的提議。

如果說就從此時起中國婦女運動開闢了一個新的時期，是完全合乎事實的。警予同志在中國婦女界的功績就在這裏，她當時策劃全國婦女運動，就是極力用一切方法把千百萬最受壓迫的婦女羣衆推動到正在蓬勃發展的全國人民革命鬥爭當中來，把婦女運動與全國總的政治運動，革命運動匯合起來，她鼓動並組織知識界的婦女，女學生到女工農婦中去進行工作，同時她極力設法使勞動婦女與知識界的婦女團結一致。她所提倡的婦女解放協會就是根據這樣原則的組織。因此當時婦女解放協會在全國各地飛速的發展，成為當時這個革命運動中有力的組織之一。使中國婦女運動成為真正羣衆的運動，成為中國人民政治解放鬥爭的軍隊，成為反帝國主義，反封建勢力的巨大力量，這就是警予同志的功績。

警予同志成為中國共產黨的光榮的幹部，特別是在於她忠實於黨，忠實於中國人民解放事業的艱苦奮鬥的工作精神。當她在領導中央婦女部工作的時候，她親身參加各種婦女羣衆的會議，領導女工運動與鬥爭。一九二四年有名的上海絲廠女工大罷工，南洋煙草工人罷工，她都是主要領導人之一。她特別關心羣衆中的幹部，經常的到她們家裏去和她們談話，向她們解釋各種問題，幫助她們解決各種困難，她的態度的沉靜與和藹，她的言辭的誠懇與親切，她的生活簡單而樸實，隨時都使人感動和敬愛。就在她這樣循循善誘的精神之下，幫助黨教育了許多很好的婦女幹部。

一九二五至二六年，警予同志曾在莫斯科東大學習，她對馬克斯理論的瞭解上，更有了很大的進步，一九二七年回國後，中央因她有很好的羣衆經驗，而當時武漢工人運動的工作是佔極重要的地位，並且非常複雜的，因此派警予同志担任武漢總工會宣傳部的工作，因她對工作的特別努力和她的羣衆工作才幹，因此在很短的時期中就表現了很好的成績，而得到了廣大工人羣衆的信仰。不久湖北省委調她担任漢口市宣傳部工作，她特別注意於黨內教育，經常出席各工廠支部的會議，組織各種訓練班，編輯許多訓練的材料。她朝夕奔忙，直至廢寢忘餐。武漢政府反動以後，黨以她熟悉武漢工作情形，為工人羣衆信仰，特派她留在武漢，担任省委工作。在極端的白色恐怖情形之下，她曾用一切方法來保持黨與廣大工人羣衆的聯繫，來團結羣衆中的幹部，她每日清晨與深夜，便在工人區域，學生宿舍中組織各種會議和談話，討論怎樣保全組織，怎樣組織羣衆反抗等。她此時身體已經因過度的疲勞而異常病弱，可是她的工作卻未稍息。不幸在一九二八年春天竟為國民黨勾結漢口法租界捕房所逮捕。

當她被捕以後，即遭法捕房百般誘惑與嚴刑拷打，迫招口供，均爲她嚴詞所拒絕。到法租界法院開審，警予同志用極流暢的法語，敍述她所進行的事業是爲中國全體人民爭取自由、平等、獨立與解放，而此種鬥爭目標，正與法國大革命時代所爭取的自由、平等、博愛之旨相符合，並歷述帝國主義奴役中國人民之事實，而說明中國人民反帝國主義鬥爭的正義與公道。使法帝國主義的法官，也不得不對她表示十分的欽佩。

旋被引渡到國民黨的監獄，更遭受百般凌辱，非人毒打，逼其供出共產黨與工農組織的祕密。她雖幾次死去活來，仍一字不供。她這樣威武不能屈的精神忠實於黨，忠實於中國人民獨立解放事業的精神，國民黨的劊子手們對之，也不得不讚嘆不已。

警予同志在獄數月，仍不斷的教育同時坐獄的同志，組織獄犯反抗虐待，要改善獄中生活，且曾領導獄犯同盟絕食，使獄吏不敢再行過分的苛待。

在一九二八年五月一日，國民黨白色恐怖政府，爲着鎮壓當時武漢工人的反抗鬥爭，爲着向工人示威，遂將武漢工人所信仰的戰士，中國婦女界的先進，中國千百萬人民解放鬥爭的幹部，向警予同志提出槍決了。在就義之前的數分鐘，警予同志英勇的高呼『打倒帝國主義』『打倒國民黨』『中國獨立解放萬歲』『蘇維埃中國萬歲』等口號！

警予同志犧牲了，這是中國人民解放事業上莫大的損失，尤其是中國婦女解放運動的莫大的損失！我們相信中國婦女界一定會向着警予同志所指示出來的解放道路上邁進！中國千百萬被壓迫的人民，尤其是武漢的工人，一定會記着他們的光榮戰士，他們的領袖向警予同志英勇的精神，而繼續她的精神奮鬥到底。在全世界工人階級戰鬥檢閱的五月一日，中國人民解放鬥爭的五月一日，全中國人民，尤其婦女界與武漢工人，一定會要加上一個他們所要熱烈高呼的口號『向警予同志的精神不死』！

蘇兆徵同志傳

中夏

(一) 早年生活

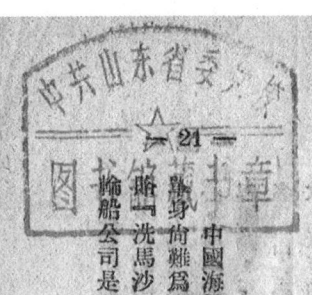

兆徵同志，一八八五年生於廣東之香山縣。家爲貧農，幼年便到海洋輪船中工作，先後作了二十多年，足跡走遍許多國家，爲一有名的老海員，在二十多年被殘酷剝削的苦狀中，自然容易鍛鍊階級的極端堅強的革命意識。他作工二十多年中，亦有失業的時候，當他失業回到農村時，見農村中池主豪紳高利貸者對於農民之剝削與壓迫，往往抱不平，鼓動農民從事反抗，後來有一次竟因此而被政府拘捕，入獄年餘。

(二) 一九二二年的香港海員大罷工

中國海員中感受痛苦最大者有三，第一是工資薄。海員平均的工資大概在二十元上下，光是糊身尚難爲生，如有家屬更困苦顚連了。第二是『洗馬沙』制度『即包工制』。海員找工必須賄賂『洗馬沙』數十元或數百元不等，上船作工後，每月工資須以十分之幾報效『洗馬沙』。因爲輪船公司是與『洗馬沙』約定，不如此則找不到工作。既得工作如不報效，『洗馬沙』隨時可以向輪船公司撤換海員。第三是民族間的不平等。白色海員與有色海員做同樣工作，但不能得同樣工資，他們的工資比例，普通是十與二之比，至於其他的待遇更是懸殊。兆徵同志身爲二十多年海員，感受此種痛苦特甚，同時受到俄國十月社會主義大革命的影響，更堅强了他鬥爭的信念與决心。所以於一九二〇——二一年，他便糾合海員中的覺悟份子，如林偉民等，在海員中從事宣傳與組織，不到數月，成效大著，海員工會雖經過許多困難，然終於一九二一年三月得以成立，定名爲『中華海員工人聯合總會』。海員公會成立後，便向輪船公司提出改良生活條件。一連提出三次，資方均不答應，海員工會乃聲言如二十四小時內不答覆，便罷工。資本家方面以爲海員無力量，漠然視之；誰知果然不到二十四小時，凡到香港的輪船都罷工了。這就是一九二二年春赫赫有名的海員罷工。此時海員公會會長雖爲陳炳生，但兆徵同志是此次罷工最得力的中心人物，他被選爲罷工總辦事處總務部主任。後陳炳生因犯私人刑事去職，兆徵同志便代理會長。

罷工實現了，香港帝國主義政府，馬上派華民政務司到海員工會帶半欺騙半威嚇的勸告。華民政務司說：『本港政府是不允許此種罷工行動的，你們有條件可交本大人，替你們斟酌辦理。你們罷工，不怕餓肚嗎？』兆徵同志由羣衆中挺身而出高聲答道：『我們提條件已經三次了，而且通知了政府，政府何以早不出來說話？現在我們已經罷工了。要復工除非完全承認我們的條件。我們餓肚子是我們自己的事情，政府不必担心。』兆徵說完之後，羣衆和聲如雷，華民政務司不得已毫無意思的只好請羣衆讓路給他出去。

罷工的勢力愈擴愈大了，到港一條船便罷一條。後來運輸工人（如起落貨、煤炭、海陸理貨等）都同情罷工了，再後全香港工人都同情罷工了，香港政府不得已有讓步的意思，首先就利用中國輪船公司商人向海員謀和。中國商人說：『我們同是中國人，你們罷工我們是同情的，這樣好不好？中國輪船先復工，將來外國輪船答應你們什麼條件，我們一樣照辦。』海員代表中，竟有爲中國商人這種甜言蜜語所動的。兆徵見此危險，起來說：『我們同是中國人，中國商人所說的話是不錯的，所以我們罷工一開始，便請中國商人替我們幇忙，誰知你們先前不理，對香港政府又默然無所表示，今日向我們要求此種特別辦法，爲罷工全部利益計，這是不可能的。我看中國商人應該發揚中國人的國光，一致逼迫香港政府接受海員的條件，早早解决。』這樣才把千鈞一髮的危機救過來。

後來香港政府又利用中國紳士邀請海員談判了。先是罷工開始不久，政府便把海員工會封閉，把工會招牌搶去，並架大炮對住工會會所。此時海員罷工條件又增加先决條件數條，其中一條，便是恢復原有海員工會，送還工會招牌。所以中國紳士與海員代表談判便提出兩個問題，他們說：『恢復工會是可以的，但不是原來稱的工會而應改名，工會招牌不能送還，你們是知道的，這是與政府威信有關，政府不能收了去又送回來。關於增加工資也可以的，但是你們是知道的，各船上的情形是不一樣，最好你們先上工，我們大家從長商議，那船該加工資，那船該減，定出一個公平辦法來。』海員代表中居然亦有少數軟化者，軟化的原因，一是罷工已久，恐難支持，二是以爲眞的香港政府爲威信所關，萬難送回工會招牌，反正只要工會存在，改名亦無關宏旨。當時兆徵毅然起來答覆紳士說：『工會名稱是一個字也不能改，工會招牌必要送還。各船情形雖略有不同，然而工資太薄，不能維持生活是普遍的現象。所以增加工資非馬上簽字不行，不能待以後從長商議。』因兆徵同志這樣的堅持，後來結果如何呢？香港帝國主義不能不承認海員條件，（雖然有修改）而且恭恭敬敬送還招牌。最有趣的而且最有聲威的，是罷工勝利之後，海員羣衆與全香港工人羣衆二十萬人，把香港街市擠得水洩不通，燃着爆竹，一致仰着頭，呼着『海員工人萬歲』口號，看着工人招牌徐徐的掛上去。

兆徵同志那時便注意國際聯合，所以海員罷工時，廣州有蘇俄通訊社，兆徵每日必到該社請共將罷工消息傳佈於世界，並請十月革命勝利的蘇俄工人予以援助，他又聽說法國有個人道報是共產黨的機關報，所以他又用海員工會名義致電該報，請其將海員罷工事件傳達給全歐無產階級，予以援助。而兆徵同志此時雖還未加入中國共產黨，據他後來說：「我當時到處找共產黨，總找不到手。」

（三） 加入共產黨

兆徵同志遠在辛亥革命以前，即參加推翻滿清帝制運動，一九〇八年加入了×××一九一一年革命時，他是廣東方面的活動份子。廣東海員，加入×××是一件很平常的事。廣東是××多年的經營的地方，而且孫中山流亡海外時，因鄉誼關係而與粵籍海員接觸甚多，曾在海員中組織聯義社羣益社等團體，以救國相號召，孫中山在南方的軍事行動，得此等團體購買軍火的助力不少。兆徵同志當然是這些團體中之一員。但是他和林偉民等却與此等團體的領袖迥乎不同；我們只舉一個事實便可瞭然了，當國民黨得勢於廣東，在廣州組織政府而與北庭對抗，聯義社等海員領袖相率依草附木的到政府中鑽營官職去了，兆徵和偉民不僅鄙視這種鑽營，甚至國民黨政府知他們是海員中的健將，欲羅致之，予以官職，他們却掉頭不顧，一心不離海員工作。

一九二二年的海員罷工，並不是國民黨發起的，而是兆徵偉民等覺悟份子發起的。罷工以後國民黨曾予以幇助，特別是陳烱明幇助尤多，大概幇助十萬元上下。但陳烱明幇助海員，是企圖利用海員幇助他倒孫中山的事業，而海員羣衆因有蘇兆徵、林偉民等的主持與領導，是不會上陳烱明這個當的。

一九二四年冬，北京發生政變，孫中山北上，號召國民會議。那時段祺瑞則改國民會議為善後會議，不讓眞正民衆團體參加。共產黨的策略是由民衆團體自動的召集國民會議促成會於北京（時在一九二五年春），與段祺瑞對抗。兆徵同志便代表廣東香港的工人團體出席此會。在北京他正式加入共產黨（林偉民同志比兆徵早一年加入共產黨）。他加入共產黨之後，便加入國民會議促成會的共產黨黨團，一切行動完全依照黨的紀律，執行黨的政策，兆徵同志曾由全總介紹在北方鐵路及大工業區中進行數月工會工作。

由北京回廣東以後，一九二五年五月，第二次勞動全國大會開於廣州。此大會是由全國鐵路總工會，海員總工會，漢冶萍總工會，廣州工人代表會四大團體發起。兆徵同志在上海已與共產黨與中央商妥這個大會一切事情，故此次大會以兆徵出力獨多。第二次全國勞動大會，成立了中華全國總工會，加入赤色職工國際，並謀廣州香港職工運動的統一。兆徵同志被舉爲中華全國總工會執行委員，而林偉民同志則被選爲委員長。

（四） 一九二五到二七年的省港罷工

不久，上海『五卅慘案』發生，此時兆徵同志歸返香港，未幾予亦到港，乃共與楊殷同志等商討香港罷工之策。香港工會雖有百餘，但不是黃色工會，便是行會工會；海員工會會長是一極右傾份子。兆徵同志此時還只是一司理（即總務主任），但握有實權。香港的共產黨員當時還不滿十人，且多屬最下層的碼頭工人，共產主義青年團員雖比黨員多幾個，但多爲知識份子，以我們的主觀力量估計起來，罷工萬難實現。然而終不到兩星期居然實現罷工。其主要原因，固然革命高潮的逼近，這座火山只須一點導火線，便可爆烈，然而亦因兆徵同志平常對於各工會領袖有一種吸引力，故終能使黃色工會與行會工會一致贊成這次最大的罷工。其時，劉楊戰爭剛平，李森、劉爾崧同志等領導組織廣州之沙面（即帝國主義的租界）工人罷工亦已成熟，故六月十九日兩方同時並起。這就是震動全世界的省港罷工。

兆徵同志當被舉爲罷工委員會委員長兼財政委員長。罷工委員會組織與職權，實際上是當時革命的廣東政府的最可靠的柱石。有隔日一開的八百餘人之代表大會，有封鎖香港的二千餘人之糾察隊，有法庭，有監獄，有法制局以懲處漢奸，有公共飯堂，有公共宿舍，有學校以供給工友學習，有檢驗貨物處，有仇貨拍賣處，有船隻放行領證處（凡中外輪船來廣州者皆須向罷工委員會呈報，須領得證書方能放行），有騎船隊（不拘中外輪船皆派罷工工人騎船監視，不准駛到香港）以封鎖香港和檢查仇貨，在這樣的龐大的組織中，百務叢錯，眞是一日萬幾。然而，兆徵同志却處之裕如，以至於將近兩年而不少懈，這可見兆徵領導羣衆的藝術和解決問題的才能了。

在此時間，海員開第一次全國代表大會，兆徵被選爲執行委員會委員長。組織香港運輸工會聯合會，又被舉爲執行委員長，一九二六年開第三次全國勞動大會於廣州又被選爲中華全國總工會執行委員會委員長。蘇兆徵同志便成爲全國工人一致擁戴的領袖了。

（五）代表共產黨加入武漢國民政府

省港罷工不僅給香港帝國主義經濟上一大打擊，而且新成立的廣東國民政府依賴這個罷工勢力，勦平內部的反賊，統一了廣東政權，抵制了外力侵略，發展了廣東經濟，鞏固了革命根據地。國民政府就在這個條件上能够聚集力量出師北伐。待出師北伐後，賴廣東工人，兩湖農民，以及共產黨和左派國民黨官兵之力，連戰皆捷，一戰而下長沙，再戰而克武漢，三戰而收南昌，同時武漢與上海的工人革命火焰驚天動地到處轟發起來，上海工人及全體市民三次起義推翻北洋軍閥的反動統治，武漢九江的工人及市民則用自己的力量從帝國主義手中奪回漢口九江的英國租界，全國人民的鬥爭亦如火如荼的高漲着。但國民黨右派以蔣介石爲首到南昌後而叛跡愈彰，於是武漢國民黨左派而有所謂『護黨運動』，遷國民政府於武漢，添設農政勞工兩部，而以共產黨員爲此兩部部長。兆徵同志便代表共產黨爲勞工部部長，一九二七年春，兆徵赴武漢就職。中華全國總工會亦由廣東遷於武漢。後蔣介石自立政府於南京，與武漢政府對峙。七月十五日武漢政府投降南京，正式提出『國共分家』，實行反動。

兆徵同志在武漢時代，曾積極從事擁護工人利益的工作，那時震驚全世界的武漢工人運動，兆徵同志是有計劃的領導者。他在政治上曾不斷地與武漢政府一般無恥的叛徒，作不屈不撓的鬥爭，但終爲當時黨內陳獨秀機會主義的政策所誤，致未能挽此危局。兆徵同志由於自己階級的意識，不期然而然使他有違反機會主義的行動。當共產國際要中國共產黨員示威式的退出國民政府電令到時，陳獨秀並未以此電相示，只問兆徵『形勢如此，你意如何？』兆徵則說：『我要將已起草的勞動法提出國民政府，國民政府必不能通過，我便發宣言退出國民政府，領導羣衆反抗。』由此可見兆徵同志意見完全與國際相合。當形勢萬分危急時，勞工部存款十餘萬元，兆徵盡數發給失業工人救濟所，以免被國民黨所攫取。最後，在武漢政府叛變時，武漢工人舉行的政治總罷工，兆徵同志主持之力，是很大的。

（六） 中國共產黨八七會議

一九二七年七月十五日，武漢國民黨政府叛變後，兆徵同志曾到九江準備南昌起義，當時他便說出一句名言：『譚平山的國民黨「左」派運動，實際上是分裂共產黨的右派運動。』此時譚平山尚未開除黨籍，但譚平山的肝胆已爲兆徵所燭照無遺了。後來兆徵參加八七會議，中共中央改組，兆徵同志嘗被選爲政治局委員。先是兆徵在同年五月中國共產黨第五次大會時，雖被選爲中共政治局候補委員，但實際上只是掛名，陳獨秀等向來有這樣一種觀念，認定工人同志都是『政治能力薄弱』。兆徵同志從八七會議後，便成爲中國黨的中心首領之一了。如果兆徵在武漢時代便已不期然而然有違反機會主義路線的行動，那末，此時更是反機會主義的急先鋒了。在那樣嚴重白色的恐怖之下，他以黨的使命來往滬漢之間，一無所畏，中國黨的組織便在這樣艱苦的勇敢的工作中維持起來。黨內因堅決肅清機會主義而更加鞏固了。兆徵同志此時除黨的工作以外，仍兼中華全國總工會工作。一九二八年二月還秘密開了一次全總擴大會議。在此次會議上，兆徵主張採用工廠委員會的新組織路線，而與反對者懷疑者作了堅決的鬥爭。

（七）一九二七年十二月的廣州公社

東方第一個蘇維埃，一九二七年十二月十一日在廣州實現了。兆徵同志便是這個蘇維埃政府的主席。

兆徵雖未親自指揮廣州起義，但中央指導廣州起義的總計劃與訓令，他是最積極討論的。因此兆徵同志實際上是廣州公社的主要指導者之一，是東方第一個蘇維埃的創始者之一。

（八）沿太平洋的職工運動

一九二四年赤色職工國際派代表到廣東召集太平洋沿岸運輸工人會議，兆徵是參加的，從此他便與太平洋沿岸職工領袖發生接觸。一九二七年赤色職工國際總書記羅佐夫斯基親身到漢口召集太平洋第一次職工會議，兆徵同志是主席團之一，並被舉爲太平洋職工運動祕書處主席。祕書處設於上海。太平洋沿岸職工聯合從此開始，蘇兆徵在太平洋沿岸職工運動中的影響亦日益加深了。

（九）中國共產黨第六次大會

一九二八年中國共產黨開六次全國代表大會，這次大會是在共產國際指導下開的，他的價值是在於當大革命失敗之後，總結過去幾年革命鬥爭的經驗和教訓，指示出黨的當前主要任務，是在於奪取羣衆以準備新的革命高潮之到來，兆徵同志是完全贊成共產國際的指示的，曾與右傾的觀點和盲動的情緒作了激烈的鬥爭。兆徵同志在此次大會中擁護國際正確路線屹然不稍動搖，言辭十分激切。因此右傾者說他有肝氣病，實則兆徵同志爲了政治主張，故對一切非布爾塞維克的言論不稍寬假也。

（十）赤色職工國際大會與共產國際大會

一九二八年春，兆徵同志到莫斯科去參加當年四月的第四次赤色職工國際大會與八月的第六次共產國際大會。他在這兩次大會上的貢獻都是很多。他參加這兩大會的主席團，並被舉爲兩國際新執行委員會的委員。蘇兆徵成了世界革命有力的一員戰士了。

兆徵同志在蘇聯時，除莫斯科外，曾至列甯格勒和南俄，他到各處都受羣衆的熱烈歡迎，他

— 29 —

參加大的小的工人集會，羣衆無有不歡喜他的。

兆徵同志復又被舉爲農村工會國際的副委員長。

最後，兆徵同志在莫斯科還參加了蘇聯全國總工會的第八次大會。他在這次大會上曾做過中國職工運動之報告，不幸這就是他最後的留言。

（十一）工作的風格

兆徵同志的工作的風格，是每一革命戰士之最好的模範。

一、勤勞——兆徵同志一生都是勤勞，舉省港罷工爲例，那樣長久的歲月，但他沒有請過一次假。罷工開始的兩三月，從早六時起至夜十二時是無片刻閒暇，而黨團必到十二時以後方能開會，往往開到兩三點鐘甚至到天亮，有些同志便因疲勞東倒西歪呼呼的睡了，而兆徵却神采奕奕以終會，省港罷工委員會雖是組織嚴密，分工辦事，但總機關的事務是比任何分機關要繁重得多。兆徵是每事必躬親處理，往往人家都散完了，而他還在熒熒電燈之下辦公。同時兆徵對外的麻煩亦不減於對內，與政府接頭，與各社會團體接頭，參加羣衆大會以及各種會議，而且他的秉性是不大喜歡請人代表的，特別是到羣衆大會，兆徵自已的勤勞是如此，因而他最厭惡的是人家的怠工，他很銳敏而正確的感覺到這怠工態度，可給革命以絕大損失，所以他對怠工者總是不稍假借。

二、守紀律——兆徵原先是國民黨員，而且他未加入共產黨以前，在社會上便已有很大的名望，照常理推測，這種人是不慣於守共產黨鐵的紀律的；但兆徵同志却完全不然，他加入共產黨的第一天，便過黨團的生活，完全依照黨的政策去活動。在國民會議預備會中，在第二次全國勞動大會中，就是多年的老黨員還不及他。在省港罷工中，國民政府中，以及在一切活動中，都無不如此。

三、廉潔——我們要知道在幼稚的中國工人羣衆中，他們最注意領袖的行動，往往不是政治而是經濟關係，就是看你儉約否，扒錢否，許多富有才能的領袖在這一點上『翻筋斗』。兆徵一生都身兼財政，在海員工會中，在省港罷工中，以至於後來在共產黨的中央中，都是如此。在海員工會他管財政，每月必開會報告賬目一次，收據一總拿來聽憑到會者査閱；並將賬目在會刊上按月登載。在省港罷工時，兩日向代表大會報告賬目一次，又發行賬目專刊，送各工會審閱。省港罷工委員會每日出進動輒數萬元，有時甚至數十萬元，若不如此，何以能招大信。那時何來同志（亦一老海員，廣州蘇維埃時被選爲財政委員）爲會計，兆徵得他的幫助不少。所以帝國主義及反動派不斷的造謠說：『蘇兆徵肥了』可是羣衆中沒有一個人相信。

四、謙遜——兆徵同志是一個百萬羣衆所擁戴的領袖，毫無領袖派頭，凡是接觸過他的人，沒有一個不承認的。

五、堅定——兆徵爲人雖和氣謙遜，但一到政治問題，他便有堅定的主張。以非常倔悍的態度而與人鬥爭。

六、天才——兆徵富於組織的天才，他早年識字不多，但到省港罷工時便能執筆爲文。中國黨八七會議的職工運動決議案便是他起草的。此外對各種會議起草文件的很多。離莫之前，曾著一九二二年香港海員罷工記。

這就是兆徵同志工作的風格，這就是兆徵同志爲什麼能够取得廣大羣衆的信仰的根源。

一 31 一

（十二）疾病與死亡

兆徵同志身體本來强健，但因辦事認真，操勞過度，而營養又不足，逐漸羸弱下去。其病源由來已久，但他並不休息，以致所病日益潛滋暗長。一九二八年在國內外一連參加中國黨，赤色職工國際，共產國際幾個大會，勞苦尤甚，所以共產國際大會剛剛閉幕而他患盲腸炎幾乎至死。幸此次入醫院不久即告痊癒，但身體過於羸弱，醫生主張先行赴南俄休養，俟身體復原後，再割腸以絕禍根。俟南俄歸來，兆徵精神不如平日，醫生則云盲腸可以不割，只須好好的休養。後因革命鬥爭發展，兆徵於一九二九年一月力疾回國。因風塵勞頓，在途中不免感冒風寒，到上海便血病復發，竟以至死，享年四十三歲，家中尚遺有妻子及一子一女。

（十三）蘇兆徵在東方革命中的位置

兆徵同志是由不斷鬥爭中，由羣衆運動中鍛鍊出來的領袖，他是海員的領袖，他是香港與廣東勞動羣衆的領袖，他是全中國工人階級的領袖，他是太平洋沿岸職工運動的領袖之一，他是中國共產黨的最好領袖之一，他是赤色職工國際和共產國際的領袖之一。由工人出身而成為這樣偉大的領袖，在東方還只有兆徵同志一個。

廣州公社所湧現的蘇維埃，是全世界殖民地半殖民地第一個出現的蘇維埃，而兆徵則是東方第一個蘇維埃的領袖，他已經成為東方一切勞動羣衆解放運動的酵母。

於一九二九年

鄧中夏同志傳略

鄧中夏同志在中國革命職工運動史上，佔着異常光輝重要的地位，只要提到中國職工運動，就不能不立即聯想到中夏同志，因為中夏同志的名字，與職工運動初期發展有不可分離的關係。

中夏同志，一八九七年生於湖南宜章一個沒落的地主官僚家庭，曾在北京大學文學系讀書，為五四運動的積極參加者，那時他就開始研究馬克思、列甯的社會主義學說，因為他的革命傾向曾遭受了家庭的阻撓，於是使他不得不毅然決然拋棄了自己的家庭，開始革命職業者的生活，把全部的精力與生命，都交給了工人階級，他的刻苦耐勞與積極性，凡是認識他的同志和朋友都是知道的。

中夏同志，是中國共產黨北方組織開創者之一。在五四運動時，他還是一個學生，即精心研究勞動問題，參加工人小報工作（小報是當時共產黨辦的）。至一九二一年初，他即到長辛店組織了「長辛店工人俱樂部」（該俱樂部是北方鐵路工會組織雛形）。嗣後中夏同志，運用長辛店的工作經驗，指導和幫助天津、唐山以及北方各鐵路工人的組織與鬥爭，創造了北方職工運動的基礎。

一九二一年夏，中國勞動組合書記部成立，中夏同志是當時積極負責者之一（在第一次勞動大會後中夏同志任書記部主任），南北奔走，策劃和佈置各地職工運動。在短短的一年中，即在全國開創了大規模的職工運動。不久就召集了第一次全國勞動大會於廣州（一九二二年），推動了全國第一次罷工鬥爭高潮，在這一時期中，勞動組合書記部，確盡了中國職工運動的組織者和領導者的積極作用，在工人羣衆中建立了極高的威信，而中夏同志，也就成爲工人階級著名的領袖。

中夏同志在第一次全國罷工高潮中，親身參加和指導許多大的罷工鬥爭，如長辛店大罷工，開灤五礦第一次大罷工及京漢『二七』大罷工等，在開灤五礦大罷工中，工人遭受英國水兵及天津警察的蹂躪，一部份領袖動搖消極，而中夏同志曾破指血書激勵他們，並親身指導罷工，領導工人堅持與英帝國主義和北洋軍閥鬥爭到底。

一九二三年中國共產黨第二次大會的時候，中夏同志就被選爲中央委員，直到他死爲止，他還是黨的中央委員。

一九二三年京漢鐵路工人罷工失敗後，中夏同志到了上海與幾個同志一起創辦上海大學。後來『上大』在對於共產主義運動和中國的革命鬥爭上，曾起了相當的作用。同時中夏同志仍祕密地參加工人運動。由於『二七』的失敗，當時黨內一部份機會主義份子如陳獨秀等，暴露了對職工運動的取消觀點，公開說：「中國工人階級不是獨立的革命勢力……中國大多數的工人，還沒有自己階級的政治鬥爭之需要與可能……」又有人說：『勞動運動嗎，這一名詞根本不能成立，現在只有一個國民運動！』中夏同志堅決與這種叛賣階級的取消主義觀點作鬥爭，他曾在『中國工人』、『中國青年』以及黨的機關報上嚴厲斥責這種取消觀點，並提出陳獨秀的名字來公開批評，對陳獨秀表示嚴厲的抵抗！

一九二四年中國工人運動第二個高潮開始的時候。他即離開『上大』的工作，而專心於上海工人運動，上海職工會的組織和發展，中夏同志無疑的有了很大的功績。一九二五年二月上海操發了包括四萬餘人的二十二個日本紗廠反日罷工，中夏同志當時是指導罷工委員會總負責者之一，這時他的全部精神皆集中在工會裏，絲毫沒有休息，夜以繼日的在工人中活動。在他的領導之下，訓練出來了像劉華那樣刻苦忠勇的戰士，在罷工工人熱烈的反日情緒之下，曾衝入租界搗毀工廠與軍警發生直接衝突，至被捕多人。中夏同志因化裝參加這次行動的領導亦在小沙渡路被捕了。兩個警察夾着他，用麻繩捆着他的手，而他昂頭在街心走着對與他一同被捕的工人說：『他們會捉着我們，但是他們打不敗我們的！』這次偉大的罷工運動震動了全國，而且加強了中國工人階級反對帝國主義的决心和勇氣，這次運動成爲五卅運動之序幕。當時上海幾萬工人聚衆空前的大罷工，逼迫帝國主義資本家和中國政府、不得不讓步，不得不釋放中夏同志和其他被捕工人。

五卅的時候，中夏同志因爲出席全國勞動大會而留在廣州，領導偉大的省港大罷工響應『五卅』運動。使英帝國主義繁榮的香港變成爲荒島。而且這個罷工，支持了廣州國民政府，鞏固了廣東革命根據地，使國民政府出師北伐，無後顧之憂。這次有偉大歷史意義的罷工運動，在最出色的組織者和領導者蘇兆徵、羅登賢、楊殷和鄧中夏等同志領導之下，把將近三十萬的罷工工人，堅強地組織起來，並建立了省港罷工委員會。在該委員會之下，成立了自己的武裝隊伍，革命法庭、檢查局、審計局、法制局、罷工工人的公共飯堂和宿舍、醫院、宣傳學校等等。這一罷工的主要策略是集中力量反對英國，並提出一『凡不是英國貨英國船而經過香港者，可准其開來廣州』的原則。在這個正確策略之下，解决了廣州的經濟困難，保持了廣東商人的中立，拆散了帝國主義的陣線，使罷工支持到二年餘的長久時間，這一鬥爭不僅在中國工人階級偉大鬥爭的歷史中佔着光榮的篇幅，而且在全世界罷工史上也是罕見的。當時在廣州市上，幾十萬罷工工人，把蘇兆徵同志與鄧中夏同志當作是他們自己行動的兩盞明燈。

中夏同志出席在武漢召開的全國第四次勞動大會。即參與大會的一切工作。中夏同志在歷次勞動大會中，他始終是最積極的組織者和領導者，各次大會的宣言和决議，多半都是中夏同志參

— 35 —

加起草的。自第二次勞動大會成立中華全國總工會後，他每次都被選爲全國總工會執行委員，並負重要職務。

一九二七年中國共產黨八七會議之後，中夏同志在困難的環境之中，担任了江蘇省委書記的職務，而在廣州暴動失敗、張太雷同志犧牲之後，他又担任了一個時期廣東省委書記。一九二八年又被選爲全總駐赤色職工國際的代表。在職工國際第五次大會上並被選爲赤色職工國際執行委員。中夏同志在暫駐莫斯科的時期，整理了中國職工初期發展的經驗，完成中國職工運動簡史的著作。

在一九三〇年中夏同志由莫斯科回國担任湘鄂西蘇維埃的省委和紅二軍團政治委員，領導了反帝國主義和反對當時反動統治者的鬥爭。

一九三三年中夏同志爲組織反對日本法西斯反侵略者鬥爭，而在上海陷於中國革命敵人的血腥的羅網。

十三年來，中夏同志在中國工人階級解放事業上，盡了他最後的力量，堅決而英勇地實行了反抗帝國主義地主資產階級的鬥爭。他的努力和勇敢，他和羣衆的聯系，對於中國共產黨，對於中國革命當然有很大的貢獻，他是帝國主義和當時中國反動統治者的死敵。還在省港罷工的時候，廣東的統治者就非常的嫉忌他，當一九二七年『四一二』政變之後，當時廣東、武漢、南京的統治者，到處通緝追捕中夏同志。當他在上海被捕解往南京後，統治者如獲『至寶』，以爲從中夏同志口中可以得到共產黨的機密，以遂其一網打盡的毒計。可是久受布爾塞維克鍛鍊的中夏同志，雖然受盡了各種不能形容的嚴刑拷打，但他始終沒有吐露任何不利於黨的消息，反而痛斥當時反動統治者賣國殃民的罪惡。當時反動統治者見嚴刑拷打無效，即主使叛徒余飛來施行誘說，他們以爲中夏同志處在嚴重威逼的生死關頭是可以同他們一樣無恥叛賣階級的。可是中夏同志，見了這些無恥叛徒，更增加了他的仇恨與憤怒，使無恥叛徒余飛來無法使其技倆。統治者見中夏同志不畏威嚇，不爲利誘，不懼嚴刑，於是決意殺害我們的戰將。中夏同志當他臨刑的前夜，曾由監獄裏寫信給黨，在他的信上寫出英雄慷慨的言詞：『同志們，我快要到雨花台（南京屠殺共產黨員和一切有爲青年的刑場）去了。你們繼續努力奮鬥吧！最後勝利終於是屬於我們的。』在這裏不僅表示中夏同志慷慨就義精神，而且表示對革命勝利的無限信心，給一切後死者以鼓勵。

中夏同志被殺了，但是他沒有被打敗的，他不屈不撓的鬥爭精神，保證着中國工人階級的最後勝利，與他的血肉相關的中國工人階級鬥爭的歷史，——他這本親著的『職工運動簡史』，將教育成千成萬的戰士，踏着他的血蹟，向着勝利之途前進。

彭湃同志傳略

王 德

彭湃同志，中國人民偉大的領袖，中國共產黨最好的領導者，特別著名於農民運動。具體的說，他是中國一九二五至二七年大革命時代的前夜及大革命時期中廣東著名的農民運動家。

他的偉大，不僅在於他轟轟烈烈做農民運動，也不僅在於他在東江十餘縣組織了近二十萬的農民，而是在於尙在一九二一年的時候，他即單身匹馬，排除一切困難、譏笑、謠言、『地主說他發神經病』，懷疑農民初時對他的態度等等，抱着鋼鐵一樣的決心，來從事農民運動——中國民族獨立解放的中心問題之一，彭湃同志在一九二二年就開始做這革命事業，但到一九二七年共產黨的陳獨秀（一九二九年被黨開除後，即成爲共產主義的叛徒）機會主義的領導還不懂得。此外彭湃同志的偉大，還在於他在農民運動中的策略口號的提出，組織形式和活動方法的運用，以及利用敵人的弱點及矛盾，農民運動之求得工人階級的援助和領導等等，即在現在的策略觀點看來，仍可見彭湃同志不僅是一個最好的羣衆運動家，而且是一個很好布爾塞維克的策略家。

關於東江農民運動的經驗，彭湃同志寫了一本人人愛讀的小册子，這是農民運動很有價值的而又不可多得的一本小册子。

彭湃同志是廣東海豐人。據他自述，他的家庭，『在海豐縣爲一個大地主，他每年收入約千餘石租，共計被統轄的農民男女老幼不下五百餘人。他的家庭人口是不上二十，大約每人可統治數十農民』。他雖然出身於大地主的家庭，但彭湃同志受蘇聯十月革命的影響受帝國主義侵略中國的影響，受廣東香港工人反帝反資本鬥爭的影響，還受廣東農民不斷反對地主殘酷壓迫的影響，所以在少年時代，即滿腔同情中國民族獨立解放運動，當在廣東求學時，即積極參加『五四』運動。接着『五四』運動，廣州就發生社會主義宣傳運動及社會主義的小團體的組織運動，彭湃同志當時就是這一運動的一個最積極的份子，他一方面反對孫中山的烏托邦空想社會主義，另方面他堅決反對陳公博及譚平山等的資產階級自由派的『社會主義』。在一九二〇年或一九二一年，彭湃同志加入共產黨後，即爲廣東共產黨組織最積極幹部之一。他加入黨後，在廣州工人羣衆中做過一短期的宣傳工作。

彭湃同志加入共產黨後，回海豐担任教育局長之職。即於一九二一年『五一』勞動節，召集全縣男女學生舉行慶祝勞動節大會。大受海豐土豪劣紳之攻擊，造謠中傷彭湃同志實行『共產共妻』，因此陳炯明下令撤彭湃同志教育局長之職。自此以後，彭湃同志即決心作農民運動。但他的家庭，除三兄五弟不置可否外，闔家大小均恨之入骨，其長兄甚至要殺他。同族同村的人，也都不理他。但是這些困難，都不能挫折彭湃同志鐵樣的決心。於是他的農民運動的事業也就開始了。

他初到農民裏去的時候，穿學生洋服，戴白帽子，農民一看見他，都以爲他是來要賬收捐的先生，僅與應酬幾句客套話，就遠遠躲避開了。彭湃同志回到家裏，父母則不以爲子，長兄亦不以爲弟，全家都不理他。他連日到農村裏去，農民都懷疑他，於是他就改換方法，改換服裝穿着都像農民一樣，在農民經過最多的龍山廟前作公開演講，說明農民切身痛苦的原因及如何解除痛苦的方法等等，始漸獲得少數靑年農民的同情，這就是彭湃同志在東江農民運動的開始。得到一部份先進農民的同情以後，彭湃同志就極力鼓吹農會的組織。可是在農民沒有懂得農會有什麼力量，加入農會有甚麼好處及有甚麼必要之前，農民是很少加入農會的。彭湃同志所組織的農會，最初只有先進農民數十人而已，後來有非會員農民對於某一會員農民，想抵賴人命，數十農會會員都齊心幫助該加入農會之農民，才把天大的事化爲無事。彭湃同志就把這件事在農會中及會外做了廣大宣傳，說明農民加入農會，才能得到農會的幫助，農民才有力量。後來在農會領導之下，發動鬥爭，把城市土霸向農民勒索每隻蕃船之碼頭捐洋二角也取消了。於是農民大衆都相信農會的力量，相信農會對他們的好處，相信有加入農會的必要。於是彭湃所組織的農會就一日千里發展起來，農民要求入會者絡繹不絕。

到了一九二三年一月一日開海豐總農會成立大會時，從彭湃同志開始做農民運動起，爲時僅有一年半，而農會會員則已增至十萬餘人，佔全縣人口四分之一。海豐總農會內設衞生部，教育部，庶務部，交際部，財政部，仲裁部，宣傳部，農業部，文書部等部這裏只這幾件事實，已說明彭湃同志所組織的農會的成績如何顯著了。先說教育部的工作。政府教育局所辦的新學，農民非常害怕，例如（一）教育局訓令下部，農民要奉敬局丁的茶錢，（二）農民無錢，學費又貴。但彭湃農會的教育部，則提出農民教育的口號，建立農民學校，教農民實現的教育，就是教農民記賬，不爲地主所騙，教寫信，教珠算，教寫食料及字，教他們辦農會等日用的字。學生讀書完全免費，農民非常喜歡。學校經費怎麼辦呢？由建立農民學校的鄉村指定相當耕地，作爲學田，由學校向地主批耕，種子肥料由農會出錢，農具牛隻人工由入學學生的父兄分配工作去耕去種，及至刈草時，則由先生率學生到學田去，把學生分爲甲乙丙丁四隊，田草也分爲甲乙丙丁四段，每隊担任刈一段來競賽，到了禾將成熟，再由學生父兄去收割，除還地主田租外餘的送給先生做薪金，農會會員非常歡迎這種方法，所以辦了許多學校。海豐城市許多中小學生都說彭湃所主持的農會辦法好，都願爲農會服務。

衞生部的工作，開設有醫院病房，會員免費診病，並有接產醫生，醫務非常發達，大得會員的歡迎。農會之威信，更在農民中大大提高起來。因此農民不僅加入農會者日多，而且有事也到農會的仲裁部來解決，仲裁部簡直成爲農民的和事老了。不管婚姻、命案、爭産、打架等等，一有爭執，遠近農民都願到仲裁部要求解決。仲裁部之存在，在地主豪紳看來，是大權旁落之象徵，但在農民看來，是廣大農民的法庭。而農會則是農民的地方政府，仲裁部所辦理之案件，據彭湃同志所著小册子中的統計：

婚姻案	十分之三	錢債案	十分之二
業佃爭議	十分之一·五	産業爭奪	十分之·五
命案	十分之·一	犯會章	十分之·一
迷信	十分之一	其他	十分之·八

由這一簡單統計看來，一方面表明彭湃同志所主辦的農會，深得廣大農民之擁護，一有爭執，他們都不去找地主豪紳解決，而去找農會；另方面表明彭湃同志對於農民運動的觀念，深深懂得農民運動的中心問題之一，在於農村政權問題，彭湃同志所主辦的農會當時實質上的確形成了農村政權的雛形。

彭湃同志不僅是一個農民運動的領導者，而且是一個布爾塞維克的策略家，不信，請舉幾個例子：

第一、當海豐農業會運動正在蓬勃發展的時候，海豐的地主豪紳組織糧食維持會。以圖壓迫農民，借故逮捕農會會員數人，並想進一步消滅農會。彭湃同志，即以迅雷不及掩耳之手段，動員六七千農民進城包圍縣公署，逼得縣政府不得不釋放被捕會員，逼迫地主豪紳多時不敢公然向農會進攻，這是彭湃同志應用布爾塞維克的動員羣衆的策略。

第二、彭湃同志，提出口號，（一）減租；取消三下（原底不清），（三）取消伙頭鷄伙頭鴨取消伙頭錢米；（四）不給陋規與警察，同時發出對外的口號：（一）改良農業，（二）增加農民知識，（三）作慈善事業；在農民運動剛剛初步發展起來的時候，廣大農民羣衆尚未澈底相信自己的力量，尙不能澈底的爲農會所提出的口號而鬥爭時，而地主豪紳又日在造謠中傷農會共產共妻的時候。彭湃同志除提出農民鬥爭的口號外，同時提出對外的口號，這的確是非常的策略。

當地主陳小倫到農會來問農會將來是不是要共產呢？彭湃同志等的回答：『現在是爲農民謀利益，實在還是爲地主的荷包計算。何以呢？第一、倘農民餓死了，被地主紳士官廳逼迫死了，地主收租不但發生困難，而且無租可收，同時影響到社會的飢荒，地主也自然是餓死；第二、農民得到生活好，便不會鬧事，地主安心睡覺，社會也得安甯；第三、農民得到生活的好處，便自然有錢去改良耕地，增加肥料，地主的田好起來，收租也容易；第四、農民得到生活的好處，便安安樂樂替地主做工，就不去反對地主了。』當時陳小倫聽了說道：『我沒有聽過這番的話，我也是反對你的，現在我明白了我當對他們解釋。』彭湃同志這一番話，說得本來反對農會的地主堆裏的陳小倫，也表示不再反對農會了。這可見彭湃同志這一番話運用策略的靈活了。

正因爲彭湃同志運用策略的正確，所以農會運動很快的從海豐普遍到陸豐、惠陽、紫金、惠來、普甯各縣，農會會員共約十三萬四千人。

第三、東江海陸豐本來是陳炯明軍閥的老巢，陳炯明之不贊成農會，以及陳炯明之企圖利用彭湃的名字以買獲人心，彭湃同志知道得淸淸楚楚。然而彭湃同志不但不爲陳炯明所利用，反而利用陳炯明之口頭贊成農會運動，利用陳炯明之捐款，利用陳炯明釋放被捕農會會員等等以便利農會運動之進行，這完全是利用敵人營壘矛盾的布爾塞維克的策略。

第四、農會運動受壓迫後，彭湃與其同志數人，曾到汕頭及香港等城市的工人羣衆中去，以

— 49 —

求農民運動之獲得工人階級之援助。彭湃同志在他所著的小册子中說：『香港人力車工人大多數是海豐來的失業農民，其中大半是農會的會友，一見我們非常親切，他們對於農會異常關心，對於在獄同志也很關心，乃發起募捐，……車夫中捐錢最少六仙，至多一元，以一三毫者為最多，大約捐了八十餘元，我們非常滿足，即寄回海豐去了。』這證明彭湃同志那時最深切懂得農民運動必須獲得工人階級的領導，才能達到勝利的目的。彭湃同志之創始，組織和領導東江農民運動，他實在是工人階級中的一個先進代表——共產黨員的資格而進行的，也只有共產黨員才能堅決為農民的解放而鬥爭。

由上所述，我們有權可以斷定彭湃同志在一九二一年至一九二三年東江農民運動中，所運用的策略是如何的正確，如何的靈活，如何的合於布爾塞維克的策略了。我們有權可以斷定彭湃同志在那時即懂得農民運動必須在無產階級領導之下才能獲得解放。所以彭湃同志的偉大，不僅在於一九二一年他所了解的，而且那時他所做的——農民土地問題——直到一九二五年至一九二七年大革命中陳獨秀機會主義的領導還不了解呢？

當同志担任廣東省委員書記後，彭湃同志才被選為廣東省委員會委員，指揮全廣東農民運動。迨武漢時代，彭湃同志被調赴漢口，被選為全國農民協會臨時執行委員會委員。在共產黨第五次大會上，被選為中央委員會委員。

武漢政府叛變後，湃彭同志即參加南昌武裝起義，力主進行土地革命運動。迨賀葉南征，失敗潮汕，退却海陸豐後，彭湃同志即在海陸豐組織農民自衛軍。一九二七年十一月在海陸豐成立了中國第一個蘇維埃政府。這一政權，一直在積極準備力量，聲援廣州公社，可惜未及趕上，廣州公社即已失敗矣。

廣州公社任命彭湃同志為土地人民委員，留駐海陸豐方面負責。他在海陸豐領導工作，直至海陸豐蘇維埃政權失敗後爲止，一九二八年中共全國第六次大會後被選爲中央委員，後又被選爲中央政治局委員。一九二九年在上海直接參加江蘇省委的領導工作。

一九二九年八月二十四日，因奸細告密，彭湃同志和楊殷、顏昌頤、邢士貞同志等，爲國民黨上海市公安局會同租界工部局所逮捕。當即引渡到上海公安局，受盡各種嚴刑拷打，死而復蘇者凡九次，彭湃同志抱着鋼鐵一樣的決心與敵人搏鬥到底。

八月三十日由漢奸國賊中國人民劊子手蔣介石下令，槍殺彭湃同志於龍華警備司令部。彭湃同志，臨刑時態度自若。高呼「打倒帝國主義！打倒漢奸國賊蔣介石！打倒賣國賊的國民政府！打倒賣國的國民黨！共產黨萬歲！中國紅軍萬歲！中國蘇維埃革命萬歲」等口號。中國人民的優秀領袖，中國蘇維埃的第一個創始人，中國工農的最好首領中國共產黨最好的領袖之一的彭湃同志竟從此長逝了！

彭湃同志是中國人民這樣一個偉大的領袖，本文所記其大概事略，實不能昭彰其英勇壯烈於萬一，只能作爲將來代彭湃同志作傳者之參考而已。惟有一事可以告慰彭湃同志者，即彭湃同志遺留下來所未竟之革命事業，在日益擴大，堅强和鞏固共產黨，紅軍的蘇維埃領導之下的中國人民中正在日益發展着，且必能達到最後澈底的勝利。

紀念惲代英同志

伯林

惲代英同志是共產黨最優秀的領導者之一，是全國青年羣衆最愛戴的領袖。他從『五四』起領導全國青年參加反帝的民族運動，聞名於全國。雖然他在五年以前，已經被國民黨劊子手祕密的慘殺了，可是忠實於反帝的民族鬥爭和努力領導青年運動的惲代英，在廣大青年羣衆中是普遍深刻留下了不能遺忘的印像！他畢生刻苦奮鬥大無畏的革命精神，生動而熱烈的演講，滿紙熱忱而永遠是眞理的著述，至死不屈，慷慨赴義的忠勇的氣節，這些不僅是教育了這一代愛國家愛民族的青年，而且永遠是青年革命導師的模範；國民黨可恥的消滅了代英同志革命的肉體，然而沒有辦法消滅代英同志革命的精神。

代英在『五四』運動以前是長江青年運動的發動者，是中國共產主義青年運動的墾荒者；他發揚了中國青年運動，充實了中國的青年運動，使中國青年爲中國革命巨潮中一大流。他將革命的思想，傳播於中國青年軍人隊伍中。任國民黨軍閥怎樣對中國青年軍人的利誘與高壓，他們仍然爲中國革命軍中的一支勁旅。

代英在青年運動中，作了繼續不斷的堅決的思想鬥爭！反對劉鳳章爲首的經心書院派的封建思想，反對盛行湘鄂的無政府主義，反對公開馬克斯主義的張東蓀『解放』派，反對國家主義。在這些鬥爭中，他都以極大的熱忱，鐵面無情的態度，堅忍卓越的意志進行到底。中國的青年運動，因爲有了他的堅決的思想鬥爭，始終得爲中國革命巨潮中一大支流！中國共產主義青年運動，因爲有了他的堅決思想奮鬥，雖然經過外來的最大的引誘與恐怖，始終保持住思想的淸潔與組織上的堅固。

一九一五年日帝提出二十一條後，全國反日運動蜂起，代英便成了中國青年界中的思想上領袖，他當時正在武昌中華大學讀書，經常借着東方雜誌、學生雜誌，發表他的抗日與謀中華民族獨立的思想，來喚醒指導中國的青年。他並組織團體，出版刊物，從事新文化運動。

一九一七年的俄國兩度革命，更推進了代英的思想，由民族解放進而至於社會解放！同時推動了他的行動，由宣傳進而至於組織。當『五四』運動開始時，他便是武漢學生響應北京學生抗日救亡鋤奸運動的領導者與組織者。他組織了當時武漢學生空前的救國示威，並組織了學生發動漢口商人罷市。當時武漢在北洋軍閥王占元的最反動統治之下，以一切最殘酷最野蠻的方法來鎭壓民衆運動，口頭講演固所不許，傳單分散更所難容。代英想出用傳遞白扇的辦法，在白扇上書寫要求罷市的傳單，分街分段挨舖挨店傳遞白扇；結果，武漢三鎭全體罷市來響應援助北京學生，反對賣國的安福政府。

從此以後，代英便成爲武漢青年公認的領袖。爲反對當時武漢經心派的黑暗敎育起見，主張自修，不但團結了許多青年，組織學會，實行研究；而且發行若干種小報從事宣傳。一九一九年的時候，便在武昌橫街頭成立『利羣書社』，復成立『利羣織布廠』以實行半耕半讀的自修主義。曾在武漢設立工人補習學校，在黃岡設立鄉村學校，這時『自修』已成爲了一種口號，利羣社爲當時長江新文化的中心，代英便爲這個新文化中心的領導者。長沙湖南第一師範，衡陽湖南第三師範，安徽宣城師範，四川瀘州師範，河南柳林學校，都爭着接受代英的帶人附學（註）要求，而請求他和他的同志前去主持敎務，以造成利羣社的宣傳與組織的中心。因此，代英被當時各地反動派所深恨，安徽當局且明令通緝紅黨的惲代英。

— 53 —

一九二一年夏，在黃岡林家莊舉行受利羣社影響的各地青年組織聯合代表大會，有青年學生參加，有青年工人參加，有青年農民參加，毛澤東同志在長沙主持之文化書社亦派代表參加。大會在代英同志領導之下，堅決反對利羣社中少數傾向國家主義派的份子，並決議組織共存社，訂定社章，在社章中明白規定，贊成無產階級專政，擁護布爾塞維克主義與擁護蘇俄。但不久，中國共產黨在上海成立了，代英同志立即號召加入，結束共存社。當時，共存社大多數社員以及在長江上下有很多青年，都響應他的號召，踴躍的加入中國共產黨或中國社會主義青年團（共產主義青年團的前身）。

代英同志加入共產黨後，即謀脫離四川瀘州師範教務主任的職務，而專任黨的工作。一九二三年他到了上海，黨中央派他建設中國共產主義青年團的工作，任團的中央宣傳部長，任『中國青年』的主編。同時，代英同志還兼任上海大學教授及國民黨上海執行部工農部的祕書。他完成了黨給與他的任務；『中國青年』成為成千成萬的中國青年不忍釋手的刊物，中國共產主義青年團，成為千百萬中國青年誠心願意擁護的組織。

一九二六年三月國民黨初次叛變嘗試後，黨從上海調代英至廣州任黃埔軍官學校的政治總教官，以與當時國民黨新左派×××的思想相搏鬥。代英同志在這條戰線上，又得到了最大勝利；所謂總理三大政策的思想，仍為黃埔青年的中心思想。一九二七年春，代英轉任為武漢軍事政治學校的主持者，湖北省政府的委員。攻打夏斗寅叛變之役，代英同志在軍事方面也立了特功。『八一』舉義，他是組織起義中的主要份子之一；廣州起義，他為廣州蘇維埃政府的祕書長，廣州公社失敗後，他在香港又做了長時期黨的祕密工作。

一九二八年黨六次大會時，代英被調至上海工作。他參加黨中央宣傳部的部務，與一般取消主義者作無情的鬥爭。他那篇斥駁『施存統對於中國革命的理論』的論文，為當時斥駁叛徒有力的名著。

代英同志是堅決反對立三路線的一個，可惜當着黨內正展開廣泛的反立三路線鬥爭的時候，代英同志已經被捕。一九三〇年春，他穿着工人的服裝，住在上海滬東貧民窟裏，朝夕在工人羣衆間親身領導鬥爭，有一天與幾個罷工工人一起被捕，他立刻利用反抗的方式，把自己的頭面抓破，以致流血模糊，掩蓋了他的眞面目，一直解到南京獄中，始終沒有被敵人識破眞像，把他與一般被捕的工友一樣判決徒刑。誰知刑期將滿，可恥的叛徒顧順章實行告密，於是代英同志便被國民黨秘密在獄中殺害了。

代英同志被難前，在獄中向一般被難青年，繼續其革命思想的宣傳，終日諄諄解說一如在學校中當教師一般，獄中同難青年多忘記了在黑暗的牢獄，槍斃代英同志的消息傳到獄中，同難青年無不痛哭高呼：『打倒萬惡的國民黨！』『偉大青年革命領袖惲代英不死！』『我們一定繼續惲代英的出路道進！』

惲代英同志根據他在工人中實際活動的經驗，知道黨的一般宣傳鼓動文字，尚不能深入文化程度異常落後的勞苦羣衆中間去。所以他利用獄中生活，用工人的俗語寫了一本解釋共產黨十大政綱的小冊子，可惜只有與他同獄的幾個被難青年看過，在他槍斃時，被國民黨搶去焚燬了！

代英同志於一九二三年起，便爲中國共產主義青年團的中央執行委員。一九二六年的第二屆國民黨大會，當選爲國民黨的中央執行委員，從一九二七年起，被選爲中國共產黨中央執行委員。

代英同志爲江蘇武進世家的後裔，生於武昌，在武漢中華大學文學系畢業。當他十餘歲時，他的家庭已成爲破落戶了。故代英同志在中學時，即賣文自活。他善於爲文，長於言詞，與人談，娓娓不倦，每求對方服從眞理，常與人作竟日或徹夜談。他日以助人自助；無助人之事，爽然若失；有助人之事，則興高采烈。教人有方，賢與愚，莫不受他的批評與奬掖，同志對他的忠告，虛心接受，從不以不悅的顏色向人。對於黨的批評，更竭誠反省。對於敵人，恶之若蜂蠆，不問親故。代英同志的個人私德，更足爲一般青年人楷模，至今友與敵，莫之能忘。

（註）帶人附學的意思，就是不但派人去當敎員，並須帶利羣社一部份自修社員同志作學生。而在學生羣衆中做工作。

紀念蔡和森同志

李　明

還遠在『五四』運動以前，在湖南一般先進的青年中就盛稱毛蔡之名，而奉之爲表率。這就是現今中國蘇維埃政府主席，中國人民解放鬥爭的首領毛澤東同志和已經被難之蔡和森同志。當時毛蔡兩同志同時肄業於湖南第一師範，即感於政治的腐敗，社會的黑暗，國家之危急，而極力提倡革命思想，以圖挽救。他們共同發起新民學會以團結青年創立湘江評論，宣傳革命主張，組織文化書社，傳播各種新思想的書報，並爲與一切先進青年接洽之機關。在『五四』運動這一時期，湖南成爲革新運動的策源地之一，實爲毛蔡兩同志的功績居多。當毛蔡兩同志幾乎同時傾信馬克思主義的時候，新民學會內部曾發生分化，少數份子傾向於國家主義等思想，大多數份子均同意毛蔡之主張，而一致加入中國共產黨成立湖南支部。這時蔡和森同志已經離湘赴法，正在法國組織工學互助社，極力宣傳馬克思主義。

蔡和森同志是湖南勤工儉學運動主要組織者之一，在『五四』運動以後不久即已赴法。還在國內的時候，他已開始傾向於馬克思主義，抵法後，他爲着研究馬克思主義努力學習法文，僅經過四個月的短期，他已能讀閱馬克思著作的法文譯本，同時他發起工學互助社，來團結一般思想新穎的青年，並在他們當中進行馬克思主義的宣傳。當時在工學互助社內有不少人受着無政府主義思想的影響很深，蔡和森同志每與之朝夕辯論，直至使之信服而後已。由於和森同志這樣努力的結果，許多工學互助社中的份子都轉向馬克思主義，成爲後來旅歐中國共產主義青年團的基礎

—57—

，並有不少人成爲中國共產黨有力的幹部。

一九二一年終，蔡和森同志被法國政府以宣傳共產主義的罪名驅逐回國。到滬後，即參加中國共產黨中央工作，中共第二次大會選舉和森同志爲中央委員，以後各次大會後中央機關，和森同志均被選，未曾間斷。

此時中共內部，發生有李漢俊等爲首的合法馬克思派的傾向，反對工人運動，反對黨的民主集中制，反對黨的紀律，企圖使黨成爲一種研究馬克思主義的學會。和森同志歸國後即進行堅決的鬥爭，反對這一機會主義的派別，要求黨成爲眞正工人階級的革命政黨，當時得到全黨同志的擁護，而驅逐了這些合法的馬克思主義份子出黨。這一鬥爭在樹立黨的基礎上是有異常重大的意義的。

同時，和森同志堅決擁護當時共產國際對中國黨的指示，主張進行國民革命運動，實行國民革命統一戰線的策略，這在第二次大會上得到了一致通過。因此決定停刊以前黨的機關報——共產黨，而新出一機關報——嚮導，即蔡和森同志爲編輯。『嚮導』在中國革命中起了極偉大的領導作用，從數千份擴展到十萬餘份，在大革命準備時期和大革命時期中是眞正成了全中國革命的嚮導。我們還記得當和森同志等在『嚮導』上開始提出『打倒帝國主義』口號的時候，甚至胡適之先生都用他的學者態度譏笑這一口號爲不通。然而就是這一口號推動了而且正在推動中國千百萬羣衆起來進行革命的鬥爭，正是這一口號團結了而且還要團結中國全體人民，爭取國家的獨立，爭取民族的解放與自由。只要回憶這一簡單的事實，即可知道『嚮導』在中國革命上所盡功績，是何等的偉大。和森同志的名字是與『嚮導』不可分離的，他自始至終（從一九二二年至一九二七年，除了他曾離國數月的短時期以外）是『嚮導』的主編人。『嚮導』的功績，正是和森同志在中國革命中表現的極大的功績。

在這一時期中，和森同志是中央決定一切戰略策略的主要領導者之一。特別在『五卅』運動的事變中，表現了和森同志運用戰略與策略的天才。我們記得在五月十六，顧正紅同志被日本資本家打死以後，滬西爆發了二萬餘紗廠工人的反抗罷工，同時提出了增加工資等的經濟要求。當時日本資本家採取關廠抵制的策略，罷工支持十餘日以後，表現了明顯潰散失敗的形勢。和森同志提出，現在的戰略，應當要把工人的經濟鬥爭轉變到民族的鬥爭，在五月二十八日的中央會議上，他解釋這一口號說：現在要把工人的經濟鬥爭與目前正在蓬勃發展的反帝鬥爭匯合起來，要使工人鬥爭表現明顯的反帝性質，以爭取一切反帝力量的援助，同時就使工人加入總的反帝戰線而成爲這一戰線的中堅。在目前形勢，這一策略的實現，將要發展出空前未有的全國反帝巨大運動。因此他提出策略主張，在五月三十日在租界上組織反帝示威運動。一方面反對當時公共租界所提出壓迫華人的四條（碼頭捐、交易所註册、童工保護等）；另一方面援助滬西工人罷工，反對日本資本家屠殺工人。最初在中央內部如陳獨秀之流都認爲是『空泛不切實際』。經過長久的辯論以後，得到了多數的通過，然而陳獨秀還說如果在示威時有三五百人參加，便算是我們的成功。和森同志馬上起來批評說：這是一種犯着近視病的觀點，只看到上海有多少黨員團員的機械估計，而沒有看到目前正在醞釀着的整個革命運動形勢，沒有估計到廣大羣衆的情緒。假如我們估計到了這些方面的話，則我們的目的決不是動員三五百人，而是動員三五萬人，至少也是三五千人。和森同志的預見在五卅這一天是完全證實了：而且參加示威運動的不是三五千人，三五萬人，而是全上海將近十萬的學生，無數工人羣衆與示威區域的全體市民。英帝國主義巡捕房竟開槍屠殺示威羣衆因而造成五卅血案。在五月三十日深夜的中央會議上，和森同志馬上提出進一步的策略主張，號召全上海罷工罷市罷課，反對帝國主義屠殺中國人民。他說現在學生總罷課是無問題的，總罷工也可逐漸實行，現在要用一切力量促成總罷市的實現，以造成全上海市民總聯合

— 59 —

的反帝大運動。於是在這一策略之下，又組織了五月三十一日的大示威，和在上海總商會的全上海市民大會，結果通過了總罷市的決議，六月一日全上海罷工罷課罷市的口號就完全實現了。在六月一日晚上的中央會議上，和森同志又提出新的策略說：在上海應當馬上成立工商學聯合會，爲這一反帝運動的總的領導，以鞏固和發展這一運動，成爲長期的鬥爭；同時要馬上把運動擴大到全國去，這就是我們最近幾日的任務。一切工作就在這一策略指導之下而進行。果然不幾日，上海工商學聯合會成立起來了，使運動有了公開的總的領導而繼續發展擴大。同時在漢口、青島、天津、重慶、成都，以至全國各地都爆發了偉大的反帝運動，特別是廣州『六·二三』大示威發生的沙基慘案，而爆發了支持一年餘之久的省港大罷工，鞏固了廣東革命根據地。因此『五卅』運動就開展了全中國大革命。只有馬克斯主義的戰略家才能正確的估計客觀形勢與主觀力量，而提出戰略計劃和實現這一戰略的策略口號與組織形式。和森同志在『五卅』運動中的領導，正表現了他是這樣的馬克斯主義的戰略家。

一九二五年冬和森同志代表中央出席共產國際第六次擴大會，至一九二七年中共第五次全國大會前才歸國。在第五次大會上，和森同志當選爲中央委員，中央政治局委員，在中央宣傳部工作。

八七會議後，任和森同志爲中央北方局書記；一九二八年第六次全國代表大會復當選爲中央委員及中央政治局委員；一九二九年初到莫斯科爲共產國際中國共產黨代表團之一員；一九三〇年在黨內發生李立三路線的嚴重錯誤，和森同志是堅決擁護國際路線而反對立三路線者，因此被派回國參加中央領導工作。在一九三一年夏季，任中央代表赴香港指導廣東工作，未及兩月爲英帝國主義所探悉而被拘捕。從此消息杳然，或謂爲陳濟棠劊子手所槍斃，或謂爲英帝國主義所暗害。這正是反動勢力的一種卑怯無恥的伎倆，他們害怕公道正義的指謫。害怕全國人民的憤怒與反抗，常常對於被壓迫人民的首領採取不公開審判，不宣佈的暗害政策。然而遺絲毫不能掩蓋強盜們的無恥暴行，全中國人民對於和森同志之以身殉黨，以身殉國，以身殉他自己所終身奮鬥的爲全國人民解放的事業，是莫不萬分的悲悼，而對帝國主義與中國軍閥劊子手們的這種卑怯可恥的手段更增加無限的憤怒；和森同志犧牲了，和森同志的光榮是永垂不朽，和森同志所終身奮鬥的爲中國人民解放的事業，終必達到最後的勝利。

和森同志的性格沉着溫和，平時極寡言笑，然到辯論問題時，則能旁徵博引，議論風生，使人折服。和森同志的文章解說明確，通俗易解，爲讀者所愛讀，所以和森，實一很好的宣傳家，和森同志非常篤於友愛。他的家境貧寒，自幼做過牧童，商店學徒，種田，學手藝等各項勞苦的職業。然自小即愛讀書，當其爲牧童的時候，常偷閒學字，並以此常被僱主所責打，他的初步文字與科學知識，完全是在商店學徒學手藝時期中夜間所學得。及他考入第一師範學校，即節積學校津貼（當時師範學校不需學費，並除發給一切用品外還有一定津貼）並替學校做抄寫等工作，將錢幫助母親和妹妹蔡暢同志讀書。當他進行赴法勤工儉學運動的時候，他曾百般奔走於師友之間，以求幫助，使母親與妹妹都能得到路費赴法工讀。因此他母親能從一毫不識字的農婦，而成爲有知識的先進的婦女；他的妹妹，蔡暢同志更是在他的幫助與薰陶之下，成爲了革命的幹部，現在是中國蘇維埃區域著名的婦女領袖之一。

正由於和森同志幼年的艱苦生活，所以鍛鍊了他的革命的堅強意志，由於他的篤於友愛的性格，因而對於國家民族，對於全國同胞發展了最偉大的友愛，不惜犧牲一切以爲國家民族，全國同胞求解放。因此和森同志也就成爲全國人民所敬愛的偉大的革命家！

4200.

瞿秋白同志革命史略

——紀念瞿秋白同志慷慨就義的八週年——

『為中國革命而犧牲，是人生最大的光榮。』

——瞿秋白同志慷慨就義時的豪語

一

八年前的今天——一九三五年六月十八日，是瞿秋白同志慷慨就義，為黨、為中國革命、為中華民族解放事業而英勇犧牲的日子。

瞿秋白同志，江蘇常州人。一八九九年（清光緒二十五年，民國紀元前十三年），生在一個窮苦的書香之家。父親曾以教書為業，母親受過教育，能做詩，但是窮困常逼迫他們過着非常憂鬱的日子。

辛亥革命的那一年，秋白同志在高小畢業。高小校長是同情革命的，曾在學校裏施行軍事訓練，企圖作反抗滿清的武裝的革命運動。因此，從小學讀書的時候起，秋白同志就受到了民族革命的教育，開始有了民族革命的思想。

當秋白同志升入常州中學以後，家境更窮苦了，住屋已經賣掉，一家人無家可歸，住在一個祠堂裏面，有時竟至靠出賣家藏的書畫圖章以及衣服家具過日子。秋白同志受着這種窮困的痛苦，非常發憤地讀書，成績比全校同學都好，他勉强在中學畢了業，再沒有辦法升學，於是到離常州十里遠的一個地方去當小學教員，靠微少的薪金維持生活。有一天，他得到母親服毒自殺的信息，連忙奔喪歸來，但母親已經死去，只看到母親屍體旁殘留的一堆紅火柴頭（他的母親是吃紅火柴頭死去的）。他的母親是被窮困所壓迫而自殺的，秋白同志看了這種情景，非常痛心。

秋白同志有個姑母住在武漢，他跑到姑母那裏，想請她幫助學費去升學；但他的姑父是個吝嗇的大地主，不肯幫助窮親戚。秋白同志沒辦法，於是又跑到在北京做事的堂兄那裏，堂兄也沒有能力供給他學費，他只好跑到北京大學去旁聽。旁聽了半年，遇到北京俄文專修館招生，學費和膳費全部免收，秋白同志非常高興，就考進了該校的文科學習。

不久，『五四』運動暴發了。秋白同志領導了俄專學生的反日鬥爭，英勇地參加五月四日北京學生焚燬曹汝霖住宅、毆打章宗祥的那一次示威運動。以後並積極參加北京及全國反日運動的宣傳和組織工作。因爲勞碌過度，竟生了肺病，吐起血來。但是他仍舊奮不顧身地努力做工作。在『五四』新文化運動中，他也有不少供獻，提倡白話文，反對舊禮教，介紹新思想，翻譯了托爾斯泰等有名的作品。

在俄專勤勉的學習，使得他在畢業時，俄文已達到了精通的程度，法文和英文也很好，於是一九二〇年，被北京『晨報』館聘請爲赴俄的記者，到莫斯科。

那時候，正是俄國十月革命成功後不久，內戰還沒有完全停止，破壞後的經濟一時還沒有恢復，革命後的秩序一時還沒有建立起來，很多外國資產階級的記者，都誣罵『布爾塞維克殘暴』，造謠說『蘇維埃政權不穩固』，秋白同志却忠實地寫了很多通訊，把蘇聯人民努力創造新世界的眞實情況報導到中國來。後來又編了『新俄羅斯遊記』、『赤都心史』、『新俄革命史』三部書，可惜都被國內當局毀版。

二

秋白同志，在到了莫斯科以後不久，就正式加入了共產黨。

一九二二年，以中國代表的資格，參加了在莫斯科召開的遠東民族代表大會，又參加了共產國際第四次世界代表大會。

一九二三年的春天，回到中國來，參加了當年六月間在廣州舉行的中國共產黨第三次全國代表大會。這次大會討論的中心問題是國共合作問題，秋白同志和毛澤東等同志站在一起，堅決的和陳獨秀的右傾尾巴主義的觀點作鬥爭，又和張國燾的反對國共合作的『左』傾關門主義的觀點作鬥爭，使大會正式通過了國共合作的正確的决議。在這次大會上，秋白同志被選爲中央委員。以後，每屆大會他都參加了，歷任中央委員，一直到他犧牲的時候。

秋白同志回國後，還做了很多組織和宣傳工作，他編過『新青年』，編過黨中央機關報『嚮導』，主編過黨的雜誌『前鋒』，又主編過『五卅』時代的上海『熱血日報』。還担任過上海大學（中國第一個培養革命幹部的學校）社會科學系主任。

一九二五——二七年的大革命時代，秋白同志是大革命的領導人之一。他爲着鞏固當時的國共合作，曾和一切破壞團結破壞革命的思想作鬥爭。例如有些人從消極方面曲解三民主義，違反孫中山先生革命的三大政策，都曾受到秋白同志的嚴辭駁斥。秋白同志還和陳獨秀的機會主義理論作過無情的鬥爭，在中國共產黨第五次全國代表大會（一九二七年四月）以前，他就寫了一本小冊子，叫做『第三國際還是第〇國際』，嚴正指出陳獨秀機會主義的錯誤，號召全黨同志起來爲擁護共產國際對中國革命的正確指示而鬥爭。秋白同志的這些努力，對於五次大會上進行反陳獨秀機會主義的鬥爭是起了很大作用的。

一九二七年七月國共分裂後，中國共產黨在共產國際的幫助下，即刻召開了中央共黨史上著名的中央委員會的『八七』緊急會議。秋白同志是這次會議的召集人之一。在這次大會上，嚴厲批評了以陳獨秀為首的中央的機會主義路線的錯誤，改造了黨的領導機關。在『八七』會議後到六次大會這一期間，秋白同志任中共中央書記。

中國共產黨第六次全國代表大會是在一九二八年七月召開的。在這次大會上，秋白同志被選為參加共產國際第六次世界大會的代表，秋白同志去出席了，作了關於民族和殖民地問題的副報告，並被選為共產國際執行委員會和主席團的委員。會後，担任中國共產黨駐國際執行委員會代表，到一九三○年才回國。

他在國外，積極參加了反對國際帝國主義的反對各國社會民主黨的以及反對各國共產黨內右傾機會主義的鬥爭；同時開始研究中國共產黨黨綱的問題，又研究關於中國蘇維埃憲法、土地法、勞動法、婚姻法等問題，又寫成『反對國際機會主義』、『反對陳獨秀機會主義』、『反對汪精衛與改組派』、『中國革命和共產黨』等著作。

在一九三一年『九一八』事變後，秋白同志即努力從事於抗日救國運動。中華蘇維埃共和國臨時中央政府成立（一九三一年十一月），秋白同志担任人民教育委員，在他的領導下，當時蘇區普遍進行了深入的抗日救國的教育。

三

秋白同志不僅是一個革命的政治家，而且在中國新文化運動方面也有過很大的貢獻。

他翻譯過很多社會科學的著作。他是把馬列主義介紹到中國來的最早的人們當中的一個，他特別是介紹斯大林同志論列甯主義的著作到中國來的第一個人。

他很愛好文藝，對於文藝理論和創作，都有很深的造就。他曾把俄國和西歐很多有名的作品介紹到中國文壇來，例如托爾斯泰的、高爾基的著作等。他曾和中國文藝界中反動的文藝觀點作過鬥爭。他是對魯迅先生在中國新文化運動中的地位給與正確估計的最早的一個人。他自己也寫過不少作品。寫過不少通俗的工農能够懂得的歌謠。

秋白同志還是中國新文字的創始人之一，從一九二一年起，在蘇聯，他就開始研究新文字問題，寫了一個初步的方案。以後經過研究，實驗，到一九三〇年，又寫了一個較完密的方案。秋白同志認爲新文字是中國掃除文盲的有力的工具，所以他對這個工作十分認眞。到今天，在國內雖然還有不少反對新文字的人，但是，在各個抗日民主的根據地區，由於能够公開推行的結果，能運用新文字的人已經一天比一天多了。這是秋白同志在中國新文化運動中偉大的貢獻之一。

四

一九三四年，紅軍主力退出江西向川陝西征，秋白同志帶着重病向別的蘇區移動，中途被俘。時在一九三五年二月二十三日。

秋白同志被俘後，在法庭上，表現了堅定如鐵的共產黨員的英雄氣概，當局用各種威迫利誘的方法企圖逼使秋白同志說出共產黨和紅軍的祕密來，但秋白同志除去講了很多抗日救國的道理外，始終不肯多說一句話。種種的酷刑屈服不了秋白同志的忠貞的意志，而利誘的方法也被秋白同志用嚴辭和斥駡拒絕了。

一九三五年六月十八日，是秋白同志慷慨就義的日子，在臨刑時，他仍然很鎮定地向周圍的人宣傳共產黨抗日救國的主張，並高呼：「爲中國革命而犧牲，是人生最大的光榮。」

秋白同志，慷慨就義，英勇犧牲，到今天已經整整八年了。但是他的名字，是和中國人民、中國共產黨光榮鬥爭的歷史，永遠不可分離的；他生平爲中華民族、爲共產主義而奮鬥的事業、是千古光輝的；他不怕艱難困苦、不怕挫折摧殘、不屈不撓、赤胆忠心、以爲中國革命犧牲是光榮的、至死不忘黨的事業的、卓絕的布爾塞維克的偉大的氣節，也是足以做一切革命者的永久榜樣的。

紀念瞿秋白同志殉難十一週年

蕭 三

『五四』愛國遊行示威的參加者和領導人，新文化運動的積極工作者，十月革命和新俄羅斯的眞實報導人，中國共產黨優秀的領導者之一，黨的傑出的人材，馬克思、列甯主義在中國的初期的傳播者，中國人民忠實的勤務員和領袖之一——瞿秋白同志被國民黨反動派於一九三五年六月十八日槍殺了！我們今天沉痛地紀念秋白同志殉難的十一週年，願向讀者介紹一下他的生平。（限於篇幅與時間，只能作簡略的敍述）。

瞿秋白同志江蘇常州人，一八九九年生於一個破落的『書香之家』。在小學校讀書時，便能看出他是聰穎過人的。那時正值辛亥革命，高小校長是同情於革命黨的，在學校施行軍事訓練，企圖響應革命黨的武裝起義。秋白同志和同班的張太雷同志（廣州公社的副主席，在火線上犧牲了），他倆在少年時代便受到了民族革命教育的影響。在高小畢業後，秋白同志的家庭已異常貧困，住房也賣掉了，一家人只得借住在一個祠堂裏。當秋白同志升入當州中學時，家境更加困難了。秋白的母親是一位受過教育能詩歌而有最好品性的婦女，但因窮困而鬱鬱不樂。父親長久失業，後來隻身出外，以教書糊口。家中七口人無法生活，只得賣舊圖章及衣服以度日。最後幾年甚至賣傢具換米——這些都是經秋白同志自已的手。見母親勞作艱苦，秋白默默無言，埋頭讀書。勉強在中學卒業後，再無力升學了。乃去當小學敎員，月得數元薪俸為生，這時他才十七歲。幾元薪金那能養活一家？家裏再也無物可賣了。他母親被迫自殺了！等秋白同志從校中奔喪歸來時，只見母親屍旁還留下許多沒有吞完的紅色火柴頭，秋白大慟！勉强由親鄰湊錢買得棺材，但安葬又無費，因此那口棺木至今還留在祠堂裏。秋白去武漢，奔姑母，想入學。大地主的姑丈不肯爲助。秋白乃去北京。在這裏仍無力升學，只能在北京大學偷偷地旁聽了半年。値俄文專修館招生，學膳免費，秋白考入了該校文科，專心學習，成績卓著。那時正值『五四』運動，秋白是俄專學生反日鬥爭的領導者。宣傳，組織，費盡心力，參加『五四』遊行，及毆打曹，章，陸等賣國賊歸來，竟至吐血……

北京的『晨報』聘秋白同志赴俄國作特派記者。一九二〇年中俄初次通車時，秋白到了莫斯科。這時俄國十月革命成功不久，內戰及反外國武裝干涉鬥爭尚未停止，大破壞後，經濟未能全部恢復。多少外國資產階級的新聞記者那時描寫俄國布爾塞維克之『殘暴』，幾乎就是洪水猛獸，說蘇維埃政權是不鞏固的……他們造謠，故意汚衊工農國家。秋白同志却眞實地把新世界的一切狀況報導給中國的讀者。他著的『新俄羅斯遊記』，『赤都心史』，給了中國讀者界許多益處。此外還著有『新俄革命史』，內容豐富，以八百元的廉價賣給商務印書館。但從北洋軍閥到國民黨都不准許書店出版。『一二八』上海戰爭中，日寇投彈焚燬商務印書館，這部書的原稿可惜也變成灰燼了。

秋白同志一到俄國便很同情於俄國工農革命事業，很快就接受了馬克思主義的思想，加入了共產黨。他從此成了職業的革命家，黨的工作人了。

一九二二年春遠東民族代表大會在莫斯科開會，秋白同志等代表中國的革命組織，積極參加大會的工作。那時列甯頗愛重秋白同志。

一九二二年冬秋白同志參加了共產國際第四次全世界代表大會。

一九二三年春秋白同志回國。中國共產黨第三次全國代表大會上他被選爲中央委員。自此以後，黨的每屆大會他都參加了，都被選爲中央委員。回國以後，秋白同志盡力於黨的組織及宣傳工作。他是『新青年』編著之一，是『前鋒』的主編，是『嚮導』編輯之一，是五卅時上海『熱血日報』的主編，是上海大學社會科學系的主任……一九二四年被上海當局通緝，家被英捕房搜檢，書籍被燒，秋白從此過着地下生活。

秋白同志有功於國民黨的改組工作，有功於反帝國主義的民族統一戰線——國共合作，有功於一九二五——二七年的大革命。

一九二四年國民黨改組，召開第一次全國代表大會，中國共產黨人爲國民黨在國內各地建立國民黨的黨部，使得國民黨具備了政黨的組織形態，使它和久已脫離了的民衆又重新聯繫起來，由此而推動國民黨進步，推動國民革命前進。作爲中國共產黨領導人之一的秋白同志在這些工作上曾起了極大的作用。

但當國民黨右派的反動理論（如戴季陶著的『國民革命與階級鬥爭』）一出現時，秋白同志立卽針對它作理論上的尖銳的鬥爭。『反戴季陶國民革命觀』一書卽秋白所手著，大受全國讀者歡迎。

大革命末期中國共產黨的領導者陳獨秀、彭述之犯着可恥的機會主義的錯誤。秋白同志勇敢地起來，堅決反對這種機會主義。他著的『第三國際還是第〇國際』就是痛斥陳、彭，號召全黨同志起來擁護共產國際對中國革命的正確指示。中共五次大會後，武漢國民政府反動，大革命失敗。失敗的重要原因之一，是陳獨秀等的機會主義。秋白同志在『八七緊急會議』上給了機會主義以嚴重的打擊。這次會議對我黨從當時的危機狀況中挽救出來，起了很大的作用。

秋白同志對毛澤東同志是很敬仰的。當毛澤東同志考察湖南農民運動後，寫成了有名的『湖南農運考察報告』，寄給『嚮導』，發表了幾段之後，當時『嚮導』的編者彭述之不肯陸續登下去了！武漢的『中央日報』也只能轉載那已經發表了的幾段。瞿秋白同志那時在武漢，把毛澤東同志的報告全文出版了一個單行本，並且寫了一篇序言。（只可惜那個小册子已經絕版，現在只剩下『中央日報』所轉載的那段了，其實那只是澤東同志『報告』的一個序言，但那已是中國革命與中國馬克思主義最重要最可寶貴文獻之一，這裏暫不多談。）

在莫斯科秋白同志將彭湃同志寫他自己在廣東作農民運動的經驗的一本書出版了，並作序言，裏面說，彭湃同志是廣東農民中的王，毛澤東同志是湖南農民中的王。

『八七會議』後至六次大會時，秋白同志代陳獨秀而爲中共中央的書記。中共六次大會選秋白同志爲出席共產國際第六次世界大會的代表，他在大會上作了民族和殖民地問題的副報告，被選爲共產國際執行委員會和主席團委員。大會後他是駐國際的中共代表。

在這次國外生活裏，秋白同志積極參加反國際帝國主義的鬥爭，一九二九年曾在法國出席國際反帝大會，又與國際的社會民主黨及各國共產黨內的右傾機會主義作鬥爭。同時他努力於著作，在這期間他寫了『共產國際當前問題』，『反對國際機會主義』，『職工運動的問題』，『反對陳獨秀與機會主義』，『反對汪精衛與改組派』，『中國革命和共產黨』，『中國拉丁化字母問題』等書。此外，他翻譯了共產國際的綱領，並開始研究中國共產黨的黨綱，研究中國蘇維埃的憲法，土地法，勞動法，婚姻法等等。

秋白同志是介紹斯大林同志論列甯主義的著作到中國來的第一個人。他是反對托洛茨基主義和陳獨秀主義的戰士。

秋白同志不僅是中國革命的領導者，同時又是文化運動的健將，他一向嗜好文藝。在俄文專修館時便譯了列甫・托爾斯太的作品。他精通俄文，兼通法文、英文。除許多關於社會科學的譯著外，他對於文學理論和創作都很有興趣。有時還發表文藝作品，特別在『九一八』事變後，秋

— 71 —

白同志更努力於文化工作，在這時期他寫了許多諷刺的短評和雜文，由魯迅代爲投寄上海申報『自由談』等刊物上發表，曾起過很大的作用。他自己創作了一些通俗的歌謠，反對日本帝國主義對中國的侵略。『東洋人出兵』一首長歌且用普通話和上海話寫了兩種，曾風行一時。他尖銳地反對中國當時一切反動的『文藝』和他們的文藝『理論』。『亂彈』——就是收集秋白同志對政治、社會、文化、文藝、文字（新文字）……，各項問題所抒己見的一部書。內容很豐富，文筆也獨具風格。書中尤其對文藝大衆化提出了明確的主張和具體的方針。秋白同志殉難後，魯迅代爲收集並精裝出版的兩部『海上述林』——是秋白同志去中央蘇區之前，在上海利用時間，積極譯述的馬克思主義底創立者和發揚者——恩格斯、普列漢諾夫、列甯等人關於文藝問題的一些珍貴的文章，和高爾基等人的創作與論文。秋白同志的這項工作在中國新文化文藝領域內的貢獻是非常之大的。由於這一本書，使得中國的讀者認識到馬克思主義在文藝領域內的學說之精湛，使得文藝工作者知所準繩。

特別値得提及的是，秋白同志所寫的關於魯迅的創作及其思想等等的一篇長文。在秋白以前，沒有人對魯迅作過如此全面、完整、正確、深刻的估價的。

秋白同志是中華蘇維埃共和國人民教育委員會的主要負責人，在他的領導下，在蘇區實施了偉大的文化革命工作。中央蘇區文化教育的發展，秋白同志有很大的功績。一九三四年十月中央蘇區紅軍開始長征，秋白同志在重病中（他的健康一向很壞，早就害着肺病）正擬移動到別處去治療，中途被國民黨軍隊鍾紹葵部俘去，時爲一九三五年二月二十三日。蔣介石國民黨如獲至寶，押秋白同志至長汀下獄，身受炮烙等慘刑，終不屈節。利誘『優待』亦無效。六月十八日早八時槍斃前，秋白同志大喊：『爲中國革命而犧牲，是人生最大的光榮！』步入刑場時，態度鎭定，談笑自若，高唱國際歌及紅軍歌各一曲，觀者都肅然起敬。歌畢又作各種抗日救國的演說，當時人叢中有人高呼：『爲什麼槍彈不打日本鬼子，而打抗日的自家人？』旋即槍聲頻發，於是一生爲中華民族與中國人民鞠躬盡瘁的瞿秋白同志飲彈倒地，與世長辭了，死時年僅三十六歲……

秋白同志——一個出身貧窮的知識份子，獻身於革命，一生爲人民解放事業奮鬥，至流盡他最後的一滴血。秋白——共產黨人！秋白——布爾塞維克！

秋白同志以他的知識與天才，用之於人民的解放事業，這是由於他親自看見了十月革命的合理，懂得了馬克思主義的正確，認識了歷史發展的必然道路，於是由小資產階級而走向無產階級方面來，和後者一道前進，從而成爲他們的領袖。

秋白同志很聰明，他的才能是多方面的，他的文化修養很高，他眞可以被稱爲『文化人』啊！但他把這些都運用到工農羣衆解放的事業上，這就使得他成爲最進步最革命最前進的文化運動的健將，中國文壇上少有的卓越的文藝理論批評家。

文化、知識份子——土地之鹽。這樣一個人死去，是中國人民，中國文化莫大的損失！何況秋白殉難時，正當年青有爲的時代，國民黨反動派，法西斯蒂內戰專家是最仇視和硬要摧殘進步文化的，自然一定要將秋白同志這樣的文化戰士處死。

啊，多少中華民族的優秀兒女，多少中國人民傑出的領袖，多少文化的戰士被國民黨反動派劊子手殘殺了！且不提過去十多年幾十萬幾十萬的犧牲者，但看最近吧！抗戰勝利以後，甚至就從政治協商會議以後算起，蔣介石國民黨對文化事業的摧殘，對文化人士的殺害，就不知有了多少件！首先是對言論自由的摧殘，從破壞主張和平民主，反對內戰獨裁的公正報紙刊物的發行，搗毀報館，毆打報販，到暗殺新聞記者和非法封閉報刊！西安秦風工商日報被迫停刊了，李敷仁、王任兩人遇害了，北平解放報及新華分社工作人員三四十人被捕，到現在報紙和通訊社被封了，同時北平七十七家報刊通訊社都被一下子查封了——這在古今中外，甚至最殘暴的暴君，最法西斯蒂的德、意、日都是沒有過的！其他如在瀋陽逮捕進步作家金人，在上海強迫戲劇界領取所謂『藝人身份證』，新華週刊與文匯週報都被封，文匯週報的主編石嘯冲被捕了，至今生死不明。……這種黑暗，眞是亘古未有！蔣介石國民黨想要用這種野蠻的手段，來掩蓋世人的耳目，使得人們看不見他那副猙獰的專打內戰殺人民的面目，那副對美國帝國主義份子卑躬屈膝乞求美國金錢美國炮火直至美國衣服鞋襪給一部份中國人揹上穿上去殺另一部份中國人，從而將全部中華民族中國人民的利益奉送給美國帝國主義份子的那幅奴隸像，和美國帝國主義份子那幅一面口口聲聲不參加中國內戰，一面却儘量幫助，供給蔣介石以打內戰的一切一切和各種各樣的方便與極力隱藏他那帝國主義野心的兩面派的醜像。蔣介石國民黨的這一套是絕不會有效的！中國人民已經覺悟了，已經起來自衞了。全世界人民，各國民主份子，連美國人民與民主派也都反對美國帝國主義份子的這一套。人民的力量是誰也不能抗拒的。

喚醒人民，組織人民，使得中國及全世界人民的和平民主解放事業得到勝利——我們今天就用這來紀念我們的瞿秋白同志！

秋白同志的精神不朽！

讓秋白同志的遺著獲得百萬千萬日益加多的讀者！

讓法西斯蒂殘餘永遠從地面上剷除乾淨！

讓中國人民在毛澤東旗幟下團結起來，獲得徹底的解放！

（北方文化第八期）

關向應同志革命史略

關向應同志，現年四十四歲，滿族人，生於遼甯省，家庭貧苦，本爲印刷工人，信仰社會主義，曾在上海閘北工作。十三年出國，赴蘇聯求學，十四年加入中國共產黨。五卅運動爆發後，曾在上海工作，後赴河南，担任河南省委工作。後又去上海，任職於共產主義青年團中央組織部。十七年，中國共產黨六次代表大會時，被選爲中央委員，曾担任共產主義青年團中央書記。十九年以後，參加中國紅軍軍事委員會，及中共中央長江局工作。二十年，在上海工聯工作，旋卽被捕入獄，在獄中表現了堅强的無產階級革命氣節。出獄後去湘鄂西蘇區任紅第二方面軍政治委員。在此期間，對二方面軍與湘鄂西革命根據地建設起了偉大的作用。抗戰後任一二〇師政委，與賀龍師長共同創造了晉綏解放區。三十四年，中國共產黨七次代表大會時續被選爲中央委員。因嚴重的肺病回延治療。三十三年四月廿四日，曾因病重遺囑全黨，中稱：『我在此臨死彌留之際，謹向黨的領袖，謹向黨的七次代表大會，謹向全黨同志緊握告別之手，切望全黨同志無論在任何時候，都在毛澤東同志領導下奮鬥前進，全黨全軍應該像一個人一樣，緊密的團結在毛澤東同志所領導的中央週圍，相信我們的革命事業，一定要得到最後勝利的』。以後病勢時好時壞，雖經醫生悉心治療，終因多年積勞，抵抗力喪失，未獲痊癒，至三十五年七月中旬，病狀更趨惡化，延至七月二十一日逝世。

悼念關向應同志

穆　欣

萬惡的病魔無情的奪去了我們的關政委。當他逝世的消息傳來時，宛如一個晴天霹靂，農民倚鋤而嘆，戰士持槍默哀。人們給熱淚模糊了眼睛，悲痛壓抑着心胸，哀思縈繞在腦際。以後，不論在莊嚴的追悼會場上，或在肅靜的祭堂裏，關政委為革命事業奮鬥的一生，他和賀司令員艱辛締造晉綏邊區的偉績，便立即浮現在眼前，引起無限親切而悲痛的回憶。

我是一九四〇年初次會到關向應同志的：個子不高，瘦瘦的，靜穆嚴肅的儀容，上唇一口很美的黑髭，……便是開頭就留下來的深刻印象，尤其他那深沉而犀利的眼睛，看人常是從頭到腳目不轉睛，非常嚴肅；但嚴肅中包含着崇高的階級友愛，使人感到誠摯可親，永久不能忘懷。

他是一個偉大的不知疲倦的革命家，一個具有人類最多最高尚的優良品質的無産階級戰士。關政委終生獻身黨和中國人民的偉大事業，『鞠躬盡瘁，死而後已』。為着被毀的祖國獲得解放，被壓迫的人民澈底翻身，在革命鬥爭中歷盡千辛萬苦，在敵人法庭上英勇不屈的衛護眞理，在雪山草地中率領同志戰勝飢寒死亡的威逼，在華北溝壑山原間奮力苦鬥至病至死，臨終還念念不忘於未盡的革命事業，『相信我們的黨和中國革命一定要得到最後勝利的！』

一　『忠心耿耿，為黨為國』

人們提起關政委，衆口一詞的讚美他純潔無瑕的黨性，堅强不移的階級立場，全心全意為人民服務的精神。許多同志都講，關政委出身工人，二十餘年來，經過大小無數鬥爭的考驗，千萬次戰鬥的鍛鍊，『忠心耿耿，爲黨爲國』（毛主席誄詞），對黨和人民的事業具有無限忠誠。他把全身心都沉醉在工作中，常常，爲着思考問題處理工作，他忘記了吃飯和睡眠。有時，他正在休息時間打網球，突然會把拍子放在地下，走回家去處理他新想起的問題。當他在延安養病時，一些同志去看他，他時刻不忘的是黨的工作、同志們的進步，每次都講道：『我病好了，還可好好爲黨工作。』

他的愛憎是分明的，提起那些置廣大人民於地獄慘境的剝削者，他恨死了那些吸血鬼。他經常教導同志站穩階級立場，警惕一切反動統治者。當趙承綬在晉西北力量還小，裝出一副偽善的面孔，乞求進步努力幫助他時，關政委就教誨同志們從骨子裏看人，揭露了趙逆反共反人民本質：『那些傢伙吃肥了翻臉就不認人！』果然不久趙承綬等投降派便發動了晉西事變，欲陷廣大抗日軍民於血海；我們黨因有思想準備，率領人民奮起自衛，終把趙承綬輩趕出了晉西北。另一方面，對於一切被壓迫者，則是衷心的同情；對於勞苦大衆，具有無比的熱愛。三七年冬，一位同志當了縣長，他遇見這個同志，第一句話就問：『政府是不是還像舊日的衙門？老百姓告狀是否還是「有理無錢莫進來？」』又一次則問：『舊日農村的老百姓，對催糧要款的狗腿衙役是最怕，也最恨的，現在是否替老百姓除了這一大害？』他具有明確的羣衆觀點，無時無刻不在謀劃着羣衆的利益。

和賀司令員一樣，他很注意軍民關係——部隊的羣衆紀律，經常以爲人民服務的思想教育部屬。四〇年駐在興縣李家灣，有天村民李成海去關政委住院一間房子裏磨辣角麵，辣味一直噴出房，院中衛兵嗆的不舒服，要求老鄉把磨房門關上，兩人吵起來。關政委聽見，就對衛兵嚴厲批評說：『你站在院子裏，還怕嗆，人家在房子裏，不比你嗆的更厲害麼？你應當處處爲羣衆着想

— 77 —

，才是一個革命的好軍人。』衛兵很慚愧的認錯，又向老鄉道歉。李成海至今還記着：『國民黨軍隊打人罵人，八路軍和和氣氣，戰士做錯了，首長還叫給咱道歉，關政委眞是個好人。』四〇年夏季反『掃蕩』中，二十里舖戰鬥以前，部隊在興縣城南奥家灘一帶夜行軍時踏壞了老鄉的莊稼，他知道了，一面批評部隊，同時派人調查後，拿錢賠償農民的損失。戰鬥後，某部動員老鄉的牛馱糧，給他碰見了，他便讓老鄉把糧食卸在司令部，很好的安慰後請他們拉牛回去，而把該部隊負責同志叫來，予以批評，並告他派部隊自己揹運。這很使老百姓感動。另一次，在蔡家崖住，他遇見某部一個幹部未經過地方自己動員担架，態度很不好，便讓那個幹部一起到司令部，教育他注意羣衆紀律，並寫信給他的負責人繼續教育。就是在病中對此也依然一絲不苟，照顧羣衆無微不至。四一年秋在彩林休養時，有次他拄着拐杖從高坡上慢慢地走到河邊，路過後勤政治處門口，看見牲口拴在門前棗樹上，立即進去嚴正批評牲口啃樹，違犯羣衆利益的不對。

每到一地，他都派出幹部調查農村情況。他自己也經常和羣衆很自然的坐在一起談話，關心他們的疾苦，傾聽羣衆的意見。因此他和羣衆保有密切聯系，羣衆把他當成自己的親人，這種接近羣衆的本領是他早年就具備的。當他在山東工作時，曾發展濟南一位六十八歲的拔貢做共產主義青年團的團員，以其家庭掩護黨、團的機關。

二　艱苦卓絕，奮不顧身

二十餘年來，關政委對於中國革命貢獻很大，在長期鬥爭中成爲人民愛戴的領袖。但他却永遠謙遜禮讓，虛懷若谷，把一切勞績歸功於黨和人民。他是黨的中央委員，威望很高的領導者，但所到之處，對地方黨都很尊重，和一個普通黨員一樣服從黨的組織，把私生活上的一些事情都告訴黨。——人常能在平凡中見其偉大，他這種不以特殊自居，貫澈在一切細小處。據一位醫務工作的同志告訴我：在養病時，醫生說這東西吃不得，他就永不吃它，醫生要他怎樣他就怎樣。這事看來平常，但非具有高度紀律性者是不易辦到的。

他一生生活簡單樸素，刻苦自勵。因爲家境貧寒，幼年即在工廠做工。後在上海爲黨工作時，自己賣報，自己作飯，以後到武漢工作，仍常挨餓。在黨內工作始終很繁重，在蘇聯和負責全國青年團工作時，還是自己刻鋼版印文件。但他忠心耿耿爲黨工作，毫無怨言。一九三一年他在上海被捕，在敵人法庭和牢獄中堅持無產階級氣節，但爲反動派苦刑拷打，虐待折磨，身體受到很大損傷。又加整日奔波，勞瘁到病，仍在苦幹；拖得不能再拖了，他才去休養。任弼時同志講起他這種爲革命奮不顧身的精神說：「四〇年他初患肺病到延時，如及時注意休養，或可治好，但他因關懷前方戰事，堅決要求回晉西北工作，以致後來沉痾不起。」

日常，伙食吃得壞，穿的破爛，他從不計較而且根本不注意。平素只有一套替換衣服，滿身補綻，給他作出新的也不要。在內戰中有好幾年都沒被子，宿營時攤開些柴草，蓋一條破氈子就睡了。一九三五年在西康縫了一條被子，早就破爛不堪，去年才換一條，整整蓋了十一年。一直到死，他都如此：病中，各方送給他的東西，經醫生檢查後，凡是他不能吃用的，均即交給組織；且常教育小鬼打飯時勿打的太多：「我是病人，剩下了你們吃了不好，丟掉太可惜。」他見不得浪費現象，教導人們記得生產每一粒米老百姓流的血汗，記得祕密黨的艱苦生活。……

他和賀司令員一樣，具有無堅不摧、克服困難的精神，偉大的魄力和剛毅的意志，任何緊急關頭，都有十足的把握和十足的信心，困難常常使他們振奮堅強。一起過來的同志都記得，洪湖時代經常和數十倍的敵人苦戰，部隊被打散了，賀司令員騎上他的大紅馬，擎起紅旗，便是部隊集合的目標，加以關政委深入的政治工作，便保障了工農紅軍的繼續發展和一連串的勝利。長征途中，沒軍用地圖，祇有一份舊時中學生用的中國地圖供他們辨別方位，每天都要和追擊的反動派軍隊打仗。當時他被折磨消瘦得只剩幾根骨頭，依然肩負艱巨的工作，不但不氣餒，反而顯得更愉快。

長征搶渡金沙江時，前有大江，後有敵兵，空中又有反動派的飛機狂炸，形勢萬分危險。我軍祇找得三隻小船還打壞了兩隻，但是賀、關鋼鐵般的意志鼓舞着英勇的紅色戰士，兩萬人的隊伍迅速渡過了這個天險。二方面軍劇團曾編了個戲叫『一隻草鞋』，描寫反動派大軍追到江邊，一無所獲，只揀了一隻草鞋，就是以此對反動派作了無情的諷刺。踱過雪山草地時，番民吃的『酥油』，很多同志吃不得。但關政委首先學會吃『酥油』，並告同志：『你們不學會吃，草地走不出去，會要命的。』草地行軍期間，不光被反動派大漢族主義激怒了的番民常襲擾，單是那怪戾的氣候和生活就足把一個部隊拖垮。所以那時他今天跟這個師行軍，明天又和另一個師一起，教育大家吃『酥油』，講解我黨少數民族政策，率領大家勝利完成長征。抗戰後，三七年他和賀司令員一起挽回晉西北的危局，從而締造了晉綏解放區；三八年和賀司令員率部挺進冀中，鞏固了冀中平原抗日根據地。……旌旗所指，捷報頻飛，所以人們一提起賀、關，就感到有種巨大的力量可以依靠，立刻會增長無限信心。

三　毛主席的好學生

關政委和賀司令員都是長征到陝北後才會晤到毛主席，但當他們獨當一面在洪湖蘇區、紅二方面軍工作時，就是毛主席思想、中央正確路線的具體體現者。許多同志回憶說，關政委那時的思想與作風，大都與毛主席的思想方法相符合：『字面上雖不盡同，原則上是一致的。』三一年多他初到洪湖蘇區時，根據地在强大敵人『圍剿』下，他提出擴大蘇區、恢復生產，曾轉變了當時的局面。在執行土地政策中，他主張集中打擊農民最痛恨的大地主和惡霸，加以正確對付地方武裝與土匪政策，就大大分化和削弱了敵人的陣營。另一個做組織工作的同志談起：尚在三五年，關政委便指示幹部政策中改造幹部思想是基本問題。在黨的兩條路線鬥爭中，他以不屈不撓的布爾塞維克精神衛護毛主席的正確路線，有時甚至受到打擊，但他忠心耿耿，一心只念着黨和人民，個人榮辱是在所不計的。當他病體垂危時，在遺囑中他寫着『切望全黨同志無論在任何時候，都在毛澤東同志領導下奮鬥前進！』作爲毛主席的好學生，關政委是當之無愧的。

他在作風上是認眞負責、精密細緻的。內戰時在紅二方面軍，抗戰中在一二〇師，他都很少坐在家裏，總是整天跑着到各旅、團去檢查工作，教育幹部。而且總是深入到連隊，和廣大戰士親密接觸，從那兒了解具體情況；三八年一二〇師主力東進時，他留一個騎兵排佈置工作，連黨和部隊的關係、住房等具體問題，都親自指示，一絲不茍。對下屬的指示，都是及時而具體的，有次我軍在楊方口打了勝仗，他便和賀司令員連拍兩個電報說：你們打了勝仗，敵人要報復，切忌驕傲，防敵襲擊。果然敵人旋即增援報復。據談他在延安養病時，雖整天臥於病榻，他却熟知他的四鄰，躺在那兒憑聽聲音，加以問詢，他就知道附近有五家老鄉，有些什麼人，他們的狀況，……

他到一個地方去，絕不『下車伊始』就輕易發言，總先調查研究，從實際出發。三八年六中全會後他來晉西北傳達，在區黨委召開的會上不是硬搬決議，而是先讓大家報告工作，研究好壞典型，找出關鍵所在，然後以六中全會精神，聯系當地實際，解定晉綏工作問題。他和幹部談問題，大多亦均採此方式。正如一些同志回憶時說的：『這在當時是很新鮮的。』

— 81 —

四　全部隊的好兄長

在留給全黨的遺囑中，關政委諄諄告誡我們：『全黨全軍應該像一個人一樣，緊密的團結在毛澤東同志所領導的中央周圍！』而在生前，他和賀司令員相處工作中，就是全黨團結的典範。由一九三一年到四一年他因病休養前，他倆是始終在一處，常常同住一間房子。在工作上：有位同志說：『自內戰到抗戰間，我們部隊經歷過成千成萬次戰鬥，從未見他們兩箇意見上有過分歧的地方，每次戰役都攪得很好，任何艱險的戰鬥都能獲得勝利。』他們的關係好似兄弟骨肉，人們寫信及他們自己簽名也就寫作『賀關』。李政委譬喻說：『賀關』是我們一面旗幟的兩個名字，正如我們黨旗上的鐮刀斧頭一樣。關政委的純化的黨性，實事求是的思想方法，自我批評的精神，很得到賀司令員尊重和熱愛。這次當關政委病逝的消息傳來時，賀司令員剛在會議上作完報告，在悲痛的氣氛籠罩整個會場時，我看見他在院子裏急遽的來回踱着，臉色變得陰黯。我知道，這是極度悲痛的表現。

以後我又看見，在追悼關政委的會上，賀司令員淚流滿面，泣不成聲。在賀司令員的輓詞『哭向應』中寫有：『整整十五年，你我同生死，共患難，洪湖，湘鄂西，鄂豫川陝邊，酷暑炎天，湘鄂邊，湘鄂川黔，雲貴川，甘陝，雪山草地，西安平原，踏晉綏，出河北，幾萬里長途征戰，入死出生，無論在戰場上，工作中，也不管在茅廬草舍，大廈高堂，我記不出何時不在一起，何戰有所分離。而今，你我是永別了，翹首蒼天，你是音容宛在，而我則寢不成眠。』這是一種偉大的階級友愛，是祇有為人民事業共同奮鬥的戰友同志間才能有的真摯的情感，而是人間任何私人情感所不能比擬的！

關政委把這種親密團結的精神帶給全部隊，時時刻刻都注意使全軍全黨團結得像一個人。他對幹部的培養，一貫是誨人不倦，耐心說服；一次談不通，讓你回去好好想，再一次，再一次，直到你接受了眞理，改正過錯誤。這會使你一輩子都忘不掉。對任何幹部，他都本『愛人以德』的精神，尤其注意幫助小資產階級出身的同志改造思想，在病中還常說：『小資產階級出身的同志，往往爲了個人利益而使思想糾纏不清，若是爲革命着想，紛亂的思想當可澄淸。』他在批評同志時，向來不戴大帽子，而在處理任何一個工作中，從未聲色俱厲的跟人發過脾氣，有時下邊幹部發脾氣了，他祇嚴正指出：『你這是不對的啊！』依然是平心靜氣，用眞理說服對方，告訴你這事不是這樣做的，要怎樣改，直到你點頭心服。因此人們的印象覺得他親若慈母。

他有高度的自我批評精神。下邊有了毛病，他嚴正批評後，總卽檢查自己，指出檢查督促不够的地方。每次與友軍會合，他和賀司令員都注意約束自己的部屬，教育部屬學習友軍的長處，發生問題時着重責備本部同志。四〇年在興縣城關及大川中，他見有些部份縛起來男女二流子戴高帽子遊街，便批評道：『你們不好好做工作，光遊街就能改造了他們？』

他關懷愛護所有的幹部、戰士。內戰期間，他幾乎認識所有的官兵，長征途中，有些新兵沒鞋穿，他便向幹部講：『步兵靠脚，騎兵靠馬』，發動老戰士幫助打草鞋。對傷病員更是關懷，據一個老醫務工作者談，內戰時一遇戰鬥，他便到衛生部去，具體的指示傷病員如何分散轉移，親詢傷病員的生活和願望，使傷病者得到安慰，受到鼓舞。

這樣，整個部隊就成了一個和睦親愛的大家庭，賀司令員和關政委就是全軍熱烈尊崇的好兄長！

五　文藝工作者的良師

關政委不但精通毛主席的軍事路線與政治路線，且也同樣精通黨的文藝政策，有很好的文學修養，到處都極關懷黨的文藝工作者的工作與生活。他自己珍藏的『海上述林』和其他一些名貴的文藝書籍，經常借出去流傳在外人手裏，根據地的文藝工作者沒有一個不敬愛他的。

對於文藝作品他是非常愛好的，在休養中也總是手不釋卷。記得四一年他在彩林養病時，聽說我有一冊蕭洛霍夫的『被開墾的處女地』，便讓一個同志帶給他。不久他把書寄回來，還附了一封信，大意說：這本精裝的書雖對躺着的病人很不適宜（因為重得像塊磚頭），但仍『看一會，放一會』的看完了；並謙遜的說這書使他獲益頗多。每個與他接談過的文藝工作者，都感到他對文藝的見地是深湛的。比方對於魯迅，他的了解就很精闢。他常說：『人言魯迅深刻，但不了解魯迅的渾厚，其實魯迅對於人民的熱愛，和對於統治者的憎恨，正是表現他的渾厚，如大海之不可測。』

在晉綏，四〇年的戲劇座談會和文聯成立大會上，他都化費了很大精力向到會人員作報告，談新民主主義文化在敵後的建設問題，對開闢這一地區的文藝工作，給了很大的啓示。遠在一九三九年間，他就指示戰鬥劇社的同志在創作上應堅持和現實鬥爭相結合的原則。四〇年，兩個劇團在臨縣苗坪台開的戲劇座談會上，發生新舊形式的爭論，雙方面都有偏差。關政委講了他的看法，理論的而又實際的解決了爭論的問題，當人們讀到毛主席在延安文藝座談會的講話時，便同想到他那時講的都是與毛主席思想脗合的。他對文藝工作同志的諄諄誘導，也留下極深刻的印象。一個戲劇工作者回憶：『關政委對於藝術工作不僅是一個正確的指導者，而且是一個業師。戰門劇社每一次新劇的演出，他總是親自到後台和演員們研究問題，過在一處也常進行漫談。以他豐富的閱歷，除指出一般問題外，對於某人某句台詞或某個動作，都細心愼密的說出自己的感覺，態度的謙虛，使人一點都覺不着他是在提意見，使同志們很易於接受與改正。……」

正如大家所熟知的，關政委幼年家境極貧寒，沒多讀過書，便在工廠裏做苦工。他淵博的學識都是在百忙中自己學習的。他這種孜孜不倦的學習精神也很值得我們學習。據他自己講，一九三一年被捕時，他在監獄裏讀了很多書。因爲統治者禁讀革命書報，祇能設法找些古書讀，但却使他得以提高自己的文化。從那時起他很愛讀舊詩，甘主任講，關政委在延安養病時，他還送去一部唐詩，關政委很喜歡。最近在他的筆記本中，我發現他親筆寫的幾行：

月色在征塵中暗淡，
馬蹄下迸裂着火星。
越河溪水，
被踏碎的月影閃着銀光，
電火送着馬蹄，
消失在稀微的燈光中。

這是極富詩意的文字。在他一生不知疲倦的埋首解决各種工作中，這也許是僅有的留下的詩句吧！

六 「永記心頭，永世不忘！」

八月一日，邊區各界隆重舉行追悼關政委的羣衆大會。那天，萬六千餘人羣冒着酷暑炎天，紛由四鄉奔向興縣城裏的祭堂，瞻仰關政委的遺像，向自己摯愛的恩人和欽敬的領袖作最後的叩別。然後默默的結隊走出來，湧向西關莊嚴肅穆的會場。以後公祭三日，前後趕來祭奠的軍民達三萬二千餘人。每日祭堂內外，哀樂悽惋，香煙繚繞；由早到夜，悲氛充溢全城，人羣湧塞整條街道。

所有駐興縣的機關、部隊全體到場，嵐縣、神府亦派來代表。中共中央晉綏分局張稼夫同志與分局各委員，二日親率全體同志與祭。稼夫同志敬獻花圈，瞻仰遺容，哀慟欲絕。劉祕書長恭讀祭文，聲淚俱下，全場哽咽。興縣完小三百餘小學生，最小者方六歲，也和大人同樣滿含悲痛，一個個緊繃着嚴肅的臉，低頭魚貫走進祭堂，默默地揉着眼睛出來。大家銘感關政委的撫育，景仰其偉大的人格，一致宣誓繼承遺志，決心做關政委的學生。

城鄉羣衆大多全家來『謝恩』。水磨灘康三孩，帶着他的婆姨和剛能走路的娃娃，一家三口攜來祭禮。賀家圪台的郝盧新，和他媽媽、祖父——祖孫三代來了。張家梁羣衆隊伍裏還有雙目失明的劉成三。從汾陽新解放區來的郝耀春，六十四歲了，到此驚聞噩耗，也由子女攙扶着來叩頭。西崖上八十一歲的楊老婆，一進門就跪着膝行而前，嘴裏唸着：『救命恩人死了。』馬塔劉老婆，因爲窮，賣掉一斤爛麻繩買成祭禮，三天連祭三次。她沉痛哀憶：『四〇年冬天，我和我的小孫孫叫日本人包圍住，您和賀司令員領的隊伍把我祖孫二人的命救出來。現在恩人死了，我一個六十五歲的老婆，再沒有別的辦法來報答這恩情……。』二十里鋪在四〇年夏季反『掃蕩』中，賀、關政委領着隊伍拯救了全村人民。六十五歲的孫猪子是被敵人抓住正要殺他時獲救的，他忘不了這次『救命恩』，聽到關政委病逝，老漢流淚了，兩三天沒睡好覺。一日抱病哭倒靈前：『我老漢死了比你死了好，你活着能救很多的人！』冀中解放區博野抗屬劉鳳羽先生，途經此地，也拿上香紙，三拜九叩，虔敬祭奠，他說：『關政委也是我們冀中老百姓的恩人，沒有一二

○師開到冀中，我們在日本人手裏活也活不成。』

許多羣衆或未熟知關政委的生平，但都知道他是共產黨的好領袖，而共產黨對人民恩深似海，令每個人都感到十二分的哀惋。所以北關東豐溝農民王得傘等九人輓聯上寫：『世上只有爹娘親，你比爹娘更加親。我們跟着你奮鬥，死也甘心。』與市東關農民郭懷生輓：『我家三輩子都是攬長工過日子，痛苦得眞是說也說不出來，我攬了三十二年工，共產黨大救星，幫助我翻了身，買下四畝六分園子，現在這陣眞好比上了天堂，你是我的救命恩人，我至死不忘這個恩，我一定長遠跟着共產黨走。』退伍軍人夏紅彥輓道：『……我小時討吃爲生，長大還是刮野鬼，我自一九四○年參加了八路軍，當了三年兵，學會了你的勞動與節約方針，日子一天比一天過的好，買下房地，娶妻成家，成了一個有根子的人了。現在你不幸逝世，怎不叫我大哭連天，但也沒有別的辦法，只能我二人走到你的靈前祭奠，以後子孫後代，也不能忘了你的好處。』……像這樣被關政委扶持着由貧困日子中翻身、從敵人刺刀尖下解救、自敵人罪惡的火燒中保全了財物的，乃是晉綏邊區整代——五百萬人民。關政委把邊區人民由死裏救活，人民如喪親人的悲痛，是發自心坎的眞情實意的銘感啊！

城關水門街全體羣衆的輓聯是：『永記心頭，永世不忘』。邊區各界對此一代巨人之隆重公祭，表現出關政委的崇高偉大、共產黨和人民間血肉相關的聯系。關政委二十餘年來忠心耿耿、爲黨爲國的革命業績，深印三萬餘與祭者的腦際，傳佈於邊區軍民之間，將在勞動人民中間流傳至千秋萬代。

一九四六年八月五日深夜

— 87 —

關向應同志在病中

黃旣

一

關向應同志和我們永遠分別了。他和死亡搏鬥了整整五年。在他停止呼吸的前五分鐘，他還在說：『不要緊，我還會活下去的』。靈堂距離他生前的臥室不遠，好像一切都是照樣的，好像從他的臥室裏，依然在傳出他的聲音，這聲音對於我是那麼熟悉，那麼親切——這是從一個久臥床褥，肺部已經大部潰爛了的病人發出的聲音，但這聲音給予我的永久的印象，是堅强的意志，善於說服的語言。

護靈的時候，在慘綠的燈光下面，在他安睡着的棺柩近旁，我重新溫習了他在病榻上給我講過的每一課。差不多每次我給他看病的時候，他總要和我談一些疾病以外的事情，我覺得，他在病中是不大想到自己的病的。

今年一月間，他的病曾一度轉重，一連四天，嘔吐不能進食，他知道很危急，便對我講：『告訴我，還能支持多久，我並不怕；主要的是你要給我一個時間，叫我把事情交代清楚』。隔天，中央的同志們就來看他，他講了很多話。我躭心這樣會使他的病更壞，可是他堅持要多說一些，把要說的話說完。彭副司令從他屋裏走出來的時候說：『你們做醫生的是怕他太吃累了，可是他呢，總願意在臨死之前，儘量多貢獻一些意見，能够使革命早一點成功，他才安心。」

那一次危險終於度過去了。像是在一場劇烈戰鬥之後，終於得到勝利一樣，他向我投着興奮的眼光，『很好，沒有弄得措手不及。是麼，爲什麼死呢，我還要起來做事情呢。』

過後他和我談起人在垂死時的心情，當談到留戀的時候，他嚴肅地說：『留戀，自然會留戀的，母親留戀她的兒子，農民留戀他的土地，革命者留戀他的革命事業。正因爲這樣，所以如果糊裏糊塗地死了，沒有辦完的事來不及交代，那是非常痛心的。』

二

他是從去年六月間又重新病倒了的，七月間我開始給他看病。我搬到他那裏去的一天，正是他第一次發生了腸胃的症狀。他日夜不能安眠。我告訴他，是由於一時的消化不好。他便很有自信地說：『那就不要緊，自己會好起來的。吃了一次大虧，可是以後吃東西知道注意了。』我發現他在精神上對於疾病的抵抗，有驚人的毅力。

才稍恢復之後，阿洛夫同志來看他，他們談了十幾分鐘，不外是關於當時的國際形勢。最後他抖擻着精神說：『中國人民一定要勝利的，非勝利不可！』說到這個的時候，他當時的神色，完全不像一個病人。

他不能够一刻不想政治問題，在養病上，這對他是不好的，他知道這個，可是不能擺脫。『二十幾年的政治生活，已經養成習慣了。』他說。就是對於照護他的警衛員們，他也時時不放鬆對他們的教育。我時常向他表示，這些事情他管得太多了。

『我儘量不管好了。』他這樣講：『可是很難。只要問題叫我知道了，我就不能把它放在心

— 68 —

裏，總要馬上解决，這也是我的習慣。」

唯一的辦法，自然是有些事根本不叫他知道。可是這也不行，他終會知道的。有一次他笑着和我講：『我總會知道的，從人的一舉一動上，可以看出他的思想、情緒，這個我很熟悉。」

三

精神好的時候，他也談打仗的事情，可是從幾次的談話裏，我看出他是深深不喜愛戰爭的人。

『在戰場上的當時，是沒有悲哀的情緒的，還很奇怪；可是過後你就會回憶起那些自覺的死去的同志。在戰場上，死是完全自覺的，有時候明知道會死，還是慷慨去赴死，因為在腦子裏有一個信念：將來不會再有戰爭了。

為了使他不至終日盤桓在政治思想裏面，我時常和他談談文學和藝術。他非常喜愛文藝，特別喜歡詩。在我搬去的第一天，他就叫李冰同志把一部杜甫詩集和一部陸游詩集送到我的屋裏。他說陸放翁是一個豪邁的愛國詩人，他再三讚嘆而且神往地背誦着陸放翁的『示兒』詩：『死去原知萬事空，但悲不見九州同，王師平定中原日，設祭勿忘告乃翁。」

幾天之後的一個夜裏，日本投降的消息傳來了，他整夜沒有入眠。

他也記誦了很多反戰的詩。

『詩印在人的心裏，那麼深刻，隨時它會跳出來，不知不覺地挑動起你的情緒，特別是在身臨其境的時候。有一次，我帶着隊伍走到無定河邊，有人告訴我：「這是無定河！」我不自主地毛骨悚然了，是那兩句古人的詩「可憐無定河邊骨，猶是春閨夢裏人」，猛然地跳出來了。」說過之後，他連連地感嘆着搖頭。

他不能讀書讀報。爲了使他消遣，我給他借了幾本珂羅版印的字畫。有一天早晨，他把我叫到他屋裏，拿出一幅石濤的畫給我看。『石濤也有牢騷的，他不只畫陶淵明，也畫有意思的東西呢。你看這兩句詩。』

我湊過去看，那是一幅山水畫，在殘山賸水中間，有一個垂釣的老翁，石濤自題的詩有兩句是：『可憐大地魚蝦盡，猶有垂竿老釣翁。』

『這一定是針對着滿淸的。』他說，然後肅然地形容着石濤當時的心情：『地皮已經刮得乾乾淨淨了，你還釣什麽呢！』

他說『聊齋』裏面有兩段是反對滿淸的：一段是『野狗』，一段是『公孫九娘』。

『「野狗」寫得比較直率，「公孫九娘」就含蓄多了。』他笑着回憶了一下那篇故事的內容，然後說：『就爲了忘記了墓碑那一點點誤會，公孫九娘就一去不回頭了。那種亂離時代人民的冤抑和心情，在這篇故事裏說得很婉轉。……』

他的記憶力很强，他能够背誦出水滸傳或是聊齋裏面很多句子，那些句子都是非常有風趣而且富有政治意義的。有一次他背誦聊齋裏面諷刺官人的句子：『問何以爲官，曰：出則輿馬，入則高坐，堂上一呼，堦下百諾，見者側目視，側足立……』然後大聲地笑了很久。他說他在養病的初年曾讀了不少的書，特別是讀了幾遍春秋左傳。

起先，在他的牆壁上掛有一幅蝴蝶牡丹圖，後來他把那幅畫摘掉了：『我不愛那幅畫，蝴蝶輕浮，牡丹又是高貴的花，所以我把它摘掉了。如果你有時間，把毛主席的詞和柳亞子郭沫若的和詞給我抄一張吧。』

他慣於夜裏朝窗戶睡，白天朝牆睡，那一張詞就懸在他對面牆上。從今年四月間以來，他翻

— 91 —

縛身很困難，手又拿不動書，在白天，他就終日看着這些詞消遣，一直到他離開了這個世界。

去年冬天，有一次我看了舊劇回來，他聽說演了『獨木關』，他想了一下，笑了，『那諷刺得好，飛鳥盡，良弓藏，仗是人家打贏的，可是他想一脚把人家踢掉！』

四

一年以來，有很多政治上的變動，使他的心情不得甯靜。同志們竭力避免把一些容易使他感情激動的事告訴他。王若飛等同志的遇難，他始終不知道，在他死的兩個星期以前，他還偶然問到了黃齊生先生。可是有些時局的變化，他總要想知道。『如果不告訴我知道，我會想得更多，失眠得更厲害。』

有的同志離開了延安，向他告別，每一次都被激動得厲害，他會因此回憶起許多事情，當我進去看他的時候，他便片段地談了起來。去年賀龍同志臨走的時候很倉促，給他留了一封信。我去看他的時候，他哭了，他說：『我和他一起打了十三年的仗，始終沒有離開過，現在，他一個人去了。』

在一個月以前，在他搬家不久，八團的政治委員左齊同志來看他，李冰同志進去和他講了之後出來告訴我：『他忽然呼吸很困難，恐怕不能見。』我進去看時，他痛楚地閉着眼睛，兩頰的肌肉不斷地抽搐着。我便把這情形告訴了左齊同志，而且請他不要會見。左齊同志詢問了我們一些他最近的生活情況，便走回去了。

過了一會，他叫我進去，此時他連聲地咳嗽着，好久說不出話。平靜下來之後，他感然地嘆息着：『聽到他們，我太激動了。左齊同志到八團去工作，是我和他談的話。這些幹部們害了病或是帶了傷的時候，我都去看過他們。八團的團長陳宗堯同志，已經在戰場上犧牲了！……』說到這裏，他已經滿臉都是淚水，再不能說下去了。

他和續範亭先生有着深切的友誼，在病中，他們互相不斷地慰問。每次我從柳樹店回去，他總要問：『續老怎麼樣？』在他死前兩個星期，續範亭先生派人來看他，給他帶了一封親筆信，說要送他一副担架床。他把我叫了過去：『你替我給續老寫一封信吧，說我已經做了一副担架床，謝謝他。如果他最近寫了詩，請他叫祕書抄幾首給我。』

幾天之後。續老把親筆寫的詩送來了，他仍然把它貼在牆上，整天可以看到。凡是續老寄來的信，他都仔細地保存起來，決不肯遺失。

有一次他這樣提起了續老：『讀了他的文章和詩，恰如看到他這個人。一個人對於人民如果沒有深厚的感情，什麼事情也做不出的。續老所以對反動勢力這樣痛恨，正是因爲他對人民有極深厚的感情。』

五

『對反動派，不要存任何幻想。』在有一次談過時事之後他這樣對我講。他說過之後，望了我很久。我明白他的意思，從他的表情上可以看出，他是在告訴我：『把這一把鑰匙拿去吧，還會解開一切的。』

那怕是對於很平常很細小的事情，他都很仔細地聽我怎樣講，然後給予我很簡單明確的糾正。

『很多事情，書本上是沒有的，看病也一樣，不然還談什麼發揮，什麼創造呢？』

當他談起醫學上的派別現象時，他說：

『學說不同，爭論是難免的，爭論才會有進步。可是如果我從美國回來，就說美國的一套完全對，你從日本回來，就說日本的一套完全對，學生總是跳不出老師的圈子，這無形中是老在給人家做奴隸，做義務宣傳，建立不起來中國自己的一套。』

他對任何事情都經過深思，然後給以恰當的估計，絕不做誇大的形容。他說：『憑一時的熱情看事，有時候會看偏了的。有些作品，粗粗看一遍還可以，仔細一想，就要替作者臉紅了。魯迅就不同，他總是穩紮穩打，經得起推敲。』談到中國的舊醫學，他曾講過下面的話：

『中醫，針灸，這裏面有好東西，整理和研究很必要，可是目的是往前走。如果光是盲從，開倒車，認為這裏面會有什麼百病都驗的靈方，那就不對了。』

六

他的生活是樸素的。凡是為他養病而備辦的一切，他總要注意是否浪費，那怕是很少的一點添置，他都要親自過問，如果不得到他的許可——這許可是要經過幾次勸說的——人們不敢偷偷地替他購辦任何一件東西。關心這些瑣事，自然也使他耗費了精神。有些襯衣，都是用舊布物做的，其他日用品或是書籍之類，他也都非常仔細地保存，長久不至損壞。

今年春天，由於混合傳染，他的肋膜化膿，發熱很高，膿液裏發現了很多球菌，會診決定，給他用盤尼西林治療。因為這是比較稀少的藥品，所以他担心怕用得太多。在注射中間，他問我：『有些重病還有得用嗎？』我告訴他還有，他才放心。後來化膿停止之後，他笑着說：『好啊，以後努力工作，報答這些盤尼西林吧。』

疾病這樣地折磨了他，可是他的一言一談，始終是十足健康的。我和他相處了一年，而且主要和他是在生活上的接觸，但我從沒有聽他說過一句柔弱無力的話。

他總覺得自己還年輕，雖然病了幾年，不要緊，將來還能做很多事情，補償得起來的。

『孔子說，「三十而立，四十而不惑，」這話是有道理的，人只有過了四十歲，才能眞正做些事情。就算我再病上二年，再開始工作，那還不晚。』

可是他的身體，違背了他的意志，一天天壞下去了。他的左肺由於膿胸，已經完全萎縮，右肺的病，進行很快，將近一半也已經壞了。當他想到不會完全恢復健康的時候，他依然沒有頽喪。

『即或是身體壞了，不能東奔西跑做軍事工作，我還能做些別的工作。前次蕭三同志來了，我和他講：「我將來做你那一行吧。」實在的，我也很願意寫些東西。』

一直到最後，他的左手已經浮腫起來，他還是一點不失望：

『把左手割掉，有一隻手照樣可以做事的。』

當我看着他的靈柩送進墓穴的時候，我不禁想起他在病中常說的一句話：『能够爲人民勞動，便是最大的幸福。』

現在，他不能再繼續勞動了，可是他的勞動成果將永久留在這個世界上。

一九四六年七月二十六日

方志敏同志革命史略

梁 樸

志敏同志，江西弋陽縣人，生於一千九百年，家庭小康，約有百十畝地。他在南昌工業學校畢業後，轉入九江教會學校（南偉烈）肄業；一九二〇年。因爲參加反帝反基督教運動，被開除，於是轉赴上海。但當時正與家庭發生思想上的衝突，志敏同志便以爲要獻身革命事業，决不能受頑固守舊的家庭束縛，於是毅然宣佈與家庭斷絕關係。

志敏同志，自與家庭斷絕關係後，經濟上立即發生困難，不能繼續留住上海，於是手提書包，以沿途乞食的方法，回到江西南昌，給合江西革命青年，開辦文化書局，組織江西青年會，創辦黎明中學，領導、組織和教育江西青年，與趙醒儂等同志發起組織江西社會主義青年團，後即改爲共產主義青年團。不久，志敏同志便加入了中國共產黨；同時，並作江西國民黨黨部負責工作；領導江西羣衆組織江西國民會議促進會。志敏同志從一九二〇年起積極從事革命運動，而到一九二四年已成爲江西青年有名的領袖。

一九二四年，江西黨的組織以志敏同志爲羣衆運動有天才的共產黨員，即派到農村中去工作，開展江西農民運動。從此志敏同志便日夜與農民相處，往返於弋陽南昌九江之間，組織農民協會，領導農民抗租抗稅等鬥爭，創造了農村中廣大革命羣衆的組織基礎。因此便保證了一九二六年北伐軍入江西時，使國民革命軍在廣大羣衆擁護和積極參加戰鬥之下，能够在極短的時期內，擊敗孫傳芳十倍於北伐軍力量的反動軍閥部隊，使江西全省轉到革命統治下來。

在一九二六年——二七年大革命時期中，志敏同志任國民黨江西省黨部執行委員、兼農民部部長，江西農民協會委員長等重要工作。江西各縣農民，在其直接領導下建立了廣大羣衆基礎，召集了江西歷史上第一次江西全省農民代表大會。因此，在一九二六年底到一九二七年初，蔣介石企圖在江西建立反動中央政府，與當時武漢革命政府對立時，中國共產黨與當時國民黨左派能够動員廣大羣衆力量來打擊蔣介石的企圖；使蔣介石不得不迅速退出江西。

一九二七年春末，江西省政府所謂『禮送』共產黨要人出境時，志敏同志也是被『禮送』出境共產黨要人之一。志敏同志到武漢不及一月，而武漢政府也叛變反動了。於是他便和賀龍葉挺軍隊復返南昌，組織南昌『八一』起義。旋受共產黨命令，跑回白色恐怖籠罩着的故鄉，百折不撓的，開展土地革命的工作。

志敏同志首先在弋陽縣九區漆工鎮一帶整頓恢復農民協會，領導人民抗租抗稅的鬥爭。從這個基礎上，組織弋陽橫峯一帶的游擊運動。當游擊運動開始的時候，只有從弋陽城一個學校中拿來三枝槍，而內中一枝還是壞的，只能用來嚇嚇鄉村的地主。所以江西羣衆中，至今還廣泛流傳一個口號說：『方志敏是靠兩枝半槍打天下』！真的，志敏同志當時只靠這兩枝半槍和幾百枝農民打獵所用的土槍松樹砲和無數的戈矛梭標等來武裝農民，來組織反對國民黨地主階級的游擊運動。

由於游擊運動的發展，革命火焰迅速蔓延弋陽附近各區，而弋陽橫峯兩縣境內，已有縱橫一百至一百五十里的區域，完全在農民協會與地方革命委員會統治下。國民黨武裝包圍四五個月之久，不敢與不能够踏進這些區域的境內來。於是一九二八年五月，在弋陽橫峯兩縣正式成立弋陽與橫峯兩個縣的蘇維埃政府，頒發蘇維埃政綱，將游擊隊中一部份新式武裝正式編爲工農革命軍獨立連；不久擴大發展成爲工農紅軍獨立營。從這個基礎上，不久便成立信江流域蘇維埃。而志敏同志便於一九二八年先後被選爲弋陽及信江流域蘇維埃政府主席兼工農革命軍主要負責人。

— 97 —

志敏同志直接領導下的蘇維埃與工農革命軍日益擴大與發展，國民黨與地主階級便動員極大的武裝力量，來一再包圍進攻弋陽與信江蘇維埃。特別是一九二八年秋——二九年春兩次大的殘酷進攻最爲嚴重。因爲當時工人革命軍的新式武裝不足三百，而敵人以數千武器精銳的部隊，從四面八方向弋陽橫峯蘇維埃包圍燒殺，蘇區內房屋廟宇統被燒燬炸壞，蘇區全境除幾個主要山寨外，全被敵人佔據，紅軍主力困守山嶺月餘，當時吃的是野菜青草，有時只以鹽和水充飢，在山上森林掩蔽着的陰溼地方伐木搭架住宿度日，而且經常遷移變換。志敏同志身患很重的肺病，而以身作則，與士兵和羣衆共甘苦，處此艱苦絕境，處處仍以自己英勇戰鬥的行動，堅定不移的決心，來鼓動羣衆。所以在羣衆堅決擁護下，終於先後擊敗敵人頑强的進攻，把信江蘇維埃領土擴大到閩北、浙西、皖南與整個贛東北二十餘縣。隨後與贛南蘇維埃及朱毛紅軍主力匯合，建立贛東北省蘇維埃與紅軍第十軍團，志敏同志即爲省蘇維埃主席與紅軍十軍團的領導者。第一第二次全國蘇維埃代表大會時，志敏同志均當選爲中華蘇維埃中央委員。

一九三三年，在南昌、福州、安慶等處，大街小巷貼遍懸賞告示：『凡生擒或獻出赤匪方志敏頭顱者，賞五萬元。』但是在志敏同志部隊所經過的地方，在蘇區和國民黨區域內，誰也不願陷害他，因爲大家都知道他是中國人民的良友，是爲中國民族爭解放的民族英雄。

當一九三四年，日本帝國主義加緊進攻華北，蔣介石撤退反日前線軍隊出賣中華的時候，爲反對日本帝國主義的進攻，雖在敵人嚴重包圍之下，蘇維埃中央政府決定組織紅軍北上抗日先遣隊。志敏同志被任爲北上抗日先遣隊總司令，督率第七第十兩軍團，實行北上，領導羣衆進行抗日民族革命戰爭。於是國民黨更懸賞八萬『追索志敏同志的頭顱』，但抗日先遣隊在志敏同志領導之下，得到廣大羣衆的擁護。所以不數月，便經過福建、浙江、安徽而直撲長江蕪湖近郊。紅軍抗日先遣隊，這一英勇行動，直接威脅國民黨『剿匪』的後方，並保證了當時有歷史意義的紅軍主力之西征。

由於抗日先遣隊獲得廣大羣衆的擁護，由於抗日先遣隊偉大勝利與迅速的發展；因此，帝國主義的走狗集中一切力量截斷抗日先遣隊渡過長江北上的道路；同時，派遣大批隊伍進攻贛東北老蘇維埃根據地。結果，紅十軍團在懷玉山地方被七倍以上之敵人所包圍，彈盡糧絕，人馬疲苦，因而遭受極大的損失。志敏同志當時與劉疇西、王如癡、曹仰山等同志，乃決定暫離主力部隊回到贛東北蘇區。『一方面接受中央的批評和指示，檢查皖南的行動，作出正確的結論；另方面整頓隊伍，準備再去執行新的任務。』因此志敏等同志『不避危險，不顧雨雪和飢餓（七天沒有吃甚麼東西），不分晝夜，繞過敵人之封鎖線』。但因叛徒告密，於是志敏等同志一九三五年一月二十四日上午一時突被敵人包圍，經過激戰以後，不幸在隴首村封鎖線上被敵軍四十三旅所俘。

志敏同志被俘後，即解南昌，脚釘重鐐，押於軍法處看守所，同被囚押的，有紅十軍幹部周羣同志等三十五人（周羣、李樹彬。張胡天同志後來，近一月即槍斃）。志敏等同志在被俘時，即有三個同志負傷，故入獄後三日，即大病，病了一個多月，個個人『骨瘦如柴，遠望活像一個骷髏。』接着王如癡同志復患肋炎症，劉疇西同志又病，『獄中囚人有百分之九十以上都患病』，志敏同志前後亦病十餘日。

志敏等同志被捕後，敵人高興異常。如獲至寶，蔣介石命令將志敏同志，脚鐐手銬，關於囚籠，推到江西各大城市遊行示衆，表示『剿匪之勝利』。而且要當衆給志敏同志以無限的侮辱。但志敏同志每到一處，即沉痛的向民衆宣傳抗日救國的必要，說明只有共產黨和蘇維埃能够救中國等，引起了廣大羣衆深切的同情。

一九三五年二月六日，國民黨在南昌豫昌公園組織所謂『人民慶祝生擒方匪大會』。然而『慶祝大會』底情形，卻非常冷淡。由美報記者底記載，即可證明。該報記者說『豫昌公園周圍都

— 99 —

排列着警察隊伍，街上架着機關槍，誰也不准從路旁跑入街心，戴上脚鐐手銬而站立鐵甲車上之方志敏，其態度之激昂，使觀衆表示無限敬仰。周圍是由大隊兵馬森嚴戒備着。觀衆看見方志敏後，誰也不發一言，大家默然無聲，即國民黨參謀部之軍官亦莫不如此。觀衆之靜默，適證明觀衆對此氣魄昂然之囚犯，表示無限之尊敬及同情。爲時不久，方志敏即被軍警押走，因爲當局看來，羣衆態度之靜默，殊屬可怕。鐵甲車已經開走，羣衆隨即開始騷動，表示不平。但是機關槍口早已向着羣衆的胸膛頭顱瞄準，……」

反革命派從此再不敢舉行所謂「示衆」了。

在審問時，病中羸弱不堪的志敏同志，雖受盡了敵人最慘毒的酷刑拷打與鞭笞，但志敏同志鐵一般的意志絲毫不受折磨，不屈不撓的堅決盡忠於黨和中華民族，國民黨報紙關於「審問」志敏同志情形，只登載片斷消息。然而，甚至敵人報紙也承認「方志敏態度之强硬，不同平常。」

國民黨反革命派，曾用盡了欺騙利誘威逼挑撥造謠誣衊的可恥手段，企圖轉化說降志敏等同志，但均被志敏同志等嚴厲拒絕，並說：「投降？你國民黨是甚麽東西！——一夥兇惡的强盜！一夥無恥的賣國漢奸！一夥屠殺工農的劊子手！我們與你們國民黨是勢不兩立的，你們法西斯匪徒們只砍下我們的頭顱，决不能絲毫動搖我們的信仰！我們的信仰是鐵一般堅强的。」

志敏同志「頭可斷而志不可奪」之精神，迫得國民黨之中央通訊社亦不能不公開承認：「方志敏反對一切提議，態度非常强硬，看出他至死亦不會動搖的；關於紅軍現狀的一切問題，他一概拒絕回答。」

志敏等同志在敵人監獄裏面，在新傷舊病當中，所念念不忘，耿耿不能釋懷者，只有黨的事業，中國人民抗日救國的事業。志敏同志一方面不管「病與不病」，不管砍頭或槍斃，整天拿着筆在寫文章，寫祕密信，寫自己對於過去現在及今後工作的經驗教訓與意見，寫向黨向全國人民訣別的血淚遺囑。但另一方面，志敏等同志，最積極的進行越獄的活動，以期重新恢復為黨為中國人民努力奮鬥的機會於萬一。在志敏同志等給全黨同志們的信中，說道：

『同志們！親愛的同志們！我是不能再與你們共同奮鬥了，我是如何的慚愧着和難過啊！我所說的意見，都是我最近感觸到，當然裏面免不了有錯誤，說錯了請你們批評，說對了的，請你們執行。我們雖在獄中，但我們的胸中，仍是不斷的思念着同志們的奮鬥精神，總期禱着你們的勝利和成功！我直到現在，革命熱誠仍和以前一樣，我正在進行越獄的活動，我想，我若能越獄出來，我將用我最高的努力去創造新蘇區和新紅軍，以恢復這次損失！同志們！越獄恐難可能（主要的是無外援），那時只有慷慨就死了！我不能完成的工作責任，只有加重到同志們的肩頭上了！同志們！十分親愛的同志們！永別了！請你們努力吧！我這次最感痛苦的，就是失却了為黨努力的機會。你們要認識！你們能够為黨工作，為黨鬥爭，那是十分寶貴的。我與劉王曾同志等都是敵人刀口下的人了，是再也得不到為黨為革命工作的機會了，這是無可如何的！我能丟棄一切，惟革命事業，却耿耿在懷，不能丟却！同志們！十分親愛的同志們！請你們經常記起你們多年在一起奮鬥的戰友們之慘死，提起奮勇的精神，將死敵的日本帝國主義趕快趕走吧！將萬惡的國民黨統治趕快推翻吧！謹向你們領導下的紅軍和工農羣衆致熱烈的革命敬禮！』

『我們臨死前對全黨同志誠懇的希望，就是全黨同志要一致團結在中央領導之下，發揚布爾塞維克最高的積極性、堅決性、創造性，用盡自已的體力和智力，學習列甯同志『一天作十六點鐘工作』的榜樣，努力為黨工作！積極開展城市工人運動（這仍是黨目前工作最薄弱的一環），不憚艱苦的進行國民黨軍中的士兵運動（白軍士兵不滿已到極點），廣泛開展農民運動，爭取千百萬被壓迫的工農士兵羣衆到黨的旗幟之下來！很快實現黨提出的『鍛鍊一百萬鐵的紅軍』的口號，在中國各地開展農民游擊戰爭，分散國民黨的兵力，使國民黨像打火一般，這處打不熄，那處又燃燒起來，不能集中大的兵力來進攻我主力紅軍。在各地積極創造新蘇區來擁護和援助主力紅軍，使能很快擊破敵人，造成全國的反攻形勢，匯集全中國蘇維埃運動的洪流，衝毀法西斯國民黨血腥統治，達到自由的工農的蘇維埃新中國的建立！」

「在此時，如有那些同志不執行黨的決議和指示而消極怠工，那簡直不是眞正的革命同志，而是冒牌黨員。這樣的人，是忘記了國民黨囚牢裏有好幾萬黨的同志，正在受刑吃苦；忘記了國民黨的刑場上黨的同志流下的斑斑血跡；忘了我們的主力紅軍正在川黔滇湘艱苦的戰鬥；更忘記了千千萬萬的工農勞苦羣衆，正在啼飢號寒無法生存！」

「我們是共產黨員，爲革命而死，固無所怨，更無所懼。只有兩件事使我們不能釋懷。作過某些錯誤，但經黨指出，莫不立刻糾正，我們始終是黨的正確路線的擁護者和執行者；是馬克斯列甯主義竭誠的信仰者；我們相信共產國際的偉大和他領導世界革命的正確；我們相信中國布爾塞維克黨中央的偉大和領導中國革命的正確；我們堅决相信在國際和中央列甯主義領導之下，中國革命和世界革命必能在不遠的將來得到全部成功！蘇維埃的制度將代替國民黨的制度，而將中國從最後崩潰中挽救出來！」

「共產主義世界的系統，將代替資本主義世界的系統，而將全世界無產階級和全人類，從痛苦死亡毀滅中拯救出來！全世界的光明只有待共產主義的實現！」

因此，志敏同志，中國革命青年的模範，土地革命的優秀領袖，中國蘇維埃和紅軍著名的創造者與組織者，中國共產黨的模範黨員，卓絕的中央委員，中華全體同胞的民族英雄，便于一九三五年七月由帝國主義走狗蔣介石下令在南昌斬首，而光榮的犧牲了。

在志敏同志流血之前，用最大的階級憤怒高呼了下列口號：

「打倒日本帝國主義！」

紀念方志敏同志逝世十週年

繆敏

一九三五年七月，志敏同志被害於南昌，到今年已整整十週年了。在紀念志敏同志的今天，我內心無限感痛，萬分憤恨！國民黨摧殘中國革命，殺害志敏同志的罪惡；和志敏同志堅貞不屈，壯烈犧牲的精神，將爲中國人民所永誌不忘的。

回憶一九二七年我們相識於南昌，那時志敏同志在農民協會工作，而我則在女職讀書。當時革命形勢已呈現危機，志敏同志在給我的信中寫着：「現在革命已到了嚴重時期，須要我們更大的努力，才能促其成功，所以我們要成爲革命戰線上一對勇敢戰士……」志敏同志革命意志的堅強，以及對我最初的教育與鼓勵，使我深受感動。

大革命失敗後，志敏同志從農民協會單身走出，避入我黨的祕密機關，在國共分裂的「四一二」那天，我倆匆匆的結了婚。三日後，志敏同志被「禮送」出境。記得他在臨別時微服化裝，帶着禮帽和茶色眼鏡，身穿灰布長衫，以及上汽船時與我握別的情形，猶歷歷在目。當時他是以黨的特派員名義，赴贛南一帶深入農村作農民運動。不數月，因爲與黨的關係被環境暫時隔絕，意欲重返南昌；但見形勢不利，沿河貼着活捉共產黨標語，便不好冒險入城。而志敏同志因在途中經過種種磨折，又在鄱陽堅持一個時期的祕密工作，在我們相見時，使我爲之一驚！又黑又瘦的面孔，長着很長的鬍子，身穿大馬褂和袍子，……像是大病未愈的人。當時我發呆的望着他，

—103—

非常難過……。他反而不斷的安慰我。

不久，他就往白色恐怖籠罩着的弋横一帶開展土地革命。在極端艱苦的環境中，百折不撓的工作着，奮鬥着，終於掀起蓬蓬勃勃的蘇維埃運動。記得蘇區剛發展時，游擊隊槍枝不多，同時在一次戰鬥中又被敵人繳去了七枝槍。志敏同志重視槍枝有如生命，曾說過：『沒有武裝就沒有我們的力量……』這是他對中國革命的卓見。當聽到這個失利消息時，志敏同志非常痛心和氣憤，認爲旣有這樣好的羣衆基礎和地形，而只因指揮員沒有好好的指揮，以致受此損失，深感失利之可惜！當晚因用思想過度，加之許久以來日夜奔波，肺病復發，吐血不止。於是暫在德興張村休息。在休養中，志敏同志不以自己的病體爲念，仍然指揮戰鬥，整天在病榻上翻閱地圖，研究敵情與戰况，計劃佈置如何打擊敵人。

當時的環境異常險惡。志敏同志曾遭受反革命流氓的包圍，在羣衆的擁護下，始得脫險。記得有一次重病，睡在担架上，不意正遇着敵人的追擊，人們馬上把志敏同志揹上逃開了。又有一次，當在高橋廟裏辦公時，敵人的進攻已經迫近，羣衆把我們帶入深山，敵人派了一排人搜索，而終於因羣衆的掩護沒有搜到。志敏同志與羣衆的關係於此可見。

我們是多年在一起共患難共艱苦的夫婦。在長期游擊戰爭環境中，在風餐露宿的生活裏，他常在百忙中耐心的教育我，有時提出問題，要我解答，我反而不高興，表示不願學習，今天想起來，非常難過。同樣，他在工作中對我耐心的指教，給我很大幫助，也是我永遠不能忘懷的。志敏同志對一般婦女幹部，都很重視與尊敬，當以熱情親切的態度，給以教育和鼓勵。將英勇鬥爭的模範婦女例子，說給我們聽。曾說過：『你們應該少做些事務主義的事情，要多從政治上求進步，提高自己的政治理論水平。……』這些話，給我們一起工作的女同志印象很深。

在羣衆運動中，志敏同志最能深入羣衆，理解羣衆的切身痛苦和要求，同時能用多樣方式去組織羣衆和動員羣衆。在講演時，尖銳有力的聲音，有煽動力和吸引力，語言通俗，使羣衆易懂。當志敏同志去下層巡視工作時，羣衆都懷着好奇心和親切的心情，圍繞着他，甚至連房子都擠滿了。有的老百姓稱他爲「救星」。由於志敏同志和藹可親的態度，誰都願意同他親近。羣衆敢於大胆提供意見，志敏同志談話具體，耐心解答羣衆的問題。當同志們有困難時，很周到的爲他們解决。這可以看出志敏同志同羣衆血肉相關的密切聯系。因爲他能處處爲同志們着想，不作任何私人打算，甚至被俘監禁時，亦不斷的宣傳共產主義，關心同難的，不斷的給他們以教育和鼓勵。連守衛的獄卒，亦爲之感動，而表示敬意。因此，有些犯人敢於和志敏同志接近，而表示同情，故能將其親修遺書等件，祕密帶出。這不能不說是志敏同志宣傳力量的偉大。

在幹部問題上，志敏同志注意團結、培養和信任幹部，不僅開辦了訓練班，編印許多教材，並以許多生動實際的材料，教育培養了無數的工農幹部，提拔幹部給以適當的工作，發揚幹部獨立大胆負責的精神。當幹部有錯誤的時候，採取善意的批評，而不是輕易的責罰，常說：「幹部各有所長，只要善於使用、信任，個個都是好幹部。」他對於幹部的愛護和關心，實勝於他自己。

志敏同志一生艱苦奮鬥，爲了人民的解放事業，貢獻全心全力創造閩浙贛蘇區，對革命貢獻了無限忠誠。志敏同志是沉着、冷靜、寡言的人，沒有任何嗜好，生活異常樸素。爲了工作，常深夜不睡，在行軍時騎着馬打瞌睡來休息。眞是每天做十六點鐘工作的精神。

一九三四年十月，志敏同志率領着北上抗日先遣隊出發，曾在途中給我一信說：「這次出發，任務是非常偉大的，將來的勝利，也是很偉大的，你今後將在無線電裏得着我們勝利的消息……。」當時，志敏同志充滿着勝利的信心和勇氣，抱着偉大的志願，完成黨給他的任務。由於志敏同志的英勇智略創造了八百里的抗日根據地，並與各個抗日部隊會合，領導千百萬羣衆進行抗日民族革命戰爭。

一九三五年，敵人用了一切力量，對蘇區實行『燒殺』『清剿』，在這個極端殘酷的惡劣環境下，我見到與志敏同志同時出發的幾位同志回來了，當時我熱望着和志敏同志見面，並且常常想，『爲什麼不回來呢?!……』這時我懷疑，難過，可是見到的人，却用許多話來解釋安慰。但這更增加了我的焦慮和傷心，盼望確實的消息傳來。誰知他此時已陷入敵人爪牙，與我永別了呢?!

一九三五年六月我也被俘了。當我無法得知志敏同志的消息時，只聽着各種傳說。在我沿途解押中，一些不懷好意的人來看我，有的說：『方志敏現押於南昌軍法處，國民政府很優待他！不致有危險，叫他悔過自新哩？現在他什麼話都說了，你也應該好好的說，將來你們還會團圓！』他們用這樣的話來欺騙我，但我深知志敏同志的意志是鋼鐵一般的堅强，絕不會向敵人屈服的，而我呢，一想起他的革命的堅强的意志，自己便百倍的勇敢起來。敵人的陰謀鬼計，終爲我們所粉碎！

我在獄中得知志敏同志被殺的消息，如萬箭穿心，悲憤難以自持，決心誓死爲志敏同志報仇！同時又得知老母及幾個孩子被俘入獄的消息更爲痛心，我處在敵人的監獄裏，幾年來更加使我對志敏同志懷念：我想到志敏同志的優良作風，堅强的意志及勇於自我犧牲的精神，而更加鼓勵了自己。

記得志敏同志曾說過：『我們被俘不是判罪監禁的問題，而只有堅決的犧牲……。』志敏同志實踐了自己的誓言。

志敏同志犧牲的時候，才只有卅六歲，年紀還青，可惜爲黨的志願未能完成，這只有加重在閩浙贛八十萬羣衆和幹部肩上，以完成志敏同志的遺志。志敏同志在生前最愛的幾個孩子，在黨的愛護教育與培養之下，已升學唸書了，他們更要繼承爸爸未竟的事業。

劉志丹同志革命史略

劉志丹同志名景桂，字志丹，陝西保安人（爲紀念志丹同志，保安縣已改志丹縣）。幼聰明好學，十九歲入楡林中學，因品學兼優，思想進步，接受當時之革命思潮，慨自奮發，而爲前進之師友所推重。民十三年冬加入社會主義青年團，十四年春轉爲共產黨員。秋奉黨命，入黃埔軍校，畢業後回西北，歷任國民革命軍第二集團軍總政治部組織科長，西安中山學院教官，國民革命軍第四路軍政治處長等職。大革命失敗後，白色恐怖與「淸黨」禍起，志丹同志被「淸」出部隊，受黨命奔走皖鄂，屢謀起義，未遂，輾轉歸陝。十七年夏與唐樹、謝子長同志等，組織渭華暴動，曾任革命軍事委員會主席等職。暴動失敗返陝北，整頓保安黨的工作，取得保安縣總團總職，團聚革命力量，打擊貪官劣紳。十八年參加陝北黨特委，任軍委書記，曾和當時黨內之投降路線鬥爭。秋與謝子長等赴陝甘甯御，進行軍事活動，入甘軍，任團、旅長職，被反動份子發覺，繳械囚邠縣。雖受鐐鎖囹圄，仍暗中策令其他同志工作，毫無懈怠。旋經師友救釋，益加奮勉工作。

「九一八」後，和謝子長同志等組織西北反帝同盟軍，任副指揮及參謀長。旋改編爲中國工農紅軍陝甘游擊支隊，歷任總指揮、副總指揮與參謀長等職。二十一年初成立紅二十六軍，志丹同志仍負領導責任。因遭叛徒杜衡陷害，致二十六軍於渭華失敗，志丹同志與王世泰同志等數人，分途化裝回陝甘邊，與高崗諸同志重新恢復擴大紅二十六軍，組織陝北關中陝甘三路游擊隊，開展游擊戰爭，發動土地革命，建立蘇維埃政權，創造陝甘邊蘇區。二十三年冬，率主力紅軍與陝北地方游擊武裝匯合，衝破敵人『圍剿』，擴大陝北蘇區。二十四年，先後粉碎陝甘甯晉綏數十萬大軍之三次『圍剿』，打通陝北與陝甘邊蘇區，並擴大而鞏固了陝甘蘇區，擴大了紅二十六軍與二十七軍，廣泛的開展了陝甘游擊戰爭。時志丹同志任西北革命軍事委員會主席兼紅軍前敵總指揮。西北紅軍在志丹同志領導下，已成為強大之紅軍矣。是年秋與紅二十五軍會師，任十五軍團副軍團長兼參謀長。秋末由於當時黨內主要領導者之錯誤路線與個人野心被構陷下獄，幾遭毒害。幸黨中央北來得釋。於是在中央領導下參加促成抗日民族統一戰線之工作，任西北革命軍事委員會副主任，瓦瑤堡警備司令，北路軍總指揮，紅二十八軍軍長等職。二十五年，率部東征，北出葭吳，由神府渡河南下，擊破黃河兩岸阻擋紅軍抗日前進道路之軍隊，不下數十營團，攻堅摧銳，所向披靡，於是年四月中旬於猛攻三交堅固工事之役，負傷陣亡，時年三十四歲。

志丹同志是陝甘甯邊區紅二十六軍創造者，是西北人民領袖，是黨內布爾塞維克之模範幹部。十餘年為黨奮鬥，始終不懈，赴湯蹈火，百折不回。志丹同志遠離中央，能從革命實踐中體會馬列主義之精神，使馬列主義之普遍眞理，具體實現於西北；在建軍建黨建政及領導革命戰爭中，其方針策略，無不立場堅定，實事求是，堅持黨之正確路線，與左右傾機會主義路線進行不調和之鬥爭，雖受人誣陷，不自矜功，甯背自己冤死，毫不失革命立場；其艱苦樸素，知有黨不知有身之優良品質，尤堪稱道。志丹同志之死，是黨之重大損失，亦是全國人民之重大損失；形體雖歿，其精神實炳耀千古！

記志丹同志二三事

一

我和他在榆林中學唸書的那年，記得是民國十二年了。那時整個陝北是被封建軍閥井岳秀所統治着，到處是黑暗專制的魔影。榆林中學就在這樣的反動空氣裏，被窒息着。一羣青年人，死氣沉沉地沒有點活氣。我們的心胸裏好像期待着什麼動靜一樣，暗暗的燃燒着反抗的火燄。

那時候學校裏已有了學生會，所管的事不外是游藝、運動、洗澡等等。當時志丹同志是參加學生會工作的。

顯然，大家是不甘於這種死水樣的生活。記得是那一年十二月間的事：學生會公佈了一個學生洗澡的次序名單；有一個學生叫杜自生的（他是校長的族叔），因把他的名字排在後邊了，他不高興，發了少爺脾氣，把自己的名字從公佈牌上撕掉。學生會對他這種行動在公佈牌上給他批評，申斥他這種不遵守規則的行為。杜自生不知悔過，反將學生會公佈文告撕毀。這類無理的行動，激起了同學的公憤。學生會立刻召集全體大會，討論杜自生問題，杜拒絕出席，大會乃一致要求學校當局開除杜自生學籍。

當時校長適不在校，留校教職員，因懾於校長族叔的權勢，拒絕了大會的要求，遂激起全體同學罷課的風潮。

這時陝西省教育廳正派來一位督學趙某到了榆林，大擺其欽差大臣的架子，對我們當時行動，嚴加斥責。這時，我們積累了許久的義憤，激昂的反抗情緒，乃一發不可遏止。於是大家動手，武力驅逐了趙督學。學生會向同學號召，反對當局專制壓迫的手段，繼續向學校提出開除杜自生學籍，允許學生會代表參加校務會議的要求，全校的學生是緊緊的團結在學生會的周圍。這種力量終於勝利了，校長回校後全部接受了學生的要求，杜自生休學一事，學生會代表參加了校務會議。

由於這次運動的勝利，榆中的空氣為之一變。到處充滿着活潑進步的氣象。學術團體出現了，什麼社會科學研究會啦，話劇研究會啦，都組織起來了，接着進步的書報，也公開的流行起來，記得當時的『嚮導周報』、『中國青年』，是大家最愛的讀物。

榆中經過這次鬥爭，是煥然一新了。這次鬥爭，是榆中的一個轉折點，從此以後榆中便開始滋生着革命的種子。

我們的志丹同志便是代表延屬十縣及神府學生參加這次鬥爭的領導者，他是當時領導集團中（十多人）能起決定作用的核心，他是全校學生最有信仰最受愛護的學生領袖，因為他給大家開闢了新鮮的道路。

民國十三年志丹同志就加入了共產主義青年團，開始了他的革命活動。他為了進行工作，不避任何困難。記得民國十四年的夏天，陝西省學聯會召開全省代表大會，他被選為陝北學聯代表，赴西安出席會議。榆林到西安要走十七天的旱路，往返用費，學生會難以籌措，他設法買了毛驢一頭，趕到西安賣掉，賺的錢解決了路費問題。這種質樸切實的作風，是使人最可喜的。

志丹同志為黨決定到黃埔受訓，學校多方留難，不准他退學，家庭也反對他，不給他錢。但他堅決服從了黨的決定，想盡種種辦法，克服困難。他離開榆中，奔向革命的廣東。

記得當他走的哪天，許多同學都去送他。教室裏只剩了很少的人。大家送他到南門外，還戀戀不捨。有的同學，都流了眼淚。當時就連道學先生杜斗元也慨嘆的說：「劉景桂是學校裏一個人才，走了實在可惜！」

從那以後，他便投身在大革命的暴風雨中。

大革命失敗了，渭華暴動失敗了，志丹同志化裝跑回故鄉來。在我家和我同床住過三個夜晚，永遠不能忘記的三個深夜的長談呵！

他熱情的敘述着大革命失敗的經過和他幾年來革命鬥爭的經驗。他說：「我們沒有槍桿，只靠嘴頭子和筆桿，結果人家一翻臉，我們就只有滾蛋！」講到他渭華暴動失敗的經驗時他說：「我的任務是作軍運工作的，可是在歷次的經驗中告訴我們，沒有堅強的黨的組織和羣衆基礎，單純的軍事行動，是一定會失敗的。這個地方（指保安）在陝甘兩省的邊界上，地方偏僻，統治力量也比較薄弱，加以我們社會關係多，地理又熟，這是開展工作的便利條件。所以，我們應該首先健全與發展地方黨的組織，取得合法地位作掩護，抓取地方武裝（民團），作爲將來開展游擊戰爭的基礎。」這樣，在志丹同志親自計劃與領導下，進行抓取民團的鬥爭。他先做了詳細的調查工作，了解總團總路仰之全部的罪行，了解紳士中間他們相互間的利害矛盾，然後再確定我們行動的方針：（一）先將路仰之的罪惡向羣衆揭露，鼓動羣衆反對路仰之，要求改選總團總；（二）利用紳士們與路仰之間的矛盾，爭取參加這一運動，或同情或中立，以孤立路仰之的勢力，並且根據具體情況規定了不同的作法，又根據每個同志的社會關係和工作能力，具體分工，大家在志丹同志領導下，分頭進行工作，有的同志在工作中碰到困難時，志丹同志就耐心的根據具體情況幫助他分析，幫助他克服困難，使人們在他的領導下，感到對工作很愉快，有信心。這是我多年來深深體會到的。

我們反對路仰之的鬥爭，第一步勝利了，羣衆發動了，紳士爭取過來了，縣長在這種壓力下，批准了改選總團總的事，接着我們所佈置的第二步，競選的工作就開始了。

我們估計了自已的力量和可能爭取的力量，並提出志丹同志和曹力如同志為我們的候選人，發動我們所有的黨員，利用各種關係進行活動，事前我們還檢查了一下，認為我們的票數是可佔優勢的，勝利無疑。

正式選舉的那一天，記得是在我們的縣立高小裏，縣長親自來監選，儀式很隆重。選舉人入場，忽然路仰之向縣長提出，外邊（指在校門外）還有一些公民要求參加選舉，縣長即時答覆「可以參加！」馬上就見有十多個人一湧而進，這顯然是路仰之事先的佈置。在這樣的「突擊」之下，我們的形勢是很不利的。事出突然，一時大家不免有些驚惶。我就不斷的看着與縣長並坐在一起的志丹同志。他臉上的表情很沉着，不動聲色，從容不迫的站起身來，在一張紙上寫了「學生」兩個字，丟個眼色遞給了我。當我領會到他的意思時，一面敬佩志丹同志機警多智，一面我就匆匆走出會場約集學生來參加選舉。

志丹同志向縣長正式提出：「老百姓既然可以參加選舉，學生也可以參加選舉。」縣長無法推諉，只好允許，於是二十多名學生，參加了選舉，依然保持我們的優勢。

選舉結果，不但志丹同志當選總團總，連兩個副團總也都是我們的同志當選。事後才知道，路仰之領進來的一批老百姓和鄉長，都不識字，不會寫票，他們請學生代寫。

但是，反動的傢伙絕不甘心，他扯破面具公開提出劉志丹是被通緝過的共產黨員。他們拒絕交代，並召集了一些流氓，假充公民向縣長請願，反對劉志丹同志當團總。這時我們又動員一些進步的紳士呈請縣長，揭破這是一種無賴行為，並命路仰之限期交卸。可是路仰之頑固到底，他又指使隊長帶領全隊到縣府繳械，拒絕志丹同志上任。這時我們又在團隊中，利用各種關係，鼓動了歡迎劉總團總上任的運動。並以利害說服了隊長。最後，志丹同志是被軍樂隊吹打着去上任的！

志丹同志到任後，將團隊加以整理，改善團丁生活，加強政治教育，在戰士中建立了黨的組織，並嚴明了軍紀，得到人民的贊助，就這樣我們掌握了保安的民團。（王子宜）

二

使我永生不能忘記的，是三三年夏天我們遭受了叛徒杜衡的暗害，由三淳耀根據地出發渡過渭河，去終南山。由於敵我力量懸殊，陷於困境，情況危急，但他却非常鎮靜，不慌不忙的籌劃突圍。在他的指揮下，我們分了三路衝出重圍。他所率領的十餘同志通過封鎖線後，當天未明時，又遭到敵人的襲擊，其他同志都犧牲了，他一人力戰逃出，隱藏在深山中，晝伏夜出。這時連日下着雨，找不到東西吃，以致精疲力竭了但他未嘗稍有氣餒。幸而遇到了二十六軍先鋒隊的一個小鬼，才拉他下山，和我們一路十多個同志會合了。一同北下，碰見了渭華起義時代的一個大隊長謝增平，誰知他早已叛變了革命，便將我們引到民團副團總的家裏去。我們發覺已經上了他的當，但那個副團總和他的兒子，却嚴密的監視着。當時大家都很恐慌，然而志丹同志却很沉着，正當謝去民團送信的時候，他把副團總的兒子活動出去買衣服，即又着我先去核桃樹附近看地形，就以乘涼為名，和副團總到核桃樹下，挾持着他，由他護送我們逃出險境，便化裝渡過渭河，繞道洛河川，爬越天午嶺，五六天找不到人家，自己背着沙鍋煮草頭蘑菇飯，回到了根據地。一路上那樣的危險，他總不放棄武器，化裝為游鄉小販，把九枝短槍帶回根據地了。（王世泰）

三

我曾記得在一九三五年六月打安塞李家塌寨子時，我們包圍了四五天，大家都覺得地形險峻，守敵頑強，我們只有短兵武器，一時不能攻下，但你不粗枝大葉地爲表面現象所迷惑，你耐心精細的，在烈火般的日光下，帶着望遠鏡在山前山後仔細偵察。到第五天的下午，太陽剛剛向西斜時，你打發「交通」把我叫到山坡上指着敵人的方向說：「老賀！你看敵人最薄弱的地方，正是地形最險要的地方。你看對面這個最險要的石崖上，有一個通上去的裂縫，如果以短小精幹的部隊，從此處奇襲，再以機關槍火力掩護，這個寨子馬上可以攻開。」我立刻執行了你的這個指示，帶了三十六個勇敢忠實的同志，就由裂縫攻上去了。在兩三個鐘頭內，完全消滅了敵人。沒有你的指示，周圍百餘里的羣衆，便不能得到解放。

我三六年在保安住紅大時，聽了毛主席講授的戰略課程，就聯想到了你和毛主席的戰略思想是一致的。你曾總結經驗，在不斷的武裝鬥爭中創造了游擊戰術，完全符合於毛主席講的「敵進我退，敵駐我擾，敵疲我打，敵退我追。」的戰術原則。在陝北過去的許多戰爭中，如楊家園子、老君殿戰鬥，是誘敵深入消滅敵人。如延長、高橋、安塞、靖邊，又是乘敵虛弱，聲東擊西，因此一個月攻克了六個城市。如慕家源，定仙墕，又是圍城打援，衝破圍剿的戰術，你駁斥了「左傾機會主義」者的「圍城攻堅，消滅白點」的軍事方針。你反對了「左傾機會主義」者的「不放棄一寸土地，分兵把口，處處設防，打陣地戰」的錯誤戰術。你和高崗同志的戰略思想是符合於馬列主義，符合於毛主席的戰略思想。你堅持了山地游擊戰爭，你開展了羣衆的武裝鬥爭，你建立了陝甘甯邊區抗日的根據地，你創造了陝北的紅二十六及二十七軍，即現在的十八集團軍警備第三旅。

過去我想不通：在創造陝北根據地期間，你沒有見過毛主席，沒有看過他的文章，也沒有聽過他的課。爲什麼你能掌握正確的游擊戰爭方針並懂得那樣許多東西呢？直至整風以後，特別是在這次高幹會之後，我才得着澈底的瞭解。因爲你所掌握的，不是主觀主義，沒有宗派主義和黨八股，而是活的馬列主義。是把馬列主義的理論原則，和實際鬥爭經驗眞正結合，沒有把它當作教條，你並和那些鬧主觀主義，宗派主義的同志作了不斷的尖銳的鬥爭。如果沒有你，便不會有我們今天的警三旅的。（賀晉年）

記得在一九三五年五月七日，是楊家園子戰鬥的前日，志丹同志察淸敵人一個營由淸澗向瓦瑤堡前進，當晚宿營楊家園子。黃昏之前他將部隊集中在蜜蜂峪休息，佈置了主攻、佯攻，箝制三個方面，預定拂曉前奪取後山寨子，攻入村內殲滅敵人。約半夜光景，我們挑選出的二十餘個「奮勇隊」，走在本隊前約半里之遠接敵，乘着星光跟着帶路的「嚮導」，沿寨子後的山脈放輕脚步前進，不久隱約聽到臨近山凹裏發出一陣驢叫鷄鳴聲，志丹同志即刻把我們停下來，盤問「嚮導」當地鷄叫的遍數與寨子的距離，研究時間的準確程度，這樣時走時止幾次，忽然帶路的「嚮導」兩手攔住去路，抽着氣低聲喊「到了！到了！」志丹同志只引了郭寶珊同志一人躡足到前面去偵察，要我們臥倒不動，走了幾步又轉來叮嚀：「不敢咳嗽呀！」因爲地形不熟，天色昏暗，又把帶路人叫去，仔細觀察了一陣，志丹同志忽然下令要奮勇隊傳本隊向後移動。隊伍停止在一個山腰，志丹同志說話了：「今天襲擊地形不利，楊家園子山寨上有敵小哨，通路只有一條直徑，一面靠崖，一面靠山溝，而且要通過一個石洞，洞上有哨兵說話，劃洋火抽烟。現在隊伍必須在天亮前翻過對面山上，暴露目標不好。」隊伍後退了，因爲路狹山陡，還有一節尾部未上山，天已亮了，接着聽見對面哨兵發了雙槍信號，不久村內敵人一齊爬上山來了。

—115—

此時志丹同志早已將隊伍隱避在山腰，他自帶一個『交通』在一棵樹後伏着觀望，敵人營長郭自芬，號稱勇將，從容擺佈他的隊伍繞山腰上部展開運動，用機槍掩護着直撲過來！

此時我們的箝制隊，已從敵人背後動起手來了。槍聲雖然稀落，但命中精確，擾亂了敵人的部署。志丹同志這時高興極了，下令迅速集中『奮勇隊』，限半小時奪下對面最高山頭。接着高崗同志出現了，連聲喊『自衛隊把菉豆米湯先給奮勇隊喝！』並說這是衝破第二次圍剿有決定意義的一戰。『同志們努力，天氣熱，太陽晒，最好把衣服脫光，跑快一些。』老高的話還未完，掛包、衣服都堆在他的附近，一聲衝鋒號，像游泳比賽一樣跳下山溝，直衝上去。

敵人那裏經得起這羣勇士的格鬥，炸彈聲中，只見一羣灰羊似的敗兵狼狽後退，步槍、機關槍、掛包、風衣，滿山都是，義勇軍紅一團先鋒連各山頭皆次第告捷，戰鬥結束了，敵營長擊斃，全營覆沒！

志丹同志的戰略思想，是機動靈活的山地游擊戰。安塞李家塌戰鬥後，他決定以奇兵兼程向西北轉移，襲取安邊定邊，一則出敵不意，擊敵虛處，吸引北線敵人西顧，再則獲得資材，解決部隊經濟困難。軍行化子坪川，忽接後方急報，謂瓦瑤堡石灣之敵圍剿安靖根據地甚急，羣衆夏麥皆被搶割與焚燒。志丹同志立即改變計劃，轉襲靖邊，直接威脅北線橫山石灣側翼，然後東向對付瓦市之敵，結果靖邊城攻克，殲敵精銳一營（屈自鵬部），北線全面震動，不敢出援，瓦市敵聞風喪胆，伏守驚慌，主力轉東北老君殿一戰，二次圍剿即全部粉碎。（張文舟）

四

我們陝北紅軍，在劉總指揮高政委的率領下，於一九三五年陽曆三月間，從楊家園子，馬家坪整營整連消滅敵人起，一股勁到處打着大勝仗，國民黨軍隊寳的屁滾尿流一滿支不住火。趕到陽曆五月上旬，大隊紅軍假裝着北上，挺進綏吳清一帶，給延長城的反動派吃了個冷不防，反動派縣長等一窩子『壞鬆』都叫捉定了，把白匪民團消滅個精光。看吧！嶄新的步槍、駁壳槍、金亮的子彈……明晃晃的堆在營房的院子裹，紅色戰士們實在興奮極了，歡天喜地的撥動着……。

延長城打下了；延川敵人嚇跑了；安定震動了；蘇區擴大了。年青的人們纏上紅布，大批加入紅軍。這夥曾經用過三顆子彈打衝鋒，愛子彈比什麼都還當緊的人，可做到圪蛋上了。雖然自已已經揹滿沉甸甸的子彈袋，但還悄悄的把子彈打埋伏，這是爲了過過打槍癮啊。你聽罷，這裏一槍，那裏一槍，幹部也打，戰士也放。我們紅一團賀團長問誰打槍，我和連長馮德勝都裝着說：『沒有』。東門上機關槍也放開連響了，急得我倆眞像熱鍋上的螞蟻，坐不是，站也不是，因爲東門正是我們一連担任警戒。

馬上就要開午飯的時候，宏亮的集合號督促着全軍整齊的排列在大操場上。總指揮老劉，習慣的用他那嚴峻、英武，但又是親切的眼光，照例齊齊的看了大家一遍。大家都躲避的低下頭去。紅炎炎的熱毒的太陽，蒸烤着大家，每個人頭上滾着豆大的汗珠。

『同志們！』沉重嚴肅的聲音，開始向每一個人說：『爲什麼不讓大家吃午飯而讓你們在這樣紅的日頭下捱晒呢？因爲由於最近紅軍打了大勝仗，大家不愛惜子彈，亂打槍，子彈打埋伏，說明我們的腦筋濁澀了。也就好比槍生銹，需要擦槍油一樣的需要美美的晒一晒，如遲晒一會兒，子彈便會浪費更多。』一陣悶熱的沉寂。『咱們的子彈是流血犧牲換來的。無緣無故的消耗了，不但可惜，而且對不起犧牲的烈士們……』接着老劉耐心詳明的講子彈如何重要，爲什麼要愛護；指出當前形勢和任務以及怎樣保持紅軍革命的鐵的紀律，才能戰勝敵人；並說明兵驕必敗的道理；講的我們心裏一陣陣的難過與慚愧。『最後，大家牢牢的記着：雖然二次圍剿基本上粉碎

—117—

了，消滅了很多的敵人，但不要讓勝利沖昏頭腦，應該看清敵人還會發動第三次圍剿；雖然我們繳了不少的槍械子彈，但還要用它消滅更兇殘的敵人，進行更艱苦的戰鬥；咱們的子彈要用在敵人的腦袋上！』老劉簡短、有力的結束了講話，廣場上迴旋着響亮的回聲。

我們忘記坐了兩三個鐘頭的疲勞；忘記了熱汗浸透了敵人給我們補充的灰色新軍裝；也忘記了口乾舌燥；愉快的交出埋伏的子彈，立刻自動糾正了不好的游擊習慣，亂放的槍聲再也聽不到了。

直到今天，在我深深的回憶裏，還牢牢記着老劉給我們『晒腦筋』的話，在工作中警惕自已。（馬光俊）

五

志丹同志的黨性，是無比堅強的。他了解了而且處處實踐了黨的利益高於一切、黨員服從黨的組織的原則。陝北紅軍是他親手創造起來的，但是他所培養的幹部和他所訓練的戰士，是和黨的利益融洽在一起的，部隊每次整編或調動，從未發生過人事問題。三五年陝北黨為『主觀主義』、『宗派主義』所統治的時候，某些品質卑劣的人為獲取領導權，要陷害他，誤將逮捕他的信交到他的手裏，他為了保存黨的力量，毫不計較自已的安危，自已前往就捕。黨中央到陝北後，恢復了他的自由和領導紅軍的工作。那時我在後方醫院養傷，他來看我，我說：『中央來了，誰是誰非，非把問題弄清楚不可。』他說：『黨內歷史上的問題，不必着急，要在為黨忠誠工作中，使黨鑑定每個黨員。』我很受這句話的感動。（王世泰）

老劉！咱們在陝北的革命史上，也曾被主觀主義、宗派主義統治了一個短時期。這一筆賬在你逝世的那天，還沒有徹底算清，但是毛主席提出整風以後，黨中央和西北局領導我們才算清了這筆賬。你和老高的路線是正確的。那些自認爲他是『唯一正確路線』的主觀主義、宗派主義者『欽差大臣』們，今天事實證明他的完全錯誤。我想你如有靈，當會感到興奮吧！過去你會說：『黨是正確的，黨總會把陝北問題弄清楚的。』今天事實是完全實現了。（賀晉年）

六

我原先以爲志丹同志是有點神氣氣（神祕）。一九三四年時，我的腦子還舊，以爲他是星宿下凡。因爲他的『偵查』工作做得太快，眞是神不知鬼不覺的。當時，大家誰也解不下叫『調查』，而叫『偵查』，叫反動派做情報工作的人是偵探，與反動派接近的人也是『偵探』，我們自己打發出去的人也叫『探子』。

老劉每一到『地頭』（地方），就看地圖，他總是斜靠在門口的炕上，打開地圖，看個不休。三四年時隊伍（紅軍）駐在清水縣（現在清澗）的華安寺，我當時是縣蘇維埃糧食部長，也住在一起。一天，老劉指着另一莊子馬家塔，他問我：『吳拐子，你說馬家塔有多少人家？多少大窰，幾口大鍋（做幾十人飯鍋）？』一下把我問住了，我反問他，他一五一十的都說出來，而且都對。我把該村的貧農會長找來問，會長也沒有曉得那麼清楚。從此，我知道老劉眞能行，調查的又快又清楚。但我總不知道他怎麼會知道的，心中老疑惑。於是我就試探了他一回。一次，隊伍頭一天在袁家溝起身，過鄧家塔村而回華安寺，我即問他：老劉『你曉得鄧家塔停有多少人家』？當時鄧家塔貧農會長也在場（先一天，我已把會長問清楚了有多少窰，鍋灶……他給我算了一頓，還專門跑回村子，看了一遍，回來報告我。）老劉笑了一聲，他已曉得我是『試探』他

—119—

的，他就搬開他的小本本一看，又一五一十說出來，窰、牲口等數目現在記不清了，但鍋灶的數目我記得清清楚楚，他說得一個也不差。當場，把我和那個貧農會長怔住了，佩服志丹同志的調查做得眞好。不過、由此也打破了我對他的神祕觀念——他有個小本本在身上，遇見什麼記什麼，而我在工作中也就慢慢注意調查起來。

又一次，隊伍要過無定河去某村，師部駐在市也峁的，帶三個團（紅二十八軍七十八師）。出發時，紅一團走前面，二團走中，三團壓後，師部也在中間，好幾千人的隊伍。老劉已把從師部到過河中間的莊子：川口、黑家堡、市家塔、呼家塬四村的船有多少、大小、河灘寬窄、距離，都弄清楚了。所以當在某村集合時，誰也沒等誰，一齊到了。這把大家弄得驚異了：因爲這幾個村子，在一條河畔，一個比一個遠，但過河後却一同到，行軍次序也不亂，我後來問老劉：「你怎價弄的？敢是「當」着他路畫的？』他笑了笑。

所以志丹同志屢次打勝仗，是有道理的。知已知彼的調查研究，是取勝的一個基本原因。志丹同志的羣衆觀點，爲革命長期打算的思想，也深深地感動了我，有幾件事至今不忘。

隊伍駐在清水時，羣衆擁護送東西：肉、鞋、襪、糧草都不困難，唯有柴缺的厲害，羣衆熱心過餘，把棗樹（清水這東西也是不少）砍下來（有一部份是眞正好樹，還有老的、小的）送來，老劉看見了，立馬給我講：『吳拐子，現在清水糧够多少？牲靈吃的黑豆豌豆够多少？還有，我看老百姓儘送來棗樹當柴，這個問題你要負責，在縣蘇要講清這個問題，不要再砍樹，革命是長期的。』當時誰解下這意思，我就說：『只要革命成了功怕啥？反對家（反動派）來了燒光搶光的，咱們用點棗樹算什麼？』這問題確實也是如此，羣衆當時也情願送來，但志丹同志却堅持着，解釋過來，解釋過去的講：『革命是長期的，萬不要砍棗樹，弄些「圪針」（一種柴）就對，不然羣衆後會覺得受了損失了。』當然，還是老劉講的對。

老劉每到一個地方，總是問羣衆這，問羣衆那，給我印象最深的是老劉關於婚姻問題的看法，那是很有味的。那時，三五年，自由婚姻剛提出，離婚者很多，誰也不注意。但老劉給我談起這問題：『離婚的是窮人多？是豪紳地主富農多？』『男的提出多，女的提出多？』我講：『當然窮人多，女的提出多。』他說：『這裏邊便有問題，你想窮漢跌饑荒（借貸）賺下個老婆，一離了還會高興？』他又問：『你怕不怕？』我說：『人家要離嘛，婚姻是自由的，我也沒法，反正離婚的總是女的要求多，男的不滿意的多。』他問：『你滿意嗎？』我說：『只要我情願，當然滿意。』他說：『對啦，問題出來啦，你們要好好注意，處理這些問題要好好考慮，給婆姨們多解釋，不然男的說：儘離的是咱窮漢，自由個啥毬?!』從此後，我們工作中才注意這個問題，老百姓都說這才像回事。

當時，清水來了個游擊隊，見了老劉，老劉一看他們雜七雜八的，槍上都掛個紅布綠布，綁得很多。老劉就看出問題，把游擊隊負責同志叫在一邊，先和他談了談游擊隊一般情形後，就提出批評：『你們槍上掛的紅布綠布，就能打敵人咧？趕快把那些東西收拾起。老百姓看見，也會不滿的。你們掛那些東西，一來行軍暴露目標，二來浪費東西，第三羣衆討厭。我們今天鬧革命嘛？還掛這麼花紅柳綠的幹什麼？我們是老百姓的隊伍，正正派派的，不要惹得羣衆生厭。』

其時，又來了一批婦女幹部，都是短帽蓋。在一起，嚷嚷吵吵，真是紅火。每個人總提着一個鐵絲扭成的棍，揹的掛包上，都綉着白花花，弄得很精緻。這也被老劉發現了，他又把她們叫過來，很關心的問了她們工作情形，慢慢地談到她們的作風：『這樣不好：向後要老老實實，在工作中好好教育老百姓女人，腦子裏有革命的思想，擁護紅軍，白軍來了學會埋東西。平常要過光景，不要光鬧離婚，你們揹掛包是對的，但不要加什麼花邊，正正派派價，不要惹羣衆反感，你們對婚姻問題，要好好解釋，一切為了羣衆！』

還有一次，由袁家溝起身，隊伍要去打綏德縣某村，翻過一座山，正是五六月時光，穀苗一尺多高，剛下罷雨。有一連隊伍下山走，老百姓莊稼被踐踏壞了不少，我當時三句不離本行，向他們提出意見，不要他們走老百姓地裏，他們不聽。到了駐地，我便給老劉講了一下，他命令召集隊伍，講話批評。他說：『咱們時才（不久）是箍着手巾出來的人（一般農民裝束：頭纏手巾），咱們就忘了嗎？咱們剛從草窰洞裏出來。就忘了吃食傢具了？同志們不行呵，要時時刻刻爲羣衆，踏壞莊稼不好！』他說得大家都低下頭來。從此軍紀更好，羣衆對隊伍更加熱愛了。

上述幾件事，看起來都很小，但却非常富有教育意義的。讓我們努力來完成志丹同志的未竟事業，更好的紀念他！

（這文章是根據吳台亮同志談話記下的，台亮同志曾與志丹同志一起工作多年。——袁烙）

七

志丹同志對同志的培養與教育是太令人敬佩了，像我這樣的庸才，參加戰鬥不久，就把我從副連長提到司令部做起參謀主任來了。我當時不僅弄不清一個參謀應當做些什麼，而且連這個職位都很希奇，因此實質上一天上只有兩大任務：（一）出『口令』。（二）看哨位。此外我老實找不到再多的事辦。志丹同志慢慢分配我派偵察員、交待任務，回來問什麼，繪圖、定教育計劃、做戰鬥統計。那樣仔細諄諄善誘的精神，是多麼有力的推動呵！馬家坪戰鬥後，因爲我負傷休養，一見面就慈祥的說：『文舟，今天打仗俘虜了很多藥品，還有七八個醫生，慢慢養好傷到前方來。』這是多麼親切的同志友愛呵！

志丹同志的樸素生活是共產黨員的表率，他連塊像樣的被子都沒有，只有一件破大衣，躺下就睡，起來就走，有烟吸一支，沒煙幾天也不找。他飯量不大，喜歡吃蕎麵『河洛』，找下蕎麵就喊老楊（當時八十四師師長）吃壓河洛配羊肉的胡蘿蔔湯，每在吃飯中，偵察員回來了，他就丟下碗談話，等把人又派出去，才繼續吃那半碗冷飯，有時就乾脆出發走了。（張文舟）

志丹同志是善於團結羣衆，團結黨外人士的。不僅黨內同志敬佩他，而許多西北的友軍軍官也欽佩他。他能團結各種各樣的人，有些過去是哥老會，經過了他的教育，現都參加了革命，並成爲我們很好的政權工作幹部和軍事指揮員。他在軍隊中與戰士共艱苦，常常自己步行，把馬給傷病員騎着。（王世泰）

你對同志是那樣的親熱。我們在一個鍋裏吃飯。你沒有鋪蓋，就只是身上穿一件黃大衣，你白天穿它，休息時坐它，到晚上鋪它、蓋它。我們受了傷，你把馬給我們騎上。在這樣的艱苦情況下，沒有看見你疲倦，沒有聽見你說一句怨言。你是我們真正的領袖，吳堡老百姓和我們初見面時，他們把你和高崗同志的手拉住摸來摸去不肯放鬆，那樣親熱，就好像一家人的骨肉。（賀晉年）

左權同志革命史略

左權同志湖南醴陵人，殉國時年三十六歲。早歲習軍事於廣東湘軍講武堂。黃埔軍校開創，左權同志爲第一期生。畢業後即參加東征及囘師廣州諸役，未幾與陳啓科同志在廣州考入莫斯科中山大學，遂轉往蘇聯留學。其後左權同志又與劉伯承、劉雲、陳啓科等同志轉入蘇聯陸軍大學攻讀。民十九年畢業歸國。劉陳兩同志相繼犧牲，左權、劉伯承兩同志則先後馳抵江西中央蘇區。歷任紅軍學校教官，野戰司令部作戰科長，紅軍第十五軍政治委員，旋任該軍軍長。民國二十二年調任紅軍第一軍團參謀長。紅軍長征到達陝甘甯後，於民國二十五年調代紅軍第一軍團軍團長職。抗戰後紅軍改編爲第八路軍，左權同志即任第八路軍副參謀長職，轉戰華北，與敵人搏鬥。三十一年六月二日，晉東南周圍日寇三十六師團、四十一師團等主力三萬餘人，向我太行區大舉掃蕩。左權同志於率軍出擊麻田敵寇之際，不幸於戰鬥中壯烈犧牲！計左權同志自十九年歸國起未嘗一日離開軍隊，抗戰五年，更未嘗一日離開前線。左權同志在軍中喜歡研究，喜歡譯著，對我軍之正規化建設，尤多貢獻。

左權同志軼事

景伯承談
田稼豐記

六月三號——想起這個難忘的日子，心中就沉甸甸的不舒暢。左參謀長殉國三週年了，日子過得好快啊！……

一九三七年四月，在雲陽鎮我跟他當特務員，那時我十七歲。第一次見面時他問我：『你讀過書沒有？』我答：『七歲上讀過五個月，現在丟光啦！』當時他寫了『無產階級的戰士』七個字叫我認，我只認得『的』和『士』，他教給我其餘的幾個，我當天認會了，晚上給他送開水的時候，我把默寫的生字交給他：『參謀長，你看對吧？』他點着頭，笑着說：『不差，不差！聰明的娃娃。』他誇奬的拍拍我的肩，又摸摸我的頭，鼓勵我：『好好學習，長大了多為革命做工作。』

第二次，他問我在家幹什麼？我說：『放牛。一九三三年十三歲參加紅軍。』

『你為什麼要參加紅軍？』

『打土豪，分田地，打倒資產階級吃南瓜！』

他又問『什麼叫做資產階級？』這一下我可『抓瞎』啦，看看天，望望地，半天答不出來。他沒有多解釋，只囑咐說：『明天好好聽指導員講政治課，就會明白的。』

眞倒霉，正工作得起勁的時候我病了。有一次做夢回家，五六年不見的家人，多麼親熱哟，姐妹兄弟們圍攏來問長問短，媽媽一把拉在懷裏用手撫摸我的頭，禁不住高叫一聲：『媽！』醒

—125—

來一看，却是參謀長在撫摸我。

『病好些吧，想吃什麼叫衞士長他們去做。』

我沉默着。參謀長繼續說：

『你想家嗎？可以寫封信回去問候他們，告訴他們你在打日本救中國。』

『不，我沒有「家庭觀念」，我要跟你到華北打日本去！』

蘆溝橋事變後不久，八路軍開赴前線了。

打日本的生活是艱苦的。每天晚上熄燈號吹過好久，我才給他端開水，洗臉水去，那樣深的夜，不是見他在辦公桌上寫什麼，便是在看書，或者端着小洋燈在牆上看地圖。他晚上睡得遲，早晨起床却很早，有幾次，他來叫我打洗臉水，我還沒有起床呢！特別是黨開六中全會時，朱總司令和彭副總司令都去延安開會了，參謀長一人更忙，他日夜不停的工作，操勞過度，漸漸瘦削了，有一次我聽一科長對四科長說：『參謀長身體不好，你們在生活上照顧一下吧！』一科長的提議就是說：另外給參謀長作點飯菜吃。但是參謀長不允許，他嚴詞拒絕了。

一科長王政柱同志剛從延安來，沒有墊的，參謀長告訴我把他一床最好的毛毯送給一科長，而他只剩一床又薄又窄的棉褥。一條褥單，已破了幾個窟窿，經我一洗，簡直『花』得像張網。我拿着破褥單向他說：『參謀長，褥單破得不行了，到供給部換一床新的吧！』他只顧忙着辦公，看都沒看就答覆：『不要換，用針縫起還可以墊。』

『眞不行了呀！』

『那有縫不起的布，縫一縫，好同志。』

我只得低着頭去縫，縫了這裏，還有那裏，針又掉，線又斷，越縫越生氣，不由得嘟嚷着：

『爲什麼不換個新的呢？眞麻煩……』話說出口，又覺後悔，趕快跑起來看看：還好，他沒聽見。

他腰裏紮的那根舊皮帶，輭綿綿的像根皮條，依我說早就應該換了。一天，四科管理員交給我一根新皮帶，我對參謀長說：『換個新的吧。』他遲疑的把自己的舊皮帶端詳了一陣：『還可以紮。』

『我建議你應該換一換了，參謀長。你常到友軍去，是必要的。』

他終於接受了我的意見，但仍留戀的拿起那根舊皮帶說：『還是三二年紅一軍團的紀念品！』

他的襪子實在破得不能穿了，脚後跟上的補丁三四層，再不好縫補了，我向他建議：

『把津貼費買兩雙襪子吧。』

『吃煙呢？』

他每月只有五塊錢的津貼，買了襪子便不能買紙煙。目前經常熬夜工作的情况下，紙煙似乎比襪子更需要些，因此決定：『暫請老百姓補一補，對付到下月再說吧。』

一九三七年到四二年的五六年間，我先是不離左右的跟着他，後在集總和野政工作，從未見他發過一次脾氣，甚至連重話也沒說過。他總是那樣和靄誠懇，細心耐煩的，像媽媽一樣的教育我。那末，是不是說我工作中一點缺點也沒有呢？不，我的缺點很多，甚至是嚴重的，隨便舉兩個例子來說吧：

三八年春，他因要事到臨汾八路軍辦事處彭雪楓處長那裏去，頭晚上告訴我把路線調査好，而我只顧打球貪耍了，第二天糊里糊塗帶上走，走到一個沒有去路的絕地，才知錯了。天色已晚，只好轉回。這樣馬虎的沒有完成工作任務，心想他一定會罵我的。其實不然，只在夜晚洗臉時，他才和靄的對我說：『把事情做完，再去耍，以後要注意養成這種習慣。』雖是輕輕的幾句，我慚愧得半夜都沒睡着覺。

另一次是他從衞立煌處開會回來，我騎的是彭副總司令的大紅馬，剛從趙城過了汾河，大紅馬撒起野來，一溜烟的跑回洪洞駐地，把參謀長丟在後面，一個多鐘頭後他才回來。我這次的缺點也是很大的，但參謀長回來看到我的第一句話，不是批評，而是關心的詢問：

「沒有摔倒吧，把馬嚼口勒緊點牠就不會亂跑了。今後小心點，摔壞身體是很不值得的。」

彭雪楓同志革命史略

吳芝圃
張　震

雪楓同志出身於河南鎮平之七里村的極貧苦農家，殉國時年僅三十九歲，其父除耕作以外，以織綢爲副業。雪楓同志幼時受業私塾和小學，課餘即幫助父親織綢，從小即鍛鍊勞作生活，後因家庭人口增加，又遭荒年而輟學，其堂叔彭秉廷先生因其聰明，嘉其志，乃抽自己薪俸之一部，供其求學於西北軍子弟學校。

至五卅運動時，雪楓同志即開始爲革命工作，於一九二七年九月在北平由團轉黨，在華北黑暗殘酷艱苦的環境中，不屈不撓的參加青運、工運、農運、兵運等工作，都能够很好的完成黨所交給他的任務，並參加北平南郊起義。

在內戰時期，黨中央軍委會因雪楓同志受過軍事教育，於一九三〇年二月由上海介紹到蘇區紅軍中工作，在湖北陽新大冶參加紅八軍五縱隊三大隊任大隊長，此後六七年間歷任大隊長、大隊政委、支隊副、支隊長、師政委、師長、軍政委、紅大政委、軍委第一局長、師長、團長（長征後縮編時）、縱隊司令員、師政委等職位。在內戰時的激烈鬥爭中，雪楓同志已成爲一個勇敢英明的指戰員。一九三〇年秋，紅軍第一次攻佔長沙時，首先攻入城內直達湘江河畔的，即爲雪楓同志所率領之大隊。一九三三年撫州八角亭戰鬥時，雪楓同志已担任第三軍團第四師政委，在與白軍第四師戰鬥時，曾親率通訊排以反衝鋒打垮了敵人之衝鋒，穩定了戰局，使敵人不得不在飛機輪番掩護下，向撫州竄退。但雪楓同志亦於是役光榮負傷，直至殉國前，其腹部在長距離行軍中，仍感不便。同時在艱苦的戰鬥與工作中，使雪楓同志成為一個堅定、沉着、機警、靈活，以及善於說服教育的政工人員，最顯著的例子如一九三二年廣昌戰鬥後粉碎了叛徒郭丙生的陰謀，保全了主力，故一九三三年全蘇大會時，曾授以紅軍勳獎章。雪楓同志很注重宣傳教育工作，在紅軍時期即親自動手辦報紙，他平時態度嚴肅，但對戰士的態度是極其和藹可親，當他任紅三軍團第五軍第二師政委時，部隊中對他曾有一個別號叫『講道理的』，因為他對不守紀律的戰士，總是以說服教育代替懲辦。他工作認真，一直保持着事到即辦的作風。

一九三六年抗戰高潮到來，內戰剛要停止時，他在紅大學習了一個短時期後，即奉命赴晉工作，後任八路軍駐晉辦事處處長，並於臨汾成立辦事處學兵隊，先後訓練青年幹部送往前方者，達五百餘人。一九三七年底太原失守，駐晉辦事處移臨汾，遂於一九三八年春奉命率駐晉辦事處之一部赴河南，抵確山竹溝後，即參加河南省委工作，協助周駿鳴同志整理部隊東進抗日，即為當時之新四軍四支隊，後為某師五旅。嗣於留守處辦教導隊，共辦三期，訓練數百青年，遂成立補充大隊送往前方。

至一九三八年夏開封失守，豫東皖北淪陷，該年秋，奉命率竹溝留守處之部隊東進抗日，於十月正式組織新四軍游擊支隊，由雪楓同志任司令，後奉命改為新四軍第六支隊。當游支行抵淮陽時，第一次與日寇騎兵作戰，雪楓同志身先全體指戰員，親自衝鋒佔領有利地形，率將敵人擊敗。嗣即活動於豫皖蘇邊區鹿邑、商邱、柘城、睢縣、杞縣、太康、蕭縣、永城、宿縣、夏邑、渦陽、亳縣各地，展開游擊戰爭，打擊敵人，同時發動羣衆整理地方黨所建立的游擊部隊，當時部隊經費困難，雪楓同志以身作則，日食高粱、紅芋，在黨中央、華中局領導下，與全體指戰員、地方黨員共同努力，遂於一九三九年及四〇年不足兩年的短期間，壯大了武裝，創造了豫皖蘇邊區根據地的初步規模。而彭司令的名字，也深刻的印在每一個羣衆的心頭，適八路軍×××師

××旅南下，十八集團軍總部命令以六支隊與××旅合編為第十八集團軍第四縱隊，雪楓同志任司令。

一九四一年春皖南事變，奉黨中央命令改為新四軍第四師，雪楓同志任師長，時國民黨反動派湯恩伯部復企圖發動大規模的內戰，竟派遣大軍向豫皖蘇根據地進攻，我方為顧全大局計，乃由雪楓同志率部轉移路東淮北邊區，繼續堅持敵後抗戰，當時活動於淮北某部也奉軍部命令，改歸四師節制，最近三年來，雪楓同志在上級與邊區黨的領導下，日益努力於軍事建設，如整訓主力、發展地方武裝、組織民兵等，並粉碎敵人屢次大規模的『掃蕩』，與反共份子不斷的陰謀進攻，還適時的對敵發動強有力攻勢，收復成百以上的敵偽據點與廣大地區，解放了成百萬的人民，使邊區日趨擴大與鞏固，雪楓同志的努力與功績是會永遠留在淮北蘇皖邊區人民心中的。

一九四四年春夏之交，日寇大舉向中原進攻，湯恩伯部不戰而潰，使中原人民更加陷於水深火熱的悲苦境地。為了解放淪陷區受苦受難人民，乃派遣有力部隊進入路西豫皖蘇邊區。部隊西進以後，獲得路西廣大群眾擁護，雪楓同志亦於秋初赴路西指揮殺敵，適隴海線之敵配合各據點敵偽於九月中旬進行較大規模的『掃蕩』，雪楓同志乃親率部隊與敵轉戰於蕭縣、宿縣、永城、夏邑之間，予敵人以猛烈打擊，不幸竟於此次戰役中，英勇犧牲。

雪楓同志與我們永別了，但他對於黨對於無產階級革命事業的無限忠心，他的二十年如一日艱苦卓絕為黨工作的精神，他的英明果斷與剛毅不拔的魄力，他的努力學習與近年來極力約束自己，努力糾正弱點的態度，他的廉潔奉公一絲不苟的生活，以及他在二十年中所做的事業，都是光榮不朽的，都是值得我們學習的。

追憶彭雪楓同志

陳毅

得到彭雪楓同志陣亡淮北前線的消息，對於我的心靈是個極大的震驚和痛苦。中國喪失了一個民族英雄，黨和新四軍喪失了一個重要的幹部，我自己也喪失了一個親密的戰友！

我與雪楓見面第一次是一九三一年反三次『圍剿』之際，他在三軍團二師任政治委員，我作贛西南地方工作，他來我處商量發動人民配合紅軍作戰的事宜，初見的印象是「少年英氣撲人眉宇」。第二次是反四次『圍剿』前的宜樂戰役，他來江西軍區要我協同他處理叛徒郭丙生問題，這件事他辦得很好，挽救了部隊，表現了我們紅軍的政工人員的領導作用。這個時候，我看出他應付事變的機警和能力。第三次是在一九三四年夏反五次『圍剿』時，他奉命任江西軍區政委，到部之日，我赴西線任西方軍工作，一切軍區後方全部工作由他獨立處理，兩個月左右處理得很好。是年冬他奉調隨大軍長征，我們從此分手，直到一九四二年秋淮海陳道口戰役才又重見。這個時候他任新四軍第四師師長，十年重逢，長談竟夜，我覺得他當年英銳之氣收斂很多，似乎正轉向沉着老練方面，而嚴肅整飭，仍一如往昔。這個時候正當皖南事變之後，國民黨厲行武裝反共政策，配合敵偽向我軍進攻，我新四軍全軍處於被夾擊狀態中，而我軍第四師則更處在被夾擊的最前線。雪楓同志領導第四師幾經艱難困苦始脫出危局，轉到鞏固發展的道路。雪楓同志此時的修養上有極大的進步，其特點是勇於自我批判，努力虛心學習。我認為不怕自我批評，不怕反省，不怕揭露自已的弱點，是我們黨員和幹部改造自已提高自已必須具備的革命精神。多年在革命鬥爭中有功勞的人，如雪楓同志，他敢於揭露自己，批判自己，這種勇猛精進的革命精神，正是我們同志應向他學習的，連我自己在內。試看在近幾年我黨的偉大整風運動中間或也過着有拒絕或躲閃自己批判的人，這種抱殘守缺故步自封的庸俗習氣，其作用只在於使自己腐爛，等於拒絕日光和新鮮空氣。毛主席警醒我們，要每天洗臉掃地的譬喻，正是對症良藥。我認為假如一個人是真心忠誠於人民革命事業，願為人民事業作英勇自我犧牲，則事業為重，自己為輕，就不會對自我批評却步。雪楓同志犧牲了，他生平的一切長處，為人人所共覩，而近幾年這點尚不大為人所知的美德，我認為特別值得介紹出來。這正是雪楓同志對人民事業的無限忠誠的具體表現。

從一九四二年之後，雪楓同志主持淮北根據地及四師工作，把四師這個抗戰後新建設的部隊提高其戰鬥力，與華中各老部隊並駕齊驅，又經常親赴前線指揮打破敵偽「掃蕩」，鞏固淮北根據地，又歷次親身主持淮北民兵會議，開展廣大民兵運動。又迭次主持淮北參議會工作，奠定民主政治基礎，這些優異成績都與雪楓同志的名字不可分離。我相信雪楓同志這些貢獻和努力必長留遺愛於蘇皖人民的腦海中間。雪楓同志的犧牲實是人民與黨的絕大損失。

在我黨領導的偉大的抗日民主事業的道路上，又新加添了雪楓同志的英勇犧牲。對於一個同志，一個幹部，一個戰友，一個典型革命人物的英勇犧牲，我曾親見毛主席、中央各同志和全黨同志所引起的悲痛。這個悲痛將轉移在加強全黨的工作上面。我們紀念他，學習他，在工作中不忘記他，則他的一切長處和美德將幫助我們在工作中前進。去完成我們偉大的抗戰與革命事業。

（一九四五年一月廿四日）

悼胞兄雪楓同志

彭之久

當我在報紙上看到你壯烈殉國的噩耗時，像一顆巨星從天空中墜落，在我的眼前震撼了。我沉痛而顫抖的呆望着，滾出了止不住的眼淚。哥哥，訣別了，永遠的訣別了。

哥哥，你的死，是値得的。爲人民爭取自由求解放，爲黨的事業犧牲了自己。你已經無愧於黨的栽培，無愧於祖先及子孫的了。我現在所痛惜的，是黨損失了一個階級的戰士，中華民族損失了一個好男兒。自己失去了一個親愛的手足，和嚴正的教導者，這種無限的悲傷，何時才能停止呢？

今天（二月七日）黨中央向你致祭，淮北千萬軍民在洪澤湖畔，送你安息。我恨無雙翼，不能飛赴淮北撫柩痛哭。謹在沁水之濱，以滿腔的熱淚，向你遙致哀悼。

你是黨的高級幹部，是黨軍中的領導骨幹。二十年來，爲黨爲人民，英勇奮鬥，功垂祖國。這些功績，是在黨的教育與栽培下成就的。從你的個人歷史上看，在幼年時，就具備了英勇機智，愛國愛民的優良品質。

咱的故鄉——河南，地處中原，向來是多事之區，連年軍閥混戰，兵匪交加，曾記得幼時祖父常囑咐咱們：『咱是河南鎮平縣七里莊的人，可不敢忘記了』。怕咱們被匪衝散了，找不到家。

你爲了保衞故鄉，自動每日早晨隨着七十多歲的老祖父，苦心練武，爲了學騎馬耍槍，曾因騎人家馬摔壞了胳膊，咬着牙不哭不叫。爲了學快跑，裹鉛丸，把腿肚蹬的像蜂窩一樣，也不表示怕痛退縮。

特別使我難忘的，是那年春天，土匪在村邊燒房子打槍，我和父親在家裏嚇得發抖，你從容的在月夜中把我引在村外的水溝邊，荊棘稠密，我們急的鑽不進去，你却不畏針芒，撥開荊棘，拿棉衣裹住父親的頭，把我們護送進去，安全的坐到天明。在幾次的匪警中，你都是先把家裏人隱蔽後，才揹了槍和村裏的人巡哨去。

祖父不信神鬼，你也反對迷信，向村人揭破了紅槍會把彈藥倒去，反說打不入身的騙術。並且積極的號召村人，反對紅槍會，『依靠大家團結，保衛家鄉』。在你的影響下，咱村沒有一個參加紅槍會的。

爲了積極對土匪作戰，你又號召村人買槍彈，在村口要道設置鐵絲耙齒……等許多障礙物，周圍佈置着小哨棚，前面也按好鐵絲網鈴，你與大家一塊兒巡着哨——那時你不過十六七歲，但團結禦侮，保衛家鄉，已成爲村裏的中心人物。

哥哥，我們是勞動人民的兒子。你自幼感受着被壓迫被剝削的苦楚，對舊社會充滿了深刻的仇恨。

記得有一回，我倆和父親出城門時，被門警猛然拉住，把父親的褡子亂翻亂摸，結果，竟意外的摸出一排子彈來，處我們罰金，而你表現無限的仇恨。但是在這種栽贓陷害的欺壓之下的我們，只有暫時忍受了。

過年時節，咱們一樣受着高利貸的壓迫。大年三十要債的兇傢伙們，還坐在家裏不走。父親躲着不敢露面，母親也嚇得沒有辦法，你不耐煩的應付着，有時逼狠了，你罵他們是『兇鬼』。當這些『兇鬼』們因向別的窮人索債，逼的打起架來的時候，你總是希望窮人打的勝利，恨不得

—135—

也幫幫拳頭，把這些『冤鬼』打回去。

一次，一個土豪的兒子，把着望遠鏡向一些窮孩子誇耀他的富有，但又不許這些窮孩子看，表示他的鄙棄和吝嗇。你恨了，一拳把他打在地下，替大家出了一口氣。你常常把欺侮人的地主的兒子，打的哭起來，惹得人家找上門來，家裏因這賠過不少的不是。

那次，我倆在城裏，那個衙役，蠻橫無理，擾亂玉石舖的生意，你怒不可遏，你幫着掌櫃，把那個衙役痛痛的打出去。

你也最富有同情心，對窮苦的人，常是想盡辦法幫助他們，因為玉石舖的小學徒，常年被束縛在磨床上，兩隻手不論冬夏，都整天泡在水裏，你便常常接近他們，關心他們，並且鼓勵他們唸書上進，好解除束縛。

那年冬天，好多難民住在村裏，他們餓的在街上搶饅頭吃，你不僅勸阻索饅頭的人打罵難民，並且給難民們送飯送菜，他們在飢寒交迫中，才得以不死。

你天資聰明，在學習中力求上進，並且是在艱苦奮鬥中堅持學習，當你很小的時候，伯父給財主家教學，你也跟着唸書。因為比別人穿的吃的都很粗笨，曾經受人的小看和奚落，但你安心求學，絲毫不為這些所牽動。

我們穿鞋很困難，你在高小時為了省鞋，從城裏回家，常是光着脚走路，直到村邊，才把手提着的鞋穿上。回了家，不休息，總是幫助父親上地，幫助母親做飯，夜裏我睡一覺了，你還在唸書。

由於你的艱苦好學，受到村人嘉獎，母親賣了她賠嫁的手飾和布疋……伯父當過他的衣物，全家節衣縮食的，想供你求學，終因經濟上的壓迫，你從天津南開中學轉了北平匯文中學，那時，你的來信寫着：『窮的連理髮的錢也沒有……』，又不得不轉了育德中學，今是中學，雖然一連串的轉了四個中學，也沒有挽救了失學的厄運。但你始終和艱苦困難搏鬥着，最後投筆從戎，又轉入西北軍中學。

你是人民最好的勤務員，是我最正的教導者，爲黨、爲人民，忠心耿耿的服務精神，是值得我們永遠學習的。『五四』運動的那年，我在城裏見你指着一幅日本强盜侵略朝鮮的圖畫，向大衆呼喊着：『中國人民，團結起來，打倒賣國的北洋軍閥，不要同朝鮮一樣的給日本當牛馬。』你喊着哭着，在你的感動下，我與聽的人們也流起淚來……那時你才是住高小的時代。

後來你從天津回家，路上沒有盤費，我到南陽去接你，你僅僅穿的一身很髒的白罩衣，在路上你首先就憤恨的告我：『中國舊軍閥還沒有打倒，新軍閥又起來了，蔣介石抱着一顆死人頭（孫中山）作招牌來剝削老百姓，河南的人民更苦了。』我當時還不大了解你的意思。

每當鄉鄰在場裏吃晚飯的時分，你總在對他們講蘇聯革命後人民都有地種、有肉吃、有工做、有好房子住的故事，引的聽衆又感傷又羡慕。你背着人們告我說：『革命並不難，像咱村百多戶人家，只有兩三戶是地主，那九十多戶團結起來推翻他們是容易的。』我聽了很興奮。

民國十八年，我和你在天津伯父家見面，你問着父親的健康，提到母親的死，都哭起來。你關心我的前途，要我半工半讀的自求生活，可惜始終沒有機會實現。

那天伯父說你不顧家，並說革命太危險，你堅持着說：『革命是顧千家萬家，不能只顧一家。』和『既革命就不怕危險』的說法，和伯父吵起來，從此你忿忿的離開伯父家，靠的十幾元錢的稿費，住到法租界去。

沒幾天，伯父就說你險些出了岔子。原來你們住的七個革命青年，就有六個被捕了，你沒有遭險，是因爲不在家。幾個月後，才知道你跑到了煙台劉珍年的政訓處，後來我也背着伯父跑了去。當我提出『我也當個兵吧！』徵求你的意見時，你爲我的前途着想，指出還是軍閥部隊，槍

—137—

口專向人民的，再叮嚀要我『學些有利於人民的工作』，並表示着你也不會在這裏久待。當我病了，你把我送入醫院後，便也離開了煙台，從此，便很少知道你的訊息。

六七年間，我牢牢記着你『學些有利於人民的工作』的叮嚀。埋頭學了醫，直至一九三六年冬天，才又在太原見了面。那時我正在醫校學習，你對我的學醫很同情，並勉勵我：『這是最具體的工作，學了爲紅軍服務』。由於多年革命的奔波，你的臉是瘦瘦的，兩腮已顯出一股股的皺紋。可是當時我也看出了在黨的教育與革命鍛鍊中，你更堅强更智慧了，更有氣魄了。我邀你到飯館裏，但你堅持簡單的節省，只做了五毛錢的水餅子。哥哥，你這種艱苦樸素的作風，感召了我，成了我永遠記取的規範。

雙十二事變後，我們在太原青年會相見，你駁斥了我當時的一些不正確的意見，耐心的解釋黨和革命事業所要執行的主張。由於你這樣的教導，更啓發了我對黨對革命的新思想。你堅決的執行黨的決議的品質，很感動我。『七七』事變後，你把我介紹入黨軍——八路軍工作，更開始了爲革命而服務的新方向。

太原一別又是八年了，抱憾的是我在這八年中竟與你隻字未通，只是在報紙上經常看到你不避艱險的領導着第四師健兒們，轉戰於大江南北。我每逢讀到新四軍的勝利消息時，就像見了你一樣的興奮。特別是去年當國民黨軍隊正面戰場節節敗退之時，你指揮大軍，主動出擊津浦、隴海各線，威震中原。我只盼光復全豫，晤見有期，誰料竟是永久的訣別了。

哥哥，今天我雖不能親自送你安息，可是有淮北一萬六千餘軍民，津浦路廿餘萬難民，日本與朝鮮的國際友人……他們都爲你獻花，爲你恭祭，爲你殯葬。延安黨中央及各界代表，也爲你舉行隆重的追悼，更有千百萬的革命人民，永遠的爲你哀悼。

你英勇犧牲的氣節，與勇於自我批評、克服缺點的精神，將成爲全黨全軍學習的榜樣，同時

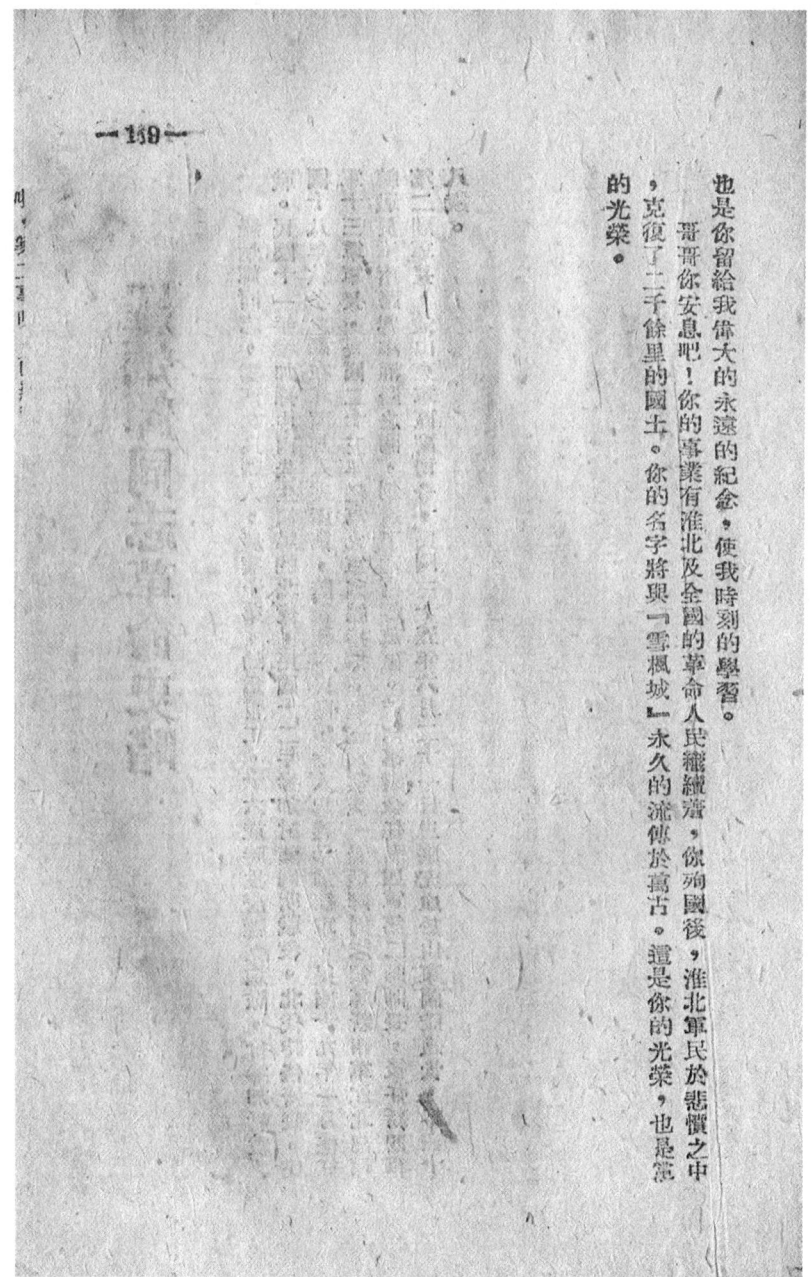

也是你留給我偉大的永遠的紀念，使我時刻的學習。

哥哥你安息吧！你的事業有淮北及全國的革命人民繼續着，你殉國後，淮北軍民於悲憤之中，克復了二千餘里的國土。你的名字將與『雪楓城』永久的流傳於萬古。這是你的光榮，也是黨的光榮。

羅炳輝同志革命史略

羅炳輝同志，雲南彝良縣人，農家子弟，幼爲幫工，十六歲時投唐繼堯炮隊，曾參加討袁之戰。民國十一年參加孫中山先生領導的北伐，民國十二年參加討陳炯明戰役，北伐時任營長。民國十八年秋冬之際在江西加入共產黨，隨後親率民團千餘人起義參加紅軍。民國十九年一月任紅軍十三軍軍長，民國二十三年任第九軍團總指揮。抗戰爆發後，羅炳輝同志領導新四軍江北部隊轉戰於淮南路與津浦路之間，創造了淮南解放區。皖南事變後任新四軍第二師師長，後任新四軍第二副軍長，兼山東軍區副司令，民國三十五年六月二十一日患腦充血於山東蘭陵逝世，年四十八歲。

人民的福星——羅炳輝

葉 華

抗戰初期，華中敵後的人民，相傳一個傳奇的故事：『有一位天神，看見日本鬼子蹧踏老百姓，便下凡來，揮動他的神兵，攔住了鬼子，救了我們。』

從此，人民以『我們的救星』，『我們的羅司令』來稱號這位『天神下凡』的羅炳輝。

羅炳輝，魁梧奇偉一個大胖子，敵後戰場上，威名赫赫，八年如一日，歲月披星勞碌奔波於洪澤湖、高郵湖畔，津浦路、淮南路的兩旁，南渡長江，北過淮河。他率領一支裝備破舊不堪的隊伍，但這支隊伍，在戰鬥意志上，依仗人民的支持，却裝備得最完美，最剛强。

二十八年的深秋，敵寇北由徐州，南經沙河，西從張八嶺，進攻皖東的來安，要用『武士道』血腥的指揮刀，將這城市宰割。

『我們羅司令』，對着這批來勢洶洶的『皇軍』很不客氣，領着他的隊伍，在來安城西郊，白天打，夜裏打，站着打，坐着打，睡了爬起來還是打……。硬在巴斗山上殲滅了他們。『皇軍』惱羞成怒，又從徐州調來精銳部隊增援。羅司令把部隊從敵人夾攻中抽回，讓他們自己打自己。他却悄悄的繞到敵人後側，對準他後腦勺，來一個迅雷不及掩耳的襲擊。

羅司令很清楚知道敵人胸襟狹小，吃了虧不忘記報復。果然，二十九年一個夏天的黎明，晨風捲着兩道塵土，『皇軍』滔滔進了來安城，可憐的士兵，爲他們可憐的命運瞎忙碌，架鐵絲網啦，築工事呀。而羅司令瞅着他們却在暗暗的笑。

總攻號令發出了——西邊山嶺一縷烽煙，遍地是狗咬，西北門燒起熊熊的火，四處砰砰磅磅槍響，接着四個城門冒黑煙。成百成千的『皇軍』，以新四軍『運輸隊』光榮稱號，在中國人民的來安城，舉行了純粹『大日本』風的火葬祭！

大別山的國民黨軍，也承認這空前的勝利，紛紛致電慰勞，讚譽這開華中抗戰新記錄的功勳。

敵寇被打得頭破血流，居然又再來，那是因為羅司令——不，這時他已經是師長了，率領的人馬伸到了揚州，威脅他們太厲害，只好硬着頭皮出來，企圖截斷新四軍從天長到揚州，揚州到儀徵，儀徵到天長三角連環交通線，哼，才到六合東邊，就被羅司令繳了械。敵寇人多，這邊繳了械，那邊來個大包圍。羅司令，從容鎮靜的把握敗中取勝的規律，飛快的將部隊從險惡的環境裏撤回，回答他一個反包圍，結果敵人完完全全被殲滅在金牛山上。

像來安，像金牛山，像二十里岔，像……千百次陣戰中，表現了他卓越的指揮藝術，給予人民的武裝以確信，我們有了勝利的核心，千百次陣戰中，表現了他頑強的戰鬥意志，給自由人民以確信，我們自由有了保障。

人民稱他為『我們的』『救星』，始終不忘記他們第一次認識他時的銜頭——羅司令，當然，這主要基於共產黨的基本原則，但也不能否認這位將軍一貫為人民謀福利的秉質獨厚。

『官不小，架子不大，天下少有。』這是人民對他一般的評語。

在華中，特別是津浦路兩旁的老百姓，最熟悉『羅救星』，他在一個莊前走過，莊上的農民大聲吆喝着：『羅司令來了！』『羅救星來了！』丟下耕具，歡天喜地的擁到大路上：『羅司令，上我家喝茶。』羅司令一定彎着腰走進農民的茅舍，喝着農民山楂葉泡的熱茶，坐上小板凳，和農民們促膝談心：『糧食接得上明年的麥子嗎？』『沒有人問你逼着要稅，窮根可以刨掉了？』

』滔滔不絕的談開了；小孩們踮着他的膝蓋，依在他懷裏，攀上他肩頭，『羅司令，再給我們講個紅小鬼的故事！』『慢慢來，我先問你，學校先生告訴你，太陽從那裏出來？』『你兒童團盤查放哨逮了幾個漢奸？』

被小孩子和老年人包圍的『羅司令』，咧着嘴，活像一尊佛像，一點沒有戰場上那種威嚴的氣概，却有母親對於兒子那般的慈祥，兄長對於弟弟的關懷，學生對於導師的尊敬，患難相共，生死相依，朋友間的俠義，溫暖、懇切、渾厚溢於談笑間。

羅炳輝將軍，在紅軍時代，當過軍長，總司令，抗戰時，他任新四軍支隊司令，師長；現在是新四軍副軍長，這樣一位革命英雄，却來自軍閥隊伍，這樣一位高級將領，却來自社會最低層。

他出身於雲南一個貧苦的農家，父母都爲豪紳殺害，從小過着被人拳打脚踢的日子，少年時期，想報父母之仇，認定了槍桿的力量，投滇軍吃糧。

因爲他聰明，肯吃苦，在軍事上具有成績，唐繼堯見他年青有爲可以利用，提拔他當隨行軍士，打開雲南，隨唐出香港走安南，經過海防河內，這些地方的經歷告訴他，帝國主義對中國民族剝削壓迫太厲害，給他印象最深的，中國人帶一根針，一根火柴出口都要受罰，中國人化四塊六毛錢買根煙袋，他要抽你六塊錢的稅，跟他評理，他把烟袋往河裏一丟，擗拍兩個耳光打上臉，還要你罰錢了事。在河內四處掛的萬國旗裏，獨獨找不着紅黃藍白黑的中國旗，青年羅炳輝的心裏，又添了一種新的憂慮和仇恨。

民國十一年，革命軍興，孫中山率領的部隊在桂林誓師北伐，他們的旗幟寫着：『反帝反封建』，青年羅炳輝找着了自己的路了，投奔朱培德，進廣州，入韶關。

陳炯明廣州叛變，朱培德的部隊幾遭全軍覆滅，賴羅炳輝冒萬險，挽救了危局，這是他在朱手下當參軍官時建立的奇功。朱培德器重他，叫他當營長，但所謂『革命軍』，還不出軍閥隊伍

—143—

的老根，講資格，講系統，種田當兵出身的羅炳輝，兩樣一樣也沒有，於是別的軍官排擠他，老連長也不服他，羅營長，只好自己帶個主力連，在韶關和北洋軍閥一個團拚，一個包抄打垮敵人七個連，其餘兩個連一個團長已經掛起白旗，羅炳輝單人獨馬入敵巢，跟他們講救國救民的大道理，軍閥們見他一個人好解決，上來一夥人，要抱住他，他已經掏出手槍，一轉念我這一排子射出去，這些活人全要死，何必呢？仁慈的心腸沒有得到好報，反被降敵逮捕，坐了九個月牢，還是滇軍的故舊將他救出來。

回朱培德部，本該昇官，因他在士兵中不特殊，在軍官中不能同流合污，在三軍九師還是個營長，同士兵一樣，赤脚草鞋。有次行軍歷隊，見一個年老的伙伕因病掉隊，就把馬給伙伕騎，自已挑着伙食担子，所有的軍官爲此轟動，說他『喪失官格！』

『革命成功了』，革命軍人早把參加革命的初衷忘了，吃喝嫖賭，蓋洋房，爲革命戰死的士兵，拋在山上被狼拖，傷兵沒有醫藥，士兵們沒鞋穿打赤脚，他們成天吃不飽，薪餉由大洋改爲雜洋，撫䘏金，醫藥費，草鞋費，米津……一起上了當官的腰包。羅炳輝掩不住心裏的不平，爲士兵羣衆講了幾句公道話，這麼一來，共產黨的帽子給羅炳輝戴上了。其實這時他還不知道什麼共產黨。一聽這話：『共產黨原是這樣，那共產黨不錯！』

後來，正是江西紅軍盛極一時，反動派在贛西南成立『剿匪』司令部，迫令羅炳輝到永新去，作民團大隊長。在鄉下，羅炳輝看到一些紅軍標語，他覺得和初期北伐軍的口號完全一樣，可是人都傳說共產黨殺人放火，有次他捉來一批『匪』，想問個究竟，便親自審訊，一看全是老百姓，問他們『爲什麼要這樣幹？』他們都一致的回答：『國民黨的苛捐雜稅逼死人，横豎是死，不如跟他們拚了！』羅炳輝大受感動，把他們統統放了。於是引起地主反對，告他剿『匪』不力，按兵不動，縱容共產黨。上面問他：『爲什麼放走共產黨？』他說：『我不僅放了，還給了錢。我爲地方治安負責，你們主張殺人，把老百姓殺完了，吃飯穿衣那裏來？』

羅炳輝的行動，引起反動上級的深深懷恨。起先是以昇官誘惑，調他到吉安，因爲他不去，後來就計劃派兵圍剿他，並指令該大隊二分隊長在圍剿大軍來時，作爲內應。有天半夜，二分隊長溜了，羅炳輝連忙集合部隊向士兵說：『我們從廣州出發，爲了中國和平統一，保護人民，流血流汗，現在軍閥的氣燄還是很高，人民還是流離失所，今天我們提着頭拚着命給人來當看家狗，還說我們有罪！現在我們只有回吉安，把隊伍交給他們，表明我們不是爲昇官發財，而是爲國家爲人民的心跡』。士兵喊着：『不能回吉安！』『回吉安，他們要繳我們械殺我們的頭！』羅炳輝痛苦的說：『今天我害的大家走頭無路，你們不願回吉安，你們就將我槍決了吧！』下面又嚷着：『你不能死，我們要死一起死！』『我們沒有犯罪，犯罪的是他們啦！』『我們不回吉安！』怎麼辦？羅炳輝帶着這支隊伍投了紅軍。

第三天，他又把隊伍帶回永新，八縣民團大隊的牌子洗掉了，舉起工農紅軍的大旗。當時召集群衆大會，來三千多人，老百姓要羅炳輝講話：他站在台前：『三天以前我是剿匪大隊的大隊長，「保國衛民」，「救國安民」，現在我是「殺人放火」的工農紅軍，你們不怕我把你們殺了，不怕我把你們房子燒了？』一片震耳的喊聲：『你不會殺人，你不會放火，你是我們的，工農紅軍是我們的！』羅將軍喉嚨哽咽了！他還是繼續說：『今天也可悲，也可喜，可悲的是——我原先也是一個小小的劊子手，那些風不吹雨不淋擁着嬌妻美妾吃好穿好的官兒們，驅使我……今天可喜我……』眼淚如雨下，伏倒在台前的桌子上了。

『出於污泥而不染』，表現了羅炳輝將軍無比的英雄氣概，但是舊社會絕不容他。在共產黨政策的琢磨下，他正義，豪勇，純樸，善良崇高的品德，更加發揚光大了；人民的英雄適得其所，將更要爲人民成就其英雄事業！

—145—

王若飛同志革命史略

王若飛同志貴州省安順縣人，殉難時年五十歲。民國八年由勤工儉學會派赴法國留學。民國十年在法與周恩來、趙世炎、陳延年、蔡和森、李富春、羅邁、聶榮臻等同志組織社會主義青年團，次年秋成立中國共產黨旅歐支部。十六年轉赴蘇聯求學，十四年回國。歷任中共豫陝區黨委書記，中共中央祕書長與中共江蘇省委常委等職。十七年秋出席中共六次代表大會，會後並被派爲駐共產國際中國代表團代表之一。二十年回國，在綏遠被捕入獄。二十五年轉入太原獄中，至二十六年抗戰前始被釋放。抗戰後不久即到陝甘甯邊區，担任邊區黨委宣傳部長。二十八年後，歷任十八集團軍副參謀長，中共中央華北華中工作委員會祕書長，中共中央祕書長及中共中央黨務研究室主任等職。三十四年中共七次全國代表大會選爲中央委員。若飛同志爲致力國內團結，曾三次參加國共兩黨間的談判。第一次於三十三年五月，偕林伯渠同志赴重慶談判，未有結果。第二次於三十四年八月，偕毛澤東同志、周恩來同志赴重慶參加簽訂國共會談紀要。在第三次，即爲談判簽訂停戰協定，並任政治協商會議中共代表。

永恒的記憶

——哀悼王若飛同志

蔡暢

若飛同志！你是人民最好最忠實的勤務員！我們黨最可寶貴的財產！你的遭難，是人民莫大的損失；你的遭難，給我們帶來了無限的悲痛。在抑不住的熱淚中，我想起了你的面影——一位中國布爾塞維克的典範！我永遠不能忘懷。

記得五四革命的大浪潮，激起了全中國青年尋找眞理的沸騰的熱情。那時，毛澤東同志和蔡和森同志，首先在北京發起留法勤工儉學運動。各地許多貧寒青年學生，都下決心到法國去，用自己的勞力，來換取在國內無法求得的學習機會。

那是一九一九年的冬天，我和一批同樣陷落在貧困命運中的學生，由上海奔赴巴黎；若飛同志，聽說你也是和我們這批一起走的，但是當時我沒有見過你。

我們這批學生，辛辛苦苦的到了巴黎，住在華法教育會的布篷裏，連水都缺乏，夜間睡在地板上。因爲找不着出賣勞動力的市場，麵包經常是不給吃飽的。當時，代表中國政府的公使館對我們的飢寒却熟視無覩！

那時候你正在距離巴黎四小時火車里程的蒙達尼那個男子公學寄讀。你爲了改變我們勤工儉學生幾千人艱難的處境，你和蔡和森同志等發起組織了『工學互助社』，提倡工讀，從事社會主義的研究。在工學互助社成立大會上，蔡和森同志做了以『怎樣救中國』爲題的演講。在他駁斥了各種錯誤的『救國』論調之後，你舉起你那粗肥的臂膊響亮的說：『我們要走蘇俄工人階級的道路！』你那堅實的道理，流水一般的口才，以及你那奕奕動人的風采，完全吸引了所有的聽衆。靜穆的會場，不時爲熱烈的掌聲所震動。這時你已經給了我最初的英俊有爲的印象。

自此，你毅然決然地把解除數千學生的苦難的重担，放在自己的雙肩。你幾次地同其他同志向公使館交涉請求，但均無效。從一九二二年二月七日，我們在巴黎一家大咖啡館裏召開了留法勤工儉學生的代表大會，在你以及其他代表們的領導之下，大會一致地通過『吃飯權、工作權、求學權』的鬥爭目標。當時掌聲如雷，大家高興得幾乎流出淚來！

在你和蔡和森、周恩來等同志的領導之下，第二天——二月八日，我們結成了强大的行列；又根據你正確的估計，把我們十幾個女學生——我是其中的一個，放在隊伍的最前邊，以向警予同志爲首，一湧直衝進公使館。

果然，我們這批女學生都被扣押。衝不進去的你們男生隊伍，被法國軍警驅散了。有的人缺乏信心表示灰心。但是你呢，若飛同志，你用你那堅忍不拔的意志，高度而持久的責任心，感動了大家，鼓舞了大家。你回蒙達尼，馬上重新組織了大家，使得『工學互助社』的組織，更加擴大了，更加鞏固了。無數留法的中國青年學生，在你的領導下，再接再厲的起來了！你的大無畏精神給予了大家以鋼鐵般的力量。

這一次的失敗，華法教育會停止了我們每月微小的津貼費。雖然我們幾次的鬥爭，博得了男女公學校長（法國人）的同情，允許膳宿費可以暫時欠賬；但這終不是長久之計。這時我們又在你——若飛同志和其他同志的領導之下，重整旗鼓，繼續爲我們的三個要求而鬥爭。

駐法中國當局爲了緩和羣衆的憤懣情緒，曾以勤工儉學生的名義，向歐洲各國募了很多錢。原來說是用募來的錢設立里昂中法大學，解決我們的生活學習問題。但是以後中法大學是成立了，而准許入學的，不是我們流離失所的苦學生，乃是重新由中國招來一批他們所認爲『品行端正』而實質上是缺乏反抗性的青年。大家眞是氣得怒髮冲冠。而你當時便代表我們向當局請求實行他們的諾言；但幾次都被拒絕了。因此，你又立刻號召我們，要求允許無條件入學。否則佔領校舍。一九二一年十月奪取中法大學校的運動就是這樣發生的。

一百零四個我們的先鋒隊，一衝進校內，就被法國軍警包圍了，並被强迫送回中國，你們在校外指揮的幾個同志，留在法國繼續準備團結鬥爭的力量。

若飛同志，失敗往往會給我們注射新鮮的血液，困難總是要向你低頭，你領導了那幾次的鬥爭，使得我們貧苦的青年獲得了經驗，提高了覺悟，並因此有勇氣走向共產主義的道路。這樣你爲一九二二年冬天成立的S.Y.（社會主義青年團），奠定了堅實的羣衆基礎。

當S.Y.改爲中共旅歐支部的時候，若飛同志，你是我們的負責人之一，你一面在工廠做工，一面領導支部工作。你那富於策略性的頭腦，艱苦的作風，能說能寫的才幹，高度的原則性和組織能力，……這一切優良的品質，使你創造了卓著的成績。使邊古（巴黎附近）工業區黨所領導的華工組織，大大地發展了。你爲黨培養了許多好的工人幹部和學生幹部。他們有回國的，有到蘇聯深造的，若飛同志，這是你不可磨滅的功績！

當一九二五年我們在蘇聯重逢的時候，你是東方勞動大學中國支部負責人之一。你會分配我用法語代表學校，向國際第五次擴大執委會致敬。對於這樣的大場面，我當時表示畏縮，而你卻耐心地鼓勵我，幫助我。你那嚴肅而親切的同志態度，在我的印象中，永遠是常新的。

無論在那裏遇見你，你給人的印象總是好的。它一次比一次深刻，一次比一次强烈。……只是沉重悲痛，使我現在不能一一追憶。

六年的牢獄（一九三一——一九三七年）生活，你受盡了苦刑，但越刑你越堅定。尤其使我感動的，就是你在這六年期中，堅定了和培養了一批黨的和非黨的同志。這些同志有的成爲今天解放區很好的幹部。

若飛同志，聽說你在獄時候常是一個人被關在鐵牢裏，你每天只是單調的數着『一二三四五……』，把一些許久不說的話全忘了。當你剛出獄的時候，聽見你不自覺地把『鐵壳』說成『鍋蓋』，我那時不是發笑，而是爲你長久所受的折磨而落淚。

你在革命隊伍內，不論受到怎樣的委屈，總是不聲不響，毫無怨言。你廿幾年如一日，積極，嚴肅，英勇的爲黨工作。當我把別人贊許你的話告訴你的時候，你會很親切對我說：『小姑娘（你一直這樣稱呼我），——有什麼必要呢！』

你肯鑽研，想得多，看得深。對任何問題，在未考慮成熟之前，你不輕易提出。你一直都是很愼重，很負責。抗戰以來，對於黨的一些重要政策，如土地政策等，你曾貢獻過寶貴的意見。若飛同志，你是中國人民利益的保護者！

你對同志親切誠懇，學而不厭與誨人不倦。在黨內外都博得一致的好評。你有很清醒的頭腦，善於在複雜的環境裏，看穿問題和運用政策，使得人民的敵人無法躲避你的進攻。的確，若飛同志，你的腦中，沒有一時一刻忘記了人民的利益，你是人民最好最忠實的勤務員！是中國布爾塞維克的典範！你永遠值得人民歌頌！永遠值得我們學習！

若飛同志，你的英靈千古不朽！

悼念若飛同志

劉秀峯

我黨中委，我所敬愛的導師，我在延安工作時的直接領導者——若飛同志，竟在為爭取和平民主為堅持全部實現政協決議停戰協定整軍方案奔走途中遇難了！沒有任何言語可以慰藉這一全國人民的哀痛，這一全黨同志的哀痛。

我和若飛同志首次見面，是在一九三九年我回延安向中央報告工作的時候。那時若飛同志負責華北華中工作委員會的工作。他對待同志是那樣的誠摯可親，首先在我腦中烙下了很深刻的印象。

後來華北華中工作委員會總結華北工作，才得與若飛同志進一步的接觸。那時感動我的，使我欽佩的，不僅是他那誠懇可親的態度，尤其是他對根據地各種情況和政策問題潛心研究，孜孜不倦的精神，和他的卓越的政治眼光——許多重要問題上的獨到之見。

後來，黨中央委託若飛同志領導研究土地政策問題，那時我在馬列學院學習。他邀我和從吾、英才、毛鐸同志等去幫助工作，前後幾個月。若飛同志以他對根據地各方面情況的週密了解和卓越的政治眼光，參預起草有名的『中央關於抗日根據地土地政策的決定』，盡人皆知，這個決定對於鞏固根據地爭取抗戰勝利是起了重大的指導作用的。若飛同志與中央草擬此決定時，前後反覆修改過十餘次，直到完成週密妥善後方予頒發，來教導我們對於這類重大政策問題應採取如何負責謹慎的態度。這一教導，我還深深銘記至今。

—153—

不久，若飛同志在主持中央黨務研究室，他要我去工作。自此得在若飛同志直接領導下工作了四年，直到一九四四年春，他去重慶主持八路軍辦事處工作，才分離開。這期間他給了我們許多教益，使得我和黨務室的其他同志永誌難忘。

若飛同志對根據地的情況研究最細，對根據地的各種政策問題研究特深，因而成爲中國革命的舵手——毛澤東同志的强有力的助手。中央近幾年來關於抗日根據地各種政策的指示，若飛同志都曾經參加擬訂。同時，就我所知，他對西北局和陝甘甯邊區的工作，也給了很大的幫助。不僅如此，若飛同志在早年時代就是五四運動傑出的參加者，又是我黨的創始人之一。大革命時代，他担任過豫陝區黨委書記，又在北平領導革命運動，在南方又參加了有名的上海三次起義的組織工作，有極其豐富的革命鬥爭經驗。因此整風學習中憑清他這豐富的經驗，在高級幹部學習組上，作了很精闢的關於大革命運動等問題的報告，對於闡述中國革命唯一正確的指導思想，指導路線——毛澤東思想，毛澤東路線，對於高級幹部的學習，貢獻很大，若飛同志不僅有大革命高潮時期鬥爭經驗；不僅有祕密工作的經驗，而且有大革命失敗後白色恐怖下的鬥爭經驗。自從若飛同志赴重慶領導辦事處工作以來，有力的團結了各種民主進步勢力，和法西斯反動份子作了不屈不撓的鬥爭，遂使全國人民的民主運動日益高漲，如怒濤之不可遏抑，他三次參加國共談判，對雙十協定停戰協定，政協決議和整軍方案等有歷史意義的成果，起了很大的作用。而且他正是爲堅持與貫徹上述協定才回延，以致在途中遇難的，這就是爲什麼若飛同志的遇難是我黨和全國人民一個特別重大的損失，和我們特別悲痛的緣故。

若飛同志不僅對革命功勞卓著，他平日對待革命工作的認眞負責，不知疲倦的精神，也值得我們全體同志學習。我們總看見若飛同志一件工作緊接着另一件工作，川流不息的工作着，從未停下來休息過，他常常工作到深夜一兩點鐘，疲乏的不得支持時，就靠喝杯酒刺激一下，夏天他也不午睡，只有極度疲乏之時，在躺椅上瞌睡十來分鐘，甚至在星期六晚上（還是一般同志的休息時間），也很少休息。只是我們再三拉他，才參加打幾付撲克，他簡直是一個不知疲乏的人，同時在一切工作上，他是『首長負責，親自動手』的模範。甚至有些不重要的談話記錄，他也都自己搞。他這樣認眞負責的工作精神，眞使我們年青的一輩慚愧不置。還記得我初到黨務室工作時，曾有些疲蹋現象，在若飛同志這種感召之下，才有了很大的進步。

若飛同志不僅關心幹部生活，尤其關心幹部工作和政治上的進步，他對我們（黨務室同志）眞像師傅帶徒弟，很細心的培養，記得我們初到黨務室時，還不很知道整理材料的辦法，若飛同志就親自爲我們改稿子，改上幾次後，也就慢慢學會了。若飛同志眞是一位『誨人不倦，循循善誘』的導師。

若飛同志在生活上是異常的刻苦樸素，對於吃穿也是毫不講究的，記得有一次他的褲子穿爛了，他還毫不在乎，不向公家要求補充。後來富春同志看見了，才給他更換了一套。他這種先天下人之憂而憂，後天下人之樂而樂的大公無私的精神，對於我們生活在城市環境的革命同志特別富有教育意義。

我們全張家口市的黨員和各界人民以極度悲痛的心情，來悼念若飛同志。今後我們一定要學習若飛同志的精神和作風，爲爭取政協決議的澈底實現，和平民主新中國的建立，爲了完成若飛同志的未竟事業，奮鬥到底。

憶若飛

李培之口述　鄒匯敏記

我和若飛同志是一九二五年夏天在河南認識，秋天結婚的。在共同生活中，我覺得他的特點就是沒有個人，毫不計較個人的得失。在若飛同志的心眼裏，只有工作與黨。

記得他是一九三一年十月在包頭被捕的，在監獄裏，一共被囚禁了五年零七個月。被捕的時候，在若飛同志的身上，有一張用硬紙寫出的名單，上面有許多同志的名字，他立即把它放進嘴裏，想吞進肚去，可是他的脖子被人扼住了，若飛同志只好用他的牙齒、口沫、來嚼爛它。由於他這一行動，爲革命保持了許多幹部。

有一天，若飛同志被押出了監獄，包頭的羣衆都傳說着那天要殺『大共產黨員』，無數的羣衆湧到了刑場，有八枝槍對準着若飛同志的胸膛，這個時候即使在被殺的死亡的邊緣上，在槍刺下面，他向羣衆講了話；共產黨員這種不怕死的氣概，曾博得了傅作義將軍的讚賞，傅將軍曾對人這樣表示過：『軍人上戰場，臉也得白一白，他在刑場竟面色不變，態度自若。』這樣，傅將軍將若飛同志請到他的客廳裏作了一次長談，這一談話中，若飛同志立述聯蘇聯共抗日的主張，並且草擬了一份數萬言的抗日救國意見書。在監獄裏，若飛同志還註釋了一本易經。傅作義將軍曾認爲這是一個了不起的人物，是國家的人才。一九三四年春，若飛同志雖然被判了十五年徒刑，他的心胸依然是寬達的，每次，他舅舅黃齊生去探監時，若飛同志雖然兩隻脚帶了兩付脚鐐（在整整五年的時間內，他始終帶着脚鐐，因此出獄走起路來兩條腿成了弧形），但若飛同志的面部却始終是帶着笑容，總之，充滿了自信的說：『由他去判十年二十年，但中國的情形是要變化的，三五年就會出來。』

在監獄裏，他領導大家進行鬥爭，他挨過打，也曾患過危險的傷寒症，但他自己有了一點點東西，就周濟同監的難友，他不僅物質上幫助同難的，而且在政治上教育了許多同志，有一個楊××同志，後來對人曾經說過：『我所以能懂得一點馬列主義，都是由於在獄中時受若飛同志的影響。』他的這一行動曾使得統治者十分害怕，因此，他經常是一個人關在一間小屋子裏，這種與人隔絕了的囚禁，是大大的影響了他的神經，他恢復自由後，總是半天不說話，問他一句，他只是『嗯』的回答一聲，他是聽到了別人的話，但他已經不能立刻懂得這句話的意思，這種非人的摧殘，使得他的腦神經遲鈍了，至今還沒有完全的恢復過來。

然而，監禁，隔離，對於一個堅強的共產黨員是沒有用的。若飛同志的不屈精神，曾經影響了許多看守，他們替他買書，買紙，買筆。這樣，使得他能在監獄裏用蠅頭小字，寫了兩篇批判兩本書的長稿，正因爲這樣，關他的那個監獄，在若飛同志被囚的五年零七個月中，曾經撤換了十幾個看守。

一九三六年，紅軍東渡，進入山西後，閻錫山把若飛同志搬到了太原，想以他的生命爲條件，來與紅軍談判。那時若飛同志是被關在太原的獄中，三六年底又轉入訓導院，後閻錫山曾經派過兩次人去，說明放他出來，兩次他都拒絕了。直到他看到了劉少奇同志的親筆信之後，若飛同志才走出了統治者的監門。

在刑場上，他沒有害怕過，在監獄裏，他沒有屈服過。總之，若飛同志在敵人面前是堅貞的；但在人民的面前，在黨的面前，他又是那樣的虛心，那麼忠實，什麼地方缺人，什麼工作崗位上需要人，他就補上去。每次工作的調動，他決不考慮到工作的大小得失，總是虛心的表示自己的不行，對待工作總是兢兢業業的，從未自滿過。在工作中間碰到了釘子，從未灰心過，總是檢討教訓後，繼續的積極苦幹。李富春同志曾說道過若飛同志的兩個特點：一是任勞任怨，一是鑽研精神。他作一件事，就專心一致的要作好一件事。每天，他睡五小時就足够了。到重慶後，常常是深夜二三小時才睡，有時要熬到天亮。很多同志都知道他有頭痛病的，這是一九四二年（或四三年）過年時，因趕工作，熬了三個整夜引起的，到重慶後，還時常要發，但他爲了要做完一件工作，常常依靠『頭鎮』來支持，但到第二天八九點鐘時他又起床了。除了這樣緊張的工作，他還不停的讀書，從不使自已有一點空閒。

在他一生中間，沒有別的嗜好，有時喜愛遊山玩水。當他在延安工作時，騎了馬，行走在山與水之間時，他會高興得什麼都忘了的。

在家庭生活中，若飛同志是一個不爲人注意的好丈夫，我們兩個人在一起生活的時候，他比我還更多的照顧孩子。在延安他是常常揹着毛毛上山的，即使到了重慶，也還時常抱着孩子上樓梯。

從這些經歷中，我們可以看出若飛同志是經得起考驗的共產黨員，是一個可親和藹的人。他的犧牲，中國人民是失去了最好的勤務員，黨是失去一個最好的幹部，就家庭來說，也是損失了最好的父親和丈夫。

秦邦憲（博古）同志革命史略

秦邦憲同志江蘇省無錫縣人，殉難時年三十九歲。十四年秋加入中國共產黨，並任國民黨上海市黨部宣傳部幹事。十五年赴蘇聯求學。十九年五月回國，任全國總工會宣傳部幹事，編輯勞工報，工人小報。二十年一月任共產主義青年團中央宣傳部部長，同年四月任青年團中央委員會書記。九月任中共臨時中央常委。至二十四年一月皆爲中共臨時中央總負責人。在長征期中，爲中國工農紅軍野戰政治部主任。二十六年任中共中央組織部部長。同年六月參加國共兩黨廬山談判後，任中共駐南京代表。二十七年後，歷任中共中央長江局及南方局委員兼組織部長等職。民國三十年解放日報創刊後，即任解放日報社長，新華通訊總社社長。三十四年中共七次全國代表大會選爲中央委員。邦憲同志爲歷屆國民參政會中共參政員之一，三十五年二月赴重慶爲政協憲草審議小組委員會中共委員之一。邦憲同志精通俄文，曾譯有聯共黨史簡明教程、辯證唯物論與歷史唯物論基本問題、共產黨宣言、社會主義從空想到科學的發展、卡爾馬克思、論一元論歷史觀之發展等書。

— 159 —

悼念我們的社長和戰友博古同志

余光生　艾思奇　陳克寒

博古同志領導我們解放日報和新華通訊總社全體工作人員，以及遍佈全解放區的新聞從業員在黨和人民的新聞戰線上作戰，已經快五年了。他爲了參加政協憲草審議委員會離開延安，還不到兩個月，竟和王若飛、葉挺、鄧發等同志遇難於黑茶山，使中國人民失去了幾位偉大的領袖，遭受重大的損失。而對於我們從事黨和人民的新聞事業的人們來說，是喪失了一個最有權威的指揮官和最親密的戰友。

我們悼念博古同志，不能不想起他對於新民主主義新聞事業的卓越貢獻。根據黨中央所給予的方針，他和楊松同志（四二年積勞逝世）創辦了解放日報和新華通訊社。五年以來，由於博古同志的精心擘劃和指導有方，解放區的新聞事業已經形成了一套有系統和統一的戰鬥機構。這個機構是由許多通訊社和報紙組成的；在這個機構中，解放日報和新華通訊總社是他的神經中樞，各解放區的報紙和通訊社（現有總分社九個，分社四十餘個）、地方報紙、部隊報紙是其軀幹脈絡，而牆報、黑板報是其基層支柱。這一機構，除了職業新聞從業員，還擁有近三萬業餘通訊員。這一機構天天把人民的意見和活動集中起來，又廣播出去，它天天向整個解放區、全中國和全世界廣播我黨的主張，指出中國人民鬥爭的方向，它不僅是解放區人民的喉舌和武器，而且也是全中國人民的喉舌和武器。在歷史上，中國人民有這樣一個全心全意爲他們利益服務的，規模宏大與羣衆密切聯系的鬥爭的新聞事業，這還是第一次。博古同志對於這一偉大事業的創造性的貢獻，的確是不可磨滅的。

我們悼念博古同志，不能不想起他的許許多多值得我們敬仰和學習的長處。他常常對我們說：『我將終身從事於革命的新聞事業。在我們黨領導下，已建立了很好的人民政權和人民軍隊；我們還必須有很好的人民的新聞事業。』爲了這『終身事業』，他竟整天勞作，深夜不寐，雖在疾病之時，亦倔强地拒絕休息。他還說：『我們吃革命的新聞飯，就是這樣的。』博古同志經常悉心揣摩毛主席的工作方法與思想方法，對毛主席的每一指示和對報社文章的每一修改，他必反覆和我們探討，有所領會，往往高興地說：『這是毛主席的獨特見解，大家要好好掌握。』幾年以來，博古同志日益熟練地把毛主席的思想具體運動用在實際工作中，例如報紙與羣衆結合、全黨辦報、羣衆辦報的思想，職業記者、基幹通訊員和廣大通訊員結合的思想，新聞必須完全眞實、用事實和說理進行宣傳，使我們的宣傳有『駁不倒』的論據的思想，進行宣傳鬥爭要『有理、有利、有節』的思想等等。特別是最近兩三年以來，我們經過很多的鉅大事變，在黨中央和毛主席領導之下，在博古同志堅强和機敏的直接領導之下，我們在宣傳方針上從來沒有迷失過方向，我們並開始積聚一些經驗。博古同志對於業務是極其認眞和負責的，他對於報社和通訊社的每一項工作，都能不時提出精闢的意見。他對重要工作，常常親自動手，樹立榜樣，在去年解放區大進軍時，他曾親製卡片，部隊番號位置一目了然。他曾三番四覆地說：『有了正確的政治方針，業務就有决定意義。請問業務如果不精，正確的政治方針又何從表現呢？』他很注意寫作技巧，他經常地指示記者們：『要忠實的報導，精確的報導，生動的報導，迅速的報導。』他最痛惡陳腐爛調，他看了之後，往往歎口氣說：『語不驚人辭不修』。博古同志有博覽羣書的習慣，所以他的知識特別淵博。他對於翻譯工作尤其堅持不懈，他一有餘暇，即伏案翻譯。他說：『教條主義反掉了，更要多讀書。過去讀書方法不對頭，不是書會害人。」他常常懇摯地勸我們：「擠出時間多看書，對你們工作是有好處的。」博古同志還有一個特點，就是朝氣蓬勃，永不滿足於現狀。對於工作的成績和優點，他的讚揚固然充滿着熱忱，可是他對缺點和錯誤的批評是直率和尖銳的，甚至於是挖苦的。他總是永無休止地轉動他的靈敏活潑的頭腦，研究宣傳鬥爭的形勢、方針和策略，籌劃把人民的新聞事業辦得更好的方案和辦法。他臨行的時候，還擬了在國民黨統治區的城市內建立報紙和通訊社的計劃，他一面整理行裝，一面再三叮嚀說：「時局更開展了，要多想辦法，奪取新陣地！」

現在博古同志已和我們永別了！但是他的光輝業績將永垂不朽。他的忠心耿耿，為人民鞠躬盡瘁，死而後已的精神，他的認真負責，堅決機敏，勇於進取，精通業務，好學不倦的作風，以及指揮若定、談笑風生的風姿，將永遠留在我們的記憶裏。他不僅是一個優秀的政治家，而且是我們從事於新聞工作的同志們的最傑出的導師和模範，我們要永遠向他看齊，向他學習。他所遺留下來的事業和經驗，我們要以十倍百倍的努力加以發揚光大。他日夜憧憬的雄偉思想，我們要逐步使他實現。

我們永遠在一起

丁　玲

博古同志和我一起工作是在一九四一年，但我們見面却早在這時的十年以前了。雖然那時我只知道他姓秦，然而印象却很深的。那還是一九三〇年的時候，我們住在霞飛路，忽然有一位穿香港布長袍的青年人來訪了。他說了一個我們朋友的名字，我們明白了他是一個共產黨人，他是爲一種工人報紙來要我寫文章的。他坐在靠窗的長沙發上，把正事談完了之後並沒有說走，他同我們談起最近出版的文藝作品來，他看得似乎很多，而且有很多好意見。大約是因爲在做着祕密工作的緣故，他的聲音沒有後來爽朗，也不縱聲而笑，但他的眼睛却比後來更爲閃爍，還是一個極爲聰明的人啊！我們當時便想，可惜以後他就沒有再來過。直到三六年我到保安的時候，那時我知道他就是有名的博古同志，仍然像一個大學生，他常常笑，他忽然問我還記不記得他，我說我從沒有見過博古同志，但他的樣子似乎是見過的，於是他笑了說我的記憶好，又說還到過我的家裏，他歷述了我家裏所陳設的東西，於是我也笑了說他的記憶力比我更好，我便回述了他當時所談的一些什麼問題，他也補充了我是怎樣答覆的。我說不是我的記憶力好，而是你給我的印象深。我想着怎麼那個穿香港布長袍的青年就是現在的中共的組織部長和蘇維埃的中央政府的主席呢？而且即使是現在也還是這樣年青啊！這之後，我們因爲彼此工作的不同，沒有機會有更多的接近，總是只有交換短短的話語的時候。三七年他也曾爲『解放』向我要過一次稿，我寫了兩篇小說給他，一篇名『一顆未出鏜的子彈』，一篇名『東村事件』。他仍是以一種讀者的味道給過我鼓勵。三八年在西安的時候，他也來過西北戰地服務團，我請他向同志們講話，並且照了像，這像片一直到現在還保存在我的箱子裏呢。後來他到武漢去了，有時回來，住得也很遠，我們見面的機會便更少了。

四一年四月我正住在延安縣川口區的鄉下，忽然洛甫同志來叫我回延安來。洛甫同志說要我去解放日報編副刊，解放日報是中共的機關報，現在決定由博古同志負責。我開始對這工作很躊躇，覺得責任太大，也有很多的具體困難，但洛甫同志鼓勵先去和博古同志談談再說。於是我便去找博古同志。博古同志很熱情，他第一句話說：『副刊決不是報屁股，決不是甜點心。我們是嚴肅的，每篇文章都要起一定的作用，和一定的地位。』我也很坦白的說了我估計到的某些困難，他的答覆雖不能全部解決，但却鼓勵了我是眞的。我決定搬到報館去和這年青的領袖一起工作。我彷彿記得我是五月十四搬進去的，剛剛發刊第一期，文藝遲了三天才發稿。

博古同志關於文藝稿件的編輯，有一個意見是很好的，但可惜沒有實行。我至今仍覺得可惜，假如我再有機會做報紙工作時，我還願意照他的意見做。博古同志同我商量過文藝不闢欄，他比之爲豆腐乾地盤。他說每版都可以放文藝稿件，如果有最好的文章，這文章有他當時當地的政治意義，不管是散文是詩，便放在第一版頭一條也可以，總之，以文章內容而決定它放在那版較適宜。我當時覺得無妨試試，但由於很多作者都不同意這種編排，主要我感覺到困難的還是稿件的不恰當。所以沒有堅持博古同志的意見，仍是闢欄編輯。到現在我認爲博古同志的意見是很好的。報紙文藝是不同於雜誌和叢刊的。這樣文藝是更配合着當前的政治任務，和加速的反映現實。這必須短小精悍，活潑銳利之作。這樣才不致使大報與副刊之無關，不協調，其實這樣是更能起文藝的作用的。可惜那時這個意見不能爲大多數人所明瞭，同時也應責備我沒有積極去各方面發動寫這種短稿來實現它，到現在想來眞是一個遺憾。

博古同志做事非常敏捷，有時有些比較麻煩難於處置的稿件，我總是要給他看看，徵求他一些意見，結果，我們看法常常是相同的。他很快就把你交給他的東西看完、決不拖延，使你着急；解決問題也非常明確，決不含糊，使你難辦。我們一道工作過十個月，我始終都感覺舒服，後來也常向人提起，我是願意和他一道工作的。

我一晌都是比較喜歡聰明的人，喜歡朝氣，喜歡明朗，喜歡愉快，博古同志正富有這些東西。當然有些令人覺得他鋒芒外露一點，但我常以為我也是個同志，就覺得你的話說得爽直一點，尖利一點也沒有什麼，而且他是一個青年人啊！我問過一些報館工作的同志，他們也說，有時覺得博古同志的批評太苛刻了一些，使人受不住，但一過去也沒有什麼了。

博古同志是一個喜歡讀書的人，他的工作那麼忙，然而他常常讀原文的一些書籍，讀外面的很多報紙雜誌。博古同志也是喜歡讀文藝書籍的人。世界有名的文學作品他都讀過，中國有名作家的作品他也讀過。他告訴我他每天在睡覺以前必需讀一個鐘頭或至兩個鐘頭的文學書。我要找好文學書讀的時候，總是找他去借。他藏的有很多書。在延安我讀靜靜的頓河，讀戰爭與和平，讀安娜，讀虹，……都是在他的鄭重的囑咐：『不要轉借』的底下讀到的。他有空的時候，也喜歡同我談談這些作品。他是非常喜歡托爾斯泰的，他很有熱情的同我談過安得烈。他對中國很多作家也有足夠的認識，我覺得他的鑑賞很高，而評價很公平。

他盡了很大的力量說服我，他要我堅持報館的工作。當他知道我已經由中央決定下鄉去的時候，他向我說：『我實在不同意你的意見。』他從報館工作的立場出發，是有全部的理由的，他從我的寫作工作上來看，也有部份的理由，他是從我的歷史和修養上來說的。我當時沒有詳細分辯，只說，你要是到重慶去辦報的時候，我一定來編副刊。去年我們歡送毛主席去重慶，在飛機場過濱時，我們隨便談起來，我問：『博古同志你什麼時候走？』他說：『快了。』我說：『去

— 165 —

那裏？』他說：『去上海。』我也笑了：『我也是去上海的。』他更笑了起來：『我們在一起工作，你編副刊。』『那一定！』唉！博古同志！我們再也不能在一起工作了。我假如再編副刊的時候，我一定會更想念你，因為我們在一起工作的經驗是愉快的。

離開報館之後，見面的機會又不多了。我還去找過他幾次，為的是借書。他也派人來我處一次，是請我寫一篇關於晉冀魯豫的介紹。我那時雖然在參加陝甘寧邊區合作社會議，然而仍然分出了整整一星期，寫了『一二九師與晉冀魯豫』。去年當我出發離開延安的時候，他派人送了一封信來。這封信是寫給各地的新華分社的，要各地分社給我工作上以便利，寄稿和發電。他對於我的工作，一晌是關心，一晌是鼓勵着的。

五年的黨報工作，博古同志是飛足的進步，這種進步從黨報上特別看得出。解放日報一天一天更與羣衆結合起來，反映了人民生活，和指導了人民的方向，博古同志也就一天更比一天實際了。有時在開會的場合，我看見毛主席很親切的同他握手，向他閃着極有希望的微笑。我心裏便想着：『毛主席是極其愛惜博古同志的。博古同志是毛主席一個極好的同志，一個好兄弟，一個好學生。』毛主席那種充滿了愛惜與愉快的笑也傳染了我，我不免也歡悅的笑了。心裏充滿了同志的，家人的融融之意。

今年從報上得知博古同志去重慶參加憲草會議，我深覺得人民只望中國立憲大法得早日草就，誰知某些法西斯殘餘，企圖撕毀政協決議，加以各種阻撓，而博古同志不得不為此勞碌，鞠躬盡瘁，竟犧牲在此奔走之中。消息傳來，痛心之極，拭淚盟誓：博古同志！我們將盡全力實現你的工作，實現黨的決定，實現人民的要求來紀念你。你的精神是不朽的！我們永遠在一起！

悼博古

張越霞

一

八日上午我聽到你和若飛等同志回來的消息，懷着高興的心情，帶着俠兒到飛機場去迎接你們。路上那樣泥濘，雲層是那樣低暗，細小的雨點不時打在我們身上。去的人都興奮地等候了一個多鐘頭，但不見飛機到來。我們都是這樣想：一定是由於天氣關係飛機折回西安或重慶去了，明後天總會再回延安的。因此我懷着今天的悵惘，同時又抱着明天的希望歸來。可是第二天的消息是沒有飛回西安和重慶，使我們立即憂慮和不安起來，深恐你們遭遇不幸，然而由於自己的主觀情感和希望，因此總與同志們作好的推測：你們只是被迫降落，受傷也不要緊，留得青山在，即使殘廢了，也可以爲革命工作，但是三天過去了，見不到事實來證明，這個推測終於解決不了內心的憂慮。十一號晚了終於得到了你們全部遇難的慘痛消息，使我手腳冰冷熱淚奔流。博！我悲痛你死在中國人民和平民主事業尚未完成的時候，我悲痛你死在正有作爲的時候。你天資英俊，性情剛果，你有奔放的革命熱情和獨特才能，你還懂得英俄兩國文字，你能說能寫，你正當壯年，在毛主席領導下，還能做更多於人民有益的工作，分担毛主席及我們中央同志一部份的繁勞。我更悲痛的是死得這樣突然，使我不能見到你最後的一面，更無法得到你給我和孩子的一句遺言。

— 167 —

二

聽到你們遇難消息，不僅你們的親屬在悲痛着，全黨的同志都在悲痛着，全解放區的人民都在悲痛着，全中國的民主人士都在悲痛着。你們的死是光榮的，因爲你們是爲人民服務的，爲人民爭取民主和平而死的，所以人民是擁護你們，愛戴你們，悼念你們的。因爲你們並不是爲着私人的事情而飛渝飛延，而是爲着保護政協會的全部决議而飛渝飛延的。你們的遇險，是中國人民的重大損失！

博！我和孩子們一定繼承你的遺志，來分担你死難的損失。你爲人民服務的意志是倔强的。你經過內戰時期極厲害的白色恐怖統治下的祕密工作鍛鍊，你的住宅曾幾次被搜查。你自己只是倖免被捕。後來你到中央蘇區，正是法西斯頭子進行大圍剿蘇區的時候，最後和其他長征同志一樣，衝破包圍來到陝北。在這樣的殘酷的戰鬥中，你都是勇敢的担任着重要工作。你從手無寸鐵的地下黨鬥爭，轉到我們少數革命武裝反抗强大反革命軍隊的戰鬥。你始終站在自己的崗位上，從來沒有被强敵所征服。相反的，在艱難危險的革命路途上更加堅强起來。特別是近年來你在毛主席領導之下，更其日益長成爲健壯的戰士了。

博！老奸巨滑的反動的統治階級，對於吸取人民的膏血和鎭壓人民的反抗運動，是具有長期經驗的。而你呢？遠在天眞活潑熱情純潔的少年時候，就不滿社會現狀，就參加了反抗反動統治者的革命鬥爭，因此你在革命鬥爭中不是順利長大起來的，而是走了許多彎曲而艱險的路途，跌過交，碰過頭，受到過深深的創傷。然後你又在苦痛的教訓中，在毛主席的指導和鼓勵之下重整自己的思想武器，爲爭取抗日戰爭的勝利而努力工作，爲完成當前和平民主的任務而堅决鬥爭，一直到最後一口氣！你是受得起革命鬥爭的考驗的偉大戰士，優秀的共產黨員。我認爲你的一生奮鬥，就是爲人民的利益。你的一生經驗教訓，就是長期被反動者奴役下的人民的經驗教訓。你發展成爲今天那樣偉大的戰士，這是和中國人民覺悟程度的提高分不開的，是與我們全黨的壯大和成熟分不開的。

三

遠在一九四一年春，你深深痛恨反動的新聞檢查制度，迫得新華日報不能登載一篇尖銳的反抗性的文章，反映人民的呼聲，不能獲得國內外眞實的新聞消息等。因此，我聽你在個別談話中，常常談到要在延安創辦一個日報和强有力的通訊社，以便毫無保留地將我黨主張廣播到全國全世界去，揭露獨裁者的陰謀勾當。幫助全國人民，使他們的眼睛更加明亮起來，他們的力量更加團結壯大起來。後來中央正式決定你和楊松等同志籌辦解放日報和新華通訊社。當時在日寇和國民黨內反動派封鎖之下，邊區的物資條件是極其困難的，同時在延安創辦一個大報和通訊社，經驗不多，新聞工作幹部也很缺乏。但是你和你的戰友們，不屈服於困難，堅決爲中央所給予的重大任務而工作。你親手解決籌劃房子、吃飯問題、選擇印刷工人等等極繁瑣的工作。你兼閱新華社的收進和發出的電訊和解放日報的消息和論文。你不僅在編輯室指導工作，而且也站在排字房裏指點排版技術（因當時只有一個新華日報來的熟練工人），校對大樣。你不辭勞瘁地細心指導報紙產生過程的每一環節。我還記得你當時因報社無房子，只得住在楊家嶺，每天一清早到報社辦公，雖有幾里路程，也是風雨無阻。有幾次大雨後延河漲水，事務工作同志將你的馬騎走了，你也不管路途泥濘，步行到報社去按時工作，你這種認眞的工作精神是値得大家學習的。在你的精心指導下，全報社和通訊社同志的努力工作下，終於完成了黨給的任務，建立了黨報和通訊社的工作制度，奠定了我黨新聞事業向前發展的基礎。特別是解放日報一九四二年春改版以後，你在各方面都有很大的進步，首先表現在思想方法上，羣衆觀點上和領導作風上。這一點就從解放日報、新華通訊社的消息內容和言論的主張可都可以使人感覺出來（當然不只是你個人的功績）。幾年來你對毛主席的思想方法，細心揣摩，你常把毛主席解決問題的方法，和修改文章的要點和同志們談論，你曾對我說：『毛主席的每一個指示，都有獨特見解，他在說明他的見解時是如何深刻和清楚啊！』我記得我倆曾談過這樣的話，我也曾經這樣希望你，因爲你經過實際工作的鍛鍊，你又有相當理論知識基礎，如果再能够在毛主席直接領導下作十年八載的工作，我相信你進步會是更快的，你爲中國人民服務的成就也一定更大。想不到你就這樣快的永別了久未見面的年邁的母親和遠處的弟妹，永別了我和未長成人的孩子們，永別了你所寄愛的新聞事業的崗位，永別了中國人民解放事業的中心——延安！永別了毛主席爲首的黨中央，永別了二十一年來教育你的黨。

爲了使解放日報和新華社成爲眞正人民的喉舌，爲了從工作中培養黨的新聞事業幹部，你是費了相當大的精力的。你永不疲倦，摸索着宣傳戰線上鬥爭的藝術。你不斷地把心得告訴別人，並熱忱地鼓舞別人也和你一樣去摸索。我聽見過陳克寒同志曾對別人說：『博古同志在宣傳工作領導上是堅強的。』你不辭辛勞的每天工作，常常六七點鐘起床，忙到十點鐘才能洗臉吃早飯，並在洗臉吃飯的時候，還在談話和看消息。假如遇到有新的政治事情發生，那就更緊張了，你就匆忙地向中央負責同志請示和提意見，然後與編委會的同志共同研究，把各種材料根據黨的方針、黨的主張，寫成電訊或論文。這樣的工作常常使你通宵不睡，而第二天早上的工作，你仍然是不放鬆的。你不僅做了上述的工作，你還親口從電話中告訴有關機關以新的重要政治消息，你的耳朵不大好，因此你常常用自己的聽覺爲標準，深怕別人聽不清楚，結果呢？常常把你的宏亮的嗓子也講得嘶啞不成聲。就從這件事也可以看出你對革命工作的無限熱忱。

以我每星期回來所見的情形來說，你一天是很少休息的，除了看稿件，寫文章，開會討論，個別談話以外還要看各種中、英文的報章雜誌，從研究其中的內容到編排技術，你都用心研究。再有時間的話，你還做翻譯工作。你的譯品，都是從工作中擠出時間來作的。除了午睡或晚飯後散步幾分鐘外，就很少見你休息了。你的娛樂是什麼呢？也是你工作中所需要的，如聽廣播，不是聽音樂，而是聽國內外的廣播消息，有時候你聽到的消息比新華社收到的消息還快。你聽這些廣播，也是爲了『知己知彼』，和反動派進行鬥爭，並且攝取各方面的經驗，從外面的反映中檢查我們新華社自己的工作，從而改進這一工作，當着聽到新華社廣播很清楚的時候，你馬上會喜笑起來，拿着耳機給我聽，給余光生同志他們聽。你還以看小說來休息，每天臨睡前總要看一小時的小說。你常對我說，看小說可以增加社會知識，放寬眼界，對文字修養也有幫助。總之，你的娛樂和消遣也是與工作分不開的，特別是這四五年來，你是革命隊伍中的倔强的耕牛，不聲不響的埋頭工作着。

四

你的頑强性，不僅表現在工作方面，同時也表現在你的學習方面。當你要學會俄文的時候，你是很專心致志的。初學時發音有不正確的地方，別人笑你，你是不管的，你終於精通了俄文，不僅能够翻譯馬列主義一般著作，而且還能校列甯同志的古典作品『唯物論與經驗批判論』。你不僅從實際工作中學習，而且在工作之餘博覽羣書，而不間斷地進行翻譯俄文書籍，這樣你不僅提高了俄文修養，並且加深了哲學知識和其他各方面的知識，這對於你的工作是有很大幫助的。我曾經以極幼稚的認識勸告過你，不要翻譯或校譯，多看一些中國書吧。但是你呢？當你已經知道翻譯工作是革命所極其需要的一項的時候，那麼不管多忙，總要擠出一些時間來做，一直到你離開延安的最後幾天，還是念念不忘於這項工作的。我一向不大明白這點，到了七大時聽毛主席說，翻譯工作是一項重要的工作時，才領悟到你的堅持翻譯工作，是完全對的。

五

樂觀是你的特點之一，有時甚至帶着孩子氣。當精神疲勞時，為着休息，你那樣的高大個子，竟假裝與小孩子打架，五六個孩子包圍着打你一個，而對手呢？却是幾個三歲到六歲大的孩子，可是你『很有辦法』，赤手空拳，終於將孩子們打『敗』了。你就更高興起來，爽朗的笑聲常吸引別人來圍觀這一幕兒童生活。俠兒因為對你無可奈何，只好駡你幾聲『母鴨子』（笑聲大之意）！

你富於情感，但是又很理智。例如你對年邁的老母，本來你對她是很懷念的，你常對我介紹你的母親，如何撫養你成人，她早在你十歲以內就守寡。到一九三二年以後，你就從未見過老母一面。你在外面工作時，因常常移動，怕老年人經不起搬動，你來延後，又怕延安氣候有損老年人的健康，始終不敢去接，當然也怕娘來了的時候，會多少影響你的工作時間。你和老母團聚的願望竟然不能實現，這是你自己所不及料到的。她老人家聽到你的噩耗，又將如何悲慟啊！

你還有一個特點，就是沉醉於工作和事業的當中，越忙越有勁，對於自己的生活瑣事漫不在意。就在患感冒病時，你依然頑強工作，不顧請假休養，有一次竟拖了三月餘之久還未痊癒，以致後來醫生們懷疑你有肺病。這幾年來，號稱健康的你，與往年相比是差遠了。到你臨走前，阿洛夫和米大夫已診斷出你疲勞過度，心臟有點擴大。你在長期的和反動勢力的鬥爭中損害了健康，但現在呢？連不大健康的身體也消逝了。

博古！我在極悲痛的時間中倉卒寫成此文哀悼你。由於情緒紊亂，對你値得紀念的事，尤其我應該學習你的許多長處，一時是寫不完的，只好留待以後的回憶！待兒子們長大了的時候，逐漸講給他們聽，以便他們學你的榜樣。你有七個孩子，將來可以參加新中國的建設工作，來完成你的遺志。你雖長逝，你畢生奮鬥的人民解放事業是永恆的，是必然勝利的！請你含笑安息吧！

葉挺同志革命史略

葉挺同志字希夷，殉難時年五十歲，廣東省惠陽縣人。出身農民，保定軍官學校六期畢業生。民國十一年任中山先生衛隊團的營長。十三年赴蘇聯東方勞動大學與軍事學校求學，並於同時加入中國共產黨。十四年回國，任國民黨軍第四軍李濟琛部參謀處長，北伐時任第四軍獨立團團長。在北伐戰爭中，他的獨立團始終在北伐的最前線，勇往直前，戰功最著。曾在湖南先後擊潰謝文炳、方本仁、吳佩孚等部。在湖北指揮有名的汀泗橋戰役與咸甯戰役，擊潰吳佩孚的主力軍，自此北伐軍乃威震全國，葉挺同志進入武昌後，昇任第二十四師師長兼武漢衛戍司令。不久國共分裂，葉挺同志與賀龍同志在十六年八月一日舉行南昌起義，任十一軍軍長。十六年十二月，又參加廣州起義，担任總指揮。失敗後出國。抗戰後，二十六年十月新四軍成立，葉挺同志即担任新四軍軍長，堅持華中敵後抗戰。三十年一月，皖南事變被國民黨當局非法逮捕，先後被禁於江西上饒、湖北恩施、廣西桂林等地。三十四年九月間，又由恩施押至重慶，至三十五年三月四日始獲釋放，出獄後的第一天，即電中共中央請求恢復黨籍，於三月七日經中共中央批准。葉挺同志夫人李秀文女士，女兒揚眉，幼子阿九，『四、八』同時遇難於黑茶山。

回憶葉挺同志

周士梯

在這悲懷交集的時候，我已不可能很冷靜的去回憶葉挺同志全部偉大的光榮的事蹟。但是爲了悼念死難者，我願意在這裏把葉挺同志在大革命時代以北伐的先鋒軍的姿態所建立的輝煌戰功，憑我的記憶，概略的介紹一些。

創造鐵軍

大家都知道，在北伐時代，革命軍中有一支戰鬥力最強、建功最大的隊伍——獨立團。這支隊伍的領導者，就是葉挺同志。

民國十四年冬，葉挺同志被任爲國民革命軍第四軍獨立團團長。獨立團成立於肇慶，是在中國共產黨領導和組織下，建立起來的。團中都是新兵，連以上幹部多是共產黨員。葉挺同志用他全部精力去練兵，所以在很短時間內，就練出了一支健兒。

人們只知道第一次北伐開始於民十五年七月，但是，在五月間，葉挺同志這支隊伍就已出發了。當時，反正過來的唐生智軍，在湖南被北洋軍閥進攻得很危急，獨立團被派爲北伐先遣隊，出發後沿途接到唐生智告急的電報。葉挺同志親率着獨立團，冒着炎熱的天氣強行軍，當時全團只有一匹白馬，給害病人員騎着，他同戰士一樣的走路。

六月一日黃昏時，到達了安仁縣城。抵達後，駐軍唐生智部的張團長對葉挺同志說：敵人四個團今天已佔領淥田鎮，有進攻安仁企圖。葉挺同志就要率部立即開到前線，但張團長說他的第二營（營長王東原）在前面警戒，敵人今夜決不會進攻，堅留葉挺同志和連以上幹部會宴，葉挺同志爲慎重起見，派第三營去協同王東原營警戒。深夜，飯還沒有吃完，接到第三營長的報告：『王東原營已垮了，職營已與敵接觸。』葉挺同志沉思考慮了一下，就決定馬上出發。他在地圖上與大家研究了情況後，對我說：『你率第一營及特別大隊爲左翼隊，我率第二營及第三營爲右翼隊，明天拂曉攻擊，中午十二時以前，你要打到這個村子與我會合。』他用手在地圖上指着淥田北面這個村子。

接着他又說：『我們是人民的武力，又是北伐的先遣隊。我們不但代表了廣東革命軍，而且代表了中國共產黨。這是我們第一次打仗，我們一定要打勝！』他這個動員口號，給大家增加了無限的力量。

天還沒有大亮，我們就開始攻擊了。經過很激烈的戰鬥，敵人全部被打垮。十一時左右，我和他就在指定的村子裏見面了。正在搬運敵人槍械、處理俘虜的時候，我們忽然接到一營一個排長萬獻廷的報告，說他率領全排已向北追擊到攸縣城南岸，敵人在城內很混亂，浮橋已被我控制。萬排長沒有命令而自動追擊。葉挺同志極稱讚萬的機動性，立即率部隊出發。佔領攸縣後，他帶着幹部去看地形道路，佈置陣地，回團部後，他踱來踱去思考，就下令將浮橋撤掉，並通報全體：如敵來犯時，只能向前打，不能向後退。

敵人原來是想乘廣東北伐軍未出發前，派謝文炳等率四個團攻擊唐生智側背，並切斷唐與廣東之聯絡線以瓦解唐軍的。但未料到葉挺的部隊這樣快就趕到了。這一次勝利戰鬥，解救了唐生智軍之危，穩定了湖南戰局，鞏固了北伐基礎。事後，唐生智打電報給葉挺同志，其中有『

足令敵人胆寒……不僅鞏固湘東，而且穩定了戰局，此皆兄之功也……』之語。唐並要下令槍斃退却的王東原，以表示他的軍紀嚴明。葉挺同志電唐力保，王始免於死。

百戰百勝的獨立團

七月間廣東北伐軍正式出發，獨立團撥歸第四軍第十二師師長張發奎指揮。接着就向淵汾戰門，獨立團担任正面攻擊，葉挺同志派第一營由豆田過河攻擊敵之側背。前進中，適與向我迂迴之敵二千餘遭遇，破之，附敵背，敵潰，獨立團追擊，首先進佔醴陵城。

八月，十二師進攻平江城。敵守將陸澐，是吳佩孚軍中素稱善戰的將領，他的隊伍，都是吳部的精銳。並在平江城南端之魯肅山一帶，構築强固工事，遍埋地雷。陸澐會自誇平江城爲金湯。

我軍進攻方法，是以三十五團在正面佯攻，三十六團迂迴，獨立團則從右翼去包圍。因爲有農民引路，當獨立團及三十六團從山徑繞到平江城下時，陸澐還在司令部打麻將。獨立團乃從敵人後面進攻，經過無數次肉搏，將敵全部殲滅，陸澐自殺。

佔領了平江城後，獨立團又爲先鋒，繼續進擊，以强行軍佔領中伙鋪車站，切斷了粵漢路岳州方面敵之退路。接着就是向汀泗橋進攻。第四軍六個團都向這天險的陣地攻擊，攻了一天一夜，沒有大進展。後來調獨立團從右翼包圍攻擊，敵人遂全線潰退。

汀泗橋戰役後，獨立團在葉挺同志率領下單獨向咸甯追擊，到達咸甯南岸時爲水所阻，僅有一條鐵路橋可以通過，形勢之險較汀泗橋實有過之。葉挺同志看到這裏敵人雖多，但極混亂，遂在徵求各營長意見後，決定派第二營從橋上衝過去，以兩挺重機槍掩護。這幾百個健兒，勇往直前，雖然死者傷者紛紛落下河中，但仍前仆後繼的和敵人肉搏，結果終把守橋敵人打垮。這時，葉挺同志即親率部衝過去，又將守城之敵擊潰，佔領了全城。

當葉挺同志進入敵人的司令部時，司令部的電話還在響，他拿起來聽時，原來是賀勝橋打來的電話，說是吳佩孚已到了賀勝橋，向這裏詢問汀泗橋方面的情況。他們還不知道我軍已經佔領了咸甯城，足見在葉挺同志率領下的隊伍進軍之速。

由此也可看出：倘若葉挺同志在當時不機斷專行，進行進擊（張發奎曾來命令要獨立團不得追擊超過汀泗橋十五里）和進攻咸甯，待吳佩孚帶援兵到咸甯後，利用天險固守，則戰爭形勢又不知如何變化了。這是爲當時第四軍軍長陳可鈺所承認的。三天後第四軍又向賀勝橋進攻。獨立團担任鐵路及其右側的攻擊。當獨立團突破敵人陣地進入縱深已頗遠時，後面的部隊還沒趕上來。由於向前攻擊過猛，有些殘餘敵人掉在後面沒有肅清，葉挺同志遂遭到四面敵人的射擊。此時又接到第二營報告稱：營長已受重傷，現在敵四面包圍中苦戰。第五連攻到吳佩孚指揮陣地附近傷亡過半，請增援。此時，葉挺同志手中只有一個連了，情勢十分危急。但葉挺同志在此時仍然鎮定如常，經一番沉着的思考後，他對我說：『你到前面去指揮第二營與第一營，堅決向吳佩孚指揮陣地攻擊。現在我們只有向前找出路，左邊右邊後面都沒有路。在我英勇的戰士猛攻後，終把吳佩孚的指揮陣地佔領了。於是，葉挺同志乃指揮着部隊乘勝向賀勝橋攻擊，在他英明的指揮下，數萬敵人垮下，眞是像山崩一樣。吳佩孚退到賀勝橋鎮上後，還斬了一個旅長的頭掛在街上，但是也不能挽救他的失敗。我們進入街上時，那個旅長頭顱的血還在滴下。

九月五日，以葉挺率領的獨立團爲先鋒，革命軍打到了武昌城下。

開始攻城時，第四軍各師及第一軍第二師等，都挑選奮勇隊爬城。獨立團也指定了第一營爲奮勇隊，担任大東門及通湘門的爬城任務。在爬城戰中，其他師的奮勇隊很多沒有進到城牆，就停止了，只有獨立團第一營進到了城牆，並且樹起了四個梯子。但是，因爲敵人十分頑强，爬上城去的戰士大都英勇犧牲，數次猛衝，都未攻入。這時，發生了一件事情：在六日四五點鐘的光景，陳司銋突由洪山軍部打電話給葉挺，說據第二師（師長劉峙）報告，他們部隊在鷄冊前已進城了，叫葉挺同志趕快率全團進城。聞悉，葉挺立即率第二、第三兩營及特別大隊向大東門前進，但是，當走到城附近時，却隱約看見守在城上的還是敵軍，不是第二師的隊伍。正在懷疑中，這時又接到第一營長曹淵的報告，其中說：『職全營現已犧牲殆盡，僅存十餘人，但革命軍人有進無退，如何處置請指示。』報告上有曹淵署名，但淵字的最後一筆劃得長長的。原來當他寫完了這報告時，頭上也中了一個子彈而犧牲了。這時葉挺同志才知道，第二師進了城是假的。他立即到軍部查明事實眞相：原來是第二師估計葉挺的獨立團一定會攻入城，他們就先揑造說在鷄冊前他們已進城，以爭取先攻進城的功勞。葉挺同志對此事極爲氣憤，事後他向四軍軍長提出：『從廣東出發到現在，他們（指劉峙師）沒有看見過敵人，敵人也從來沒有看見過他們。他們這一行爲不僅有假造軍情之罪，而且有陷害同志之咎，必須嚴重處罰。』

爬城失敗後，獨立團開回南湖，担任圍城任務。葉挺同志日夜都計劃如何攻城，他想了一個辦法：坑道進攻。他找到一列火車，在南湖附近用鋼片沙包裝甲起來，開到通湘門附近，掩護工人坑道作業。但這一計劃很快就被敵人發現，立即集中火力在通湘門掩護一千多人衝出來破壞坑道。但敵人終未得逞，經過一場惡戰後，在葉挺同志指揮下，敵人很狼狽的被擊退了。十月十日總攻武昌城，獨立團終於在通湘門附近首先用雲梯爬城，並佔領了蛇山。武昌城遂最後被攻陷。獨立團進城後，肅淸了敵人，就集結於蛇山。駐防後，部隊從不進民房，從不『打搜索』，其紀律之嚴明，爲人民所稱道。因此，當革命軍佔領了武漢以後，兩湖人民給了獨立團一個光榮的稱號：『鐵軍。』

這就是鐵軍之來源。

—179—

葉挺的隊伍爲什麼會成爲鐵軍

獨立團爲什麼會獲得了鐵軍的稱號？爲什麼在北伐戰爭中建立了如此偉大的戰功呢？民國十五年冬革命軍佔領武漢後，葉挺同志曾經在獨立團的幹部會上總結了北伐戰鬥經驗；在會上，他講了這樣的話：我們爲什麼能够建立這樣的偉大戰功呢？主要的一個原因，就是因爲獨立團是共產黨的軍隊。因爲有了共產黨，我們才能成爲鐵軍。如果我們團內沒有這樣堅强的共產黨組織，沒有共產黨員的模範作用，則不論那一次戰鬥，我們能不能够勝利，是很成問題的。如果我們不是共產黨的隊伍，人家會不會叫我們作鐵軍呢？我想是不會的。

獨立團之所以能够百戰百勝的第二個原因，是由於這支隊伍有着一個英明的領導者——葉挺同志。但是對於這一點，葉挺同志却是極端謙遜的。他在每一次勝利後都把功勞歸之於黨、幹部和士兵。他時常對大家這樣說：『戰功是大家努力得來的。』『我們的每次戰鬥都是得力於你們。我深深感覺到，每次戰鬥中，當我下了命令之後，我就跟着你們大家走了。比如，攸縣的佔領就是排長萬獻廷同志在指揮我，賀勝橋戰鬥最後階段就是第二營指揮我，而不是我在指揮他們。』

獨立團之所以成爲鐵軍的第三個原因，是在整個北伐中間，它始終都保持了自己的獨立自主的特點。從獨立團成立起到改爲七十三團。雖然在番號上是隸屬於第四軍，但是這個團幹部的調動和任免，都是決定於共產黨，而不是決定於軍長師長，雖然在形式上還要經過師長軍長的批准。這個獨立自主的原則的堅持，必須歸功於葉挺同志的堅强不移的鬥爭精神，這個在黨的領導上的獨立性，到後來差不多成爲合法的了。

我們必須肯定的說：由於有這些獨立性，獨立團才能始終保持和發揮其戰鬥力，保持和發揮其爲人民服務的立場，而始終得到人民的擁護，成爲鐵軍。比如，從碌田戰鬥起到佔領武漢，團中共傷亡排級以上幹部達六十餘人，士兵達一千二百多人。如果不是由共產黨調人來補充，是無法維持戰鬥力的。如果沒有共產黨員做骨幹，是不可能有高度的戰鬥意志的。如果不是有人民的擁護，到處有人民來參加軍隊，和獨立自主的成立新兵連、新兵營、特別大隊等，則也是無法維持和進行這樣激烈的戰鬥的。因此，有一次張發奎對葉挺同志說：『你們這個獨立團眞是「獨立」的。』葉挺同志就立刻回答他：『是的，正是因爲有了這樣的獨立，我們現在才能坐在武昌城內說話！』

的確，正是有了這些獨立性，所以這支隊伍才能一天天更加走向人民那方面去，成爲以後紅軍第一軍團的基礎。

一生和人民的敵人鬥爭

葉挺同志的一生，可說無時不在與人民的敵人作着鬥爭。民國十一年陳炯明叛變，炮擊總統府時，葉挺同志曾保護了孫中山先生的安全。以後，他曾經對我表示，陳炯明是他一生最痛恨的人之一。因此，當他看見對於革命的叛變行爲時，他就以陳炯明來打比。十五年三月二十號中山艦事變傳到肇慶後，他立即召集幹部開會，他在會上說：『現在第二個陳炯明要出來了，我們大家要警惕。』

民國十六年汪精衛叛變革命時，他說：『第三個陳炯明又來了。』他對於人民的叛賣者，是深惡痛絕的。他從追隨孫中山先生革命起，以後曾參加了中國的每一次革命鬥爭：北伐戰爭、南昌起義、廣州起義、抗日戰爭，每一次都是站在人民立場上和人民的敵人作鬥爭。他一生的歷史，就是一部反對孫中山先生叛徒的歷史，反對人民的敵人的歷史，全心全意爲人民服務的歷史。

我和葉挺同志自南昌起義後，就分開了，從此就沒有見過面，滿擬此次能在延安會晤。那知十九年的分離，竟未得一晤而永別，寧不傷哉！

在聽到葉挺同志的噩耗後，我曾經寫過兩句話來悼念他，現在就用這兩句話來作我這篇回憶的結束吧：

頭顱如鐵，意志如鐵，創造鐵軍，始終爲人民服務。

見敗不屈，牢獄不屈，生平屈彊，堅決與寇仇鬥爭！

我的爸爸葉挺將軍

葉正明

葉挺將軍就是我父親。

三十一年下半年，我父親被送到湖北恩施，我母親和一個妹妹隨行。到了恩施以後，很艱苦的過了七八個月，便請求回桂林來看我們。

一 我們懂得了憎恨

已經有四年多沒有見到父親了，見面時，一切都變了，胖胖的臉已顯得瘦削了，烏黑的頭髮，已浮上了一絲絲的斑白了。這些究竟是誰給予我可愛的父親的呢？我們懂得了憎恨了。

父親到桂林以後，人家都說他獲得自由了，但實在的情形呢？我們住的隔壁是特務，前面馬路上的一個小舖子裏也是特務，父親出街那不必說是有特務跟着的了，就是連我一個十三四歲的小孩子，上學時也被跟着，直到學校的門口才罷。起初，我們住在桂林的旅館裏，經濟情形很拮据。幸虧靠了一些朋友的幫助，總算在郊外找到了一間不算便宜的房子，每月納租米二石二斗。我們搬進了房子以後，生活比住旅館安定得多了。但是，有些人總像一隻多疑的狐狸，總疑心你有什麼「異動」。他們派遣的特務，時刻嚴密的注意着我們，就是連我們小孩子也不肯放過；起先，他們把我的姨丈當作是我們的父親了，每當姨丈上街的時候，總是有特務麻煩。還有一件笑話，有一次，捉壯丁的人來到我們家裏，說我父親應該出去當兵了，父親聽了笑說：「我想你大概也知道我是那一個吧？」那捉壯丁的聽了連忙笑說：『不，不，我不知道，請原諒。』說完就面紅耳赤的走了。

天氣漸漸的冷了，媽媽的肚子也一天天的沉重起來，到了八月中旬，生了一個小弟弟，這是第九個了。

物價的高漲與小弟弟出世，使父親生活的負担更加重了，生活的鞭子，把我們趕到快無路可走了。

二　我們本是農家子孫

我們又搬了一次，搬到比以前住的更偏僻的郊外的一個防空區裏，房子的後面有一個不太大也不太小的石頭山，前面有一大片空地。

開荒吧，我們除了上山以外，就整天拿着鋤頭，消磨在屋前的荒地上，父親作得尤其起勁。我們本是農家的子孫啊！過了幾天，父親從市場上買了十多隻羊回來，從此，我們放了學回家後又多了一項工作——趕羊。

我們的隔壁住了一個特務，前五六丈的馬路邊的一個小鋪子裏住了四個；隔壁的那個常常拿了一枝枴杖，跟着我們上山趕羊，又常常威嚇着我們說山上有蛇，叫我們不要隨便上山去，如果上山去的時候，也要叫他陪同一路去，因爲他是慣會捉蛇的。馬路邊的那四個是專門跟着我們上街的。

三　父親被綁了

三十二年十二月二十五日，禍事終於來了，我們放學回家的時候，發覺了父親房間的門是鎖着的。

外婆很憂愁的告訴我們：『你爸爸被綁了，你媽媽現在正設法打聽消息。』我的眼睛漸漸的模糊了，看不見了……

第二天，有一個穿軍服的人拿了一封信來說：『葉高參（國民黨對外宣傳說我父親不是軟禁，而是在他們那裏任高級參謀之職。）叫我來請二少爺，四少爺，五小姐一道去。』媽媽問他，我們是到那裏去。他說：『我不知道，這是上邊的命令，不過你們的行李要儘量的帶少些，坐飛機去呢。下午六點鐘再來接。』

二十六晚，我，四弟，五妹三個離開了家。

二十七日中午我們坐火車到衡陽，晚上十一點多才下車，我們下車後，在一個憲兵的特務隊裏見到了父親。只隔了一天一夜，就好像隔了十年一樣，父親的面容顯得分外的蒼老了，額頭上也顯出了一條條雨後蚯蚓般的皺紋，我知道，這是誰給我父親的。我懂得了憎恨了。

我們在衡陽住了三天，便動身坐木炭車到寶慶，剛到寶慶的一個晚上，那個送我們（其實押解我們的）的營副叫我陪他睡，我知道他不過是怕我們逃走罷了。這一晚電燈通夜的亮着，而且還有一個拿着槍的憲兵在房裏通宵的看守着，如此我們過了十八夜才走到目的地——恩施。

四 打了那特務一個耳光

到了恩施，我們在招待所裏住了一個多月，晚上有一個憲兵在門外看守着。然後又搬到城外去住；我要上學了，上的是人家說是全湖北最好的××中學，我第一天進去，人家就叫我做小共產黨。我讀的學校是不准通學的，每個禮拜只能回家去過一天，第一天進去，我就覺得很不舒服，飯是吃不飽的，菜只够吃半碗飯，總之，一切的一切，都是使人看了不順眼的——在這全湖北最好的中學裏。

我們（兄，弟，妹三個）每個禮拜都寫一封信寄回家去給媽媽，第一個禮拜，回到家裏，寫完了信以後，爸爸就對我們說他那天在桂林被騙的經過，原來，那天（十二月二十五日）上午十點鐘的樣子，我們隔壁的那個特務走進我們家裏說：『你們的羊有一隻給人家偷去了。』當時，父親還沒有疑心到這件事，便披了一件外衣從後門上山去，上山時，看見了他（那特務）站在岩石上好像等人的樣子，一看父親上來，就跳下去了。上到半山，從四方八面的山石後頭，湧出了二十多個拿着手槍的特務，圍着父親，一個好像是領頭的，就是『送』我們來的營副，拿了一封信遞給父親說：『郭副長官請葉高參到恩施去玩一下。』

父親大怒說：『請，爲什麼不到我家裏去請？你們是土匪嗎？你們不是國民黨？』『是』，一個特務說。父親又說：『三民主義是不是教你們當土匪的？你們懂不懂三民主義？』『不懂』，一個特務大胆說。我父親舉起手，打了那特務一個耳光說：『不懂三民主義，就不配做國民黨。』那特務說：『你打我也沒有什麼關係，這不過是上司的命令罷了。』以後，那一批人就擁着父親轉過山後，下山後就把父親擁上一架大卡車到憲兵第五團的團部，寫了一封信來給我們以後，就坐卡車到衡陽去了。

五　在恩施時的生活

一星期又一星期的過去了，暑假已經到了，回去和爸爸在一起的生活也到了，我們心裏感到了無限的安慰。

我們的家在城外的一個小山脚下，隔壁是一些純樸的農民，和一些小公務員，家裏有二個勤務兵（其實都是些以勤務兵的牌子作幌子的特務），養了一二十個白兔（後來增加到五十多個），和十來個鷄鴨，屋前十來丈有一條不深的小河，後頭有一個荒山，爲了貼補生活費用，爸爸和我們三個孩子，會開了一二畝的荒地來種菜。早晨，我們起來就到野外去走走，或進城去買菜，（父親進城時有特務暗中跟着），中午有時是我們自已煑飯，因爲『勤務兵』偷懶去玩了，或去作報告去了。午後，我們便帶一點零食，到離我們家裏大概有二、三里路遠的南門河去玩。晚上吃完了晚飯的時候，父親講很多他在軍中的生活，和解放區中的事情，給我們聽，從他那裏，我們知道了八路軍，新四軍，他們爲什麼能以低劣的武器來戰勝武器精銳的敵人，我知道了解放區爲什麼一天天的擴大，而國民黨的領地却又一天天的縮小，八路軍，新四軍的軍隊爲什麼是志願的，而國民黨的軍隊都是要拿着槍去捉。

六　我感覺到很光榮

開學了，枯燥乏味的日子又一星期一星期的過去了。有一天，一個校工拿了一張條子來給我，校長請我去。我知道，我的事發了。（我曾向幾個同學講過從父親那裏聽來的解放區，八路軍，新四軍裏的事情。）

果然，到了校長室裏的時候，校長拿了一張同學告發的報告，擲到我的面前說：『你看吧。』我知道這是沒有好結果的，便說：『校長，請問你現在打算把我怎麼樣呢？』他含了一種惡意的微笑說：『你回去想一下吧，如果改過的話，你明天就寫一張悔過書來給我，不然，哼！』我知道這哼字含什麼意義，不是留級便是開除。到了學期終了時，我果然收到了一張留級的成績單，我感覺到很光榮，因為我能為我底信仰而犧牲，——雖然只是這一點點犧牲。

七　父親呀！我們幾時再見呢

日本投降後的三四天，我接到了一個走的通知。到了八月二十八日，我們就起程到重慶來，送我們來的有一個副官和幾個荷槍實彈的特務——還帶了一挺輕機關槍，九月十四日我們到達重慶。

在到重慶的第二天清晨，我們（兄弟妹三人）瞞着特務的耳目，離開了父親，到了一個自由自在的地方。但父親至今還是在特務的掌握中。

父親呀！我們不知道幾時才能再見？還有，桂林失陷後，帶着一家老小，轉輾流離的媽媽，許久沒有得到她的來信了，不知她們怎樣了？

三四年十一月二日，重慶。

鄧發同志革命史略

鄧發同志廣東省雲浮縣人，出身海員，殉難時年四十歲。民國十四年冬，加入中國共產黨。香港罷工時參加罷工委員會工作，後任國民黨廣東省黨部北伐青年工作隊長。十六年任廣東油業總工會支部書記。廣州起義時，任五區副指揮。十七年任香港市委組織部長，兼全國總工會南方代表，香港工人代表會議主席。以後歷任香港市委書記，廣州市委書記，廣東省委組織部長等職。十九年下半年，調閩粵贛邊省委書記兼軍委主席。二十年夏任江西中央蘇區政治保衛局長，直至長征結束止。抗戰後，歷任八路軍駐新疆辦事處主任，中央黨校校長，中央民運工作委員會書記，中央職工委員會書記。三十四年九月，代表解放區工人，出席巴黎世界職工大會，並被選入主席團。三十五年一月返國。『四、八』遇難於黑茶山。

—189—

鄧發同志

廖承志

中國工人運動一顆巨大的星斗殞落了，這不但是中國工人運動的損失，同時也是世界工人運動的損失，鄧發同志的一生，是代表着中國工人運動發展的歷史，中國無產階級的年齡，還是幼嫩的，它的數量的增加，開始在第一次世界大戰當中，中國民族資本的一度發展。但是中國的海員工人，自從滿清招商時代以來，更特別是香港的割裂，廣東的農民走向資本主義化的都市以來，就有了很久的歷史，這時的海員工人——和許多華僑一樣，——他們特別容易吸收反對帝國主義的要求，中國獨立的必要，爲着達成這兩點，尤其需要內政上面切實的改革，民主思想的初步的發展。

鄧發同志就是這樣的海員工人中的一個領袖，他的成爲無產階級先鋒隊最光輝鬥士，絲毫不是偶然的。如所週知，鄧發同志是一九二二年中國海員大罷工的活動份子，後來，他是一九二五年省港大罷工的中堅幹部，他在中國海員當中的名字，是和蘇兆徵同志，張若階等同志同樣不朽的；若果說，中國海員工人，及其培育出來的幹部是中國革命運動在長江以南的有力的動力之一的話，那麼，應該說，鄧發同志就是這支隊伍中最光亮的模楷之一。

事實上，中國第一次海員工人大罷工以來，對中國革命作了無數貢獻，而現在還保留下的幹部，是太少了，多少的流血，多少的犧牲，多少的摧殘，多少的慘痛，雖然這犧牲都是攜來了無可比擬的代價。比如說，直到現在，不論其間經過多少恐怖，多少搜捕，多少恐嚇，多少欺騙，但在近十萬中國海員行列中，依然灌育着馬列主義思想的洪流，創造了幾千幾百新興馬列主義戰士與幹部，這都是中國海員先烈遺下的遺産，但是回顧來看，先驅的領導還殘留在人間的，是太少了，鄧發同志就是這碩果僅存的領袖之一，現在他也去了，這損失對於中國工人階級是無可補償的。

鄧發同志不僅是這樣『元老』的工人運動領袖，而且他是自己參與了戰鬥，指揮兼戰鬥，後來又躬自主持過中國工人運動總參謀部的一人，鄧發同志自己，匯合了中國職工運動三個時期的最下層的實際工作，與指揮藝術的經驗教訓於他一人身上，當中國職工運動的啓蒙時期，——由第一次海員大罷工到省港大罷工，他是由下而上地，參加與觀察了中國工人運動發展的道路，與中國工人時刻跳動的脈搏，他參加了中國工人運動啓蒙時期突然轉向大發展的那一個神速的幾乎使人窒息的跳躍，同時又參加了中國工人運動蒙受了打擊以後將退却的戰鬥，在這方面鄧發同志是匯合了各種各色的經驗的。

跟着，中國工人運動，接着來到黑暗的苦難時期，一大批職工會的被解散，大批職工會的轉入地下，大批職工會的僅存軀殼而奄奄一息，鄧發同志在這樣的困難底下，一面時刻為工人的經濟要求與切身利益戰鬥，同時在難於言喻的艱難情況之中，一面全致力於中國工人階級的階級教育工作，指出中國工人階級團結的正確道路，同時，在血和鎖鍊底下，更向中國工人提出一個總的指示，中國工人階級獲得解放的唯一途逕，這都是在難以形容的困難之下進行的。鄧發同志曾經餓過飯，曾經在光天化日之下與反動派鷹犬決鬥過，他曾經在數重偵探跟蹤之下，像偵探小説的英雄似地，逃脫好幾次，曾經在帝國主義警察廳正對面房子中間，大播大擺地開過會。鄧發同志跟着上面一個時期的經驗教訓之下，同時吸收與學會了，非法職工運動的地下工人運動的一切經驗，這方面應該指出，鄧發同志是非常傑出的一個。

這時中，應該插一句，自鄧發同志到了江西以後，他同時又吸收了中國人民的革命鬥爭經驗，他在這方面，同時顯示出了他的天才。

繼着，中國工人階級走上了新的階段，新階段應該是才在開始，這是中國工人在爭取民主，鞏固民主，爲着和平，團結，統一，建設而鬥爭的階段，這階段的特點，就是中國工人階級爲其政治上的地位，爲其經濟上最低限度之保障，從事合法的，統一戰綫的鬥爭的時期，這時期的最大特點，便是數十萬農村的工人，與城市工人在解放區中業已獲得了解放，鞏固了他們在政治上的地位，並成了全國工人運動最重要的一個支柱，鄧發同志在這時期成了這一運動的光輝領袖之一，他指導這一運動，成了這一運動的司令塔中的重要一員。

如衆所周知，鄧發同志出席世界勞工大會的活躍與收獲，他推動職工運動，領袖合作的經驗，對今後的工人運動，是非常寶貴的，我們應該珍視這些經驗，並把這些經驗更好的發揚起來。

鄧發同志最值得痛惜的地方，便是他的逝世，恰在他向上發展的途中，他非常年青，才四十二歲。但在革命中，已具有二十多年的中國共產黨的黨齡，更具有行將三十年的職工運動歷史。他初參加革命的時候，才認得幾個字，但現在，已是中國共產黨黨校的校長了。他在中國共產黨中央中，有過近十年中央領導，中央委員，政治局委員的經驗，他不但是職工運動家，更是個天才的組織者，行政人員，軍事家，與中國工人階級培養出來的馬列主義理論家，而且，還有一樣，許多人不知道的，他又是一個畫家，世界藝術名著的收藏者。在家庭中他是個慈父賢夫，對朋友同志，他是個良友，長輩。

他去了，中國工人運動雖然弱了一個主將。但是，我相信，十個鄧發，一千個鄧發，一萬個鄧發，將在中國工人階級的行列中產生出來。

這是鄧發同志常愛講的話！你不把種子撒在地上，怎望他生出芽來？

四，十六日

哀悼中國職工運動的領導者

——鄧發同志

陳用文

敬愛的鄧發同志，去年，你在延安，剛剛領導我們籌備起解放區職工聯合會，就匆忙到巴黎，代表我們解放區職工，出席世界職工大會。

今年，在重慶，你又提出中國工人階級當前奮鬥的八項綱領，贏得朱學範先生的同意，代表我們解放區各工會，參加中國勞動協會，使中國工人階級內部，多年來爲國民黨反動派及其特務走狗所陰謀分化的現象，開始走上團結統一的道路。自去年九月與延安職工在機場熱烈歡送你以後，正每日渴望你歸來的消息，那知正當你回延安途中，竟遇難於黑茶山下，永別了我們！

鄧發同志，你家境貧苦，從小即在海船上當西崽學徒；你十九歲，就決心犧牲自已的一切，爲咱們工人階級的解放事業奮鬥。你曾經被國民黨反動派打斷了一根脇骨，多年來；你以半殘之軀，出生入死，頑强地戰鬥不息！你，竟這樣輕易的離開我們了？我不信，你的呼吸，已確實停止。你那堅定、頑强、潑剌而摯熱逼人的精神，將永遠活在我們工人階級的心中，你沒有死！

四〇年時，你與張浩同志一起，領導我們『中國工人』的編輯工作。你特別注意稿件的政治意義，你反對誇誇其談，現象羅列；你主張質實樸素，每一字句，要說明問題，每一期發稿，不論是幹部與工人的文章，你皆逐字逐句的批改。不僅許多學習寫作的工人，直接得到你的幫助，就是曾做過大型日報主筆的陳希文同志，也經常對你的指導感歎不止，說：『鄧發同志不僅是我理想上的導師，而且是我生平最好的一位國文敎員。』你每做一次演說，預先都準備好有詳細底稿，皆占有充分調查研究的材料。你每發表一篇文章，起碼皆有五次以上的修改，徵求我們被你領導的同志們的意見，並稱你像小學生做文章一樣，羣衆是你的老師。發表後仍隨時注意修改自已的作品。你的這種學而不厭，誨人不倦的精神，正是教育我們對於工人階級事業應該負責任到底的一種基本態度。

在每一種工作上，你特別注意深入的，有系統，有重點的調查研究。你經常號召並具體幫助我們，學毛主席的思想方法，與實際工作的作風。記得在四四年的廠長職工代表會議中，你幾乎是整夜不眠，白天談話，調查，夜晚開會與研究材料。你不僅找積極份子，找英雄模範，而且找一般人不重視的『二流子』，『落後份子』，和極普通的工人來親切的談話，聽取各方面的意見，並親自到工廠中去考察問題。我們幫助你調查來的材料，往往自以為很完備，但那怕是一字、一個標語之差，或一個形容詞的根據不足，也逃不過你的眼睛，而必須再作考證與調查。有時也因此受到你嚴格的批評，但却深受你嚴肅認眞作風的鍛鍊。你還常翻出你的筆記來向我們進行講解，什麼叫情況，什麼叫政策，如何由情況出政策，政策如何與羣衆的血肉相聯系等等，我們看到你那事無巨細的親筆記錄，旁邊空白上的各種記號與批註，你把工作也當成日常學習修養自已的制度，使我們不禁感愧，鄧發同志都這樣用功，不怕麻煩，我們呢？不用說你那日以繼夜，從來不知疲倦與雷厲風行的工作精神了。

你還特別强調毛主席指示的首長負責，親自動手的領導作風。你更以自已的實際為例教育我們。在四二年時，為了抵抗日寇與國民黨反動派對陝甘甯邊區的雙重封鎖，努力爭取邊區工業品的自給，而必須開展工業上的羣衆運動。為此，你曾親自攬了農具工廠與中央印刷廠兩個典型，發現並培養對抗戰生產抱新的勞動態度，一貫忠心耿耿、團結互助、埋頭苦幹的工友趙占魁，親自找兩個工廠的廠長、行政與工會幹部、支部書記，以及各種工人來研究工廠的情況。由這兩個典型出發，又經過你與洛甫同志直接領導的四三年春的廠長聯席會議，一方面清除了工業建設中的破壞份子，一面又洗淨了好多同志在領導作風上的官僚主義。

從此，邊區工業建設與職工運動的面貌，爲之一新；並推動其他解放區也蓬勃地開展起工業建設上的羣衆運動，如晉綏解放區的張秋鳳運動，晉冀魯豫解放區的甄榮典運動，山東解放區的新勞動運動等等，使各解放區工業生產的水平，皆不斷地向上提高，克服了戰時處於重重封鎖下之各種困難，使解放區職工，在生產戰線上，也展開了許多可歌可泣的戰鬥，在經濟上支持了長期艱苦的抗日戰爭，一直到勝利。

尤其可貴的，是在一九四四年的廠長職工代表大會上，苦心總結出民主管理工廠、與新民主主義政權下職工運動的基本經驗。你指出：我們民主政權下的工廠管理，與任何資產階級的工廠管理在本質上的區別，即他不是依靠資本勢力對工人的壓制，而主要是依靠羣衆。工廠管理者，不是站在職工之上，壓迫羣衆，漠視羣衆痛癢的『官僚』，而是站在全體職工之中，愛護職工，爲職工羣衆服務的勤務。你反對職工運動中的行會主義與經濟主義，你深刻地教育我們：職工應成爲民主政權的有力支柱，維持勞動紀律，組織職工的勞動熱忱，爲職工的日常文化生活與經濟生活上興利除弊，由此協助工廠行政，共同爲產量高、質量好、成本低的目標努力；這就必須要加强職工的階級教育，以提高職工的政治水平。你號召民主政府下的一切技術人員，應將自己的技術知能與職工的實際經驗相結合，一切有技術的工人，亦同樣應公開自己的技術，發揚階級互助精神，教給學徒，同時應虛心地向工程師等技術人員學習；使掌握技術，成爲工業建設上羣衆運動中的重要內容；這就必須要經常進行職工的文化技術教育，以提高職工的文化技術水平。你批評一個工廠內部黨政工『三權鼎立』的對立現象，主張一元化的領導，才有利於我們工業建設的發展。

鄧發同志，你不僅是一個職工運動的領導者，你還是一個聰明、優秀的工業建設上的領導者！這也正是我們新民主主義政權下職工運動的特點。你發現了並明確提供了這個特點，成爲我們解放區職運的方向，這正是你親自下手，從實際出發所締造出來的功績！

鄧發同志，你安息吧！我們解放區職工，在沉痛哀悼你的遇難之際，當更要學習你的實際精神，繼續你未完成的事業，加强中國工人階級的團結，堅決實行政治協商會議的決議，改善中國職工的勞動狀況，與工業化的新中國建設而奮鬥下去的。

一九四六年四月十三日於張家口。

紀念羅登賢同志

——東北抗日聯軍的創始者

馮仲雲

我記得一九三一年秋『九一八』事變後不幾天，在哈爾濱道外一個小沙島上我的家裏，羅登賢同志召集了北滿洲中國共產黨高級幹部會議，在這次會議上，登賢同志說：『蔣介石國民黨以不抵抗政策出賣東北同胞，我們中國共產黨人一定與東北人民同患難共生死，爭取東北的人民不被蹂躙。我們共產黨人就在這裏和人民一起抗日，不驅逐日寇，任何人不能提出離開東北的要求，誰如果要提出這樣的要求，那就是恐懼動搖份子，誰就不是中國共產黨員。』

登賢同志這個指示，堅定了東北共產黨人為自己祖國為東北解放奮鬥的決心，在這個決心下，才建立起了東北抗聯十四年孤軍苦戰的光榮業績。

登賢同志是在中國大革命時期省港大罷工的工人領袖，他是中國共產黨第六次代表大會選出的中共中央政治局委員。『九一八』前後他在東北是中共中央駐東北的代表，並兼任中共滿洲省委書記，是當時中共滿洲支部主要負責人，東北的共產黨員沒有不知『達平』的，而『達平』就是他的代名。他便以領導省港罷工的偉大精神，來領導東北抗日鬥爭，而這個抗日鬥爭終於在他領導之下燃燒了十四年之久。

『九一八』事變的次年春，我記得他從瀋陽又回到哈爾濱，帶回了中共中央出版的『紅旗報』，在這份報上載着我黨周恩來同志的論文，指出在東北必須發動民族革命戰爭來反對日寇，聯逐日寇出東北。登賢同志就根據中共中央這一指示在東北黨內提出了共產黨員要下鄉發動抗日游擊戰爭的口號，而東北的共產黨員基本上是執行了這個指示的。

登賢同志在東北期間，曾領導人民創造起吉、遼反日游擊隊、海倫反日游擊隊、磐石及海龍反日游擊隊、湯原反日游擊隊等，這些游擊隊後來就構成抗日聯軍的各軍。在羅登賢同志領導之下，許多前進的工人和愛國知識份子及共產黨員，參加當時的李杜、馬占山等抗日部隊。號召反日統一戰線；在他領導之下，曾發動了哈爾濱、旅順、大連以及各地的抗日運動，從消極抵抗的罷工提高到武裝鬥爭。

一九三二年秋，我被登賢同志派赴湯原創造游擊隊，他在哈市南滿吉林街某號小房內指示我去下江後的工作任務和方法，直到現在我還深印在腦海中。一九三三年我從湯原組織了反日游擊隊歸來，未曾見到登賢同志，那時他已去瀋陽領導工作。

登賢同志到瀋陽幾次遭受敵人的逮捕，均告脫險，後來因爲敵人在東北對他逮捕過急，於是他在中共中央決定下回到上海進行工作。

他到上海即參加了全國總工會的領導工作，數月間他就組織起上海日本紗廠的反日罷工，但是由於叛徒的告密，他終於被帝國主義份子所逮捕。

我記得宋慶齡先生曾經爲了營救羅登賢同志發表宣言，在宣言中曾經描寫過登賢同志在上海會審公堂受審判時的情形，羅登賢同志倔強的聲明：「你們認爲我是反動嗎？讓我來告訴我的歷史吧！我曾經在一九二五年至一九二七年中國大革命中領導過反帝大罷工，我曾經在東北發動過抗日救國的游擊運動，最近才從東北回來不久又領導了上海日本紗廠的反日大罷工，我這一切行動都是反帝愛國的，誰敢說是反動？」

但登賢同志並未因孫夫人之營救和他的事業的偉大正義性而得到釋放，終於犧牲在帝國主義的血手賣國賊蔣介石的血腥的魔王手裏。他被蔣介石囚於南京監獄中，經過一個長時期，朋友們去探監，見着了他滿身血跡瘢痕，他更加骨瘦如柴，然而他的眼睛依然炯炯有光，愈顯愈强。末日，東北人民忠勇的戰士羅登賢同志在槍聲中與世長辭了。

東北人民是永世不忘『九一八』後十四年淪陷的慘痛，永世不忘賣國賊蔣介石以不抵抗政策出賣東北的罪惡，永世不忘蔣介石劊子手屠殺了他們的抗戰領導者羅登賢，所有東北的人民勤務員，將繼承他的精神一直戰鬥到勝利。

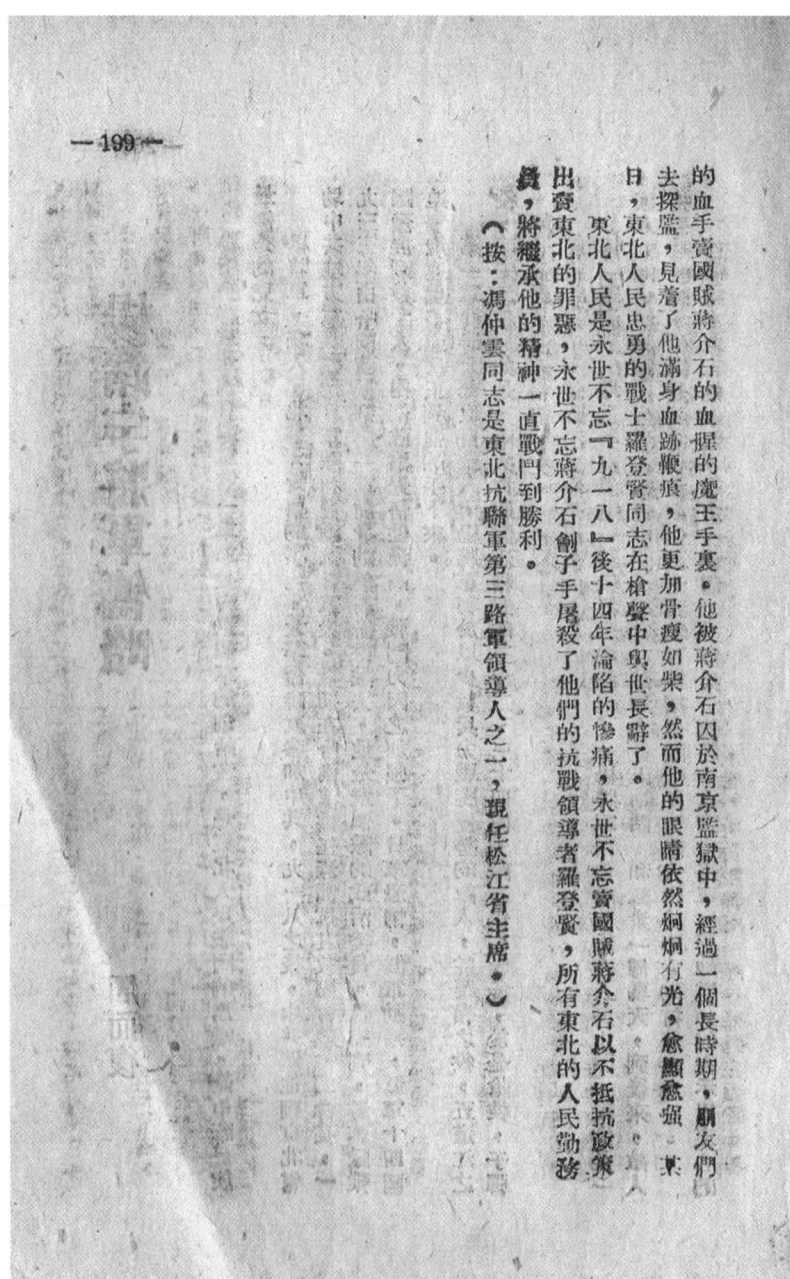

（按：馮仲雲同志是東北抗聯軍第三路軍領導人之一，現任松江省主席。）

楊靖宇將軍傳略

周而復

楊靖宇將軍是抗日聯軍第一軍軍長和這個軍的創始者，是東北人民戰鬥的旗幟，是中華民族最優秀的兒女。

楊將軍，皖人，北平×大學的學生，大革命時就參加中共，九一八之後，中共派他到東北幫助中共地方黨組織抗日軍隊和發動抗日羣衆。最初在哈爾濱擔任滿洲抗日救國會總會的會長，一九三三年由哈爾濱派到第一軍前身的磐石游擊隊去，他是這個隊的政治委員。他一到，游擊隊飛躍發展到數千人，內部政治覺悟性提高，戰鬥力因之加強了。日軍恐怖，偽軍動搖，偽軍十四團迫擊炮連就整連反正到他的手下來。

第一軍武器大部取自敵人，楊將軍善於以少數兵力戰勝優勢的敵人，駝腰嶺之役，五道江之役，輯安之役都如是。兩次打敗偽滿精銳的三十二、三十四團，敵人傷亡千餘，於是槍枝，子彈，〝輕重武器〞源源得到補充。

楊將軍領導下的政治工作是出色的。

第一軍活動的地方（東邊道）羣衆都組織起來了，楊將軍和他的部隊在人民中間，就像是一家人似的〞，楊將軍就生活在羣衆中間，平常在羣衆大會上講話，和羣衆一同聊天，到後來，敵人掃蕩殘酷時，他總是隨身帶十多個戰士到老百姓家去隱蔽，給敵人出其不意的打擊。

作戰時，老百姓送飯，送水，送信，送傷兵；他們一見到楊將軍，不知道如何表示出衷心的愛戴和感激，甚至一次幾個人民見到楊將軍，突然跪下去向他叩頭，楊將軍連忙扶起，勸他們不要這樣，但他們非如此不可，說：

『祗有如此大禮，才能表示出來尊敬我們救國將軍的誠意。』

老太太則在家裏給楊將軍燒香拜佛。

抗日聯軍是穿了軍衣的東北人民，而楊將軍活動區域裏的東北人民，是不穿軍衣的抗日軍隊，許多老百姓要把自己的兒子送到楊將軍部隊中，他們說：『到楊司令那兒去工作，我比在什麼地方都放心。』

這樣，敵人對他們毫無辦法。

後來實行『併屯政策』，敵人把抗聯和羣衆隔離開了，楊將軍和他的部隊在冰天雪地裏，內無糧草，外無救兵，一支孤軍在祖國的叢山密林中和敵人做着生死的決鬥。

敵人千方百計想誘惑楊將軍和他的同事韓人金日成將軍，派金日成將軍的同鄉金警佐（也是韓人）化裝到第一軍來，楊將軍察出誘降的陰謀，不等他活動，就扣起來，親自審問，果然如是。他爲了教育全體指戰員，把金警佐送到軍人大會上去做結論，大家意見槍決他，於是馬上執行。臨死時，金警佐說：

『我看到這樣多的中國人和朝鮮人，爲拯救祖國，是這麼堅定，我發現日本人和我一樣愚蠢，他們不知道世界上有一種永遠不知道屈服的人。今天的情形告訴我，將來的中國和朝鮮一定是屬於你們的。』

一九四〇年冬季，敵人用絕對優勢的兵力，對楊將軍部隊進行大圍剿，他們在重重包圍中。困在樺甸縣的一個森林裏。

他們想設法突出重圍，但是敵人兵力太强大了，眞正是所謂銅牆鐵壁，怎麼也突不出去。他們在森林中，糧食吃完了，子彈打盡了，他們仍然堅持着。吃草根樹皮，拏着沒有子彈的槍和敵人搏鬥。一個一個戰士堅持到最後一口氣，沒有一個投降的，最後楊將軍舉起自己的手槍，用自己的手結束了自己的生命。

他們的鮮血染紅了森林裏的死葉，變成了肥料，培植出祖國更繁盛的森林。

楊將軍死後，敵人還把他的頭砍下來，送到長春。並且在瀋陽使醫生解剖他的屍體，把他肚子剖開，醫生發現他肚內沒有糧食，有的只是草根，參加解剖的醫生都暗暗流下了熱淚，他們也和金警佐一樣知道了：

——世界上有一種永遠不知道屈服的人。

李兆麟將軍略傳

周而復

一九四一年偽滿治安肅正計劃書上，有着這樣一段：

『現在在北安省蟠居最有力的共產匪團，當推張壽籛所率領的抗聯第三路軍系共產匪了；他們組織了東北抗日聯軍西北臨時指揮部，張壽籛自任總指揮。在指揮部以外有第三、第六、第九、第十二四個支隊。支隊是蟠居於本省之北部、南部、東部、山林地帶或隣近諸縣，有時又有向省外各地跳樑之勢。此等匪團，因過去之東南地區，及三江省肅正工作進展關係，乃遁入本省。且其過去富於實戰經驗，行動執拗果敢，特別努力於黨軍一體的活動，地下工作的展開與擴充。至於匪體之系統及分佈之狀態，可參照別紙第一主要之匪首略歷。』

張壽籛就是李兆麟將軍。

李將軍是北滿民族英雄。一九〇八年生於遼寧省遼陽縣小榮官屯。幼年喪父，唸到小學，後來就從事革命工作：在北平西郊做門頭溝煤礦工人工作，農民工作；九一八事變，投筆從戎，先後在遼西耿繼周，李春潤部工作。三三年春他是中共奉天特委軍事委員會人員和抗聯三軍政治部主任，開闢小興安嶺旺河溝里的抗日根據地，抗日形勢在他影響之下，頓時高漲。三八年他已是抗聯三路軍的總指揮了。

三軍在他指揮下，如一隻活龍，到哈爾濱近郊，到松花江下游，到賓縣方正，到小興安嶺，到龍江平原……敵人每一次都想堵擊他，活龍在人民的海洋裏，敵人又有什麼辦法？

到了最困難的時候，一九四〇年，在興安嶺，背囊裏的糧食吃完了，夏天揀青草吃，下霜後青草沒有了，揀榛子蘑菇吃，一清早，他就派人出去揀，越早越好，有露水，晚了，到中午乾了就不好吃。揀回來以後，他先給負傷的戰士吃，其次是女戰士和外出活動的人，他自己甯可少吃，甚至不吃，他說：

『你們多吃點，我在家裏少吃點，只要不餓死就行了。』有時他連草也不吃，每天只吃點鹽水來維持自己的生存。這時他還倔强地對大家說：

『我們要效師伯夷叔齊，矢志忠貞祖國。』

從八月間開始直餓到九月，此後他就有了胃病。

嚴冬的寒天，他們圍着火堆睡覺，這時他唱出：

火烤胸前暖，
風吹背後寒！

他冷得發抖也還是很倔强，鼓舞大家的戰鬥情緒說：

『熬過漫長的冬夜，天將破曉了，太陽會給我們溫暖。』

就在最冷的時候，他身上所穿的棉衣，也常常脫下來給戰士穿。因為担任交通的戰士，來往森林之間，一件新衣服大多不久就被扯破了，他們來了，李將軍就把身上齊整的軍衣脫下，和他對換。

龍江一次戰役，一個戰士受傷時，他親自跑去把這個戰士從火綫上揹下，因為傷勢過重，在那樣艱難的環境中，當然沒有法子醫治，戰士自殺了，大家痛哭起來，他憤恨地高叫道：

『復仇，復仇，我們要為他復仇！』

每當戰鬥緊急的時候，在陷入重圍，千軍萬馬當中，他也毫不氣餒，他遙望着西南，高聲對部下狂呼：

「看啊，祖國在酣戰，他們會來救助我們的，我們戰剩一個人，也要等着他們啊！」

戰士們都鼓舞起來，興奮起來，更加堅强地戰鬥下去。一直到八一五，終於配合蘇聯紅軍解放了東北。

國民黨未到哈爾濱時，他是松江省副主席，國民黨到來，他辭去副主席，任中蘇友好協會會長，想專心爲建設和平民主的新東北而努力，爲中蘇友好合作而奮鬥，誰知道這樣一位愛國家愛人民的抗日英雄，竟然遭了反動派的毒手。

三月九日，李兆麟將軍被騙到水道街九號去，那兒反動派佈置了一個暗殺陰謀，兇手是馬建亂，高慶三等，用刺刀結束了英雄的生命，他不死在抗戰之時敵人之手，而死於勝利之後國民黨反動派之手，能不令人痛心？但是，我沒有眼淚，我也不痛哭，我要重複李將軍自己所說的話：

「復仇，復仇，我們要爲他復仇！」

李兆麟將軍

馮仲雲

今日哈爾濱中蘇友好協會的會長李兆麟先生，就是東北頂頂大名的抗日聯軍第三路軍總指揮張壽籛先生。十四年來他縱橫哈東山地，馳騁龍江廣原上，備受哈爾濱人民的愛戴和景仰。我和他在一起作過戰，一起受過凍，長期的共同甘苦，他的確是我患難的同志，也是我們三路軍中將領和戰士們最愛戴的領袖。

李兆麟（即張壽籛）將軍原籍遼甯省遼陽縣人，幼年的時候境遇很苦，從小學畢業後就未能升學，在家裏當過牧童，做過『半拉子』。但是他雖然處在這樣的困難和貧苦的境遇中，仍然是偷着閒功夫，手不釋卷地刻苦求學。

在一九二五年五卅慘案事件發生的當時，中國反帝的大革命的浪潮，不僅波動了關內的革命青年，而且也煽起了東北的革命青年。他從這時起，就受到革命思想的洗禮和政治上的教育。『九一八』事變前一年即民國十九年，故鄉已經不能使他再立足了；於是他不得不跑到北平去求學。這時他從多方的探討中，在理論上認識了馬列主義的思想，並認識它是中國應走向的理想目標，認識到只有中國共產黨才能領導中國革命走向勝利，於是他就加入了共產主義青年團，不久便成了共產黨員。

那時他雖然在大學讀書，但他經常出現於北平西郊的農村，或門頭溝的煤礦中，去告訴『煤黑子』和莊稼人，要他們如何知道求得生活的眞理。

『九一八』事變的那年，他正流亡在北平，他深深地感到現在是拿起武器的時候了，於是他就加入了北平的抗日救國會，不久就被派到遼西抗日義勇軍耿繼周的部隊裏去。他們一行共有六個學生，路過趙大忠部山林隊時，他們就被當人票看押起來（當人質）同伴們都消沉頹傷起來了，可是他反而大聲的吵起來，此事被耿繼周得知而調他們去訊問時，他便侃侃陳述來意，耿很爲感動，遂把他們放了，並收留在一起進行抗日工作。

他們在遼西耿部裏，曾於新民一帶，作過多次英勇戰鬥，耿部失敗後，他們返回了北平。

次年，他又派到遼西李春潤部抗日義勇軍去，不久李部又遭到失敗，他便到了瀋陽，中共奉天特委派他到本溪湖煤礦去團結煤礦工人抗日救國。他雖然在幼年當過『牛拉子』，總是沒有幹過苦工的人，但是他毅然決然毫不猶豫到了本溪湖、舞動了丁字鎬、揮起了大鐵鍬苦幹起來。他下過煤洞，他的臉也曾烏黑得像煤黑子一樣，只有眼珠發亮。他受過日本監工的氣，挨過工頭的打，也曾吃過腐爛的窩窩頭。

八個月的煤礦工人生活，使他經歷了整個中國煤礦工人悲慘的暗無天日的苦痛生活，但並沒有銷磨了他的意志，還更加鼓舞了他。在這個短時期的埋頭苦幹中，他組織了約近三四百人的煤礦工人抗日救國會，發動了反罰燈的鬥爭，反對『把頭』剋扣工資的鬥爭，也曾有過爆燬日寇在南滿的生產力的企圖，因爲爆炸未成，他不得不離開本溪湖。

他回到瀋陽是一九三三年春，在瀋陽參加了中共奉天特委的軍事委員會，努力於奉天城內的僞軍工作，對象首先便是靖安軍。不久奉天特委被敵人破壞了，他幾乎被捕。但他幸而脫險逃到了哈爾濱。

我就在哈爾濱認識了他。那時他還是個青年，他的英俊和誠懇，在我腦裏立時留下了一個深刻的印象。從此以後，他就在北滿各地進行抗日救國會的工作，他到過海倫、巴顏各地，洒遍了抗日救國的種子。他的談吐很能動人，能吸引人去傾聽，並且他的言論立即會使人欽佩和信服。所以他的號召，就成爲發動人民起來抗日救國的號令。在哈爾濱，他也曾經在游擊警察隊裏，組織起來抗日救國的祕密組織。一九三四年後，他被派到抗聯三軍去做政治工作。雖然他是政治工作人員，但是他也是軍事幹部，常常和趙尙志將軍一起作戰。有時趙尙志和抗聯主力失去聯絡，他就親率領着部隊與敵人血鬥，或者從容的退却到安全的地區。他善於找敵人弱點去襲擊敵人，使敵人受到奇重的損失。假如他率領着隊伍走，那麼敵人就莫想追上他，因爲他的計劃和行動是相當的周密的。

他曾經率領着抗聯三軍，到過滿家店，接近過哈爾濱的近郊，使哈爾濱的敵人感覺到萬分的恐慌。他也曾率領着隊伍，深入到楡樹大嶺一帶，開展過平原游擊戰。他在延壽縣的腰嶺一戰，曾經擊斃有名延壽日寇指導官澤立，曾擊潰過僞軍的第三八團。

他在軍事上的天才，政治上的聰明頭腦，曾使當時的抗日義勇軍山林隊等敬服，而和抗聯三軍結成了統一戰線團結起來反抗日寇，哈東的人民沒有不知道偉大的抗日領導者李兆麟將軍（即張壽籛）。無怪當「八一五」東北被解放不久，他回到哈東一帶時，各地人民都列隊歡迎他，甚至於有跑來抱頭痛哭的。他們認爲李兆麟，這次再出現他們的面前，是安慰了他們長久的懷念，並感到他的確是他們的有血肉聯系的領袖。

抗聯三軍在深入松花江下游時，李兆麟到了下江，當時湯望抗日游擊隊正處於非常困難的狀態中。日本人在湯望河溝裏，成立極大的採木公司，採伐小興安嶺的森林，在小興安嶺山脈，利用炮手獵人組織了森林警察隊，以出名的炮手于四炮爲隊長，使一切抗日部隊不敢進入小興安嶺一步。湯原抗日游擊隊當時是非常弱小的一支游擊隊，不得不躑躅於小興安嶺的山邊。同時日寇又利用當地的走狗警察隊蕩平四外出擊。當時一般說來，打日寇是容易些，但是和還領地頭蛇（

警察隊）作戰却有相當困難。

當兆麟同志到達松江下游時，看到湯原抗日游擊隊的這樣情形，立即率領一支戰鬥力很弱的部隊（當時他的主力已遠離該地區），以輕騎快速戰，深入湯望河西四百公里，給森林警察以奇襲，全部將他們都解决了，獲得了日寇儲積的大批糧食。這時小興安嶺遂成為松花江下游抗日游擊運動高漲中最重要的根據地之一，他旋即又返回山邊，給應方平以嚴重打擊，使湯望形勢爲之一變。

他曾經担任過抗聯總部政治學校的教務主任，在湯望河溝裏領導着學員們學習爬山渡河瞄準射擊，實際學習戰術。他也向學員們上過政治課，提高大家的抗日救國的意志，和政治上的覺悟，這對於保證抗聯戰鬥的勝利，起了巨大的作用。

他還率領抗聯在木蘭、依蘭、富錦、蘿北等各地活動過，也曾經在綏濱一帶打過仗。有一次在富錦的平川地他離開了自己所率領的部隊，只帶了一名傳令兵到四軍的某部，去解决某種工作問題，歸途中遇到日寇宇佐美騎兵旅的襲擊，他立即返回四軍，指揮着部隊擊退了敵人。

在綏濱一帶沼澤地帶的活動，更是極端困難。為了躲避敵人的優勢兵力，他們不得不涉過四十五里水深沒膝的沼澤。

兆麟（即李錢）在綏濱沼澤地帶寫的露營歌中有：

「鐵嶺絕岩，林木叢生，

暴雨狂風，荒原水畔戰馬鳴。

圍火齊團結，普照滿天紅，

同志們！銳志哪怕松江晚浪生。

起來喲！果敢衝鋒！

—209—

逐日寇，復東北，

天破曉，光華萬丈湧。」

一九三八年敵寇殘酷地「肅正」松花江下游，抗聯三路軍成立後便決定將主力轉移到小興安嶺的西麓，開闢龍江廣原和嫩江流域的抗日游擊區。這個指揮的責任便落到壽籛的身上了。他指揮三路軍主力之一部，到了小興安嶺的南麓，但是正值寒冬白雪紛飛，一下雪便沒膝，朔風透骨寒，戰士們由於敵人的燒殺和封鎖，極少棉衣，又無給養，敵人又尾追得急，情形非常困難。在這種萬分困難危急的客觀條件下，他動員了湯原抗日游擊區的同胞，捐助了自己用以過冬的破爛棉被，才進入了小興安嶺。

戰士們披着破棉被，或者以樹皮為線，用棉被改為棉衣，殺食他們那形影不離的戰馬，穿越了小興安嶺，不顧凍餓，竭盡一切力量，終於到達了目的地，而保存了聯軍的實力。

他們突破重圍後，三路軍便部署於小興安嶺西部沿山一帶，在他們指揮之下展開了龍口廣原游擊戰，而一直堅持到前年的「八一五」東北解放的時候。

（註）馮沖雲同志這篇文章，還是在李兆麟同志生前所作。

吉鴻昌烈士傳略

南田

吉鴻昌字世五，河南扶溝縣呂潭鎮人。父字筠亭，曾在呂潭鎮上做過開小茶館的生意。呂潭鎮是賈魯河上的一個商業中心地方，南通北達，外界的思潮和消息，都很容易經過南北各大都市流傳到這裏來，而筠亭又天性豁達，虛懷好問，因此，他早便有了開明的民族思想，對於鴻昌很能根據時代思想來教以作人治事的方法，這對於鴻昌的一生，影響極大。

鴻昌幼年曾在鄉塾裏讀過書，但因為家境很窘，在成年的時候便出門去當兵過活。鴻昌為人忠實，警敏，果決，具有典型的軍人底性格；而臨陣的勇猛，尤出一般人之上。初投馮玉祥部下做目兵，不久即積功升營長。從此隨馮氏在察哈爾，綏遠，陝西，甘肅，河南等處轉戰。至馮督豫時，鴻昌已任師長職。國民革命時代，馮玉祥響應北伐軍，出師潼關，鴻昌以第五師師長，率兵先至鞏縣，星夜用木筏偷渡黃河，西北軍遂得先入河北。蔣馮戰後，馮部各軍悉被改編，但馮在軍中之潛勢力猶在。蔣介石以鴻昌為西北軍中宿將，所部素稱勁旅，且富人望，很打算籠絡他，給以二十一軍軍長名義，令其駐信陽，進攻豫皖鄂蘇區。鴻昌最初也和其他軍人一樣，祇知盲目服從命令，對於蘇區曾好幾次傾全力進攻過，但屢戰皆遭敗北。蔣介石的本意，原在於徹底顛覆西北軍，對於西北軍中頭腦清晰，具有國家思想的將領尤不相容。故對鴻昌表面雖籠絡，實際仍計慮百出，務期使其潰滅。鴻昌既在『剿共』上吃了虧，後又知道蔣還有利誘其屬將，使謀攜貳的事，遂辛卸軍職，並於民國二十年出洋『考察』。

馮玉祥統率下的西北軍，在我國軍隊中，因爲一向自成一種系統，所以一向自具一種風範。鴻昌既是該軍的幹部，當然是這種風範的形成者之一。而他自己又是從很貧窮的家庭出身，並且時常受着他父親底開明思想的影響，所以他所部的軍隊底軍紀尤其嚴明，他和民衆的關係尤其接近。馮蔣之戰，用兵數百萬，死者近百萬，戰後豫東南一帶幾乎盡成赤土，蔣軍入豫，復誅求很重。天津大公報派記者到河南去考察，在一處集上的小店裏歇夜，聽見炕上農人們互訴疾苦，其中有人這樣說：『從前吉鴻昌駐在我們地方，農人割了麥子，他就帶弟兄幫你打回家，營裏的牲口只要你要，他就讓你牽去耕田，過後送他一綑草都不肯收。』由此可見鴻昌帶兵早就懂得注意民間疾苦的。因爲他這樣能够接近羣衆，於是羣衆便漸漸教育了他。及到任二十一軍軍長，駐信陽『剿共』，親自和社會上基本羣衆底武裝作衝突時，羣衆給他的教訓更見加深和擴大。這時他開始感覺到以往從事軍閥混戰的罪惡，感覺到救國家救人民的力量，祇有在人民中去找尋，感覺到內心與環境衝突的苦悶。據說爲要找尋光明坦白的出路，他在這時曾祕密地離開信陽軍次到過上海，又會化裝作小兵到過蘇區。不久他便辭職出國，也正是爲了這一思想轉變。他在他的環球一週考察記中開首便說：『余列身行伍垂二十年，飽私戰之禍國，痛民生之凋敝，午夜靜思，難安寢寐。』這正是他的忠誠自白。

他是在民國二十年（一九三一年）九月從上海放洋，作週行世界之遊。據他自己所述的週遊計劃和目的是：『此次……前往歐美考查，俟到蘇俄後，並擬取道土耳其，遊覽中亞細亞諸國，藉以視察東方被壓迫民族狀況』。他從上海起行的時候，正是『九一八』事件爆發的時候，他在他的環球一週考察記裏說：『詎日帝國主義者遣兵南滿，攻陷瀋陽之不幸消息亦竟於同晚到達滬濱，噩耗飛來，髮指皆裂，一向出國豪興，遽由沸點而降至冰點以下。蓋以日帝國主義者如此橫行無忌，已視我全中華四萬萬具有抵抗能力之民族直豬狗之不如，此正全國同胞下總動員令以與彼豫作殊死戰，以爲我國家爭人格，民族爭生存之日，何忍去國遠離，逍遙異域。」當時南京政府下不准抵抗令，向人民散佈幻想，說「這次事件是由日本軍閥的單獨行動所構成，我軍應沉着退讓，聽其事後自行撤入鐵路地帶。」他對於這一事件却這樣觀察：「日本此次進佔東省，原係有組織有計劃的行動，觀其今春改派前陸相宇垣爲朝鮮總督，派外交老手內田爲滿鐵總裁，並通過增兵朝鮮，改滿洲駐軍爪代制爲常駐制等議案，以及秋後迭次造成所謂萬寶山，朝鮮與夫所謂中村大尉諸事件作爲進兵之口實，可知狼子野心，蓄積已久。……惜我國軍人不明此種危機，或縱橫捭闔，從事武力統一，或視軍隊爲資本，僥倖經營投機事業。……對內廝殺，目的何在？……現值大禍臨頭，倘仍不思合作圖存，中華民族前途將愈暗淡。」（同書）但他這時業已行將就道，而他對於這次旅行，又還具有很大的目的，所以終於『含淚登舟』而去。

已經開展了爲國家爲人民的誠意和熱情，已經知道信任羣衆的力量，已經知道從那一個角度上去觀察事物，鴻昌在其世界漫遊上，當然是會得到很大進益的。他對於西方的資本主義社會制度，對於東方各壓迫民族的解放運動，都有了更透澈的見解。這在他的環球一週考查記一書中隨處可以見到。

鴻昌在維多利亞舟次向美聯社記者談話說：「敝國有一成語，『兄弟鬩於牆，外禦其侮』，現在大難當前，全中國人民皆覺悟惟有聯合方能團結……敝國人民祇有犧牲一切，爲生存而戰，爲公理而戰，敝國有形之軍器雖不如日本，然無形之軍器，即所謂民氣與士氣者，却勝日本百倍，觀於美國十三洲之戰勝强英，土耳其之驅逐希軍，知余非故作壯語也」。他對於抗日的決心及其心目中的抗日綱領，由此寥寥數語已可見到。但等到他遊罷歸國時，中國不但不會抗日，並且東三省已完全喪失，在滬抗日的十九路軍已被蔣介石迫令移閩，東三省馬王蘇李等各抗日軍已因南京政府堅不給援而次第敗潰，全國各地反日運動及團體已被南京政府壓制不能公開。先後不過」年多，而東北一帶竟然河山變色，疆土易主，這給予他的刺激當然更大。他知道日寇還要再進，蔣介石南京政府還要再退，抗日的人民倘還不起而作積極的行動，國家的命運將益不堪，於是行裝才卸，便立刻四出奔走，作直接抗日的組織和準備。果然日寇於既陷我榆關後便續攻熱河，湯玉麟以承德讓敵，不數日而熱河全陷。日軍進逼平津，駐津日領事處組織所謂便衣隊，晝夜到處圖謀暴動。全國人心憤慨，反日高潮益起。南京政府前外交部長黃郛爲日本軍事留學生，素得日人寵信，舊有親日派要角之名，又與蔣同爲甯波籍，有鄉土誼，以在濟南血案中曾代蔣向日軍屈辱簽字，爲國人所不齒，廢居已久。至是蔣再加起用，令其以北平政務委員長資格，兼程北上，一面向日寇妥協，承認其佔領熱河，一面厲禁人民反日。黃專車剛抵平，有人帶炸彈立路側，警憲立斷其首，列屍大道上，人血赫然，遠近皆震恐。於是不多時候，塘沽協定成立的消息便宣佈出來。所謂塘沽協定，除明文之外，尚有密約，據廣東陳濟堂等的世電，密約的內容是這樣：一、南京政府承認「滿洲國」。二、日軍艦得駐防中國各海口，日軍得通過察綏兩省，並在該兩省作軍事建築，防備共同敵人。三、中日「滿」經濟提攜，南京政府須禁絕人民反日，日本幫助南京政府平定「內亂」。四、中日「滿」正式協定，於南京政府認爲適宜時舉行之。五、設立不駐軍區域。根據此項協定，我東北四省之淪喪遂成定局，我華北各省，遂開始走入第二「滿洲國」狀態，而釀成今日之危機，我國民之反日抗日運動遂成爲蔣介石等甯殺拼滅的對象，而形成兩年來雖在國難危迫期中，而依然要藉外力以作內爭的局面，而日人此後，每以禁絕反日爲藉口，頻提苛刻要求，誅責不休，即南京政府亦日窮於應付。故塘沽協定成立，可以說是我國民族危機更加深入之又一關鍵。此時馮昌賣家產，購買軍械，招集舊部，聯絡同志起兵抗日運動，到塘沽協定成立之前夕，已大致就緒。

先是自「九一八」後，我東北忠烈愛國之士紛紛組織義勇軍，奮起殺敵。義軍多以深山密林爲根據地，出沒無常，日寇深苦『無法剿治』。黃郛在奉命北上前，欲籠絡日寇歡心，分遣人赴關外，遊說各地義軍，揚言政府抗日祇是時間問題，抗日總要有政府力量幫助，孤軍野戰，決難有濟，不如退集關內，聽候指揮，且以官祿相招誘。其用意是要使這些義軍離開其比較安固的根據地，移近鐵道，以便日寇進『剿』。義軍中之不明關內政治實際，及無政治經驗的多受其愚，一旦移近交通要道，即被日軍抄圍，或被殲滅，或被擊散，其狀至慘。馬占山蘇李等敗後，其部隊有輾轉退入察東的，於是在遼北及黑龍江南方的一些被愚弄而致敗的義勇軍，也有退到察哈爾境內的。鴻昌對於這些義軍皆一律加以收撫，鼓勵，並竭力補充接濟。方振武字叔平，關於抗日事，與鴻昌早有成約，振武起兵晉南，率駐在介休孝義的張人傑包剛等部成立救國軍，以『寧爲戰死鬼，不爲亡國奴』（見方通電）爲口號，振軍北上。蔣介石令綏冀等省出兵截阻，救國軍不顧；至是亦開抵口北。鴻昌見抗日軍事佈置已大定，遂走張家口，要求馮玉祥出任抗日軍首領，於是民國二十二年五月二十六日玉祥從張垣發出通電，宣言就民衆抗日同盟軍總司令職，以反對塘沽協定，武裝抗日，收復失地號召全國。鴻昌則以同盟軍第二軍軍長兼北路前敵總指揮，率軍規復多倫。

鴻昌一向便主張須聯合各黨各派及全國一切力量一致抗日。玉祥對於駐綏及散駐晉冀等省的前西北軍算是舊日統帥，具有號召力，對於西南派及李烈鈞等國民黨過委素有聯絡，對於軍政界某些方面也很有關係，故舉義後，響應之勢一時尚甚盛。鴻昌復能收民間愛國份子，散置軍中，一致抗日，故一時張垣耳目爲之一新。

多倫位於灤河上游，扼內外蒙古交通的要樞，形勢很重要，並且自清朝末年以來便闢爲商埠，平津晉陝商人輻輳於此，貿易額每年達數百萬，風物繁華，素有蒙古小上海的別名。日寇既佔熱河後，我內興安嶺一帶已完全入其掌握，但多倫恰在內興安嶺的西口，當熱察兩省的孔道，我方備擴多倫而東向用兵，內興安嶺和熱河的日軍仍然隨時可以受到威脅。因此日寇在長城之戰得手以後，即令寇將小柳津督偽軍李壽山、崔新五等部進犯我多倫，五月一日多倫失守，於是我錫林郭勒盟全部幾皆淪陷賊手，察省稅收驟減一半，土地亦失五分之四。日寇知民衆抗日同盟軍既起義於察省，自然要以規復多倫爲自己的第一任務。因急令張海鵬部偽軍崔新五等師速攻察，我康保，寶昌，皆次第陷落。鴻昌於六月二十一日分所部爲三梯隊，先攻康保，次日下午即攻下；再向寶昌推進。時張逆海鵬已自沽源遣重兵增援寶昌，日寇茂木旅團更給以大批械彈，騾馬千匹，轉運不絕於途。同時張逆並收買當地股匪，如李占元，老兒子，老大王，楊老八等，一方到處燒殺殘毀，務使我抗日軍無飲息之地，一方時向我軍抄襲。這時天氣極壞。連日淫雨，行軍更覺辛苦。鴻昌一方面撫慰兵士，勉以大義，一方面清剿盜匪，保護人民，大軍仍一直挺進。七月一日與日偽主力軍在解家營柳家溝柳條溝一帶相遇，力戰破之，在這天下午便攻下寶昌。偽軍感於鴻昌義勇，有攜械來投誠的，抗日軍聲威因益壯。劉桂堂也從沽源派人來向鴻昌表示願意反正，張海鵬勢更孤，倉惶退走，鴻昌遂於七月四日率主力出發攻多倫。

多倫原駐偽軍不過二千餘，但湯玉麟已奉逆命率偽軍五千人圖攻我豐甯，側出脅張北，日寇錢田、松田、長齡等並在熱邊集中飛機三十架，預備我軍開至多倫即出轟擊。圍場大閣兩地亦有日軍開到，準備入察。鴻昌知道攻取多倫不是容易的事，除在各方嚴密佈置外，並令各軍沿途搜索前進。七月五日，忽接劉桂堂部副官長田農圃等報告，說『劉部夏軍長子明最近由承德逃回，陳述蔣政府確將東北四省劃歸日本，多倫亦在內，並要求日方出師夾攻我同盟軍』。蔣介石不准全國軍民抗日，且不忘西北軍舊怨，必不能令同盟軍存在，蔣欲消滅同盟軍，必借助於日本，這些都是鴻昌早就料到的事；他趕快召集前敵各將領在大柳樹會議，說明他自己的預料；說明祗有奮勇前進，誠實抗日，才能鼓動全國的抗日高潮，才能給奸人底計劃以打擊，否則祗有夜長夢多；說明抗日是義所當爲，雖敗猶榮，要求各將領勿棄抗日初志；聞者皆感憤，都表示誓死不惟，鴻昌遂嚴令各軍前進。七日各軍開始總攻，十日遂圍多倫。敵軍防禦甚堅，倉猝不能攻下。鴻昌率敢死隊數十人，乘夜伏行至城根下，打算爬城，但先後三次皆爲敵軍手榴彈及機關槍擊退，我軍死傷甚多，鴻昌亦幾被手榴彈擊中。十二日日機多架飛入我陣地轟炸甚烈，僞軍火力亦轉猛，我軍有一部份陣地竟發生動搖狀態，鴻昌看見事急，脫上衣，揮大刀，狂呼陷敵陣，大刀隊隨之，刀光飛動如雲，呼嘯聲震遠近，諸軍見總指揮尙且這樣，也都奮死衝鋒，敵軍向後潰退，但我軍傷亡亦甚重，遂暫時守住原來陣地。十二日晨一點鐘光景，天黑如漆，伸手不見掌，敵機尙未飛出，鴻昌亟令全線猛攻，其本人仍裸體率敢死隊持大刀及盒子炮當先列。喊聲驟然雷動，日僞軍皆從睡夢中驚起應戰。先是鴻昌爲擾亂敵軍後方計，曾密遣精幹戰士四十餘人，乘夜混入城內。這些人這時候便在城中開槍響應，僞軍以爲抗日軍已入城，驚惶無鬥志，我軍氣益壯，至三點鐘光景，敵軍紛向綏棚潰退，我軍遂由西北南三門入城，但日人猶在城內督率未及退走的僞軍作巷戰三小時，多倫乃告克復。

多倫既克復，全國抗日民氣爲之一振，各方都紛紛電同盟軍，表示勖勉，盼望其貫徹抗日本旨進而努力收復失地。上海教育界且立捐千元做同盟軍軍餉，作爲有力的出力，有錢的出錢的表率，但蔣介石汪精衞等圖謀消滅同盟軍底進行亦同時更急。

蔣介石底部將何應欽，以南京政府軍政部長兼軍事委員會北平分會主席，駐在北平早就奉到蔣氏密令，要相機進攻同盟軍。何在鴻昌攻下多倫前，已調龐炳勛、關麟徵、馮欽哉各部集中懷來左近，待令進攻；其所定作戰計劃係以龐爲總指揮，用鐵甲車沿鐵路北進，馮部取道延慶，由右翼直趨宣化，關部取道涿鹿，由左翼直搗張垣。因爲孫殿英部四十一軍橫互沙城柴溝堡間，則逼孫西遷。十七日龐部騎兵李福和師逼下花園，去張垣祗有百里，兩方步哨相隔祗有十三里。同日南京政府行政院長汪精衛在南京發表敬電，指多倫之收復是『非取之日本軍隊之手，乃取之僞軍之手』。力說卽傾全國武裝亦不足與日寇作戰，要求同盟軍停止活動，『交還政權』，聽候中央處置。南京方面並放出謠言，說張垣方面聯俄聯共，『擬有「某項」行動』，其用意在使馮玉祥動搖，使同盟軍內部起分化。自二十日以後，北平方面調來攻察的軍隊共達十六個師，何應欽高據居仁堂，每日發電前方促挺進，平綏路交通中斷，並抗日受傷官兵亦不許運平療治，時方盛暑，潰臭不堪。張垣糧食彈藥的接濟盡絕。何同時慫恿宋哲元率所部回察，許以事後卽任其爲察省主席，藉此來使舊西北軍內部再起分化。張垣的形勢遂益惡劣。七月三十日同盟軍第五路總指揮鄧文忽在張垣永福街爲藍衣社分子刺死，同時方振武底廚夫，李忠義底參謀長，以及假藉共黨名義招搖撞騙的托洛茨基主義者的張慕陶（卽張金綬）等，亦皆被發覺是藍衣社派來的刺客和奸細。八月八日日僞軍大舉反攻多倫，日機炸我平定堡甚烈，南京急傳多倫已失守。多倫各法團及全國各方面紛電南京請移攻察之師攻熱河，皆不聽。蔣介石汪精衛旋復發出所謂皓電，向馮提四條件，逼其離開抗日軍。

鴻昌自攻下多倫後，卽移住沽源，計劃規復熱河。蔣軍進攻張垣日急，同盟軍中議論紛起，鴻昌堅決主張同盟軍爲正義計，爲利害計，都祇有抗日到底，力說自多倫收復後，全國觀聽已大改變，同盟軍祇要再堅決進行收復熱河，他處必定有人繼起抗日討賊；同盟軍原志在收復失地，二十九軍既欲回察，儘可相讓，宋哲元原是西北軍舊將，且曾在長城和日兵作戰，同盟軍祇要能站穩抗日立場，一切不難安排；卽北平所派進攻張垣各軍，倘同盟軍能以抗日赤忱相示，也未嘗不可用政治方法使其轉向，且孫殿英雖被逼西開，還在逗留不前，孫在當時也是極富抗日熱忱的人，在緊急時，這一支軍隊難可發生作用。時方振武等亦從軍中發表通電，指斥蔣汪等『淫威所播，是非久淆，眞正抗日者易招漢奸之誣，眞正賣國者猶被反動之譽，近兩年屠殺民衆，消滅異已，輒以此爲藉口。』並宣言『舉義之日，已存死志，……既不辭玉碎於強敵，更何求瓦全於漢奸』。鴻昌知道振武底抗日意志極堅，是可與共始終的人，因更密相結納，相繫抗戰到底。鴻昌滿以爲用自己的部隊和方部的救國軍爲中堅，從事組織和鼓勵，同盟軍底局面或可維持於不墜，但馮玉祥突卸總司令職入泰山，張家口底形勢遂大變。

同盟軍盛時共有兵十八路，人槍十餘萬，及馮去，方振武雖通電出任代理總司令，但人心既已動搖，便不容易再行收拾。宋哲元復一面以兵相威脅，一面以收編相號召，同盟軍因更瓦解。張凌雲原來是同盟軍將領，受鴻昌指揮守多倫，這時也奉宋哲元命準備進攻沽源的吉部。鴻昌振武召集所部的軍官在張垣附近的老君廟舉行會議，討論應付方略，並在這時候，改稱所部爲抗日討賊軍。這時宋部馮治安師已逼近張垣，日僞軍亦謀乘勢大舉進犯獨石口，鴻昌遂匆匆返沽源防日僞軍。

同盟軍雖已大勢瓦解，但鴻昌振武所部大都是願意抗日到底的戰士，而國內愛國軍民，深讚蔣介石等破壞同盟軍，殘內媚外，對於方吉軍的擁護，又較前爲更甚。蔣防生其他變故，故在措置上最初尙不能沒有忌憚。宋哲元秉承蔣意，向鴻昌等提出條件，謂如能停止抗日，交出軍隊，南京可任鴻昌爲軍事參議院參議，兼察省政府顧問；振武爲軍事委員會委員，資遣出洋；宋且派人謁鴻昌，表示深願面談。鴻昌等嚴厲地拒絕了這一勸誘，只顧整理隊伍作攻勢計。蔣得宋報，知鴻昌等抗日意志決不能移，遂電何應欽下『聚殲』令。這時宋哲元已入據張家口，何一面以重利賄買宋哲元張凌雲等部，及其他同盟軍叛變份子，使盡力攻方吉軍，一面令龐黃等部嚴扼長城，封鎖沽源。宋親赴張北北五十里的延后二台子指揮張凌雲、屯玉嶺、趙登禹、魏蘭田等部攻方吉，劉桂堂原曾向鴻昌投誠，願反正，到這時可也掉過槍來，向何宋表示，『願以全力驅逐方吉』，鴻昌看見此時沽源已陷重圍中，無可守，且抗日軍志在進攻日寇，也無需乎守，遂分兵兩出，攻商都，佯作企圖打進綏遠模樣，以牽動宋哲元方面底主力軍。宋果然倉惶救援商都，抗日軍遂得出獨石口，再折而東向，入熱河，打敗攔路的日軍，攻入豐甯縣。鴻昌等的計劃本來是想進攻承德，但宋哲元已令卿春庭部第二師，劉警黑部騎兵第五師，會同張北警備司令張允榮部追至。或有人獻計說，河北的所謂停戰區內現尚無蔣軍，不如先破駐在密雲的日軍，然後再沿大道攻承德，免腹背受敵。鴻昌急與振武分兵，自己担任斷後，由振武率隊從長城口入長城，並遣鄭桂林部由另一條路入懷柔。九月二十二日抗日軍入懷柔縣城，官兵皆帶「誓死救國」袖章，沿途歡迎的人民塞滿道路，大家聽到抗日軍士兵們演說，蔣介石迫害抗日軍的酷烈和抗日軍苦戰的英勇，都咬牙痛恨，叫罵不已。鴻昌旋率所部殿後軍入長城，振武並進入密雲，和日軍隔河相望。風聲所及，河北各地的抗日義士，都準備起義響應，北平大震。何應欽急檄調萬福麟部二十三軍集結大小湯山一帶，企圖乘抗日喘息未定的時候，便予以襲擊。但抗日軍騎步兵已以極大速度，全數入長城，士氣極盛，鴻昌驍勇善戰，在北方軍隊中素有威信，兼之復盛傳平津間將有人起義抗日，即所謂中央直屬軍隊中亦每有士兵聚頭夜語，見長官巡察到來，却默然散去的事情。所以萬部雖已集結待機，但實際上士兵尚無鬥志。鴻昌從諜報上知道了這一點，大喜，以為從此承德不難攻下。但二十四日拂曉，空中忽有飛機聲震耳，瞭望兵飛跑回來報告，說有大隊蔣軍從順義衝來了，鴻昌急下令應戰，而日機已蔽空而至，重炸彈紛落如雨。抗日軍沒有高射炮，又沒料到會有日軍從南面的蔣軍區域中殺出，大困。振武遂棄密雲，與鴻昌會師牛欄山，合攻高麗營，打算直撲順義，惡戰一晝夜，敵人底火力，愈來愈密，機關槍的射擊聲慘厲如鬼嘯，敵機在空中投彈不絕，轟擊聲響，寒人心膽。鴻昌再照攻多倫的辦法，自己領着敢死隊，拿着刀，呼喊衝鋒；及到衝近敵人陣地，才看見敵陣中有南京軍旗號，鴻昌知道日蔣軍已取得密切聯絡，急回軍攻大小湯山，也不得手，二十七日遂敗退二道關。這時日軍第八師團騎兵已佔據密雲，南京軍及關麟徵部也沿着長城推進，抗日軍正等待集合，而大隊日賊轟炸機又至，遂再敗退黃花鎮義源河一帶。士兵和官長，死傷極衆，但大家抗日意志仍不少餒。鴻昌振武率所部入山谷間，藉避鋒銳，略事整理後，再出攻高麗營，湯山，依然不得手，繞道攻順義，還是不得手，西出攻昌平，準備再出長城，則萬福麟已早在這裏集重兵堵住了。抗日軍這時已陷入南京軍和日賊軍的重重包圍中，左右衝突，氣力漸竭；而日機轟炸無虛日，最後幾天，弄到小隊士兵在地上移動都不容易。鴻昌爲別謀抗日出路計，並不忍抗日同胞在已無戰鬥可能的環境下同歸於盡，遂應商震及平津各慈善團體之請，於十月七日偕振武赴二十三軍一四師師部。

當鴻昌等離軍的時候，抗日軍同人深恐他們會遭到不測，互選勇士數十人沿途保護。何應欽得到方吉已接收離開軍隊的提議的報告時，初令非將鴻昌等送北平不可。抗日軍官聞訊皆鼓噪，宣言倘一定要方吉去北平，大家只有一齊戰死。各慈善團體及全國輿論亦極不以蔣何必須對鴻昌等加以迫害爲然。商震恐別出變故，乃力電何請求不要操之過急。於是鴻昌振武遂由萬軍派汽車直送天津。方吉左右計議，到途中便讓方吉潛逃。但這計劃又被送車的人查覺，在孫河逃掉的只有振武一人。

鴻昌回津以後，仍然住在法租界的自己家裏，但實際上是已經落在蔣介石藍衣社黨徒們的監視和暗算中了。鴻昌雖戰敗，並已處在隨時都有被殺害的危境中，但其抗日討賊救國的意志還時反而更堅決更徹底，從事於實際的運動和預備更積極，藍衣社因之益急謀殺鴻昌；因爲鴻昌還採取了相當防衛的辦法，不容易馬上下手，則弄出人來裝做也是抗日反蔣份子和鴻昌往來，稍稍入港以後，便以接洽要事爲掩飾，誘鴻昌往法租界國民飯店聚談。十一月某夜鴻昌遂在該店和他的友人任應岐一同被暴徒狙擊，同時遭難的還有劉某，據云是胡漢民派來北方活動的代表，劉當場斃命。鴻昌任應岐則因爲奮起和暴徒搏鬥，暴徒惶懼逃去，僅被擊傷。

鴻昌在日蔣威脅中驟遇難，誰都知道這是怎樣一回事，但因南京對於言論和出版的壓制愈趨嚴酷，言者多只能表示驚惜而已。藍衣社兇徒刺鴻昌既未死，河北省政府（這時的主席是于學忠）遂向租界當局要求將鴻昌應岐引渡，由天津直解北平軍分會。何應欽令軍法處嚴訊，要鴻昌供出共抗日運動的『祕密』，鴻昌說：『抗日是爲了救國，這是四萬萬人的公共事業，那得有所謂「祕密」，抗日救國是中國人民人人應知，人人能知的事情，那得有所謂「祕密」。只有蔣介石等賣國殃民，殘內媚外，幹着爲全國仇恨的勾當，這才有所謂「祕密」，才不能告人。』鴻昌侃侃而談，述說他的抗日決心和經過，并解衣出示其身上的刀彈痕，說到激烈的地方並慷慨流涕，聞者皆感動，承審的人，只好轉口說，『那你爲什麼要反蔣呢？』鴻昌答說：『我要救國，蔣要賣國，所以我不得不爲救國而討蔣，我要抗日，蔣要迫害抗日，所以我不得不爲抗日而討蔣。蔣能够抗日，我馬上便能够助蔣，但你能指出來蔣有一點抗日行動，或是甚至有一點許容他人抗日的意思嗎？我想就是你自己，清夜捫心自問，也不能不反蔣。』問者語塞，便再換口說：『那麼你是不是加入了共產黨呢，你抗日好了，爲什麼要加入這個「危害民國」的中國共產黨呢？看，我們這裏有張慕陶證明您早已加入共黨的字據！』鴻昌在罵賊的時候，態度非常激昂，在說到國家危機的時候，態度非常沉痛，及聽到問者向他說這樣的話，聲容忽然表顯得鎮靜而偉大，他說：『得了，我得告訴你這個問題。你們以爲我會諱言吧？不，我是中國共產黨黨員，我爲我們的黨底主義和政綱而奮鬥，我擺脫了舊軍閥的生活而轉到爲工人、爲勞動羣衆、爲全國國民，爲全人類的正義人道而鬥爭的陣營裏，我參加了爲全世界歷史上所未有的偉大的工程，這正是我的光榮，這正是我不同於中國一般流俗軍人所在。我能够毀家抒難，捨生報國，拒絕利誘，見危授命，這樣來抗日救國，這正是黨給我的感化，這正是黨底意志。你們說我們的黨是「危害」試問你們蔣介石國民黨幹了些什麼？你們當國七年來，掀起了無數次的內戰，釀成了空浩刧，斷送了東北，斷送了熱河，又快要斷送華北各地，你們的貪污罔法的政治，你們的殘暴專橫的措施，那一樣不會「危害民國」？那一樣不是「危害民國」？我們共產黨在中國民族解放運動中不避犧牲，不辭艱苦，正是爲要保護民國。你們可以殺我，你們不能侮辱我的黨，你們不能侮辱我們這爲全國全世界有良心、有進步眼光的人所推服敬重的黨。……』鴻昌說到後來，態度又變成激昂，最後簡直要奮起拳頭，直撲問者。承審人知無再問，遂抓管入告何應欽。適蔣令將鴻昌等處死電已由南京拍到，何急用硃筆在卷尾上批『立槍決』三字。於是鴻昌和應岐便在第二天在北平天橋就義。鴻昌在臨死前談笑自若，拿出一封很厚的遺書，託監刑的人轉交給他的妻子胡洪霞。監刑者事後轉呈何應欽，何閱後，喪神似地靠在椅上很久，急投爐火中，令祕書另僞作鴻昌遺書，送各報照登，中有『天怒人怨，死復何言』等語。吉鴻昌和任應岐在臨刑就義時，均高呼：『打倒日本帝國主義！打倒賣國賊的國民黨南京政府！打倒賣國賊蔣介石何應欽！中國共產黨萬歲！中國革命萬歲！等口號』，鴻昌應岐等所表示出的爲國爲民而視死如歸的英勇精神，就連平津各報也不能不表示敬服，稱之爲『至死不屈』云。

南田後語：

從前在南方讀書時候，曾聽過河南同學述說廿五將軍驍勇善戰，而又喜歡同平民接近的故事。當時全國方久苦內戰，一般對於軍人的感想常不很好，所以我也只是尋常聽過。及到張垣抗日之役發動，知道將軍在起義前既殫財竭力，先任慘淡組織之勞，在起義時，又自任前鋒，再三以肉搏血戰來恢復失地，及到大勢已解，叛者四起，將軍依然奮死轉戰，絕不稍變抗日素志，這才明白他確與一般軍人不同；再看他的聯合全國一致抗日的主張之澈底與正大，與他在張垣及大軍所至的一帶地方之措施，更知道他並不是徒憑血氣之勇的單純軍事人材；於是我承認我們舊來以爲將軍底長處只是在於很能肉搏血戰，確乎太不知人了。去年冬，將軍在北平被害，我因爲遠在海外，得不到翔實的消息，讀在人挾持下的報紙上的糊塗紀載，更令人只有憤慨。今年春，偶然遇到由北平上柏林去的朋友，才知道將軍在張垣起義前後的一些事情，及在慷慨就義時候的一些說話。這位朋友並說：『吉鴻昌是一個血性男子，民二十下野後，逢着人便說：「我從前太造孽了，參加軍閥混戰，眞不知害了多少人。我要找尋光明的出路來滿足我的良心。」所以他之加入共產黨，決不是沒有經過嚴密的考慮和多方的觀察的。看他在死前說的甯肯要人殺他，不能聽人侮辱他的籌那樣的忠烈誓詞，足見他在共產黨裏是得到了最大的良心滿足的。舊軍人中能够出這樣人物，就使從道德的觀點看，也不能不算是鳳毛麟角了。這一個人的生平，眞應該讓一個尙氣節，能文章的人來寫成傳記，給人間正義添一段光華的故實，給眼前一些醉生夢死的軍閥們作一個當頭棒喝』。聽了這位朋友的話，很覺感動，恰恰友人王君正打算編東北抗日烈士傳，我便寫信告訴他，像世五將軍這樣的人，在他的書裏是應該有位置的。王君覆信贊成，並且就要我担任世五將軍傳的撰稿。我對於將軍生平知道得原不詳細，客中書報缺乏，沒處可以參考，乘之去柏林的朋友所說的尙氣節，能文章，能文章使我自己感覺得太够不上，因此一擱三月却不敢動筆。但又一想：將軍在北平遇害時，各報竟有稱爲『吉逆』的，而將軍底唯一足以見志的環球一週考察記，今年自南京下『睦鄰』令後，又被目爲禁書，已遭燒燬，那麼就是已經被人改爲過的將軍的抗日事績，此後恐怕也會在一般人心中更要失眞吧。現在北五省烽警又急，想着將軍往事，令人不勝長城自壞之慨。會王君催稿的信又來，因此勉强寫成此篇。我的文章不足以傳將軍底爲人，本篇的記載也未能盡及將軍的事業，倒是能爲有思想，愛民族，如將軍這樣的人作傳，我却感着不盡的榮幸。

山东红色文献丛编

（初编）

下

张旭　徐晓方　主编

山东人民出版社

榮軍模範
事蹟选
中國人民解放軍華東軍區榮軍總校政治部編印
一九四八·八一紀念版

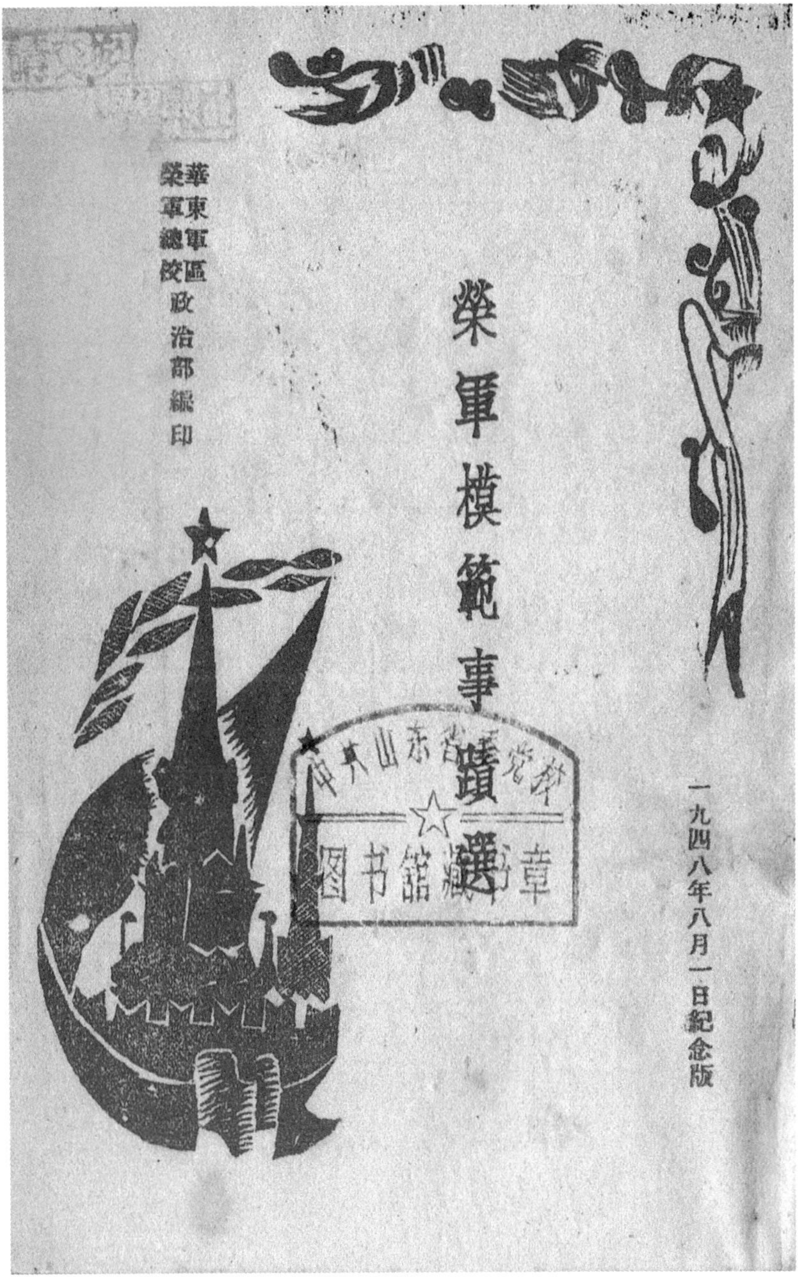
榮軍模範事蹟選
華東軍區
榮軍總校政治部編印
一九四八年八月一日紀念版
中共山东省委党校
图书館藏书章

編者的話

總校政治部早在去年六月就打算出一本『模範榮軍集』，後來，四期『榮工通訊』出版了，就把手頭的二十八篇模範材料，編了一期附在裡邊。一年來的希望，這次終算如願以償了；我們應該感謝榮工大會中的展覽品，和各校應徵稿件的同志。

這本事蹟選，分有學習，工作，生產勞動，軍民關係，友愛團結，備戰，節約獻金等七輯。全文達三十九篇，四萬多字，雖然各校（院）都有了模範稿件、但還不够得很，難免有掛一漏萬的印象。

因此，我們希望同志們發覺自己校（院）內的模範事蹟，有被遺漏的，可繼續寫稿給黨報。我們準備把每一件好榜樣都發揚出去。

這裡，有各種各樣可歌可貴的生動例子，我華東一年來的榮工創蹟，同我們榮軍中這些優秀同志的每一模範事蹟血肉不可分的，因此，這本事蹟選，實際上就是我華東榮軍工作一年來結晶的縮影。因此，這本子是一個『榮軍模範事蹟選』，又是各種經驗的綜合教材。

最後，讓我們向爲這本事蹟選再三設計封面，呈曙同志和忙中突擊插圖的陳鋭同志致謝！

編者　四八、七、三十一、於樂陵

★選集內容★

工作模範篇

學習模範篇

備戰模範篇

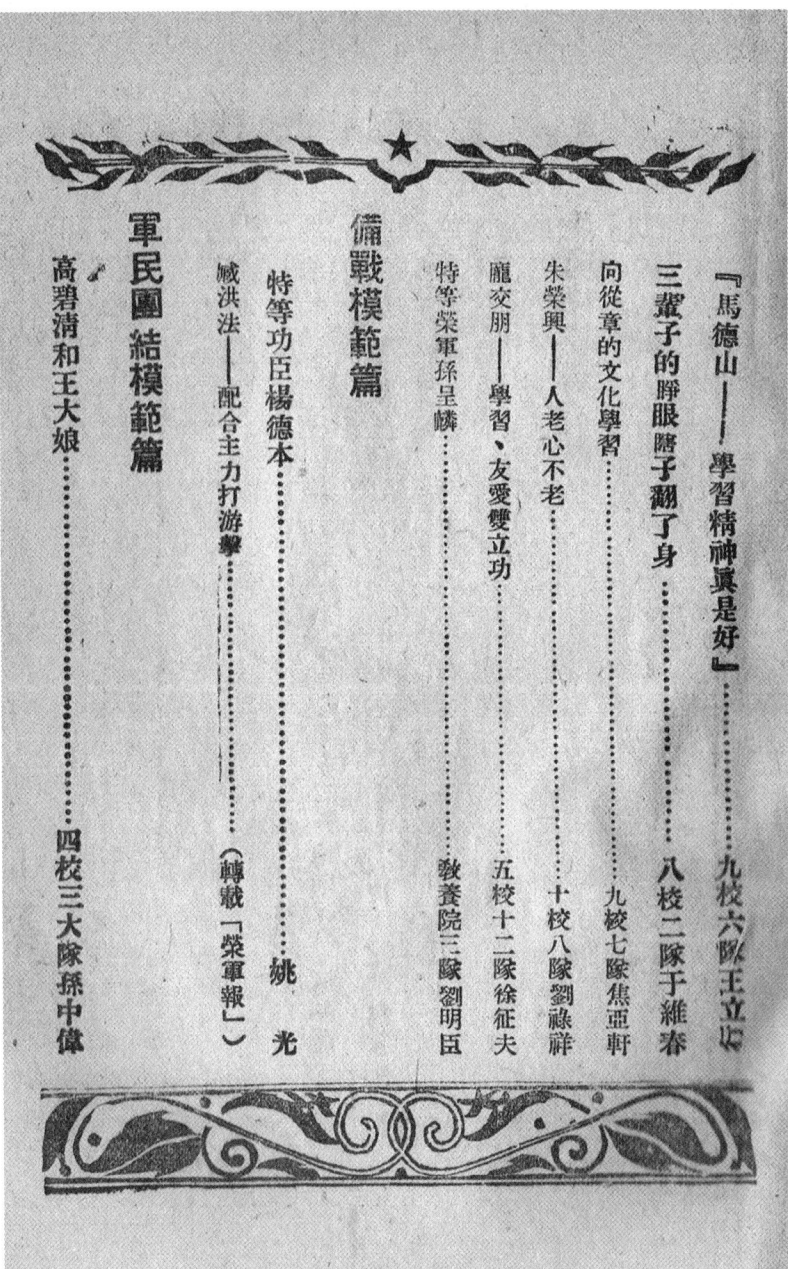

軍民團結模範篇

友愛模範篇

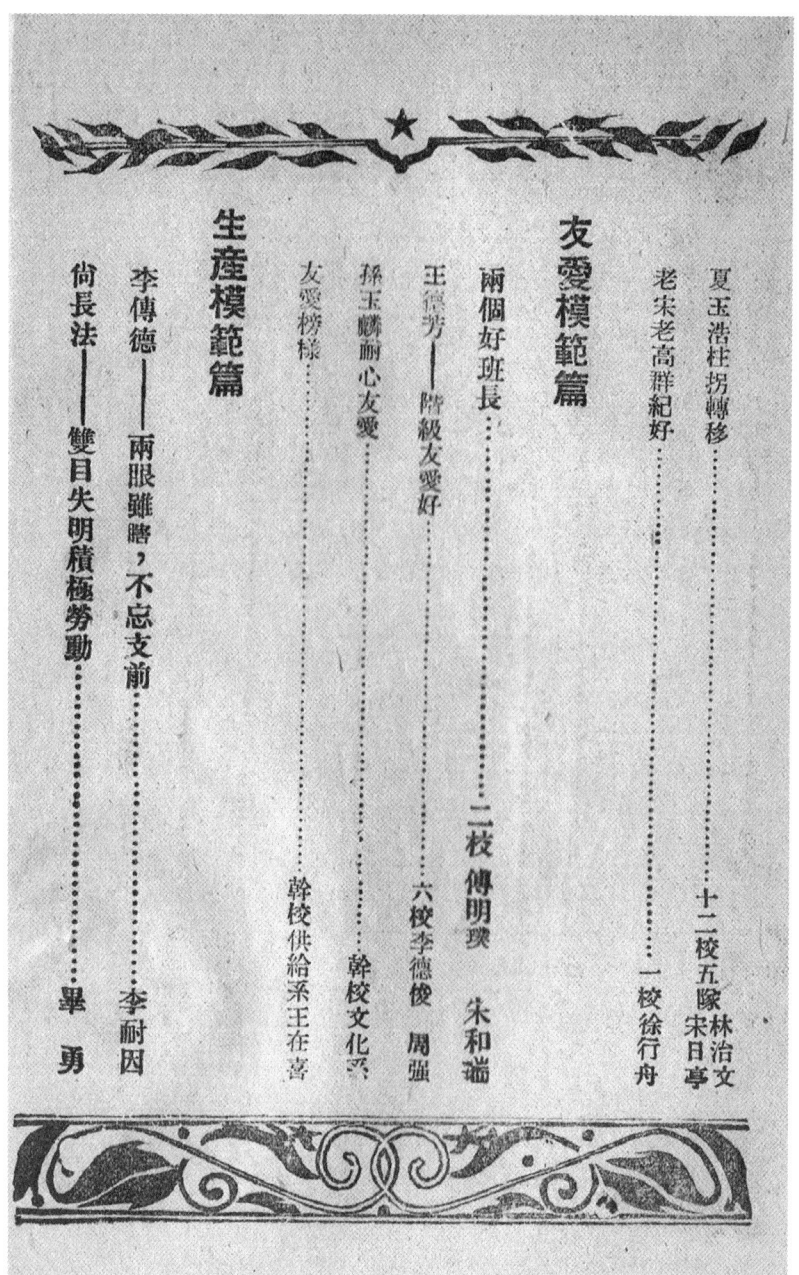

生產模範篇

節獻模範篇

臧志明：

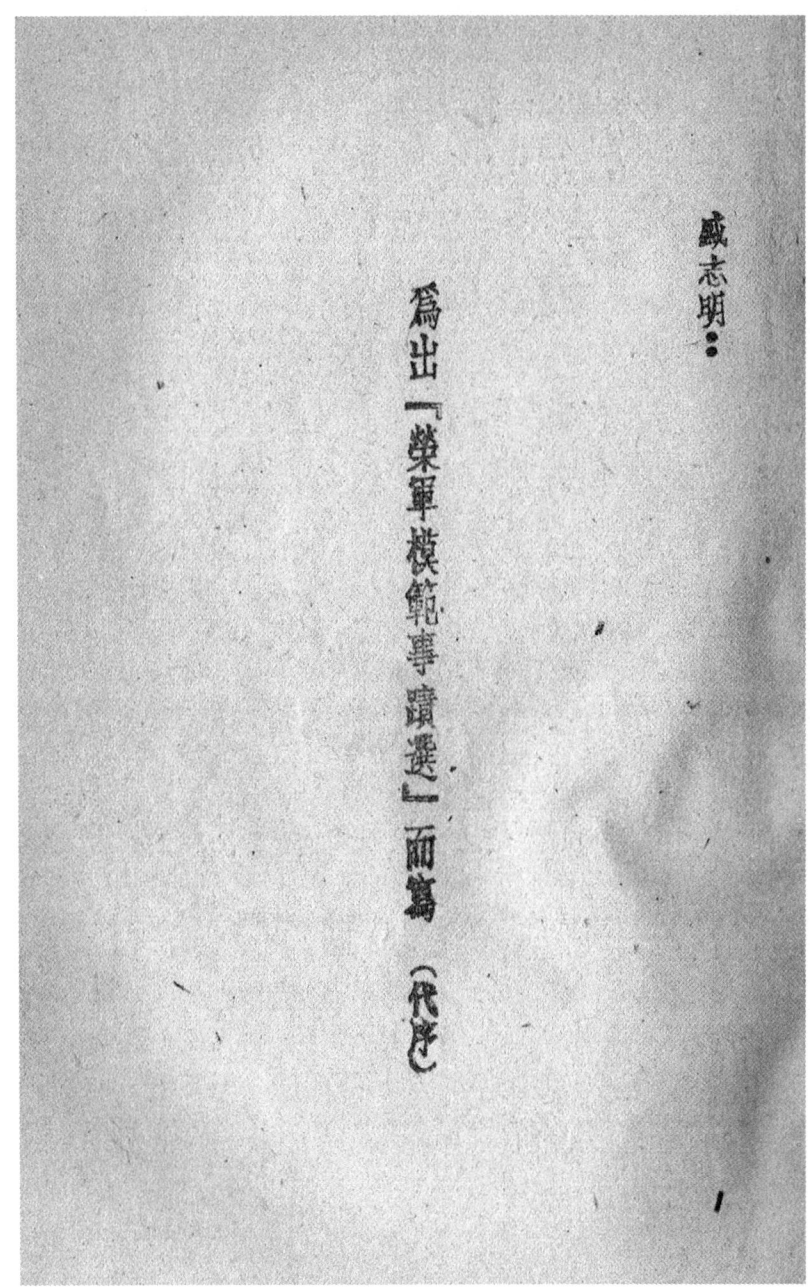

為出『榮軍模範事蹟選』而寫（代序）

為出『榮軍模範事蹟選』而寫（代序）

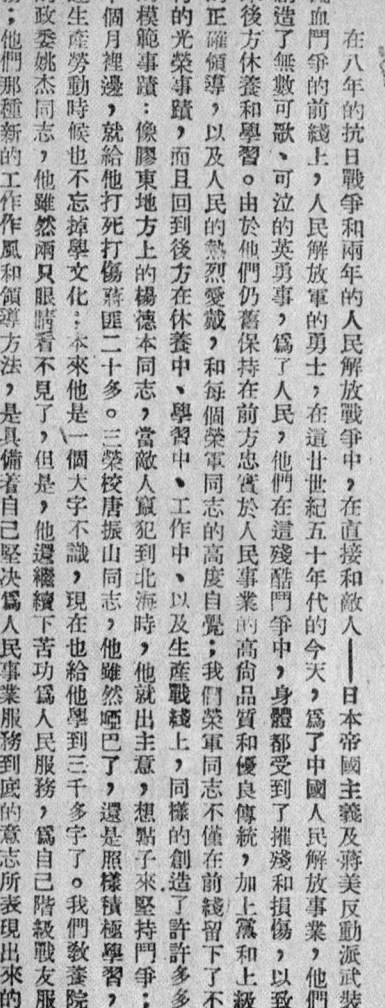

在八年的抗日戰爭和兩年的人民解放戰爭中，在直接和敵人——日本帝國主義及蔣美反動派武裝的流血鬥爭的前綫上，人民解放軍的勇士，在這廿世紀五十年代的今天，爲了中國人民解放事業，他們創造了無數可歌、可泣的英勇事，爲了人民，他們在這殘酷鬥爭中，身體都受到了摧殘和損傷，以致來後方休養和學習。由於他們仍舊保持在前方忠實於人民事業的高尚品質和優良傳統，加上黨和上級的正確領導，以及人民的熱烈愛戴，和每個榮軍同志的高度自覺；我們榮軍同志不僅在前綫留下了不朽的光榮事蹟，而且回到後方在休養中、學習中、工作中、以及生產戰綫上，同樣的創造了許許多多的模範事蹟：像膠東地方上的楊德本同志，當敵人竄犯到北海時，他就出主意，想點子來堅持鬥爭；半個月裡邊，就給他打死打傷蔣匪二十多。三榮校唐振山同志，他雖然啞巴了，還是照樣積極學習，連生產勞動時候也不忘掉學文化：本來他是一個大字不識，現在也給他學到三千多字了。我們教養院的政委姚杰同志，他雖然兩只眼睛看不見了，但是，他還繼續下苦功爲人民服務，爲自己階級戰友服務；他們那種新的工作作風和領導方法，是具備着自己堅决爲人民事業服務到底的意志所表現出來的。

這些例子太多了，但，這些例子在我們看來，也確是可貴而值得向敵人驕傲的一件事。

正當着目前形勢走上勝利在望和迎接勝利的時候，正當着紀念抗日戰爭十一週年、榮軍節第三週年的時候；正當着榮軍工作在這步走上新階段建設的時候；我們每每想起這些勝利的來源是和我們榮

一

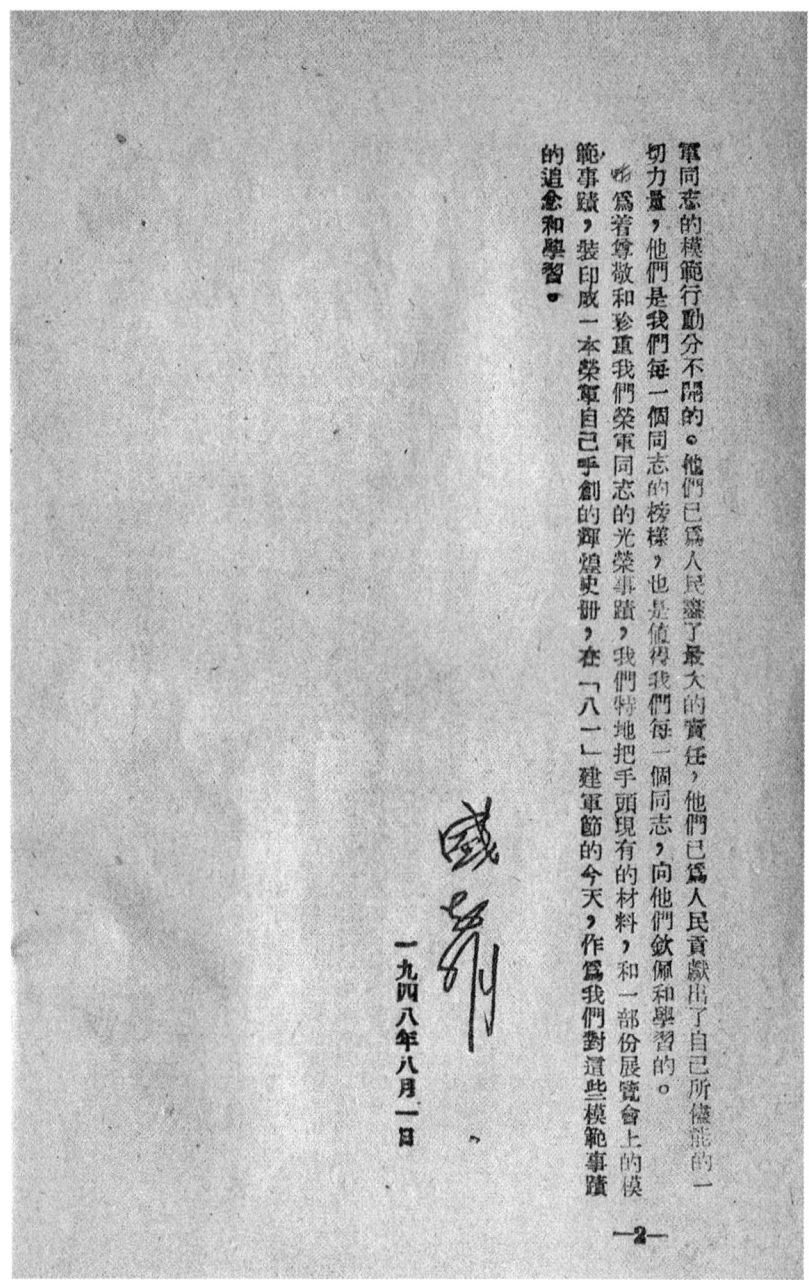

軍同志的模範行動分不開的。他們已爲人民盡了最大的責任，他們已爲人民貢獻出了自己所儘能的一切力量，他們是我們每一個同志的榜樣，也是值得我們每一個同志，向他們欽佩和學習的。

爲着尊敬和珍重我們榮軍同志的光榮事蹟，我們特地把手頭現有的材料，和一部份展覽會上的模範事蹟，裝印成一本榮軍自己手創的輝煌史冊，在「八一」建軍節的今天，作爲我們對這些模範事蹟的追念和學習。

一九四八年八月一日

—2—

工作模範篇

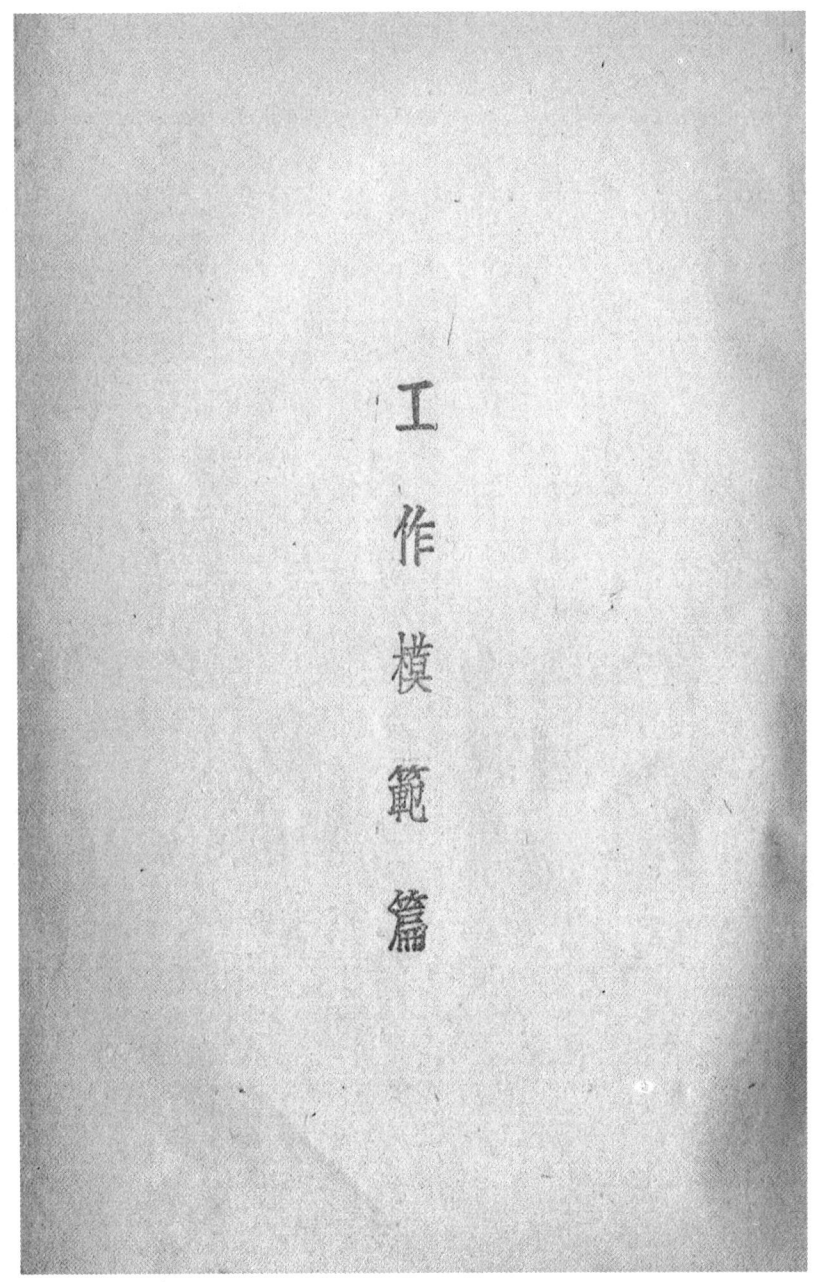

向保爾學習的——姚杰同志

一息尚存，繼續爲黨工作
殘體猶在，仍爲人民服務

李耐因

在榮管分局政工會上，我第二次遇到雙目失明的姚杰同志。

「你是誰呀？」

「你猜猜吧！」

「——？」

「你忘記了，在春節我讀蘇聯詩給你聽的?!」

「唉呀，李同志——」於是，他拉我的膀子，我們併肩坐在一條板凳上啦起姚同志故事來。

（一）

姚杰同志是在一九三七年參加部隊的，是開闢清河敵後抗日根據地的老特務營一連指導員，一九四三年，特務營打三里莊據點時，姚負了傷，從此，太陽的光亮五色的分辨就只能深藏在他的心裡了。

眼睛的失明，並不是沒有給他帶來苦悶。在這中間，他和悲觀情緒鬥爭着，他和失去眼睛生疏的困難鬥爭着：他用手指和耳朵來克服着看不見的困難，他學會摸着紙頭寫字，他摸着對方的手指就能喚出名子，他學會在自已心裡來辨別每一個人，他用耳朵來代替眼睛進行學習，他用腦子來代替算盤來代替筆寫的講話提綱……

畢竟姚杰同志戰勝了困難，艱苦爲黨的事蹟，流傳在榮軍中間！

—3—

保爾教育着他，他教育着榮軍。

〔二〕

還在七個月前，我到衛生部組織春節報導，在那裡我和姚杰同志認識，立刻我爲他那堅強的忍耐性，孜孜不倦的學習精神，充滿信心的樂觀和偉大的動人的理想所驚駭。夜晚，我們睡在一條炕上，於是，我們從保爾談到冬妮亞，從保爾負傷談到保爾堅強的忍耐性和毫不悲觀的奮鬥精神，談到保爾一心爲黨的崇高品質！……姚杰同志，把每一個對話，每一個細小的環節都清楚的描擬着；他告訴我，保爾的事蹟和高尚的品質給他教育最大，在悲觀的時候，保爾給了他鼓勵，在情緒不高的時候保爾給了他力量，保爾成了他衡量自己的尺度，他說：「比起保爾的環境和經歷，自己還算什麼？」因此，更堅定了他一心爲黨爲人民服務到底的信念。

「鋼鐵是怎樣鍊成的」（按：該書是蘇聯作家奧斯特洛夫斯基名著，其中主角保爾是一個青年工人，貢獻其全部精力於艱巨的革命工作，至因傷殘廢，後來四肢五官只有兩耳一口一手能用，但他仍堅持爲黨工作到底）他整整聽人讀了三遍，以前是一個同志在工作室下來時唸給他聽，以後是一個粗通文字的通訊員幫助他的。

早年，姚杰同志也曾有過珍愛的理想，還在一九四四年，他就想：「再打三年抗戰勝利，學習三年文化，以後就像保爾一樣獻身給毛澤東的文化事業！」這個理想，曾鼓勵他在長期生活中努力過。但是，抗戰勝利了，和平實現了，賣國賊蔣介石二次內戰的炮聲，把姚杰同志的理想打消了。於是，可愛的理想變成了激憤，珍藏在心裡的保爾。柯察金便用來教育榮軍「一息尚存繼續爲黨工作了」。

姚杰同志扶着小蔣的肩膀摸進課堂，那裡早擠滿了人，柱拐的同志領瞎子，能走的人背着掉腿的，大家都嘻笑着趕進來，姚杰同志從脅下摸出一本書，——「鋼鐵是怎樣鍊成的」，雖然他看不見書上的字，但是，每回他都要帶來的。於是這位蘇聯青年英雄，布爾什維克，保爾，柯察金的故事，便嘴傳嘴，心傳心，深刻在每個爲革命流了血的榮軍心裡。

想到保爾，誰還有什麼講的呢？榮軍的心裡只是一個：「黨的工作，人民事業，」於是一條胳臂

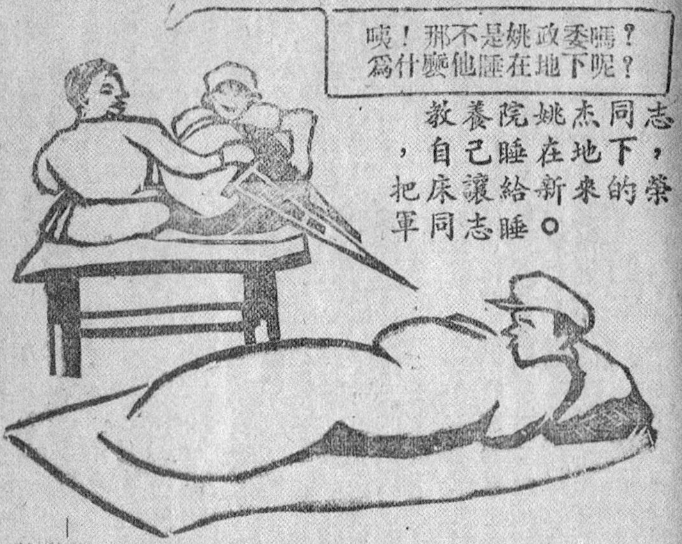

打水，瞎了眼的洗衣服，聾子搬着書本學習，劉慶德，劉瑞龍自動要求當看護員，孫若吾背着榮軍去上課。瞎了眼的王水林也當起指導員來。

（三）

榮軍工作是個艱巨的工作，但是我們的姚杰同志並不怕什麼困難。

你到教養院去參觀，你會十之八九逢到姚杰同志不是在院部裡，而是在榮軍的班排裡，你看，眼睛瞎的仰着臉微笑着，耳聾的瞪着眼看着他的嘴巴，柱雙拐的兩手搭着傾聽，不能動的也掙扎着坐起來，大家圍坐了，而中間則是我們姚杰同志講這講那，笑了又笑。姚杰同志是每天要走進走出的幾十個房子。隔兩天，他就巡遊一遍，雖然姚杰同志是够累了，但是他說：「對於這些同志，你不常去看看，放心嗎？」有一次，雨嘩嘩的下起來了，姚杰同志想起一位特等榮軍已有兩三天沒去看了，「他現在怎麼樣？」「是不是悶的慌？」「還需要什麼呢？！」冒着雨摸索着去，水漫過脚脖子，泥濘時常使他担心摔倒，當他好容易進到屋裡去的時候，你想，該有多麼令人感動的場面出現啊！一切都從手掌的溫熱傳送了，還是階級兄弟般的親愛呀！

孫成林眼睛耳朵都壞了，整天只能蹲在屋裡，姚杰同志對他也是特別關懷的，當姚去拉孫的手，

—6—

踝就說：「指導員（現在當政委了。），是你來啦！你工作很忙的不用常來看我吧！」姚換過手來寫上：「我有一天不見你，心就放不下！」

有個聾子調皮，姚同志教育了他，他感動的說：「我有什麼資格調皮，看姚指導員！」

從前方來了三十幾個榮軍，院裡床舖不够了，姚杰同志馬上叫通訊員搬出自己的被子，然後動員工作人員擁愛榮軍，因爲指導員這樣做，誰還甘落後？馬上床舖就湊齊了。

兩個耳聾的同志一進院，就喊生活不好，住的不好，要回去；姚同志給他講他又聽不見，寫字，他又說不認得；怎麼辦？姚同志便叫通訊員，領他們到他的屋裡去看看，「咦！好幾個人在泥土的地下打上舖。」院長，教導員都啃着窩窩頭；「他們也是榮軍呀！」於是，他們也不再作聲了。

畢竟，在姚杰同志的深入與模範行動影響下，眞誠耐心的教育下，一百八十個特等榮軍同志，開始了新的生活，他們用自己的話寫成一幅對聯：「一息尚存，繼續爲黨工作，殘體猶在，仍爲人民服務！」這幅對聯寫盡他們心底要說的話，一個耳聾的同志過去一字不識，現在已認到二百多字；孫成林把時事寫給老劉和小賀，（兩個都是聾的）王瑞林，陳敬明，王召文等十四個眼瞎的同志，他們學習後非但自己洗衣服，而且還幫人洗，上級號召節約，大家都獻出了榮軍優待金，不能吃粗糧的（傷勢重）也愉快的在啃起窩窩頭。前方的勝仗興奮與鼓勵着他們，他們異口同聲的說：「節約吧！讓前方好多打勝仗！」

（四）

我另一次訪問姚杰同志，徐幹事已早比我先到，姚同志正談起他從小的履歷，姚杰同志從小就過着和千萬個貧苦農民一樣的生活，在十六歲他還企圖到商邱去討飯。

這次政工會上，大家都愛叫他「中國的保爾」。姚杰同志卻謙虛的說：「工作上沒辦法，沒有計劃……」檢討自己的缺點。他說：「我現在已下定決心，全心全意爲榮軍服務，這就是我爲黨爲革命努力的方向！」他從這次政工會上更吸收了豐富的經驗。

我和他離開的時候，我望着他？我想：「中國人民是一定勝利，因爲她有着無數爲黨爲人民的姚杰！」

姚杰的故事還沒有完，他還那麼年輕，那麼健康！（轉載「榮軍榜樣」）

甲等模範林岐山

李耐因

林岐山同志是浙江杭州人，一九四四年參加新四軍六師當戰士，在蘇中如皋戰鬥時負了傷；一隻胳臂動轉不靈活，現在三榮校八中隊二班，因為學習好被選為甲等模範榮軍。

（一）林岐山出身窮苦

林岐山最知道窮人的苦處，因此窮人所受的痛苦，他樣樣都嚐着過，早年，林岐山家裡只有三畝地，父親是一個僱工，雖然給地主們當牛馬抗了卅年活，但是，家裡仍然一貧如洗，受凍挨餓，還得拉窟窿，他跟着父親也只上了一年學，就下地幹莊稼活。提起這話，林岐山心裡就有火「要不把老蔣這個封建地主頭子打垮，窮人還有活的？」

（二）仇恨種子，越種越深

林岐山小時候，父親借了財主一筆債，利息自然小不了，這筆錢就愁煞一家人，一年幹到頭還混不飽飯，那裡還得起賬？只是驢身上打滾，連本加利一齊漲，越來越還不出了，財主瞪眼逼上門，他家只好狠着心，把三畝地押二畝給人家。

十八歲那年年底，父親從地主家回來，財主們過年酒天花地，林岐山一家人却圍着哭泣。「連個米粒沒有，討借無門怎麼辦呢？」父親只得硬着頭皮去求地主——，提起這，林岐山直到現在還冒火；老頭子苦苦哀告，地主却含着烟管不理睬。最後總算發了慈悲，量了幾斗米，先作明年六月的價，一斗米平時三個工，這却算了五個，當時不要就沒吃的，有什麼法呢？從此，林岐山家又多了一個窟窿，逼着十八歲的林岐山，也出去幹了五年僱工。

林岐山從小學了一手好本事，田裡，場裡樣樣刮刮叫，人又年輕又勤快，把人家的活，當自己的活幹，因此人人要僱他，地主財主們自然也不放空，每年拖下一筆賬，留到下年扣林岐山的工錢，眞是又狠又毒，後來林岐山的姑母在附近還了一片地，他爺倆就去租來當了佃戶，不知那一點得罪了地主，那些傢伙便串通人把岐山的老婆拐走，岐山並不是不知道，但是人家有錢有勢，窮人敢怎麼着？這口啞吧氣就咽在岐山的肚裡，仇恨的種子越種越深了。

（三）他參加了新四軍

一九四三年，國民黨的土匪游擊隊到了那裡，因爲這些游擊隊和漢奸鬼子來來往往，和老百姓却是生死對頭，今日這個捐，明日那個稅，打下的糧不够繳，逼的老百姓簡直沒法活下去，富的爲虎作倀更肥起來；窮的人更瘦了，腰也更彎了。

四四年新四軍挺進浙東，興奮的消息四方飛開：『新四軍來了，窮人好了！』新四軍從四面趕走了敵僞漢奸，建立起抗日民主政權，接着減租減息也在各地實行起來。林岐山一看：「這才眞是窮人的隊伍！那裡有這樣好的隊伍呢？」窮人的怨恨擠滿了心胸：「要活命，要翻身，只有幹新四軍！」放下鋤頭他就幹上了。

林岐山在六師當戰士，啥工作也沒落過後，有一次，林岐山行軍中病了，拉痢一連就是幾次，班長跑來給他揹槍，副班長跑來幫他揹背包，林岐山誰也沒叫他拿，「這點病不礙事！」長途行軍一次也沒掉過隊，許多同志都被影響的帶病堅持行軍。蘇中如皋戰鬥時，他自動報名參加了溜彈組，在敵人火力網封鎖下，他就衝上前去，林岐山就這樣的帶花了；一顆子彈頭，到今天還留在肩膀上。

從此他的故事不再在前方，跟了担架到榮校中來了。

林岐山在家是窮人，到隊伍中來從不忘本，有人犯了紀律，他就問：「爲啥幹的到隊伍來？」。

（四）他處處關心群衆

在蘇中時，一個同志借老百姓的鐵鍬挖工事，道理沒講淸，惹的房東大娘害了怕，孩子也吓哭了，他馬上過去制止：「你這樣還行？得好好動員啊？」

一個彭同志向村長要東西，恰好村長家正辦喜事，忙不過來。彭同志發了脾氣。林岐山正碰上了，當着群衆的面就指出彭的缺點，彭同志回來很不高興，并說：「老百姓非打不行！」林岐山就立刻駁斥他。「你忘了你是什麼隊伍了，老百姓就是咱們的父母！」

他班李文義不小心給老百姓打了洗衣盆，自己沒有錢，正犯愁的了不得，林岐山馬上掏出自己領的黃烟費，「去給老百姓買個吧！」

他是班裡的民運組員，可眞起了帶頭作用，平時經常保證房東水缸滿水，不亂拿群衆一草一木，行軍時認眞檢查群衆紀律，作到賠償道歉。

（五）他到那個班，那個班就變了樣

林岐山學習最積極，他說：「父親扛了三十年傭工，只供我上了一年學，現在黨和上級這樣關心我進步，再不學習對得起誰？」上級發給他兩千八百元榮軍優待金，他一個也沒亂化，買了兩本書——論聯合政府，論共產黨員修養，買了一支泰山筆、紙和本子。林岐山學習是走到那裡學到那裡，見到什麼學什麼，看報看書碰到不認得的字，立刻記下來問別人。有一回，一個同志在午睡時候去看林岐山，他還強打着精神在看報呢！

現在，這位只念過一年書的雇農兒子，也能看報、寫信、寫日記，而且他的稿子時常在「三校生活」報上登出來。

林岐山不僅自己學習，而且還領着第一班全班學習。今年春天，他在班裡當學習組長，當時隊裡有些同志的思想有些波動。但是，林岐山的那班沒有一個亂跑的，大家都圍在他周圍看報的看報，認字的認字，生活又緊張又愉快，一班長向隊長會報的時候說：「一班有個林岐山，照顧全班半個天！」別的班一看也紅了眼，一齊要求林岐山到他班裡去，後來林岐山調到二班，嘿！三天功夫變了樣，一點也不弱第一班！

（六）耐心幫助人，當了位好敎員

陳榮服和潘春元都是一班的榮軍，以前在國民黨部隊裡解放來的，年紀都有四十多了，別人都學習，唯獨他倆不動，一問他們就說：「我們還學習個「鷄巴」，我想當幹部哩?!」「四十多歲了，還有什麼幹頭？」林岐山不管他態度怎樣，仍然跟他們解釋：這兩個人家裡都是窮人，林岐山就把窮人的苦處，介紹他自家經歷，然後說：「你不認識字不是窮逼成的嗎？你幹國民黨部隊不是被逼的嗎？」慢慢的轉到學習問題上來，「那麼現在你不學習，不好好幹行嗎？」陳榮服、潘春元從此給提醒了，也轉回頭來開始學習，現在都認了一百多字。

車少青是個青年榮軍，在部隊戰鬥最勇敢，但是一樣，提起學習就頭痛，林岐山動員他幾遍

-9-

都沒管事，岐山沒灰心，這次，又和他啦：「你為什麼不學習呢？」

「我一看學習就頭痛，打仗、勞動，什麼也行！」

「你年紀這樣輕，前途很……」

「喲，一九四四年入伍，到現在還他媽的是個小兵粒子！」

「正因為不學習，不進步才……」林岐山就抓住這一點，追根揭底的談起來，車同志家裡也是窮苦，從小就給逼出來幹上國民黨，林岐山和他啦窮人的苦處，和他啦地主的罪惡，越談越投了心。林岐山說：「地主惡霸欺壓咱，就是咱們的仇人，現在不學好本事，怎麼打敵人？」「你幾輩子受壓迫了，還沒受够嗎？」一直談到半夜，車少青前思後想，回想起家裡過去受的罪，車少青淚流滿面，激憤從他心裡燃起來，「非打垮蔣賊不行」！從此，車同志決心學習本事了。果然不多天，他就認識了八九十個字。喜得車少青逢人就說：「林岐山比俺親生的父母還親哩！」

王保祥學習最易忘掉，一個字也要問十七、八遍。林岐山從來沒心煩過，連王保祥也說真是好教員。

（七）忘不掉窮人的苦

林岐山同志是為了翻身幹革命的，窮人的苦處他永遠忘不掉；看到窮人就想起自己。林岐山畫了一幅連環畫貼在屋裡，畫的雖不好，但是卻把窮人的冤苦寫的逼真，這是他親身體驗的！頭一幅畫着一個老頭子汗流滿面的幹活，地主含着烟袋監工。老頭子就是他父親。第二幅是父親去借糧，跪在地上苦苦哀求，財主橫着眼理也不理。第三幅是沒飯吃一家人哭泣，母親扶着他的肩膀：「阿毛啊！……」等四幅是保長綑着他要錢，第五……這些都是林岐山的血海深仇，他永遠不會忘掉的。

夏忙裡幫群衆收麥，他一個人頂兩三個人幹；別人歇歇他不歇，上級號召節約，他就把賞烟費、理髮費、鞋襪、毛巾，節約了好多。「我不能上前方殺敵，但是我要在後方盡我的力去幹！」

（八）當選了甲等模範

林岐山又是八隊二班的報功員；上次報功大會上，他一條一條把班裡戰士的功報上去，但是沒有報自己。一個新來的榮軍同志從人叢中站起來說：「這個管，那個管，我看就數這個同志管！」（管是好的意思）他不知道名子，就用手指着林岐山。「七一」榮校選舉榮軍模範，林岐山當選了，是甲等模範榮軍。甲等模範榮軍十幾個，但大家都說：「和林岐山比，咱們差的遠！」

（轉載「榮軍榜樣」）

—10—

王壽卿班與羣衆的關係

八校宣教股　震　輪

在一九四七年，豆子快要割的時候，蔣賊發動了四五個師的兵力，向膠東作冒險的進攻，風聲越來越緊，在上級指示榮校分散備戰下，八校二隊六班班長王壽卿，和全班的同志，分駐在崑崙縣馬嶺都家。

全班的人都和村裡的人一樣，穿着藍的黑的，或白的小褂，要不是說話的聲音兩樣，誰也不相信他們是榮軍。他們和村裡的人，都忙着在田裡收割，笑聲和歌聲，把他們割麥時所發出的唰唰聲，都淹沒了。看他們的愉快情形，好像誰也不知道蔣匪一天天的逼近了。

不！他們是知道的，甚至比別人知道的更多，更清楚！但他們并不恐懼與胆怯，他們相信在人民戰爭中，人民力量的無限偉大。不管敵人怎樣的瘋狂，只要狗頭伸到那裡，就會遭受到人民鐵拳的無情打擊。勝利一定是人民的。

休息時，班長王壽卿，從孫老大娘那雙有些昏花的眼睛裡，看出她的心事；在回家的路上，孫老大娘告訴他：「她的男人與大兒子都参加了主力，家裡只剩下兩個不能幹活的小孩子，生活不如從前了！」她想着從前的光景和談論着眼前的事：「——夏天的雨總是下着，把院子裡的一堆草全溼透了，請村長想辦法。村長給了兩來綑溼草，還是不能燒，同志！我一連三天沒有動烟

—12—

火呢！飯是在人家鍋裡帶燒的……從那以後，我有困難也不找村長了！』

她是個貧苦軍屬。當王班長聽了這些事，馬上回去告訴了全班同志，並對大家說：『對待軍屬不好，村裡的工作一定落後！從今天起，我們一面幫助群衆生產，一面幫助這村裡的工作。』

一天，兩天，很快的過去了，從軍屬和貧僱農當中，知道了這村的情形：這村農會還沒有成立，貧僱農生活還沒得到改善，政治上仍舊沒翻身，王班長把這些情況了解後，就親自深入到貧僱農家裡去訪問。

他在一天的晚上，走進一個姓苗的貧農家裡去，這家六口人，都在桌子四周吃着地瓜乾，他們看見班長進去了，都熱情的打着招乎，自然的和王班長敘起呱來。他們談着今年的豆子和蔣匪進攻膠東，最後談到土改分果實時，苗×說：『像我什麼也得不着，我家六口人，只是八畝（二百四十步算的畝）山溝地，我還只有三升包米和些地瓜乾子，一把豆子還在場上，我們全家只是身上兩件破衣服……』他說完了恨恨的咬了一口地瓜乾子。第二天又了解一家姓孫的貧僱農，情況也是這樣。

事實完全證明了，這村的窮人還在受窮。沒有得到澈底翻身。生活上還是很苦，沒有很好改善。王班長在當天晚上，便領導全班的同志都圍着一盞油燈，在討論着怎樣幫助貧僱農翻身的事，一直討論到夜深。

第二天，全班的人分成兩組，去幫助村裡指導員，公安員生產，王班長一面幹着活，一面和指導員談論着村子裡的事，他把自己了解的情況告訴了他，並告訴指導員，只有把貧僱農組織起來，村裡的工作才會好！

『我們的人少怎麼行呢？』指導員搖着頭，不自信的說。

『只你們兩個人那當然不行，是要把大家組織起來，用大家的力量解決大家的事情！』王班長一面說着，一面看着指導員的臉，語氣是那樣堅定。

『我們的人數太少……』指導員的語氣中，顯然有些爲難？！

—13—

他和指導員天天的談論着，已是好幾天了。一天從指導員的語氣中，他知道可以動起來了；『好！我先找幾個骨幹組織一個小組，』他高興的用手比劃着說。從這天起，他好像一天也離不開王班長，天天在一塊談談研究着。

三四天的光景，他們組織了八個人，爲了使貧僱農更加擴大，批評了不好的幹部；王班長和指導員分頭去團結村團長和青婦隊長。最後，她們被感動的說：『從前我們的立場不穩，眞是對不起貧僱農兄弟們！我們這回保證把好的民兵青婦隊組織起來！』

經過這個新舊力量的鬥爭後，貧僱農的組織擴大到三十多名，單民兵和青婦隊就參加了十八名。

貧僱農的組織建立以後，村裡的工作完全轉變了，落後幹部的歪風被群衆的正義力量壓下去了，他們忙着搶收，忙着備戰，忙着分鬥爭果實。開會的那一天，他們都笑着到台前領着東西。他們都說：『看見了東西就想起了王班長，』這一天會上就分了小麥五百斤，苞米八百斤，衣服五十件，還有櫃子、桌子、碗、筷一大堆。

情況越來越緊，王班長接到上級命令要轉移了。這個消息傳到，馬嶺都每個人耳朵裡去，大人與小孩子，男人與女人們，都好像失掉了什麼似的，含着眼淚把王班長送出一里多路。他們喊的口號都在喉嚨裡咽住了，但是他們還是鼓起着勇氣在喊：『你們扶助我們翻身，你們是我們的恩人……』王班長等走遠了，影子逐漸消失在很遠的遠方，但是，孫老大娘還在凝神的望着他，用她的寬袖子擦着眼淚。

—14—

老年榮軍——閔成言

潘競安

五十一歲的老年榮軍閔成言同志，他是湖北黃安縣人；小時候家境很窮苦，父母曾討過飯，後來靠着替人家放牛過活，成年後又先後拜師父學過銅匠、瓦匠。

一九二七年大革命運動在他家鄉一帶蓬勃的開展起來了，『打土豪，分田地』的口號把他的眼睛喊亮了，把他的內心喊動了；他掙脫了封建壓迫，參加了赤衛隊（紅軍的前身）開始爲人民服務。他到革命隊伍裡，從戰士而班排長，指導員，支書，總支書，農場經理，民運科長……閔成言同志在加入工農紅軍不久，全家老小六口就給國民黨軍隊殺了國民黨五次圍剿時，他負傷下來，當村蘇維埃主席；有一次村子被敵人層層包圍，他突圍不出來，不幸給敵人捉去，被俘後敵人多方的威脅他，引誘他，拿刀放在他的頭上，把金錢放在他的面前，但是始終沒有使他屈服、動搖他鋼鐵樣的鬥爭意志。

環境最艱苦的時候，大冷天，蓋稻草被，夜間凍的索索的抖，煮南瓜當飯吃，終日得不到飽肚子，……因爲這樣，所以他能忍受一切痛苦。經大革命到抗戰初期，他曾三次負傷，負傷後，僅在當時的紅軍醫院裡休息一個短期，即要求出院了。他時刻在想如何能爲人民多做些工作，前方不行，在後方更要加倍的工作。他常反對那些悲觀失望，不安心工作的思想。

閔成言同志二十年的歷史，寫下來就是一部艱苦鬥爭的歷史，不但是他自己的光榮，也是黨的光榮。

—18—

抗日戰爭的後幾年，閔成言同志已經年紀大氣力衰了，上級首長要他休息，「休息」他再也不會同意的，他說：「祇要我有一口氣在，我總不能休息的，組織分配他當淮南泗州廟農場經理（後調大柳營農場），組織上認爲這工作比較清閒，可以讓他多休息一點，可是閔成言同志一到農場後，他除把農場的行政事務規劃得有條有序外，並親自參加農場的生產勞動，四十多歲的老年榮軍的示範精神，感動了農場全體工人，農場出品不管在質量上數量上，都空前的提高一步。

一九四六年反動派侵佔淮南後，閔成言同志撤退到山東，很快的參加了榮校工作，當三校行政股長。

在三榮校他像冬天的一盆火，到處使人感到溫暖，受到愛戴。

「大處着眼，小處着手，」這是閔成言同志在工作中的基本優點。不管多細小的工作，他總不怕麻煩親自去做。而且是從俱樂部的工作先做起。他最憎恨而且也最反對的是那種官僚主義和敷衍塞責的作風。

閔成言同志的眼睛一向是很壞的，報紙上的五號字是完全看不到，這對他的學習妨礙的確很大，但他並不因此灰心而氣餒，降低對學習的興趣，每逢來了報紙，他總是要求別人讀給他聽，從未感到厭倦過。在集體學習時，他發言很積極，一個問題往往爭執到夜深，並一定爭論出結果始罷休。

閔成言同志嚴於責己，並也嚴於責人，但這只限於工作，學習及思想問題上，不管是誰，要是在工作學習上鬆懈了些，表現對工作不負責，對學習不積極的時候，他就會毫不客氣的當面督你把這些毛病提出來。他本人經常說：「對人提意見，我不會用方式，祇知道有啥說啥。」校部經過閔成言同志提出意見，而改造的同志眞不少了，在他這種「治病救人」的精神感召下，對方往往會感動得流淚的。

在生活問題上，從沒見過像閔成言一樣的對同志這樣的關心：股裡同志要是誰病倒了，他發急得什麼似的，忙着攪病號飯，請醫生來看。有一次通訊員石少榮病了，閔成言同志一夜沒有睡覺，第二天，天才放明就親自端着碗到衛生隊要了些雅片酊給病號吃，逢到病號轉院時，他有空總是走到担架旁邊，輕言慢語在病人耳畔安慰，把被子摺合攏些，不使受風凉。起身時並叮嚀囑咐民伕，在路上要當心要走慢些，不要顛壞了病人。

在原則問題上，他毫不放鬆像個嚴厲的父親，在生活問題上，他又處處照顧像個慈祥的母親。

閔成言同志又是校直大家公認的勞動、生產模範，他對勞動不但感到興趣，而且又成爲一個習慣了。他常說：「勞動人民是最光榮的，勞動它是個衡量無產階級的戰士及共產黨員的標準」。

他今年五十一歲了，去年他生產了五百餘斤菜，今年他總共開荒了三塊地，合起來約六七分地，每日太陽剛出山的清晨及晚飯的黃昏，他帶領股裡同志，在這塊土地上，辛苦的幹活，澆水、上糞、鋤地……。

閔成言同志永遠是年青的，他雖然年紀這麼大了，但還像青年人一樣的活潑，校部開會時，大家總願意和他坐在一起，工作閒暇大家總願意和他啦呱，他和群衆像血肉一樣的連在一起，每個同志都說：「老股長和我們很和得來」。

模範第一班

過去陳祥宜同志領導下的第一班，是榮軍教養院各隊中工作學習、團結互助的一個優秀模範班。他們大半雖殘廢都很重，但全班十二人；除了兩個新來的聾子同志和一個年已五十餘歲的老同志外，其他九個同志，今天都負担了領導工作，成了教養院裡的骨幹。

在一中隊當八班班長的牟同懷同志，他只有一條腿。他班裡有一個重傷榮軍張學南，時常悲觀失望，睡在床上不起來，也不吃飯，不說話，大小便都屙在被子裡。牟班長親自給他服待，替他拆洗被子，把自已的被給張學南蓋用。在他的友愛幫助下，張學南同志被改造過來。牟同懷的這種模範行動，被大家公選爲好黨員。戰委會副主席杜貴昇，一個夏天幫助全班縫了十頂帳子，秋天又縫了被褥二十八床。他原來識字二百個，現在已經能看報看『論黨』和小說。不僅自已積極學習，並幫助別人學習。如他幫助一個姓宋的同志學習，一個『否』字連教三天還未學會，但他毫不厭煩，現在那宋同志在他幫助下，已識了四五百字。他們去夏在節約捐獻中，全班一次就捐出猪肉一百二十斤，大部份的同志都節約了單衣和用品，組織上發給他們吃的細糧，他們在救災中全部節約。

陳祥宜同志和他過去領導下第一班的同志，是教養院的一面旗幟，在立功大會上，除了新來的二個聾子同志外，其他十人都立下了功勞。他們今天又成爲教養院的骨幹，他們的工作從一個班擴大到一個分隊一個中隊。由於他們以及其他同志的模範行動，使教養院裡的同志都很積極，快樂，生氣勃勃。一聽哨音，大家都抗着橙子到課堂去聽課；閑下來留聲機、胡琴、口琴、絃子奏成一片，有時候還有專人讀文藝小說和講故事。全院的榮軍同志們度着他們學習休養的愉快生活。（輯自教養院工作報告）

（轉載「大衆日報」）

—18—

沈瑞祥的領導好

八校工作組

沈瑞祥同志，是一九四五年十月在諸城泊兒戰鬥時候，為我們濱海警衛旅解放過來的。

去年一月二號，老沈在棗莊東南打蔣軍快速縱隊時右腿中彈負傷，在醫院裡住了三個月。老沈總要想重回前方，但是醫院不肯讓他去。

四月，他進了六榮校不多天又轉到二校，後來又分到八校十一中隊去學習。才來時他連自己的名字都寫不上，思想上很悲觀，認為自己殘廢了，還有什麼前途呢？

陰曆年前，領導上認為沈瑞祥表現很積極，就提拔他當了七班副。

這次長途行軍，從膠東到渤海。一千二百多里路，雖然自己是個二等榮軍傷在下部腿上，但是老沈還是堅持着一路上沒有坐車子，還忙着同七班長領導全班裡堅持着學習和生產勞動。

七班只有十二個學員，兩個是三等，其餘都是二等殘廢；但是做出來的成績，却不差於其他的班。一路上他們全班動手，拾了三千五百斤柴草，燒茶水，洗脚水，甚至燒飯用的都是自己一把一把拾來的。在過黃河東邊的一段路，民工使用的都是小車，七班的同志就自動去幫助拉、推，共拉了四百三十五里路。一到了駐地，碰到大休息的日子，立即就幫老百姓春耕拾糞。光是住在孫家莊的，三天他們就幫老百姓耕了十五畝四分的地（中中畝）。（華中小畝）

從壽光繼續出發，要渡黃河！民工們都使用着大車，連天帶晚在沙灰中趕路；驢、馬、牛疲勞了，人也疲勞了，可時沈瑞祥領導下的七班並不覺得什麼——。每當出發常見他們低着頭，彎着身子去拔公路兩旁的嫩嫩的青草；只要是牲口能吃青的草，大家就不管骯髒和吃力一把把的拔出來往左腋或右腋一夾，送給牲口吃拄拐杖的同志，就把拐杖揷在腰帶裡，騰出手來幹。拔好了

—20—

再拄着拐，走幾步，又蹲下來拔，民工同志們感動得連連不過意的說着，『同志們够了，坐上車吧！』

他們一個七班，就在這行軍的路程裡，幫民工拔了一百八十一斤青草喂牲口，不但喂了民工的牲口，而且擴大了我們的政治影響。

『一切要替公家打算，節約！』——一路行軍，他知道大家跑路要比在家吃飯多，吃過了怎辦呢？於是就發動大家沿路拾了二百〇八斤的野菜來貼補：什麼薺菜啦，狗鷄頭啦，鹽蒿啦，羊角菜啦，灰菜啦……都有。

八校行軍到郭家村，菜蔬突然貴了，老沈又想出了點子。他一口氣去摘了十多斤槐樹花，拿來當菜吃；就這樣的給三排節省了兩頓的菜金。有一次三排裡擺剩下來的高粱麩皮，這些麩皮實在不能再吃了，老沈却又磨出了八斤麵。

七班的友愛團結也是不錯的。每次行軍後，沈瑞祥同志總是自己吃苦在先，休息在後，叫班裡同志先去睡，自己繼續堅持做飯，做好了，再叫醒大家起來吃。由於七班領導上事事做模範，處處關心學員，因此班裡學習的情緒也跟着提高了。思想大家都團結得緊緊的，全班在行軍中的文化測驗，光是甲組的平均就得八十五分以上。這次評定補發衣服，七班十二個同志只要補發五套半，有一位學員自動拿出優待金來自己做。這些好的例子和，七班副沈瑞祥的領導是分不開的。

立了四次三等功的吳志範

二校三大隊　若揚

三大隊吳志範同志，腰部曾受壓傷很痛，但在每個重大任務的運動裡是一貫積極的模範同志，都立下了光榮的功勞。這次，他在大隊部第四次評功會上，又榮獲第四個三等功。

吳志範同志第一次立功是在去年春天，從魯中轉到膠東來的長途行軍中；他的吃苦耐勞和團結精神都很好。那時他是學員，當了班裡的採辦和炊事員。他吃飯總是在後面，讓大家和民工吃飽了，再自己吃。餓一點也不要緊。他的被子，總是讓給民工蓋。班裡有一個耳聾的同志，在一千多里的長途行軍中，不論白天黑夜，耳聾的同志總是跟着他一起走，一直沒有掉過隊。到了目的地他就被全隊評定了一個三等功。第二次立功是在去年麥收割麥當兒，他是班裡的生產組長。由於他的帶頭推動下，班裡有五個人也都立了功。他一個人幫割了六畝小麥，並且馬上又回來幫群衆挑水。因此，他第二次又立了個三等功。去年七月間學習時候，是他第三次立功的時候了。他本來是一字不識的文盲，由於他一貫積極苦學，在月終總結時，他就學會了二百多個字；在學習中，他還抽空幫重傷孔慶堂和高登學兩同志洗衣打飯。並且，他很好的團結了全班的同志像親兄弟一樣。在七月裡，他自動獻出了鞋子一雙、肥皂一塊、榮軍優待金二百元，在班報上投了四張稿。由於這樣，第三次評功時他又立了個三等倣了。第四次，是在分散備戰中，老吳當時更發揮了過去的積極性，幫助群衆勞動，像替自己家裡功活一樣的幹。因爲勞動過度，曾吐了三天血，但是，他還是一樣的生產，分散在老百姓家裡吃飯，

—22—

他硬是吃粗糧，高低不顧吃細糧。由於他這樣的刻苦自己，勤力勞動，使得週圍群衆都歡喜他熱愛他。上次，上級要調吳志範同志到大隊部去工作，老百姓知道了，就寫了好幾封信到中隊部去要求不要調他走，。並且還把他的背包給藏起來。排長跑去解釋，老百姓就一面哭一面罵的鬧着說：「你們不民主、調人『無原則』，咱都不願意他調走……。』弄得排長沒辦法。結果，還是指導員親自去解釋，才算平靜了這場風波。老吳臨走時，老百姓都非常捨不得他，直到現在還常帶信來叫他去站站玩玩；並且還送鷄蛋、花生、衛生袋給他。爲了吳志範同志的調走，毛聾子（是他班裡學員）還哭了好幾會，說：「副班長走了，今後沒有人照顧我了」。吳志範同志在服從組織上是很好的；在十一隊裡本來是付班長，調到大隊部做通訊員，他也沒有什麼還價，還是一樣的幹。由於他的工作積極，不久就被提拔當了二班長，他和付班長團結得好像一個人那樣，有工作就共同商討進行。

白天工作很忙，他抽空就找班裡的同志談話。教育同志，夜晚熄燈後，他還和班裡兩三個同志，一起互相學習着。因此，這次大家又給他評上功勞了。吳志範同志在各種工作和運動裡，都是保持一貫積極苦幹的精神。由於他對革命熱情，和高度的群衆觀念，勞動觀念，所以，在每一個工作的階段裡，他都給人家公評爲人民功臣。

（轉載「榮軍報」）

—23—

模範炊事班長——王德山

▷五校十二中隊 徐征夫◁

五校十二中隊王德山同志，是每個學員都欽佩敬愛和公認的模範同志和民選的模範班長。沒有參加革命前，他曾過着很長時期的困苦生活；家境貧窮，沒有一分地，在三歲時，就跟着母親和姊姊去要飯，才長到十二歲，就去僱給地主放牛，受盡了壓迫，一直幹到十七歲，便下了工勉强的做些小買賣和抗短工過日子，不料在二十三歲那年上街去做小買賣時，被二鬼子抓去做苦工，接着就被迫當上了僞軍。

一九四五年鹽城戰鬥中，他被解放了，回到了窮人自己的隊伍，他看到了光明。一九四六年六月，在如皋戰鬥中，他光榮負傷了。不久他就來榮校休養和學習。

他來到榮校後不久，就自動的到炊事房任班副，在工作中一貫積極負責，埋頭苦幹；別人以爲困難和累贅的事，他就自己去幹，叫其他同志去休息；當天下雨時打水比較困難，他就自己去打水。當天氣最冷的時候，親自去拉柴火，有時候柴火燒過了，他馬上忙中抽暇帶頭去拾草；在平時，對糧草制度也抓得很緊，不隨便的使糧草浪費掉。……由於他的帶頭推動作用，使全班同志都能很積極的工作。

有一次他右手上生瘡很厲害，有些同志以爲是「花口反攻」，很替他担憂；但是他不顧自己有病，還是照常的工作，一點也不鬆懈，事務長關心的對他說：「你手上的瘡很厲害嗎？」並叫他去休息，但他還是堅持工作，一直過了二三個星期瘡才好，一點也沒有休息。

他不但積極的推動了炊事工作；而且還幫助和推動生產組工作；有一次，生產班生豆芽生壞了幾次，他就主動的去研究豆芽壞的原因，并幫助生產組工作，結果把豆芽生得很好，改善了大家伙食，節約不少豆子。同時，他在平時，也經

—24—

常的幫助炊事房打水和推磨。他幫助群衆勞動也很好，在秋收時，只要工作一有空，他就動員班內同志，去幫助老百姓秋收。

王德山同志不光在勞動工作上是模範，在團結中他也是模範。八九月的天氣漸漸的冷起來了，棉衣還沒發，早晨起來做飯天氣很涼，班裡有個密家合同志，沒有棉衣穿，他就把自己的衣服給密同志穿。他說：「自己受點冷沒有關係，就怕班內同志受涼生病。」

要是班裡同志生病，就非常熱情的去照顧，叫病人去休息，自己就代替病號多做些工作，同時還不顧疲勞的做小飯給病號吃；有一次生產組周同志生病，他半夜裡去請醫務員來看病，燒水給周同志喝，用毛巾給他熱敷，一點也不怕麻煩。他對任何一個同志，都很團結，要是有同志到炊事房去發態度，他每次總是耐心的說服解釋，因之，感動了大家，炊事房就沒有發態度的事了。

他對班裡同志的教育，也作得很好，如有不高興或不願在炊事班工作的同志，他就耐心的說服教育；有一個小陶同志，是剛調到炊事房工作的，心裡很不高興，對工作消極、偷懶，經過他耐心的說服教育後，陶同志轉變了對各種工作也很起勁了，而且能自動的完成任務，變成全班的積極份子。

王德山同志，對工作對同志的忠實誠懇，友愛熱情，積極負責，爲公忘私的精神，是值得我們大家學習的；因此被全隊一致公認爲可敬、可愛、可學的模範同志。

（轉載「榮軍導報」）

莊金元是我們的榜樣

四校十四院　何克勛

莊金元同志去年六月初進四榮校時不識幾個字，現在已學會一千字以上，會寫普通信了。班裡有很多同志去問他的字，他都能細心耐心的告訴人，主動的去幫同志們學習，問問人家認識了沒有，因而無形中已變成班的學習組長了。

在五十天的行軍過程中，他幫助八班剛來校的四個同志學會了行軍讚冊，而且能默寫了。我們的津貼四個多月沒有發，在大家經濟困難的條件下，。他拿出所積餘的近四千元，買紙給班裡同志學習，解決了學習上的困難。

他看到班裡的同志思想有不通的時候，他馬上給同志一個溫暖的說服，八班×同志思想上很苦悶，他馬上給他打通思想，在他誠心的幫助下，×同志轉變了，放下了思想包袱，變得很愉快。

行軍中，我們到馮家宿營時，八班準備住到一個老大娘家裡，還沒有進屋，老大娘雙手向外推，不要我們八班住，他很耐心的問了清楚，原來因爲昨天經過這裡的同志把他家的洗臉盆拿不見了，還是她自己找了半晌才找回來，筷子也不見了幾雙，他馬上給老大娘解釋與適當的說服。部隊住下去了，他拿起掃帚打掃內外的院子。感動得老大娘說：「你們太好了，比昨天的強得多啦！」老大娘接着幫助我們同志燒飯，並說：「如不怕咱家髒，你們多住幾天。」在每次最疲勞的情況下，他總時拄拐棍做飯，飯不够吃，先讓給其他同志吃。

在這次選舉典型時，全排的同志異口同聲的說：「莊金元是我們的榜樣！」

行軍模範——李新秋

八校莫運政

八榮校三大隊十四中隊三排九班李新秋同志，右膀僵直，內病很重。自從到榮校後學習積極，在行軍中認識二百多個字，熟悉『地理常識課本』百分之八十。還能抓緊時間幫助別人學習，在行軍休息中間，把各種問題寫在地上，給同志們答；到了宿營地，自己買粉筆教同志們二個生字。每天如此，從不間斷。因此在這一次行軍中，不識字的同志，大都識了一百多個字，他這一個班的文盲都消滅了。上一次，他化三百元錢買墨水給同志們學習，晚上又化三百元買燈油，又拿出自己的布，佈置行軍班報，他自己給班報寫了一百五十多篇稿子，送到『隊報』的有四十五篇。在大家做鑑定時候，又在報上寫稿鼓勵同志們的思想坦白。對同志很關心，見班長生病不吃飯，拿出五百元買雞蛋給班長吃。行軍時對民工亦愛護週到，雖患痔瘡堅持步行，不坐車子；還在過河過溝時幫民工推車拉車。在生產勞動上也不落人後的，他拾草四百斤，磨糧食五十八斤，挖野菜十五斤；還幫助老百姓挑水五十二担，推磨十二斤糧，抬糞四十五筐，拉車子十八里，拔草十五斤。在他的影響下，他這一個班在行軍中獲得典型模範班稱號。（轉載『大衆日報』）

—28—

宋妙成行軍，獨立二等功

四校十五隊 錢仲義

宋妙成同志在一九四四年一月自動参加皮旅部隊，四六年秋在清江戰役負傷，四七年到四榮校十五隊學習，宋同志群衆觀念很强，在行軍中傷口雖很重（是個二等榮軍，傷在腿部）走路把腿跑壞了在淌膿淌血，脚底下起了幾個泡；但是他不肯坐車子，自己一共走了九百五十多里路。沿路還幫民工拉車、推車；班內有的重傷同志掉了隊，他揹着走；班內同志有病了，他把被給人家蓋了九夜；親自送飯送水，病員嚴重時，他就半夜起來照顧，絲毫也不倦，並且還幫重傷同志洗褲子；白天他照常行軍，碰到拾草、推磨、挑水等工作，他都帶頭幹。

他愛護民工很好，除了幫助拉車推車外，還關心民工的伙食和宿營，幫助找房子，向他們宣傳。當我們初行軍時，民工們對我們害怕，加上天氣一連下了幾天雨，道路泥濘難走，情緒不怎樣高，但經他的實際幫助，與宣傳教育後，民工同志便逐漸安心工作了；在行軍三四次兩階段時是大車，他就一路拔青草喂民工的牲口，打水給牲口喝，民工同志，很受了感動。

他在休息中，一面幫助生產、倒糞、鍘草、搬草，一面又向群衆宣傳教育，沿途老百姓，因爲壞蛋造謠，開始有些不敢接近我們，但一經宋同志解釋後，就自動的把傢俱拿出來借給我們用了，情緒也很高。有一次，在南河休息，他領導班裡同志去幫群衆生產，群衆很感動；事後，群衆買了兩包紙烟，送到他們班裡，他們堅決不要，這樣來往的送了好幾次，群衆被推讓得沒有辦法了，把紙烟拆開了散放在他們班裡，他們沒法，只好收起紙烟，一面仍舊向群衆解釋不接受的原因，是爲了減輕群衆負担，節約備荒。村裡的群衆聽了很受感動，馬上替他們出了快報。全隊在行軍總結時，集體評了功，隊裡立二等功的，只有宋妙成同志一人。

孫永芳

——行軍中像火車頭

八校三大隊 蘆邁之

孫永芳在八榮校三大隊，當理髮副班長。他在今春行軍當中表現得特別好，一切工作都埋頭苦幹，積極負責，變成了推動大家前進的火車頭，他的具體事實是這樣的：

（一）幫助炊事班工作：在行軍開始時，他就自動的幫助伙房工作八天，每天做飯炒菜燒鍋，忙得像什麼似的，前後並挑水一百二十担，越下雨挑的越有勁，越能起帶頭作用。

（二）拾草積極：他前後共拾草三百五十斤，鋤地半畝，推麵十五斤，推鹽二百五十斤路程三十里，抬運糧食四次四百斤路程十八里。

（三）關心民工愛護民力：他自動的幫助民工推車子二百七十里，拉車子一百一十里，民工不要他推，他偏要推，民工不要他拉，他偏要拉。在行軍全路程中他都是徒步行軍，不願意坐車子，過河時還幫民工推車子六次。

（四）揹人過河：在行軍當中，不斷的涉水過河，每次過河他都自動的脫下鞋襪，捲起褲子，揹別人過河，在玉林過河時，他在一道河邊就揹榮軍二十個，還揹了三個民工過河，前後過河共揹人三十五個，沒有一次說水涼過。

（五）團結人好：他對人態度一貫溫和，不愛多講話，從來沒和人鬧意見，經常給人主持正義排難解紛，並且還熱心的幫助別人工作，耐心的教別人學習，眞是個團結的好模範。

（六）學習熱情：他是甲組的學員，平時學習一慣積極，在行軍中共識了生字一百八十五個，並且能寫能講還能用；共寫快報十五篇，文化課共測驗兩次，第一次他得九十分，第二次得一百分，作文比賽得九十分，寫字比賽九十五分，都是第一。經常看膠東大衆和膠東文藝，他說：『報紙好像一個老師似的，天天告訴我們許多新鮮知識，我眞歡喜看』。由於他有以上各種優點；因此，在行軍中起了核心作用，像火車頭一樣，拉着大家前進。

—30—

姜進敏當選農會主席

李晨

棲東亭口區關莊村榮譽軍人姜進敏同志，常和駐村工作同志交談：『在前方為人民出力，為甚麼復員後都抱有消極思想？』他的意見是：『戰士和農民在生活、紀律、習慣上和民主作風上，程度都有不同，致使復員回家情況不熟悉時，在工作過程中容易脫離群衆。』他虛心體會到：替群衆辦好事，和指揮作戰同樣的得多用腦，跟群衆學習。復查中，他得到十四畝地（墒地），共種畝半麥子，[illegible]頗感焦慮。祖父七十多歲，弟弟是個坐吃山空的青年，他不時對弟弟說：『想想過去咱窮到甚麼地步，冬天穿不上棉衣，一年到頭吃不飽，現在地也有了，為甚麼還不下勁生產呢？』同時他又去將一個半年沒有刮的驢欄，親自動手刮了，和上泥，慢慢的漚了兩圈糞。推動了他弟弟參加了生產，十二畝半春地刨了三畝，其餘的人拉犂，比別人的莊稼早種上五六天。他十四歲的妹妹摟槐葉，四口家，每月九十斤糧就維持了生活，他經常的說：『三大紀律，我從來沒有破壞過。』夏鋤中到親戚家去助耕，雖然整日勞動，害了眼睛，但為了參加本村的救災會，晚上仍然趕回家，幫助大家周密的計劃搞生產搞運輸，有的人把救濟糧換了盌盆使用，他批評說：『這是群衆觀念薄弱的具體表現，我訂的群力報都不動用貸的欵。』他這種積極為人民服務精神，受到全村擁護，被選為生救委員，進而被選為農會主席。在這個運動中，他掌握了『貧中農是一家』，救災、農貸都有貧苦中農的份。老太爺們都反映着：『青年人這樣老練，榮譽軍人再替咱老百姓辦事情，真是不容易。』

（轉載膠東「大衆報」）

—31—

復員老榮軍

紀福來治黃立功

紀福來今年五十二歲，是東光縣于集營村人，民國二十九年參的軍，在山東軍區老六團當副班長，白彥戰鬥腿部掛花，去年八月間復員回家。他復員回家後，很受莊裡人們的尊敬，大家為了照顧他，支前等任務都不讓他去，可是他心裡却老是不安：「咱革命半輩子，現在生產、支前、治黃都這樣緊急，我有一分力，也應獻給革命，但是支前又老了……」組織治黃遠征軍的任務下來了，他高興的找了村長去，要求參加治黃。村長說：「你是個殘廢，又這樣大年紀，在家休養吧！」他聽了有點生氣似的說：「那不行，我說去就去。」他隨着走了四百多里路，從沒有掉過隊。到達黃壩，修埝動工後，大家都嫌四個人拉着一大盤磙砘打夯太累，但紀福來便參加了打夯，領導上怕他累壞了，把他換下來。他抬土也是搶大斗子，後來扭傷了腳脖子，班長叫他休息休息，他說：「趕快幹完了，大家都好回家收麥子！」在他的影響下，七月三十一日，他連拉其他區早四、五天完了工。全連民工評功時，一致通過紀福來為治黃二等功臣。

（摘載「渤海日報」）

—32—

學習模範篇

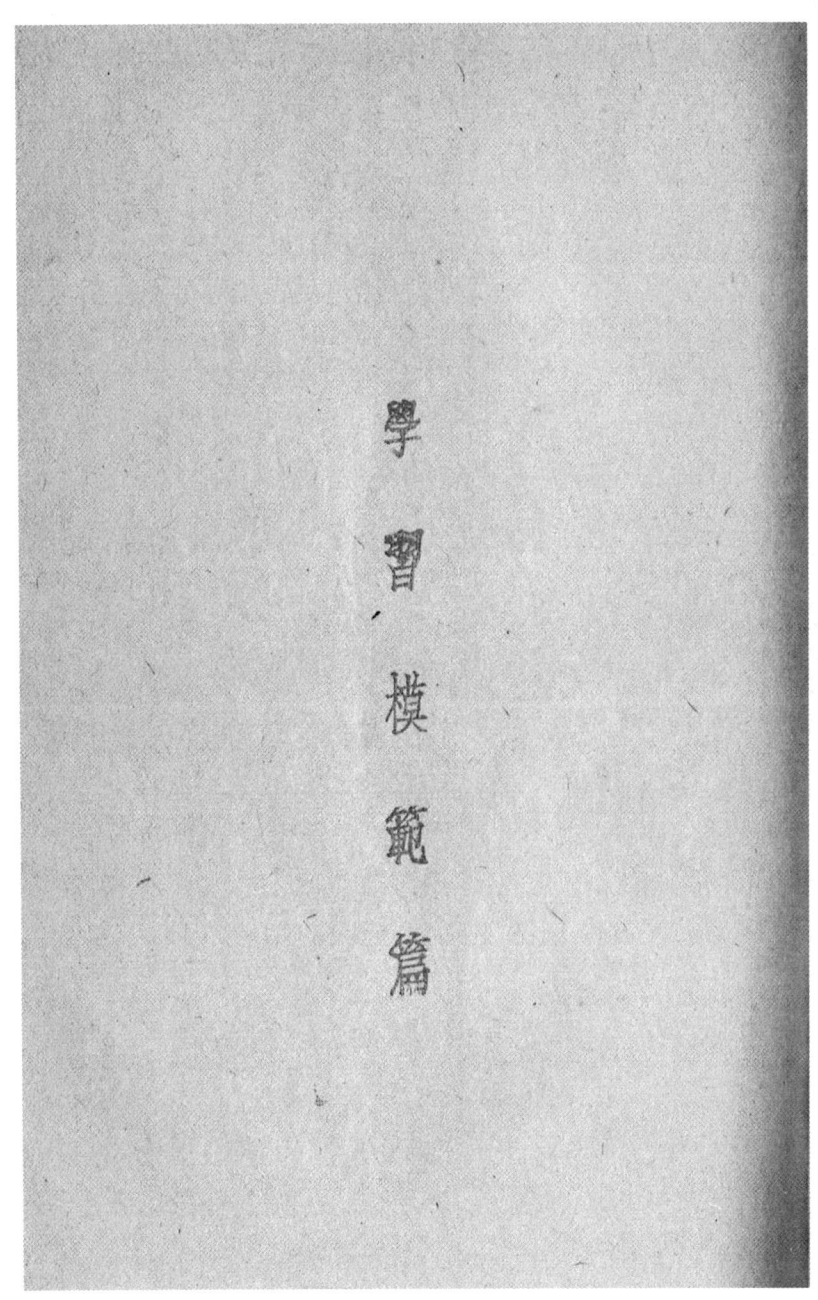

學習戰綫上的英雄——唐振山

慕劉

「弄個啞吧到我們班來，眞是個累贅」——這是唐振山同志剛到五班時的反映。

唐振山同志四六年參軍後，不到兩個月就作戰殘廢了（聲帶震破了），在醫院住了十來個月，就到三榮校來學習。榮校是個啥地方？唐振山同志摸不清，他只是這樣打算：反正是殘廢了，休養休養等時局好轉就復員回家。當家鄉觀念發展嚴重時，人家學習，他到街上望望、溜溜，有時人家喊他學習，他裝聽不見，心裡想：「一個大字不識，又啞吧，怎樣學？學了有什麼用？」

五班的學習一貫很緊張，每天晚上都有學習檢討會，不學的人要受全班的批評，雖然不批評他，天長日久他自己也覺得有點難爲情，天天東溜西溜也實在無味，於是他也就拿着文化課本學習了，指劃着問人家「這個字怎麼唸，那個字怎樣講？」第一天就學會了「我是榮軍」四個字，他很愉快，晚上檢討時，大家提出了表揚，並說他很聰明。第二天又學會了「到榮校來學習」五個字，就這樣一個多月後，唐振山同志學會三百多字。經過紅五月時事學習，和榮軍出路教育後，唐振山同志清楚了，於是更加油的學習，書不離手的看，手不離地的劃，晚上別人睡了，他還低頭在燈下一個字一個字的規規矩矩的寫着。在生產勞動中，別人休息時，他就掏出課本子在地上劃起來，他不會就問：「怎樣唸？怎樣講？怎樣用？」個別缺乏互助精神的同志怕麻煩，一見

—33—

他來問就躲開，他仍不灰心的學習。由丙組到乙組，乙組到甲組，現在他已經是十一班裡的高等生了。他不但自己學習，還幫助別人，誰問他「這字唸什麼？」他會耐心的給你註音和解釋出來。他不會，就去查字典；起先不會查，查出不懂國音，他又學着查什麼部，並用小本子抄出來，國音用旁的字音標上，幾十天後他就學會查字典，並是標音最正確的一個。三排長說：「唐振山比我强的多了，我還不懂國音哩！」

唐振山同志現在已認識三千來字，會寫信、寫牆報、寫便條了，在這次總結工作，他寫信給校首長說：「……没有你們的正確領導和黨的教育，我便是没有用的人啦！你和我的父母一樣，我一輩子也忘不了你們。……我現在只有更好的學習文化、政治，來繼續爲人民立功……」

同志們都說『啞吧現在已不是「啞吧」了！』

（轉載「學習報」）

—34—

「馬德山——學習精神真是好」

九校六隊 王立行

馬德山同志，原在九縱二十五師七十三團當戰士，貧農成份，今年三十一歲，四七年一月參軍。孟良崮戰鬥中他腰部腿部都負了傷，從此，他就帶着不能直起來的腰在做着事情，——但，這一切困難，都不能屈服他前進的意志，他下定決心不能到前方去幹，在後方也應該好好幹一下，去年十二月，出院到魯中六榮校，今年一月又由六榮校轉到九榮校六中隊來學習，他感到在部隊不識字的困難，家中來信到處找人看，因此，就開始他的苦學了。他用自己的榮軍優待金，買了紙，釘了大小兩個本子，一個記生字，一個複習字。每天他都是向他的本子上劃着；每一個字都得問上兩三個同志，只恐怕不對。問了生字，再用簡單的熟字，音在下面或畫圖。譬如：「衣」——就拿「一」，「臉」音「連」；現在他記生字本子上，已經是一個有四百多個生字的小字典了；成了他最親愛的學習老師。

他在勞動或開會時候一休息，他的筆和本子就動起來了，勞動時，大地是黑板，樹枝是粉筆；晚上睡覺時，他在肚皮上劃着，把白天所學的字要劃熟；有時在路上看到碎的字紙，如果筆劃很清楚，自己不認識的，就拾起來，藏在學習本裡。看到東西他就學，從近到遠，先學全班同志的名字，再學用的粉筆、牙刷等用品名子。唱歌時，他不但學會唱，同時也學會了字；而且還作到學用一致和幫助別人。他學會了打收條，寫信；在他熱心推動下，全班十個人，每天除去課外勞動時間外，其餘都是坐在班裡埋頭學習。在他積極的推動幫助下，眼睛負傷的孫繼盛和任作進同志感動的說：「我離開了老馬學習就不高興，因為他教我教得眞是耐心明白啊！」別人去問他生字，如不認識的話，就認眞的去問其他人，回來再教給人，他不但虛心的向別人學，同時又積極的教別人。苦學，苦寫，苦練，是他的一貫作風，由於他這樣苦學，從剛來到九榮校時認識三十多個字起，已一變而成為認識七八百字的小先生了；他現在學會了寫信、寫稿子看學習報。過去把自已稱為「文盲」，現在不再這樣稱呼了。他現在精神是很愉快的，臉上時常的浮起笑容，全班同志都在說：「馬德山同志的苦學精神眞是好！」

下邊，就是馬德山同志寫給文化教員的一封信：

「王文教：

你工作很忙的吧？

昨天你到俺班一趟，給俺提供了兩個寶貴意見，第一，叫我今後的學習重點應放在練習應用上，我深深的佩服和接受你的意見，現在我已學會寫信了。第二，叫俺班學習室的稿子上的字，應寫眞（正）字，望你勿念，并希經常幫助！

敬禮

馬德山上」

三輩子的「睜眼瞎子」翻了身

——顧樂齋埋頭苦學——

八校二隊 于維春

顧樂齋同志是山東省沂州大沙崗村人，今年三十九歲。在孟良崮戰役負傷下來，右眼失明了；從小就替人家幫工，沒有讀過一天書。上級叫他到八榮校學習時，他非常高興說：「我從小沒撈着書唸，以前俺祖父俺父親都沒有唸過書，當了三輩子的「睜眼瞎子」。這次上級叫我到榮校學習識字，俺三輩子可翻過身來了」。他還十分感激的說：「我要不好好的學習，眞對不起自已，也對不起上級。」因此，他自到榮校後，就埋頭苦學。起初連自己的名子都不會寫，經過了短短的七八個月學習後，顧同志已能認寫一千多字了；學會了寫信寫通訊及看淺近的報紙。相當於初小四年級的文化程度了。

顧樂齋同志在一九四七年八月到八榮校一大隊二中隊來的，起初，因爲自已不識字，便耐心的一個字一個字向人家學，上課時，不多說一句話，怕就誤了學習。因爲他來得晚，所以無論怎麼樣努力學習總是趕不上人家，當時，敵人正進攻膠東，情況很緊張，榮軍要分散到地方的消息傳到他的耳朶裡，顧樂齋同志對班長說：「過去我的學習跟不上人家，這次在分散裡，我一定要追上去！」果然，在分散當中，顧樂齋同志除幫助群衆生產外，其餘的時間，不是個人在家裡寫唸，就是和大家在一塊兒研究。他除了學習課本上的生字外，將無論在什麼地方看到的生字，寫出來問學習組長，每天保證學會七八個生字。在任何情況下，他都照樣堅持着。有一次，駐地情況緊張，轉移在山上的時候，他還拿着書在手裡

—37—

看，照樣在學習。由於他這樣埋頭苦學的精神，在僅僅分散了二十多天的時間，就學會了一百六十多個生字。丙組的課本，在分散前學過的和沒學的，他已完全會寫會講了。因爲他進步這樣快，集中後不到幾天功夫，就從丙組升到乙組。學習四大文件時，顧樂齋同志第一個響應了上級號召，在班務會上表示了態度和决心，并且自動給隊首長寫了保證書，另外還同本班乙組學習最積極的學員曹維友同志挑戰；並請全班同志給他當評判員，自挑戰以後，他的學習情緒更是高漲了，每天上課總比別人早到；在極冷的天氣下，手脚都凍破了，他總是一個人伏在桌子上，看一句，想一句，想一句，寫一句，除了吃飯外，沒有一點時間不在打算學習的，晚上，他躺在床上閉着眼默默的想着，用手在肚皮上劃，一直到會了爲止。顧同志常說：「我一天學的字，一定要學會，學不會，晚上就睡不着覺。」當四大文件學習結束後，二大隊全體測驗時，他就得到了九十八分，戰勝了曹維友同志；並且在全大隊裡，也是大姆指翹翹坐上第一號的飛機。在這個時候，他已學習到五百多個生字了。

三月裡，大轉移的消息又傳到顧樂齋同志的耳朵裡，他興奮的說：「考驗我學習的機會又來到了」。他個人在班務會上表示了態度，訂出了學習計劃。行軍開始了，第一、二階段，除了自己揹背包跑路外，每天行軍時，不論在大休息或是小休息時候，他都要用樹枝在地上亂劃。有一次行軍，天下了大雨，他恐怕把書弄濕了，忙用衣服把書包遮着走，宿營時他不顧疲勞，除了吃飯和工作外，其餘的時間，不是看書就是寫字。這次行軍全隊測驗了六次，其中有兩次他全得了一百分，其餘都是在九十分以上，無論在班排隊報上，隨時都可以看到顧樂齋同志在學習上坐着「大飛機」。

顧樂齋同志最大的特點，是虛心向別人學習，他不識得的字，和不會講的句子，就馬上去問別人，如果你到他班裡去的時候，顧樂齋同志就會提出一連串的學習問題，——「這個是什麼字」？「當什麼講」？「當什麼用」？立刻就會提出來，直到人家完全答覆後，他自己也沒有疑問了才罷休。在八班的時候，他和曾維友同志住在一起，那時曾維友同志識的字要比他多，可是算術一項却不如顧樂齋同志；他們兩個人商議用「你教我，我教你」取長補短的學習方法來互相學習。曾維友同志每天教五、六個生字給他，顧樂齋同志總是一筆一劃的耐心學寫着。忘記了再問。寫錯了再寫，一直到學會了爲止。每天晚上，他把學習的字寫給曾維友同志看，叫曾維友同志給他糾正；反過來顧樂齋同志又幫助曾維友同志學筆算。把他會的一點一滴講給曾維友同志聽，並且舉例子劃給老曾看，直到曾維友同志完全會了爲止。在他耐心的幫助下，曾維友同志的算術，也已學會到三位乘法了，而顧樂齋同志的文化也大大提高了，追上了曾維友同志。所以，顧樂齋同志常常說：「要想學習進步快，只有取長補短，『你教我，我教你』，光當先生，不當學生，和光當學生，不當先生都是不對的」。

向從章的文化學習

九校七隊 焦亞軒

向從章同志是一個二十五歲的青年，在九榮校二大隊七中隊六班當班長，工作一貫積極帶頭，學習努力，全班在他的領導下，除去個別腦筋笨的外，都有大大的進步，典型的有新旅明、王緒勝都在到七中隊短短的三個月中，學到生字七八百，解決了不會看報和不會看信的困難。

向同志他是中農，沒上過學，四三年參加部隊，去年臨朐戰鬥負傷，十月出院住六榮校，在今年二月二十三號來

—39—

到九校，他聽到上級動員，他看到同志們都在學習，他想到這幾年的鬥爭中，只識一百多個字，有什麼用呢？他想到從小沒有上學，他想到不識字如何困難，他想到在前方當班長時如何去求人來替自己統計彈藥武器，又如何受排長的批評，這一切的一切，在他腦子裡都刻了一個深刻的印象。在前方也會想到教導隊去學習，但戰爭的頻繁而沒機會，也沒有理由提出。他想到我在前方沒有機會學文化，而現在得到了機會學，在前方學了一套打仗的本領，再加上有政治和文化，那不就更好嗎。從此向同志就開始學習了。

從開始的那天起，到今年五月三十號止，將近一百天的時間，從沒表示過厭倦，他能够最虛心的接受別人的幫助，還能誠懇的幫助別人。勝利時他不驕傲，失敗時他不悲觀，會用自己的榮軍優待金買了四本書，全班的同志在他的影響下，買了二十本書，互相交換着看。晚上發的油點完了，他自動的拿出錢來打油學習，蹲在家裡學習，這是常有的事，找出生字來問別人，這是經常的事了。全班建立了牆報、快報、問答（其他班都有），每天將生字寫在黑板上，叫大家學習的黑板制度。他開始學習以單字爲主，後就以看書寫字爲主了。他們學習辦法有三：（一）注意和畫圖的辦法，即是寫下一個生字，爲了避免忘記，畫上一個圖，或填上一個同音的字。例「狗」即畫上一個「狗」，「鐘」即音個「中」。（二）抄個歌子，一面學會了歌，一方面學會了字。（三）追根，和比例，這個字避免忘記，將他的解釋用法都求了解，並當時與實際聯系一下，「張」字即聯系到張同志的姓，並將他的名子都寫下來。

有一次，他聽到政指講：「說話就是句子」，他即回去實驗，他以上的努力，使他從識一百字，進步到識一千字，因不會寫信看報，而進步到能寫信、能看報。政指問他得到那些收獲？他說：上月我寫信給幹校同志，還感覺有困難，現在我就不然了。大衆日報、血屍案、黨員讀本，都可看了。星期六，支書上黨課讀「論共產黨員修養」，他就馬上提意見借看，支書答應了。這本書的生字他是沒有多少了，意思大體也都能了解了。他的政治也提高了，三查反省筆記是他自己寫的地圖他可以看懂了，向從章同志的進步眞是驚人的，。從此他再不是「睜眼瞎子」了。

他每一天、每一時刻，做每一件事情，都表示着無限興奮和快樂——因爲他進步了。

下面是他給幹校同志的一封信：

親愛的李加宗同志：

你上次來的信我已收到了你說你們的學習情形很好的，而且你還說你的身體也很好，並對我們說了許多的客氣的話，可是我們看你學習進步眞是太快，但是我們的學習太落後了，而且我要求你多多來信指示我的缺點，過去我們在一塊蹲的很久我的缺點你也知道的，我們全班同志，都希望努力學習，提高文化水平，更加強政治理論，將來爲人民服務到底。

但是你將來的前途，是很大的，言不多說，祝你身體強壯吧！和工作學習一切都勝利吧！

此致

敬禮

向從章

五月二十三

—41—

朱榮興人老心不老

——十校八隊劉祿祥——

老炊事員朱榮興同志

一面燒火、一面打算盤

十校八中隊炊事員朱榮興同志，他担任的是燒火工作；今年已經五十歲了，年紀雖大，可是學習精神却很好。在一個月當中，學會了珠算歸除法。他一天到晚時刻不放鬆學珠算，在工作時間，他就拿了算盤到廚房裡去，一面燒鍋，一面打算盤。要是打錯了，他就去問九班的葉勝賓同志，要把它算對了他才放心。今年一月八號早上，他起來燒水太早了，就在屋子裡燈光下打算盤，算來算去算不對，算了有一個多鐘頭時間，還沒算對。他就去喊醒了葉同志問了問，等打對了，他才回到床上躺着。但嘴裡還在唸着口訣。陳文洪同志看見他這樣學習，慚愧的說：「老頭子還這樣熱心的學習，能這樣的進步，我們再不加油學習，人家要笑咱，一個青年人還趕不上五十歲的老頭子哩！」

（轉載「榮軍報」）

龐交朋 學習友愛 雙立功

五校十二隊 徐征夫

龐交朋同志是在一九四六年十二月在魯南傅山口戰鬥解放過來的，去年二月蔣賊瘋狂的進攻臨沂時，他在魯南白彥阻擊戰鬥中負傷，到七月才進五榮校。他是二等榮軍；右腿不能下地走，柱着雙拐。他自從進榮校以來，除了上課開會有事出來外，從沒到外邊玩過一次，一天到晚，在家裡認眞地學習。

龐交朋同志午睡時候也不休息，不是幫助人家洗這樣、縫那樣，就是伏在桌子上寫字或唸書。一分一秒鐘的時間，也不放鬆。有時候在晚上學習時發的燈油不够點，他自動的拿出錢來買燈油，同大家一起學習，他進榮校前一個字都不識；到現在有十個月的時間，已學會了一千多個生字，不但會默寫，還會應用。他平均每天認字三個半，在陽曆年底測驗時，平均每日認了四個字，因爲超過了原來的計劃，因此他在學習上又立了一個四等功。

他的學習方法有三種：第一種是認簡單生字，並很虛心的聽學習組長怎樣講怎樣用；有疑問就問，有點空閒他就催促學習組長教他識字。第二種是將已學會的歌和小調，把它寫下來很耐心地把它唸，來找它不熟識的生字，第三種是學習寫話，積極寫班報，學寫作，打報告和寫收據等。把他自己話句中的生字，耐心的唸熟它。這是他認眞和虛心愛學習的表現。

龐交朋同志，這種高度的階級友愛幫助精神，和虛心埋頭苦學的精神，是我們應該向他學習的。

特等榮軍孫呈麟

—學習生產獻金都很好—

★教養院三隊 劉明臣★

孫呈麟同志是膠東人，三十二歲。小時候家裡很窮，在家上過三年學，蔣介石無恥進攻膠東時，他為了保家，保田，保衛人民的利益，奔向前綫去。他在前方工作很短時間，就光榮的負傷了。轉到後方來了以後，他一向安心休養，學習也很好，雖然耳聾目瞎，但他還是要求進步，他用手摸着寫字，現在已經能寫信了，並且他還幫助別人學習。有的同志去問他字，只要把不識的字寫在他手上，他還就明白了，能很細心的告訴人家是個什麼字，和這個字的用法。同時，經常和不識字的同志談談不識字的痛苦，和識字的好處；全班同志在他的推動和幫助下，掀起了學習熱潮。僅在兩三個月中，連過去不識字的同志，現在也識上一百至二三百字了。

他的勞動觀念很強，在幫群秋收中，因為他耳聾眼瞎，班內同志不要他參加，他一定要參加；找人領着踏下坡去打高粱葉子，雖然他殘廢了，卻能抵個好人一樣幹，在火熱的太陽下，經常做得滿身大汗，還不肯休息，直到完成任務才算完。

孫呈麟同志在負了這樣重的傷以後，仍舊能這樣積極苦幹，值得我們向他學習。

（轉載「榮軍導報」）

—44—

備戰模範篇

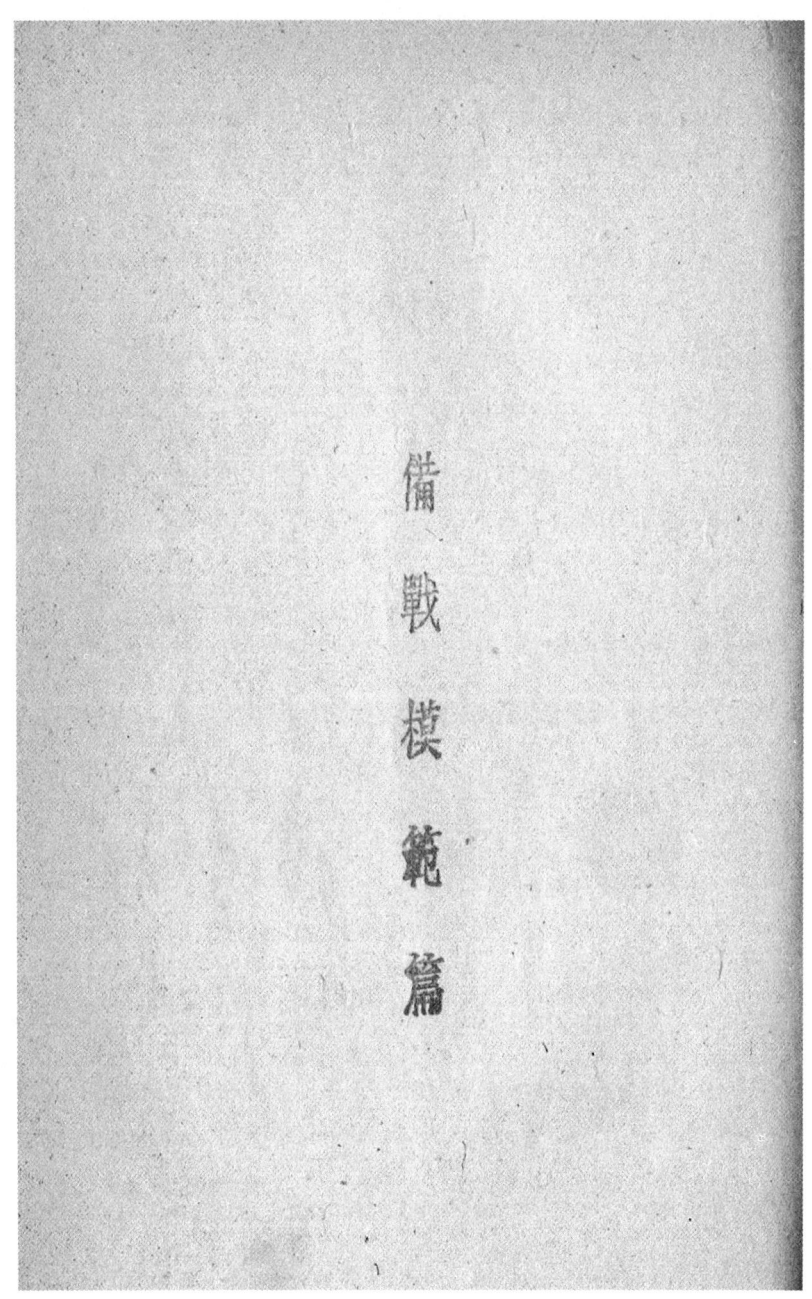

特等功臣楊德本

姚光

半個月裡殺傷蔣匪二十多——繳到牲口六頭小麥一萬斤

膠東北海棲東縣四區楊家村復員榮譽軍人楊德本同志在這次北海民兵功臣大會上，被一致公評爲特等功臣，並且光榮的當選爲民兵英雄，眞是人人讚揚，個個敬仰。北海分區，還特爲他編了個楊德本小調，這小調傳播到各區各村，在群衆中，歌訟他，敬仰他，向他學習。現在把他的簡單歷史，和他的英雄範例功臣事蹟告訴大家。

楊德本同志出身成份是僱工，家裡房屋土地一點沒有，小時候三口家，父親幇人家做短工，他同母親，依靠要飯過日子，農閑時父親也在一起出去要飯，他七歲時，母親要不到飯吃，生病餓死了，十四歲那年八路軍解放了棲霞，楊德本同志就參加了革命，不料父親在他十五歲那年又病死了，從此只有黨和革命戰友，是他的密切親人了。十七歲那年，他在西棲縣大隊工作，有一次同敵人戰鬥中，他腿部負了傷，成了革命的榮譽軍人，十八歲回家，在村裡工作，被群衆選任村團長、公安員，後又被選爲村的指導員，今年他只有二十一歲，已是一個堅強老鍊的年青村幹部。

當去年蔣匪發動垂死進攻，瘋狂的竄犯到棲霞時，楊家村緊靠着公路，敵人經常的在公路上來往，楊德本同志重新向敵人直接鬥爭的時機又來了，一椿椿的英勇事蹟和他的名字，在公路兩旁就不斷的出現了。

一、沒有武器能繳到槍

起初，楊德本一沒武器，二沒伙伴，怎麼辦

楊德本，腿上糊豆麵，面上紮破布，化裝拄拐裝瘋子，擺上迷魂陣捉敵人。

呢？可是敵人大隊已向他的陣地開來了。他想好主張，把身上化裝一下，腿上糊上豆麵，面上扎着破布，拄了拐杖，像一個病瘋子，便公然的走到村西公路上，迎着敵人躺在路上。

太陽快要正午了，楊德本心裡有點煩，「怎麼還不來呢？」想着想着匪兵慢慢地，沿着公路由南向北開來了，看見楊德本躺着，沒有理他，他眼看着匪兵從他身旁過去，眞焦急；幾次要想擧起拐杖砸死蔣匪奪武器，但是，寡不敵衆，只得暫時忍一下，心想：「反正得攙一個」！

前面的大隊過去了，後邊來了三個沒帶槍的匪兵，再後面一里多路還是大隊，楊德本心計已定，堅決捉這三個，便說：「你們三位老總不要走吧！前面正是八路！」敵人嚇住了，『跟那走沒有八路？』德本說：「從這西邊溝裡走吧！」說着乘這機會，敏捷的，將三個敵兵中最有勁的一個按倒地上，拿了手榴彈，其餘那兩個也嚇得把手榴彈大衣放在地下，獻上了。

後邊敵人上來了，子彈嗖嗖的飛來，楊德本見勢不妙，便拿着六個手榴彈三件大衣，飛快的轉移出去了。

二、送禮的又來了：

九月二十九號早飯後，村西的大路上又過敵人，敵人的大隊過去了，南邊又上來一個整整齊齊的匪軍，楊德本在門口看得清清楚楚，心裡想：『送禮的又來了。』便迅速的跑到公路上，『五四軍過去老遠……？』匪軍話還沒有說完，脖子即被楊德本拃住，楊德本把敵人按倒，摸下了二個手溜彈，俘虜像綿羊一樣的被他押着送到區上去了。在路上心想：這樣不過癮下會幹個大的。

三、七個蔣匪見閻王

吃午飯的時候，德本在區上要兩個地雷六個手溜彈回來

鐵西瓜，開了花，七個蔣匪上西天

，大路上又過敵人，距離他有三五里路，他手提着鐵西瓜要揮過去埋在東路上，但到路上一看已有三個地雷沒響，也不知是誰下的，已被敵人劃上圈，德本歡喜得很：『這會可有本錢了！』就把三個雷的前邊，弄些假雷，劃上些圈；這時敵前部隊已上前來了，德本就跑到離路半里的樹叢裡看光景「地雷！地雷！……」敵人看見圈，就喊着：向一邊跑，『轟！轟！』鐵西瓜開花了，七個蔣匪見閻王，德本從樹叢中如飛的奔過去要去搶槍，還沒跑到，就被敵人的機槍打回來。

四、一鐝打倒送信的：

十月二號，村西大路上又過敵人，德本又在村北頭的草堆裡看光景。從北邊走來一個人抗了一張鐝，和敵人面對面的走着，但是，敵人一問不問，德本心裡想：『這人定不是好種。』敵那個人大搖大擺的走過來了，德本從草堆就問：『幹什麼的？』那人沒有回答，拿腿就跑，德本見他逃後面就跟着追上去；快追上時，那人的鐝丟了，德本拾起來一鐝頭，把那人砸倒，從衣袋裡翻出很重要的信和地圖；原來是漢橋敵人，派出便衣往棲城送信的，德本就把信和俘虜一起送到區上。

五、一個手溜彈打下六輛大車：

十月三號的上午，漢橋敵人向棲城出發，前面是汽車，車後是部隊，部隊後面又是匪兵押送的大車，德本又在村南頭埋伏着等送來的勝利品。

大隊過去了，後邊過來三個匪兵押着六輛大車。德本心裡想這會可能繳獲槍，就跳出來猛然一喊：『站往』匪兵拿槍要打，德本看事不妙，嗚的一聲，一個手溜彈打過去，三個匪兵抱頭鼠竄的逃跑了，六輛大車丟在路上，被他繳獲了。

六、三進三出松山村

十月八號，漢橋敵人要開到棲城去。楊德本配合縣爆炸隊進了松山村，把六個鐵西瓜在村中設成雷群，德本拿着得敵人的手溜彈，蔭蔽在房子上等打埋伏。敵人的前哨兩個班進村了，大家都屏住氣，德本害的眼中火花直冒；敵人走到雷區，雷絃一拉，『轟！轟！轟！轟！』鐵西瓜吼叫了；敵人被炸上空；沒被炸死的敵人，在路上反擊着，德本在房上大喊：「小舅子！嘗嘗我的手溜彈！」手溜彈如雨般的打下去，手溜彈放光了，十三個敵人也變成了爲蔣介石打內戰而送掉性命的屈死鬼；這時炮火愈打愈烈，德本下了房子，他獨自一個人很沉着的，一面走一面看，想檢枝美式槍。在敵人大隊進了村，他才轉出來，這時，他的伙伴已撤出松山十里以外了。

槍聲仍繼續響着，敵人退出松山了，但是遠望村裡的房子，還直冒烟，德本和區隊一個同志，又插入松山街，檢了十幾個手溜彈，和十三個擲彈退出來。敵人自相射擊打傷了約二十多名。

七、兎羔子往那跑？

十月九日，天還不太亮，漢橋敵人沿烟青路往棲城竄，德本在家聽到外面亂鬨鬨的，就帶了民兵走向村南頭，碰到三個敵人兩個抗槍的一個挑担的，德本大喊一聲『站住』！敵人看事不好，拿腿就跑，『兎羔子往那裡跑？』德本領了民兵一面追，一面喊，追下一棵金鈎槍，捉了一個俘虜，得了一箱手溜彈。

★楊德本半月來戰績統計：

A捉俘虜與炸傷敵人數目：

一、活捉俘虜五名（跑三名因增援敵人）二、活捉送信特務一名。三、五個地雷炸傷敵人七名。四、拉雷炸傷敵人十三名，並因雷響引起敵人自相殘殺，死傷約二十名。

B繳獲槍枝彈藥：

—49—

楊德本半月戰績

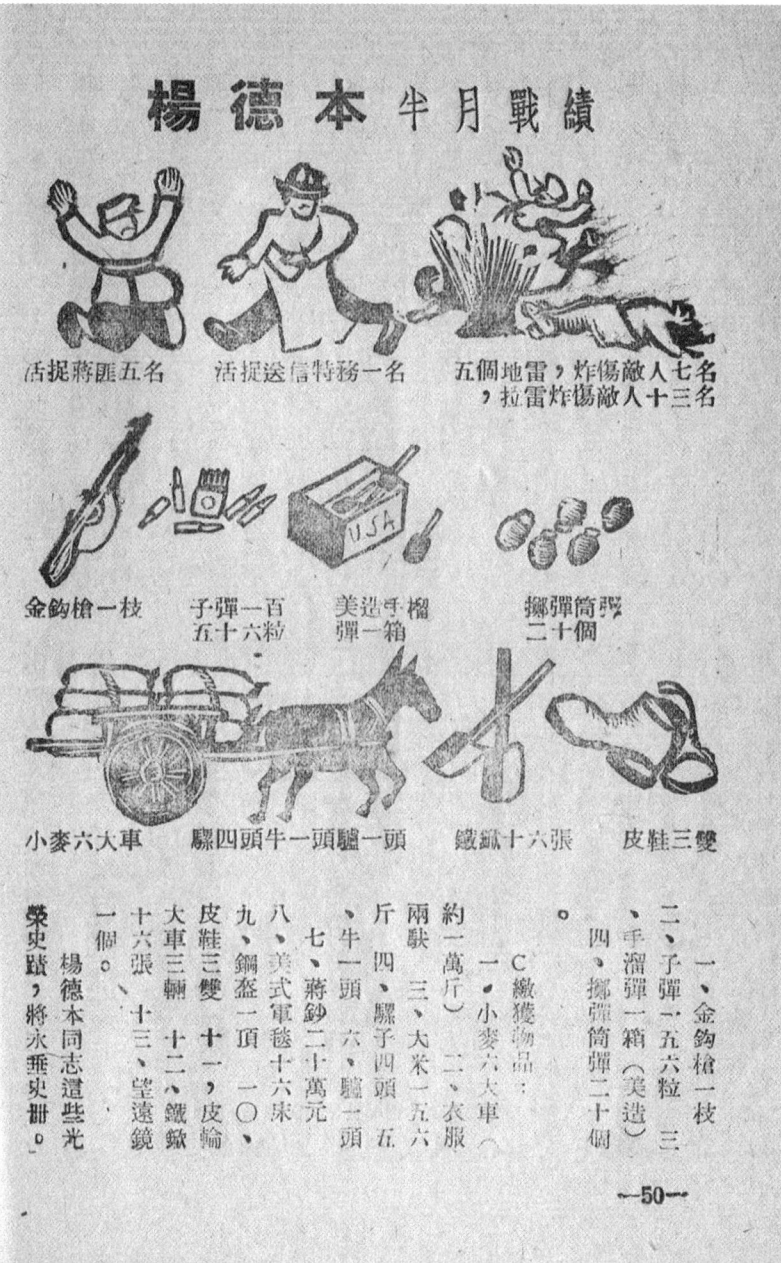

活捉蔣匪五名　　活捉送信特務一名　　五個地雷，炸傷敵人七名，拉雷炸傷敵人十三名

金鈎槍一枝　　子彈一百五十六粒　　美造手榴彈一箱　　擲彈筒彈二十個

小麥六大車　　騾四頭牛一頭驢一頭　　鐵鍬十六張　　皮鞋三雙

一、金鈎槍一枝　二、子彈一五六粒　三、手溜彈一箱（美造）　四、擲彈筒彈二十個。

C繳獲物品：一、小麥六大車（約一萬斤）　二、衣服兩馱　三、大米一五六斤　四、騾子四頭　五、牛一頭　六、驢一頭　七、蔣鈔二十萬元　八、美式軍毯十六床　九、鋼盔一頂　一〇、皮鞋三雙　十一，皮輪大車三輛　十二、鐵鍬十六張　十三、望遠鏡一個。

楊德本同志這些光榮史蹟，將永垂史册。

—50—

藏洪法——配合主力打游擊

十二榮校在膠東分散備戰時，一中隊藏洪法、宋喜賓、楊希賢三同志，聽到敵人進入海陽，他們就自動的參加民兵，執行上級黨的指示——依靠群衆堅持原地鬥爭。一面替跑出的群衆看家餵猪、餵驢、往外送糧食給群衆吃；一面了解敵人情况，給自己的部隊帶路，在情况緊張的時候，他們接連四次配合便衣部隊去擾亂敵人，兩次割了敵人電綫五十多斤。有一次敵人出來搶糧，他們就配合了部隊去阻擊，把敵人打退。在激烈的戰鬥中，他們冒着炮火幫助部隊搶下三個傷號，並繳獲了敵人四十五發子彈、二十四個手榴彈、一床毯子。在玉皇頂戰鬥時，敵人離得最近，群衆正在家裡往外搬東西，雙方的炮火越打越激烈，群衆害怕的將兩個大肥猪扔在王家泊村就跑了，他們三個人仍是很沉着的找了一輛小車把猪推着送到老百姓躲避的地方。群衆高興極了，感激的說：『沒有你們三個同志，猪就叫敵人推去啦，你們眞是咱們老百姓的榮軍。』

（轉載榮軍報）

配合主力打游擊、割電綫、搶救傷員，還找了一輛小車，把百姓的猪，推送到安全的地方去。

軍民團結模範篇

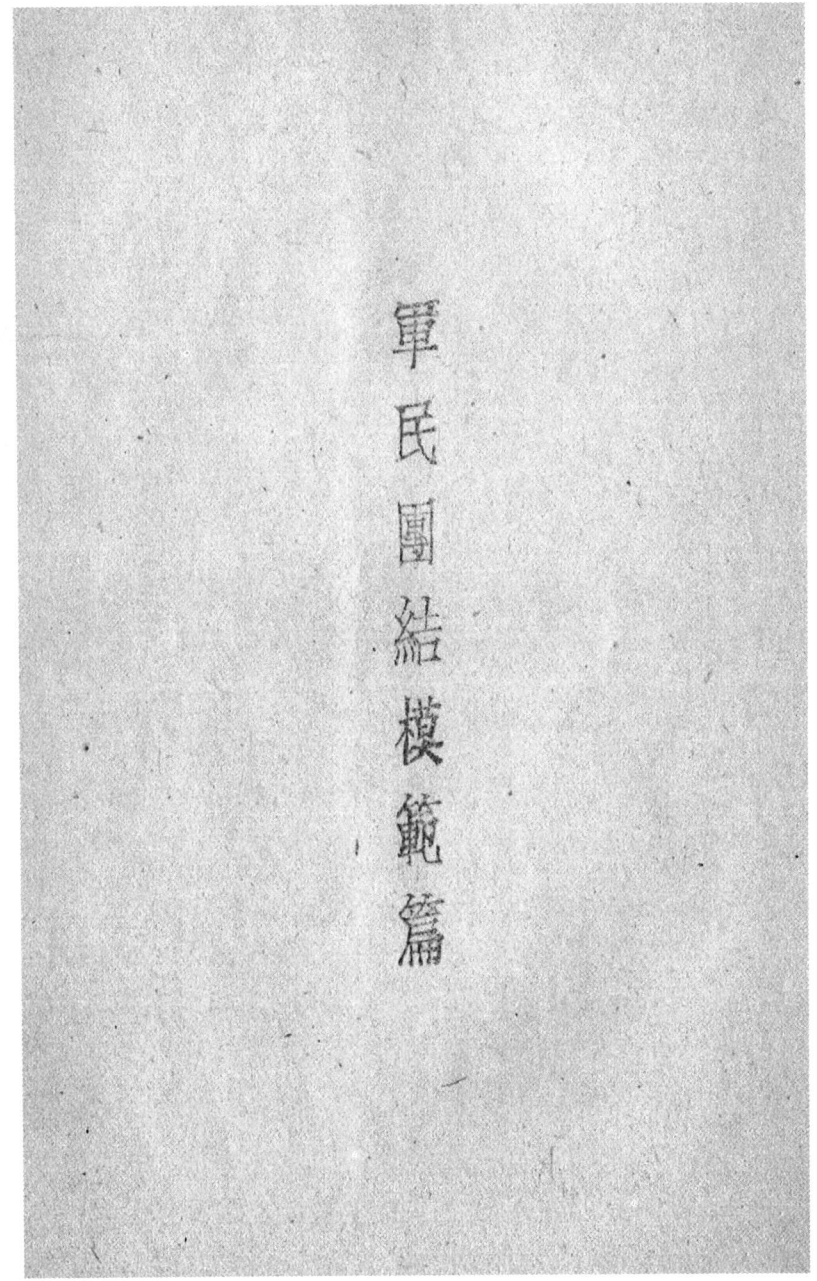

高碧清和王大娘

四校三大隊 孫中偉

高碧清同志家在江蘇漣水城西南十里的高莊上，有祖母親哥哥嫂和他一共五口人，家裡很窮，父親在他六歲時，就死去了，全靠母親和哥哥種五畝薄地和剃頭過日子；他在十三歲時，上了三年學但是終因爲窮苦，無法繼續，只得下來跟他哥哥學剃頭；一九四五年三月他剛十七歲時，便毅然堅决的偷偷地溜到解放區參加了革命隊伍。

一九四六年第二次自衛戰爭中，他在保衛漣水大捷的戰鬥中負傷一隻左膀子，僵直了，手指伸不開，一進榮校就在大隊部做通訊員；他沒有因此而悲觀過，相反的工作是積極負責，現在升副班長，而且他善於虛心徵求別人意見協同班長，領導班裡團結像一個人；而且在工作中學習，勞動都跑到人家的頭裡，尤其學習上領導班下數字講解認眞從不放鬆過：如在這次行軍中，不管怎樣疲乏他還自動提出保證負責理髮班通訊班的學習，平時對人態度和藹，也很有鬥爭性，從不自高自大……。

去年秋天，該死的蔣匪兵打到膠東來，我們榮校就主動進行依靠群衆就地分散堅持鬥爭的辦法，咬着牙，渡過這暫時的困難，當時隊裡有些同志在一開始弄不通，什麼「群衆能依靠得住嗎？上級發武器給我，拚死算了，拚倒一個够了本，……」「……」。等議論紛紛。

但是，高碧清同志，他從沒有說過一句怪話，他首先響應號召眞心眞意的，用實際行動團結了群衆。

他分散在大構村一家軍屬王大娘家裡，一到

—53—

……三春不如一秋忙，……自己能吃的，自己就不能推嗎？
……沒有一個人在家，你在這裏推磨！

高碧清一個人在家裏推磨，青婦隊長看到感動又奇怪。

王大娘家他們首先自我介紹了：殘廢情況、態度個性、行動思想……給王大娘全家人聽，並且他又寫下：（1）一個殘廢膀子只要能幹的活都儘量幹，（2）說話不懂多說幾遍，不說謊話，（3）保證不穿門子，不學二流子，不出洋相，不賣老油條，一切行動要正派，公私分開，有信送信，沒信幫家生產，沒活就學習，（4）你們家裡人拿我當兒子兒弟，我保證拿你們給自己的父母姐妹嫂子……看待，革命立場站得穩，——四個大保證。高碧清果然是這樣執行，自從到王大娘家就沒閒着，扒稭稭，剝豆子，刨花生，刨地瓜，趕驢子，馱莊稼，挑水……不但是王大娘一家子，連鄰居都吃他挑的水，從沒有偷懶過，沒有信沒有活時在家裡，老大娘給他放上桌子自己學習。

有次家裏人上山去做活了，自己一個人在家推磨，村上婦女正副會長青婦隊長三個人一下子看見了，蹺起來笑，說：「高同志眞能幹，一家沒有一個人在家，你在這裡推磨，眞可笑死人啦！」高碧清響亮乾脆的回答她們：「同志！不要笑，三春不如一秋忙，你們不知道嗎！自己能吃的自己就不能推嗎？」三個婦女幹部被他這一番道理堵住了嘴，連笑帶跑的走了。

有一次情況緊張了，上級號召緊急備戰。高碧清同志忙着跟老大爺去挖洞，一天的功夫，他手上磨了三四個泡，挖好一個能裝上三口大缸的洞。他在晚上一回到家，聽到村幹部在開會說啦：「白天挖的洞不管用，還得再挖、最好不叫有人知道，越秘密越好！」當天晚上老大爺不願去，高碧清再三再四催着「現在苦一苦，敵人來後不受苦！」老大爺才跟他一起又連夜挖成一個洞，埋上一口缸下去！巧的很，第二天老大爺又攤到出伕

晚上，天黑黑的，高碧清一個人在挖着洞，準備把幾罈東西埋下去。

—55—

子走了，高碧清同志想想，這個不能放鬆；晚上他一人人又開始挖，一直挖到多半夜，一肢膀子好容易挖好了兩個小型的洞，埋一口缸和一個罎子的東西，有一處上邊做上廁所的形式，一處上邊四週把新土刨起同挖的地一樣，就這樣挖好了，第二天誰都不知道，事後，才一處一處告訴老大娘，老大娘感激的沒話說。

那天他送信剛回到家，就看王大娘臉色變了，痴呆呆的，苦皺皺的，見了高碧清就說：『今天，我聽到一個不好的消息……』『大娘？敵人來了嗎？有……情況了嗎……』高碧清驚異的趕上就問：『……不是，今天我聽說你們要移動了，是不是眞的？』王大娘逐漸低啞了說，高碧清想了想，知道是大隊部兩下合併的原因，不知怎麼傳到王大娘的耳朵裡，於是很冷靜的答覆說『大娘不要這樣焦急，假使眞的話，這是上級的命令，革命軍人一定要服從……要是走近了，大娘，我還能回來看你老人家，要是走遠了還可來信問你……』老大娘呆了半天說不出話來！

當天晚上，一家人都沒吃下飯去，老大娘又忙着炒花生留帶着走，家裡沒有鷄蛋又吩咐大嫂去買，跑到東家西家，，他一肢膀子也攔阻不住，心裡只是感到難過意。

等到他睡了，老大娘同大嫂子坐在他炕上，一面替他縫褲衩子、襪底子，一面哭着，一面又重重複複的說：『……你不能要求上級不調你走嗎？你在我家比我兒子還强，……假如你不走，到了冬天，保證你送信不挨凍，你大哥的袍子給你穿，情況好時，洋襪機能動工啦，再幫你織雙厚厚的棉襪穿，不凍腳，到地瓜刨完了，有掘兎子的，我再給你找些兎子皮縫個『耳溫子』，不會凍壞你的耳朵……你不能要求上級嗎？……』

時間太長了，老大娘褂子縫好了，又從大嫂手中將襪底子拿來縫，叫大嫂子去休息，高碧清嚷着要大娘也去休息，明天好再忙秋收。但老大娘總是不聽，再後，高碧清一下子睡着了，等到他醒來老大娘還坐在炕上縫。於是高碧清更是不安的說：『大娘，你不要對我這樣太放不下心，……這樣熬夜，對秋收是有妨礙的，尤其是咱們秋天的活多……。』咳！不知怎的這一下子又把老大娘惹哭了，哭的特別的痛，高碧清急

高碧清，不要老大娘送的東西弄得像打架一樣不得開交！

得想盡辦法去勸她也勸不好。

——天亮了，大娘又忙着包餃子，煮大米飯給他吃……。

第一天、第二天、直到第三天，眞的命令來了，剛要離開的當兒，一家人都哭了，飯也吃不下去了，高碧清也哭了。眼圈兒隱隱的暈紅了；老大爺將他兒子疏散時給他的一千元北海幣、和茶缸子、珠算本子，一面哭着，一面向着高碧清說：『拿着吧！留在身邊好化用……』。老大娘拿了一塊香肥皂，這是她七八年都沒捨得用的，他也像老大爺那樣哭哭地說着逼着他拿。』高碧清不管怎樣再三再四的不要，總是不管，像打架那樣的弄得一時不開交。劉支書來了，對老高說：『高碧清！你拿着吧！你看那老大爺……的淚流得那麼樣……』。逼得他再也沒法了，只好收下來。

青婦隊、老年人、兒童團、村幹，一群群地圍攏着來送他們；高碧清跟着劉支書，向老大娘、大爺、大嫂、村人、告別，頭也不回的離開了。可是心裡總有些撲通撲通的亂跳……走到小山頂上回過頭來，還望得見他們一家人在村子頭站着的人影子。

夏玉浩拄拐轉移
讓房東小孩騎牲口

十二校　林治文
五　隊　宋日亭

夏玉浩同志是十二榮校二大隊五中隊八班的重傷榮軍，去年敵人進攻膠東時，榮軍同志要跟群衆一起轉移了；他還拄着拐子。村裡對榮軍的照顧，是每人都準備了一頭驢，當然夏同志也不例外。但是在十六號的晚上開始轉移時，夏同志看到房東的驢本來已載了不少東西，看看房東的大娘，又拖着一個小孩子，要是走起來，免不了會跌倒。夏同志當時心想，我拄着拐好歹能走幾步，省出牲口來，給房東馱着孩子吧！於是他便決定不上驢子，等房東催他上牲口的時候，夏同志就好好勸着大娘說：「你拖着孩子不能走，把孩子放在牲口上吧！我跟着走滿可以。」感動得房東說：「啊！真是老百姓的軍隊，愛護老百姓！」。山道不平，狹窄，又是晚上走，好人也免不了會跌倒，何況夏同志還拄着一個拐呢。

老夏正在下山的時候，因行動的時間長，沒有休息，很累了，不小心拐子掙漏了，他從山上直滾到山下，滾了二十多個滾。起來的時候，身上的褲子撕破了，腿也戳破了。但是夏同志一句怨言沒說，仍然拄着拐子隨群衆轉移；群衆向他進行安慰時，夏同志很愉快的告訴群衆說：「你們放心吧！不大害，咱應該怨蔣介石，要是蔣介石不打內戰的話，咱那能遭這樣的罪呢？」老百姓感動的說：「對啊！」。

（轉載「榮軍報」）

老宋老高群紀好
學員搞壞東西自己賠

★一校徐行舟★

一校十一中隊三班長宋善堂，班副高鳳岐兩同志，群衆觀念是不錯的。有一天，一排副胡海遠和李同志鬧玩笑，把房東的玻璃打破就不管了。過幾天，當上級發下榮軍優待金後，宋同志便向他們說：「打破玻璃怎麼辦，你們不賠我來賠。」李同志被他感動的拿出八百元來，宋同志又添上一千元，買了一塊新玻璃給房東換上。高鳳岐同志他見到班裡孿子搞壞了一把菜刀，房東很不高興，孿子還不承認，高同志就自已拿出九百元來把菜刀修好。並說：「咱出來革命，不是爲了錢，是爲了自已和群衆翻身，就要處處愛護群衆，給群衆好的印象，才對黨對革命有利益。」（轉載「一校生活」）

友愛模範篇

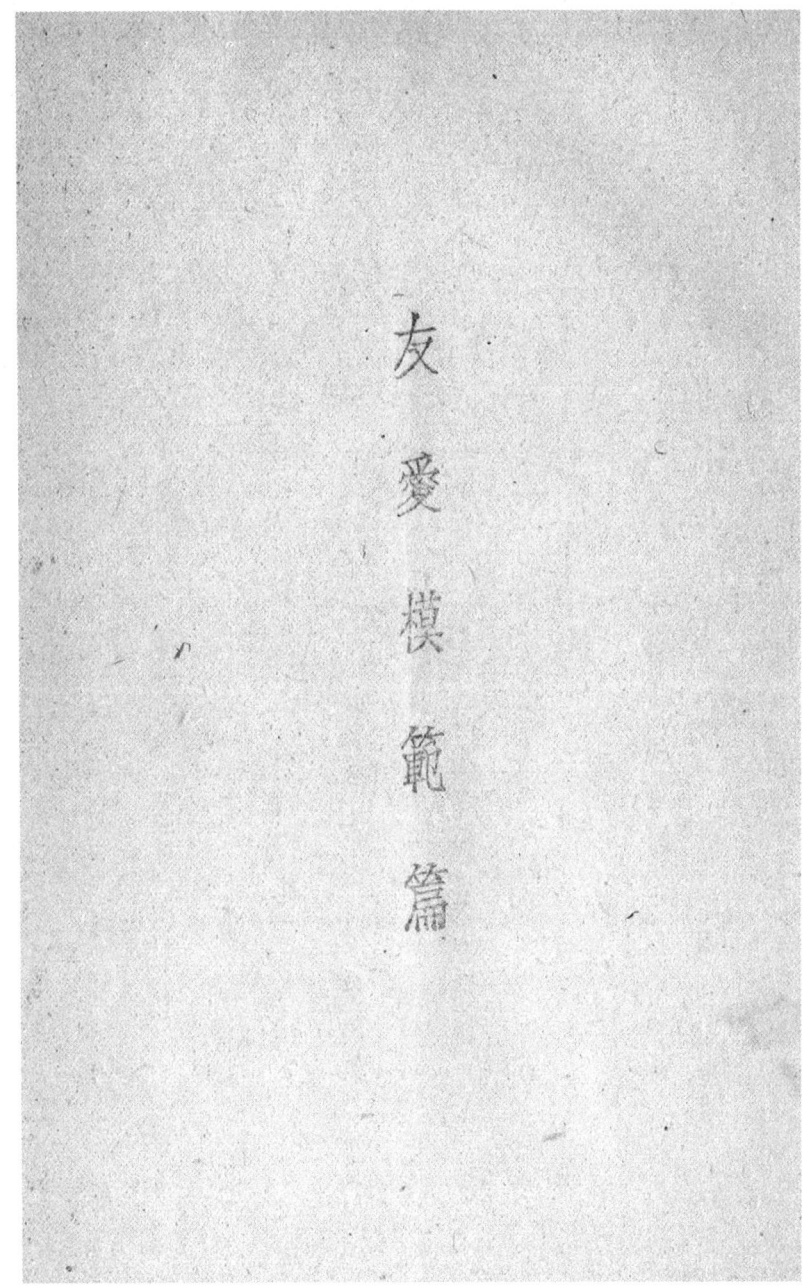

兩個好班長

★二校傅明璞、朱和瑞★

二榮校的四中隊，是個榮軍重傷隊。有兩個出色的班長，一個是一班長李孟盛同志(現已提升當排副)；一個是二班長梁寶俊同志。他們在班裡對每個同志，都是照顧得很好，他倆的模範事蹟是很多的。李孟盛同志是被一顆子彈穿進了小腹的一等榮軍。他來到後方教養所休養後，由於他對人民對黨的忠誠，一點也不悲觀失望。在情況緊張機關疏散當中，他不肯坐担架，還拖着殘弱的身子，跑前跑後，來回督促聯系，就怕同志們掉隊跟不上。天下雨淋得滿身水，一天足足跑了六十里路，到了目的地，又領着向村幹接洽，自己燒火做飯吃，同志們都說：「班長眞能吃苦，這樣的人往那裡去找？」

備戰中，他爲重傷同志

李孟盛不肯坐担架，

他怕同志們掉隊失聯系，

還拖着殘弱的身子跑前、跑後、來回督促。

去挖洞，大家都跟着他挖，剛挖好一個洞又塌下去，連他也壓在裡面；同志們把他扶起來，他昏過去了有半個鐘頭。當他醒來後，爬起來又繼續挖。

他和村子裡群衆建立了密切的聯系，領着同志們向村幹宣誓：「保證在任何情况下，不洩露半點秘密」。感動得村幹部也向榮軍宣誓，保證給榮軍同志好好隱蔽，得到安全，他在情况緊急時，仍不斷的給重傷員送水送飯，照顧他們；一面幫助村裡工作，就這樣，他堅决的完成了黨交給他的任務。

他來榮校後，對任何同志都很關心，有了新的學員到班裡休養，他親自領着開歡迎會，提出保證，使新學員安心休養。若有的同志對生活提出過份要求時，他能耐心的說服，平時倒水送茶，問冷問熱。飯來了，先盛給重傷的同志吃，天冷了，重傷同志為了響應節約號召，把烤火草都獻出去了，他怕重傷同志晚上冷，一聲不響的帶着看護員，上山去拾草回家，給他們燒熱了炕，使重傷同志能舒服的睡在熱炕上。

在這次生產節約中，他馬上響應號召，訂出生節計劃。上山拾草、拾糞，要求不吃細糧，把自己半年的日用品榮軍優待金，全部獻出了，在

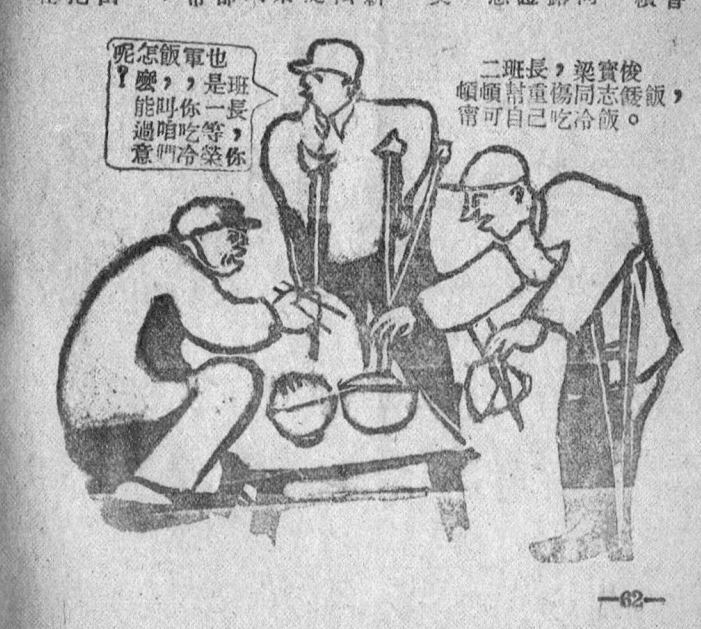

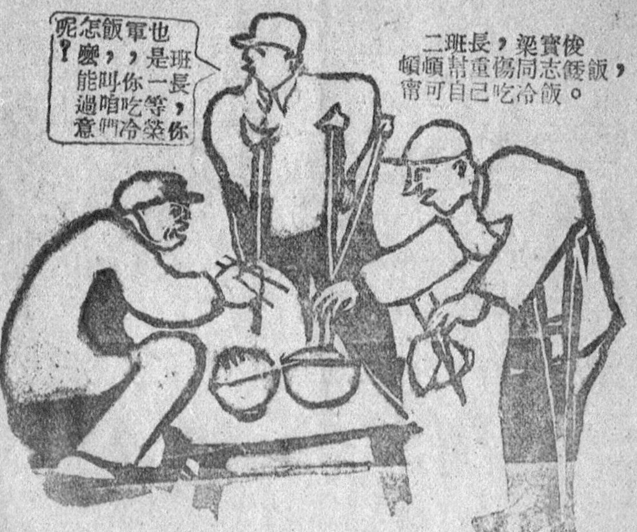

他的影響和推動下，全班都提出了：「向李班長學習，看齊」的口號。

二班長梁賓傑同志，只有一個膀子，也是個一等榮軍，但是什麼活他都能任勞任怨的幹。隊裡沒有一個人不說「老梁好。」

班裡有兩個重傷員，躺着不能起來。每到吃飯時，梁班長和看護員去打飯，回來用一隻手盛了飯餵給重傷同志吃，飯後，自己再去吃冷飯，感動得重傷員說：「班長，你也是個特等榮軍，你吃冷飯，叫咱怎麼能過意呢？」重傷同志要大小便也都是他用一隻手去接尿盆，晚上怕他們冷，他就把自己的被子給重傷同志蓋好，看到看護員冷了，又把毛毯子和他一起合蓋。對新來的學員更是照顧得週到，使他們能安心休養學習。同志們都願意接近他，有的看護員聽說要分配到他班裡工作，都說：「上二班和梁班長在一起，累一點我也願意！」班裡有兩個同志沒有筆學習，他把自己的筆借給他們倆合用，這兩個同志，告訴別人說：「班長把筆借給咱們用，咱們一定努力學習，來回答他啊！」

（轉載「榮軍報」）

王德芳——階級友愛好

——六校李德俊、周强——

六校六中隊十班王德芳同志，眞是個階級友愛的模範，自己拄着單拐，還幫班裡害傷寒病的蔡明廷同志，煮飯、夜裡起來燒水四，五次。

「你渴嗎？要喝水嗎？」他總是這樣溫和、熱情、關切地問着。有時病員惱火了說：「不要多問！」但是王同志仍舊很耐心，隔一會，又和先前一樣的去問病員。有幾次，病員尿拉在褲上，王同志一點也不怕髒，熱情地洗了三四次尿褲子。王德芳同志這種高度階級友愛精神，確是值得大家學習。

（轉載「六校生活」）

—63—

孫玉麟耐心友愛——說服小范回前方

黨幹校文化系

孫玉麟同志在膠濟綫蘭林戰鬥受了重傷，進膠東後方醫院三個多月，處處表現出革命軍人一貫的優良作風，響應號召，愛護公物，勞動節約都走在人前面。有一次，護士替他打針，偶一粗心，將針打錯了，膀背頓時腫得有碗粗，痛苦可想而知，護士嚇壞了，急得要哭，他反而安慰護士，叫護士不要急，沒有問題。他雖是二等榮軍，勞動毫不落人後，打掃病房天井，担水。為重病員端茶送水喂飯，護士們每逢換藥，他自動幫助端膿盆，拿敷料，有一次醫院裡大量收容傷員，他傷口還沒痊癒，就幫助院裡抬傷兵，抬到半夜，沒有休息。在政治上幫助別人進步，也有很顯著的成績，同病房的小范，本來是輕傷，照理，休養一個月就可以出院，由於思想落後，怕上前方，花口將好就用手搔破了，花口又反攻，一連三四次如此，住了有半年多，院方一再教育，不能濟事，孫玉麟同志自動去教育他，經他苦心說服教育，小范居然在大會上向人坦白是怕到前方，這次能回前方，完全是虧了孫玉麟同志。今年春天，院裡選模範休養員，他被選為甲等模範，立了一個二等功。出院後，由於不能重上前綫，就進了榮幹學校學習。從膠東來到渤海，一路上自己背被包，走了八百多里，帶了一個小鬼班，小鬼班是最不容易帶的，想家觀點特別嚴重，由於他團結得好沒有發生問題。

「七七」以後，學校開始正規學習，他在學習過程中，又是積極份子，實事求是，態度虛心誠懇。總之，他的一學一動，不論學習工作，都能積極負責，這次學習完畢，當分配工作時，負責同志找他談了一次話，問他在工作中學習中有些什麼經驗，為什麼會得到同志們的擁護，能做出這些成績？他很老實誠懇的回答：「沒有什麼，我一貫就是老老實實，有一說一，埋頭苦幹，拿自己的實際行動來影響別人，虛心向人學習，誠懇待人，別的並沒有什麼祕訣。」

（轉載「前鋒報」）

友愛榜樣

幹校供給系 王在喜

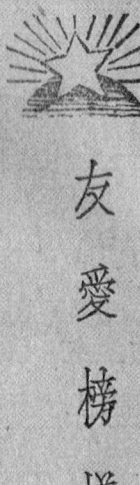

幹校供給系這次從王官莊移動到姚家堡的行軍中，一排四班楊朝生、趙和德、郭興文三位同志，友愛精神方面表現得很好。他們幫助譚金樣同志拿東西，楊朝生同志膀子殘廢很重，只剩一隻手，看到譚同志的背包重，他就自告奮勇替譚同志揹背包。一路上，因爲路不平坦，又有泥水很難走，一不留心就會跌倒，楊同志有時怕泥水弄溼了背包，用一隻膀子舉着走，自己弄了滿身泥，一句怪話也沒說。郭興文同志頭部傷口很重，一路上也替譚同志揹了背包。趙同志他不但幫助譚同志帶東西，並且到駐地的時候，馬上去參加勞動。如替傷重坐大車的同志，打舖担水，打掃室內外衛生等。幫助房東秋收，也很積極，全班開行軍檢討會時，譚同志首先感謝楊、郭，趙三位同志的友愛幫助。別的同志也都說：「這三位同志，眞是我們友愛的好榜樣」。

（轉載「榮幹生活」）

—65—

生產模範篇

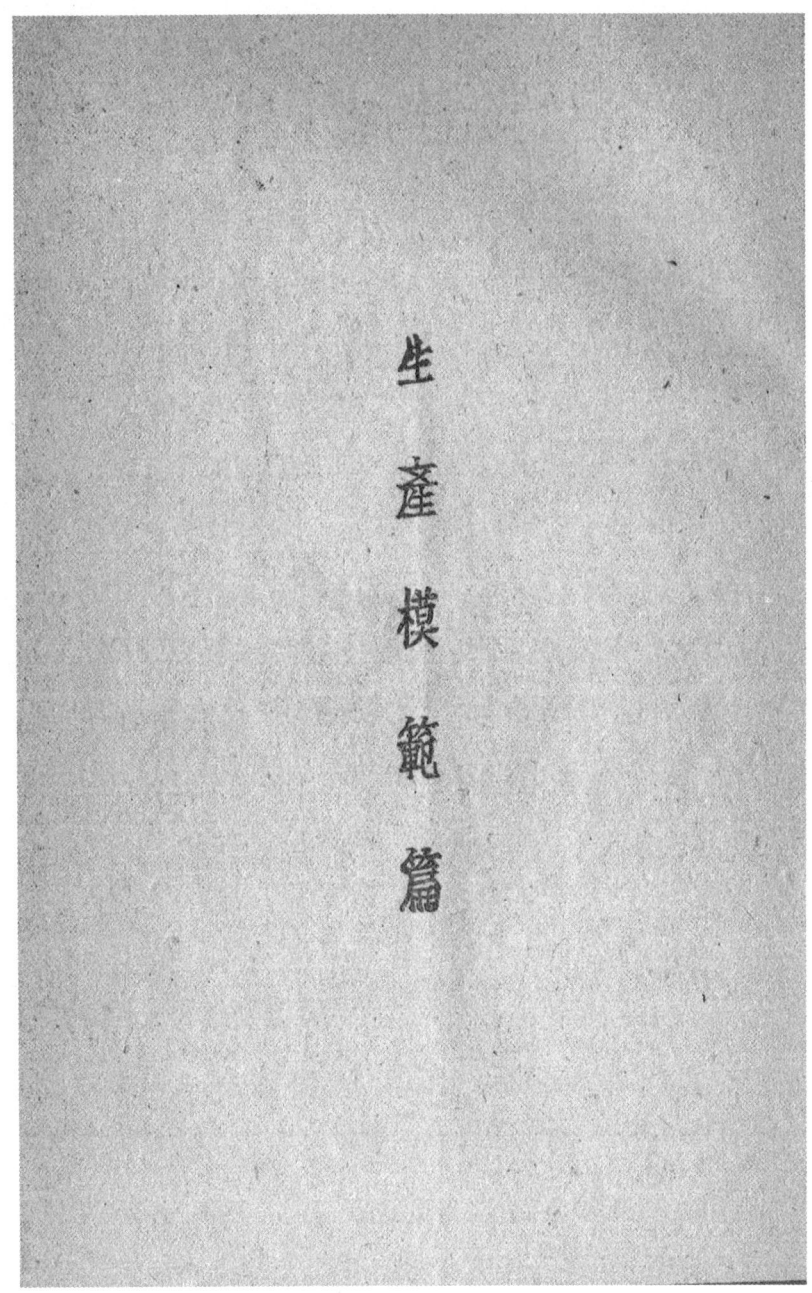

李傳德

兩眼雖瞎，不忘支前

李耐因

別看李傳德年輕，講工作可是很好啊！他是教養院的特等榮軍，現在還只二十一歲，在十七歲那年就參加革命，在魯中教養院的時候，大家都去生產拾柴，不讓他去，他一定要去；眼睛瞎了，拾柴可不容易啊！東摸一把，西摸一把，有時針料戳破了手，但是李傳德沒怕過，倒底拾了八十多斤交給公家。這一下榮軍裡傳動了，許多眼睛的同志都學習他。他班裡的榮軍同志，看他拾一點柴要費這麼大勁，也就自動集合再幫助他拾了八十斤。

從魯中往渤海轉移，重傷榮軍都要坐大車，他不坐，他說：「眼睛腿還瞎嗎？省下民力去支前！」他找個眼睛好的同志領着，慢慢的走，一共走了八十多里。

李傳德瞎了眼並沒忘掉群衆工作，別的不能幹，就幫助房東推磨、推糞、倒糞……前兩個月統計一下，他推了三次磨，倒糞推糞三十多車，老百姓一看，心裡感動的說不出來：「八路軍真是爲老百姓啊！殘廢了還這樣替老百姓幹活！」。

他在班裡對同志更關心，李維君傷勢很重，每天早晚都是李傳德摸索着給他穿衣裳、穿褲子。杜貴身的衣服髒了，李傳德也幫着給他洗了，伙房裡推磨磨麵，李傳德自動去抱住磨棍就幹，別人叫他歇，他也不歇，他說：「還能光吃飯不工作麼？」

上級號召生產支前，李傳德自動要求吃粗糧，並且把自己應領的榮軍優待金折肉三十多斤獻上，鞋襪津貼半年不領。李傳德同志眼睛雖瞎了，但還是像孩子似的年輕活潑，在班裡沒有事就說大鼓，說武老二，唱歌要那樣有那樣；榮軍同志們誰也愛他，大家拿他當個親兄弟。

「七一」的時候，他在講台上代表榮軍講話，表示現在雖然殘廢了，但是能夠出多少力就盡多少力，堅決把一生獻給人民事業。

（轉載「榮軍榜樣」）

—61—

尚長法——雙目失明積極勞動

◇畢勇◇

尚長法同志，是一個特等榮軍，雙目失明，斷胳膊，門牙被炮彈皮打去了一個。

當他初到休養院時，自己有些悲觀。由於領導上耐心教育，關心照顧，經常同他個別談話，於是他開始轉變了。天不亮就起來摸着掃院子，有時招護員不在家時，他友愛的摸索着拿大便盆給不能下炕的重傷同志大便，有時還主動的到伙房拿開水，給病號同志喝。

今春，上級號召積肥，他聽到雙目失明的趙鳳祥同志的生產情形，有點不服氣的說：「人家老趙能拾糞，我爲什麼不能呢？」就馬上找了一等殘廢截去左下肢的賈原瑞同志商量，兩人合作拾糞，賈同志給他挑筐，每趟都是拾得滿滿的一担，才挑回家來；曾接連三

尚長法、賈原瑞合作拾糞為生產

晌午沒睡午覺。在拾糞中，他曾跌倒了五次，但沒有牢騷過，也不灰心，跌倒後馬上爬起來，還很關心的問：「老賈！糞倒撒了沒有？簍裡還有嗎？我眞對不住你呀！快拾進去，可別把糞弄丟了！我太不仔細啦！」老賈急忙的去安慰他，問他：「沒跌壞嗎？」他總是說：「不礙事，跌一下沒關係！」（略）

在麥收中，他一面拾糞，一面給群衆割麥子，有一天他和賈同志兩人一氣給群衆拔了一下午，拔的很仔細，在地裡摸來摸去，就怕給群衆漏掉一根麥穗，並問群衆拔的是否乾淨，要求他提出意見來。

尚同志雖然看不見，但他還買了粉筆學字，找認字的同志，把字寫在他手心裡，使他觸覺到字的筆畫是怎樣的，然後再拿粉筆寫給教他字的同志看「對不對？」，寫錯了再重寫；在平時，他還督促大家學習，要能唸報的同志唸報給大家聽。由於老尚能積極的參加生產勞動，關心自己和大家的學習，所以在評功大會上，全體一致通過：「老尚立一等功！」（轉載「榮軍報」）

陳士信

「生產勞動樣樣行」

陳士信是個二十一歲的青年，一個膀子。臉上清秀消瘦，但是，他的行動，總好像火熱似的剛强有力。

他是一棵「苦根菜」在家就沒有過着一天好日子，八歲時，生活的重担子就加在他弱小的肩上了——放猪，放牛，要飯，當學徒，終年掙扎在飢寒困苦的生活綫上。

十七歲時命運就更慘了，一年裡弟兄四個（連小陳在內）被蔣匪抓去了三個，小陳從此在蔣匪軍裡受盡了磨折。

四六年春天，小海戰鬥，給小陳帶來了幸福與光明，打碎了小陳的囚牢，由奴隸兵變爲自由愉快的人民解放軍戰士了。（略）

四七年二月他進了三榮校，開始時，榮校裡有些傷重同志的衣服，是找群衆幫洗的，小陳看群衆太忙了，不忍心，他自已就學着洗縫，可是一隻膀子太難，拿針拿不了綫、拿綫拿不了衣服，他用牙和脚代替手做，這樣慢慢的他學會了洗縫，他歡喜地跳躍着說：「我再不是殘廢了。」

他不但自己做，還幫助人家做，誰需要做、需要洗、需要縫，他就一聲不響的替他搞好，平平正正放在他的床上，起初人家驚呀的說：「咦：誰替我洗補的」知道的人答覆了：「是陳士信」。

他要獻出鞋子支援前綫，自已學着做，半個月後很漂亮的五眼鞋子做出來了，還幫助別的同志做了六雙。

陳士信的模範行動，推動了全班全排全連全大隊，他的名字響亮起來了。

「獨膀子能幹，咱不能幹太丟人了。」

每天早晨當大家醒來時，院子掃好了，水挑滿了缸，糞堆又比昨天大了一些，這都是小陳幹的。

小陳一切工作不願落在人後，第一次除糞時，人家會推車他不會，他呆呆的看着人家推，心裡難過：「爲什麽人家能幹、我不能幹呢？」小陳下定了决心學、一天兩天，一個月後，小車子在他一隻手裡如意的轉動了，厠所的糞又該除了，第二天天沒亮小陳就偷偷的爬起來，一鍬一鍬的挖上來，一車一車的推出去，起床號響時，他的糞已經除完了。

每天起床號響時，他已經拾了一籃子糞，挑滿了伙房水缸。

去年種菜的糞、大都是他拾的。

種菜時，他到二三十里外去找菜種子；每天自已去澆水；人家吃飯啦，他還在菜地裡幹。開荒時人家開的快，他不睡覺，趕上了人家，兩個月他班裡交了三千多斤菜、誰不說這是小陳推動下的成績。太陽西下，咿呀咿呀的號子聲，支各支各的扁担聲、又在住村中響着，人們都熟悉，這是小陳在幫助群衆担水了，小陳一天要担二十多担水，供給十來家缺少人力的群衆吃。

小陳幫助群衆拓坯時，一隻手搗泥，用牙代手脫了坯模子，拓完了嘴也吃滿了泥，群衆受了感動，都說：「獨膀子這樣幹、並沒有看見過」。

李泰祥羣衆觀念強

學習紙，生產來解決
幫村裡，組織變工組

七校一隊 鞠貴華

李太祥同志，山東鄒平縣人，貧農出身，從小在家種田，一九四三年八月參加革命，在一九四七年負傷，是二等榮軍，左手臂負傷不能動，只有一個臂膀，一九四五年在前方會被選爲連隊擁愛模範。自來榮校後，一貫積極肯幹，能吃苦耐勞，在濱縣後韓家住時，他看見同志們都在紡綫生産，自己一隻手不能紡，就背着筐子，到處去拾糞，週圍十二里路莊頭都給他拾遍了，班裡有個毛青海同志，一等榮軍，走路要拄雙拐，他會印老百姓用的花布，他就替老毛把印好的花布挑上集去賣，回來時再給老毛挑白布，並且還帶着他的糞筐子。在平時；走路遇着糞，他就用泥蓋好，回家拿筐子去拾。有一次在路上拾了約有兩担糞，因他挑不了，以後，看到一個賣花生的老大爺，他就把糞完全送給他，感動得老大爺非送錢和花生給他不可，李同志沒有要，結果硬拉住李同志喝了一壺水，吃了些花生才讓走。自三月至六月他拾的糞，除送人不算共賣了八百塊錢。但他也不要，給全班買學習紙用。

他除了拾糞外，每天還替群衆挑水七八担，自己一隻手不能提，就請別人提，自己挑了送到群衆家裡，他不但挑水，而且經常向群衆做宣傳工作，所以群衆都很願意接近他，聽他的話。

在麥收時，他用一隻手拔麥子，晚飯後同志們在班裡休息，他就自動去找拔麥子對象。中午，同志們睡覺時，他還背着糞筐，趕着牲口，到田裡去往家搬麥子，看見有糞，就拾在筐裡。炎熱的太陽晒得他汗流如漿，睜不開眼，他用手抹一把汗水，睜開眼仍舊幹。他這樣熱情的幫助群衆麥收，使駐村群衆都感激的稱他是：「敬愛的李同志！敬愛的李同志！」並買了鷄子和香烟給餓，他拒絕了，沒有吃，並好好的向群衆作了解釋，在麥收中，李泰祥同志就立了一個三等功。

十一月，李泰祥被提拔做班長了。他的工作仍是同以前一樣，不論天氣如何寒冷，還是一到天亮就起床，背着糞筐去拾糞。因此把李才家李丙眞老大爺感動的說：「班長，你眞行啊！八路軍什麼也能幹。」李東江老大爺也說：「班長咱倆挑戰競賽吧」。他從去年十一月到今年三月，把糞賤賣給貧苦軍屬，前後共賣了八千塊錢。他自己仍是一個錢也不用，全部給班裡買學習紙和顏色用。他說：「同志們都能紡綫生產，我一隻手不能紡，拾些糞，賣幾個錢給同志們解決些小困難，節省公家一部份經濟，也是爲了老百姓啊。」除此以外，他還能隨時照顧到群衆利益。有一次他看見一塊綠油油的麥苗地裡，被走了一條路跡，他想這是要妨礙小麥收成的，因此他便帶領了全班同志拿了鐝頭去把岔道刨鬆，插上路標，寫着：「同志！要愛護青苗，不要走農田。」一個老大娘路過時說：「這不是咱李才家的地！是六家莊的地啊」。他說：「不是李才家的地也應當刨，刨了好長麥子啊！」。

在實行三大方案中，隊裡沒有理髮員，他爲了養成大家樸素作風，節省公家的開支，就帶頭把留的洋頭用刀剃光，影響了全分隊的同志都把洋頭剃去了，又沒有去找理髮員，節約了理髮費約有一百多斤細糧。他看見班裡同志吃烟用洋火，很浪費，他又想了一個節約的辦法。他到老百姓地裡去拾柏樹種子，拿回來碾成粉做香，一傢伙做了三百多條，整天點着給同志們吸烟用，這些香能够用三個多月。計算一下，又節省了洋火錢四千一百多元。在獻金獻物中，他獻了四千元，牙刷一把，毛巾二條，襪子一雙，鞋子二雙，而且從五月份起，他就光赤脚不穿鞋子了。

由於他的積極勞動和幫助群衆及經常的向群衆宣傳，因此群衆對李泰祥同志是很信任的。今年春耕時，村中響應上級不荒掉一畝地的號召；要組織變工組。村幹部都說難組織，恐怕李增貴不幹，組織不起來，李泰祥知道了這事，就決心去幫助了李增貴打通了思想；李增貴思想上有顧慮，因爲他還是個富農，怕在平分，自已種的地撈不着吃，李泰祥就對他說服和解釋，只要是自已出勞力種的，就能自已收，打破他的思想顧慮、李增貴的顧慮打消以後他便很高興的參加了變工組，並被選任了組長，李泰祥也接着去幫助想辦法，怎樣組織？怎樣變工等，同時變工組也經常開會研究變工辦法。因此，這個變工組受到村裡生產委員的發揚，李增貴在他們的影響之下也幹得更有勁了。別一個組的老大爺羨慕的說：「李增貴那組有八班長幫助，還能攪不好嗎？」因此，村裡的變工組，都要請他去參加與幫助，但他仍是不辭勞苦的抽空去幫助，時常弄到半夜才撈到睡覺。李泰祥同志說話很直爽，有一說一，對工作老老實實，埋頭苦幹。因此全隊都說他是個好同志，好模範。

生產救災的王賢同志

——劉健生——

招遠畢郭區程家窪復員榮軍王賢同志，在生救運動中，自願把上半年領的六百斤生活糧拿出四百五十斤，幫助貧僱農解決了生活困難，並把領的榮軍優待金拿出一萬元，給去年受蔣災的王蘭芬作紡花本錢，自己常對父親說：『咱在前方時給群衆服務，現在就不給群衆服務了嗎？這年頭就得有苦大家吃！』今年春荒時，囑咐母親說：不應高看我，咱都應該吃菜。為了響應上級的生節號召，他的眼雖然看不見，却結合自己六歲的小男孩，整天價也不閒着，每天放牛、拾糞、澆園。六月二十八日下午，他和六歲小孩子去放牛，不慎吃了本村王其仁十二株苞米苗，他晚上回家不等吃飯，急忙親自到王其仁家裡去道歉；第二天早上又給人家按棵的補上了。他很愛學習，眼睛雖不能看報紙，每天有空，即跑到本村姚典芳家裡去聽唸群力報，有時也常在街上對群衆作宣傳工作，講共產黨的政策，他經常對群衆說：『革命還沒完全勝利啦！不能蹲在家裡乾吃呀，我得好好鍛鍊，好去參加盲救會。』他在接近群衆時，經常傾聽群衆的意見，檢討功臣思想的表現，因此，他與群衆的關係更加密切，受到群衆愛戴。（轉載膠東「大衆報」）

—73—

王廣友安家勤勞動

孔良民

王廣友是棗莊區佟樓村人，四六年帶頭參加了工人支隊，去年負傷成爲二等榮軍今年復員到嶧山區白家莊安家。他剛到村就說：『我不能爲國家出力，現在公家困難，我應好好生產不依靠上級。』即把積蓄的榮軍優待金作本錢，拾掇了小挑去做賣油、烟、洋火等的小生意。後來妻子來家人口多了。白家莊群衆爲幫助他作長期打算，分給了他三畝春地，二畝麥子，公家又貸給他豆種、芋頭種、菜種及鋤頭一張，解決了他春荒和種地的困難。他終日除了做小買賣外，即拾掇地。家東二畝地，在地主手裡時無人修理，每年水流不出，澇壞了莊稼，收的很少，他和他妻子便用了二天工夫把地打個淌水溝，變成了好地。鄰居誇獎他：『這個地頭虧你修理它。』地種完後，把二畝麥子鋤了一遍，高糧鋤了二遍。由於他的積極勞動，群衆說：『老王太勤了，把沒分的一畝麥子再給他吧！』這個意見都被大家接受。

王廣友除了幹自己的活，還幫助房東鋤了一畝多高粱；幫別人澆芋頭等更是經常的事。又由於他的脾氣好，不高大，群衆對他更是親熱了。

他有戰鬥經驗，自願參加了民兵，領導查崗放哨。

在副業生產中，因本錢不足，政府又貸給他三萬元，除得救濟糧七十斤外，自己生產又賺了五十餘斤高粱。他說：『只有勤勞才有飯吃，人家也能看起咱。』

（轉載「大衆日報」）

—74—

節獻模範篇

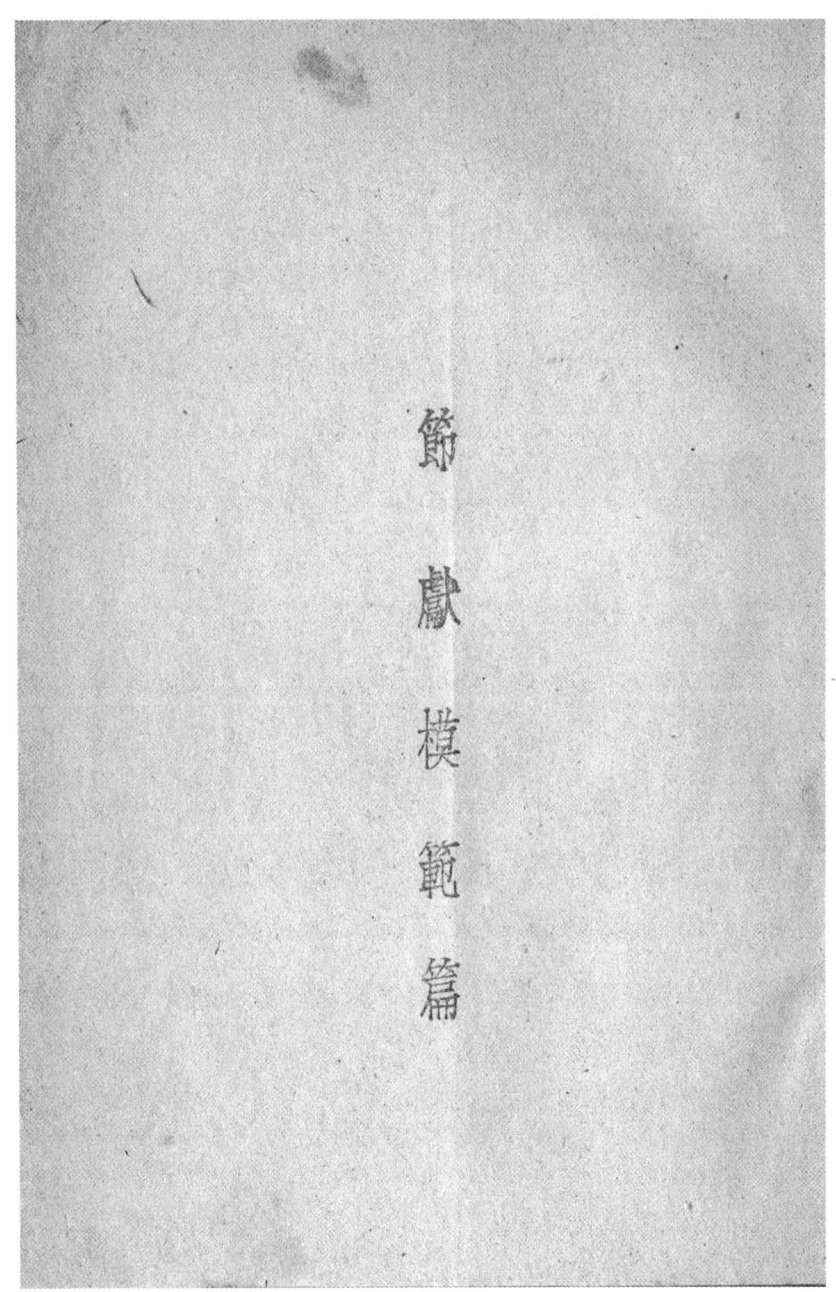

楊德興 獻金支前

五校王璞

五榮校七中隊炊事班長楊德興同志，他的兩耳都聾了，是個貧農出身。又是個共產黨員。

去年十月間，他響應了節約民力的號召，自動到伙房去燒飯，他一向對工作是切實負責，學習上也很積極，過去在休養院老楊會被選爲「勞動」和「攤婆」的模範，立過功。

去年，他響應了上級獻金獻物的號召，獻出全年的津貼、黃烟費、日用品、和全年榮軍優待金的一半，另外還有單衣一套、鞋子一雙、襪子一雙、白洋布一丈二尺；並當對其他同志說：「我們在後方不要忘了前方啊，能節約時，要多節約些支援前綫啊！」在群衆的公評下，楊德興同志又立了「節獻」二等功。

今年二月，群紀檢查獻金賠償運動中，他又獻出了春季的全部優待金二萬七千元，當時校首長獎給他四千元，他不肯要，經再三解釋才收下。最近，他看到報上在號召生產節約救災，在三月十五號他親寫了封信給校首長，要再獻出他的全部夏季，榮軍優待金。他的信裡有一段是這樣寫着說：「……自從參加革命部隊，我思想上就決心爲中國勞苦大衆而奮鬥到底，雖然我現在殘廢了，只要我有口氣仍要繼續工作，加強學習，進行生產節約。好趕快打倒蔣介石，……雖然我從前節約不少，現在我還要把夏季優待金全部節約支前……。」楊德興同志的思想和精神確實是我們應該向他學習的，學習他那種革命功臣的氣魄和人民戰士的忠實品質。（轉載「榮軍導報」）

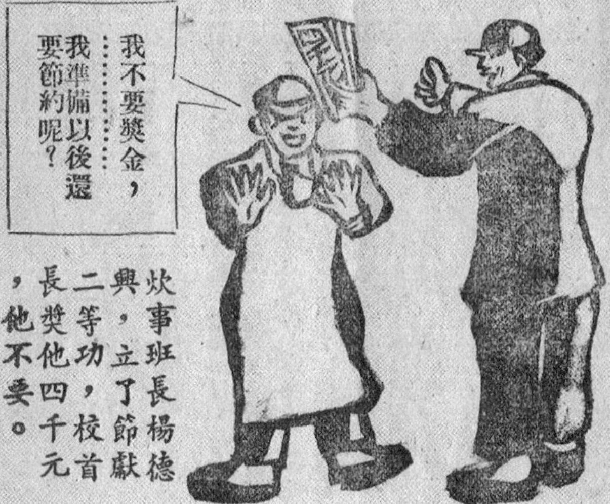

炊事班長楊德興，立了節獻二等功，校首長獎他四千元，他不要。

馮貴平獨獻五只金戒指

十榮校三大隊排長馮貴平同志，春天在黨號召清理資財中，他自動獻出過去做生意賺來的錢所買的五只金戒指。因爲他是個榮軍，身體並不好，膠東總分校首長爲着關心他的健康，和發揚馮貴平同志的忘我帶頭精神，除替他評了功勞外，另外還獎給他二萬元。（轉載「榮軍報」）

程義奎節約渡荒

呂齊明

棲霞縣崗南區北照村榮軍程義奎，復員後，對上級對村中一向沒有過什麼特殊要求，除去別人給代耕六畝地以外，妻子又分着三畝自己耕種。去年種麥子二畝半，栽了一畝地瓜，都是自己爬着、跪着除草。賣瓜掙了三萬七千餘元，買了豆餅和麥子。他吃穿非常儉省，去春，節約榮軍優待金四千六百元，秋天又節約了應領的一百斤苞米。他想盡一切辦法，來解決自己的生活困難。在春節前拿出一百五十斤小麥，和鄰居王作賓、王作國合夥做菓子買賣，不到一月，每人便分了一萬五千元。今年春天到現在，除吃野菜外，只吃了三斗糧（合一百六十斤）。他家的糧並不够吃，但在發救濟糧時，他不肯要，感到別人比自己還困難，自己暫時還有吃的。現在家裡只有二升苞米（共十四·五斤），撑不下新糧來，他說：『等自己活幹完了，再給別人「代」工夫掙個吃，再住一個月，我那畝瓜下來，也就解決問題了』。

（轉載膠東「大衆報」）

—78—

紀念「七七」榮軍節

總校首長在『七七』榮軍節
給榮軍榮工同志們一封慰問信

親愛的榮軍、榮工同志們！

咱們在迎接全國勝利的新形勢下，慶祝今年的「七七」榮軍節，特向同志們致親切的慰問和敬意。

在新形勢下，華東局要咱們完成——加强學習，培養自己成爲打倒蔣介石建設新中國的各種建設人才——準備勝利的、新的歷史任務。咱們在紀念自己的節日的時候，應該討論討論，怎樣完成這個任務。

總校舉行的第一次榮工大會，也是爲了檢查總結過去一年工作的基礎上討論怎樣完成黨交給我們的這個新任務，大會現已經勝利的結束，大會的各種決議，由各代表回去傳達，咱們對大家只有一個希望——好好研究大會決議，上下一致的堅決貫澈大會的決議。

此致

敬禮！

孟東波　盛志明
孫子權　李　克
張　林
張富華　程榮耀

—79—

本刊業經華東軍區政治部審定

軍隊發至師
學校發至班

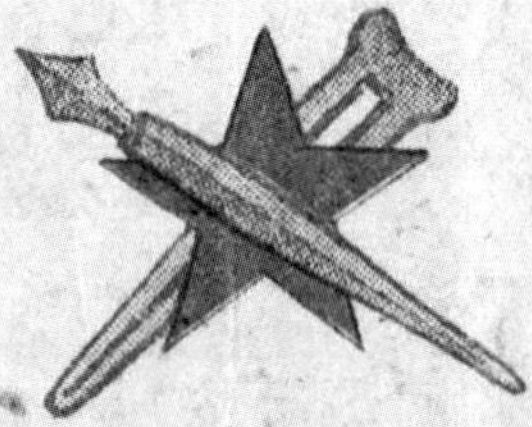

參軍模範事蹟選

華東軍區參軍總校政治部編印

一九四八年八月一日出版

山东红色文献丛编（初编）

历史事件篇

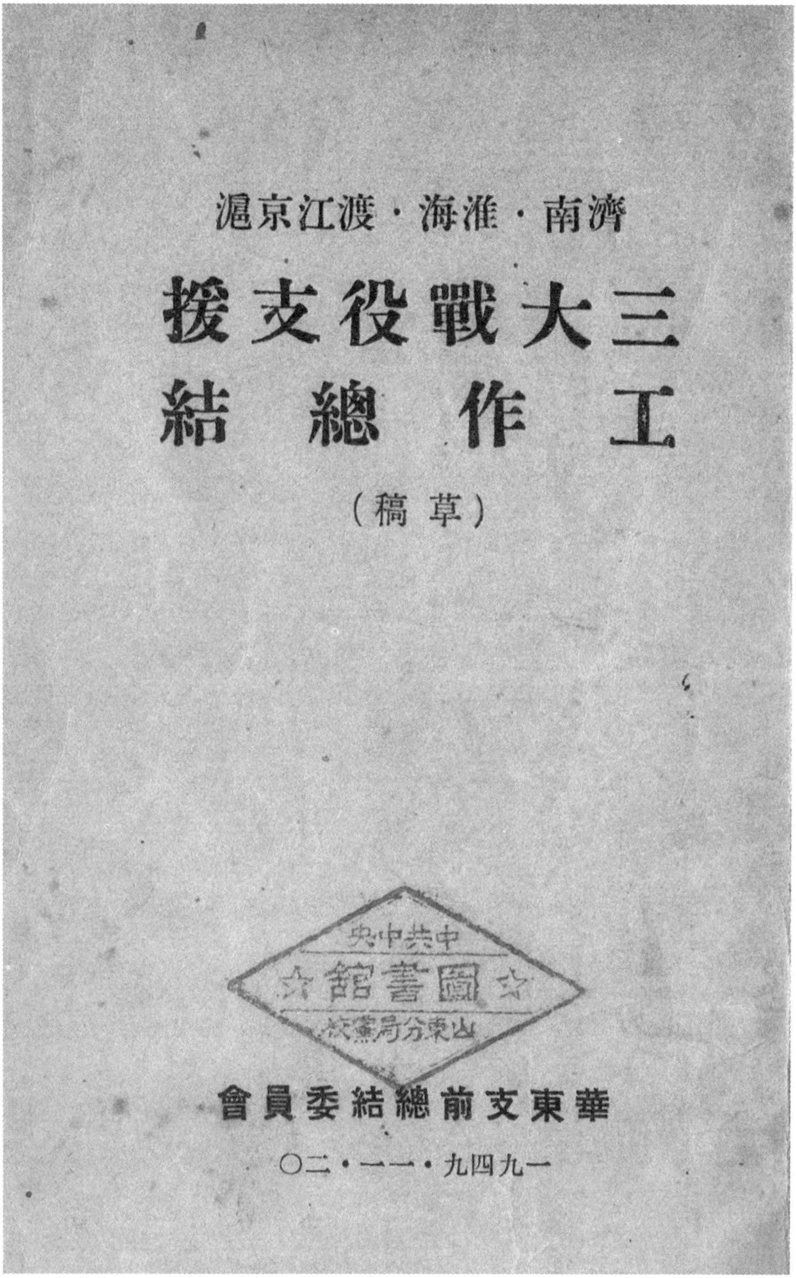

濟南·淮海·渡江京滬

三大戰役支援工作總結

（草稿）

華東支前總結委員會

一九四九·一一·二〇

關於總結的說明

濟南、淮海、渡江京滬三大戰役，在中國人民解放歷史上有其極重要的地位。我華東人民在歷次支援前線上，尤其在支援這三次偉大戰役上表現了無比的崇高意志與雄偉的力量，產生了無數的英雄與模範人物，創造了祇有人民的智慧與人民的力量才能創造的奇蹟。將這偉大的歷史的事件盡可能的記載下來，將各方面的經驗加以扼要的總結是非常必要的。

但由於戰局發展迅速，幹部調動頻繁，許多材料未能加以及時充分集壘，同時又要及早將這次偉大支援戰爭的史實，更快的記載下來，將經驗更快整理好，特將已整理的初稿，先行付印，發於各地黨政機關與有關方面，更廣泛的組織各方面的力量，加以研究討論，對其中缺略或不當之處提出改正，尤能更多的補充新的材料與意見，以求羣策羣力，以大家的力量更好的來完成這有歷史意義的文件。

華支總結委員會

目録

第四部份：財粮供應

第五部份：交通建設、城市支前與煤炭供應工作

第六部份：支前基地建設工作、子弟兵團工作與渡江戰役的船舶工作

附：文前組織機構一覽表
附件之一：人民的力量
附件之二：人民的歌聲

第一部份

三大戰役支援工作基本總結

三大戰役支援工作基本總結

解放戰爭在全國轉入進攻形勢下，華東戰場攻克濟南，使華東華北兩大解放區聯成一片，改善了華中中原戰局而有利於我軍繼續勝利進攻，山東人民更能將巨大人力物力迅速集中用於支援部隊作戰。淮海戰役全殲蔣匪主力於江北，解放江淮之間廣大地區，給渡江作戰創造了基地，使全國形勢急轉直下。渡江京滬戰役取得了全國基本勝利，國民黨統治就此宣告滅亡。三大戰役能夠取得徹底勝利的基本因素：除毛主席和中央戰略方針的英明領導，我黨政策在全國正確的實施，各戰場的協同進攻，廣大指戰員的英勇作戰的因素之外；再就是華東廣大人民對戰爭支援全力以赴、保證了三大戰役所需的人力物力的結果。自一九四七年敵人開始重點進攻山東以來，我軍自內線殲敵，外線出擊，進攻作戰的整個過程，特別山東人民對支援戰爭供獻尤大。要總結三大戰役支援工作，不能不把支援戰爭的發展歷史情形加以概括綜述：

自一九四六年到一九四七年魯南戰役，這時期大規模戰爭在華中地區進行，山東膠濟北線，臨棗南線雖有戰爭，規模不大。在支前工作上仍沿用抗日時期分散游擊戰爭經驗。宿北戰役後，蔣匪開始重點進攻山東，山東從此支前任務日趨繁重，雖然動員了大批人力物力支援了前線，但因缺乏經驗，支前工作基本上處於被動紊亂狀態。這算作支前工作上的第一個時期。

自一九四七年二月萊蕪戰役到一九四七年九月南麻、臨朐戰役。大規模的自衛戰爭在山東中心地區進行。支前工作隨着戰爭發展以及戰爭需要，建立健全了各級支前組織，動員工作也比較深入普遍，動員了大批人力物力供應了戰爭，完成了內線殲敵任務。並取得了支援大規模戰爭的經驗，爲繼續支援打下了基礎。這算作支前工作的第二個時期。

自一九四七年十月，我軍已經外線出擊，到一九四八年六月兗州戰役。由於黨中央的正確戰略指導，華野六個縱隊自四七年七月轉向外線，將戰爭引向蔣佔區，把新區人力物力財力迅速用於革命方面。三個縱隊內線待機殲敵，準備反攻。使山東境內敵我雙方兵力大減，給了人民以休養生息機會。華東局正確的貫澈了整黨、整軍和偉大的生產救災方針，實行了三大方案八項禁令，提出以生產救災爲山東黨政軍民的中心任務。在這時期整頓了黨，休整補充了部隊，戰勝了蔣匪帶給山東人民的大災難。達到了黨與人民、軍隊與人民的大團結。給三大戰役的支援戰略任務，奠定了精神與物質基礎。這算做支前工作上第三個時期。

自一九四八年九月濟南戰役開始，到一九四九年渡江京滬戰役結束。這時解放戰爭規模發展到空前巨大，支前任務也就異常繁重而艱巨。濟南戰役又值秋收秋種時期，華東局爲保證戰爭勝利與完成秋收秋種任務，明確提出支前生產兩大任務相結合的方針，並要求山東總動員起來。淮海戰役是全國決定性的戰役，華東局在支援方面提出：『全力以赴』，並建立華東統一的最高支前機構華東支前委員會，華東局對支前工作是全力支持，大胆放手，爭取了支援工作上的主動性，跟上了軍事形勢的發展，幷有冀魯豫，豫皖蘇各大戰略區協同支援，取得了戰役的全勝，使中國形勢急轉直下。渡江京滬戰役前後，華支二千至三千幹部投入江北江淮、皖西地區和渡江後的贛東北、皖南、蘇南、浙北地區，征借糧食，組織人力，發動羣衆，建設支前基地，以及大批幹部配備於淄博、淮南、賈汪等煤礦負責煤炭運輸，支援部隊南進和支援京滬杭各大城市煤糧供應，達到順利接管與迅速恢復發展工業生產。對三大戰役民工方面，華東局提出：『把民工隊當成學校辦』的方針，加强了黨在民工中的政治工作，鞏固了民工、保證了戰爭，提高了民工覺悟，發展了黨員，提拔了幹部，爲新中國建設培養了一批積極份子與骨幹。這算作支前工作上的最後一個時期。

最後一個時期從濟南到京滬三大戰役，華東——特別是山東人民，供獻了巨大人力物力於解放戰爭，保證了戰爭的完全勝利，僅據不完整的統計；尤其後方臨時民力僅僅是個別地區的統計。

在動用人力方面——總數爲五九五八三四一人。濟南戰役共動用五〇三三四九人，佔總數百分之八點四。淮海戰役共動用二二五一一八八人，佔總數百分之三十八。渡江京滬戰役三二〇三八〇四人，佔總數百分之五十三點六。內隨軍民工三四三八五五人，佔總數百分之五點七。二線民工九一五〇五六人，佔總數百分之十五點三。後方臨時民工四六九九四三〇人，佔總數百分之七十九。隨軍常備民工濟南戰役計六七〇四三人，全由山東組成；淮海戰役計一〇二八一九人，山東民工佔百分之九十二。渡江京滬戰役由山東、蘇北、皖北組成，山東佔百分之三十五；蘇北佔百分之三十三點五；皖北佔百分之三十一點五。

在糧食供應方面——濟南戰役前後參戰人員總吃糧人數爲九十三萬九千餘人，每日需糧二百六十三萬餘斤。淮海戰役第三階段圍殲杜、邱、李兵團時，僅蕭永地區前方參戰人員一百五十餘萬，每日需糧三百九十五萬斤。渡江京滬戰役所有參戰人員（內加一部俘虜）一百七十八萬餘人，每月需糧一億六百八十萬斤；又加上海、南京兩地每月需糧一億二千七百二十五萬斤。三大戰役共實用糧八億五千二百十八萬斤；淮海戰役即用去四億三千四百七十六萬斤。山東即出糧四億六千八百六十九萬斤，佔總數百分之五十五。

在財政支出方面——在搶修鐵路橋樑，購置戰爭器材，供應前方油鹽補食品以及支前經費開支，三大戰役共支出人民幣九億一千五百二十八萬餘元之多。

在交通搶修方面——從濟南到浦口，從徐州到連雲港，搶修鐵路五百五十六公里零四百九十三米；搶修鐵橋八十五座；洋灰橋二二八座，用去工人日工十三萬三千七百三十二個；民工日工五十五萬九千六百五十二個；其中以十五天計劃三天半完成的茅村橋，爭取了時間，完成了支援淮海戰役任務，兩月完成的淮河大鐵橋，以及明光大橋等五巨大工程。完成公路二一〇二二華里（內新闢公路五二〇華里，舖沙石路面二一七華里），共修木石橋一二一四座。浮橋三四座，漫水橋九八座，便橋一二二座，涵洞一四九座，渡船碼頭一一處。

從以上可以看出最後一個時期，在僅僅八個月的短促時間之內華東就連續進行了空前規模的三大戰役。華東的黨和人民也全力以赴，以巨大的人力物力財力支援了三大戰役，保證了勝利。並從戰爭發展歷史過程中，取得了動員人民，教育提高人民，一面戰爭一面建設等等方面的豐富經驗，得出了以下的基本總結。

（一）根據支援戰爭發展的歷史過程證明：沒有黨的正確領導，要完成如此巨大人力物力保證戰爭勝利是不可能的；或這方面做的不好，會使戰爭受到損失。山東在蔣匪進攻摧殘破壞造成嚴重災荒的時候；華東局領導山東黨政軍民全體投入了整黨、整軍、三大方案、生產救災的偉大運動，並提出：『不荒一畝地，不餓死一口人！』的政治行動口號。如是黨與人民之間，軍隊與人民之間達到了高度團結。

— 7 —

在政治上、組織上和經濟方面爲支援戰爭和建設山東創造了精神與物質條件，奠定了勝利基礎。爲了完成大規模進攻作戰，需要千百萬人民服務前線，華東局又提出：『把民工隊當做學校辦』的方針，即保證了戰爭，又教育提高了人民。在帶有全國決定性的淮海戰役時，華東局號召全黨和人民全力以赴！對華東支前委員會全力支持，大胆放手，使支前工作跟上形勢，爭取了主動。淮海戰役勝利結束時，前方尚存糧六六九萬斤，這完全說明支援方面做到滿足部隊需要。渡江前後華支又將二千至三千幹部投入江南、江北新區和淄博、淮南、賈汪各煤礦，負責糧食征借與煤炭運輸，將新區物力迅速用於革命方面，繼續支援部隊南進，和順利接管京滬杭各大城市，迅速恢復工業生產。有了黨的在不同時期的正確方針政策的領導，才完成了三大戰役支援任務，保證了勝利。

（二）根據支援戰爭發展的歷史過程證明：在我黨領導下的千百萬廣大人民，全力以赴，支援我軍進攻作戰，是取得解放戰爭勝利的基本因素之一。人民戰爭離開了人民支援，勝利是不可能的；或這方面作的不好，會使戰爭受到損失。人民又是在土改、生產救災提高了政治階級的覺悟的基礎上進行支援的；所以在愛護傷員、運送彈藥、火線搶救、看護物資、押運俘虜、新區征糧剿匪，警戒鐵路和城市等方面，立下了不朽功蹟。民工、民兵並在執行任務中掀起了立功、愛護傷員、民愛民、文化娛樂各種運動。在立功運動中，高度發揮了人民革命的英雄主義；在愛護傷員運動中充分表現了勞動人民與解放軍之間的偉大的階級情感與友愛；在民愛民運動中使新老區勞動人民達到了團結，初步啓發了新區羣衆的覺悟；在文娛運動中提高了文化和鞏固了人民支前的積極性與自覺性。通過了各種運動保證了各項任務的完成；又提高了支援戰爭的人民——民工和民兵的本身，樹立了符合於新中國整體利益的新的道德觀念。出現了大批積極份子英雄和功臣，發展提拔了大量的黨員和幹部，爲新中國建設事業培養了大批骨幹。僅據淮海、京滬兩大戰役二二六二〇八名民工、民兵的統計，其中出現了英雄功臣模範一三〇八六六人。並從中發展了八二八三名黨員；提拔了九二七七名區鄉村基層幹部；培養了六九〇〇名積極份子。華支在這方面，在『把民工隊當成學校辦』的方針下，對民工、民兵進行了系統的政治教育，并出版了民工、民兵的報紙——『支前快報』，和加強了對外報導工作，表揚了英雄模範，糾正了偏向。這就是人民支援了戰爭；戰爭改造了人民贏得了戰爭勝利的結論。

（三）根據支援戰爭的發展歷史過程證明：以落後的運輸工具支援現代戰爭，以分散的農村物資支援大規模的集中作戰部隊；沒有千百萬廣大人民的政治覺悟和勞動力加上雖然落後但數量龐大的運輸工具與運輸力，并逐漸發展到運用近代交通運輸；要將廣大地區，分散農村、遼遠距離的八億五千二百一十八萬斤糧食及巨大戰爭物資運達前方供應作戰需要和支援各大城市是不可能的；或這方面做的不好，會使戰爭受到損失。我們在領導組織千百萬人民運用落後工具運輸方面，是有經驗的。但在充分運用近代交通（火車、汽車、輪船）運輸方面，開始遇到的主要困難是蔣匪對鐵路橋樑的破壞。爲了爭取時間，華支在一面戰爭一面建設的方針下，對有關戰爭運輸之鐵路、公路、橋樑進行了全力搶修。淮海戰役時，將計劃半月完成之茅村橋三天半突擊竣工，淮河大鐵橋僅僅兩個月卽落成通車，空前提高了運輸力，減輕了人力負担和運費開支。僅淮海戰役期間自四八年十二月十四日至四九年二月底，近兩個半月時間，火車運糧共完成平均在五百九十華里的七千五百九十餘萬斤糧食，比人加小車的運輸力，節省運糧費五千七百五十餘萬斤，可節省民工（按日工算）一千七百一十二萬個。這對節省物力用於戰爭和建設，節省人力用於生產，有着重大的政治意義。這就是廣大人民加落後工具爲主的運輸力，逐漸發展到運用現代交通，並發展了各種交通工具的性能，和建立了各種運輸機構與制度，才保證了巨大糧食、煤炭、作戰物資運達前方和京滬各大城市。支援我軍勝利南進，和各大城市的順利接管與迅速恢復工業生產。

（四）根據支援戰爭發展歷史過程證明：大規模解放戰爭發展到長江南北兩岸；遠離老區，單純依靠老區的人力物力支援部隊南進，而不發動新區羣衆組織人力物力用於革命戰爭的話，戰爭勝利是不可能的；或這方面作的不好，會使戰爭受到損失。必須將新區人力物力迅速加以發動組織用於革命戰爭方面，支援我軍繼續作戰和接管京滬各大城市，減輕老區負担，給老區休生養息，發展生產創造條件。華東支前委員會當部隊渡江前將二千四百餘幹部投入江淮、皖西兩地區，協同地方建設支前基地。渡江戰役中皖北新區動員隨軍渡江常備民工五三七四一人。江淮一分區、皖西二、三、四分區實供應部隊糧食一億零六百五十一萬斤。渡江後，華支二千七百餘幹部投入贛東北、皖南、蘇南、浙北地區，計劃（五個月供應任務）征借糧食十二億五千萬斤，支援部隊與城市。顯然的，沒有新區人力物力的發動，勢必取自老區，加重老區負担，對建設與戰爭都是有害的。同時，通過了征借糧食，組織人力，實行合理負担，初步發動了羣衆，打下了新區工作基礎。

（五）根據支援戰爭發展的歷史過程證明：人民解放戰爭是一面戰爭，一面建設的過程；沒有在戰爭中的積極建設，要取得戰爭勝利是不可能的；或這方面作的不好，會使戰爭受到損失。我們在鐵路、公路、橋樑、電話的搶修上證明了這點；我們對征借新區糧食、組織新區人力，發動新區羣衆上證明了這點；我們對人民支援戰爭，通過戰爭改造了羣衆的某些落後意識，提高了羣衆的覺悟，樹立着人民的新的觀念形態上證明了這點；我們在發揮新解放城市（如濟南、蚌埠、徐州等）的支前作用，特別是徐州是在組織大規模支援淮海戰役情況下接管與建設起來的，也證明了這點。這就是戰爭鋪平了建設道路，建設保證了解放戰爭繼續發展與勝利。

（六）根據支援戰爭發展的歷史過程證明：要將分散農村的巨大人力物力，支

— 11 —

援集中現代化的革命戰爭；沒有適合戰爭需要的支援組織機構，這組織機構又要隨着戰爭發展而變化，要完成支援任務是不可能的；或這方面做的不好，會使戰爭受到損失。濟南戰役時的支前組織形式是省支前辦，魯中南支前司令部，各分區司令部和三個民管處。淮海戰役時期便建立了華東地區統一的華東支前委員會。並以四、六兩個分區支前司令部在圍殲黃伯韜時組成一二兩個前辦，在圍殲杜、邱、李時又將一、二前辦與一、二民管處組織統一的華支前方辦事處，統一前方支援工作。戰役結束時由華支政治部、四分區、前辦、六分區、第三民管處共同組織兗州、新安鎮二個民工評功復員委員會。南下蚌埠時期，以華支與江淮區黨委爲主加蘇北、皖西組成華支委員會和華東支前司令部，在皖西成立前方指揮所，並建立合肥、滁縣兩個辦事處，協同地方建設支前基地。渡江後建立了贛東北、皖南、蘇南、浙北四個前辦，征借糧食，支援部隊與城市。京滬戰役結束華支改組爲運輸司令部，專門支援京滬煤糧任務。這說明組織形式是爲着戰爭的需要；戰爭形勢發展迅速，組織形式變化也快。巨大的人力物力就是通過這些支前組織，從分散到集中，從後方到前方，從農村和礦坑到城市的過程，而又是有組織、有計劃、有步驟的用於解放戰爭和建設人民城市。

（七）根據支援戰爭發展的歷史過程證明：黨的正確領導和人民支援了戰爭，戰爭提高了人民，一面戰爭一面建設，才贏得了戰爭勝利。這一切又必須通過黨員幹部作橋樑去聯系組織廣大羣衆，從個體到有組織，從分散到有紀律，支援戰爭才成爲可能。在三大戰役中，華東局將四千七百四十一個幹部脫離原職專門支前，和不脫離原職幹部九四〇九人就地支前。一切任務就是通過這批骨幹與橋樑去帶頭實現的。幹部的絕大多數在支前中，埋頭苦幹，不講價錢，艱苦工作完成任務，表現了爲人民服務的優良品質。雖有個別的同志對支前認識不足，表現不够好，但在黨的教育下，也隨時克服了各種思想偏向得到了改造。這說明支前幹部在完成三大戰役支援任務上是有其重大作用和供獻的。

以上就是三大戰役的基本總結和經驗。

第二部份

民力工作

第一、三大戰役後方動員工作

這裏主要綜合了後方民工動員，支前生產相接合的材料，加以總結，取得如何教育人民，如何組織人民投入戰爭支援和生產建設的問題。華東人民特別是山東、蘇北人民，是在土改、生產、救災和兩年大規模的自衛戰爭鍛練覺悟基礎上，支援了戰爭贏得了戰爭勝利。

在濟南戰役前，各地曾發生過某些不正確的現象。有些領導思想上存在着『重生產輕支前』的偏向。魯中南一分區一個分區書記說：『支前對羣衆沒有一點好處！』膠東高密一個分區書記在討論配備帶工幹部時說：『能力弱的幹部去支前，强的幹部要照顧生產。』某些村的領導把出工支前當做對部份人處罰看待，因此地富、僞頑、鬥爭對象、尖頭懶漢、二流子等充斥民工中。造成人民對支前某些錯覺，以及民工成份複雜很難鞏固，有礙支前任務的貫澈。

經華東局多次指示，並指出了濟南戰役的重大意義，山東要總動員起來，以及號召全山東黨、政、軍、民在帶有全國決定性淮海戰役中要全力以赴。提出在支前中具體考驗每個幹部和黨員的品質，强調統一與集中。開始糾正與克服了黨內某些對支援戰爭的錯誤認識。自上而下的健全了支前機構，成立了華東支前委員會，統一領導負責華東戰場支前任務。掌握了支援戰爭與發展生產兩大中心任務結合的正確方針，保證諸戰役的澈底勝利。

（一）動員概況：

（甲）政治動員後人民支援熱情的表現：

對支援戰爭的嚴重政治意義，在幹部、黨員、羣衆中進行了廣泛深入的教育，提高了對支前的認識，做好思想上與組織上的準備，爭取了主動。

魯中南爲切實完成支援戰爭任務，區黨委、行署及一、三、四、六地委，抽調三百餘幹部，隨軍進行支援工作，二、三地委抽調二百餘幹部待機使用。在村中整訓了自衛團，調整了勞力負担。膠東區黨委於淮海戰役前，召開各部門會議，並吸收西海、南海地委專員及支前有經驗的縣書、縣長參加，研究佈置了動員羣衆支前的任務和方針。渤海區黨委、行署於濟南戰役前抽調八百餘幹部組織支前機構，專門服務前方。並號召各地組織加强支前工作的領導，保證完成支援戰爭的任務。自淮海戰役開始，江淮區黨委就連續發出了支前工作指示，和緊急動員令，提出『一切爲了前線，一切爲了勝利。』掀起了支前熱潮。

在民力動員上，一般均有較充分的思想準備與組織準備。如沂北縣先有計劃的在村裏將民工動員編制好，然後抽調不脫離生產的民工排連幹部進行整訓，加强形勢、階級、業務等教育，然後回各村訓練編好預備出發民工。並對民工體格、工具、家庭生產等問題進行了檢查，渤海博興、廣饒等縣，專門召開了區的主要幹部會議，區召開了鄉村幹部會議，一直佈置到村。膠東北海區在動員民工前普遍進行了形勢教育，運用回憶去秋敵人進攻時與現在形勢比較，使羣衆認識，只有澈底消滅國民黨反動派，才能安心生產過好日子。魯中南萊蕪縣，實行了整訓自衛團的辦法，說明過去支前不好，對戰爭影響很大，用事實教育羣衆，如舉例說有的部隊曾提出：『不吃萊蕪麵，不用萊蕪伕等。』羣衆認識和行動有了很大轉變。

在廣泛動員組織下，人民投入了空前支前熱潮。積極繳納公糧、運送米麵、做軍衣、鞋子、修橋、築路、照應過境軍隊等。僅據山東魯中南、渤海、膠東部份材料統計有二五、九二六九名婦女在一九四八至一九四九兩年戰爭過程中，曾完成了如下巨大任務：

做軍鞋與納鞋底七六二，二一五一雙，

做軍襪二二一，八八〇九雙，

做軍服二三五，五五七三套，

軍被一七七，八八八五床，

磨加工糧一五四九，四七六八斤，

運公糧八一〇，〇〇〇斤，

做炸彈包一四，〇〇〇〇個，

募捐慰勞：牙刷七四五〇把，牙粉七四五〇包，手巾七〇〇〇條。在動員民工中，出現了不少自報奮勇爭赴前線的模範事蹟。江淮鹽南、鹽湖黃集等區，自報奮勇支援前線的達六三六人之多，鹽南劉莊村不少婦女替丈夫報名，有的提出保證動員其丈夫出工滅蔣。劉佃順大嫂在會上報名說：『上次我男人出工開了小差我覺着很丟人，這回要澈底消滅蔣賊，我保證動員我男人出工，完成任務立功回家。』劉士玉大嫂也報名說：『咱要講良心，共產黨領導咱解放翻了身，過去受的壓迫咱不能忘了啊！出工支前就是為了咱自己。』當時替丈夫報名和報名動員丈夫的就有十三個婦女，全村共出工二十八人，自報奮勇的二十七人。魯中南蒙陰縣上汶村民工李宗信說：『咱過去受封建勢力的壓迫還能忘嗎？共產黨領導咱分了地分了鬥爭果實，大家翻了身，咱不去支前誰去？』渤海海濱縣小屯村民工楊丙信這次他帶領十四人報名支前立功，他向大家說：『今年要不是共產黨領導生產救災，給咱想辦法，咱就餓毀了堆，現在咱翻了身改善了生活，再不立功最丟人。』膠東五龍縣民工蔣同然濟南戰役前後過程中，連出兩次工，回家刨完了地瓜，淮海戰役又報名參加，他說：『過去不支前窮的吊蛋淨光，現在支前的有吃有穿，不受壓迫了。』

在淮海戰役的大支前運動中，江淮地區湧現了大批優秀積極婦女幹部，支前運動開始時，在緊急的任務下，泗南縣孫園鄉副鄉長杜大娘，親帶七十頭驢子出發支前。泗宿縣米湖區新行鄉女鄉長劉家珍同志，報名冒風雨帶領十四輛大車送麵上前方。

也有某些地區動員工作做的較差，不是以動員教育啓發羣衆自覺爲主，而是單純的任務觀點，採取强迫命令或欺騙的方法，這樣就不能提高羣衆的覺悟與支前的積極性；對民工鞏固造成許多困難。

例如膠東高密縣城郊區分區書記動員民工時對幹部說：『動員民工非動官僚不能解決問題！』渤海三分區高清縣玉皇堂村，村幹指定了一個羣衆去支前，思想打不通，村幹即將其糧食、牲口全部沒收。村幹還對區幹說：『俺不是眞沒收，等民工走了，俺再給他，這樣威脅威脅就是了。』造成羣衆很大不滿。也有的地方抱應付欺騙對戰爭嚴重不負責任態度，渤海靖遠縣有的村幹部動員民工說：『只要出去門，跑回來就算完成任務！』膠東濰北朱廠區村幹對民工說：『這次支前不遠，頂多河東河西的事。』

凡是動員教育不够和存有以上偏向的，就會造成民工思想極端混亂，發生大批逃亡。如膠東萊西在集合民工時，即發生數村民工集體逃亡，行軍至臨沂一路即逃亡六百五十九人。精減一百二十二人，有的中隊逃亡過半，有的分隊僅剩分隊長等數人。

這一事實說明領導上重視了支前工作，對羣衆進行了充分的政治動員教育，提高了羣衆的政治覺悟，適當解決支前與生產的矛盾問題；不是强迫命令而是採取羣衆路線的方法，這樣不僅能順利完成動員民工任務，且爲今後工作打下了良好基礎。相反的，即保證不了戰爭的支援任務，又給羣衆以不良的政治影響。

（乙）從帶工幹部和民工黨員配備上，證明各地黨委，一般是重視了支前工作。

人民力量決定戰爭的勝利，人民的組織與行動，又由黨的領導來決定，這次後方動員，對支前民工幹部、黨員的配備及骨幹力量的調整上，一般是較强與健全的。

（1）幹部配備方面：按照民工一般情況的了解，支隊幹部一般皆爲縣的主要幹部或專署、行署的科長等；大隊幹部爲區的主要幹部或縣的科長、科員等；中隊幹部多爲區的主要幹部和較强的一般區幹；分隊幹部大部爲區的一般幹部或不脫離生產的主要村幹。據膠東西海、南海的五個大隊九十八名幹部的統計：大隊幹部十四名，內有縣府科長四名，分區書記三名，行署科長一名，地委工作員二名，縣民運部長一名，縣府秘書一名，行署秘書一名，專署科員一名；中隊幹部八十四名，內有分區委組、宣委員八名，縣工作員五名，區人武部長十名，區各救會長三名，區長十一名，分區書記七名，區組、宣幹事五名，區助理員四名，區農會長三名，縣府科員三名，區文書二名，縣府秘書一名，區工作員一名，區武裝委員二名。

（2）黨員配備情形：

由於各個地區的情況不同（有老區、新區、收復區的差別），在黨員配備上，也有很大不同。配備數量最多的，按支隊為單位的統計佔總人數的百分之二十以上，個別民工團隊佔百分之三十七，一般均佔百分之十左右。據膠東五個大隊的統計（由海陽、北招、膠南、萊西、蓬萊組成），計有民工九千〇六十九人，內有黨員二千三百四十一人，佔總數的百分之二五·八，這是黨員配備較多的；一般的如魯中南二分區（濟南戰役時的統計）共有民工四六七三九人，內有黨員三七〇七人，佔總數的百分之七·九。

有些民工團隊黨員為數很少，有的則根本沒有黨員，這多係新解放區和收復區，受客觀條件的限制。如淄博小車支隊，多係新收復區民工，全隊共幹雜民工三一一四人，內僅有黨員十二人，佔總數的百分之〇·三九，除去脫離生產的帶工幹部，民工中的黨員就很少了。

（3）民工中的階級成份與政治成份：

1.民工中的階級成份一般是中、貧農居多，地富很少。據膠東萊西四個大隊五一五三人的統計：貧農二二一七人，中農二七〇八人，富農二一九人，地主九人；魯中南沂北、安邱等四個大隊七三四八人的統計是：貧農三九三二人，中農三〇三九人，地主六五人，富農三一二人。

2.政治成份據魯中南四個大隊六三一六人的調查是：中共黨員九三九人，新青團員二三人，羣衆團體會員三九七二人，僞頑成份六八一人，其他七〇一人。

後方對民工幹部配備一般不弱，黨員佔相當比數，成份大部係翻身農民，這就給了戰爭有力保證和政治工作開展的條件。

（丙）動員民工方式和產生的幾種情況：

（1）先在羣衆中進行教育，將全村的勞力組織起來，編成支前班或自衛團班輪流出工，出工後家庭生產由全班照顧。這是一種較普遍運用的方式，也是比較合理爲羣衆慣用的方式。

（2）自報的：一種是羣衆經深入教育後有了覺悟，自報奮勇支前的；一種是村幹先討論好出工對象，分別進行動員，然後由村幹或黨員帶頭報名的。

（3）自報公議和公報公議的：在思想教育的基礎上，從黨內到黨外普遍的討論了誰支前誰生產，進行了分工，黨員以身作則，領導羣衆自報公議，運用這種方式動員的都順利完成了任務。而且羣衆在公議中都照顧到各戶勞力多少，出工次數多少，被議者感到應該去。還有公報公議，就是大家提出誰應當去，由大家決定，但由於村內民主習慣還不够，有的變成强迫命令，羣衆叫這種方式是『抬死驢』。因爲一般不是對羣衆進行教育打破顧慮自覺支前，而是村幹佈置好誰提誰。一經提出大家通過後，不管本人同意與否，卽算完成任務。同時在公報公議下容易產生片面强調公平合理，按過去出工多少來評，於是尖頭、懶漢、投機小商人、地主富農等被公議出來。造成民工成份的極端復雜。膠東西海二大隊四中隊二分隊一〇五人，內有僞軍六十名，地、富三十六名，敎員二名，分地戶三十五名。這樣就大大降低了民工的鞏固程度。

（4）還有抽簽、抓鬮、村幹指定、出錢僱傭等方式。羣衆呼村幹指定爲『貼膏藥』。

從以上動員方式，卽產生如下幾種情況：一種是動員較成熟，强迫、欺騙等現象較少，生產較有保證，民工易鞏固。一般是老區情況。據魯中南三分區八〇一四人的統計：自報奮勇來的五七三人，按支前班和自衛團班輪流來的六七九二人，公議的一二九人，僱傭的一二八人。抽簽、欺騙等方式動員的三二九人。

一種是有欺騙現象，抓鬮或按人名單撥來的，有少數自報的，但經敎育後一般能鞏固，一般是新收復區情況。魯中南淄博担架團一營五九二人，爲立功贖罪來的二〇五人，抽簽的二八人，僱覓十人，按名單撥的二三四人，輪流的四九人，公議的五〇人，自報的十人。

一種是村裏僱覓或按名單撥出，沒有什麼政治動員，民工顧慮頗多。一般是新區情況。如江淮定遠縣五百名民工，僱覓來的佔三分之二以上。羣衆僱覓民工出糧的數字遠超過了公糧的負担，最多的用三十石米，一般的均二十石左右，有的光實

— 25 —

烟費就五斗米。

（二）支前生產兩大任務的結合：

支前生產結合是保證人力物力支援戰爭勝利的重大問題，也是一面戰爭一面建設的具體實現。支前與生產結合的幾個重要環節是：

1.領導思想上把支前與生產矛盾統一起來是首要環節：

當着農忙時，一般幹部對支前認識不足；支前任務下來後，又產生了忙於支前丟開領導生產的現象。認爲支前上級有數目字限制，完不成受批評，生產羣衆自己會進行，甚至有些幹部怕影響支前不敢宣傳生產。總之，如果幹部對戰爭支前和提高生產兩大任務缺乏明確、統一認識，缺乏思想上、組織上對戰爭支前結合生產的組織準備，將會使工作受到損失。在濟南戰役時，有些地區，預見到戰爭支前即將到來，便在戰爭前抓緊秋收、秋耕、結合整理支前組織。戰役一開始，即全面投入支前和開始動員第一批民工，結合秋收、秋種。第一批任務完成，又轉爲主要領導秋收、秋耕、秋種，準備下一批支前任務。濟南戰役勝利結束後，則全力領導秋種，結果支前生產都搞得很好。這環節搞不好即誤了戰爭，又誤了生產，領導被動，羣衆不滿。

2.全面合理組織人力實現出工合理化是實現戰爭支前和提高生產兩大任務結合的第二個環節：

過去在支前中存在着很多不合理不公平現象，如村幹不出工，村幹包庇一部人不出工，小商人、手藝工人多不出工，有少數落後黨員和民兵也不出工，而積極的黨員、民兵和忠誠老實的農民則出工過多，有的反映：『鞭打快牛，老實人吃虧』，縮小了出工面，形成奇輕奇重的不合理現象。魯中南沂中金泉區江家坪莊未負担過一次戰勤的卽有十八人；拐棒峪一百七十戶，就有三十名村幹不出工，有的一年中比一般人多出一百多工。荊山區荊山頭村，原來只有四十四人出工，經清理與民主評勞力後增加幹部民兵等出工的十一人。莒沂縣青壯年不出工的達三分之一，多係村幹、民兵，東莞區東莞村，在清理工賬民主評定勞力之前，僅三十七人出工，清理後出工人數增加兩倍多，達一百二十人。據該地委調查，只要負担公平，卽使出百分之十的民力支前，也不會影響生產。在濟南戰役中，該地委九月份出長備工及臨時民工近十萬人，但仍能保證生產不受影響。

3．實行支前工與後方工的合理交換，解決支前與生產的具體矛盾，這是實現戰爭支前與提高生產兩大任務結合的第三個環節：

幾年來支前與生產結合基本上有三種形式，其効果比較如下：

第一種：支前無組織生產也無組織，支前要拔工，幫民工生產也要撥工，不記工也不算賬。缺點是：（1）出十個民工支前，又須撥十人給民工生產，這樣就加重了人力負担；（2）撥工支前也好，生產也好，羣衆認爲是幹部的事，或給別人

— 27 —

做的事，結果民工在前方，掛念生產不安心而開小差，生產也未幫好，勞民傷財，支前生產兩無保證，這是最初的也是最壞的一種辦法。

第二種：出工由自衛團輪流，生產由變工組幫助。變工組生產爲等價交換工資制，幫民工家庭生產爲義務制，這種辦法比較第一種略有進步，但缺點很大：（1）把給民工家屬生產，作爲變工組本身的義務，凡是加入變工組的就要幫助民工家屬生產，不參加變工組的人卽賺便宜，影響今後組織變工；（2）因爲幫助民工家屬生產是無代價的義務，給民工家屬做活不負責，馬虎應付；（3）由於支前工不能換生產工羣衆支前情緒不高，重視生產忽視支前。

第三種：是前後方工的合理交換，後方生產工能頂支前工。如沂源縣青龍區上枝村，凡經羣衆評定够出工條件者，一律編入自衛團，分成班排，村幹民兵也按具體情況評定編入，有工賬、工票、村團部設專人管理，如有支前任務，卽通過自衛團向班排撥調，出工後由其家屬向村團部領取工票，以此工票可在本班內換工代其生產。幫助家屬生產一天，也等於支前一天。村內定期以十天或半月一次將工票收回結算賬目，誰的工少，可在下次支前和幫助生產中彌補。實行這種辦法的結果，不僅是支前生產兩有保證，而且可以提高羣衆支前與生產的積極性。就是沒有出工的人，主動積極的多給民工家屬幹活，賺得支前工，可頂自己沒出工的缺額，這樣支前就不躭誤生產，而且保證與推動了生產。

4.發動婦女、兒童半勞動力參加生產，是支前生產兩大任務結合的第四個環節：

費縣縣委在去年秋收開始，即佈置發動一萬五千個婦女參加田野勞動，到十月十二日，又召開各區婦女幹部會，檢查總結工作，結果全縣動員組織起參加田野勞動的婦女是一萬五千六百五十個，保證了秋收秋種的完成。沂中東里區九個村動員起一九四名婦女，二〇八九名兒童參加了秋收秋種。

第二、三大戰役民力動用數目概況

濟南、淮海、渡江三大戰役中，我華東地區在華東局正確領導下，動員組織了廣大人民，熱情堅苦的支援前線，幷贏得了戰爭的勝利。三大戰役直接參加支援前線的民工，總數爲五百九十五萬八千三百四十一人，計隨軍民工卅四萬三千八百五十五人，佔總人數的百分之五・七；轉運常備民工九十一萬五千零五十六人，佔總人數的百分之一五・三；後方臨時民工四百六十九萬九千四百三十人，佔總人數的百分之七九；在民工種類上，包括了担架、挑子、小車、大車、船隻等五種之多；在調集的地區上，包括山東、蘇北、冀魯豫、豫皖蘇、江淮等五個解放區（冀魯豫、豫皖蘇僅係零星統計），不僅動員與組織了老區千百萬人民，而且在淮海戰役後，亦發動組織了新區羣衆熱情支援了戰爭。

其各項詳細統計與情況見下表：

（甲）三大戰役動用民力總統計表：

表 一

戰役	地區	擔架 工具	擔架 人數	挑子 工具	挑子 人數	小車 工具	小車 人數	共人數
濟南戰役	山東	8970	53820	11500	13223			67043
淮海戰役	山東	12224	73344	9075	9985	5242	12107	95436
	蘇北	150	900	474	521	1000	2250	3671
	豫皖蘇	300	1800					1800
	冀魯豫	250	1500	375	412			1912
	小計	12924	77544	9924	10918	6242	14857	102819
京滬戰役	山東	6845	51975	8434	9703			61678
	蘇北	5640	33840	17584	21100	3030	3634	58574
	皖北	7624	45224	6825	7848	582	669	53741
	小計	20109	131039	32843	38651	3612	4303	173993
總計		42003	262403	54237	62792	9854	18660	343855

表二

戰役	地區	二線 擔架 工具	二線 擔架 人數	二線 挑子 工具	二線 挑子 人數	二線 小車 工具	二線 小車 人數	二線 大車 工具	二線 大車 牲口	二線 大車 人數	二線 船 工具	二線 船 人數	共人數
濟南戰役	山東	10548	63288	11139	12809	23505	54061	849	1698	1952			132110
淮海戰役	山東	46000	276000	30500	35075	45000	103500	573	818	1224			415799
	蘇北	10000	60000			50000	55000						115000
	豫皖蘇												
	冀魯豫												
	小計	56000	336000	30500	35075	95000	158500	573	818	1224			530799
京滬戰役	山東												
	蘇北	1803	11638	11994	14392	5622	12146				20977	104262	142438
	皖北	8030	47505	31453	35205	10199	11821				4034	15178	109709
	小計	9833	59143	43447	49597	15821	23967				25011	119440	252147
總計		76381	458431	85086	97481	134326	236528	1422	2516	3176	25011	119440	915056

表　三

類別 戰役＼地區		後方臨時										共人數
		担架		挑子		小車		大車			零用	
		工具	人數	工具	人數	工具	人數	工具	牲口	人數	民工	
濟南戰役	山東	5320	295[illegible]5	63677	69694	63677	133721	24043	48086	50490	20786	304196
淮海戰役	山東			2000		279700						647570
	蘇北	5000				30000		2500	8576		450000	970000
	豫皖蘇											
	冀魯豫											
	小計	5000		2000		309700		2500	8576		450000	1617570
京滬戰役	山東											
	蘇北											1464000
	皖北											1313664
	小計											2777[illegible]64
總計												4699430

表四　（係前三表之總數）

戰役 \ 地區 \ 類別		總人數	備註
濟南戰役	山東	503349	
淮海戰役	山東	1158805	缺零用民工數，後方臨時數也不完整
	蘇北	1088671	
	豫皖蘇	1800	
	冀魯豫	1912	
	小計	2251188	
京滬戰役	山東	61678	
	蘇北	1665012	
	皖北	1477114	後方臨時數缺三個分區的
	小計	3203804	
總計		5958341	

說明：

（一）民工類別劃分：隨軍者係指撥配部隊建制的常備民力，受部隊領導調度使用。二線係指一個月以上之常備民工，由各轉運站、民管部門等掌握，執行前後方之間的一切轉運任務。後方臨時係指短期內不供給或提成的，在當地完成各種支前任務的民工；以下又分担架、挑子、小車、大車等種類，京滬戰役之船工，亦全部統計在內。

（二）此統計表的根據：各戰役隨軍民工皆以華支人力部之調撥數字為準；二線民工山東之數字按華支統計。後方臨時民工皆依各地總結報告之數字統計。

（三）該表缺額說明：（1）山東淮海戰役之後方臨時數字不全，短期運輸零用民工均未統計，據魯中南六分區報告稱：該區即動用臨時民力三一二六二五名，佔表內山東臨時數的近半數，由此說明後方臨時民工僅部份地區統計缺額甚大。（2）京滬戰役山東也缺此統計，據膠東今年四月份民力月報表，該月即動用臨時民工計一四一八二三名，主要任務是修路、運糧、送傷員榮軍用。（3）淮海戰役豫皖蘇、冀魯豫兩地，只據復員時了解此項隨軍數字，其他完全沒有統計，缺額極大。（4）京滬戰役皖北後方臨時民力缺三個分區的。

（四）該表總的概況：（1）濟南戰役只山東的民力計動用五〇三三四九人，內隨軍的六七〇四三人，有担架八八九七〇付，挑子一一五〇〇付，二線的一三二一

— 35 —

一〇人，有担架一〇五四八付，挑子一一一三九付，小車二三五〇五輛，大車八四九輛，後方臨時的計三〇四一九六人。

（２）淮海戰役以山東、蘇北爲主，不完整統計共動用民力二二五一一八八人，內隨軍的一〇二八一九人，有担架一二九二四付，挑子九九二四付，小車六二四二輛，二線的五三〇七九九人，有担架五六〇〇〇付，挑子三〇五〇〇付，小車九五〇〇〇輛，大車五七三輛，後方臨時的一六一七五七〇人。

（３）京滬戰役由山東、蘇北、皖北三地區不完整統計動用民力三二〇三八〇四人，內隨軍的計一七三九九三人，有担架二〇一〇九付，挑子三二八四三付，小車三六一二輛，二線的二五二一四七人，有担架九八三三付，挑子四三四四七付，小車一五八二一輛，船二五〇一一隻，後方臨時的計二七七六六四人。

（４）三大戰役共計動用民力總數爲五九五八三四一人，濟南戰役佔百分之八·四，淮海戰役佔百分之三八，京滬戰役佔百分之五三·六，其中隨軍的三四三八五五人，佔百分之五·七，二線的九一五〇五六人，佔百分之一五·三，後方臨時的四六九九四三〇人，佔百分之七九。

（五）從以上三大戰役動員民力數字上可以看出，戰役規模之巨大性，和人民戰爭、人民支援的特點。

（乙）三大戰役隨軍民力調撥統計表：

表一

戰役／項目／使用部別	濟南戰役			淮海戰役			
	担架	挑子	共人數	担架	挑子	小車	共人數
一縱	700	500	4775	1021	635		6824
二縱				500	500		855
三縱	850	500	5675	719	503		4367
四縱	500	500	3575	669	488		455
六縱	500	500	3575	700	500		475
七縱	450	1068	3850	651	830		481
八縱	900	500	5975	609	500		4744
九縱	454	1100	3965	650	1000		5000
十縱	450	500	3275	727	414		4817
十一縱	250	875	2506	630	400		4220
十二縱				722	774		5183
十三縱	450	1022	3875	450	500		3250
十五縱	450	1000	3850	500	400		3410
三十五軍				590	580		3643
魯縱				1323	700		8708
冀縱				350	200		2320
特縱							
野衛（西直）	500	410	3471	1613	500		10228
東直				500	500	1427	6832
蘇北兵團	1670	2814	13250			1900	4370
淺張部隊	460	279	3080				
切彭部隊	390		234				
七兵團部							
八兵團部							
九兵團部							
十兵團部							
軍區衛生部						2915	6704
蘇北警八旅							
二野後勤部							
三兵團							
四兵團							
五兵團							
合計	8970	11500	6704	12924	9924	6242	102819

表二（使用部隊番號次序與表一同。總計係三次戰役總計）

京滬戰役				總計			
担架	挑子	小車	共人數	担架	挑子	小車	共人數
893	2199	500	8804	2614	3334	500	20403
654	653		4711	1154	1153		8261
426	517		3770	1995	1520		14312
493	2353	540	8611	1662	3341	540	16736
514	441		3582	1714	1441		11907
434	394		3349	1535	2224		12018
486	738		3973	2085	1738		14695
260	450		3339	1360	2550		12304
799	2260	490	9625	1976	3174	490	17717
800	2500	500	8400	1680	3775	500	15126
415	362		3405	1137	1136		8588
703	2090	500	8252	1603	3612	500	15377
529	477		3901	1479	1877		11191
527	1578		5062	527	1578		5062
361	356		4095	861	936		7738
				1323	700		8708
207	237		1531	557	437		3851
178	192		1600	178	192		1600
1000	3000		9600	3113	3910		23299
				500	500	1427	6832
				1670	2814	1900	17626
				460	279		3080
				390			2340
726	431		5000	726	431		5000
733	629		5185	733	629		5185
1137	874		8851	1137	874		8851
1500	2500	500	12600	1500	2500	500	12600
180	177	582	2510	180	177	3497	9214
100	1571		2485	100	1571		2485
	977		1152		977		1152
1932	1468		12797	1932	1468		12797
2026	1900		14229	2026	1900		14229
2096	1519		13571	2096	1519		13571
20109	32843	3612	173993	42003	54267	9854	343855

說明：

（一）此表只限隨軍民力之調撥，以使用部隊爲單位分三大戰役統計的，主要根據華支人力部之調撥數字，故較爲完整確實。

（二）使用部隊中三野皆以軍或縱爲單位撥配，二野則以兵團爲單位撥配。

（三）濟南戰役皆係山東之民工，計六七〇四三人，担架八九七〇付，挑子一一五〇〇付，撥配給華野十五個單位。淮海戰役由山東、蘇北、豫皖蘇、冀魯豫四地區組成（山東佔百分之九二）計一〇二八一九人，担架一二九二四付、挑子九九二四付，小車六二四二輛，撥配給華野二十個單位。京滬戰役民工由山東、蘇北、皖北三地區組成，山東佔百分之三五，蘇北佔百分之三三·五，皖北佔百分之三一·五，共計民工一七三九九三人，担架二〇一〇九付，挑子二三八四三付，小車三六一二輛，撥配給三野二十九個單位及二野四個單位（二野係由皖北撥給）以上三大戰役總計用隨軍民力計三四三八五五人，担架四二〇〇三付，挑子五四二六七付，小車九八五四輛。

（四）從以上數字說明隨軍民工支援三大戰役是以山東爲主，山東十七個子弟兵團二二一五八人尚未統計在內。

（丙）民工實力變化統計總概況表：

實力變化統計表之一——係淮海戰役山東隨軍二十六個民工團隊的統計分別在三野十三個單位內服務：

項目 / 地區	民工團隊數	原有數			減員數									佔原有數比例
		担架	挑子	人數	逃亡	精減	病員	掉隊	負傷	病故	犧牲	其他	合計	
魯中南	17	3578	6605	28381	8078	16	310	458	4	8	16	641	9331	33%强
膠東	4	791	750	5791	1166	67	18	103	2	18	16		1390	23%弱
渤海	5	2257	369	15829	3784	442	310	242	3	34	19		4834	30%强
總計	26	6626	7724	50001	13028	525	638	803	9	60	51	641	15755	31.5%

實力變化統計表之二——係淮海戰役山東（缺渤海）二線民力部份統計：

項目 / 地區	民工團隊數	原有數				減員數									佔原有數比例
		担架	挑子	小車	人數	逃亡	精減	病員	掉隊	負傷	病故	犧牲	其他	合計	
魯中南	23	5410	4615	3318	43912	6312	84	473	215		4	21	932	8041	18%强
膠東	9	1400		3249	18213	3135	584	675	224	12	4		1	4635	25%
總計	32	6810	4615	6567	62125	9447	668	1148	439	12	8	21	933	12676	20%强

實力變化統計表之三——係京滬戰役山東隨軍十六個民工團的統計，缺膠東兩個團：

項目／地區	民工團隊數	三野使用單位	原有數：担架	原有數：挑子	原有數：人數	減員數：逃亡	減員數：精減	減員數：掉隊	減員數：病員	減員數：病故	減員數：負傷	減員數：犧牲	減員數：其他	減員數：合計	佔原有數比例
魯中南	4	4	1930	2692	14912	3292	166	210	111	4	15	7	27	3832	25%强
渤海	5	5	1947	1836	20144	4280	1169	208	412	32	10	10	40	6161	30%强
膠東	7	7	2761	2908	24142	4189	857	179	500	18	44	19	39	5845	24%强
總計	16	16	6638	7436	59198	11761	2192	597	1023	54	69	36	106	15838	26%强

說明：

（一）民工實力變化情況，各戰役皆無全面完整統計，僅據現有華支數次總結報告中及各民管處辦理復員之統計整理出以上三份不完整的材料，說明隨軍與二線各個地區，各次戰役減員鞏固等各方面情況。

（二）從一表與二表即看出，二線民工減員少於隨軍民工減員。同時也看出各地區民工之鞏固程度。

（三）從一表與三表即看出淮海戰役民工減員平均百分之三十一點五，京滬戰役平均百分之二十六。這說明了一個問題，為什麼這次民力動員倉促，以後才到民管處整訓期間逃亡嚴重，而到達部隊後，支援部隊過江，遠離山東，顧慮增多，反而減員減少？這是全國勝利形勢，人民覺悟，並接受了淮海戰役領導民工經驗，加強了民工行政管理，特別渡江民工自到華支後開始就有組織有計劃的進行整編和貫澈了黨的政治工作的結果。

（丁）三大戰役民工執行任務統計表：

表一　濟南戰役轉運傷員統計表

動用担架	一九三付
接力担架	四〇五二〇個工（日工）
轉運傷員	二五三〇名

此係根據去年十月十日濟南戰役總結之數字，別無全面統計，該役共用三條線，一由埠東（章邱）至官莊一二〇里，一由中宮至下港七〇里，一由許家莊至長清七〇里。

表二　　淮海戰役轉運傷員部份統計表（二線轉運）

站別	地點	轉運時期 自 月	自 日	至 月	至 日	天數	掌架 握數 担	轉運路程 每次轉運總里數	平均每担架里數	轉運傷員數 傷員	犧牲	傷俘	共轉運數	重覆數	實有傷員數
第一轉運總站	吳閘子	11	13	11	18	5	2100	444960	212.5	4215	16	2	4233		
	和尙王	12	1	12	16	17	1900	352980	185.7	3008	19	203	3230		
	鐵佛寺	1	15	1	19	5	2100	903900	430.3	5362	1		5363		
	小計					27	2100	1701840	810.4	12585	36	205	12826	5808	7018
第二總站	古邳	11	19	11	25	16	2000	43109[illegible]	215.5	9898	22		9920		
	柳集	12	9	1	22	43	1300	303090	233	6838		500	7338		
	小計					59	3300	734180	222.5	16786	22	500	17258	5201	12057
第三總站	二郎廟	1	7	1	19	13	1731			6253			6253	2700	3553
第四總站	徐塘	11	10	12	10	31	1900	1021900	537.8	8720	4		8724		
	張辛莊	12	4	12	30	27	4278	395960	92.5	8911			8911		
	大張莊	12	30	1	15	16	2160	223400	103.4	6936			6936		
	小計					74	4278	1641260	383.4	24567	4		24571	6566	18005
總計							11409			60141	62	705	60908	20275	40633

表三　（1）

表名＼項目	地區	民工團隊數	動用民力數 擔架	動用民力數 挑子	動用民力數 小車	動用民力數 人數	糧	被服 斤	被服 件
淮海戰役二線運輸統計	魯中南	28		11332	18434	56427	30209626	55043	1000
	膠東	11		250	5905	15363	9260167	2245328	66960
	共計	39		11582	24339	71790	39469793	2300371	67960
淮海戰役隨軍任務統計	山東	27	6020	5228	3805	52860	8576195	164955	152693
京滬戰役隨軍任務統計	魯中南	4	1930	2692		14912			
	渤海	5	1947	1836		20144			
	膠東	7	2761	2908		24142	7096323		
	共計	16	6638	7436		59198	7096323		

表三　（2）

表名＼項目	地區	民工團隊數	鞋子			彈藥			軍用物資	油鹽	傷員
			斤	雙	包	斤	箱	發			
淮海戰役二線運輸統計	魯中南	28		56500		1472330	1250		2490407	428685	1168
	膠東	11	39025	195382		1985474	16	2700	111490		
	共計	39	39025	251882		3457804	1266	2700	2601897	428685	1168
淮海戰役隨軍任務統計	山東	27	187994	20700	274	1668318	2016	2868	1091116		51165
京滬戰役隨軍任務統計	魯中南	4				10824576			30031704		18782
	渤海	5	8400			147951958			2059302		22610
	膠東	7	959			22078683	25000	1002600	22163809		27504
	共計	16	9439			180855217	25000	1002600	54254815		68896

說明：

（一）主要統計隨軍執行任務及二線轉運之部份民力。整個濟南戰役（部份傷員已有統計除外）及京滬戰役二線民力以及各戰役之後方臨時民力所執行之任務均無材料，故無法統計。

（二）主要說明表二：

（1）總計該戰役共轉運傷員六〇九〇八名，內重覆二〇二七五名，實轉運傷員四〇六三三名，共動用二線担架一一四〇九付。

（2）以轉運站爲單位，據各站之報告數字統計。

（3）小計內之掌握担架數係各站確實掌握担架數，每次運傷員可從該數担架內撥調。平均每担架里數依担架數除總里數而得。

（4）第三總站數字不完整，無統計材料。

（5）轉運傷員內之重覆數係指站轉站，院轉院時一個傷員轉兩次，即算兩個，故共轉運數減去重覆數得出實有傷員數。

（三）此外渤海隨軍民工替部隊洗血衣一七〇〇〇件，膠東民工渡江船運部隊六三八三三人。

（四）這是僅據五九一九九名民工不完整統計，即完成如此巨大運輸任務，這說明人民解放戰爭千百萬覺悟了的人民熱烈支援是決定勝利基本因素之一。

第三、民工的整編、調撥使用與行政管理

一、整編：

（一）整編前的一般情況：

由於某些地區在動員組織民工時，存有單純的任務觀點以及時間緊迫、調集倉促等情況，造成某些民工團隊老弱過多，組織混亂，工具缺少等現象，如江淮三分區運輸團四千五百人中，十七歲以下，四十五歲以上的老弱即佔百分之七十，比較好一點的膠東民工三大隊，老弱疾病者亦佔百分之十五。膠東平度運輸大隊有車子六百九十輛，隊員一千三百八十人，不推車的幹雜人員即有四百八十三人，佔全隊總人數的百分之三十五强。其他如組織機構雜亂、工具缺少等現象，亦有不少團隊存在着。上述種種情況，便決定了民工調集後在執行任務前必須進行整編。

（二）整編的方針步驟：

根據上述情況，確定進行整編的方針爲：澈底精減老弱，健全各級組織，補齊工具，作好執行任務前的各種準備工作。其步驟一般是經過檢查情況（思想、組織、工具、成員等），進一步加强政治思想教育，在民工覺悟的基礎上進行整編工作。除根據上述方針步驟外，並在整編過程中掌握了以下幾個原則：甲、一般均照顧

到民工農村情况與地域觀念的特點，儘量不拆散其原建制，使其原來一個地區的民工爲一個單位。在幹部配備上，除總的團隊領導上配備較强的幹部以外，在村幹任班幹或排幹時，一般均選擇在羣衆中有威信的幹部充任，如果數村民工合編一排時，一般是聯防幹部充任排長，數鄉或數聯防合編爲一連隊時，一般由區幹担任連幹，數區合爲一營時，一般以縣幹爲營幹。這樣進行的結果，一般都順利完成了整編任務。乙、在團隊編制上，力求精幹，以便於領導與執行任務。連隊一般多者不超過一百五十人，少者不下於一百人，幹雜的比例一般在百分之十五到百分之二十。①担架：每大隊五百付，轄五個中隊，每中隊一百付；轄四個分隊，每分隊二十五付；轄五個小隊，每小隊五付，每付五人。②挑子：每大隊一千二百付，轄兩個中隊；每中隊五百付，轄五個分隊；每分隊一百付，轄五個小隊；每小隊二十付；每付一人。下餘二百付編一個中隊。③小車：每大隊五百輛　轄五個中隊；每中隊一百輛，轄四個分隊；每分隊二十五輛，轄五個小隊；每小隊五輛；每輛二人。④大車：每大隊五百輛，轄五個中隊；每中隊一百輛，轄四個分隊；每分隊二十五輛，轄五個小隊；每小隊五輛；每輛二人。丙、對編餘人員，一般均經過民主討論，分別進行適當處理。對年齡過大過小，或有疾病不能執行任務者，經民主討論評定，上級批准，實行復員回家；對年齡雖大，但身體比較强，還能担負運輸任務者，編爲直屬隊，執行二線轉運任務；對編餘幹雜人員，凡身體强壯者，均充實民工，增各級幹雜配備見下表：

（一） 支隊部幹雜配備情形：

職別	支隊長	政委	軍事參謀	供給參謀	通信員	炊食員	挑夫	合計
名額	1	1	1	1	4	1	1	10

（二） 大隊部幹雜配備情形：

職別	大隊長	政委	參謀	糧秣員	會計	醫生	通信員	挑夫	炊食員	合計
名額	1	1	1	1	1	1	7	1	1	10

（三） 中隊部幹雜配備情形：

職別	中隊長	中隊副	教導員	文化教員	司務長	衛生員	通信員	木匠	伙夫挑夫伕	合計
名額	1	1	1	1	1	1	2	1	1	10

（四） 分隊部幹雜配備情形：

職別	分隊長	分隊副	指導員	司務長	司務員	通信員	炊食員	合計
名額	1	1	1	1	1	5	1	11

加民工實力。

依據上述原則，進行整編、補充工具以後，各民工團隊組織均較精幹、嚴密，幹雜減少，民工充實，質量提高。再加上政治整訓、進行思想教育的結果，民工團隊各方面均提高了一步，一般達到了從思想上、組織上、物質條件上，作好執行任務前的各種準備工作。並在整編的基礎上，進一步建立了各種工作制度：如定期的會議回報制度；事前請示、事後報告制度；檢查工作與按級負責的工作制度；請假、早操、晚點等制度，使民工的生活與管理，進一步走上組織性、集體性，以克服其長期處於農村分散環境中所養成的嚴重的散漫、保守的習慣。

（三）整編的方法：

民工的整編，基本分爲兩種方法。一種是走羣衆路線，通過幹部、黨員，從黨內到黨外，從幹部到羣衆，進行耐心的思想教育，打通幹部思想，提高羣衆覺悟，在幹部羣衆自覺的基礎上進行整編。膠東平度運輸大隊及江淮二、三分區的民工，卽運用此種方法，首先召開幹部會議，說明整編是爲了精幹組織，提高工作效率，並用算賬的方法，說明整編在節省人力和財政開支上的意義。經此教育後，一般幹部均表擁護，有的幹部並當場報名參加担挑，也有不少幹部表示自己一定起模範作用，帶領隊員立功。幹部思想打通以後，均積極在各單位民工中進行教育，說明整編的意義和要求，同時發動民工自己討論，決定精簡對象。編餘人員分別處理後，又在民工中進行時事、立功等教育，民工情緒極爲高漲，各中隊、分隊、小隊等，均爭先宣佈自己的立功計劃。大多數團隊都運用上述方法進行的，結果也都是良好的。另一種方法是單純行政命令，不走羣衆路線，不與教育工作相結合。魯中南七分區民工，在整編時運用了此種方法，其結果是幹部情緒不高，民工逃亡，整編後九天時間內，民工逃亡三百零五人。這是一種失敗的方法。

二、調撥使用：

經過三大戰役，證明了在民力的調撥使用方面，必須掌握以下幾個問題，才能既不浪費民力又能滿足部隊需要，完成支援任務。（一）必須建立嚴格的調撥使用制度。過去制度混亂，曾有過嚴重的浪費民力與負担不合理的現象，造成部隊與地方有某些隔閡。自濟南戰役後，即逐步建立了統一的、嚴格的調撥使用制度，如規定部隊在作戰時，每縱隊常備民工三千五百人，即担架五百付，挑子五百付，此外不准私向地方要民工。其他機關團體使用民工時，須經其上級負責人批准，經支前機關批撥，不得直接向區村調用。這樣便克服了以往的混亂浪費現象，保證了三大戰役的支援工作。（二）在調集民工時，應當掌握戰區與非戰區，老區與新區等不同情況，務必使負担相對平衡。如濟南戰役時，靠近濟南之魯中南一、七分區，渤海之二、三分區，全部負担臨時民工，較遠地區則負担隨軍常備民工，這樣既不使戰區民力負担過重影響生產，同時也能使其他地區抓緊時間進一步動員組織民力，爲下一次戰役作準備。（三）在撥交部隊時，應注意到部隊、民工的地域情況及任務的輕重等，適當撥交。如九縱在三大戰役中皆配備膠東民工，八縱皆配備魯中南民工，因九縱原系膠東部隊，八縱原系魯中南部隊，這樣部隊與民工互相熟悉，生活習慣一致，易於協調，便利執行任務。一、四縱一般任務較重，三十五軍系新起義部隊，均配備政治覺悟較高、組織領導較強之老區民工。

三、行政管理：

（甲）生活管理：

（一）科學的管理民工生活，保證民工供給，是鞏固民工完成任務的物質保證。事實證明，那個民工團隊生活管理的得法，那個民工團隊就易於鞏固。渤海一分區担架團參加了濟南、淮海兩大戰役，服務期達八月之久，經歷了河北、山東、河南、江蘇、安徽五個省，行程萬餘里，有時在槍林彈雨中搶救傷員、運送彈藥，全隊仍鞏固百分之九六·七，並作到五個連無一逃亡。該團所以如此，除政治工作健强與部隊的熱情幫助外，另外一個保證，就是生活管理及衛生等工作搞的好。其他在濟南、淮海、京滬三大戰役中，出現的模範民工團隊，伙食管理的好是原因之一，它給了民工健康、鞏固執行任務以物質保證。

相反的，有的民工團隊伙食管理不好，就影響了民工的情緒，對領導不滿。再加政治教育不够，就產生了嚴重的逃亡。如在京滬戰役中，江淮肥東担架團幹部對民工生活不關心，幹部與民工不能打成一片，民工吃不上飯或吃不飽，結果逃亡三分之二。

（二）生活管理的方法，事實證明在一般情况下，以連爲單位，集體管理方法是較好的，以排爲單位之生活管理方法，在某種情况下（如戰鬥行軍）可以採用，以班爲單位分散的伙食管理方法，缺點很大，具體表現：浪費給養又增加了民工的疲勞，違犯供給制度。如魯中南七分區民工團，機械的將糧食菜金發給各班，有的班竟將二天糧食一天半吃掉，十天就超吃九百多斤。同時在做飯時全班齊動手，很難有休息時間，增加了大家的疲勞。

（三）生活要達到集體管理，嚴格制度，必須加强幹部民工教育與建立羣衆性的經濟組織：

（1）從上而下的進行思想教育，打通幹部與民工思想。在羣衆自覺的基礎上以羣衆路線的方法討論各種制度及伙食管理方法，使幹部、民工自覺自願的執行。如萊蕪小車運輸四分隊首先打通分隊幹部與班長的思想。說明集體作飯的好處，使幹部與民工對此認識一致後，再討論定出嚴格的生活制度，使大家自覺遵守，民工一致反映：『集體做飯能節約柴火和糧食，又減少大家的疲勞』。又保證了供給。

（2）建立由羣衆選出的生活管理委員會或經濟委員會，具體分工實行經濟民主，及時向民工公佈賬目，減少民工懷疑，在生活委員會領導推動下，發揚大家智慧，用大家的力量來改善生活。

（四）民工生活除科學管理外，加强民工生產節約的敎育，發揮勞動人民儉樸的優良傳統，使其自覺的愛護給養，不致浪費，也是保證民工供給的重要方法。各民工團隊自覺克服浪費超吃現象後，在生產節約方面作出很大成績。高密担架團在休整時提出：『平時節約戰時用』樹立長期打算的思想，休整時拔菜拾柴，每天一稠一稀，節約糧二四〇〇〇斤，柴一〇〇〇〇〇斤，保證了戰時民工生活的改善。渤海一分區担架團提出自磨自食生產節約的口號，如一百斤麥子到糧站去換白麵，只換到七十五斤，最多八十斤，而自磨能磨到九十五斤以上。還發起拾草運動，節省了大批柴草，解決了戰時困難。膠東海陽民工團通過經濟委員會按期開生活檢討會，糾正缺點改進工作，掀起節約競賽，八天時間拾草一七八九六斤，解決了舖草困難，減輕了羣衆負担。拾豆子一三八斤，挖野菜四六三斤，拾花生二四一斤。全隊一五九六人共節約秋糧五二七五斤，麥粮二二六五斤，柴草二二〇八八五斤，菜金一一九六二〇〇元。以上經驗證明，只要有科學的領導，通過民工的覺悟，經濟公開大家作主，這樣就能够克服困難，使民工生活有了保證，順利完成支援戰爭任務。相反的，有的民工團隊片面强調客觀困難，認爲民工的散漫、保守是不易克服的，犯了尾巴主義的毛病，即得到與此相反的結果。

（乙）行軍宿營的組織領導問題：

行軍宿營領導上如無充分的組織準備與思想準備，是最容易造成混亂，波動民工思想與違犯羣衆紀律的，因此行軍宿營組織領導的好壞是民工鞏固的重要問題之一。民工在行軍中最易發生的問題：（1）事前往往缺乏準備工作，在行軍中不斷發生失掉聯絡與亂無領導現象，給某些落後民工以藉故逃亡機會。如魯中南七分區担架團事先組織工作不週密，幹部分工不明確，結果從原地出發到達支前機關的行軍途中掉隊逃亡很多，幾天才集合起來，並造成民工對幹部的不滿。（2）有些缺乏帶工經驗的團隊，往往遷就民工思想，行軍時不願多帶糧食，致使不少民工團隊在路上搞不到給養，使民工挨餓。如江淮二分區担架團在從原地到支前機關的行軍途中，民工未帶糧食，再加民工的衣服、鞋子準備不足，連續三天行軍民工吃不上飯，又餓又凍途中病員增多，幷病故二人。（3）特別民工進入新區到達宿營地後，事前對民工無充分準備與敎育，容易發生違犯羣衆紀律現象，因爲民工對新區羣衆帶有一定錯誤認識。渤海三大隊到黃口後，未注意這一問題，民工違犯羣衆紀律現象不斷發生，造成羣衆不滿。

爲防止以上現象發生，事前必須進行準備工作：首先調查了解路程，確定目的地，經過路線，里數，經過河流有無橋樑，住村大小，能否容下等情況。召開連排幹部會議，闡明行軍任務及路線，時間和宿營地址。使其主動向民工進行敎育，做好組織準備與思想準備。乘火車行軍時，事前一般應對民工進行充分乘車常識的敎育，以防意外事件發生。淮海戰役結束後，民工乘火車復員時，因缺乏這方面的常識教育，曾被壓傷亡民工五十餘人。

由此說明行政管理，必須根據適合戰爭情况，建立各種科學制度，保證民工供給，加强民工的軍事紀律生活，克服民工的渙散生活習氣，保證支援任務上的統一與集中。

第四、二線轉運與轉運站

建立轉運站，實行二線轉運的這種組織形式和工作方法，據說是在內戰時期爲我紅軍所創造的。我們在濟南、淮海、渡江三大戰役中，根據新的情况運用了這種組織形式和工作方法；致能够把前線的傷員及時轉運到後方，完成了傷員轉運的巨大任務。據極不完整的統計，濟南戰役時，一條線轉運傷員二千五百三十人，淮海戰役四個轉運站共轉運傷員六萬零九百零八人。

一、轉運站的建立和組織領導：

在濟南戰役時，是由省支與分區支司民力部直接領導總站，未設專門的轉運業務部門；淮海戰役與渡江戰役時，華支民力部專設了轉運科，掌握、管理二線轉運的業務工作。

轉運總站是隨野戰軍兵團衛生部統一行動，配合工作。分站和接力轉運站是根據衛生部醫院分佈的情況，每隔三十里左右設一處。在老區、半老區是與地方組織結合，吸收當地區、鄉幹部共同組成；在新區是由總站直接派全套幹部設立，并盡量吸收當地羣衆參加工作，以便利了解當地情況和聯系羣衆。

根據濟南、淮海兩戰役轉運工作的經驗，轉運站和部隊衛生部門如果沒有統一的組織領導，是不能順利完成任務的。因爲雙方的情況不一定互相了解，同時雙方的要求不同，便容易發生爭執，工作顯得不够協調。如：轉運站不了解前方傷員下來的數目等情況，而部隊衛生部門又不了解轉運站掌握之担架數目等情況，醫院要求轉運站無論下來多少傷員都能一起運走。但有時站上掌握的担架不够用，便容易引起雙方的抱怨。這樣，不但使担架民工過度疲勞，而且傷員不能及時轉下去，致使傷員又多受痛苦。因此，在淮海戰役第一階段，華支與華野前指聯合通知衛生部門和轉運總站建立了統一領導傷員轉運工作的轉運委員會，由醫院的政委任主任委員，轉運站的正、副站長任副主任委員，吸收担架隊的負責同志和醫院及轉運站的一定幹部參加委員會；委員會下，設轉運、民站、衛生、供應四個科；前二科由轉運站負責組成；後二科由醫院負責；分站設正、副站長及四個股。這樣，工作步調便一致起來，有了統一的計劃，雙方也就都主動了。但後來因戰爭情況不斷變化，醫院經常移動，幹部、組織等都有很大變更，轉運委員會也就很難進行工作。因之，在淮海戰役第三階段，轉運委員會便撤銷了，但轉運站仍與部隊共同負責，由部隊派出得力幹部任站長或副站長。總站設教導員，科改爲股；分站設指導員及幹事。這樣，對傷員情況仍能及時了解，準確地掌握担架的使用，而且在與部隊的關係上，遇到問題也能及時解決，如：三十五軍有一次駐在轉運站附近，影響了傷員轉運和民工住宿，經後勤部通知東兵團後，東兵團部就立即命令其離開了轉運站駐地。

濟南戰役時，九月二十二日即建立了轉運線和設站，共建立起三條幹線：一條是由埠東到官莊一百二十里路；一條是由中宮到下港七十里路；一條是由許家莊到長清七十里路。廿四日攻克濟南，十月十八日即全部撤銷。

淮海戰役因作戰情況變化很快，後勤的佈署也隨着作戰的需要經常變化，轉運線也改變了好幾次。從整個的戰役開始到結束，根據任務的變化，共建立了四個轉運總站。第一轉運總站從一九四八年十一月十三日建立，到一九四九年一月十九日結束，共移住吳閘子、和尙王、鐵佛寺三個村莊；第二轉運總站從一九四八年十一月九日建立，到一九四九年一月二十二日結束，前後共移住古邳、柳集兩處；第三轉運總站是從一九四九年一月七日建立，到一月十九日結束，共突擊十三天的轉運任務，住於二郎廟；第四轉運總站是從一九四八年十一月十日建立，到一九四九年一月十五日結束，共移住六個地方，開始在鐵佛寺，後移住東林莊、徐塘集、朝陽集、張辛集、大張莊等。

渡江戰役江邊作戰時，僅據攻浦口一線的材料：建立了兩條轉運線，設了兩個轉運總站。一條是由津浦線烏衣鎮經滁縣到沙河集（後方醫院駐地），轉運總站住烏衣；一條是沿公路，由相官集經水鎮至來安，總站設相官集。

部隊渡江後，作戰形勢完全進入追殲戰，由於向前發展太快，後方勤務與支前組織均跟不上，所以後方的轉運站失去了作用，轉運工作也就此結束了。

上述事實，說明了轉運站和轉運線的建立，必須根據戰爭情況的需要，也必須根據戰爭形勢的變化而變化，絕不能機械呆板。同時又必須與部隊衞生部門和地方黨、政、民密切結合，取得步調統一和工作上協調一致，而不能只是支前機關孤立包辦。如果離開了這些方面，這個組織是沒有力量的。

二、二線轉運担架的掌握使用：

濟南戰役時，二線轉運担架多數是不離開本地區的接力轉運担架，因此一戰役是在山東境內作戰，且戰場的四週都是老解放區和半老區，經過了雙減、土改，羣衆的覺悟提高了，對支前有了認識，依靠接力轉運是能夠完成任務的。當時共建立了三條轉運線，大小轉運站共三十個，組織担架一萬五千付，一般完成了轉運任務。

淮海戰役四個轉運總站，共掌握了脫離生產的二線担架一一四〇九付；因爲戰場附近多係新區，羣衆遭受蔣匪嚴重掠奪與摧殘，大部份羣衆逃荒出去，一部留在家中的也是惶惶不安。在這樣的情況下，組織接力担架是困難的。因此，接力轉運在淮海戰役中，只能在一定的情況下作爲輔助力量；只能在圍殲敵人，臨時担架不够用時，在有一定條件的村莊組織一部份接力担架輔助之。如：第一轉運總站在淮海戰役第一階段時，曾在郯縣大良壁一帶（半老區）派出一部份幹部，配合地方動員、組織了七〇〇餘付担架，轉運了七〇〇餘傷員；第二轉運總站在台兒莊一線時，曾在迪溝附近村莊動員、組織了八〇〇餘付接力担架，轉運了八〇〇餘傷員。

淮海戰役結束後，部隊在江邊作戰中攻打浦口時，華支民力部規定設兩個總站，每站配備一〇〇〇付臨時担架。但後來因情況變化，第一總站配備了六五〇付臨時担架，及鐵路壓道車一七輛，并配備兩個民兵連作臨時担架的骨幹力量；第二轉運總站配備了三百付臨時担架，二六〇付常備担架與一個民兵連，并在滁縣一帶組織了七〇餘輛膠輪人力平車包運。

接力轉運的辦法，適宜於老區和半老區；新區羣衆在勝利的影響下，再經過一番宣傳教育的過程，當然也能完成任務。然而在愛護傷員方面，是有着程度上的差別的。接力轉運的距離一般在三十里左右，民工送下傷員，當天即可返回生產。并且送一個傷員，回來可以憑票領取十五斤粗糧，這種以工代賑的辦法，既照顧了民工的生活與生產，而且又完成了支前的任務，羣衆是容易接受的。這種担架，半勞動力也能參加，可輪流替出一部份整勞動力來照顧生產，同時也能節省開支和常期的帶工幹部。

攻浦口時，用壓道車轉運傷員，這是因爲當時津浦路南段尚未通車。壓道車轉運傷員是可以運用的，但必須與車站結合，把車站上的人員動員起來爲戰爭服務，向他們說明轉運傷員的重要，打通他們支前思想，鼓勵他們積極負責。我們在這一基礎上，使站長和工人便都積極起來，搜集和修理好了十七輛壓道車。在執行任務中，每輛車配備鐵路工人一名，掌握行車的速度，防止危險；配備民工兩名幫助推車。每輛車共三個人，可運傷員五名，平均每小時走二十里，每晝夜可轉運三次，按時換班，歇人不歇車。這樣，一晝夜可轉運二五五名傷員。同時在滁縣附近動員了七十輛人力膠輪平車來轉運傷員，採取包運制辦法，規定六十里距離運一名傷員十五斤大米（修理費在內），特殊損壞情形，公家可酌情照顧。平車轉運，優點是節省公家開支和帶工幹部；缺點是只能限於轉運輕傷員，因平車拉起來時一頭高一頭低，上下坡時傾斜的更厲害，另外遇有道路崎嶇不平則震動太大，重傷員是受不了的。同時新區平車工人覺悟程度尚低，存在嚴重的僱傭觀點，對傷員不够關心。所以此辦法在一般條件下是不可採用的。

淮海戰役第三階段時，曾用火車轉運過傷員，好處是容納數量多，一般的風、雨、雪無阻，但上下車太麻煩，如果不是專車的話，車按時行止，有時上下車來不及。另外，傷員在火車上大小便等均不方便，且在車站上等車，重傷員受不了，輕傷員亂逛難掌握。

淮海戰役第二轉運總站在古邳住時，曾創造過轉運棚，即用蓆搭成大棚，傷員來到後招呼到棚裏，醫生檢查、登記，按傷的輕重揷上各色小旗（紅、黃、藍、白、黑）。這辦法的優點是可以節省看護人員。使下面的醫院一看就淸楚那是輕傷員或重傷員，便於突擊治療。但這種辦法是不適於戰爭多變的情況的，同時傷員在蓆棚下過夜也不適當。所以此辦法也是非在必要時不能採用的。

蘇北在支援十兵團江邊作戰時，曾用過風船轉運傷員。十兵團在攻上海時，由崐山至蘇州一線曾用汽車轉運輕傷員。

以上事實說明，二線轉運是掌握了戰區的各種不同條件，運用一切可以利用的工具，進行傷員轉運工作，及時完成了轉運任務。但，總還是以担架爲主的，其他是輔助的。

在二線轉運的領導上，是逐步接受了經驗，統一了領導和工作上的指揮；掌握了在滿足部隊作戰需要的原則下，不凍結和不浪費民力，又及時的把傷員送到安靜的後方醫院去休養和治療。

第五、民站工作

（甲）濟南、淮海兩戰役民站建立概況：

（一）濟南戰役階段，山東省支前委員會設民站部，前辦設民站處，縣設大站，區設小站，是以地方爲主的領導方針。在民站的具體工作上責成縣區負責。但未明確研究組織機構與領導問題，只是省支與前辦有民站部門的組織，分區和縣幷沒有建立與健全垂直的領導系統，在民站系統上有些頭尾脫節。

（二）淮海戰役前，省支與前辦合併成爲華東支前委員會，民站部成爲華支的一個部門，華支責令各專區、縣與區建立民站的領導機關，這樣卽有了較健全的組織和垂直系統。所以在淮海戰役初期，民站工作是起了他一定的作用，在華中是在民力部裏附設民站科，民站和糧站合併爲民糧站。華中五分區無民站，則用隊前聯絡站的辦法代替民糧站，卽民工到那裏則自己預先派人到那裏佈置糧草住宿。

（三）民站路線的確定：

兩個戰役民站線的建立，是根據戰爭的需要，凡作戰區或接近作戰區或糧食調劑區，每隔三十里設一民站，兩個民站之間，設一茶水站，在濟南戰役共建立四條幹線，淮海戰役建立一百九十七個民站。今將兩個戰役民站幹線的建立情況列下：

（1）濟南戰役建立四條幹線：一條由淄川、博山經萊蕪至泰安城；一條由沂北、馬站經沂水城、崔家峪、下位、坦埠、苗家至蒙山縣之仲村；一條由沂北沭水經萬莊、東里店、悅莊、南麻、蘆茅店、夏莊、橫山、八陡至博山城；一條由沂水城到莒城等四線。

（2）淮海戰役前後建立七條幹線：一條由臨朐、馬站、沂城、臨沂、郯城、新安鎮、睢寧縣至黑樹許；一條由諸城、莒縣、大店、十字路、井家店至郯城；一條由日照、沭水鎮、朱樊、大興莊、李埝、陳鎮至新安鎮；一條由曲阜、鄒、滕、棗、小仲村至邳縣；一條由曲阜、泗水、平邑、燕莊、向城、台兒莊、宿羊山至賈汪；一條由臨沂的半程、鎮柳莊、磨山、鐵佛寺、道河站、土山、占城至雙溝；一條由新安鎮、炮車、運河站、曹八集、徐州、蕭縣、瓦子口、大吳集至黃口共七線，是根據戰役發展的需要，逐步向前安設的。（參看民站分佈圖）

（乙）民站在濟南、淮海兩大戰役中的作用：

（一）保證了民工的食、宿，解決了民工行軍中的各種困難，一般民站週圍準備好了民工住的房子，民工一到可馬上得到休息，費縣、辛莊民站周圍二十七個村均爲民工準備好了房子，能容納一萬一千三百餘民工。此外糧草已有充分準備，一般經常保有三萬至五萬斤的加工糧，與千斤左右的煎餅，這樣民工來到就能吃上飯。

（二）配合地方政府發動當地羣衆，爲民工準備好了燒柴、鍋盌、瓢、盆等用具，有的民站並創造了劃分供應區，按戶解決用具，鋪草分戶保管的辦法。有的爲了節約鋪草動員當地羣衆將鋪草打成苫子，這樣又節約又好用，使民工很快得到休息。有的民站動員當地醫生與木匠爲過往民工治病和修理工具。臨沭十三個民站十二天即醫好民工病號七七人，修好車耳二九九付，換車軸三六〇根；有的動員當地獸醫爲民工的牲口治療。

（三）動員組織沿路和民站周圍村羣衆做水食、豆腐、青菜、油鹽等生意，有的民站並招開了小商人座談會，評定物價，不準投機取巧。有的組織貧民到區聯社油坊鹽店、菜園貸一部油鹽青菜，建立民工油鹽供應站。泗水泉莊民站就這樣組織了一九〇戶婦女生豆芽；莒南大店民站發動沿路羣衆組織供應社，並通過婦會動員每家煮鹹菜、花生，放在辦公處由村幹代賣，這樣即保證了民工的副食供給，使民工得到又及時又便宜的油鹽和菜類。

（四）發動當地羣衆對民工進行了精神的慰問，如辛莊民站組織了五個婦女招待組，專門招待民工，並組織了四十餘名婦女、兒童，爲民工運小米二千九百斤，並爲民工釘了十三個鍋蓋，民工反映說：『對我們招待這樣好，我們還有什麼顧慮呢？』泉林村民站由於幫助開展了住村工作，羣衆自動爲民工縫洗衣服，兒童團站崗指路標，老農會員給民工打舖送茶水，並鼓勵民工說：『這可到家了！』這樣就使民工更加安心支前。

（五）僅根據九十二個民站的統計，共招待過往民工：

（1）民工2913617人，牲口56449頭。

（2）收容逃亡掉隊民工2053人。

（3）招待零星部隊與機關人員：56384人。

民站的建立在濟南、淮海兩大戰役中發揮了很大作用，它保證了過往民工的宿營、糧草、吃飯用具，醫生、木匠等具體問題的解決；並對民工加强了教育，幫助開展了民工中的政治工作，對民工有着很大鞏固與提高，它是適合於較固定性戰役的一種支前組織，在渡江、京滬我軍長驅南進的戰爭形勢下，民站組織即失去作用而隨之結束了。

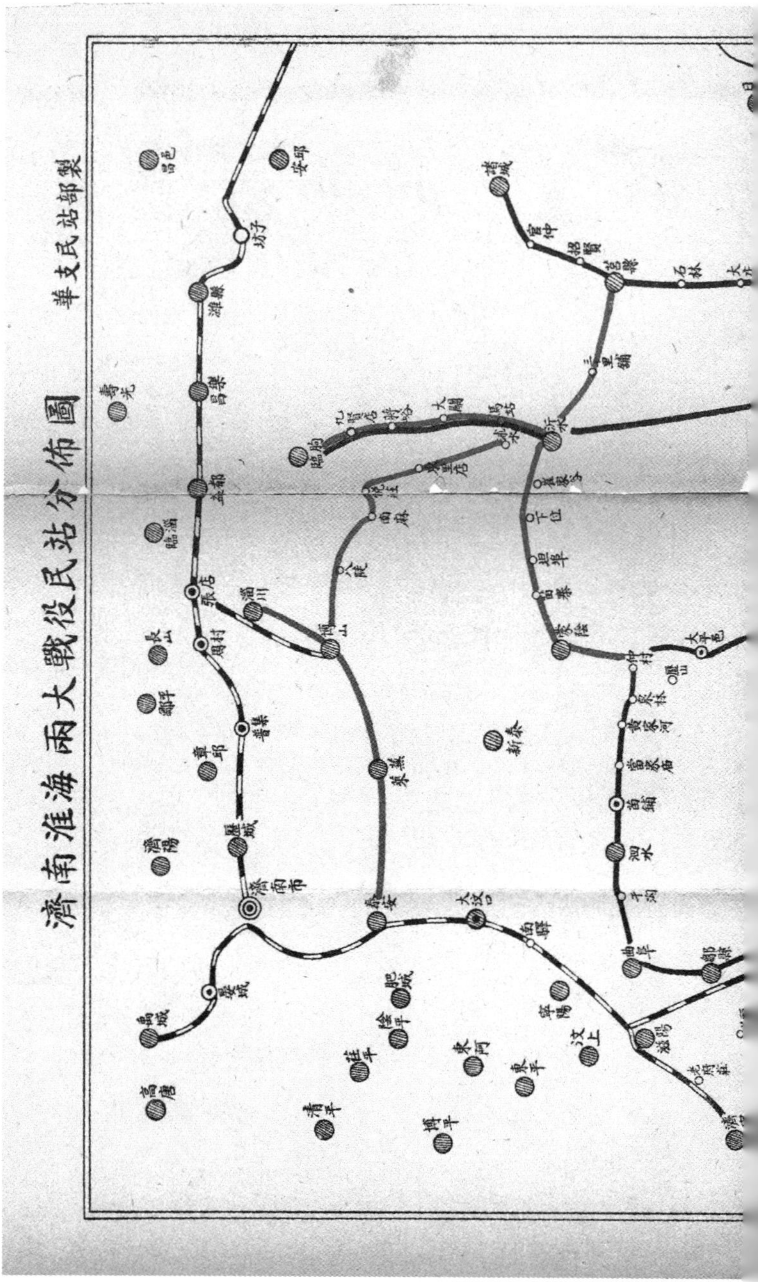
濟南淮海兩大戰役民站分佈圖
華支民站部製
濟南市
泰安
大汶口
萊蕪
博山
淄川
張店
周村
益都
昌樂
濰縣
坊子
安邱
昌邑
壽光
臨淄
長山
鄒平
章邱
歷城
濟陽
禹城
高唐
肥城
新泰
蒙陰
沂水
臨朐
莒縣
諸城
曲阜
泗水
滋陽
汶上
寧陽
東平
東阿
清平
茌平
博平

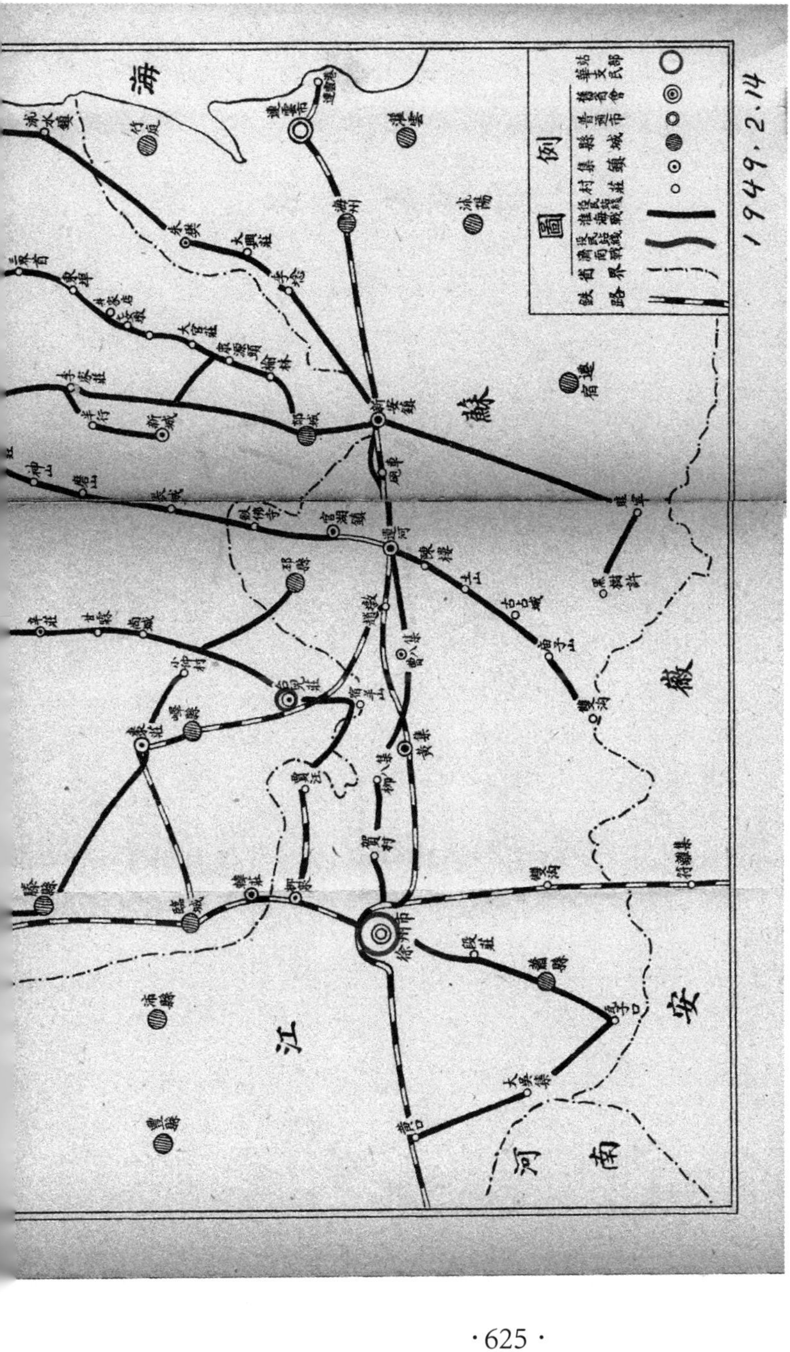
图例
1949.2.14
海
江
苏
安
徽
河
南
徐州市
新安镇

第三部份

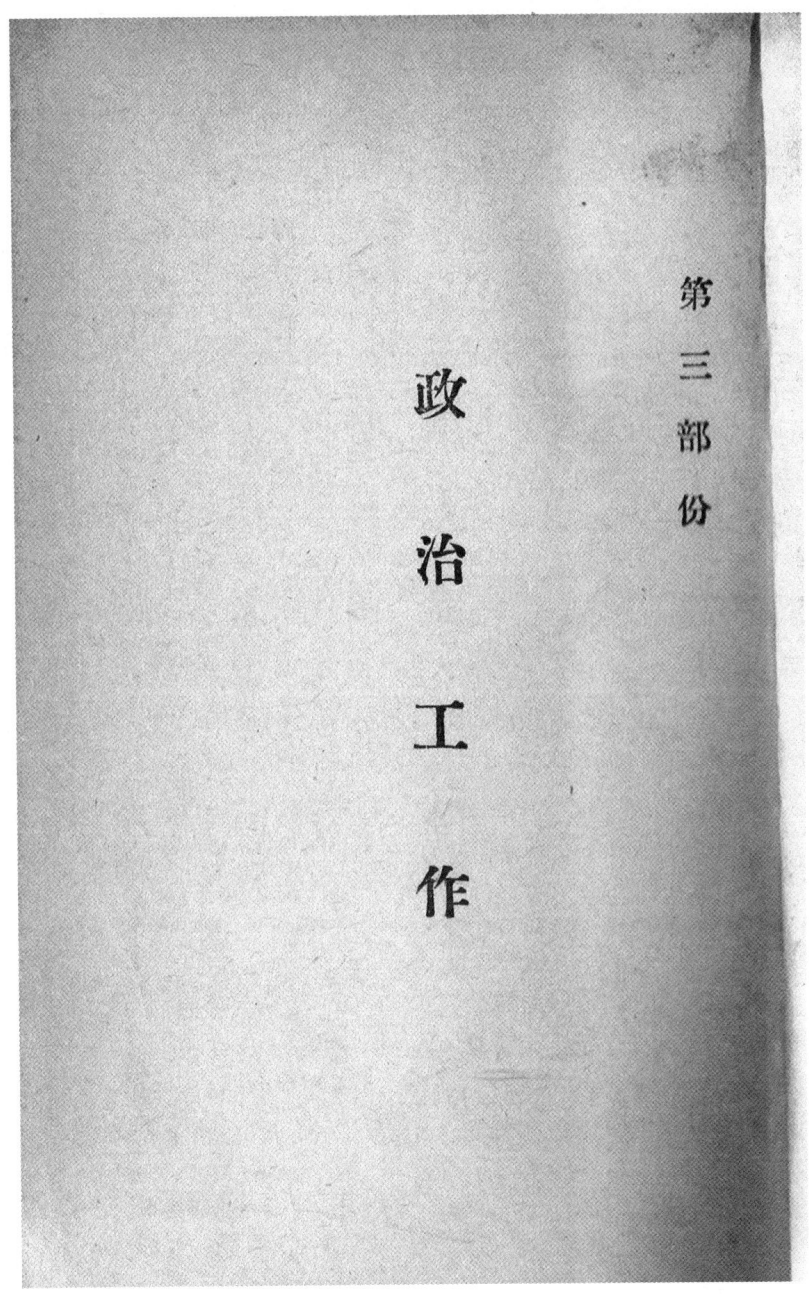

政治工作

第三部份：政治工作

在攻濟打援，淮海，渡江京滬三大戰役過程中，華東組織的民工、民兵完成了火線搶救，轉運傷員，輸送糧食彈藥，清剿匪特，警戒鐵路，看守物資，押解俘虜的巨大戰爭任務。民工、民兵能完成了戰爭任務，除了是與革命形勢和本身階級覺悟分不開的，重要的問題，是在民工、民兵中建立了經常的黨的政治工作。在戰爭過程中提高了民工、民兵政治覺悟水平，開展了立功運動，民愛民運動，擁軍愛民運動，發展了黨員，提拔了幹部，培養了積極分子，這就是人民支援了戰爭，戰爭教育了人民，也贏得了戰爭的勝利。

民工政治工作的開展和獲得重大成績，首先在於華東局的正確領導。濟南戰役時，華東局提出把民工隊當作學校辦。華東局組織部與華東支前委員會又於九月二十七日發出了給各區黨委幷各行署各支前委員會的指示信，華支政治部於十一月一日發出了民工、民兵政治工作指示和政工文件，一致強調各級黨委必須在大規模的支前運動中，對支前民工、民兵及帶隊幹部，進行系統的思想教育、政治教育，幷在大規模的支前運動中培養與提拔大批幹部，通過戰爭考驗幹部、民工的品質和思想作風，有計劃的培養積極分子，發展黨員。强調配備組教幹部，參加領導各民工組織，并要求半年內提拔兩萬以上的區村幹部。

在華東局號召下，各地黨委對支前政治工作一般是重視了。也做出決定指示：一致要求幹部黨員在支前中，加强戰爭觀念，克服無組織無紀律的一切不良傾向。團結教育羣衆完成任務，並號召每個幹部黨員在支前工作中以黨性作保證，以實際行動對黨與人民表示決心。加强民工中黨員配備，一般要求百分之十五到二十，以打下開展政治工作的基礎。

爲貫澈把民工當做學校辦的政治工作方針，各支前機關建立政治部，並前後建立四個民管處，和直屬民管處，專作整訓教育，評功復員等政治工作，從此民工政治工作開始有佈置有計劃，有領導的進行。

第一、政治教育

華東老解放區人民，在我們的黨和政府領導下，經過了土改翻身，生産救災，粉碎了敵人的重點進攻和渡過了嚴重的災荒，一般政治覺悟較高；在支援濟南、淮海、渡江三大戰役中，表現了高度的支援熱情和頑强不屈的精神。但遠離家鄉服務於前線的民工、民兵，在各個時期産生不同的思想偏向，也是很自然而不可避免的。因此，也就需要我們隨時加强民工政治教育，鞏固民工，完成支援任務。並在支援戰爭過程中，教育改造和提高民工的政治思想水平。

民工政治教育，大體分爲：形勢、階級、政策、業務等四個內容。基本教育方法，亦可分兩種：一是平時、戰時的經常教育；一是在戰爭空隙的專門整訓教育。但在具體進行中，又根據每一時期的形勢任務要求，針對民工的具體思想，採取不同的教育重點和方法。

在濟南戰役時：因這時正是秋收、秋耕、秋種，『三春不如一秋忙』的時期，民工的主要思想是顧慮家庭生產，怕無人幫家中秋收秋種。這時在教育內容上，主要是根據華東黨政軍聯合發出的濟南戰役動員令，在幹部民工中進行傳達教育，使共認清形勢，奠定勝利信心，以整個山東人民的利益，來打通安心支援思想。並說明攻克濟南，山東環境穩定，對後方保證民工家庭生產，有了有利條件，消除了民工對家庭生產的思想顧慮。渤海民工二大隊，經教育後民工反映說：『去年出工支前荒了地，是因蔣匪重點進攻山東，那時咱解放區地面小，出的人力又多，又加敵人擾亂，才耽誤了生產，今年和去年不同，咱也就不必顧慮了。』濟南戰役很快結束，一部份民工復員，大部留下繼續服務，除對他們進行上述教育外，並利用空隙整訓，進行階級教育，說明戰爭的性質，解放軍爲誰打仗？自己爲誰支前？並揭發蔣匪摧殘人民的罪行，啓發囘憶訴苦，提高民工覺悟，激起仇恨蔣匪和支援前線的

— 71 —

熱情。渤海四分區担架團並提出民工在新區羣衆中『訪苦』的辦法，一連八班在訪問房東時，房東在訴苦時一面說一面痛苦流涕，對全班民工敎育很大。這時領導上便啓發大家回憶自己未解放前的情形，結果不少民工將自己受地主壓迫和蔣匪摧殘的痛苦說出來，敎育了大家，提高了階級覺悟，一致表示安心支前，消滅蔣匪。

淮海戰役時：濟南戰役結束後，臨沂敵人棄城逃跑，軍隊迅速南進，戰爭形勢繼續向南發展，當時形勢要求服務民工遠離家鄉繼續支援南進。但由於民工中比較普遍存在着農民狹隘的地域觀念，怕出山東，怕過隴海路。更由於某些地區在家動員時，還就了羣衆這種落後思想，提出保證不出山東，不過隴海路等錯誤口號，造成了當時民工的主要思想顧慮。這時我們就提出：『解放軍打到那裏，我們就支到那裏』的口號。華支並發出指示，派幹部分頭到各團隊傳達，協助動員敎育。魯中南莒南担架一團，召開民工大會進行動員敎育後，分班討論座談，聯系到去年蔣匪進攻到莒南時所受的災難。叫大家比一比『在家門上打好？還是在遠處打好？』結果民工一致認識到把敵人打遠了，全部消滅了，才能在家過安穩日子，支得越遠勝利就越大，對我們就越有好處，我們就應加勁支援。通過了敎育，民工很快扭轉了怕遠支、怕出山東的思想偏向，積極熱情的投入了淮海戰役，並圓滿完成了支援任務。

渡江戰役時：淮海戰役將近結束，山東又動員隨軍民工七萬一千九百餘人，民兵二萬五千五百餘人，準備接替到期民工、民兵，但僅有少數團隊剛到前方時，淮海戰役即勝利結束。當時民工主要思想是：（1）認爲淮海戰役結束，部隊休整我們無任務，可能復員回家。（2）害怕支援南進，害怕過江。但很快分配到部隊隨軍南進，到達江北地區時，民工民兵害怕渡江的思想更加明朗化，有的團隊民工思想混亂，情緒低落，發生嚴重逃亡。這時民工政治教育的重點是渡江教育和新區政策，城市政策的教育。進行的方法步驟是：各團部在部隊政治部門協助下，首先進行幹部整訓，打通了幹部思想，然後在民工中普遍進行政治動員，號召民工、民兵支援部隊打過長江去，解放江南。各團隊將中國形勢，渡江意義，結合民工思想情況，翻身經過等，運用各種方式，進行了深入的動員教育。膠東民工四大隊，用對比的方法，提出：新四軍南方同志來山東幫咱翻身，水土怎樣服？何況江南都是吃大米，來山東吃高粱。民工七團並召開功臣模範，軍工烈屬積極分子座談會，來表示支前決心，並通過他們教育影響其他民工。幹部民工經過教育後，政治覺悟提高，情緒空前高漲，一致表示渡江南進，立功回家。民工九團一營四連周永平，本想開小差回家結婚，經教育後他對幹部說：『現在我想過來了，我沒有共產黨領導，翻不了身也找不上媳婦，這次我一定完成任務立功回家娶媳婦，來個雙喜臨門。』各團部並於渡江前召開誓師大會，表示渡江決心。膠東担架六團，舉行誓師大會時，五十四份渡江决心書貼滿了會場的牆壁，各營連單位之間，互相發起挑戰競賽，最後由團長領導，莊嚴舉行渡江宣誓，順利完成了渡江支援任務。

在政策教育方面，主要說明執行政策的重要，政策是我們黨的生命線，我們也應當和解放軍一樣來遵守各種政策。因爲新區羣衆對我們不了解，遵守政策紀律不但能消除新區羣衆對我們的顧慮，密切我們與羣衆的關係，擴大我們的政治影響，同時羣衆也會自動幫助我們解決一些執行任務中的困難。並特別進行了城市政策的教育，說明城市解放以後，就是永遠屬於人民的，以及城市在建設新中國中和農民的利益關係等，使他們自覺愛護城市。當時特別進行政策教育，是由於以下兩方面的情況所決定的。一是當時部隊民工已進入新區，並且還要繼續進入江南新區，以及寧、滬、杭等大城市。一是由於一般幹部民工對政策認識較差，有的在出發時思想上就存在着『這次支前到戰場上撿點洋料，換換槍，到大城市裏去逛逛，買點便宜東西』等思想偏向。據此領導上必須爭取主動，未渡江前在幹部民工中普遍進行新區政策和城市政策的教育。各團隊經過教育後，並進一步組織討論，在座談討論中，有的團隊民工提出：『天下農民是一家』、『將人心比己心』、『人過留名雁過留聲』等口號，有的團隊訂出『五不走』（水缸不滿不走、地不掃不走、東西不還不走、不向房東道謝不走、損壞東西不還不走。）『民愛民』計劃等。因此各團隊基本保證了渡江後紀律良好，給江南羣衆留下了良好的深刻印象。

最後，這三大戰役時期的民工政治教育工作，有兩個基本體驗：（一）進行民工教育，轉變民工思想執行新的支援任務時，必須首先進行幹部教育，打通幹部思想，這一任務才能貫澈下去。這也使我們更進一步體會了『幹部決定一切』。在淮海戰役時，形勢需要支援濟南戰役的民工繼續南進支援，但有些帶工幹部的思想跟不上戰爭形勢的發展，自己思想就打不通，認爲我們是支援濟南戰役的，濟南解放了，就應當按時復員回家；有的幹部本身也存在着狹隘的地域觀念，怕出山東，害怕遠離家鄉；還有的因爲過去動員時提出了錯誤的動員口號，如不出山東，到期一定復員等，以爲今天不好改口號了；甚至有的把民工估計過低，害怕提出出山東後，民工害怕而逃亡，而不敢進行動員教育，於是情緒低落，工作消極，不對民工進行教育的尾巴主義，致使民工思想混亂，造成大批民工逃亡，影響支援任務的完成。魯中南蒼山縣組織部長所帶之担架一團逃亡百分之八十以上，就是這方面的典型例子。相反，莒南担架團，幹部打通思想後，及時對民工進行了動員教育，民工情緒高漲，堅決執行任務，且無一逃亡。進行渡江教育時，亦是如此，有些幹部回報民工思想時，說民工不願過江，其實他本人思想亦如此。要做到民工鞏固必須首先抽調幹部整訓，打通幹部思想。（二）除經常教育外，必須抓緊重要環節，及時進行民工政治鼓動工作；如在遭遇到飛機轟炸受到傷亡時，在前方極端困難吃不上穿不暖時，連續執行任務過分疲勞困難時，逢年過節不能按時復員時。膠東蓬萊民工，在淮海戰役時，遭敵機掃射，傷亡二十六人，民工情緒引起極大波動，當時幹部只考慮自己責任問題，回地方無法交待，情緒消極低落，未對民工進行教育，當夜民工卽逃亡九人。相反，北招民工隊，服務淮海戰役時，先後遭敵人飛機五次轟炸及炮擊，傷亡五十餘人，但由於及時對民工進行教育，及很好的處理了善後，死者入殮開會追悼，傷者送醫院並進行動員安慰。追悼會上號召民工變悲痛爲力量，積極完成支前任務，爲死者復仇。並提出：『打不爛，拖不垮』的口號，號召齊心爭取模範隊，結果保持了民工情緒，完成了支援任務。在過舊曆年時，濱北民工支隊除加强民工政治教育外，並開展了文化娛樂活動，克服了民工回家過年的思想，鞏固了各團隊，有的團隊放鬆了年關政治工作，造成民工逃亡。

民工、民兵就是在强有力的黨的政治工作教育下，在開展各種運動的實踐中提高着覺悟，完成了偉大的三大戰役的支援解放戰爭的歷史任務。

第二、民工中的建黨工作

根據華東局提出的把『支前民工隊當成學校辦』的政治工作方針，及華支政治部關於支前民工政治工作的指示精神，民工團隊一般均愼重的佈置了民工中的黨的建設工作。黨的建設工作的首要環節，是思想建設問題。將民工隊當作學校辦，根據民工思想顧慮，加强民工時事、階級、政策等政治教育，從民工思想領域中，消除落後的舊意識的影響，提高民工政治覺悟水平，加强其支援戰爭的自覺性。在這一覺悟水平上培養積極份子，發展黨員，提拔幹部，完成了民工中黨的建設工作，保證了支援任務的徹底完成。千百萬民工，沒有黨的領導、黨的政治教育、和民工中黨的建設工作，要完成支援任務是不可能的。

（一）民工中的支部工作：

我們能够完成了鞏固提高民工支援前線的巨大戰爭任務，主要是建立與健全民工連隊中黨的支部工作，成爲民工的領導核心，一切工作通過支部進行，並在支部的週圍建立了評功、鋤保、生活、文娛、民運等各種羣衆性組織，大批的功臣與積極分子被選到這些組織中去，在各種任務中發揮了他們的特長與工作積極性，使支部核心有了各種組織保證。這是組織建黨與建立各種羣衆性的組織相結合。

民工中支部的具體情況，他不同與農村支部，因爲他是由一個區或一個鄉分散農村的個體農民在一定期間集中起來，執行戰爭任務的；又不同於部隊的連隊支部，因爲他們剛由個體到集體，一切表現着農民特點，缺乏嚴格的集中與紀律性，所以民工連隊支部必須根據這種情況，一方面在適合於農民特點去進行教育工作，逐漸克服民工黨員帶來的農民分散、個體的思想意識，加强其集體、階級教育。同時必須樹立服從指揮，聽從命令，緊張戰鬥作風，適合戰爭環境通過黨員的模範作用帶領羣衆這樣做。這裏就產生了關於民工中連隊支部是否公開的問題，成爲能否成爲核心完成黨的任務的關鍵所在。從下面材料可以取得這問題的經驗：

民工中的黨員由於長期的處在農村秘密環境中，在開始公開黨的時候，不免有某些黨員思想上存有一些顧慮：如有的黨員認爲公開了受羣衆刺激，怕孤立，有些較落後的黨員則怕公開後受羣衆的監督，在工作上要帶頭吃苦等。因此，在黨公開前必須首先加强黨員的教育，說明黨公開的意義，打通黨員的思想。渤海四分區担架團在公開支部時向黨員說明：過去黨的組織秘密，是因爲處在敵後不斷受敵人騷擾的環境下，不這樣卽使黨受損失。現在是接近全國勝利的時候，秘密狀態會削弱黨在羣衆中的影響，只有把支部在羣衆中公開，才更便利黨與羣衆的聯系，廣大羣衆才能團結在支部周圍，成爲領導羣衆的核心。經教育後黨員反映：說：『過去黨秘密的時候，羣衆不知道共產黨究竟怎樣？有的反把黨誤解爲「教門」。有的說：「只要支部公開，羣衆眞正認識了共產黨，羣衆就會自然的跟着走。」魯中南日照担架團在公開支部時，吸收民工中積極分子和十三個準備入黨的對象參加。當全體黨員與羣衆見面時，民工謝洛玉說：「過去光知道共產黨領導窮人翻身，但沒見過共產黨的面，今天才知道咱團裏的黨員都是和咱一樣的窮兄弟爺們。」會後羣衆反映說：「原來參加共產黨只要成份好出身純潔，工作積極能決心爲羣衆服務卽行。」劉興利說：「按成份我是够條件，按工作和人家比還差得多，今後我一定努力，爭取參加共產黨！」支部公開後黨員也積極了。如有的黨員說：「今後黨員就得起黨員作用，不的話不但自己丟人，還降低了黨的信仰。」沂源担架團支部公開後，羣衆反映說：「聽支部的話跟着共產黨走錯不了，去年信了共產黨的話搞好了生產，渡過了災荒：支前聽共產黨的話準能立功，積極的幹爭取參加共產黨，好好爲大家服務。」黨員也都紛紛討論了今後如何帶領羣衆完成支前任務，都說：「過去不好上幹。羣衆不知道，現在再不好上幹，羣衆就跑到咱們頭裏去了。」這樣就更加密切了黨與羣衆的聯系，把廣大羣衆團結到支部周圍，更加發揮了黨的核心作用，使民工的鞏固更有了保證。

民工中黨的支部公開的結果，大大擴大了黨的影響，幹部黨員的模範作用和自覺性也提高了，黨員在各種任務中，積極努力，以身作則，團結帶領羣衆完成了任務。絕大多數的黨員都立了功。僅據莒南、渤海、膠東九個團隊的統計，黨員二二三五人中即有一九一二人立了功。渤海担架一團黨員三七五人，立特等功的六人，立一等功的二百一十六人，二等功一百四十六人，立三等功的二十五人（內有新發展黨員二百十九人）。

膠東威海民工，黨員的組織生活經常抓得緊，在行軍和接受任務中，黨的小組會三天到五天開一次；每個黨員分配團結幾個羣衆，經常在會議上反映羣衆情況，檢討交流經驗；個別黨員有脫離羣衆違犯紀律現象，發現後立即批評糾正。所以每個黨員都能自覺發揚模範作用。在日常生活中，他們提出『不爭吃』『不爭宿』，

— 79 —

幹部黨員沒有房子住就搭舖睡在外邊，吃飯讓羣衆先吃。羣衆很受感動的說：『都是一樣支前，咱就不能像人家那樣嗎？』在工作中他們提出：『黨員要帶頭』，在彭莊運勝利品，他們自動要求多運一次，在蚌埠阻擊時，他們自動要求去挖戰溝。由於幹部艱苦深入，支部和黨員起骨幹作用，民工各種顧慮都能及時反映和及時打破，因此，民工能始終保持着飽滿情緒。

（二）發展黨員：

在偉大的支援戰爭任務中，湧現了大批經過戰爭考驗的功臣與積極分子，給民工中的建黨工作打下了良好基礎，使黨源源不絕的補充了新的血液，充實與加强了民工中的骨幹與領導，保證了民工的鞏固，完成了支援任務。各團隊對民工中的建黨工作，一般均作了愼重研究與佈置，並提出：發展黨員是支部重要工作之一，和防止拉伕現象與關門主義；一般團隊吸收新黨員的條件是：政治純潔，中貧農成份，支前中一貫表現好的。發展黨員的方法有以下幾種：

（1）公開進行黨的教育，打破民工對黨的各種懷疑與顧慮，提高對黨的認識，在執行任務中注意培養對象，個別愼重發展。這種作法比較普遍，沂中担架團，在全團民工大會上講解：什麽是共產黨，共產黨的主張是什麽，什麽樣的人有什麽條件方能參加共產黨。經公開教育後，二排民工江照富說：『咱翻身光知道是共產黨領導的，但我常納悶到底共產黨在那裏呢？現在我才明白了。』有些成份出身好，覺悟程度高的民工，便找指導員談話，如四連董曰會找着指導員楊福祿問：『我是不是能參加共產黨?』楊指導員說：『你的成份出身很好，够條件，必須在工作中努力幹，經過考驗才行。』該團自十月二十二日至十一月二十日近一個月的時間；發展黨員二十九名。

（2）培養成熟的典型人物在大會上報名入黨：日照担架團把已動員成熟準備吸收入黨的積極份子，採取在公開支部時，在大會上報名入黨。民工岱方慶報名說：『我是老少受了三輩子窮的人，虧了共產黨領導我翻身，我要求參加黨走上光明大道，我一定服從黨。』以後十三人相繼報名要求參加黨。

（3）在評功審功中結合發展黨員的方法，海陽桃子園，先宣佈黨員條件，然後由羣衆討論評議。如二中隊一分隊在淮海戰役中發展的七個黨員，又在羣衆中公開審查了一次，結果全都評上了。一中隊具體討論黨員條件後，發現有二十一人可以入黨。後經羣衆逐個愼重評議支部批准後發展爲黨員。

在入黨儀式上，一般是隆重舉行，對新老黨員教育意義很大：臨沭担架團二營，舉行新黨員入黨儀式時，由營委書記領導宣誓，並把誓詞作了詳細解釋，新黨員高朋士講話時，首先把自己的成份出身作了介紹，他說：『父親領我在外要了七年飯，父親死後買不起棺材，只得用秫稭埋了。今天我參加共產黨，決心在黨的領導下，好好爲人民服務。』杜元順一面哭着表示：『想起過去的苦處，眞都不能睜眼，只有參加黨，才能求得永遠的解放。』後營委書記代表全體黨員講話，歡迎新同志入黨，並着重把黨的發展史講的給全體黨員聽，新黨員孫存盛當時感動的說：『老同志這些年眞是受了苦，沒有他們的艱苦和流血，那能有現在的勝利。』老黨員周振奎說：『我參加黨好幾年了，咱對黨的供獻不大，今後一定努力幹。』

廣大民工在政治教育提高基礎上，在前方大批的湧進了共產黨，僅據淮海渡江京滬兩戰役不完全的統計二二六二〇八民工中就發展黨員八二八三人。個別團隊在發展黨中，忽視條件缺乏教育，形成拉伕凑數的現象，也有的團隊犯了關門主義。魯中南平邑挑子營，共二〇五人，原有三個黨員，服務四個月一個黨員未發展。

（三）提拔幹部：

民工經過了戰爭考驗，和政治政策教育，覺悟程度與工作能力大大提高，不僅完成了支援戰爭的任務，且爲新中國的建設培養了大批基層骨幹，僅據淮海、渡江京滬兩大戰役不完全的統計在二二六二〇八民工中就提拔區村幹部九二七七人。

對這一重大組織問題，開始幹部黨員認識不足：認爲戰爭任務繁重，無法進行，感覺又支前又建黨眞麻煩。北海民工二大隊的幹部說：『我認爲支前工作單純，這和地方上一樣麻煩。』認爲提拔幹部工作，不能在民工隊中提出，怕提出後影響支前情緒。新區民工團隊幹部則强調民工中沒有黨的組織，無法進行建黨工作。

根據以上情況，首先在各級幹部中由上而下的打通思想，反復强調發展黨員提拔幹部的重要性。實際經驗也告訴了我們，沒有强有力的黨的領導和連隊中的支部工作，沒有不斷的將積極份子吸收進黨來，和選擇提拔幹部充實領導，要完成任務，並改造幹部黨員與民工思想，提高其政治覺悟是不可能的。

各團隊對提拔幹部也作了詳細研究，並確定提拔幹部的條件與對象。平邑、莒南担架團提拔培養脫離生產的區鄉幹部，主要以原村幹爲主要對象，其條件是：出身成份好，有培養前途及工作能力的。民工中成份出身純潔，一貫工作積極，在民工中有威信，服從指揮，服從組織的可提拔爲村幹。莒南担架團以階級教育爲主，結合時事教育說明勝利形勢，解放了許多大城市及新區，必須提拔大批幹部以應形勢需要。三連指導員秦福苓(村幹)說：『形勢發展的這樣快，外來幹部和老幹部需調到大城市和新區工作，後方工作咱不幹誰幹?和咱過莊戶日子一樣，咱要塊地就不能叫他荒了，現在我眞明白啦，上級看我們能幹我就出來幹。』一連指導員(村幹)朱社元回想起自己過去受的壓迫與去年受敵人的摧殘情形時激憤的說：『想想咱就知道新區羣衆的苦處，咱應該脫離家庭，替出老幹部到新區幫助他們翻身。』曾逃荒要飯二十年的劉玉岷，是二十五歲的翻身青年，他回憶起父母領着要飯吃的苦味，過去要飯無人管，現在我分了十畝地一座房子一頭驢，打老蔣是爲了咱，咱不出來幹誰幹。該團首先把在職的村幹動員成熟，然後再推動組織力量，深入下層找對象動員，在淮海戰役中卽提拔脫離生產幹部四十七人。

個別民工團隊在提拔幹部時，不是以加强其政治敎育提高其覺悟爲主，而是抱着任務觀點，用欺騙利誘的辦法，這樣即使提拔了幹部，也沒有好的效果。如沂山担架團在提拔幹部時，未能掌握基本敎育。如動員畢永茂時，思想不通，要回家以後再說，該營敎導員說：『脫離生產回區當個助理員或區長的多好。』當他提出不能常在本區時敎導員又說：『頂少三年兩年的。保證不出本區。』畢永茂又說：『去年怎麽調一些幹部下大別山工作呢？』敎導員說：『調走的都是些地主成份，不是好幹部！』

培養提拔幹部的方法一般是通過立功運動，發現積極份子，有計劃的經民選到各種組織領導中去，在工作過程中提高其覺悟與能力，培養成爲基層幹部。渤海担架一團，將第一次評功中培養的一百六十三名積極份子，內有够提拔幹部條件的四十六人，配備民選爲排幹的十八人，評功組織中十二人副連幹六人，司務幹部八人，文娛委員二人，經過一月服務至第二次總評功時，其中十九人被提爲脫離生產幹部，二十三人準備回村後任村幹。

各民工團隊在提拔幹部方面，一般是掌握了階級路線，從下面幾個團隊的成份統計中，可以說明：膠東北海民工大隊培養提拔區村幹部一五四人，計貧農五二人，中農（大部是上升中農）八九人，富農十三人。渤海三分區担架提拔區村幹部二二五人，計貧農一一九人，中農八四人，富農二二人。魯中南莒南担架團，提拔區村幹部九七人，貧農七七人，中農二〇人。

第三、在政治教育基礎上開展了各種運動

（甲）立功運動

立功運動是貫徹政治工作，鞏固民工完成任務的主要組織活動與領導方法，立功運動開展以來各民工團隊均創造了不少經驗，獲得了很大成績，僅據淮海、渡江京滬戰役二二、六二〇八人的統計，其中就出現了特等功臣二二三人，一等功臣六八四四人，二、三等功臣一二、三七八九人，共一三、〇八六六人，佔總數的百分之五十八；並從中提拔了九二七七名幹部，發展了八二八三名黨員，六九〇〇個積極份子，七二名青年團員。它保證了民工經常飽滿的政治情緒，高度發揚了人民的革命英雄主義，完成支援戰爭的偉大任務；並爲後方建設工作，培養了大批骨幹。

立功是幹部羣衆所熟悉的一種運動，但以往曾有某些偏向，往往有頭無尾，引起幹部與羣衆對立功問題上，存着不正確的觀點。

（一）幹部民工對立功運動存在着某些不正確的認識：

有些幹部對立功運動的政治意義認識不足，產生了某些不正確的認識：

（1）受過去立功運動某些偏向的影響，如只提立功，不評、不獎，有頭無尾，

對開展立功運動無信心。膠東高密担運大隊幹部反映說：『幹會子還不是放空炮，去年支前時說立功！立功！到完成任務就鴉雀無聲的算了，還不是叫咱坐洋蠟。』還有些幹部（多係村幹）受過去查整的某些影響，對立功有懷疑，莒南担架團四營幹部反映說：『現在立功，到了查整時就「大功大罪，小功小罪」，（查整時有的地方錯誤的提出：做的工作多犯的錯誤多，對羣衆危害大，罪惡大）立了功，也脫不了挨鬥』。

（2）輕視立功運動，認爲立功不立功的只要完成任務就行，沂北担架團有的幹部反映說：『過去沒搞這一套，也一樣完成任務』。

（3）認爲立功運動麻煩，沒工夫搞，怕帶頭。膠東藏馬担運團，一個帶工的縣府科長說：『立功多麻煩，不解決問題！』

（4）不少幹部以爲立功是民工的事與自己無關，膠高大隊政委尹盛明反映說：『咱是負責人號召民工好上幹就是，咱還弄立功幹什麼。』

民工也存在某些不正確的認識：

（1）受過去立功運動某些偏向的影響，對立功運動無信心，如膠東海洋民工反映說：『用着咱了就叫咱立功，完成任務了立什麼功也沒管的，還不是那一套。』沂水龍王峪民工王京信說：『上次上黃河北出伕我立了頭等功，什麼事也沒當了，莊長的兒子鬧了小差反成了好的』。

（2）輕視立功，莒南縣担運團民工反映說：『功不功，稀吊鬆，完成任務回山東。』淄博担運團有的民工反映說：『立功值多少錢一斤。』

（3）認爲立功是上級的手腕，淄博民工劉勤修說：『立功不立功無非是抬担架，這是叫咱多幹點活，下點力就是了。』

（4）地主富農僞頑成份的民工對立功無信心。渤海三分區担運團有些地主富農成份民工說：『人家貧僱農能立功，咱出了力也落不着個功。』

以上是開展立功運動的主要思想障礙。

（二）進行了幹部民工的思想教育，開展了立功運動。

根據以上思想情況，即根據不同的對象，以靈活的方式從黨內到黨外，從幹部到民工，進行各種不同內容的思想教育，開展了立功運動。

在幹部中一般的傳達與學習了華支政治部關於民工政治工作的指示，有的聽了饒政委淮海戰役動員報告的傳達，經再三强調，立功是勞動人民對支援戰爭的革命競賽，嚴明賞罰，樹立正氣，提高工作效率，保證戰爭取得勝利。爲人民解放立功，是忠心爲人民服務的具體考驗，幹部黨員普遍進行了立功運動的教育，檢討了過去認識上的偏向，訂出了今後立功計劃。魯中南三分區担運支隊，在幹部黨員中說明淮海戰役的重要性及戰爭立功運動的政治意義，通過立功培養了大批積極份子，打下了建黨提幹的良好基礎。許多幹部經教育後，有了轉變，有的幹部說：『過去光單純以爲立功運動是個方法，沒認識到它的偉大政治意義』。泰山担架支隊一營王雲芝同志檢討說：『我以前對立功運動開展無信心，在濟南戰役時也搞過，後來就有頭無尾的算了。這次我認爲還是老一套，現在檢討起這種想法是不對的，上次立功運動搞的不好，也有咱的責任，這次一定下决心搞好他』。

幹部搞通思想之後，在民工中普遍進行了『爲什麼立功？』『爲誰立功？』『人人立功？』『事事立功？』等教育，打破了民工對立功運動的錯誤認識和顧慮，造成了熱烈的立功運動。

魯中南泰山担運團，四中隊民工呂濟奎說：『過去我認爲立功不立功的不是一樣的抬担架嗎？叫指導員說了說我現在提醒了，沒想想這是毛主席領導咱受壓迫的老百姓，消滅老蔣，老百姓翻身當家的大事情，現在如果立下功，比過去中狀元還光榮哩。』膠東海陽民工看見支前快報上登着華支製就大批獎章、獎狀，準備獎給立功的幹部和民工的消息。大家高興的說：『淮海戰役立下功，祖祖輩輩都光榮！上級給咱準備下好禮物了。』

平邑挑子營首先訂出了全營連的立功計劃，民工又根據連的計劃，紛訂個人立功計劃，進行挑戰，一連一排二班民工韓瑞祥和營長教導員挑戰說：『你們什麼時候走，我什麼時候走，堅决完成任務，立功回家。』有的民工唱着說：『立功眞光榮，大人小孩都歡迎；立功戴紅花，男女老少把你誇，立功回家轉，老婆孩子都喜咱。』渤海四分區担架一團，剛出來，濟南就解放了，有的民工不願南下，自開展立功運動後，民工情緒提高，堅决立功回家，有的唱着說：『濟南不給咱，咱往徐州趕，遇上敵人就消滅，不立大功不復員。』

許多要娶兒媳婦和結婚的民工也提出先支前立功要緊，臨沭担架團二營三連民工宋紀德，很快要娶兒媳婦了，別人說：『你該家去當公公了！』宋紀德說：『娶兒媳婦那跟打老蔣要緊，我一定完成任務立功回家，弄個雙喜臨門。』平邑担架團民工排長唐宗和不回家結婚，並說：『打蔣介石是頭樁大事，我支前立功在先，結婚在後。』

民工普遍的訂立了立功計劃和建立了立功的組織，使立功運動逐漸成爲有組織的運動。

立功計劃和立功條件的形式很多，渤海四分區担架團提出了五愛：愛羣衆、愛傷員、愛糧食、愛担架、愛勞動。有的民工提出了三不：不開小差、不違犯羣衆紀律、不說怪話。渤海一分區担架團民工普遍提出了四要四不要，四要是：要做房東工作、要愛護傷員、要愛護公物、要愛護自己身體；四不要是：不要開小差、不破壞紀律、不講怪話、不怕艱苦困難。

在立功運動掀起後，民工也選出了評功組織，連以上有評功委員會，排有記功員、班有報功員，根據民工的要求，做到隨報、隨記、隨評。

（三）立功運動的開展概况：

（1）立功運動是在不同的情况下，以不同的方式，在不同的基礎上開展起來的。一般的有如下幾種情况：一種是老區民工領導重視，開始出發卽在民工中進行了立功的敎育，建立了立功的組織，初步打下了立功的基礎。一種是新區和新收復區民工經階級敎育、訴苦運動，形勢敎育，良心檢討後，提高了覺悟，開展了立功運動。一種是平時未重視立功經服務一個時期後，民工中出現了不少的模範事蹟，通過評功，提高了民工對立功運動的認識和積極性，開展起來的。盡管民工的覺悟程度不同，情况不同，只要領導重視，對民工有了充分的思想敎育，打破民工對立功的懷疑與錯覺，立功運動是會在民工自覺基礎上開展起來。魯中南淄博担運團多係新收復區民工，顧慮很多，情緒一貫不高，自在年關中開展了訴苦後，民工階級覺悟提高，一致表示支前到底，決心立功。膠東海洋民工團經初次評功後，提高了認識和積極性，沒立功的提出：『這次沒立功，看下一次！』有的說：『過去沒拿着當過事，把功都忘了，往後可得選舉出記功員好上記功。』

（2）立功運動的開展是逐步深入逐步推廣的，有的通過回憶訴苦、有的通過良心檢討、比一比等階級敎育和形勢敎育，幹部民工的覺悟與積極性大大提高，立功運動就隨之進入了廣泛深入的階段。經過評功，慶功，民工對立功有了更深刻的認識，民工普遍立了功的要爭取立大功；未立功的爭取下次立功，使立功運動達到了高潮。從渤海一分區担架團的簡單統計中卽可明顯看出：『第一次立功人數佔全團人數的百分之八十；第二次佔百分之八十九，第三次佔百分之九十六·六。從立功等級上來看，一營的統計：第一次評功，沒有一等功，二等功臣六名，三等功臣一五二名，四等功臣一一八名；第二次評功，一等功臣六名，二等功臣五十名，三等功臣二四八名，四等功臣二四九名；三次評功、一等功臣六七名，二等功臣一八一名，四等功臣二一名。

從立功運動的整個發展過程來看，也是這樣。濟南戰役時是立功運動的初期，在領導上缺乏經驗，僅有部份民工團隊進行了立功的教育，初步摸索到一些經驗，幹部民工對立功運動有了初步的認識。淮海戰役中立功運動開展的就比較深入廣泛，比較有組織有領導，在民工中一般均建立了立功的組織，並能利用適當時機進行評功獎功。淮海戰役後，立功運動是更高的發展着，從下面的統計中卽可看出：淮海戰役十七萬民工統計中，有特等功一九七名，一等功臣四六四名，二三等功臣九〇九二六名，渡江戰役時僅據五一九〇三人統計：特等功臣三六人，一等功臣二一九八人，二等功臣八四六六人，三等功臣二四三六一人，佔總人數的百分之六十七點五。

（四）在各種任務中貫徹立功運動，立功運動保證了各種任務貫徹：除在一般情況下進行立功不同教育外，主要是根據不同的任務，隨時進行不同的教育，提出不同的口號和立功的條件，立功運動在保證各種任務中，發揮了很大作用。

（1）在行軍時，根據行軍情況提出立功條件。沂北縣担架團在淮海戰役接到命令馬上行軍接受任務時，領導上就提出：1.行軍不掉隊。2.互助友愛好。3.吃苦不發牢騷。4.吃飯、站隊、集合、傳口令快。四條爲立功條件。果然在行軍中民工行動迅速沒有掉隊的，保證按時達到了目的地。趙鎛担架團在行軍中不斷提出些生動的口號：『行軍邁大步，越走越出路，逛蕩走的慢，越走越腿酸，好漢不怕累，越累越有勁；上半天少歇歇，下半天早住下，行軍別掉隊，才能少挨累，吃飯起床抓的緊，時間才能掌握準。』膠東威海挑子隊，在運糧時，提出互相照顧，强的幫助弱的，看誰能在互助中立功等口號。身體强的自動報名多挑，掉隊現象很少發生。臨沭担架團民工高佃三，犯了肚子疼，打針吃藥兩次，仍帶病工作，情緒很高。從郯城往新安鎭行軍時，大家都很累，高佃三把立功內容變成順口溜唱着：『担架團眞英勇，順着公路往南行，壓着膀子別嫌累，一氣趕到徐州城，立下功勞多光榮。』

（2）在立功運動的推動下，民工普遍開展了愛護傷員的運動，渤海一分區担架團在淮海戰役抬運傷員時提出許多鼓動民工愛護傷員立功的口號。如：『走的快，走的穩，走起路來不擇人；抬着傷員別亂跑，失掉聯系沒處找；傷員受傷不能動，咱們耐心來侍奉；幫助傷員大小便，不嫌穢來不嫌煩；傷員喝水和吃飯，不怕辛苦要照管，以上事情做的全，頭等功勞不費難。』果然在每次轉運傷員時担架上總是蓋着三四件大襖，民工在冬天的晚上，只穿一個單褂，凍得混身發抖還是精神愉快。統計各營民工用自己的錢買煙，買糖，買水菓有一千多次，渤海四分區担架團在曲阜轉運傷員時，提出：『愛護傷員親兄弟，克服困難立大功！』那時大家還沒套被子，他們就把被單縫起來，裝上麥穰給傷員舖，經他們的推動，全連都這樣的作起來，使傷員減少了許多痛苦。魯中南沂北担架團普遍進行了愛護傷員立功的教育，並在民工中展開了討論，有的提出：『抬的平，走的穩，叫傷員少受苦。』有的提出『幫傷員大小便要耐心。』最後就把大家意見規納了幾條作為立功的條件，民工唱着說：『傷員為咱流血，咱為傷員流汗，愛護傷員同志，看誰立功作模範。』

（3）在火線搶救和送彈藥時，不少團隊，提出『火線立功』的口號，鼓舞了大家情緒。渤海一分區担架團在淮海戰役參加火線搶救時，炮火很急，領導上恐有丟傷員的事情發生，就提出：『愛護傷員立大功，堅決不丟傷員』。『民工在，傷員在』『黨員在傷員在』發揮了很大作用。在圍殲邱李兵團時，民工李省三等從火線搶救下了一個傷員回來，被敵人密集炮火封鎖了去路，李省三向大家說：『這就是我們立功的時候，我們要堅決把傷員運下去，救出這個同志！』李省三同志爬在地上其他民工將傷員架在李省三的背上，順着地堰慢慢的往前爬行終於冲出了敵人的火力網。

渤海担運三團，在淮海戰役運彈藥時，都是晚上行軍，有一次天下雨，路很難走，又加天氣很冷，任務又很急，有的民工不願再走，領導上卽提出：『功從苦中立，越困難越是咱立功的時候，要立功就要克服困難！』當時，有的民工就起來響應說：『對！立功不是光在嘴上的，不是坐在屋裏立的，看誰能在這次任務中立功！』經鼓動和積極份子的帶頭後，民工情緒馬上振奮起來，終於克復了困難完成了任務。

（4）在運糧時提出：『不撒一粒糧！』『不淋濕公糧』等爲立功條件，鄒縣小車隊有一次運糧遇上天下雨，民工提出：『淋濕了人，也不能叫它淋濕了糧食』！『愛護糧食就是我們的功勞！』大家都自動的把所有簑衣、雨衣等蓋在糧食上。膠東濱北運輸大隊，開展了立功運動後，民工普遍發起愛糧運動，提出：『糧食就是命根子！』『打老蔣的本錢！』有的民工口袋破了沒東西補，就把自己的破褂子撕了補上。渤海三分區運輸第一大隊，民工王宗長，他怕壞人偷糧食，晚上就用秫稭把車子圍起來，他睡在一邊看着，民工唱着說：『小車吱吱賽鳳凰，咱上前方送軍糧，同志吃得飽又飽，堅决立功打老蔣！』

（5）民愛民運動也隨着立功運動在民工中開展起來，普遍提出了『天下農民是一家』『民愛民，心換心』的口號，號召民工愛護羣衆，幫助羣衆。民工普遍提出了四要五不走。四要是：要愛護房東的東西、要團結房東、要向房東宣傳、要幫助房東生產。五不走是：水缸不滿不走，地不掃不走，東西不還不走，不向房東道謝不走，損壞東西不賠不走。膠東濰北担架團三中隊掀起愛民運動後，七天幫助羣衆耕地種麥子七畝，推糞三四八車，挑水一〇二五担，收割莊稼一五五畝，挑豆子一三四担，推磨七次，壓碾一〇五次，打場五七次，割草二〇〇斤。並出現了不少的愛民的功臣。

（五）評功、慶功：

評功、慶功，總結了政治行政各項工作，發揚了民主，達到民工互助教育，同時評黨員也評幹部。在羣衆性的評功下產生出大批模範英雄人物，改造了領導，提高了幹部與民工、檢查了工作。一般有如下三種情況：一種是小組內在執行任務中隨記隨評；一種是每一戰役結束，或每一執行任務告一段落時，以團營爲單位，或由部隊幫助配合進行；一種是完成任務復員時，進行整個服務階段的評功、慶功。

評功、慶功是立功運動的最後總結，在繼續服務的情況下，它能從中得出經驗，表揚了好的，批評了壞的，打下繼續執行任務的基礎。在完成任務復員的情況下，它又是由支援戰爭的任務，轉入後方建設任務的教育過程。因此，評功、慶功進行的好壞，對繼續執行前方戰爭支援任務或民工由前方轉入後方，有着決定性。

評功又結合檢過，對破壞羣衆紀律、開小差、說破壞話的民工在評功中亦根據其錯誤的輕重，適當的進行批評和記過，從檢過方面教育民工。膠東海陽担架團有一個民工立了一等功，但因爲他破壞羣衆紀律三次，即又給他記了一次過，在宣佈功的時候說明他爲什麼立了一等功和記了一次過，他聽了以後說：『我弄了個功過雙全，下次我堅决立大功去掉過！』對教育民工也有很大幫助。

同時，民工也給幹部進行了評功，在評功中除給幹部評功外，同時對幹部的缺點也進行了批評，如渤海三分區担架團，如民工給三中隊王指導員提意見說：『他別沒孬，就是態度不好，動不動光熊人，沒願接近他的！』有的民工給五中隊三排長提意見說：『他有事情，光知指揮別人去幹，自己在那裏不動，吃飯的時候，別人不吃，他先吃。』有的民工說：『有一次轉運傷員時，傷員喊大便，把他嚇跑了！』被批評的幹部，都虛心接受了意見，進行了檢討，這樣對幹部有很大的教育和幫助。

評功結束後，一般均進行了隆重的獎功、慶功。

慶功的方式多以團、營、中隊、大隊爲單位，召開民工大會進行，一般會場均有隆重佈置，大會除由民工負責同志進行總結與提出今後任務和宣佈功臣名單、事蹟外，並由功臣作典型報告，和集體給功臣給獎獻花等節目，這時才使民工深刻感到立功的光榮，對民工教育影響很大，一般經評功、慶功後民工的覺悟與積極性有着很大提高。渤海一分區担架團在濟南戰役評功、慶功後許多立功的民工都表示了决心，五營民工李省三說：『這次我立了一等功，下次我非立特等功不可。』膠東濰南民工團三小隊民工孫德希是榮譽軍人，沒評上功，他決心的說：『這次沒評上，看下次的，非爭第一名不行！』過去發牢騷的民工再也不發牢騷了，懶的民工也自動早起掃地，給房東挑水，幹部反映說：『自從評功後，民工大變了樣，比以前好領導多了！』

以上事實說明：立功運動就是領導人民支援戰爭的重要組織方法與領導方法之一，只要眞正在羣衆自覺基礎上開展起來，不僅完成了各種支援戰爭的任務，且爲後方培養了大批建設的骨幹。

（乙）擁軍愛民運動：

千百萬民工，在三大戰役中保證了對戰爭糧食、彈藥的供應，和傷員的轉運，並出現了不少可歌可泣的模範事蹟。同時也開展了擁軍愛護傷員的運動，軍民關係達到了空前團結。軍隊照顧民工無微不至；民工也擁護愛戴自己的軍隊，形同家人，親如兄弟，充分表現了高度的階級友愛精神。這偉大的階級友誼，是戰勝美帝走狗蔣介石的精神基礎，是在悠久的年月爲着自己解放事業千百萬次鬥爭中建立起來的。

（一）部隊中的愛民運動，對民工的照顧和關切，眞是作到無微不至。

（1）在生活方面——三縱對渤海一分區担架團，派人去給該團進行防砲、防空的教育，並實際指導如何挖防空壕，每到住地部隊便檢查民工的防空設備。民工參加火線搶救，在拂曉的時候，部隊即讓民工撤離戰場若干里。有幾次部隊和民工同時住一村，部隊即讓出房子給民工住，自己用秫稭在露天搭棚。民工衣服破得不能穿，三縱教導團的戰士拿出自己的衣服來接濟民工。一營就分到三十多件，天冷時候，民工還沒棉衣，該縱又將戰場繳獲的棉衣單衣千餘件發給民工。行軍時候，軍隊民工併肩前進，部隊總是把好的路讓民工走。該團隨三縱參加了濟南、淮海兩大戰役，民工在砲火中，在敵機狂炸掃射下，參加火線搶救，竟無一人犧牲，始終保持了鞏固的情緒。二十七軍對膠東担架六團派出一個衛生隊了解民工衛生情況，替走腫了脚和起泡的醫治，爲了防止天花給民工普遍種了牛痘。又對民工身體，進行檢查，動員民工，每隔幾天即用開水洗衣服和喝薑湯。民工各營均配有醫務人員，每連設有衛生員，並由該團各營舊衛生員和在民工中挑選文化程度比較高的學習協助衛生工作。二縱看到魯中南甕水担架團，天冷了民工棉衣沒送來，便掀起『獻衣愛民』運動，共獻出衣服二百多件，解決了民工的棉衣問題。

（2）在政治教育方面——部隊不僅在生活上關切照顧民工，同時也幫助加强了民工的政治領導，一般隨軍民工團隊，均配有部隊的政工人員，協助開展民工政治工作。三縱專派民運股長去渤海一分區担架團作副政委，三個同志到各營任副教導員。民工的英勇事蹟，在該縱甕水報上經常登載。八個月中，三縱及時的幫助該團評功、獎功三次。縱隊總是以物質獎勵功臣們。第一次獎功，每個一等功，獎被單一條，手巾一條，襪子一雙，還有很多獎旗，使初上戰場的民工眞正認識到立功的光榮，打下民工爭取立功高潮的基礎。五營跟炮兵團執行任務，炮兵團寫了挑戰書給民工，民工也開了黨員大會討論挑戰條件四條：1.服從命令聽指揮；2.愛護傷員如兄弟；3.空手進城，空手出城；4.保證不逃亡，不減員，做到五快三不走（集合快、行軍快、吃飯快、上下担架快、執行任務快。三不走：水缸不滿不走，院子不掃不走，不作宣傳不走）。民工們一致對教導員說：『這些條件保證能做到，你放心去應戰，反正不能丟人！』炮兵團經常派人檢查執行情形，民工也派出愛民小組，去檢查炮兵團條件執行情形。這樣雙方都提高了紀律性和積極性。

部隊對民工的關切愛護，對民工鞏固起了很大作用，渤海一分區担架團，在二大戰役連續執行任務中，鞏固達百分之九十六點七。這表現了人民軍隊爲人民服務的高尚品質。

（二）民工愛護自己的軍隊，親如家人。

民工在前方轉運中，普遍的展開了愛護傷員的運動，將這一運動推到了愛護傷員的高潮，民工具體明確了這些階級的兄弟爲誰犧牲負傷的眞理。淮海戰役中渤海一分區担架團民工，每次轉運傷員時，總是給傷員蓋上三四件大襖，民工自己只穿一個單褂，凍得混身發抖，還是精神愉快。民工普遍用缸子飯瓢替傷員接大小便，而不嫌髒。濟南戰役，部隊獎給民工每人兩包餅乾，都捨不得吃，留着給傷員吃。民工拿出自己的錢，買上紅糖、白糖、冰糖，專給傷員冲開水喝。統計各營給傷員買糖、買水菓，就有千多次，民工接到復員令後，各連拿出節約菜金六十餘萬，慰問傷員。張延景從蔣莊輸送了一個重傷員用自己的被子給傷員舖上，又蓋上自己的棉襖，傷員問：『你不冷嗎？』他說：『只要你不冷俺就放心！』他親自背着傷員大小便，從不嫌髒。

膠東北海民工大隊二連，在楊疃遇上敵機掃射，當時有兩個重傷員不能動，四排長曹星一和十六班班長李長愛，急的爬到傷員身上，用身子蓋住傷員說：『同志！打不死我就打不死你！』。碾莊戰鬥時，爲了使傷員保溫，三連派人出去幾十里路買兎子皮，張志學等人，將自己帽子上的皮摘下來，給傷員取暖。魯中南臨朐民工，把衣服都給傷員蓋上，有九十多件衣服被染了鮮血，民工不但不嫌，認爲是無尙光榮。

渡江京滬戰役時隨廿七軍後勤的膠東担運六團爲了愛護傷員，除了演習怎樣使傷員上下担架與上下船時少受痛苦，以及如何包扎等護理常識外，在物質上也做充分的準備，在大小便方面，有的用洋鐵和木頭作成小瓢，有的稻草編成羅網形的小囤子用布在裏面，大便後把布洗一下卽可。接小便則用向日葵杆子，竹子做成筒，差不多每付担架都有一套民工創造的傢具。担架上幷用稻草和沙布做了枕頭，每付担架都有給傷員舖的草簾子。另外，根據南方雨多的特點克服了一切困難，爲傷員打蓆子遮雨。他們的駐地沒有秫稭也沒有葦子，他們就派人出去四十多里路用節約的柴票換了五百六十斤葦子，每個担架都編了一領葦蓆蓋在担架上。

廣大民工具體表現了人民對自己部隊的熱愛，中國反動派就在這種偉大軍民團結下宣告了滅亡的命運。傷員也寫信鼓勵着民工。

這是六三大隊榮譽傷員楊錦，表揚山東莒縣民工的一篇通信：十一月二十日晚上，轉運我們的是山東莒縣担架二團二營四連劉現忠班，他們將我輕輕的抬上了床，被子蓋的好好的抬到了集合場，將我放下，劉班長從腰內掏出一包糖對我說：『同志吃糖吧！』我很奇怪，問他們那裏來的糖，劉班長嘻嘻的解釋說：『是我們節省下來的榮金、津貼及從家裏帶來幾個錢，特爲給前線同志準備了這點小意思！』我聽了大受感動，不好意思吃他們的，我說：『爲人民服務流血是應該的，是我們的責任，等下次盡你們的好意吧！』但他却硬給了我們，異口同聲的說：『這也是我們的責任！』這時副班長邱萬新同志，又端來了碗有糖的茶，叫我們幾個同志快點趁熱喝，並以很關心的話對我們說：『夜晚要走路的免得渴！』冷風不斷的刮來，夜很冷，劉班長等二同志脫下了棉襖蓋在老于同志身上，『同志！你冷吧？我把小棉襖給你蓋。』但我知道副班長他僅是一個小棉襖，在我堅決的拒絕下，他幾次的要從身上脫下來的行動才告制止。一路他們不時的掖我的被子，並安慰我說：

『同志！別凍着！』在休息時，不斷傳來：『同志吸煙吧？我給你點火。』使我無限的感動，我很久在腦子裏快活舒暢的想着：『人民爲何愛護他們的兒子——我們。』到宿營時，他們問我：『同志！喝茶吧！』我說：『不用。』但不一會却端來一碗熱氣騰騰的茶給我，很久就想喝茶的我，很高興的接過來一看碗內有雞子還有紅糖，感動的我很久說不出話來，想了半天我只得說：『同志！你們對我們太好了！』這時在我的四週也傳來了：『同志！吸煙吧！』『快點喝吧』的聲音。好幾個輕傷的同志來看我一齊說：『抬我的担架員同志們太好了，每隻床上都有煙、有糖，床抬得穩穩的，對我們照顧太週到了，看不出他們是抬担架員還是看護員了！』我對他們說：『東西雖少，均是他們按時應得的菜金節省下來的，這種意思更深呀！』小鬼通訊員說：『同志！給我是活生生的教育，我們必須安心休養重上前線。』大家都異口同聲的說：『對！』

下面是二十四名傷員聯名寫給平邑担架團的信：

你們不分晝夜的抬担架，眞是辛苦了！僅向你們致親切的慰問和敬意，你們二大隊六連的同志對我們太好了，本月八日夜間天氣很冷，半夜連長陳西頂和指導員周傳善同志，怕我們害餓，把僅有的一千元拿出來買油條給我們吃，二排六班張治林也化了一千二百元。三排長紀富錄同志都親自給我們燒水做飯。二排副馬紀將同志，每到一地先給我們找房子，該排五班孫永佃同志都是背着我們上下担架床子，張德保、徐文賢兩同志脚都有瘡，孫富遠是十七歲的青年，他們都不辭勞苦堅持執行任務，馮雲乾、劉作柱同志端着飯喂我們。你們對我們這樣的關心愛護，我們萬分感激，我們是永遠不會忘記的，我們回到前線後，一定勇敢作戰，來報答你們！望你們繼續努力。

民工不僅兄弟樣的愛護傷員，同時不少民工冒着熾烈的炮火，在火線上搶救傷員的生命。

渤海一分區担架團特等功臣李省三，隨三縱特務團，在淮海戰役阻擊匪第五軍時他號召郭福元、劉中海到火線上去搶救。在接近敵人時，他一面搶救傷員，一面向敵人射擊。一夜他就報名參加火線搶救三次。五營特等功臣丁自明，淮海戰役執行任務時遇到敵人的火力封鎖，他號召放下担架，爬過敵人火力，到火線搶救四次。隨七七師二九團、三〇團前梯隊的魯中南七分區一營四連担架，在上海戰役參加火線搶救時，雖然炮彈不住的在担架隊員身旁爆炸，但他們都是英勇沉着的執行任務。教導員劉善生同志，怕民工胆小親自在頭裏帶領，三個排十二付担架，冒着炮火抬下傷員。從洛陽橋送至苑家宅包扎所，來回十八里他們一天一夜搶運七趟，有時劉教導員問大家：『同志們累嗎？』民工普遍的說：『我們不怕累，快搶下一個傷員，我們就能多爲人民保存一個武裝力量！』

隨廿六軍担運團（原魯中南七分區和渤海四分區担運團組成）二營三連四排，

隨軍在上海近郊作戰時，連續在火線上執行了八晝夜任務，還是精神飽滿。軍民之間這些可歌可泣的英勇事蹟，寫下了中國人民歷史的光輝一頁。

（丙）『民愛民』運動：

民工羣衆紀律過去有些成績，但開始未被領導重視多係自發和自流的多，有領導進行的少；因此在民工中，曾有過嚴重違犯羣衆紀律的現象發生，隨着政治工作的逐步加强，『民愛民』運動也隨着廣泛的開展，成爲政治工作的重要部份，也是民工支援過程中重大貢獻之一。

幹部和民工對新區羣衆有着不同的錯誤想法，民工方面：（1）認爲新區羣衆落後非硬吃不開；（2）羣衆關係好壞，反正住的時間不長，一星半點東西算不了什麼；（3）有些民工思想不通，故意鬧事找別扭。幹部方面：（1）認爲天天忙着鞏固民工，那有閒工夫弄這些事；（2）認爲在困難的情況下，發生違犯羣衆紀律現象是難免的，抓緊了怕民工不滿影響鞏固；（3）怕負責怕得罪人，怕以後受羣衆的批評，因此形成極端民主，放任自流，往往同情民工還就落後。

根據以上情況，華支曾强調提出：加强『民愛民』、『心換心』和遵守駐地羣衆紀律，幫助駐地羣衆勞動的教育。通過民工正確的向駐地羣衆解釋各種政策，教育新區羣衆，消除新老區羣衆的隔閡，加强新老區羣衆團結，打消新區羣衆部份懷疑與顧慮，啓發新區羣衆覺悟。

民工團隊一般均根據華支指示，在幹部、民工中進行了號召與教育。渤海一分區担架團，首先號召幹部要體貼羣衆痛苦，並提出：把新區工作搞好，也是支前的成績，和新區羣衆關係不好，將會損失我黨政治影響。並說明放任民工違犯羣衆紀律，不但不能眞正把民工鞏固好，而是一種罪過。魯中南三分區担架支隊，號召黨員要全心全意爲人民服務，沒有本村與外村、老區與新區的分別。並强調每個黨員，要以自己的實際行動，來實現黨交給自己的任務。膠東威海民工團，在民工中提出：過去有的民工破壞羣衆紀律，使羣衆不滿我們應該怎樣？想想我們家裏如果住了民工，破壞了我們的東西，我們心裏怎樣？並提出：『人過留名，雁過留聲』的口號，經教育後民工都有了很大的轉變。渤海一分區担架團五營，民工普遍提出了三不走，就是：房東水缸不滿不走；房東的東西不還不走；不向房東道謝不走。四營提出了四要四不要。四要就是：要做羣衆工作，要愛護房東東西，要幫房東幹活，要在愛民中立功。四不要是：不拿房東一針一線，不損壞房東的東西，不搶下房東的門板、舖頭就走。膠東威海民工提出：我們的任務是：『支前生產，來了任務就上前線，沒有任務就幫羣衆生產。』有的提出：『天下農民是一家，這裏多打糧，咱們也有光。』有的說：『只有幫助羣衆生產，才能團結羣衆，羣衆才能擁護咱。』不少團隊都建立了民運委員會或羣衆工作委員會，專門領導幫助羣衆勞動，向羣衆宣傳和駐村的羣衆工作。

（一）進行宣傳打破新區羣衆顧慮：

民工隨軍進入新區不僅完成了支援戰爭的任務，同時通過各種形勢隨時隨地的宣傳了黨的政策，和解放區羣衆的翻身情形等，給新區羣衆一很大教育和啓發。

（1）宣傳了勝利形勢，揭發了國民黨的罪惡行爲，使新區羣衆懂得戰爭情形，了解自己所受的一切災難是國民黨反動統治所帶給的，提高了政治覺悟，堅定了勝利信心。

膠東東海民工在安徽宿東縣符離集以東住時，不斷的把淮海前線消滅杜邱李全殲黃維的消息，講給當地老百姓聽，老百姓都高興的說：『想不到國民黨垮的這樣快，解放軍得民心非勝利不行』。

渤海四分區担架團，在邳縣住時有領導有計劃的向羣衆宣傳：『反對國民黨的假和平，擁護眞正和平。』羣衆聽了，紛紛反映：『蔣介石叫解放軍打的不行啦，裝開了孬，他還想養胖了再來蹧蹋咱老百姓，別說解放軍，咱老百姓聽說也不能讓，非除了這股害不行！』

新區羣衆對人民解放軍和國民黨有什麽不同，爲什麽要打仗等問題往往分不清，但經過民工宣傳教育及實際行動的影響，就開始有了新的認識。如渤海一團初到新區時，家家關門閉戶，以爲來了槓子隊，都很害怕，後來見幫他生產，說話和氣才轉變了，有的羣衆說：『俺以前光當是您和中央軍一樣，誰想您還是這樣的善，眞是老百姓的隊伍。』民工就趁此向他們說明：國民黨打仗爲了誰，解放軍打仗爲了誰，我們就是爲了打蔣介石才出來支前的。在蕭縣一帶住時民工以當地羣衆被蔣匪新五軍蹂躪的悲慘事實，向羣衆進行教育，並提出：『解放軍流血犧牲圍殲杜邱李就是爲着人民的翻身解放。』有的並組織羣衆訴苦，激發對蔣匪的仇恨心，很多羣衆說：『新五軍在這裏，莊戶人一霎也過不了，成天不是打就是罵，不要豬就要鷄，糧食見了就搶。解放軍在這裏不但不拿還幫助老百姓看門。』

（2）宣傳了黨的政策及老解放區羣衆翻身解放情形，啓發了新區羣衆的政治覺悟：

沂南担架團，在朝陽集附近時，羣衆看着民工穿的很破，以爲這都是跟着部隊出來混飯吃的，一個老大爺問民工高培忱：『你那裏歉年幾年了？』高培忱就主動和他解釋好多問題，說明解放區豐衣足食，解放區大批給養日夜不斷的向這裏運我們是吃着自己的糧食來幫助你們解放。

渤海四分區担架團，特等功臣楊丙信，在徐州北于村住時，在一家姓張的大爺家，他宣傳了共產黨民主政府怎樣幫助老百姓生產，愛護老百姓和怎樣實行土改等。張大爺的姪子張光明，在一旁聽了，他站起來說：『怎麼眞的還有這樣好事嗎？』接着他就說起他今年十八歲，十二歲就沒有父母，撇下了三畝地不會種也都賣了，他要求跟楊丙信一塊去支前，復員後一塊到解放區去，楊丙信對他解釋說：『蔣介石快消滅了，這裏很快和俺那裏一樣了。』當他行軍走出十多里路時他又趕了去，指導員讓他吃了飯，才把他動員回去。

很多新區羣衆不明白民工是怎樣來的，不少羣衆問民工『是不是抓來的？』安邱縣的一個十八歲民工告訴他們說：『蔣介石在那裏把俺糟蹋的和你這裏一樣苦，共產黨領導生產救災救了俺，俺支前都是自願來的，打不倒老蔣就沒好日子過！』

許多民工團隊的長長行列，經過徐州、蚌埠時，市民都奇怪的說：『怎麼這些伕子也沒押着的他們不跑呢？共產黨眞是有辦法！』民工答覆他們說：『支前是自願的，消滅了老蔣才能過安穩日子！』

（3）民工不僅教育了新區羣衆，同時民工看到了新區羣衆深受蔣匪和封建勢力的蹂躪和壓迫的情形，也教育了民工自己。渤海一分隊担架團特等功臣丁自明，在宿縣西南的馬莊，發現一個婦女因受不了婆婆的壓迫而尋死時，他回想自己給地主抗活時，也曾受過比這更嚴重的痛苦，共產黨來後不光有吃有穿，還不受壓迫了，他痛恨自己不該支前不願來，工作不該不積極，他責備自己不該忘本，最後他下決心說：『我一定支前到底，非立大功不行』。並有好多民工要求支完前留新區幫助新區農民翻了身再回家。

（二）幫助羣衆勞動：

每到一地幫助羣衆勞動，成爲民工普遍現象，高度地表現了解放區勞動人民的階級覺悟，和勞動高尙本質。僅據魯中南、渤海、膠東九個民工團體的不完全統計，在隨軍服務半年時間中，即幫助羣衆：

耕地五二〇〇畝
種麥子一二五·九畝
收莊稼三四八〇〇畝
鋤地一三三〇〇畝
種菜七八畝
刨花生二二二·二畝
刨地瓜一六三畝
泥房打坯二三七〇〇次
推磨壓碾二一六四〇次
打場一一一三九次
修理傢具三二二九次
打紡車一五九輛
幫蓋屋二〇間
下柿子一二五筐

割柿子七〇〇〇個
摘花生一六五〇〇斤
割瓜秧八〇次
刨地瓜窖一八個
切菜一六〇〇斤
釘蓋頂一六個
做小桌二〇張
編筐頭糞筐五〇個
鑿磨一八盤
編笓子七一個
編蓆籠子二四個
割草六一六五九斤
其他零活五三二一一次

這個統計單就幫助的範圍之廣，和種類之多來說，就充分證明了『民愛民』運動的深入和廣泛。民工在幫助羣衆勞動中，出現了不少的模範事蹟，深得新區羣衆的愛戴和擁護，加强了勞動人民的團結。

民工不僅幫助羣衆生產，有的還把自己的手藝和生產辦法傳給了新區羣衆，打破了『藝不傳人』的封建傳統。魯西新解放區的紡車很笨，輪子周圍的柱子太稀，不結實，中間的軸搖起來不滑也不快。渤海民工隊的木工組，親自給居民做了一些手紡車，中間添了一個轉軸，省勁又快。大娘們個個叫好說：『毛主席教育的人，心眼都巧。』

廣饒民工在臨沂縣住時，給房東編了些渤海用的糞筐，一個房東大爺背着到處誇獎說：『老解放區民工眞是巧，編這糞筐又好背盛的又多。』也把編的辦法教給了當地居民。

由於積極的幫助羣衆勞動，眞正作到了『以民工的好心，換得了羣衆的好心』。僅渤海一分區担架團光羣衆送的旗子就有五十九面，膠東担運第八團挑工六營羣衆送旗一百八十餘面，復員時華支獎爲紅旗營，民工與新區羣衆眞是親如家人，這充分說明：老區人民在黨的培養教育下階級覺悟大大提高，他懂得如何支持戰爭，又如何自覺的幫助廣大勞動人民的解放。

（三）遵守羣衆紀律：

民工不但在新區廣泛深入的宣傳了黨的各種政策、自己翻身經過，和幫助新區羣衆勞動，同時也嚴格遵守了羣衆紀律，戰場紀律和城市紀律。魯中南二分區担架團三連，在江蘇高橋鎮接受任務時，此地是戰地羣衆都跑光了，民工張學起到一家找房子住下，該家是商人，屋裏還有許多物品，又發現桌子上還有一包票子和做成的大米飯和猪肉，他們雖然一夜沒吃飯，但誰也沒吃的，張學起先看好房子，再叫其他人進去，他負責看管，房東回來時，就一一交待了房東。房東喜的說：『沒想到解放區的民工也是這樣好！』到浦東作戰時，六連一排民工戴成文打舖休息時發現房東的一個包袱，他即原封不動的交給連部看管，等羣衆回來時又送回來。

民工並且也和人民解放軍一樣的遵守着城市紀律和戰場紀律。渤海一分區担架團在濟南戰役時提出：『空手進城，空手出城』的口號，民工都認眞恪守，沒有一個從城裏帶出東西來的。淮海戰役消滅黃維兵團時，十一月天那麼冷還沒穿上棉衣，雖然滿地都是棉衣、帽子，沒一個拾起來的，民工拾到了子彈就馬上交公，像這些遵守政紀的範例子是不勝枚舉。

從上面的材料充分說明，『民愛民』運動是有成績的，也說明了老區人民在共產黨的領導下，和戰爭的教育鍛鍊下，階級覺悟是大大提高了，他懂的如何支援解放自己的戰爭，又如何自覺的幫助新區廣大勞動兄弟的解放。

（丁）文化娛樂運動

在廣大民工中開展了文化娛樂運動，民工把黨的政治教育和號召，以自己的情感、語言，用民工自己所喜見樂聞的娛樂形式，個人或集體的編成『武老二』、快板、順口溜等，並開展了担架詩運動，互相鼓動提高了民工自己的認識和文化，羣固了民工的情緒；也反映了廣大人民對戰爭的自覺支援熱情。

（一）民工團隊一般均建立了羣衆性的文娛組織，使文娛活動由自發的、渙散的走上有組織、有領導的進行。各團隊根據民工要求與任務情況有的建立了民工俱樂部，有的建立了文娛委員會，有的成立了壁報委員會，通過牆報進行民工的政治、業務教育與反映民工意見與解答問題。其他如領導民工文化學習的學習小組和將民工中會唱會拉的組織成立文娛小組等形式；部份民工團隊組織了劇團。這些組織均經民主產生。

（二）民工中文娛活動，不僅提高鞏固了民工本身，同時在舊年關中也推動了新區的年關娛樂，進行了新區宣傳工作，教育了新區羣衆。

在舊曆年關中，民工的文娛活動，推動活躍了新區羣衆情緒，膠東第四大隊，隨十二縱服務時，在年關中民工自己組織了劇團，初一那天，各中隊打着鑼鼓，扭着秧歌，互相舉行團拜，並與部隊配合開『軍民聯歡晚會』。北支三大隊，在年關時，民工在新區熱烈展開了文娛宣傳活動。他們把前線民工的活動演扮成秧歌；如抬担架、火線搶救，捕捉俘擄，活捉杜聿明等。他們還演出時事活報和組織變工組等秧歌劇，對任地羣衆有良好的政治影響。除夕那天，各分隊分頭開回憶晚會，回憶去年蔣匪重點進攻膠東時和今年的大勝利對比，回憶自己出來支前的時候，思想如何活動及後來如何克服了而立下了功勞。民工都高興的說：『今年過的年比在家裏還熱鬧！』

（三）民工中不僅開展了文化娛樂活動，同時也加强了文化學習，民工團隊提出：『把冬學搬上前線』，創辦民工學校，民工反映：『三四十歲了，又上了民工大學』。

沂源民工担架團三連提出：『把冬學搬到前線上』。他們堅決貫澈這個任務，識到一百字以上的有一個，能寫四五十個字的二十個，一般能寫的一二十個，只有九人沒學字。

渤海四分區担架團，特等功臣楊炳信班，雖然疲勞，但大家的學習都非常積極認眞，就是接受了任務，每天也能學兩個至三個的生字。學習組長王金中，還創造了就字教字的學習辦法。例如先教一個『口』字，然後再把當中添上一横，就是個『曰』字，再添上一豎就是個『田』字，用這一個字，一直添到『運』字，就能學八個字，這樣使大家容易記，學着又感興趣，在一月中最多的楊經山學了一百五十個，楊丙信學了一百一十個，最少的也能學三十個，大家都高興的說：『咱不光支了前，還提高了文化。』

江淮二分區民工運輸團，每班都有小先生，由連文化教員統一規定生字，小先生學會了後，再回到班去教大家，行軍時，即把字條貼在車子上，休息時就在地上劃，一星期中，就有百分之卅學會了『支前，支前，大家推車上前線』。在一月中最少的也能學三十個。

（四）民工也出版了自己的牆報，淄博担架團民工自己募捐買了八尺白布作壁報欄，兩個月就出了七期，光民工寫的稿子和詩歌小調漫畫等就有六十多篇。沂中担架團十二連的民工俱樂部，也根據大家的要求，創辦了民工壁報，各班均組織了壁報通訊組，提出『自己辦，自己看』的口號，號召民工大家寫稿，壁報除反映了民工生活情形外，同時也登載着前線的勝利消息，幷利用壁報及時的表揚了模範人物，如李常永、劉學經兩民工，在某次轉運渡河時，往返廿餘次划船運傷員，牛衍治在轉運傷員中自動把被子給傷員蓋，很快被寫成了快板，『武老二』，貼在壁報上。推動了大家向模範人物學習；十一月下旬，部隊南下追殲逃敵時，有些民工產生了復員思想，這時各個壁報通訊組，即集體寫了小言論，批評這種思想，並配合發出了反對開小差的詩歌，協同着行政教育，逐步穩定了大家的情緒。

（五）在文化娛樂運動中，不少民工根據着戰爭形勢，支前任務模範英雄和自己的親身經歷，編成了許多快板，『武老二』和秧歌、小調等。因爲都是民工自己創作的東西，所以民工最願意學願意唱 推動了支援工作，提高了民工情緒。

渤海一分區担架團特等功臣李省三，在濟南戰役轉運傷員時，他編了一個愛護傷員的快板：

傷員受傷不能動，
咱們耐心來侍奉；
幫助傷員大小便，
不嫌髒來不嫌煩；
傷員喝水和吃飯，
不怕辛苦要照管。

在開展立功運動時，魯中南平邑挑子營，編出詩歌：

立功眞光榮，
大人小孩都歡迎；
立功戴紅花，
男女老少把你誇；
立功回家轉，
老婆孩子都喜歡。

膠東北海民工，爲使傷員更舒適，在空閒時間編小蓆，小草籠子，草頭枕等，放在担架上給傷員用，上面並寫着自己編的對聯如：

『小草蓆，亮光光，
祝傷員，早健康。』

『我的草籠平又平，
傷員鋪着不害痛。』
『我編小蓆你打仗，
爭取全國早解放。』

同樣在運送軍糧彈藥中，民工也編了不少詩歌小調，渤海三分區運輸第一大隊編的一個詩歌是：

『小車吱吱賽鳳凰，
咱上前方送軍糧；
同志們吃飽好有勁，
堅決消滅賊老蔣。』

振樂民工團一營一連民工房萬營，編了一個『担架歌』唱遍了全營。

一、担架同志們，準備過長江，
支援前線理應當，打垮賊老蔣，
哎喲！才能得安康。

二、支前莫想家，生產有辦法，村裏組織代耕隊，給咱種莊稼，
哎喲！耕種又收割。

三、咱們抬傷員，照顧要周全，

他們拚命在前線，流血又流汗，
哎呀！都是爲了咱。
四、任務要爭先，處處作模範，
服務期滿回家轉，紅花掛胸前，
哎呀！光榮又體面。

渤海四分區担架團，淮海戰役時到了復員期，有的民工要復員，這時文娛委員會，就領導大家配合行政教育，開展了『担架詩』運動，有的民工在担架上寫着：『犁不到頭不卸牛，不立功勞不家走。』有的寫着：『吃飯吃個飽，幹活幹個了，支前支到底，才能立功勞。』民工高清淅還特別找了塊紅紙，他說着叫別人寫好貼在担架上，他寫的是：

『淮海戰役不打完，咱們堅決不復員，
消滅蔣匪立大功，老婆孩子都喜咱！』

這些歌子都很普遍的在民工中流傳着。

以上經驗告訴我們：只要有領導的進行民工的文化娛樂活動，也就是把黨的號召通過羣衆自覺和羣衆喜見樂聞的形式創造出來的東西，才能被羣衆接受，不但提高了民工的情緒，這樣也把黨的政治教育，更容易被羣衆所接受，這是貫澈政治工作鞏固提高民工保證支前任務的重要方法之一。

第四、評功復員

山東、蘇北、皖北近四十萬隨軍支前常備民工順利支援了濟南、淮海、京滬等全國決定性的偉大戰役，完成了糧食、彈藥的供應，傷員的轉運，保證了諸戰役的澈底勝利。所有參加這些戰役的幹部、黨員、民工在一生生命過程中是最光榮最有意義的一段，他們在支援戰爭中留下了可歌可泣的光輝事蹟，爲人民的解放事業建立了不朽的功勳。評功復員就是把幹部、黨員、民工的這些模範事蹟總結出來，不致埋沒，通過總結評功把幹部、黨員、民工的覺悟提高一步，並從中得出經驗，提高領導，使這一工作有着開始、也有着結束，同時這也是民工由前方支援戰爭的任務，轉入後方生產任務的教育過程。這些民工經過了地方動員、戰爭考驗、評功教育在政治階級覺悟和工作能力上有着很大提高，只要領導上能正確運用，他們將是今後生產建設中的骨幹與積極份子。克服了幹部黨員民工的個人自私的意識作風，樹立了發揚集體階級的革命英雄主義。

（一）評功復員的準備工作：

評功復員共分兩個階段，一個是淮海戰役、一個是京滬戰役。在這兩戰役的評功復員中，華支均建立了一定組織，專門負責民工的評功復員工作。在淮海戰役結束後，以華支政治部爲主成立了評功委員會、組織委員會和四個民管處，分工領導民工的評功報功及審查所提拔幹部、發展黨員，對應懲應獎幹部黨員事項處理等工作。京滬戰役結束後，華支又組織了民工復員委員會及兩個民管處，負責民工的評功復員等工作。

除在組織上作以上準備外，在物質上亦有較充分準備，如製就了一百二十面獎旗、印了六萬份獎狀，並組織了劇團準備了電影。在食宿方面亦有了充分準備，如在京滬戰役民工復員時，爲對該批民工給以精神和物質的慰勞，華支決定所有復員民工發豬肉一斤，病號送醫院醫治，所缺鞋子衣服按具體情況進行補發。在兩次評功復員中均與地方政府配合發動當地羣衆對民工進行歡迎和慰問。

（二）如何進行了評功、審功、慶功：

該兩戰役的民工大都超過了服務期，在淮海戰役復員時又迫近舊曆年關，民工一般都存在着『要回家不要功』的思想，有些帶工幹部亦有這種思想。另外民工來的都比較分散，有的團隊在前方分散執行任務，復員時即分散歸來，有一部坐火車來，也有一部步行來，時間極不一致。

根據以上情況，決定首先在幹部中進行評功重要性的教育，使幹部認識到在這偉大戰役中民工的英勇模範事蹟不應埋沒，對戰爭對人民負責到底，改造提高人民覺悟是每個幹部黨員的基本任務；評功的成敗首先決定於幹部的領導。民工隨來隨評，爭取在短時間弄完。另外從幹部的回報中了解過去評功的偏差，以實際例子教育、打破幹部滿足於在前方已評過功的自滿情緒。在民工中又進行了動員，說明這次完成支援的任務，不但是現在的光榮，也是將來永久的光榮，應好好的評，回家過年是個人的小事，評功是大事。淮海戰役評功復員中，膠東北海大隊爲打破民工回家過年不要功的思想，提出『白毛女』劇中的楊白勞爲什麼不能過年？讓大家討論，啓發翻身農民的階級覺悟，安定了情緒。

在評功前一般都召開了幹部會議，聽取了彙報，訂出工作計劃。評功的進行主要是以民工團隊爲主、復委會、民管處、政工隊派出的幹部協同保證完成評功復員任務。在京滬戰役復員時第二民管處並以民工團隊的黨委爲主、復委會、民管處、政工隊派出的幹部參加黨委會，實行統一領導，建立臨時的復員總結委員會，下設統調、供給、通訊報導等組，分工負責民工的數字統計，發放獎品，清理賬目，保證供應和搜集報導民工英雄模範事蹟等工作。

進行評功的步驟，一般是先聽取回報，了解是否評過功及其標準，然後根據情形佈置評功總結任務。如未進行評功者，即介紹評功經驗，進行評功，如已進行評功者，即進行審功、慶功。

經簡短的幾天評功後，出現了大批功臣，僅據淮海、渡江、京滬戰役二二、六二〇八民工的統計，其中就出現了特等功臣二三三人，一等功臣六八四四人，二三等功一二、三七八九人。

一切工作做好之後，就開始獎功慶功。華支共獎予各模範單位獎旗一一三面，獎予模範帶工幹部和特等功臣嵌有毛主席像的獎章。僅京滬戰役即有五百餘枚，獎狀四五〇〇〇份。

（三）佈置回村後的工作：

評功獎功後，幹部民工覺悟大大提高，紛紛響應上級號召，佈置了回村後的工作，有的團隊進行了座談，大多數功臣在慶功會上提出了保證與挑戰，回村後好好宣傳和做好生產工作、擁軍工作。爭取在生產中立功。

海陽挑工二中隊特等功臣于傳慶在慶功會上回憶了個人翻身經過，表示回村一定好好團結村幹，帶頭把變工組組織起來，沂源担架團一營三連二排齊才方，在慶功會上向各村挑戰，保證回村把半勞力整勞力組織起來，把荒地開起來，先幫軍屬種上地。

膠東民工三團評定功後即普遍討論訂出了回家的工作計劃。五營三連三排楊文有討論時說：『我這次支前立了二等功，是大家看着我積極給我評上的，若是覺着有功高大了，不好好生產，莊裏就看不起咱，我回家一定要好好向生產有經驗的學習，積極生產。』嚴開公說：『我這次出來和村幹鬧了點小別扭，我在這七個月的支前中心裏也想開了，咱能跑出幾千里路來解放江南同胞，一個莊裏整天磨耳朵邊子的人還有甚麼過不去的事。這次回家我一定向他們加强團結搞生產。』董秀卿也說：『咱支前有功，人家在後方生產支援也有功，咱不能覺着有功瞧不起人家，也不能因爲村裏有一點照顧的不够，就和人家鬧不團結，我這次回家對我照顧的孬好沒意見，回家和他們一道生產搞好村的工作。』大家討論的非常熱烈，張志全計劃回家脫離生產到區裏工作，葛才紅決定，回家以後要向莊裏宣傳勝利消息，叫老百姓更提起勁生產。

膠東西海担運團，評完功訂了回村工作計劃後，又討論了江南有那些可學習的地方，他們都認爲：江南農村婦女勞動好，和男人一樣種地、挑担子、插秧等；江南沒有閒地，溝沿上、地埂上也都種着蠶豆、小白菜、桑樹；再就是江南人講衛生，對人和氣，這一些他們準備回家後，都向老百姓宣傳，好好學習江南農民的長處。

有的團隊因來不及討論，即决定走在路上，坐在火車裏討論。

（四）復員情形：

經華支復員民工，淮海戰役一七、四三〇五人，京滬戰役五、一九〇三人，全係山東地區的。蘇北、皖北地區民工爲使其少走路爭取早回家生產即責成其地方黨委、政府負責進行他們的評功復員工作。

各地政府對民工復員工作，均有充分準備，如山東省府於民工復員前即在各民工下車點建立了民站，準備了糧食、茶水、房子及組織羣衆歡迎等。淮海戰役民工復員時，各地亦有充分準備，膠東海陽縣府接到民工復員通知後，除佈置各區、村準備歡迎外，縣府特在民工要經過的小紀村組織歡迎大會。民工到來後，全村羣衆齊往歡迎，向功臣獻花，縣府徐科長並代表縣府向民工進行慰問。

這批經過戰爭考驗的近四十萬民工，無疑的能成爲各區村生產建設中的骨幹。

（五）評功復員工作的檢討：

在淮海戰役評功復員中，有很多民工團隊未能很好進行評功卽直接回家了（共民工二三、二五一〇人，經華支復員的僅一七、四三〇五人），個別團隊進行的亦很潦草。這主要是幹部還就了民工的落後思想，犯了尾巴主義的毛病，或抱着對黨對人民不負責任單純任務觀點和應付的態度。

在京滬戰役評功復員時，主要是領導上限制時間太死，致使許多團隊未能很好進行評功總結，這樣不少功臣與模範的事蹟卽被埋沒，另一缺陷卽是有頭無尾機構變動兩次，民工復員尚未最後結束時，卽將負責復員組織取消，致使有些尚未復員的民工團隊，復員時無人過問，造成幹部民工的很大不滿，產生某些不良影響。

第五、對外宣傳報導工作

（一）爲開展支援前線的對外宣傳報導工作，把人民羣衆在支前中的英雄事蹟，以及工作中的典型經驗及時宣傳報導出去，教育廣大幹部羣衆，鼓動他們支前的熱情，在濟南戰役時，新華社華東總分社及魯中南分社，均在省支前辦事處及魯中南支前辦事處建立了支前支社，派出記者、電台，在支前辦事處政治部具體領導下進行工作。濟南戰役結束後，華東總分社將其支前支社撤回。淮海戰役開始時省前辦與魯中南前辦合併爲華東支前委員會，華支政治部爲加强宣傳報導工作，在政治部下設通訊科，幷發出關於通訊報導工作的指示，要求各民工團隊及支前機關部門建立通訊組織，重視對外宣傳報導。徐州解放，淮海戰役進入第二階段，華東局又從華東大學、省工會、農委會抽調十三個幹部，華支政治部亦從其他部門抽調五個幹部，又加强、充實了支前支社，從而出版支前快報，淮海戰役結束後又開始出版支前畫報。直到京、滬戰役結束，民工復員完畢，華支機構撤消時爲止，共出版支前快報二十二期，支前畫報四期，支前手冊一期（每期均五千份），向華東總分社及魯中南分社發稿二百三十一篇，二十四萬八千餘字，據不完全統計大衆日報登載一百六十五篇，新華總社廣播八篇。

（二）上述報紙、刊物的出版，以及所發之通訊消息，在表現人民、教育幹部羣衆、傳播支前經驗上起了一定的作用，特別是支前快報與畫報，對支前民工和修路建橋工人的教育推動較大。

（三）宣傳報導工作的主要缺點是：只偏重於支前民工的報導，對其他各項支前工作的報導很差，特別是我們黨和人民，如何戰勝了這些工作上的困難，而勝利完成了支援任務方面，更缺乏系統深刻的報導。

第四部份

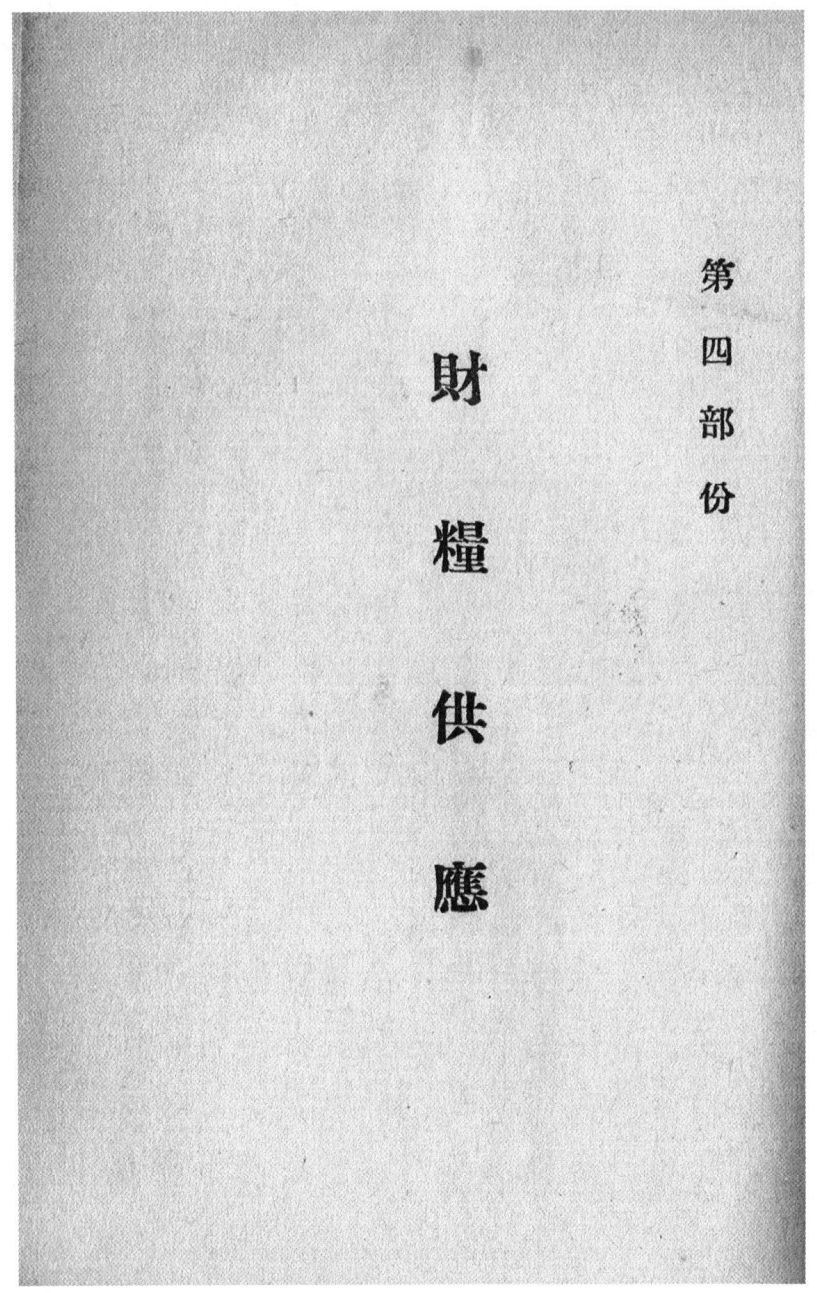

財糧供應

第一、糧食供應經過概述

自一九四七年，敵人即對我山東開始了重點進攻，實行了滅絕人性的破壞政策，使我廣大農村的經濟基礎受到了嚴重的摧殘。同時，又進行了連續性的萊蕪、泰安、孟良崮、南麻、臨朐……諸戰役的支援工作，人民在物力的負担上，業已相當繁重，瀕於枯竭狀態。再加有些地區因旱、雹、蝗、澇等災，使秋季歉收。在蔣災天災交加之下，造成了山東解放區的嚴重災荒。直到敵人重點進攻被粉碎之後，在一九四八年春季，華東局立即領導黨政軍民全力進行生產救災運動，實行三大方案，將人民負担減輕到最低限度，以使人民休養生息。在黨政軍民全力奮鬥下，終於渡過了嚴重的春荒、夏荒，並恢復與發展了農村生產，打下了支援大規模戰爭的物質基礎。如果沒有這一偉大的生產救災運動，或這一運動開展的無力，那對於春夏荒之間的周張、昌濰、兗州戰役的供應，對於大規模的濟南、淮海、渡江戰役的支援，是不可想像的。所以生產救災運動是爲三大戰役創造了物質條件，打下了支援基礎。

（一）濟南戰役：

開封、豫東、兗州戰役後，我華野東西兵團於九月間在津浦路勝利會師，開始

—129—

了濟南戰役。當時，糧食供應的有利條件是：我地區空前擴大，渤海、魯中南完全連成一片，糧食調運無阻。同時正值秋季，新糧已大部上場，糧食來源無大困難。所感困難者，是麥糧已大部用完，僅剩零星尾存，而秋糧尚未開始征收。同時吃糧數目空前浩大，攻濟部隊、打援部隊、隨軍民工、後方民工、共計九十三萬九千餘人，連馬料在內，每天需糧二六三萬餘斤，以及秋季農忙期間大規模的軍糧運輸工作。

根據當時條件與已往的經驗，決定以戰區、接戰區爲供應區，以供應區的糧食爲基礎組織供應，再根據各供給區的糧食力量及戰役發展情況，由其他區調入糧食。具體佈置爲：濟城東面由渤海之二、三、四分區負責準備糧食二、八三七萬斤，城南面由魯中南一分區負責，準備糧食一五二〇萬斤，城西面由魯中南七分區負責，準備糧食二八一〇萬斤。在南線打援部隊的供給，則由魯中南四、五分區負責，該兩分區有糧一〇、六二〇萬斤，整個濟南戰役共準備一六、二六七萬斤。按吃糧數目計算，可供給兩個月。

戰役開始後，部隊發展順利，供應位置比較固定，糧食易於跟上。羣衆運糧情緒高漲，出現不少運糧範例：如泰安縣崔家莊民工閻成興等四人，在運糧途中踏響地雷，一人炸死，三人受傷，結果三人將死者安置後，仍帶傷將糧食運到前方糧站。又如歷城縣民工楊保元，年已五十三歲，每次挑八十斤糧食，有時挑九十斤，盡夜趕運。小車隊除夜間運糧外，白天冒着飛機前進，雖有傷亡，但情緒依然高漲，保證了整個戰役中的糧食供給。

濟南戰役八天結束，各糧站尚剩餘不少糧食。從部隊進入各供給區算起，共一個月的時間，整個濟南戰役共用糧七三四三萬斤（原糧）。

（二）淮海戰役：

濟南戰役結束後，部隊在休整中陸續南下，作淮海戰役的準備。這時在糧食工作方面，除了沿途佈置行軍吃糧外，主要是突擊征收，進行加工，作大規模淮海戰役的供應準備。

淮海地區是敵人長期刼掠和連年水災的災荒區域，羣衆生活疾苦，糧食負担力微弱。戰區就地吃糧，除在迫不得已的情況下征用外，是不能作過高依靠的。對於糧食供應的主要辦法，還必須是依靠後方運糧。但運輸線是空前的延長，火車只從濟南通到兗州，離前方尚有二百餘里。當時計算每天需三百萬斤原糧供給，從幾百里外用小車運輸，是極為嚴重的任務。因此，對淮海戰役的糧食供應，當時上下一致担心。華野通令中曾說：『這次戰役的發起，是繼濟南戰役勝利之後，根據目前全國形勢與部隊的思想情緒，均有勝利條件與信心，所感困難者，惟有糧食問題，……我們為了勝利，此次戰役的糧食工作，應引起各級負責同志的注意，……。』在這情況下，黨、政、軍、民對這次糧食供應任務，都是謹愼而嚴肅的。

根據當時的運輸條件，全部依靠後方運糧，或各個地區平均攤派的辦法，是不能完成戰爭供應任務的。於是決定首先以接近戰區的魯中南四、五、六分區的糧食爲基礎，全力以赴，供應前方和後方運糧相結合。

這時，華中方面，於九月份卽開始從江邊之一、二、九各分區向淮海地區運糧，戰役前已運到二、三〇〇萬斤。在山東方面：第一步供應佈置爲一六、三〇〇萬斤，計第一線糧食一〇、〇〇〇萬（魯中南六分區六、〇〇〇萬，五分區三、〇〇〇萬，四分區一、〇〇〇萬），由各該分區組織運力、糧站直接供應部隊。第二線糧食六、三〇〇萬（渤海區運兗州一、〇〇〇萬，魯中南一分區運兗州八〇〇萬，七分區運濟寧二、〇〇〇萬，三分區運臨沂五〇〇萬，二分區運臨沂以西朱陳一帶一、〇〇〇萬）。在運力方面第一步調集小車一七〇〇〇輛，小挑一四〇〇〇付。小挑歸部隊掌握作前線運糧，小車歸隨軍糧站掌握從二線向糧站運糧。

在部隊方面，華野規定：部隊行動時，各帶三天糧食，三天內無糧吃由部隊負責，三天外無糧吃由地方負責。地方保證將糧食運到師之糧站後，向各伙食單位搬運一概由部隊負責。地方盡量保證三分之一的麥糧，實無麥糧時，亦不得强調。部隊進入作戰地區，後邊糧食實跟不上時，在隴海路南就地籌借（隴海路北不准部隊籌借），但必須以團爲單位，政治處與供給處協同進行，嚴遵借糧辦法。各部隊不得在駐村凍結糧草，或把持糧站，或途中截用糧食，以免影響整體供給。

一、

十一月八日戰役開始，部隊發展迅速，原定運糧路線、糧站位置，有的失去作用，在供應上有的糧站找不到部隊，而部隊却找不到糧食，頓形混亂。直到三五天後，部隊位置與運糧路線做到統一，糧食逐漸趕上，才使部隊吃糧得到保證。在三五天的混亂中，由於時間不長，部隊以自帶糧和戰繳糧維持，尚未發生嚴重問題。四分區供給的單位，十縱、七縱糧食均無問題，惟糧食有砂子，高糧太多，約佔二分之一。只有十三縱在十二號那天，個別單位吃不上飯。六分區與五分區負責供應的部隊，糧食情况更好些。自十一月十二日至二十二日，在殲滅黃百韜兵團的十天內，糧食供給沒有發生大的困難。

二、

黃百韜兵團全殲之後，第二階段作戰立即開始，部隊迅即向徐州以南以東等地區挺進，運輸線繼續延長。在部隊前進中，除了隨軍糧站、隨軍小挑及少數小車外，大部份的運糧小車、二線糧站、運糧指揮站等一套供給機構，均被遠遠的拋在後方了。如是日夜追趕，蜂擁前進，混亂不堪。這時期部隊吃糧大部是以自帶、戰繳、籌借和隨時趕上的小車小挑糧食解决的。

根據這一新的變化，又作第二次部署；在山東方面：由魯中南六分區、四分區、五分區及濱北地區，向瑤灣、土山鎮、卞塘、宿羊山、運河站等處緊急運糧六、

—133—

一〇〇萬斤。第二線糧食，由魯中南七分區運至濟寧二、〇〇〇萬，再由河運指揮部組織船隻，在運河結冰前運到窰灣。臨沂縣轉運二分區糧食三〇〇萬斤，到蘭陵一帶。共計八、四〇〇萬斤。華中方面：從蘇北六分區，江淮之泗南、許大莊等地，向瑤灣、雙溝、褚蘭等地緊急運糧七、五〇〇萬斤。二線自江淮五、六分區向朝陽集、睢寧、雙溝一帶運糧四、九〇〇萬，共計五、六五〇萬斤。

在第一階段中，由各分區直接負責供給部隊的辦法，因部隊打出山東已經不能適用，即轉變爲成立屯糧區，統一接收糧食，統一供給部隊。並成立了糧站管理處，以統一領導屯糧區的糧站。

三、

第二次佈置剛剛下達以後，徐州敵人於十二月一日向西南逃竄，部隊日夜追擊，有的部隊乘汽車追趕。這時糧食供給發生困難，形成了部隊追擊敵人，糧食追不上部隊的混亂現象，直到將敵人包圍於蕭、永地區部隊固定後，糧食才逐漸趕到。

部隊在追擊敵人和初到蕭、永地區期間的糧食問題，主要是就地籌借。華支前辦抽調了兩千餘民工，配合當地籌糧，三四天內共籌糧三百萬斤供給了部隊。這是淮海戰役期間糧食最困難的幾天，直到三五天後，後邊糧食陸續運到，當地政府開始統一動員供給，供應情況才逐漸好轉。當時華支前辦報告中說：『部隊追敵的第一階段（三、四天），後邊糧食掉隊，又找不上地方政府，部隊多是就地籌借的紅面子（高糧面）、豆子、地瓜等糧食，但大多數尚未眞正餓肚子，個別單位也有餓肚子的，現後方糧食已開始趕到，地方政府已找上，糧食困難基本上已渡過……。』但是，所有一套供應機構，遠遠拋在徐州以東土山、朝陽集、瑤灣一帶，一萬餘運糧小車，仍散佈在從蕭縣至土山幾百里的路上。當時一面收攏後方，一面配備前方，再一次作新的佈置。

蕭、永地區大規模的圍殲戰開始，僅在該地區的參戰人員，華野、中野、民工、民兵等共計一百五十萬人吃糧，每天需原糧三九五萬斤之多，不是一個戰略區所能勝任的。在這個浩大供應的要求下，在徐州召開了山東、華中、冀魯豫、豫皖蘇四個大戰略區的聯席會議，在會議上協商了共同供給的具體方案；在戰場的東南面由華中負責供給，在戰場的東面、北面由山東負責供給，西面、西南面由豫皖蘇供給，冀魯豫調運華東小米一萬萬斤，由華支接收統一調度。

隨着徐州解放，在運糧方面增加了有利條件，在前方用糧最迫切，小車運輸又緩不濟急的時候，便緊急從徐州、兗州、濟南、新海各城市動員了商家汽車二百五十七輛，從徐州向蕭縣趕運糧食，在十八天內即運到前方四百三十餘萬斤，對於解決前方糧食困難起了很大作用。與此同時，濟徐段鐵路通車之後，即開始了從濟南、兗州、碭山、黃口等處向徐州、宿縣大量運糧，自十二月十四日至二月底即運糧七千五百九十一萬斤，節省人力日工一七一二萬個。同時又使用運河運糧，共組織船隻一、三六三隻，自十一月十六日至一月十九日共完成自魯中南七分區至韓莊運糧二、〇〇一萬斤，節省人力日工二五三萬個。

在各個戰略區協力供給下，及增加了新的運輸力量之後，使第三階段中的糧食供給得到了解決。華支前辦於十二月二十八日的報告中說：『……今日大吳集、王桃園、碭山、前顧廠、邵山等前方糧站，有存糧一、九六七萬斤，還有麥子三〇萬斤，估計糧食供給不成問題。』直到戰役結束，僅黃口、大吳集、王桃園、前顧廠、邵山等前方糧站，尚剩餘糧食六六九萬餘斤。這是人力加以現代運輸工具，增强了運輸力所完成的結果。

四、

整個淮海戰役，據山東、華中、冀魯豫、及豫皖蘇一部份的統計，共付出糧食五四、〇四七萬斤，除剩餘外，淮海戰役實用糧四三、四七六萬斤。

山東：共運出原糧二三、〇二〇萬斤，實用糧二一、〇二〇萬斤。

華中：共運出原糧五、七七三萬斤，實用糧五、七七三萬斤，就地用糧六、五二一萬斤。

冀魯豫：共運出原糧一四、二八五萬斤，實用糧四、〇〇〇萬斤。

豫皖蘇：共運出原糧四、四四八萬斤，實用糧四、四四八萬斤，（豫皖蘇的數字僅黃口、碭山糧站之統計，其餘供給數字缺）

合　計：各地區共付出糧食，五四、〇四七萬斤，實用四三、四七六萬斤。

（三）渡江戰役：

一月十日淮海戰役結束，部隊進入休整，部份部隊南進，掃蕩江北敵人，創立渡江軍事基地和支前基地。在糧食供應上，一方面供應休整部隊，一方面在江淮、皖西、蘇北各沿江地區突擊征糧，作渡江戰役的準備。

渡江戰役糧食供應上的特點；是一面支援部隊，一面支援城市。

一、

當時對部隊的過江後的發展曾作了兩方面的估計；一是部隊過江後，敵人的江防迅速突破，立即展開廣闊的追擊戰和掃蕩戰，一是部隊過江後，敵人尚能作一時之抵抗，我部隊還有短期間背水作戰的可能。根據這兩個發展的估計，在糧食供應上亦隨之作了兩種準備；一是就地借糧，這是主要的基本的，因為部隊過江後，不管敵人抵抗的時間長短，在廣闊的地區上，進行追擊和掃蕩敵人是必然的，糧食供應必須是就地解決，如是部隊方面成立了各級籌糧的專門組織，準備就地吃糧。二是部隊過江後，在江邊作戰時，即由江北糧食過江供應。

在渡江糧的準備方面；江淮地區能征糧九〇〇〇萬斤，皖西地區能征糧一一〇〇〇萬斤，蘇北地區征糧一〇、〇〇〇萬斤，共有糧食三〇、〇〇〇萬斤，當時吃糧人員計一五〇萬，吃到四月二十日，尚能剩餘一五、〇〇〇萬斤，作為過江糧。

—137—

二、支援城市的準備：計上海市人口五四四萬，接管人員二十萬，共計五六四萬人。供給制的二〇萬人，每月需糧一二〇〇萬，配給制（調劑民食用糧）的三四〇萬人，（公教人員一五萬，工人七〇萬，大中學生一〇萬，店員二〇萬，公教人員家屬四五萬，工人家屬一四〇萬，失業工人及城市貧民四〇萬）。按公教人員每人每月三〇斤，工人每人每月四五斤，大中學生每人每月四五斤，公教人員家屬，和工人家屬，每人每月一五斤，失業工人城市貧民每人每月一五斤，店員每人每月三〇斤計算，全上海市每月共需糧九二二五萬斤。

計南京市人口一五〇萬，接管人員二〇萬，共計一七〇萬人，供給制的二〇萬人，每月需糧一二〇〇萬，配給制的五〇萬人，每月需糧一五〇〇萬（每人每月平均三〇斤）。共餘一〇〇萬人每月需調劑糧八〇〇萬斤，全南京市每月需糧三五〇〇萬斤。

京、滬兩市每月最低限度須供應糧食一一九二五萬斤方能維持。在秋季前還有五個月的時間，則共需糧食五九、六二五萬斤。

過江部隊及民工民兵、支前人員、改編俘虜，共計一七八萬人，每月需糧一〇、六八〇萬斤，在秋季前五個月共需糧五三、四〇〇萬斤。

支援部隊與支援城市的糧食任務共爲一一三、〇二五萬斤。

三、

部隊過江後，糧食供應成爲中心支前任務，華支隨成立四個支前辦事處，分赴皖南、蘇南、浙江、贛東北四地區配合當地幹部進行征糧，一面供給駐軍，一面調運城市。要求在蘇南征收四〇、〇〇〇萬，浙江二〇、〇〇〇萬，皖南二〇、〇〇〇萬，贛東北一〇、〇〇〇萬，共計征收九〇、〇〇〇萬。再從蘇北調運一五、〇〇〇萬，山東一〇、〇〇〇萬，皖北一〇、〇〇〇萬，共爲一二五、〇〇〇萬斤，作爲秋季前的供應部隊與支援城市的總計劃。

四、

四月二十一日部隊渡江，敵人江防隨即崩潰，南京迅速解放。部隊隨展開大規模的追擊戰和掃蕩戰，部隊吃糧完全是自籌自給。江北糧食除五〇〇萬運武漢外，大部運於蕪湖、南京、鎮江、上海各地，作爲城市供應。

整個渡江戰役用糧，除部隊就地吃糧外，蘇北地區共付糧二三、七四八萬斤，皖西之三、四分區共付糧五、六五一萬斤。江淮地區及皖西一、二分區約計五、〇〇〇萬斤，共用糧三四、三九九萬斤。

（四）三大戰役用糧統計：

濟南戰役　七、三四三萬斤。

淮海戰役　四三、四七六萬斤。

渡江戰役三四、三九九萬斤。

共計八五、三一八萬斤。

附註：該數字不全，係部份材料之綜合，缺豫皖蘇的統計及渡江戰役中部隊過江後之吃糧，江淮，皖北過江糧均無全面材料。

第二、糧食供應上的幾個具體問題

（甲）運糧問題：

從人民繳納公糧到前方部隊吃糧的整個供給過程，除了糧食的加工和糧站收發以外，全部是運糧過程。因此，運糧問題是保證部隊供應上的重要關鍵。

在戰爭情況和農村環境的條件下面，運糧的特點是：以落後的運糧工具供應近代化的戰爭，以分散的農村糧食供給大規模集中作戰的部隊，從落後的運糧工具發展到近代化的運糧工具。這說明運糧任務是極其困難和複雜的。

（一）運糧任務是在戰爭環境，惡劣交通，陰雨天氣及爲避免敵機襲擾，必須夜間運輸等若干具體困難條件下完成的。運糧工具基本上是小車，小挑，牲口爲主，直到淮海戰役最後階段，才開始用火車，汽車近代化的運糧工具。基本運輸力是整勞動力，半勞動力，畜力，男，女，老，幼的總動員。

（二）糧食來源是來自四面八方的，如濟南戰役中糧食來源，僅包括渤海、魯中南兩地區。在淮海戰役中按舊省界來說，包括山東、河北、江蘇、安徽、河南等五省範圍。從廣大的遠方，將糧食集中於前方，須經無數次轉運，通過若干不同的運輸方式和使用幾種運輸工具，才能運到目的地。如淮海戰役時，華中自江邊向隴海路運糧，由水運轉成陸運，由陸運再轉水運，須轉換幾次才能到達前方。如山東魯中南一分區的運糧，由小車運到泰安，再由火車運到兗州，再由小車運到濟寧，再用船運到韓莊，再用火車運到徐州，再用汽車運到蕭縣，從蕭縣再用小車運到隨軍糧站，然後用小挑從糧站運到部隊炊食單位。是通過了小車、火車、船、汽車、小挑五種運輸工具，和經過七次轉運手續。這說明了要完成大規模的戰爭糧食供應，單靠人力加落後工具，或單靠現代交通，是不可能完成任務的，必須以人力加落後工具加現代交通，才能完成將四面八方若干地區分散的農村糧食集中於前方供應作戰。

（三）運糧消耗多於前方吃糧，運糧消耗佔整個糧食消耗的二分之一，最高至三分之二。如華中在淮海戰役中運到前方糧食三、七六三萬斤，運費消耗二、〇一〇萬斤，佔實運數的百分之五三，最高者達百分之一百五十。運輸線越長，比例數越大，這是我們落後運輸工具供給近代化戰爭的特點。

（乙）各種運糧工具的運用問題：

糧食運輸，基本是以廣大人力加落後工具（小車、挑子）爲主與充分利用現代化交通工具（火車、汽車、輪船）相結合完成了供應任務。在運用上要發揮各種工具不同的性能。

（一）在運用小車、小挑方面：

在一九四七年時期，小車、小挑運糧，大部分是採用供給制的，短途的後方運糧是義務制的。直到一九四八年春季，（山東方面）支前結合救災的情況下及吸取了過去的運糧經驗，才開始採用後方運糧的包運提成辦法。但這個辦法在前方不能使用。如在一九四八年津浦戰役時，曾用提成制的辦法在前方運糧，結果由於前方情況變化太大，運輸線及卸糧點均不固定，無法提成。從後方存糧點到前方部隊炊食單位的全部運糧過程，根據過去之經驗及具體情況，基本上分爲三段：第一段是從後方的存糧點（即地方倉庫），到前方屯糧點（即隨軍糧站的後方），這一段的特點是運輸線相對的固定，如淮海戰役山東糧食向南運的基本方向是不變的，蘇北的糧食向隴海路附近運的方向也是不變的，卸糧點也較固定，可採用包運提成的辦法。第二段是從前方屯糧點到隨軍糧站，這一段的特點是運輸線不固定，情況多變，包運提成制的小車即不適合此種情況，必須是常備的供給制的組織較好的小車隊。第三段是從隨軍糧站到部隊的伙食單位，這段的特點是機動、迅速、輕便、能够具備部隊行軍速度，有時得翻山嶺過河流，小車運糧根本不行，必須是較鞏固的常備小挑才能勝任。

第一段之運糧可完全採用包運提成制，以吸收半勞動力參加，擴大運輸力量，刺激運輸效率，減少幹部。如四八年津浦戰役中，開始使用包運制時，沂源縣及萊蕪縣的運糧，一人一車有推六百斤的，一天走七十里。

第二段和第三段之運糧，由於運輸線及裝卸糧點變化性大，必須是組織性較强的供給制的常備小車和常備小挑。其供給標準：每人每日秋糧三斤，柴草三斤半，菜金是野戰軍的二分之一，服務三月以上者，每月發給四兩黃烟費，服務兩月以上者，每人補充鞋子一雙，另外酌予發給醫藥費等，給民工以充分供給，保持其體力健康與支前熱情。

（二）運河運糧：

淮海戰役初期，韓莊、台兒莊解放後，運河線北起魯西之東平、平陰等縣，南至台兒莊一段完全通航，當時鐵路僅濟兗段通車，運河運糧便成爲當時供應上的重要交通線。

運河運糧自四八年十一月十六日開始至四九年一月十九日，近兩月時間，共組織大小船隻一三六三隻，載重量九八七五，九〇八斤，完成了兩千餘萬斤的運糧任務，在人力上比小車運糧節省了二五〇餘萬個日工，並節省了六八〇餘萬斤糧食的運費開支。對於淮海戰役的糧食供應上起了重大作用。當時河運情況：（1）在當

—143—

時由於敵人的長期摧殘壓榨，以及湖匪蔓延，截路搶刼，一般從事於運河運輸的船民，大部流散於各地小河道轉爲打漁及其他職業。（2）該地區被解放後，一般散匪與湖匪結合，盤踞於微山湖內，大肆搶刼來往船隻，造成了湖上的封鎖狀態。（3）河運全線自韓莊至台兒莊段有八閘最爲險要，水流湍急，易出危險，一般湖上船隻缺乏過閘工具和技術，又加河道常年失修，困難較多。（4）在大小船隻之間，亦有不同特點，大船其篷大，順風時快於小船，而在逆風或逆流時則慢於小船。（5）新解放區船民對於運糧抱有很大顧慮，怕用船搭浮橋，怕不發運費，組織船隻時普遍逃匿，個別將船搗毀沉沒，對抗運糧。

根據此情況，要大量組織船隻，必須打破其思想顧慮，進行支前結合船民翻身教育，並具體說明運糧提成辦法，以打破抓官船不給運費的思想顧慮，提高其覺悟。根據大小船隻、地區，組織大隊、分隊，派幹部掌握，以武裝押運保管，並進行有計劃的勦匪，保證船民安全。對於船隻因大風或過閘遭受損失時，根據實際損失輕重進行補助。在四百萬斤糧食的船隻凍於湖中時，對於破凍受損失的船隻，進行了賠償，通過事實，打破了船民顧慮。船運提成標準：在總的精神上是一面動員船民支援戰爭（其運費標準低於商運），一面使其有利可圖。具體規定爲：順流載重三千斤以下者，每百里百斤按百分之四提成。載重三千斤以上萬斤以下者，其中三千斤按百分之四提成，餘按百分之三提成。載重萬斤以上者，其中三千斤按百分之四提成，七千斤按百分之三提成，餘按百分之二提成。逆流均按百分之五提成。因風雨阻隔每人每日發給秋糧三斤。這樣既完成了運糧，又組織教育了船民。

河運運糧數字與小車運輸比較表

共運糧數	路程	工具	運費糧數	百里百斤比	須用幹部數	須用民工數	折合日工數	較小車節省		
								節省運費	節省民力（日工）	幹部
2001,5916斤	350華里	船運	226,0000斤	3%	140	1,1364人	13,6386個	684,0000斤	253,0312個	1592個
		小車運	910,0000斤	13%	1732	13,3334人	266,6680個			

說明：

一、船　運：1.裝卸糧碼頭工人，每萬斤提成四〇斤。
2.實用船二八四一隻，每船平均四個船工。
3.往返需十二天。
4.參加幹部一四〇人。

二、小車運：1.每車載三〇〇斤，每車二人。
2.往返需二十天。
3.參加幹部一六六六人，沿途民站、水站需幹部六六人。

—145—

（三）汽車運糧：

徐州敵人逃竄之後，爲支援部隊追擊敵人，即從濟南、兗州、新海、徐州各新解放城市，動員了大批商家汽車進行運糧。在十八天的時間中，共動員汽車二五七輛，除破舊外，參加運糧者共一六九輛，自徐州到蕭縣，路程九五華里，共運糧四一五、二七八六斤。解決了前方的糧食困難。

當時，根據對徐州、新海等方面的了解，商車基本上有三種經營形式：（一）汽車主僱傭工人的勞資關係。（二）自車自開的獨立形式。（三）集股合營駕駛員作成股份的合作形式。但車主皆爲大中商家。一般車主及工人對參加支前存在不少懷疑和顧慮，如：汽車使用將來是否還能作主？什麼時候才能不支前了？到底運費怎樣規定？是否白運不給運費？向前方運糧汽車和人員受到損失怎麼辦等等。根據以上情況的分析，基本上存在兩個問題：一是思想認識問題，二是運費及保險問題。因此，在動員方面以號召人民支前爲前提，打破各種思想顧慮，及適當的規定運費標準及保險辦法。

在組織管理與使用上，沿用了原有的公會，與成立公司，我們再派幹部分頭掌握與教育，這是緊急動員與組織商車的重要關鍵。如在開始組織時，使用了與此相反的辦法，拋棄了原有公會，不分車主和工人，統統採用集中管制，結果形成他們的對抗與恐惶。有的竟開了小差，或將車故意弄壞等，造成了極大困難。後來轉爲利用原有公會，組織了公司，我們派幹部分別掌握與進行教育，對工人主要進行以支前爲主的階級教育，開展立功運動，扭轉了其對支前的怠工態度，才順利的完成了任務。

由於汽車的汽油與機器消耗較大，汽車運費高於一切運費的水平。按當時當地物價規定每斤每里北幣一元零八分，折成糧食計算，百里百斤提成爲百分之十七點八六。較火車運費（百里百斤百分之二點一）高出十五點六九，較船運運費（百里百斤百分之三）高出十四點八六。較小車運費（百里百斤百分之十三）高出四點八六。從運費上說，汽車運糧是最不經濟的一種運輸工具。但從前方急需用糧的情況來說，是保證了緊急情況下部隊的糧食供應，除此情況，汽車運輸是浪費過大。

（附各公司汽車統計表與汽車與小車運糧比較表）

—147—

—148—

各公司汽車統計表

公司名稱	原有車數	不能用	能用的	備考
銅山公司	35	15	20	
青年公司	26	10	16	
合衆公司	46	13	33	
天新公司	39	16	23	
豫合公司	22	7	15	
新海公司	24	11	13	
濟南公司	65	16	49	
合計	257	88	169	

汽車與小車運糧比較表

共運糧數	路程	車別	運費糧數	佔運糧總數%	百里百斤%	須用人員數	折合日工數	比較：汽車多用運費糧	小車多用人員	小車多用日工數
415,2786斤	95華里	汽車	70,4870斤	16.97	17.86	2049人	2049個	19,1993斤	3,7817人	21,7214個
		小車	51.2880斤	12.35	13,	3,9866人	21,9263個			

說明：

一、汽車：

1．運費每斤每里北幣一．〇八元。

2，當時秋糧價每斤五四〇元。

3．共用汽車六一二部（折合），每車兩個工人，共一二二四人，押車及出發人員八二五人，共二〇四九人。

4．一夜卽可往返一次，卽一天的時間。

二、小車：

1．提成數百里百斤按13%。

2．每輛載重二五〇斤，每車二人。

3．帶工幹雜佔20%。

4．載重車每日行五〇里，空車行六〇里。

5．裝糧及卸糧各須一天時間，往返一次共須五天半。

（四）火車運糧：

濟南戰役後，開始由張店至濟南，濟南至兗州的局部的火車運糧。徐州解放後，在濟徐段、新（安鎮）徐段、徐宿（縣）段開始大規模的火車運糧。渡江戰役後，支援部隊及支援城市的運糧，火車就成爲主要的運糧工具了。

開始使用火車運糧之後，從保證供給、節省人力、物力上說，都有其重大的意義，特別重要的是從遠方調劑糧食，減輕戰區人民負担，爭取廣大地區範圍的支援戰爭成爲可能。僅淮海戰役期間，自四八年十二月十四日至四九年二月底，近兩個半月的時間，共完成了平均在五百九十華里的七五九〇餘萬斤糧食的運輸，比小車運糧可節省運費糧五七五〇餘萬斤，可節省民工日工一七一二萬餘個。這對於減輕人力以用於生產，節約物力用於戰爭來說，有着極大戰略性的意義。

在使用近代化的運輸工具之後，在工作上發生許多困難，首先是沒有管理火車運糧的經驗，沒有適應火車運糧的其他工具（如裝糧工具卸糧工具等）。（1）首先是裝糧工具與火車運糧之不相稱，用小車、小挑運糧，大部是民工自帶工具（口袋、蓆包、簍子等）後來雖購置不少麵袋、麻袋，但都是大小不一，重量不一，每次裝卸都得逐袋過稱和除皮，浪費時間，減低效率。如韓莊向徐州運糧時，五天時間還沒卸完一列車，糧食數目最後也沒有查清。冀魯豫裝糧工具是適應火車運糧的科學辦法，即糧食加工之後，按等量定量裝袋子，劃上斤數，轉運起來，按袋折算，免去過秤，不管轉運多少回，一勞永逸。（2）缺乏裝卸火車的一套科學的手續與制度，在開始裝卸火車時，一片混亂，糧食常被人偷走。用了很多幹部指揮不了卸車工人，結果影響了工人的裝卸速度，彼此埋怨。在不斷的向工人學習改為包裝包卸，按件提成之後，在效率上大為提高，裝卸才有了秩序。幹部專管檢查和統計糧食數目及糧食入倉保存等工作。（3）火車運糧必須準備雨具，在韓莊、濟南開始向徐州運糧時，缺乏準備，淋濕不少糧食，造成了損失。這說明運用現代化的運輸工具，必須建立一套適合現代運輸工具的科學制度與方法。

淮海戰役中火車運糧統計與小車運輸之比較表如下：

淮海戰役中火車運糧統計表 自十二月十四日起至二月三十日止

起運點	運至點	路程	數字	合計	合噸數	裝箱車數	列車數	備考
濟南	宿縣	394公里	704,6970斤					一．2000市斤爲一噸。 二．30噸合一車箱。 三．30車箱爲一列車。
	符離集	380公里	1352,2987斤					
	夾溝	364公里	191,2857斤					
	曹村	350公里	277,2093斤					
	三浦	335公里	218,8180斤					
	八義集	366公里	141,2340斤					
	徐州	320公里	724,4031斤					
	賈汪	334公里	294,5626斤	3854,5984斤	1,9273	642.5	21	
開封	徐州	277公里	2762,2012斤					
	宿縣符離集	351公里	150,0000斤	2912,2010斤	1,4561	485.5	16	
韓莊	徐州	44公里	824,2020斤	824,2020斤	4121	137	5	
總計				7591,0014斤	3,7955	1264	42	

火車與小車運輸比較表

共運糧數	平均華里數	車別	運輸糧數	佔運糧總數%	百里百斤%	往返天數	須用人員數	折合日工數
		火車	64,0407斤	12.8	2.17	1	210	210
		提成制小車	5822,2970斤	76.7	13.	23.5		
7591,0000斤	590里	供給制小車	6850,0184斤	90.24	15.31	23.5	72,8736	1712,5296

比較		
較提成制小車節約運費	較供給制小車節約運費	較小車節約日工
5758,2563斤	6785,9777斤	1712,5686個

說明：

一、火車：

①每噸每公里運費北幣720元。②裝卸車出入倉每噸小米7.25斤折原糧10斤6兩。③當時小米市價每斤北幣1300元，折原糧每斤北幣908元。④每時行25公里。⑤每箱一個押車人員。⑥每列車須三個工人、二個守車人員。

二、小車：

①提成制小車運費按百里百斤13%②每車載重250斤。③每車民工二人。④帶工幹雜佔20%⑤供給制糧、草、菜金共折原糧4斤⑥載重車每日行50華里、空車行60華里，裝卸各需一天。

（丙）糧站問題：

在糧食的供應過程中，除運糧工作外，第二個重要環節就是糧站工作。在不斷的適應戰爭形勢及不斷的吸取經驗過程中，由一九四七年時簡單化的組織形式而發展到隨軍糧站、屯糧點、轉運糧站、糧站管理處、糧食儲運處等五種組織形式。但就糧站的性質而言，基本上分爲兩種：一種是隨軍糧站，一種是轉運糧站。隨軍糧站是根據部隊的供給單位而設，隨部隊行動的半軍事性的糧站。轉運糧站是根據運糧要求和存糧要求而設的一種收發保管的半地方糧庫性質的糧站。

（一）隨軍糧站：

在一九四七年時，是部隊到那裏即由那裏設站供給，而那時在部隊大踏步前進與大踏步後退的大規模的運動作戰的情況下，部隊位置變化很大，地方上無從準備。爲適應這個情况，有的地區即組織小車隊跟隨部隊行動。如濱海區曾組織若干小車支隊，由較强的糧食幹部任隊長，跟隨各個縱隊行動。如魯中即每個縱隊配備一個運糧指揮所，帶領一部份運糧小車隨部隊行動，但因部隊行軍速度和小車行軍速度懸殊的矛盾沒有得到解决，反而使糧食手續、制度混亂起來，部隊强調供給，地方强調制度，雙方關係極不融洽，結果既影響供給又影響制度。在此情況下，一九四七年秋季又每個縱隊由政府派一個特派員隨軍行動，代表政府配合部隊向地方交涉糧食，一面保證供給，一面堅持制度，但仍沒有適應部隊行動的一套供給機構，結果保證供給和堅持制度還是極爲困難。直到華野東兵團在膠東地區作戰時，才開始建立隨軍糧站，每縱設一總站，每師設一分站，隨部隊行動，隨時接收地方糧食隨時供給部隊，在一九四八年春季攻勢中，即普遍建立起來，濟南、淮海戰役中，所有部隊均配有隨軍糧站。

隨軍糧站的基本任務：是統一接收地方及後方運來糧食，再統一供給部隊，及密切與調劑部隊與地方的供應關係。因此在有地方政府的地區作戰和以運糧供給爲主的情況下，是起了極大作用。濟南戰役時，即作到了保證部隊的供給，又堅持了糧食制度。淮海戰役中，除完成了統一接收運糧和地方上的糧食外，又配合部隊和配合地方政府進行新區就地籌糧。而在渡江戰役期間，部隊進入無地方政府的新區作戰，不以運糧供給爲主而以就地籌糧供給爲主，隨軍糧站的必要隨不復存在，因此在渡江戰役前，隨軍糧站的組織就結束了。

隨軍糧站必須以地方爲主，隨軍到達某一地區時，即吸收當地政府幹部參加，以便在部隊行動時，將剩餘糧食隨時交於地方，保持隨軍的機動性。否則，在部隊行動時，剩餘糧食不能馬上交代，也無法帶走，就必須留人看管，拖住糧站幹部。如在兗州戰役中，十三縱的隨軍糧站，因無地方幹部參加，結果一動就留人看管剩餘糧食，行動了三次，糧站幹部大部被剩餘糧食扯住了。因此，貫澈以地方爲主方針，始能保持隨軍糧站的機動性。

隨軍糧站除必須與地方政府進行密切聯系外，與部隊及與各運糧組織的關係，都必須密切結合。在總站須由縱隊的後勤部門派幹部駐站，在分站由師後勤部門派幹部駐站，以便於隨時掌握部隊的需要及行動情況，而達到供求上的協調。與各運糧指揮站的關係，須保持經常與密切，隨時向運糧指揮站提出糧食需要數目和用糧地點，以作運糧指揮站指揮根據，始能達到運糧和需要的協調。

此外，隨軍糧站須掌握一部份常備運力，在濟南淮海戰役時每縱的隨軍糧站都掌握五百輛常備小車作爲從二線糧站向隨軍糧站運糧的機動力量。只有如此，隨軍糧站才能在千變萬化的前方保證糧食供應。

（二）轉運糧站：

凡是介於後方存糧基點（即地方倉庫）與前方隨軍糧站之間的所有一切糧站，就其性質上說統稱爲轉運糧站。轉運糧站是整個糧食供給系統中最主要的構成部份。因爲戰爭的發展變化及交通條件等關係，使後方糧食不能直達前方，須要於某些地區暫存，以待前方需要，須要在一定地方轉換運輸工具，都必須設立轉運糧站負責收發保管。轉運糧站其設立情形，可分爲如下幾種：

第一是在戰役前，當戰爭發展及前方具體用糧地點尙未確定而又運輸線很長，必須實行接力運輸所設的轉運糧站。如淮海戰役前，魯中南二、三分區向臨沂一帶運糧，當時戰爭尙未打響，部隊究竟怎樣發展，不好具體確定，就必須在臨沂一帶設立糧站進行接收，以待前方需要具體化以後，再向前轉運。但糧站位置必須是根據整個供給方向及交通條件而設在機動的地點，一方面便於轉運一方面不浪費運力。

第二種是爲轉換運糧工具而設立的糧站，如淮海戰役中，魯中南一分區向前方運糧就須在泰安、兗州、濟寧、韓莊、徐州各轉換運糧工具的地方設站。總之，在轉換運糧工具的地方，都必須設立糧站。

第三種是大規模的屯糧性質的糧站，如淮海戰役時間，須要在徐州進行大規模的屯糧，以作向西、向南機動而設立了糧站管理處。其性質是統一領導若干糧站，統一接收津浦、隴海的運糧。一面屯糧，一面隨時外運和直接供給。其特點是較一般轉運糧站收發存糧的數目爲大，包括儲存、供給、加工等更複雜的工作。兩個半月共接收糧食一一、五〇〇萬斤。就地開支一、四九〇萬斤，用火車、汽車轉運七、四六二萬斤，接收煤炭一〇〇萬斤，就地開支六〇萬斤。

轉運糧站也必須是以地方爲主的方針，即以糧站之所在地區的政府爲主，支前幹部進行協助，一切收發手續及保管等，均由地方負責。否則，即會增加工作中許多困難。如淮海戰役第二階段時，朝陽集、土山集、運河站等轉運糧站，均以支前部門爲主，在籌備工具、倉庫等方面，發生不少困難。特別是支前幹部隨部隊前進時，所剩餘糧食無人接收，如朝陽集糧站向地方交待餘糧，地方則強調系統而不接收，延緩了前進時間。淮海戰役第三階段時，變爲以地方爲主，支前部門派幹部協助，任務結束後，支前幹部抽回，所餘糧食則由地方進行處理，這樣卽便於接受新的任務。

（三）糧食加工以及手續、制度問題：

（1）大規模的糧食加工，在農村條件下，是一個極大的羣衆性的工作，必須深入廣泛的動員教育羣衆與實際檢查相結合。否則，易生偏向，如加工糧中沙土過多或發生霉爛，影響部隊健康，引起部隊不滿。如濟南戰役前，萊蕪縣加工糧，在部隊中一致反映：『每天五錢油、五錢鹽，還有五錢沙。』又如梟山、寧陽等縣，在淮海戰役前的加工糧，除有沙土外，個別壞份子摻加石灰。因此在領導上，對幹部和羣衆必須進行動員教育，說明部隊爲誰拚命流血；人民爲誰支前的道理，提高人民的戰爭和擁軍觀念，這卽是通過加工也教育了人民，提高了人民覺悟。同時又要適當處理故意摻沙土石灰的罪惡行爲。

（2）避免混亂，減少浪費，保證供給並對人民負責，必須建立嚴格的糧食制度。如在淮海戰役中的糧票制度，統一決定使用山東省糧食總局新製的糧草票，任何紅白條及其他地區糧草票，一律拒絕使用。在渡江戰役中，華東局規定使用財辦新製的糧草票，山東糧草票一律不准在江南使用的規定，而減少了使用糧票上的混亂現象。

此外必須隨時規定各種糧食的互換比率，如在山東秋、冬、春三季，是以小米爲主（在魯南有的地區以高粱爲主），在夏季以麥糧爲主。在華中等地區又以大米爲主。一種糧票兌換各種糧食時，必須有統一規定，否則影響供應，產生浪費。規定標準應以保持部隊的實際吃糧標準爲原則，不以糧食的價格差額爲原則，如部隊每人每天麥糧二斤半的標準，使用麥票去兌換大米時，即按每人每日吃一斤十二兩大米的標準兌給，即等於二斤半麥糧票換一斤十二兩大米，不以麥價與大米價格折兌。

只有適合於戰爭形勢與具體作戰情況的糧食供應組織形式和科學制度，才能保證部隊供應，減少浪費，做到對戰爭和人民利益負責的一致性。

第三、糧食供應上的幾個基本體會

根據以上綜合材料，在糧食供應方面，得出以下的幾個基本體會：

（一）三大戰役糧食供應，是在華東局正確領導貫澈了生產救災，爲支援戰爭創造了物質條件，戰勝了蔣災天災的基礎上進行的。沒有一九四八年春偉大的生產救災運動，要完成保證前方糧食供應，是要發生嚴重困難而影響戰爭的預期勝利。黨的正確領導，在一切爲着爭取革命戰爭勝利最高原則下，將供應前方和愛護後方羣衆利益一致起來，這是完成糧食供應的基本方面，這是基本體會之一。

（二）要將廣大後方與分散農村之糧食，集中供應前方，必須解決的重大問題，是運輸力的問題。在三大戰役中，運糧的特點是：以落後的運輸工具供應近代化的戰爭；以分散的農村糧食供應大規模集中作戰的部隊；又以落後的運輸工具發展到運用現代化交通。這說明了三大戰役的運糧供應任務是以千百萬人民加落後工具爲主的發展到運用現代化交通，并發揮了各種工具的性能，學會和建立各種較科學的適合各種運輸情況的制度，才基本上保證了前方糧食供應任務。這是基本體會之二。

（三）在供應大規模現代化戰爭的糧食工作上，必須掌握正確的原則與方針。在一切爲着革命戰爭勝利的最高原則下：樹立確保滿足戰爭需要，克服片面的羣衆觀念，保證供給的原則。掌握戰區、接戰區、非戰區之間的担負相對平衡的原則，避免奇輕奇重現象。根據各地實際情況分配任務，不致造成某一地區農村經濟發展的不利條件。掌握在作戰情況下，不管糧食離前線遠近，必須確保供給和平時休整期間部隊靠近糧區，以節省人力物力的原則。根據以上保證供給，負担平衡，不浪費人力物力的三個基本原則，并做到開闢糧食來源，以及根據戰爭形勢情況不同而有不同供給方針，作戰部隊的糧食來源有四：一是自後方運來，在濟南、淮海戰役中這是主要的；二是就地籌糧，在渡江前後這是主要的；三是自帶糧食；四是繳獲敵人的；以上兩種是輔助性質，這樣達到新老地區互相調濟，保證供給。這是基本體會之三。

（四）要完成巨大糧食供應工作，必須有一系統的完整糧食供應機構，又要隨戰爭發展而變化，和一套科學的，而不是限制與戰爭有害的合理制度，才能避免混亂，達到節約，確保供應的目的，這是基本體會之四。

第四、財政工作

在淮海戰役前的支前財政工作，基本上是臨時性的和地方性的，這是由於那時的戰爭形勢和支前形勢所决定的。在那時，部隊在那個地區打仗，由那個地區臨時組織支前機關，戰役結束部隊移動後，支前機關即告結束，因此，在支前方面的財政工作，是以當地政府的財政部門臨時開支，按政府系統報銷，沒有專門的支前財政機構，民工的供給，是未到達部隊前由當地政府供給，到達部隊後即由部隊供給，當時的支前幹部，因大部份是戰區或接近戰區的臨時參加支前的在職幹部，自帶糧票菜金，用不着專門供給，少數外來支前幹部，才由支前部門臨時供給。對部隊的油鹽供給方面，是由支前糧食部門統一於糧食計劃之內，由當地工商部門組織供應。

淮海戰役，支前規模空前巨大，且帶有連續性和長期性，支前民工比濟南戰役增加三倍以上，支前幹部脫離了原供給機關專門支前。對於作戰器材，交通費用，糧務費用等一切浩大開支，都不是任何一個地區所能勝任的。因此，華支隨成立財政部，開始建立支前中的財政系統；統一整個支前範圍內的財政工作和油鹽供應工作。

甲、支前財政工作上的各種特點及各種制度的掌握情形：

一、支前財政工作的複雜性——在供給範圍上是極爲複雜的，戰爭需要無微不至，如作戰器材、公路器材、鐵路建修、船舶費用、糧務費用……等，在供給標準上，有脫離生產的、不脫離生產的、地方的、軍事的、供給制的、薪金制的、直接供給系統，與非直接供給系統等，此外，還有臨時性的開支。

根據這一特點，對於戰爭直接需要的，而帶有建設性的開支，如作戰器材、交通器材、糧務費等的開支、是比較放手的，是完全從滿足需要出發的，對於民工採取了分段供給的辦法，對間接供給的單位，如交通用費，糧務用費等採取了墊欵轉賬的辦法，對非脫離生產的採取了半脫離生產的供給辦法，對不同的供給標準，採取了維持其原標準的辦法，以免混亂。

二、供給上的變化性——隨着支前機構的不斷變更，供給單位、供給系統也不斷變化，如民站部變爲船管部、交通部變爲煤炭供應部，支前地區也不斷變動，從山東到蘇皖，而山東與蘇皖的供給標準，財糧制度均不統一，在供給標準上也經常追隨着物價波動而不斷變更，如菜金標準規定之後，物價一上漲，就立即不能使用，在這方面常常引起幹部民工的不滿，因此，必須跟着物價不斷變更。

根據這一特點，基本上以滿足實際需要爲原則；對不同地區的不同標準，不同制度，採取了各維持現狀的辦法，以免影響支前。對不同地區的不同物價標準，和不同開支上的機動性，則採取了按級負責制，先付款，後預算，一切標準由各華支辦事處規定報告批准，然後開支，在蘇皖地區，爲了適應當地的情況，並採取了當地的一部份的供給標準，如出差費等。

三、渡江戰役中協助蘇皖地區開關支前基地——蘇皖地區由於全是新區，地方財政工作基礎很弱，在負担大規模支前任務上，是相當困難的，因此必須協助地方上，以共同結合起來進行支前，對地方上的經費開支是比較放手，既無預算也無決算，因爲地方財政工作的基礎關係，不能機械，以不影響支前爲原則。

乙、各次戰役的各種開支統計：

各次戰役華支經費支出統計表

現金部份

戰役 人民幣 科目	濟南 九、十月份	淮海 十一·十二·一月份	渡江 二·三·四月份	京滬 五·六·月份	合計
機關	195,9371	1398,1811	6316,9027	2,0094,7954	2,7935,6163
民工	845,7803	7050,0037	4653,5549	1,1104,7452	2,3654,0841
交通事業墊款		6093,3754	7522,9153	202,9837	1,3819,2944
糧務費墊款		3730,6556	5457,8183	7125,1953	1,6313,6692
煤炭費墊款			1300,0000		1300,0000
油鹽供應墊款		460,0000	6199,4828		6659,4828
其他墊款		1617,0372	163,6080	16,0000	1796,6452
合計	1041,7174	2,0349,2530	3,1614,0820	3,8523,7196	9,1528,7720
百分比	1.14%	22.23%	34.54%	42.09%	100%

糧秣部份

各次戰役華支經費支出統計表

科目＼數目＼戰役		濟南	淮海	渡江	京滬	合計
機關	糧	14,0270斤	109,8429斤	498,7419斤	447,0534斤	1069,6652斤
	草	18,1985	185,3249	404,0339	199,8598	807,4171
民工	糧	995,5612	6176,4160	1606,3055	1535,2827	1,0313,5654
	草	1257,3722	7647,6299	1978,6660	1221,9653	1,2105,6334
墊支	糧		106,7662	261,2096	1,8826	369,8584
	草		251,2840	663,3631	5,6000	925,2471
合計	糧	1009,5882	6393,0251	2366,2570	1984,2187	1,1753,0890
	草	1275,5707	8084,2388	3051,0630	1427,4251	1,3838,2976
百分比	糧	8.49%	53.89%	19.91%	17.71%	100%
	草	9.22%	58.44%	22.05%	10.29%	100%

各次戰役人員統計表

戰役	數目 / 類別	機關部份 幹部	機關部份 戰什	機關部份 民工	機關部份 民兵	機關部份 工人	機關部份 病員	機關部份 其他	機關部份 小計	民工部份 帶工幹部	民工部份 民工	民工部份 民兵	民工部份 病員	民工部份 其他	民工部份 小計	合計
濟南	9月份	99	49	3	195		73	1	420	317	5,0849		3		5,1169	5,1589
	10月份	1200	445	635	540		291	19	3130	3118	22,4314	633			22,8065	23,1195
淮海	11月份	1459	1065	205	606		922	1	4258	3511	22,9345	1426	28	5	23,2315	23,6573
	12月份	3134	1024	20556	1912	205	2140		28971	7852	24,3388	2025	5		25,3270	28,2241
	1月份	2770	1909	501	783		140	14	6117	1,2688	48,1826	1318	277	5	49,6114	50,2231
渡江	2月份	3682	1455	631	756		638	5	7167	3724	5,2299	1,7905	96		7,4024	8,1191
	3月份	2746	1586	733	3482		204	7	8758	2485	3,6419	2,0742	143		5,9789	6,8547
	4月份	4702	1420	561	1,1308		242	46	18279	1462	4,2726		330		4,4518	6,2797
京滬	5月份	5528	2032	807	6		559	307	9239	2508	3,4210	1,4983	39	55	35,9686	36,8925
	6月份	4547	1424	130	694		2684	152	9581	635	1783	1,5994	23		2,8016	2,8016

各次戰役運輸工具牲口武器統計表

戰役	類別 數目	運輸工具						武器	
		担架	挑子	小車	大車	騾馬	毛驢	長短槍	機槍
濟南	九月份					14		68	
	十月份	1,1115	1,2583	8100		845	94	628	1
淮海	十一月份					828	2889	3191	
	十二月份	8940	1,0698	9442	6	126	570	4210	20
	一月份	5088	7600	495	740	990	5290	2603	15
渡江	二月份				12	294	58	1,2228	11
	三月份	300		85	2	345	52	4150	6
	四月份				9	121	3	4866	9
京滬	五月份	142	710	4571	1	49		1,0144	25
	六月份		11			25		8039	38
合計		2,5585	3,1601	2,2693	774	3346	8956	5,0127	125

自濟南戰役至京滬戰役被服開支統計表

一九四八冬季被服	鞋子	16,9580	一九四八冬季舊被服(補充民工及不脫離生產支前人員)	大衣	3561	一九四九春季被服	普通軍褂	2,3660	一九四九春夏季被服	單鞋	6.1650
	軍襖	8108		棉襖	4,1994		普通軍褲	2,3622		白布	1580
	軍褲	8153		棉褲	4,2053		幹部軍褂	628		黃粗布	5442
	軍帽	8155		棉帽	3,3100		幹部軍褲	657		黃細布	1464
	大衣	403		棉被	420		軍帽	2,5698		藍布	64
	白土布	1,0935		毯子	527		民兵褂	5,5380		白紗布	1223
	藍土布	315		棉花	308		民兵褲	5,5360		黃紗布	6694
	棉花	428		單衣	5224		民兵帽	5,6238		綁帶	952
										葦笠	886
										子彈帶	233
										油布	596

物價指數

物品 / 單位 / 指數 九月份基價 / 戰役 月份		猪肉	麵粉	粗菜	光連紙	土布
單位		市斤	市斤	市斤	張	市方尺
九月份基價		20.33	7.00	1.57	2.95	8.50
濟南	九月份	100%	100%	100%	100%	100%
	十月份	92.48%	128.57%	94.90%	164.44%	71.77%
淮海	十一月份	95.65%	109.42%	130.50%	508.11%	88.23%
	十二月份	147.55%	128.57%	172.60%	271.18%	88.23%
	一月份	172.15%	207.14%	271.33%	301.68%	124.70%
渡江	二月份	206.68%	307.14%	312.00%	40.67%	152.90%
	三月份	205.00%	357.14%	350.00%	61.00%	341.00%
	四月份	388.55%	385.71%	382.00%	84.71%	323.00%
京滬	五月份	474.12%	600.00%	401.29%	430.50%	477.64%
	六月份	794.90%	857.14%	796.17%	610.10%	764.70%

丙、油鹽供應

在部隊集中的地區，特別在作戰期間，和在市場貨物貧困的地方，常常發生物價陡漲，和必需品的奇缺現象。因此，直接影響部隊生活水準，有時高價購買油鹽、菜蔬，而影響供給標準，有時竟無處購買，而缺乏必需食品。同時也容易引起市場混亂和貨幣的局部膨漲狀態。因此，油鹽、菜蔬等副食供應，對於保障部隊生活水準，調劑市場，穩定物價，穩定貨幣來說，都有其重要作用。

在濟南戰役中，對部隊副食品的供應，主要由支前部門統一計劃，由地方工商部門組織供應站，調劑物品，供應部隊，沒有專門的隨軍機動的組織。在淮海戰役第一階段中也是如此。直到淮海戰役第二階段中華支財政部才建立直屬的油鹽供應站，統一供應部隊。

（一）油鹽供應過程中的幾個主要問題：

1. 對於價格的掌握問題——爲了保證部隊的生活標準，原則上確定低於市價的百分之十到百分之二十，在這個原則下，靈活掌握以達到穩定市價的目的，在整個工作過程中一般是掌握了這一原則，對改善部隊生活，回攏本幣及穩定新解放區的物價方面，都有顯著成績。如在淮海戰役中，嶧縣油的市價每斤人民幣三四元，供應站規定的價格每斤二六元，次日市價卽降到與供應價相等。但價格掌握上，必須參照當時當地的市價靈活規定，否則卽會產生偏向。如淮海戰役中，十二月二十日總站根據其他地區的市價規定生油每斤人民幣二五元，當時前方黄口市價僅十八元，在客觀上起了抬高物價的作用。有的地區物價上漲的時候，供應價格低於市價太懸殊，也發生投機取巧的現象，如有的單位竟到供應站去給房東買油。又如徐州供應價格太低，駐兗州的部隊也到徐州買油，形成物資倒流的現象，（當時油皆由北向南調運），也有的從供應站多買再向外賣，發生從中漁利的偏向。因此，必須愼密的調查研究，靈活的規定價格，幷嚴格購買的介紹信制度，以免發生冒名購買的偏向。

2.掌握物價情報，加强彼此聯絡，密切部隊關係是供應工作上的主要關鍵——如淮海戰役後，部隊休整中，曹村供應站與部隊聯系不好，結果部隊不知道有站，竟到遠處去買，而供應站却無事可作。如渡江戰役中，合肥供應站的價格比其他站低，結果，皆集中合肥去買，其他站也無事可作。又如在渡江戰役中不了解物價情況，計劃僱汽車向巢縣運鹽，每斤每里運費二元二角四分，結果，徒賠運費。又如在渡江戰役中，執行供應結合貿易的辦法，曾計劃向皖北調劑食鹽一千二百萬斤，後來了解該區才有一千二百萬人口，推銷不了這批食鹽，才只得作罷，因此必須掌握物價，加强與部隊的聯系，才能使工作作好。

3.要樹立企業保本的思想，與明確對部隊的供應關係——在油鹽供應上要掌握賣出去再能買回來的保本原則，以達到循環供應。在工作中有的同志認爲支前賠本

—171—

能報銷，而不怕賠本，這是錯誤的認識。對部隊講明白油鹽供應工作是帶有商業性質的支前工作，在購買上是一種買賣關係，與糧站不同，如有的部隊不了解這種情況，竟反映：『上看華支很偉大，下看油鹽站稀鬆』，因此對部隊要很好的把這種關係講清楚。

4.油鹽的運輸問題是供應工作中的最重要的問題，如在渡江戰役中，皖北地區在三四月間，市場上最缺食鹽，部隊駐區鹽價太高，直接影響部隊生活，但因沒有運輸工具，無法調劑。直到五月份才調劑到，已誤了時機，所以必須掌握充分的運輸力，才能調劑自如，保證供應。

（二）春節中的肉食供應：

一九四九年春節，正值淮海戰役第三階段，部隊正集中於肖永地區圍殲敵人的時候，為了保證部隊渡節的需用及鼓勵部隊的戰鬥情緒起見，從魯中南地區，緊急購買豬肉八六三八三二斤，保證了部隊在春節中的肉食供應，及穩定了徐州附近的市價，並且擴大了群眾中的擁軍影響，如新安鎮車站站長說：『我在車站上服務二十多年，未見過這樣大批的豬肉給戰士吃，足見解放軍官兵一致。』又如徐州市民反映：『從來未見過這樣堆積如山的豬肉，證明了共產黨的力量偉大，對於部隊的供應油、鹽、鹹魚、豬肉，簡直是無微不至。』

（三）各次戰役中油鹽供應之統計：

各次戰役油鹽供應統計表

名稱	濟南		淮海	休整	渡江	實用合計數
	準備數	實用數				
生油	62,0794斤	2,4000斤	72,6551斤	36,4342斤	83,1890斤	194,6783斤
豆油				4783		4783
香油				913		913
食鹽	3800,8966	2,9000	83,9207	14,1516	644,1424	745,1176
鹹魚	9000	3000	7544	1,9735		3,0279
鹹菜	5,1500	450				450
蝦皮	1,2000	7000				7000
細粉	2000	2000				2000
大蒜	1,0000					
白糖			1000			1000
黄豆	30,0000					
猪肉			86,3832			86,3832

—173—

附註：濟南戰役實用數字可能還多，但原材料未有統計。

第五部份

交通建設、城市支前與煤炭供應工作

第一　交通建設

三大戰役期間交通建設方面，主要以建修鐵路、橋樑、公路、電話、郵政、等工作，加以總結。

（甲）鐵路建修：

華東鐵路是在『一面戰爭，一面建設』，『加强建設，支援戰爭』的方針下，隨着勝利形勢的發展，『軍隊打到那裏，鐵路就修復到那裏』，而完成了全華東國民黨所破壞的鐵路與橋樑的建修。以近代化的交通運輸，保證了空前規模的淮海、京滬戰役所需糧食彈藥的供應，取得了戰役的澈底勝利；使大批煤炭、糧食運達南京、上海等大城市，爲恢復與發展生產創造了條件；在反封鎖中起了重大作用。

在戰爭環境困難重重的情况下，華支緊緊掌握了以上的方針，全力進行各種建修工程，派出幹部加强搶修中的政治鼓動工作，工人以新的勞動態度在廣大農民協助下，完成了一面戰爭，一面建設的任務。

（子）鐵路破壞與搶修的一般情况：

濟南戰役結束後，鐵路建修工作，開始有計劃進行。爲了恢復交通發展生產，加强軍運支援戰爭，首先修復了爲我控制的津浦路濟（南）兗（州）段，膠濟路濟（南）坊（子）段。淮海戰役第二階段，徐州解放後，以徐州爲中心，津浦路南到宿縣，北至兗州，隴海路徐州至新安鎮，共約六百二十華里的鐵路，在津浦、隴海鐵路臨時管理委員會統一領導下進行搶修。這時期大規模的圍殲戰正在徐州以西進行，僅以小車、挑子、大車等的人工運輸，很難保證前方糧食彈藥的需要。經鐵路員工以戰鬥姿態進行突擊，特別茅村橋，計劃半月修好，但在工人努力下三天半完成恢復通車，人工加火車運輸才保證了前方供應，取得淮海戰役的全勝。我軍抵達長江北岸地帶時，津浦鐵路，除東葛站到浦口一小段外，全部解放，爲保證部隊渡江作戰供應，津浦路南宿縣至滁縣段，在華支交通部統一領導下進行搶修，并有中央軍委鐵道兵團三支隊的技術指導與積極協助，於四月二十五日卽由小蚌埠至南宿縣，蚌埠市至滁縣通車。至我軍渡江南進，浦口至東葛段，經鐵路員工自五月三日至五月十日的七天搶修，卽告竣工，浦（口）蚌（埠）段於五月十七日正式通車。工程巨大的淮河橋，經鐵道兵團三支隊全體同志的艱苦工作，於『七一』落成，使津浦全線暢通，至此華東區所轄，津浦、膠濟全線，隴海路徐（州）連（雲港）段，全部暢通。

以上各段鐵路的建修，是在作戰情況，殘破基礎，與各種困難條件下進行的。總計蔣匪破壞線路五百五十六公里，沿線各站的給水、通訊、電氣、號誌等設備，也遭極大破壞。僅據津浦路徐滁段、兗臨段、隴海線徐新段的統計，大小鐵橋被破壞者卽有八十五座。特別蔣匪自徐州、蚌埠逃竄前，炸壞了徐州北二十里之茅村鐵橋與淮河、明光大鐵橋，妄圖阻止我軍的進攻。其次，建修又是在材料缺乏與人民已負担繁重戰勤的情況下進行的。津浦路兗（州）臨（城）段搶修時，該段共需枕木十五萬根，夾板二萬五千付，道釘七十五萬個，鏍絲五萬個，當時該項材料缺乏，因此某些工程師對完成搶修任務缺乏信心，有一工程師說：『這些東西從美國運來也得三個月。』再就是蔣匪對鐵路員工進行欺騙宣傳，迫使隨其撤離，妄想從技術上來癱瘓我們的鐵路建設。津浦路徐（州）浦（口）段，各站卽有七千餘鐵路員工被迫撤離集中南京。這就是我們當時遇到的困難，但困難終被我們克服了。

（丑）如何完成了建修任務：

（一）建立組織領導機構，統一指揮、步調與計劃，便於各方聯系及材料籌措等。建修膠濟西段鐵路時，以曾山、傅秋濤、王卓如、徐雪寒等二十六同志，組成膠濟線西段建路委員會，下設工程、材料、行政處三處，負責領導進行工作。津浦路兗（州）臨（城）段之搶修，由隴海、津浦鐵路管理委員會領導進行，工程設計與工程隊之組成，均由委員會討論決定，并責成魯中南四分區建立建路委員會，具體負責道木十五萬根電桿二千五百根及鋼軌等工程材料的徵購與收集，和民力批撥集中。津浦路南段之搶修，在華支領導下建立了搶修委員會，負責帶領五個工程隊，三個運輸隊，進行建修工作。建路委員會的建立，一般是吸收當地黨委、政府負責同志參加，以便作到有力的配合，使工程順利進行。

（二）施工方針，組織力量及工程材料的籌措與集中：

1.施工方針：在勝利形勢迅速發展，支援繁重緊迫的運輸任務下。確定施工方針：『爭取時間以高度的突擊方式完成。』不單從技術上設計；但要力求鞏固，使通車後不致發生事故，以適戰爭形勢的需要。

2.統一組織力量與有重點的運用是完成鐵路搶修的重要一環，膠濟線西段和津浦路濟（南）兗（州）段的建修，主要是以濟南鐵路局員工爲主進行的。津浦路南段的建修，即統一組織了濟南、徐州、蚌埠、淮南等鐵路局的鐵路員工，共編組成五個工程隊，根據各隊技術與力量的程度，適當分配其任務，如濟南、徐州路局組成之工程隊，人數較多器械完備，即分配其工程大的建修任務，淮南、蚌埠路局組成之工程隊則分配其工程小的任務。并有鐵道兵團三支隊加上華東子弟兵團十四團的協助，則担負了巨大工程的淮河鐵橋和明光大橋的建修任務。各段所需民力根據需要，由當地政府動員組織。

3.材料的籌措與徵集：材料的籌措一般是從三方面：（一）接收敵人遺留下的現有材料一面搶修一面沿線搜集廢料利用，是解決材料的主要部份。（二）地方政府徵購大量的材料，僅據搶修膠濟線西段與津浦路兗（州）臨（城）段，隴海路東段的統計卽徵購道木五十四萬根，電桿四千餘根。幷發動羣衆捐獻工程材料，魯中南六分區郯城縣徐桃區，九天中卽徵集了羣衆捐獻的鋼軌一千二百根。（三）一些巨大材料，如建修淮河大鐵橋所需之鋼樑木材等，則由中央鐵道部統一調濟。

（三）加强鐵路員工的思想教育與政治領導，克服其思想上的行會觀點和某些顧慮，使鐵路員工在政治覺悟的基礎上，發揮了高度的工作熱情與創造幷樹立了新的勞動態度。開展了立功運動、發起了革命競賽，出現了不少人民功臣。津浦路徐州北二十里的茅村橋，爲蔣匪破壞了八空，計二百四十英尺，原來橋座，亦須剷平重砌，河水深度平均二米，最深處六米，搶修該橋的鐵路員工爲把糧食彈藥迅速運到前方，不分晝夜積極搶修，原計劃需十五天的工程，僅三天半卽完成。搶修津浦路兗（州）徐（州）段中，鐵路員工在『建立一條人民鐵路』的口號下，積極工作，一人一天釘道釘四百二十個，工人田法才被錘打破頭，傷還未好卽又開始工作，工人們都反映說：『這是給咱自己幹活了，還能不出力嗎？』據監工任士信說：『國民黨在這裏時十六付架子釘夾板（每付二人至三人）一天頂多釘二公里四，現在只十二付架子，一天能釘三公里多』。搶修隴海路東段之橋工隊二十天完成了二十四座大小橋的建修任務。津浦路南段搶修中，鐵路員工在『支援解放軍解放江南』、『修好鐵路，送大軍過江』、『搶修如救火，大家要加油』等政治鼓動口號下，自覺緊張的冒雨搶修。負責建修淮河大橋的鐵道兵團三支隊的全體同志，爲響應上級『三月工程兩月完成』、『爲七一通車而努力』的號召，在炎熱的日光下不懈怠，在風雨中不停歇，并積極的創造辦法，改進工作提高効率，三大隊二中隊四連十班鏇盤組組長趙進亘，鉗工張金榮等，把鍘鐵機上裝置上手工沖眼子用的『悶』子。既可沖眼子又可鍘鐵，使每人每天工作十小時才能打螺絲墊五百個，提高到每人每天能打五千個，工作効率提高了十倍。四班、七班集體研究出製造鉗、管子鉗，克服了該項工具的困難。工程建修中，共有王吉珍等六同志不顧危險下水打樁而光榮犧牲。使亘大工程的淮河大橋預期完成任務。

（四）地方黨委、政府動員組織了廣大農民，在搶修中運材料、築土方、扒石子、并踴躍的應徵與捐獻鐵路器材，在完成鐵路建修中起了重大作用。津浦路兗（州）徐（州）段搶修中，魯中南四分區即徵購枕木十七萬根，並組織民力運到鐵路沿綫集中地點，好多羣衆把自己運的枕木一根根的擺好在路基上。隴海路東段搶修中，東海、宿北、郯城等縣，即動員了八萬民工搶修路基，僅五天時間就完成了十六萬方土的路基工程。在搶修以上兩段鐵路中，政府並組織動員了鐵匠工人一千六百二十名，製造了夾板四千個，道釘三十八萬個。

（五）淮河橋亘大工程的建修，如果缺乏現代工程的科學與技術，要想完成任務是困難的。淮河鐵橋共計十六孔五百零五公尺，河水中流深十二米達。建修這一工程是鐵道兵團三支隊負責，並有皖北三分區兩千民工，和山東榮成縣，威海市會潛水的王吉珍等十三人進行協助，於五月一日開始建修，所需鋼樑與木材，全由東北運來。建修過程完全運用了現代技術，於『七一』完成了任務。該橋共用木材一萬二千餘根，石頭一萬三千立方米，鋼鐵一百二十噸（鋼樑不算在內），共用人工九萬零七百五十一個。

鐵路建修是在鐵路員工加上廣大農民的協助，才使陷入殘破狀態的津浦、隴海、膠濟等鐵路，恢復通車，加强了運輸，保證了前方作戰物資需要，以及各大城市的煤糧供應與物資交流。僅淮海戰役中以火車運糧，就有七五九一，〇〇一四斤，保證了作戰部隊的糧食供應，並減輕了人民勞力負担，以上糧食數目，較人工運糧可節省七一二，五〇八六個工。鐵路員工在搶修中，大大提高了政治階級覺悟，改變了過去認爲沒有美國的援助，鐵路不能建修的錯誤觀點。同時，鐵路建修的成就，也教育了廣大的人民，如淮河大橋建修時，蚌埠市羣衆對我們完成這一巨大工程，開始總不相信，但建修完成通車後，羣衆即反映說：『共產黨眞有辦法，日本人修這個橋時費了八個月工夫，這才兩個月就完成了。』人民相信了我們的軍事勝利，也相信了我們的建設能力與前途。鐵縱自一九四八年成立，修松花江鐵橋時技術人員只二〇八人，到修淮河大橋止共培養技術人員二一〇〇餘人，這證明只要我們努力學習，技術是容易被我們掌握的。這說明新中國的建設是相當快，而不是很慢的。

建修統計表如下：

建修鐵路工程統計表

線別	站間		建修線路長度	橋樑		施用工數（日工）		時間		備考
	自	止		鐵橋	洋灰橋涵	工人工數	民工工數	開工時間	竣工時間	
津浦線	濟南	兗州	128公里134米	31座	136	35864	184352	1948年9月	1948年11月	實際施工天數52天
〃	兗州	徐州	154公里168米	37	92	36700	143000	1948年11月17日	1948年12月20	
〃	蚌埠	浦口	151公里	17		40484	140000個	1949年3月10日	1949年5月14日	實際施工天數48天
隴海路	徐州	連雲港	123公里191米			20684	89000個			該段先修復了新安鎮至徐州段後修復新安鎮至連雲港段
	總	計	556公里493米	85座	228	13,3732	55,9652			

鐵路搶修使用材料總計表

線別	站間		路線材料					橋樑材料			備考
	起	止	鋼軌	魚尾板	道釘	螺絲	枕木	工鋼樑字	鋼料	洋灰	
津浦線	濟南	兗州	3700根	7400塊	103600	13500	25900根		158.8噸	466噸	該段101＋954公里建修所用材料未統計在內。
〃	兗州	徐州	34129	39264	909221	71404	199960		688.1	893	全段搶修之統計
〃	蚌埠	浦口	9302	1192	112097	48640	91643	87	761.3	943	淮河大橋建修材料未統計在內
隴海線	徐州	連雲港	26444	51858	830580	59990	301096				修橋材料沒有統計。

附：

修建淮南鐵路合（肥）裕（溪）段工作簡況：

為了粉碎美帝國主義及國民黨殘餘匪幫，對我實行海上封鎖，切斷我海上運輸，妄圖阻滯我對京滬杭地區尤其是上海之供應，打算從經濟上來癱瘓上海的陰謀。爲粉碎敵人的海上封鎖，從陸路來貫通運輸事業，華東局决定建修淮南鐵路合(肥)裕(溪)段，保證江南各城市供應及城鄉物資交流。

（一）該段鐵路的建修，首先以曾山、曾希聖、傅秋濤三同志爲首，吸收無爲、巢縣、肥東三縣縣長等十四同志，組成淮南路合裕段修建委員會，下設淮南鐵路合裕段建修指揮部，負責領導具體工作之進行。指揮部下設工程、材料、行政三處，分工負責業務工作。

（二）該段工程自七月二十五日開工，經鐵路員工及所有參加建修工作人員的一致努力，於九月一日即告竣工。使自一九三八年六月爲日寇破壞而整整十一年停止通車的合裕段恢復通車。

在建修該段鐵路中，共完成工程：

1.鋪軌正綫一〇九公里七十八公尺，側綫八公里九五八公尺，共計一一〇公里三六公尺。

2.修建橋樑二十一座，共計一〇三孔，全長六三四公尺。

3.架設電綫一一七公里。

4.全綫建大站七個，小站五個，共計修建房屋八十九間。

（乙）公路修築：

（一）修築公路橋樑的組織動員：

濟南戰役開始，爲保證攻濟戰役的軍運任務，卽臨時由各級政府抽調部份幹部及少數技術人員組成公路局與工程隊，負責領導搶修被敵人破壞與冲塌的公路與橋樑。後由於戰爭形勢的發展，現有力量甚感不足，經研究決定各級支前機關建立交通部門與專責人員，如支前委員會、辦事處均設交通部，專署設科，縣指揮部設股，區設幹事或助理員，鄉或聯防設段長或護路委員，村設公路小組等。如遇修築大的橋樑時，則臨時組成修築委員會或指揮部，統一領導進行建築。渡江戰役前，搶修淮河至長江間各公路時，由於新區羣衆基礎差，除動員當地羣衆搶修外，並有老區常備民工協同完成了任務。

在完成搶修公路、橋樑任務中，各地領導與羣衆一般是重視與積極，如搶修夏莊至重溝段六十里路長的公路時，修路羣衆爲避免白天飛機掃射，各村經工農青婦各團體討論，在當夜中，全部竣工。這樣就保證了前方糧食與戰爭物資的供應運輸暢通無阻。

（二）修築公路橋樑所需人力、物力、財力：

濟南、淮海、渡江京滬三大戰役中據魯中南、蘇北（缺沂水、銅山、臨朐、邳銅縣）江淮、皖西、豫皖蘇各支前司令部交通部統計：

共修公路二・一〇二二華里（內新闢公路五二一〇華里，舖沙石路面二一七華

里），

共修木、石橋一二一四座，

浮橋三四座，

漫水橋九八座，

便橋一二三座，

涵洞一四九座，

渡船碼頭一一處。

以上共動用民工（缺蘇北就地動員民工數字）：三九七・四〇八〇名。

支出北幣與華中幣二八・五八三二・三二二〇元（內工資材料均在內，接收與使用公林木材未計算在內。另缺蘇北開支數）。

（附修築公路圖如後）

（丙）電話架設：

三大戰役中，長途電話的架修，在戰時聯絡與對戰爭的支援上有着重要的作用。

濟南、淮海兩戰役電話搶修工作，主要以魯中南軍區及各分區電話隊爲主，從事分頭架設，僅淮海戰役參加搶修電話隊員一六二七名。較大之工程則集中有突擊力量之電話隊配合部隊進行。靠近戰區長途電話雖遭蔣匪嚴重破壞，但在前後方全體電話隊員努力搶修下，各幹綫於兩戰役前大部修復；並隨着戰役的發展，從事新區電話架設。渡江戰役中，廣大新區被解放，沿鐵路公路電話，大部爲敵破壞，又加戰爭發展迅速，支援任務巨大迫促，前後方聯絡更加需要，華支根據以上情況決以地方與各城市電話局爲主，配合野戰軍進行分區分段搶修，保證了戰時的交通聯絡。

（一）完成電話架設，所需人力與工程器材等，大部就地動員籌措，和取自敵人方面。進行情況大致如下：

（1）淮海戰役僅魯中南地區，以臨沂爲中心（區黨委、軍區所在地）即先後完成：

臨沂至沂水，達到與華東局通話；

臨沂至十字路，與濱海分區通話；

臨沂至郯城，與前方作戰部隊聯絡；

臨沂至蘭陵再至邳縣、運河站、嶧縣、滕縣；

蘭陵通台兒莊、賈汪、徐州等地；

以上電話線路共長八七六華里，所用工程器材：

電桿四六五二根；

磁壺或磁頭四三一三個

電線三、八六九〇斤；
扎線二九九斤；
銲錫九斤；
銲油二合。
動員民工二六四二名。
（2）渡江戰役中完成了由海門至南通　揚州；
新安鎮至兩淮至揚州；
徐州至蚌埠至浦口；
蚌埠至合肥至裕溪口；
合肥至巢縣經滁州至揚州；
合肥經錦城至安慶。

（二）電話隊爲了完成這一前後各方重大交通聯絡任務，支援自己的部隊順利作戰，一般表現熱情積極，在工作上都是超過計劃完成任務。魯中南電話隊七十九人在三百餘民工的協助下於四十七天時間中，即架通了八七六華里的長途電話。在架設臨沂至沂水二百里長途電話時，原計劃二十天完成任務，但在全體隊員的冒雨突擊努力下，十八天即修通。當淮海戰役圍殲黃伯韜時，部隊及支前機關急促南下，又要保持與華東局的聯系，爲此即命令該隊從速架設蘭陵至台兒莊五十二華里的任務，該隊當天接任務後，連夜架設，明日下午四點電話暢通。在架設徐州至賈汪電話工程時，天下大雪，電話隊仍堅持工作從不叫苦，張守奎、高海義二同志自動脫下棉衣過水放線，提前完成任務。

（附三大戰役電話架設圖如後）

（丁）戰時郵政：

華支郵局的主要任務是打通前後方軍隊、支前機關與民工民兵報紙信件的聯系，供應軍隊與支前人員以精神食糧。

（一）組織機構變化與人員配備：

華支郵局成立時，僅有幹部七人，交通員二十人，一、二、三民管處及四、五、六專區支前司令部各設一個郵站。後因形勢發展，四、六專區支司改爲華支前辦，各該郵站即改爲支局，五專區郵站撤消。淮海戰役期間，戰場周圍設三個郵站。十二月底增加幹部五人，民兵三十六人。至淮海戰役結束，前方三個站撤回休整，四民管處成立，又添設一個站，人民武裝部亦設一個站。爲建設支前基地以及渡江後進行新區徵糧，華支成立了四個辦事處，郵局也隨之成立了四個支局（蘇南、皖南、浙江、贛東北）每支局下設三個站。總局派來幹部二十八名，充實了各支局。爲保密起見，又成立了一個軍郵封發組，負責寄遞戰時秘密文件。

華支郵局人員配備情形（附表）

—191—

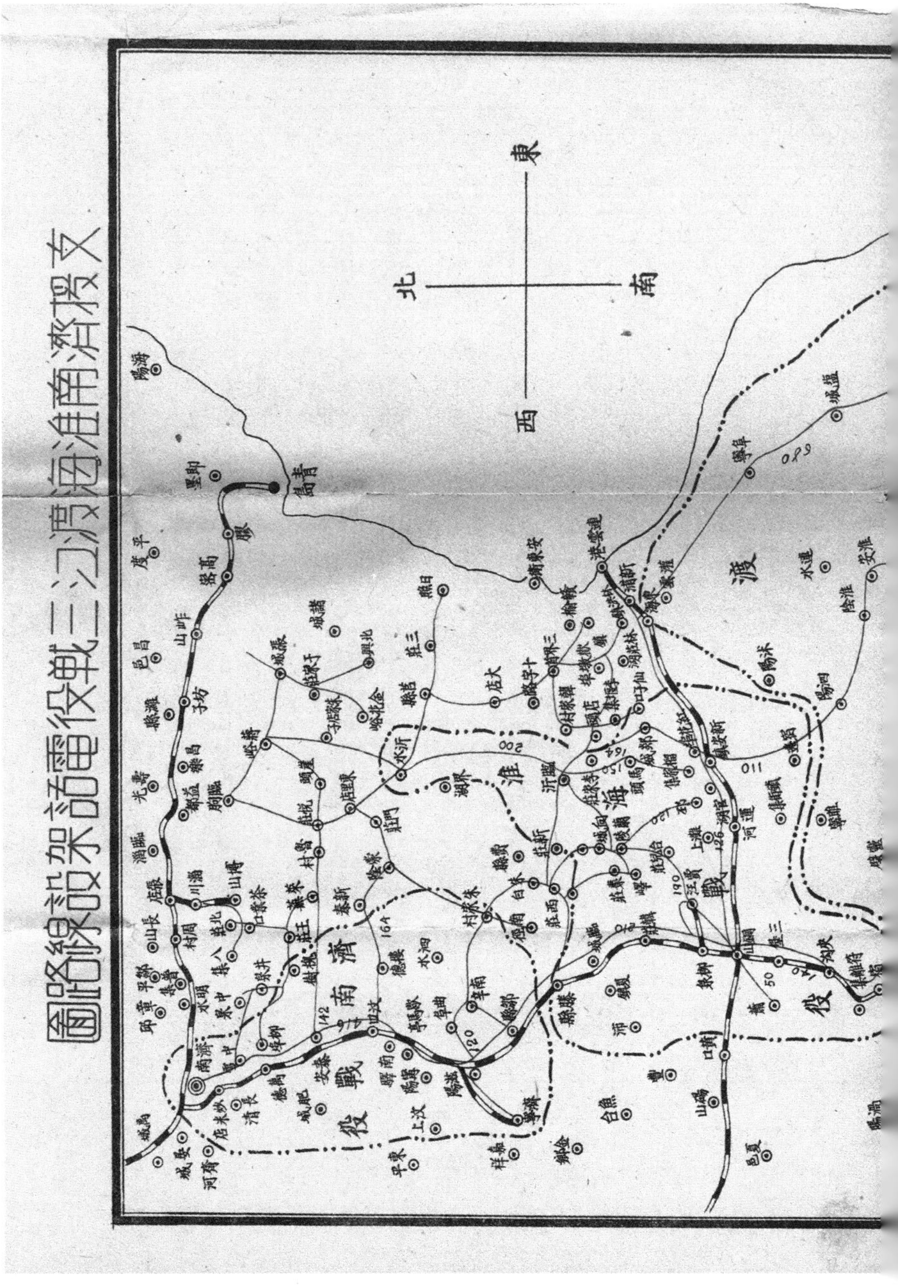
東
西
南
北
青島
濟南

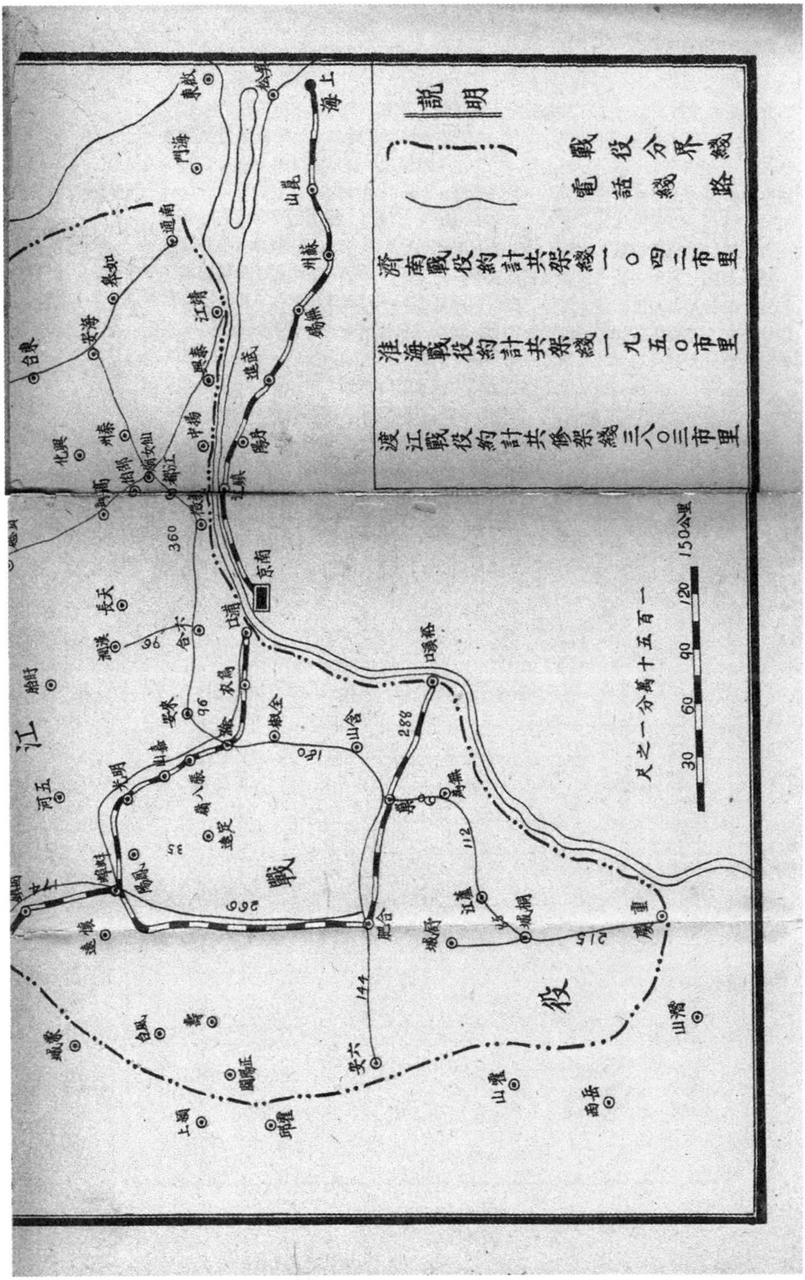
說明
戰役分界綫
電話綫路
济南戰役約計共架綫一〇四二市里
淮海戰役約計共架綫一九五〇市里
渡江戰役約計共修架綫三八〇三市里
一百五十萬分之一尺
150公里

部別＼名額＼職別	局長	秘書	幹事	指導員	站長	收發	收發練習生	會計	司務長	通訊員	炊事員	飼養員	交通員	發行員	合計	備考
華支郵局	2	2	5	1	7	10	8	2	1	1	4	3	33	2	81	收發中有三個組
蘇南前辦支局	1		1			1	2								5	
贛東北前辦支局	1		1			1	2						2		7	
浙江前辦支局	1		1		1	4							4		11	
皖南前辦支局	1		1		2	1	1						2		8	
合計	6	2	9	1	10	17	13	2	1	1	4	3	41	2	112	

（二）郵線的建立與變化：

爲加强前後方的聯系，淮海戰役前曾先後建立了臨海、臨鄒郵線，臨台嶧及臨邳運郵線。隨着戰爭形勢的不斷發展變化，又隨之建立了運宿郵線，徐蕭永郵線與黄口郵站。淮海戰役勝利結束，爲配合我軍南下渡江，又建立了固蚌郵線，合蘆段郵線，蚌滁揚郵線及贛東北郵線。

（三）郵件、報紙的傳遞：

華支郵局工作大部處在新區環境，且臨近戰場，情况緊張，變動極大，聯系非常困難；又加交通工具簡陋，特別開始連一條扁担也沒有，後來才逐漸添了九匹牲口，八輛車子。在這樣困難重重環境複雜的情况下，由於全體同志的努力，終於克服了一切客觀困難，完成了任務。

在郵件收發傳遞方面，在淮海戰役初期，交通困難時一般做到了郵遞及時，僅有個別情况才有郵件積壓現象。後來火車交通恢復，郵局工作加强後，積壓現象逐漸減少。僅據淮海戰役開始正式建郵至華支工作結束（一九四八年十一月至一九四九年七月）統計，共收發郵件：

掛號、平信、寄件三四九、二〇五一件；

包袱、錢欵七、一五五六包；

報紙、書籍、文件三〇、三二四五捆；

掛包、平包、郵袋一九、〇三四七個。

報紙的發行由華支政治部決定分發數目，本機關的由郵局直接送達，其餘分發各支局站送達。此外，每到一地，便將多餘的報紙或稍為過期的報紙專門抽出一部散發張貼。有時每天贈閱約一百份至一百五十份，張貼二十份，零售十份至二十份。民管處每到一處即選擇集鎮張貼散發多餘的報紙。同時因報紙有時來的很多，除分發張貼外，并發給邊沿各縣局，以利開展工作。

報紙發行數字，僅據一九四九年一月至四月四個月份統計共發：

大衆日報：一三、六四九〇份；

新徐日報：二、六〇四〇份；

魯中南報：四、九九〇〇份；

江淮日報：三、六七〇〇份；

支前快報：一、〇九五〇〇份；

戰時郵政工作，完成了各部隊、各支前機關、各民工、民兵團隊郵件運送，和加强了前後方的聯系，保證了前方參戰幹部及民工、民兵報紙、文件的供給。

第二　城市支前

濟南解放後，戰爭形勢迅速發展，戰爭規模日益巨大，單純依靠農村支前，已不能滿足前線的需要以有力支援戰爭。因此，必須運用新解放城市和近代化的交通工具了，與農村結合支援大規模的解放戰爭。

從去年十一月至今年五月，七個月的城市支前，其主要經驗是：證明了新解放城市，是能够支前的，問題是在於我們對城市工人羣衆的動員教育；在於我們善於掌握城市特點，運用新的工作方法和作風，來發揮城市支前的作用。

（甲）城市支前成績：

從四八年十一月淮海戰役開始，至四九年五月京滬戰役結束止，七個月來，城市支前在整個支前工作中，佔重要位置，一般均發揮了很大作用，僅據濟南、徐州、蚌埠、合肥四個城市不完全統計，就有如下成績：

（一）組織各種運輸力（火車運輸不包括在內）大量輸送戰爭物資供應前線。（1）組織平車四萬七千六百六十六輛，轉運糧食一萬萬二千九百九十三萬八千二百九十七斤；轉運傷員六百五十名。（2）組織汽車三百三十六輛，（內有公家汽車八十一輛）僅濟南一市，即組織汽車一百一十六輛，赴淮海前線運軍糧、軍火九千一百一十五噸，行程一千零七十七公里。徐州解放後，即從徐州、海州組織私營汽車一百二十四輛，把從徐州繳獲的彈藥，迅速運上戰場。（3）組織馬車三百八十三輛，僅蚌埠的九十五輛，三個月即運糧一百七十七萬七千斤。（4）組織大車七百一十七輛，蚌埠二百六十三輛大車，三個月卽運糧五十二萬五千斤。（5）蚌埠、合肥兩市，因靠淮河淝河，並組織碼頭工人進行裝卸轉運，共組織碼頭工人十六萬二千六百人，裝卸轉運物資兩萬萬九千二百九十五萬七千九百八十二斤。

（二）收轉糧食，進行加工。因城市掌握現代化交通工具，交通便利，分散在農村的糧食，必先集中城市方能迅速轉運前線，糧食的收發轉運，成爲城市支前重要工作之一。僅濟南、蚌埠兩市統計，在五個月內，共收轉糧食一萬萬四千四百二十五萬六千三百七十五斤；合肥市轉運數字最高時，四月八日至二十日，每日平均轉運一百萬斤。濟南并組織機器麵粉廠三家，磨三十盤，小磨房一百七十家，磨一百八十七盤；完成近五千萬斤小麥和小米的加工糧。蚌埠市發動寶興麵粉公司工人，把能磨麥粉的磨麵機，改造成能磨高粮麵，並且效果良好，每百斤高糧可出粉九十斤。

（三）招待大批過往部隊、民工，幇助他們順利南下。因濟、徐、蚌埠等市，處於交通要道，聯接膠濟、津浦、隴海、淮南等鐵路，南下部隊民工多經於此，在此上車下車，居住休息，在這方面，淮海戰役結束，大軍南下準備渡江時，徐州曾爲南下部隊看房子三千四百七十二間，成立招待所六處，糧草站兩處，準備軍鍋一百零一口，設茶水站兩處，僅據招待零星人員的統計，共一萬一千七百七十五人。蚌埠爲過往部隊找房子六千四百零四間，內對市民進行擁軍教育後自動讓出者四千六百二十六間，借出各種用具一萬四千零五一件；并採用私辦公助方式，成立大衆飯店十處，共招待過往部隊人員三十八萬零四百零六人。徐濟兩市，并對復員民工，組織市民、工人、學生，開歡迎大會，對民工的安慰鼓勵以及對市民的教育都起了很大作用。

（四）縫製大量軍服：僅濟徐兩市統計，縫成軍服一百二十五萬套，軍帽十二萬頂，褲頭十萬條，做成軍鞋八十萬雙。上述成績，除公家被服廠縫製外，很大部份是動員組織了私營縫衣工人及勞動婦女來做成的，共組織私人縫衣機一千八百七十部，工人羣衆四萬三千五百八十六人，僅徐州一市，即組織成了千餘做鞋小組，七百九十九個縫短褲小組。

（五）捐獻物資，慰勞軍隊。淮海戰役後，渡江戰役前，濟、徐、蚌等各城市，均先後發起支前勞軍運動，即運用慶祝勝利大會，座談會等各種方式，對工人、學生、市民各階層進行支前勞軍教育，成立勞軍委員會，傷員服務委員會，推動開展這一運動。僅徐、濟兩市羣衆獻金即達一百三十二萬萬三千萬元，其他勞軍物品難以計算。蚌埠市送慰問袋一萬二千四百八十六個，慰問信三百七十四封。捐獻勞軍做得比較好的是濟南。濟市於一月至三月，三個月內先後接受六千傷員，成立傷員服務處，各界人士、機關團體均熱烈捐獻和自動報名爲傷員服務，據不完全統計，各區羣衆長期照顧傷員的八百餘人，私營醫務人員報名爲傷員服務的五百六十二人，（實際用的一百四十四人）機關團體，學校自動照顧傷員的五千六百五十六人，長期照顧傷員的一百四十八人，星期日爲傷員洗衣者五十人。當時確實造成了羣衆性的愛護傷員運動。淮海戰役結束後，又組織了五十六人的南下慰問團，包括工人、學生、機關團體等各方面的代表，前往淮海前線慰問華東野戰軍，帶去各機關團體，慰問信一千餘件，慰問品四十九種，慰勞金四萬萬多元，在前線月餘，共組織晚會、座談會、談話會等四十四次。通過這一慰問將濟南人民對人民軍隊的尊敬與熱愛，帶給前方部隊，同時又帶回了前方部隊的艱苦鬥爭精神，激發了本市提高生產支援前線的力量。如第一次工人代表大會上有個代表說：『戰鬥英雄向我們保證，只要後方保證供給，我們前方部隊不惜爲人民犧牲流血，保證打勝仗。我回來跟大家談了以後，大家一致表示：願意積極提高生產保證前方供給。』

（乙）城市支前的幾個問題：

（一）事實證明，新解放城市是能够支前的。特別是像濟南、徐州、蚌埠等這樣的中等城市，過去長期在日寇、蔣匪統治下，對人民經常進行欺騙教育，散佈謠言，人民對我黨政策不够了解，甚至發生不少誤解。在這種情況下，城市人民雖則經我入城後，不斷進行宣傳解釋、動員教育，但也和黨的其他政策一樣，城市人民對支援前線工作，仍暫時存在不少思想顧慮。如徐州、蚌埠剛解放時一般市民羣衆怕『敵人再回來，我們站不當』，認爲『支前就是上前線抬担架，抬担架就會當兵』。一般平車工人和碼頭工人怕支前就像和國民黨那樣『拉官差』不給錢。徐州發動婦女做軍鞋時，三、四區有的婦女怕『以後拔到工廠去長期和公家做工』。同時在幹部思想上，對發動城市支前，也存有顧慮和認識偏差。這是由以下兩方面的情况造成的：一是他們多從農村中來，首先思想上存在的問題是：『城市能否支前？怎樣搞法？依靠什麽支前？』蚌埠市在進行動員後有的幹部還說：『城市不長糧草，怎樣能支前？』『新解放城市根本不能支前。』另一方面是由於羣衆受蔣匪謠言的恐嚇，對支前存有顧慮，甚至害怕支前，有的幹部沒有認爲這是敵人給羣衆遺留下的壞東西，應該公開揭發，積極教育羣衆，提高羣衆思想水平，發動支前，而單純認爲『城市羣衆落後，不能支前。』『城裏人唯利是圖，不能支前。』蚌埠有的幹部，想不使羣衆害怕，不敢向羣衆公開動員支前，只是遮遮掩掩的含糊其詞，結果使羣衆更加顧慮。

各市委領導上，根據幹部、羣衆這兩方面的情況，首先召開幹部會，進行傳達動員，打通幹部思想，着重指出城市與農村不同，城市有進步的交通工具等等，城市完全可以支前，不過內容與農村不同，城市支前主要依靠工人，及勞動羣衆；城市人民長期受敵人的殘酷的壓迫盤剝，仇恨蔣匪，只要對羣衆進行很好的動員教育，很容易啓發羣衆的覺悟，發動他們支前。蚌埠市各區並召集幹部檢查支前思想，反覆動員。

幹部思想打通後，在羣衆中進行普遍深入的支前教育，運用開慶祝勝利大會等各種方式，宣傳我軍勝利揭發蔣匪罪行，啓發羣衆仇蔣支前，說明共產黨，解放軍與國民黨蔣匪軍本質上的不同，再針對其對支前的思想顧慮，進行耐心解釋，並說明怎樣才算支前？城市支前怎樣做法？蚌埠中山區並對羣衆進行擁軍教育，在羣衆會上，首先要羣衆報擁軍功，使羣衆認識到擁軍支前是件很光榮的事情，接着羣衆向部隊提意見，發揚民主，這樣使羣衆認識到部隊是人民自己的，以後又啓發羣衆把人民解放軍和蔣匪軍比一比，這樣就引導羣衆認識到兩種軍隊本質的不同，最後討論今後怎麽做，結果定出了擁軍公約。這種方式是比較好的，是逐步深入的，收效也比較大。

城市人民，特別是工人羣衆經過教育發動，思想覺悟提高以後，發揮了很高的支援熱情。去年十一月淮海戰役時，隴海、津浦兩鐵路員工，爲迅速修好徐州北茅村鐵橋而消除過去成見，親密合作積極堅苦，半月工程，結果三天半卽完成，使大量彈藥運上前綫，對保證整個戰役的勝利起了極大作用。徐州被服廠工人，爲趕製軍裝，每天早八點就上班，晚十二點才下班，二月份一個月卽縫製軍裝廿三萬五千套。蚌埠淮河碼頭工人周長安，見汽油筒從船上滾入河中，立刻不顧寒冷，脫衣下水打撈。東安區平車工人王玉田，曾先後三次動員廿九個工人長途支前運輸，第二次支前去時，家中不愼失火，但當第三次支前任務來時，他又親自出發，並動員了八個工人一同前去。濟南人民，在支前勞軍運動中，有數千戶慷慨捐獻，五百餘人自動報名給傷員輸血，許多勞動婦女，在縫製軍服中，日夜奔波進行組織工作，並且說：『就是沒有工資我們也一樣的應當爲前線服務。』在前線運輸的汽車司機，通夜開車，白天防空，還要修理汽車，睡覺時間很少，甚至沒有睡，而毫無怨言。這些熱忱的表現，大大鼓舞了傷員和前方部隊，有許多傷員高興的說：『我們的血不是白流的！』

上述一切事實經驗證明：新解放城市是能够發動支前的，問題就在於我們幹部思想的打通，和對羣衆的深入動員與教育。

並且通過支前，可以發動、組織羣衆，發展培養積極分子，發展黨員，培養提拔幹部。濟南王春田運輸隊，就是通過支前發展組織起來的。該隊起初只有三個人，在支援淮海戰役的過程中，逐漸發展到三個中隊，四百餘人，擁有二百廿六輛平車，去年十一、十二兩個月運糧兩萬六千餘噸，並且在他這個隊的基礎上，成立了十一區運輸工人合作社。濟市兩萬勞動婦女，在發起做軍衣、軍被、軍鞋運動中，湧現出不少積極分子，後來在建設政權與開展民主運動中，僅四、五兩區，就有五十七個婦女被選爲基層政權幹部，東關吳大娘被選爲閭長。合肥在五個月的支前中，組織挑挽業工人七百五十名，平車工人二百五十名，其他勞動人民四千零廿九名，發現培養積極分子二百五十名，支前模範九十四名，發展黨員卅六名，提拔幹

—201—

部一百零四名。

（二）城市支前，必須掌握城市特點發揮其在支前中的作用。

在這個問題方面，由於我們絕大部份幹部，長期在農村工作，對城市的一套不熟悉，特別發動城市支前，是一件新的工作，沒有經驗，因此一般都經過了一段摸索，走了些彎路，後來才獲得初步經驗，做出成績來。現將這一時期點滴經驗綜述如下：

（1）城市支前主要依靠工人（當然也不能放鬆了發動全民支前），工人與農民不同，工人是工資勞動者，依靠工資維持生活，農民依靠土地勞動生產維持生活。因此發動工人支前，除對其進行階級教育，時事教育，提高覺悟外，必須及時解決以下三個問題：1.必須給予一定的工資（一般每人每日十多斤米），以維持其生活；2.使用平車運輸時，最好設立修車廠，因爲平車工人唯一生產工具是車子，如果車子壞了全家生活即成問題（蚌埠市由支前辦事處籌借一部份款子，買來一部份平車零件，設立了平車修理廠，如平車因支前損壞，經區職工籌委會介紹，按原價配零件，不收技術費，工人反映很好）；3.在使用上，不能按農村辦法事前集中等任務，因爲城市工人，除支前外，還要在空隙中多找些活幹賺錢，如果凍結民力，不但公家要照常開出大量工資，同時也就誤工人做生意。濟南起初在這方面做得不好，如鵲山站使用工人時，每天掌握了一百六十個工人，等火車裝糧，火車不來，工人無活作，掙不到錢，工人反映說：『支前是光榮的，但一天混的一人飽，老婆孩子餓肚皮，時間長了就支不起了。』又如傷員服務委員會叫各區組織地排車迎接傷員，但未用着，工人說：『支前既不用咱，又要咱在家裏等着，耽誤了運輸生產怎麼辦？』

根據濟南經驗，在發動工人支前中，還應防止兩種偏向：在動員機關，應防止單純的羣衆觀點，他們只看到工人生活困難，如該市十一區幹部，嫌支委會規定的工資太低。在使用機關，應防止單純使用觀點，如加工委員會就嫌工資規定的太高，竟擅自修改支委會規定的工資標準（實際上不低也不高）。同時更不能因係僱用而放棄對工人的政治教育，濟南在開始時由於忽視了對工人的動員教育，以致未能發揮工人在支前中的積極性，甚至根本不幹。如市工會搬運工會僱用二百裝卸工人參加支前，因工人對支前有顧慮，害怕不敢幹，僱了三天，結果一個也沒有僱着。又如十一區在動員工人支前時，因只說明了任務的艱巨和運糧的重要，未很好動員教育，工人認爲：公家糧食這樣多，又等着用，抗一抗公家就會多出錢僱。以致不能够動員足够數量的工人，影響運糧任務不能及時完成。反之，後來重視加强了工人政治教育，工人覺悟提高，在雨雪中工人積極運糧，並對糧食備加愛護，減少了損耗。

（2）發動工人及其他勞動者支前，應和組織生產相結合。徐州組織婦女做鞋時，首先組織貧苦婦女，這樣一方面救濟了她們，解決了其生活問題，同時也使她們爲前線服務。如二區高大娘，過去常出去要飯，自給公家做鞋後，掙了六十六斤小米，自己吃不了。濟南王春田運輸隊起初只有他和王瑞年參加轉運公糧，一天來回八趟，可掙兩萬四千元，在這種影響推動下，大家都感覺到組織起來，在人民政府領導下，替公家幹活很有保障，不像過去每天在馬路上獨自沒有把握的等待主顧。同時又由於市支委會規定：1.不因市場上運輸的供求變化而改變工資標準；2.以當時小米的市價爲實際工資標準。這樣大家即很快組織起來，幷民主撤換了當時因不愼而被選爲隊長的壞工頭等，便很快發展到八個中隊四百餘人，包括有二百六十二輛平車的運輸大隊。

（3）在工作方法上，必須特別注意科學分工，和精確計算。起初有些同志，仍把農村『差不多』的一套方法，搬進城市來，結果使工作受到不少損失。如濟南鵲山車站，本來八十個工人即可完成裝卸任務，由於沒有精確計算，經常凍結一百六十個民力。從北關站向成記運糧時，工人按時七點鐘到了貨廠，我們幹部十點鐘還沒到，影響到工人工作，工人不滿。去年十二月三日，直屬站同志，認爲糧食多就多要車子而沒有計算每支磅每日能過多少斤，需用多少人，及工人技術條件等，結果磅少車多，工人爭着裝，擠不上去，有的工人把腿擠壞了。這天四區有五十輛平車，一整天只拉了一趟，工人每人才賺到北幣六百元，工人不高興，運糧任務也沒有完成。後來即多找小工多按磅，第二天卽增加了十多名過磅工人，但對劃碼記賬工人的增加沒有計劃到，雖有了過磅工人，但無劃碼記賬的，仍不能進行工作，使工人閒了一天，公家白開支了一天的工資。還有的以自己的狹隘經驗，拆散過磅工人的組織分工。本來一支磅共十個人，包括縫包、堆垛、掃糧的都在內，我們同志不聽工人意見，把縫包和掃糧工人另行劃分出來，每支磅用到十四人，結果包破了無人縫補，糧食漏了很多。如按原來組織，每組十個人，負責一支磅，工人爲了不掃糧食，自然預先主動縫包，避免漏撒糧食。

後來經過精確計算，周密計劃，了解到：1.每支磅共須九個工人（架包六人，縫包掃糧三人，我們同志親自過磅，故比原有組織減少一人），每天以七小時工作時間計算，能過廿五萬斤。2.地排車的載重量一般分爲三種：大膠輪每輛能裝三千斤；大鐵輪裝兩千斤；小地排裝六百斤。3.運輸時間：距離一里者：大膠輪一般每天能運八趟，大鐵輪每天運六趟，小地排每天運九趟。距離三里者：大膠輪每天能運五趟；大鐵輪四趟；小地排七趟。距離五里者：大膠輪兩點半運一趟；大鐵輪三點鐘一趟；小地排兩小時運一趟。根據以上數字計算，車與磅的配合確定：一里距離者：每支磅跟大膠輪九輛，或大鐵輪十五輛；或小地排四十輛。三里距離者：每支磅須跟大膠輪十六輛或大鐵輪廿八輛或小地排六十輛。五里距離者：每支磅須跟大膠輪卅輛；或大鐵輪六十輛；或小地排一百輛。這樣執行以後，不浪費人力與時間，工作效率有顯著提高，如加工委員會在十二月十七日以前，平均每輛車運四噸左右，按述辦法實行以後，每輛每日平均運五噸以上，提高工作效率百分之二十。又如開始時每支磅須用十四個工人，精確計算以後僅用九名工人，節省人力在百分之卅以上同樣能够完成任務。

同樣徐州在開始動員婦女做褲叉時，因幹部工作作風粗枝大葉，佈置簡單，後來經被服廠四天檢查，發現有四千條褲頭縫錯，把褲腿縫倒了，穿時提不上去。

上述一切事實經驗證明：在城市工作必須掌握城市特點，不能仍把農村的一套工作方法搬運到城市。

（三）供給部隊需要與城市紀律問題：

城市多處交通要道，在戰爭形勢迅速勝利發展情況下，大批部隊、民工、幹部及大量軍需物資，均須經過城市源源南進，在此情形下，就發生了供應部隊需要與城市紀律的矛盾問題。軍隊、幹部、民工經過城市時，要住宿吃飯，强調軍事需要；城市羣衆就强調軍隊要遵守城市紀律，如不住民房、教會等。甚至某些城市幹部，也存有這種思想。但在大批部隊、民工，雲集過往時，又沒有那麼多的公房、用具供應部隊需要，因此往往使軍民關係搞得不好。蚌埠市委及市支前辦事處在這方面首先爭取了主動，在幹部羣衆中進行普遍的動員教育，說明擁軍愛民是一個問題的兩方面，單純强調一方面是不能解決問題的，并特別對幹部、羣衆着重進行了擁軍支前教育，號召羣衆主動擁軍，爲部隊解決食宿用具，各區鎮幷建立了擁軍支前委員會，在委員內，以工人勞動者爲主體，吸收各階層人士參加。結果這一組織起了很大作用，他們主動替部隊準備好房子、床舖、用具，並置了鍋灶。共計動員羣衆自動讓出民房四千六百廿六間，借出用具有鍋一千零一十五口，桌子八百八十二張，櫈子一千七百條，水缸三百五十三口，蘆蓆三千八百廿一領，其他零星用具四千二百廿四件。給過往部隊解決了很大問題，供給了部隊需要，部隊也遵守了城市紀律，主動搞好了軍民關係。

第三　煤炭供應工作

甲、當時情況及任務要求：

人民解放軍四月二十一日横渡長江，二十三日南京解放。由於軍事形勢發展異常迅速，江南滬、杭等各城市很快解放。這些大城市在未解放以前，由於開灤、淄博、賈汪、淮南等煤礦早被我控制，斷絕了江北煤炭的來源，造成這些城市的嚴重煤荒，因此，在這些城市解放後，首先必須解決煤荒問題，以便順利接管和恢復發展生產。在這一新的形勢和要求下，支援城市供應京、滬、杭等各大城市的煤炭，已成爲華支新的任務，這就是說在大軍渡江解放京、滬、杭等各大城市以後，不但

—207—

要繼續支援部隊追殲逃敵，還要支援城市，恢復發展生產。

乙、組織建立及運煤數字：

爲完成這一任務，華支抽調三百五十餘幹部，成立煤炭供應部，自上而下的建立了煤炭供應系統和一套比較完整的組織機構。

供應部有正副部長，和行政、調運、政工、會計四科；供應部下設淄博、賈汪、淮南三個住礦辦事處，代表供應部直接向各礦區及交通部門接洽煤炭訂購與運輸問題，並於浦口、蕪湖、合肥、連雲港等地設炭廠四處，負責各礦運去煤炭的收發、保管和裝卸工作。建立了淮南至合肥，合肥至蕪湖，賈汪至連雲港，淄博至浦口，浦口至南京、上海，連雲港至上海等六條運輸線，並調用民兵二千八百一十六人，民工五百九十四人，負責押運、護廠等工作。

在此組織保證下大量煤炭始能源源運往江南。據不完全統計，自五月一日至六月十五日，共運煤十三萬五千八百三十一噸，解決了京、滬、杭等大城市當時嚴重煤荒，對順利接管和恢復工業生產，以及反對敵人封鎖上，起了很大作用。

丙、煤炭供應中的幾個問題：

一、幹部羣衆的思想教育問題：打通幹部思想，教育工人羣衆，是開展工作的首要關鍵。因爲煤炭供應工作，是一個新的工作，當在四月底煤炭供應部成立，抽調大批幹部作這一工作的時候，有些幹部對這一工作的重要性認識不足，即不願作這一工作，說這是『倒霉工作』，『進了煤炭供應部，就是到了倒霉部』，『願到固定崗位，不願做這臨時工作』等。調來服務的民兵，民工、也認爲在前方支前、轉運傷員有功，不願搞煤炭工作，有的民工就直接拒絕說：『我們出來是抬担架的，不是搞煤炭的。』裝卸搬運工人，因剛解放不久，對我了解不够，也存在顧慮，工作中存在偷煤現象；在煤車裏裝石子、木塊等。當然所有這樣情況，隨後就改正了。

供應部及各煤廠、辦事處，卽針對這些情況，除普遍進行動員，說明煤炭供應工作的重要外並分別進行了動員教育工作。（一）對幹部主要是通過二中全會決議的學習和加强紀律性的學習，克服了當時的思想偏向，學習中聯系自己的思想工作。如學習二中全會決議時，卽聯系到當前的煤炭供應對恢復發展城市工業的重要意義，並以廣播電台廣播煤炭供應的消息來進一步說明中央對此工作的重視，才逐漸使幹部安心，並提高了工作熱情。有些新參加工作的學生，後來因受不了押運煤炭的艱苦，產生思想波動，不願做此工作，就對他們講述抗日戰爭時期的艱苦情形，如睡山溝、吃草種等，鼓舞了他們，使他們覺得自己受的苦不算苦，也克服了一度的思想波動。（二）對民工、民兵，主要說明作煤炭工作和作抬担架等其他支前工作一樣光榮，一樣可以立功，並在工作過程中實地按時評功、奬功，隨打破了他們的錯誤認識。（三）對裝卸、搬運工人主要進行了階級教育和支前任務的敎育。主要說明共產黨是工人階級的政黨，今天工人是主人翁，同時只有自己積極工作支援前線，才能澈底消滅國民黨殘餘匪軍解放全中國，我們才能改善生活過好日子。特別以他們過去受國民黨壓迫剝削的具體事例去教育啓發他們，再和今天解放後的情形對比，效果很大，使不少工人很快轉變了勞動態度，認識到今天是爲自己工作，工作熱情特别高漲。爲加强工人政治教育工作，各煤廠及辦事處均先後抽調質量高的同志，組成政工組，首先分頭深入到工人中了解情况及工人過去受壓迫剝削情形，然後運用開工人大會、工人代表會、個别談話等方式，培養積極分子進行教育。

幹部思想搞通，民工、民兵經過教育，及工人羣衆的覺悟提高以後，表現了很高的工作熱情，同樣以支援戰爭的艱苦精神支援了城市。如負責押運的幹部、民兵，不論刮風下雨和天氣怎樣炎熱，總是在車上堅持工作，有時在路上喝不上水，吃不上飯，但從無怨言，如膠東子弟兵四團，押車到上海時，途中因火車零件損壞，不能行車了，他們即在車上不顧日晒雨淋，看守了四五天，使煤炭毫無損失，圓滿的完成了押運任務。民兵邢經敦，在蘆橋車站時發現了車箱漏煤，天正下着雨即把自己的蓑衣脫下來將漏洞塞住。工人也是如此，有時爲了將煤炭迅速運走，晝夜不停的裝車卸車，裝船卸船，不顧一切艱苦疲勞。賈汪裝卸工人，經教育覺悟提高以後，不但很快消滅了裝煤不足和偷煤現象，且對煤炭愛護，减少了損耗，并從煤炭中向外揀石矸子，提高了運煤質量。

二、發動組織工人問題。如何把碼頭裝卸工人組織起來，以新的勞動態度，來完成煤炭裝卸任務，是煤炭供應工作中的一個重要問題。在這個問題上，浦口起初曾發生過兩種偏向：一是將舊有的工人組織完全取銷，重新登記，組織新的工會；結果因爲工人對我不了解，壞分子多方進行破壞，不但工人不來登記，而且很少到煤廠工作，使運來大批煤炭無人搬卸。同時在這種情况下，又發生了另一種偏向，就是有一部份幹部想根本不用原有工人，調大批民工來執行卸煤任務，其用意是想叫工人屈服，自動上工。所以產生這兩種偏向，主要是由於依靠工人階級的思想沒有樹立起來。後來在兩浦軍管分會的領導下，煤廠會同工會籌委會確定：(一)以原來工會組織中比較好的分子成立煤運籌委會，作爲煤運工人的最高領導機關。(二)運用工人原有的下層組織進行工作；(三)在原有工會基礎上，發現培養積極分子，改造舊組織，在煤運籌委會基礎上成立新的工會。在這一方針步驟下，工人逐漸組織起來，五月初組織到九百餘人，以後發展到一千八百人，最後組織到四千餘人，因此及時完成了裝卸任務。在組織工人和進行工作過程中，並隨時進行工人教育，提高了工人覺悟，打破了幫會組織和宗派現象。如浦口碼頭工人，過去有『十大幫』『十小幫』之稱，淮南煤廠工人，不准中興煤廠工人去參加工作，形成幫會宗派。我們進行了『有飯大家吃，有活大家做，』『工人利益是一致的』等教育後，打破了這一現象，可以相互幫忙參加工作了。

三、工人工資問題：

工資的確定，是一個極重要而又要最愼重的問題，因爲碼頭工人雖有共一定的組織，可是不同於產業工人固定在一定的崗位上，生活比較穩定；碼頭工人崗位不固定，流動性比較大，他們又專靠出賣自身勞動力養活家口，所以那裏工資比較高，他們就隨時可流到那裏去。僅從單純任務觀點上來看，爲保持一定數量的工人完成裝卸任務，工人工資的適當確定，是個非常重要的問題。各煤廠及辦事處在確定工人工資問題時，一般均遵守了供應部規定的三個原則：（一）解放前三個月的工資平均數；（二）以當地的羣衆生活水平最低限度能養活三口人（連工人本人在內）；（三）經常運煤任務的多少。根據上述原則確定，每個工人每日勞動八小時即可掙小米十餘斤，除本人吃用外，還可養活兩口人，因此各廠處均保持了一定數量的工人能够及時完成裝卸任務，工人也比較滿意。據六月份的統計，最多的是浦口煤廠，有工人一千零二十三名，最少的是合肥，也有三百人，因此一般均作到了煤炭的及時裝卸。賈汪辦事處起初低於上述水平，每人每日平均工資八斤，工人不滿；連雲港高於上述水平，每人每日平均工資三十斤，公家吃虧太大；這些後來均糾正了。裝船比裝車費力費時間，故需按具體情況適當增加。連雲港規定卸車每噸二斤糧食，裝船因比卸車須費一倍的時間，故確定裝一噸工資四斤，浦口規定下午六時至十二時爲半夜工，工資加十分之三，全夜工資加十分之四。

確定工資時，廠方必須會同工人代表，工會代表，當地政府或軍管會代表，共同協商確定，與地方工作結合以避免偏差。

四、煤炭運輸問題：當京、滬、杭等各大城市初解放時，各地煤炭需要十分緊急，南京解放時因缺煤炭，僅保持路燈，僅供給機關水電，上海剛解放時，僅存烟煤七萬噸，而上海每月需煤十二萬噸。在此情況下，搶運煤炭供應城市，不僅是緊急的供應任務，而且是嚴重的政治任務。供應部爲完成這一任務，在鐵路沒有修復，且軍運繁忙，運輸工具缺少等各種困難情況下，運用小車、汽車運輸，五月上旬曾用小車運浦口煤一百九十三噸，用汽車運四百二十噸。因此使浦口煤廠存積了一定數量的煤炭，當上海解放的第二天，即運去烟煤四千多噸，安定了人心，提高了城市人民對我黨建設城市的信心。這是運輸工作上的很大成績。在突擊搶運時期，爲完成這一重要任務，不計較運費成本多少，這是對的；但一旦在鐵路恢復常態，城市秩序已經恢復，工廠也陸續開工的時候，煤炭運輸也應進入常軌，要計算成本，要統一配銷，要營運合一。在運輸上要執行托運制，製定合同，有定量運輸，規定運價、運耗、奬勵民運等。在供應或銷售上應有主次緩急之分，應先國營工廠，後私營工廠。在這方面由於起初轉變的不够及時，使公家有某些損失。如急需煤炭的戚墅埝機車工廠，因得不到煤炭幾乎停工，但有些不十分急用煤炭的私人紗廠，反而得到足够煤炭的供應，又如因企業化的觀念不强，不計算成本，曾有一個時期，運價太高使公家吃虧。

第六部份

支前基地建設工作、子弟兵團工作與渡江戰役的船舶工作

第一、支前基地建設工作

淮海戰役勝利結果，使江北皖西，江淮地區全部解放，新區人民情緒空前高漲。爲支援我軍繼續渡江作戰，解放江南的偉大任務，當即確定支前方針是建設江淮、皖西支前基地。征借糧食，組織民力，發動羣衆，打下新區下層工作基礎。迅速將新區人力物力用於革命戰爭，減輕老區負担，給鞏固建設老區和接管各大城市恢復生產創造條件。這時期華支就以二四〇〇餘幹部，組織兩個前辦投入江淮皖西江北地帶。部隊渡江，華支又以該批幹部爲基礎，組成贛東北、蘇南、浙北、皖南四個前辦，共二七〇〇餘幹部投入江南新區征集糧食，支援接管京滬杭各大城市和部隊南進。

長江南北新區經驗告訴我們：通過支援戰爭任務發動羣衆，依靠羣衆完成支援任務，建設支前基地，打下新區下層工作基礎，是有充分可能與條件。也只有這樣做，新區人力物力方被動員起來，用於革命戰爭。這次建設支前基地的全部過程，也證明了這點。僅在樂平縣在會師很短時間就完成：征糧三八八七、三〇〇斤；收繳地富匪特長短槍一、〇〇四枝，重機槍二、輕機槍一六；培養積極份子二二九人；提拔幹部一一人；發展武裝八一人。

在月餘時間南起長江北至淮河，西起皖西之舒城，東至蘇中之江都廣大地區內修復主要公路幹線一、九八〇華里，大小橋樑一〇五座，架設長途電話一六、九〇八華里，搶修鐵路三二〇華里。

（甲）新老區幹部『會師』問題：

新老區幹部各有其不同的工作經驗，因此新老區幹部團結一致，統一政策思想，不同於一般的加強幹部思想教育工作而有其特別重要的意義，是貫徹政策，發動羣衆，建設支前基地，保證完成戰地支前任務的首要關鍵。在這方面華支在進入新區前即對幹部做了思想上、組織上的準備。

在進入江淮、皖西前，在蚌埠進行了短促整訓，江淮黨委介紹了當地情況。華支對支前幹部提出服從各地黨委與政府領導，向當地幹部學習，克服經驗主義。在投入江南新區前研究了華東局新區農村工作指示和會師文件，接受了江北建設基地的經驗。

這樣的在幹部中反覆的進行了思想動員與政策教育，並提出應嚴格注意事項，如：服從當地各級黨委領導；多研究新問題，防止輕率批評。是以自己積極艱苦作風，堅持執行決議，遵守黨的政策制度的實際行動影響當地幹部，並學習新區幹部的優良作風，向新區同志學習，力求建立共同學習制度，在學習中提高認識水平，求得在思想上、政策上團結一致。

絕大部份幹部作到了團結同志和聯系羣衆、貫徹政策、完成了支援任務。

在江北建設支前基地兩個月中，華支幹部深入農村和羣衆生活一起，艱苦樸素，吃苦耐勞的作風給當地羣衆良好的政治影響。在服從組織、服從領導、遵守法令政策、愛護羣衆利益、對工作不講價錢埋頭苦幹方面，對轉變新區幹部中某些游擊作風起了很大推動作用。當我們接到命令離開滁縣時，滁縣副書記流淚了，宋懷富離開肥西縣城西區時，四百羣衆歡送數里。在和當地幹部共同工作中，華支幹部本身也向新區幹部學習很多，如克服老一套的經驗主義等方面（當地幹部感到：華支派出的幹部各方面很好，就是有時硬搬老區一套）。這過程提供我們的經驗是：黨的政策能否在新區很好貫徹，新區工作能否很快開展，首先在於老區幹部與新區幹部能否迅速在思想上、政策上團結一致而決定。這次華支幹部在皖西、江淮、贛東北、皖南、蘇南、浙北一般是做到了和當地幹部團結一致。

（乙）對外宣傳：

新區各階層多對我不够了解，如：

（1）基本羣衆當我軍剛到時，一般思想顧慮：怕變天，對我們能否長久表示懷疑。在江北時羣衆看我們能否過江？有的怕担負重，加上敵特謠言：『先征地富，後征中貧，乾淨爲止。』羣衆對我們合理負担政策表示疑慮。怕接近我們遭匪特殺害。廣豐縣玉慶區朱樓村羣衆一見穿軍衣的，男女老小一齊上山躲避。但老蘇

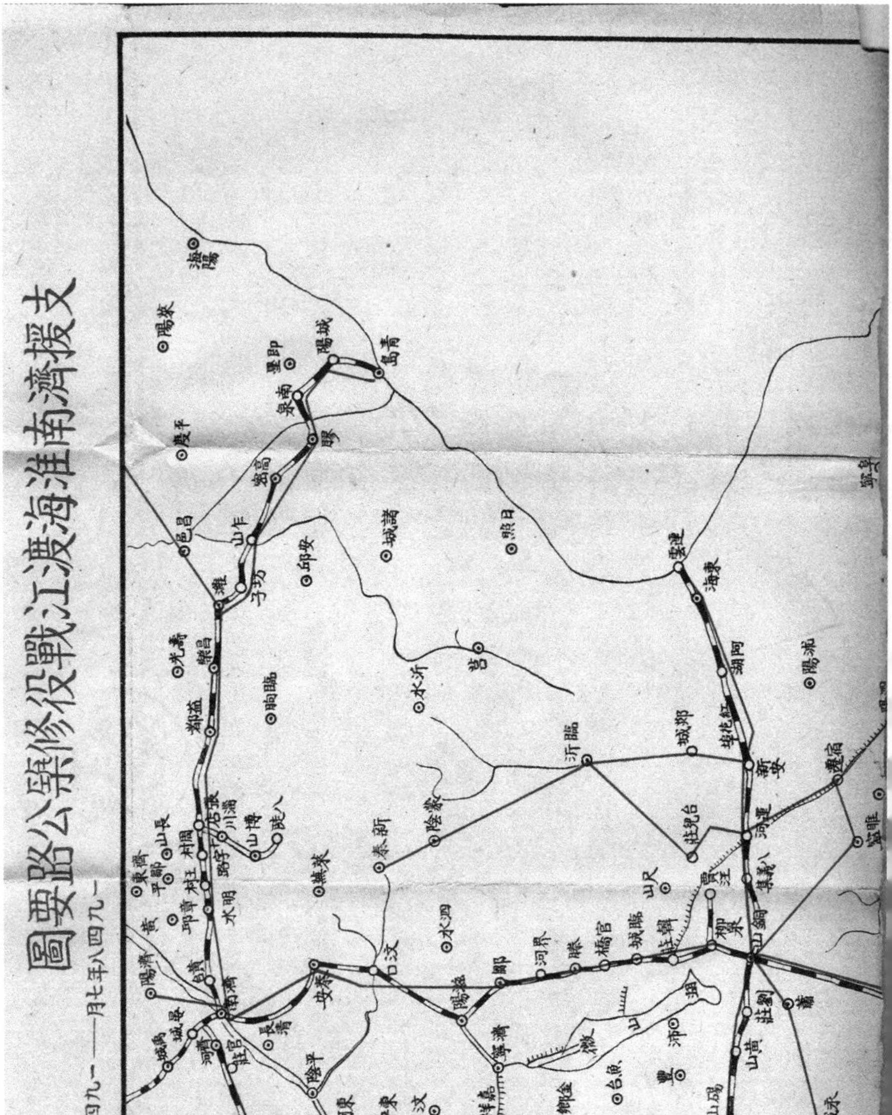
支援濟南淮海渡江戰役修築公路要圖
一九四八年七月——一九四九年五月

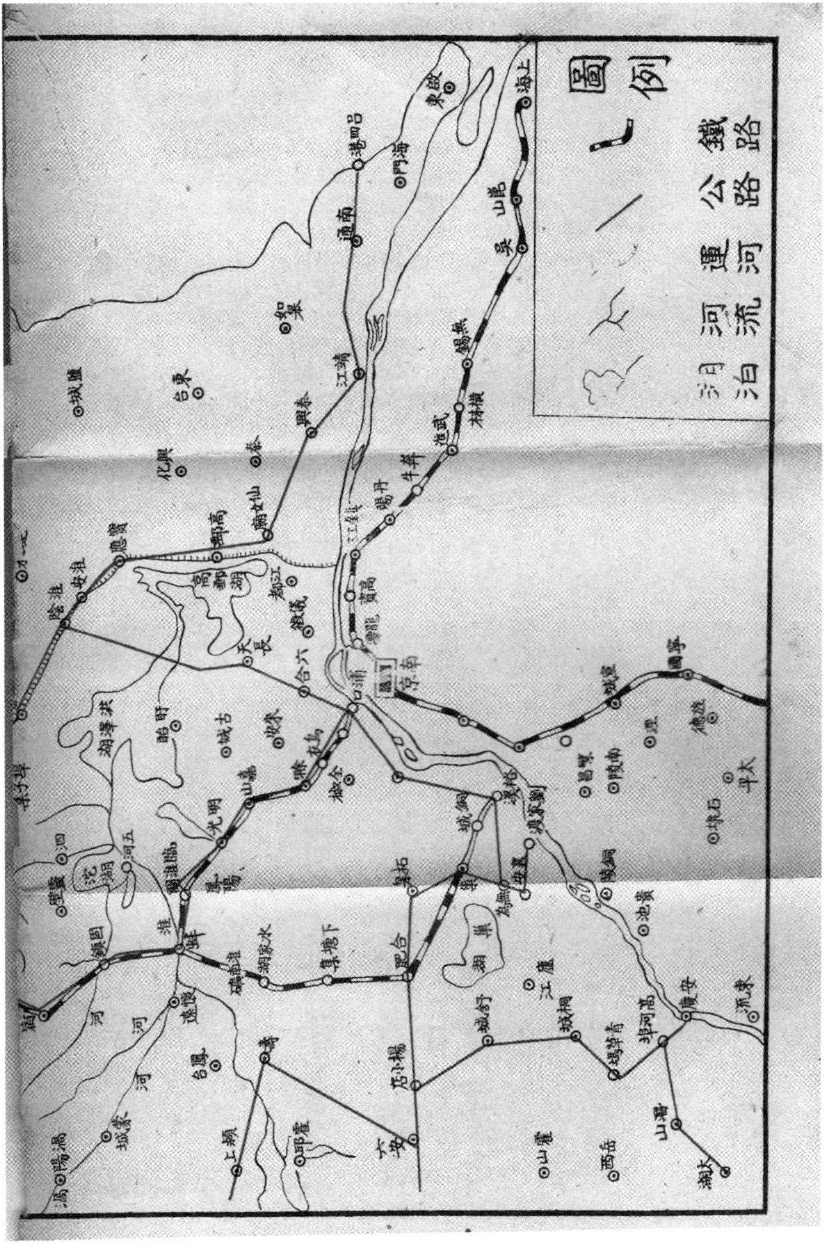
圖例
鐵路
公路
運河
河流
湖泊

區羣衆，有『打土豪分田地』的經驗，我軍一到很興奮，有的自發的進行各種鬥爭，有時過左。如萬年縣解放後不少羣衆搶地主糧食。

（2）地主富農階級怕打土豪分田地，惡霸份子有計劃對抗我們，同匪特會門聯結一起進行破壞。

（3）敵僞保甲長，懷疑我寬大政策等。

因此在新區我們如何宣傳黨的政策，消除羣衆思想顧慮，打破地主匪特封建勢力的破壞，也是開展工作一個很重要環節。

我們注意、愼重、廣泛的宣傳勝利形勢，揭發國民黨罪惡和匪特謠言，鞏固羣衆高漲情緒，奠定羣衆勝利信心。宣傳黨的各項政策，如新區合理負担政策，以及對敵僞寬大政策。這些宣傳內容一般通過保民大會和慶祝勝利大會進行教育廣大羣衆。除此，又分別階層與對象具體進行教育，如：

（1）召開地主士紳會議，說明過去負担不合理；我們如何征借，支援戰爭人人有份，有糧出糧，有力出力。指出他們前途和方向，並結合揭發個別惡霸地主組織匿藏糧食，製造謠言，威脅羣衆的罪惡行爲。

（2）召集僞保甲長對其訓話，照具體情況，揭發其過去罪惡事實，指出前途方向，要其立功贖罪，定出約法，受羣衆監督等。

在方式上除保民大會，慶祝勝利大會和分別召開各種會議外，多做街頭宣傳，深入基本羣衆家庭進行個別談話。城鎮用宣傳隊，出壁報，寫標語漫畫等。經過宣傳教育，是收到了一定效果。如：

（1）廣豐縣五慶區朱樓村羣衆開始見我跑，經宣傳教育後，我幹部每到該村，羣衆就圍着幹部聽講。上饒縣一區樂橋鄉組織了積極份子三四十人，領導督促交糧，並掀起擁軍熱潮。

（2）在征借糧食方面，太湖縣城關區保與保，戶與戶之間負担不公，平均攤派。宣傳教育了合理負担政策後，保與保之間開展了爭議，進行適當調整。羣衆到八十里以外找回逃避負担的地主。貧農五十戶免除了負担。金溪縣秀谷鎮第四保羣衆了解政策後，檢舉出黑地二四七畝。

（3）在武裝方面，經我宣傳解放軍是人民的子弟兵，爲人民服務的，打破了羣衆怕抓丁顧慮。金溪縣二區永和鄉短時間發展了四十多人的武裝。

（4）罪惡較少僞保甲長及中小地主富農經教育後，了解我政策後，一般情緒較安定。

有些地方宣傳工作也存在着被動右傾表現。如當廣豐縣五慶區朱樓村羣衆見我軍就跑時，鄉幹決定不到該村，以爲如此羣衆即可不跑。便只叫僞人員去各村催糧，結果糧食落空，和羣衆隔離，羣衆更加恐慌。金溪縣怕地主富農恐慌，規定不准叫地主富農，叫一二三四等戶（即地富中貧），有地主富農問：『你們是否分土地？』我們幹部不敢答覆，於是地主富農更不安。

這一工作事實告訴我們，新區羣衆對我黨了解不够，宣傳工作必須爭取主動，根據當地情況，大胆宣傳黨的主張，講解政策，揭發謠言。初步提高新區羣衆覺悟辯別敵我是非，是新區工作帶有決定性的環節之一。

（丙）武裝鬥爭淸剿匪特

新解放區羣衆未發動起來，匪特武裝有機可乘，對我新區工作危害極大。

（1）靠近邊區，敵人主力尙存在，不時小股襲擊我們。我軍渡江前，江北和縣敵人（一個整師一個砲兵營，僞縣府武裝）組成二百餘人在長江北岸控制幾個據點，經常向我剛解放地區搶掠，綁架，並燒掉我和縣一個糧站糧食萬餘斤。

（2）國民黨匪軍逃竄後，殘餘部份結合當地匪特暫撤山區、湖泊、海岸、待大軍過後卽四出活動，搶掠公糧破壞支前。江淮壽合縣譙家白天繳了公糧，黑夜就被匪特搶光，並威脅說：『能繳公糧就有糧食』。譙家出民工，夜間牛就被牽走。吳興縣烏鎭區公所助理員被打死，區公所被襲擊一次，分區副書記犧牲。

（3）封建會門被地主特務利用，有的舉行暴動。如江浦縣敵特掌握大刀會，在烏江鎭舉行暴動，打死我鄉支書等數同志。未過江前敵人從安慶派回鄧壽光在宿松一帶用『行動委員會』聯絡封建地主，潛伏特務，組織大刀會，擾亂後方，破壞渡江。

（4）國民黨的黑暗統治，造成農村破產。皖西壽縣堰口區蘇王鄉十幾個村莊羣衆因外逃躲避蔣匪苛政，房屋倒塌，土地荒蕪，於是一部貧民挺而走險，江北巢湖三河一帶流行着：『沒有辦法下巢湖』流言。江南都昌縣平頂山下有個村二〇戶人家，有一八人幹土匪的，羣衆講：『官兵土匪眞難躲』。解放後對社會治安騷擾頗大。

以上四種情況，對破壞我們建設基地支援戰爭危害很大，他們除公開同我們進行武裝鬥爭外，還製造各種流言。如過江前皖北地區流傳謠言：『美國鬼子來中國替蔣介石打天下』，『解放軍要夫塡江』等。

匪特活動的一般規律是：當我大軍壓境，蔣匪逃竄，大股匪特即匿藏，派零星人員偵察我軍行動與情況，待大軍前進，即公開活動出擊我們，佔領地區。嘉興縣一個區土匪一夜在區公所附近搶到幾十個莊村。

開始我們隨軍進入新區，當匪特暫時分散隱蔽，靜觀我之情形時，從幹部到羣衆一般是太平、麻痺，當大軍南進後，匪特便重新結合，向我襲擊，給羣衆危害極大，羣衆要求我們迅剿匪特以安定社會秩序。

這時我們在廣泛開展宣傳攻勢，結合進行瓦解工作，就迅速根據匪特活動情形，堅決實行軍事清剿。

（1）首先樹立幹部自立更生組織羣衆剿匪思想，以本地區現有幹部力量加以

—223—

組織，建立縣剿匪指揮部，並與鄰縣區密切配合，提出『幹部是工作隊又是武工隊』。在和縣將地方幹部配於區中隊，加强掌握武裝，一個月即同邊沿出擾之敵作戰十次。我派出之幹部李光杰帶七個區中隊員與出擾之敵連打三晚上。六合縣三區邵區長發現石橋保十二名土匪時，即派幹部帶領區中隊堅決清剿，打死一，活捉十一。烏鎮區羣衆也捉拿了兩個土匪送繳政府。我們一面對羣衆進行剿匪號召，一面實際行動起來，很快的羣衆思想轉變了。

（2）頒佈法令佈告，宣佈一切反動黨派爲非法組織，以及我對匪特政策與態度，贛東北有些地區宣佈法令之後，進行戶口登記結合深入戶戶動員。收繳地主封建勢力槍枝，在樂平縣很短期間就完成收繳長短槍一〇〇四枝。重機槍二挺，輕機槍十六挺，六〇炮二門衝鋒卡賓七枝。壓縮匪特活動的社會基礎。

（3）對暴動之會門，採取堅決鎮壓方針，在鎮壓下開展政治爭取，講明大刀會被國民黨利用，號召老百姓退出大刀會。宣佈首惡必辦，脅從不問，不究既往。將其上層份子，在羣衆面前向羣衆悔過反省，羣衆紛紛繳出大刀符袋，並訴苦說：『不參加要拿三斗米。』

（4）在捕獲匪特後，決定不輕易放出，使其經過較長教育，再經當地羣衆保釋，令其向羣衆悔過，這點得到新區羣衆很大同情，對其中最壞的堅決鎮壓，爲民除害，這點羣衆也很滿意，力求作到愼重掌握政策和羣衆情緒。

經過我們政治爭取瓦解和軍事堅決清剿之後，匪特氣燄逐漸下降，保證了征借糧食，組織人力，支援戰爭的任務。新區剿匪給我們的教訓是：剛到新區時，要趁國民黨逃竄混亂之際，爭取主動，不使殘餘封建反動武裝得到修整喘息時機，這樣我們可事半功倍。相反我們只看到表面現象，太平麻痺粗枝大葉，放鬆了對匪特警惕，造成匪特趁機而起，便會給工作以損失，這教訓是够深刻的。

（丁）通過征借糧食組織民力發動羣衆建設支前基地：

長江南北廣大新區獲得解放後，能否將新區人力物力動員起來用於革命戰爭，為鞏固老區和恢復城市生產創造條件；要看我們能否通過支前各種任務，發動新區羣衆打下工作基礎的程度來決定，除了對羣衆進行宣傳教育、清剿匪特外，着重看能否在工作中貫澈政策，發動羣衆。貫澈政策中主要是合理負担政策，對政策的貫澈上，政府法令是一方面；但主要是依靠新區基本羣衆的覺悟程度，行動起來作鬥爭，在鬥爭中達到羣衆初步發動和對新區舊的制度的改造。

（一）長江南北土地集中，糧食大部集中於地主富農之手，地主又多集中於城鎮，兼營商業，僅據安徽北桐城，浙江平湖的簡單材料，即可看出土地集中情形。

（1）安徽桐城縣城關區龍眠鄉生生保共二二九戶，本保地主一戶，佃戶一七四戶，純佃四四戶，該保共租種三〇戶地主土地，二九戶住城裏。

（2）浙江平湖縣城內有邢、劉、葛、陸四大地主，每戶近萬畝田，千畝者近四十戶。中農佔百分之十一到十五，佃戶佔百分之七十到七十五。百分之八十的中貧農佔土地百分之十左右，百分之十的地主富農佔土地百分之八十以上。

因此新區征借糧食主要對象是地主富農階層，地主富農封建力量又統治着農村，要貫澈合理負担，勢必遇到地主封建力量之頑强抵抗。所以進入新區開始征借，必須把我們合理負担政策負担情形，首先對羣衆講明。如在江西樂平縣尙濂村，我們就實事求是，將該村負担進行宣傳：（甲）四戶地主按其土地數目產量百分之四十五征收，應繳糧一五〇五〇斤；（乙）富農二十三戶按其土地數目產量百分之三十征收，應繳糧四一六七〇斤；（丙）中農八十五戶按其土地數目產量百分之十征收，應繳糧二六九二五斤；（丁）貧佃八二戶土地二四六畝四分，一律不征收。羣衆一目了然，再加上形勢和階級教育，羣衆便逐漸脫離地主封建影響而積極實施合理負担政策，並同封建勢力開始鬥爭。

（二）在征借任務中對僞保甲人員的使用：

僞保甲是國民黨反動統治，壓榨人民的基層組織，僞保甲大部爲羣衆所不滿或痛恨。新區征糧，因時間短促，任務緊迫，幹部奇缺的條件下，有些地方不得不通過他們進行一定工作，但我們同時必須盡最大可能深入、聯系發動羣衆，依靠羣衆，在工作中改造僞保，初步建立各種形式的民主政權的基層組織，才能更好完成任務。

僞保甲人員當我們剛到時，一般對我們是恭維，應付，暗地和地主匪特勾結一起，破壞我們征糧任務。不執行合理負担政策，平均攤派，這是一般現象，太湖城關區每保三萬斤，不管大小與窮富，維護了地富利益，加重了中貧負担，引起羣衆對我不滿。

我們在使用僞保甲長問題上，在皖西地區初期曾犯過一些錯誤。有的鄉區一天接到縣長緊急手令八道，區鄉照樣佈置到僞保甲長。無爲縣在支前中提出口號：『完不成任務按軍法論處』。這樣從形式上看是控制僞保甲長完成征糧，實質上是僞保甲長利用了這一情況威嚇勒迫羣衆，爲非作歹。

爲此，我們就明令公佈取消僞保甲制度。召集僞保甲長訓話，揭發其以前罪惡行爲，指出今後前途，給以自新立功贖罪的機會。號召羣衆在征借糧食和組織人力中監督僞保甲人員。在皖西地區並規定僞保甲長『五不要』的約法：不得包庇地主，不得貪污浪費，不得匿藏物資和匪特，不得強逼基本羣衆繳糧，不得借勢鎮壓羣衆。召開羣衆大會，宣佈我黨政軍對敵僞人員態度，講明各種政策特別是合理負担政策。准許僞保甲長向羣衆悔過，宣佈對僞保甲長的約法，動員廣大羣衆起來堅持合理負担，監督僞保甲人員，這種監督是在羣衆逐漸覺悟和不斷進行零星小的鬥爭中來實現，在羣衆覺悟基礎上，組織征糧評議會，進行工作。對向羣衆低頭了的僞保甲人員，經過羣衆同意可繼續工作。

—227—

（三）在征糧中與破壞征糧任務的地主富農的鬥爭：

新區征糧主要對象是地主和富農，地主階級又是新區的封建統治者，有統治羣衆和同我們鬥爭的經驗，一般表現如下花樣：

（1）通過僞保甲長曲解我負担政策，不按地、富、中征收標準，部份地區開始都是平均攤派，加重中貧負担。然後號召羣衆到區請願訴苦，遲緩我之征借任務。

（2）小恩小惠麻痺羣衆，把糧食分給佃戶貧農吃，貴溪一家地主解放後殺八口猪給羣衆吃。樂平縣地主王昌將糧食分給貧農，每戶一石五斗。並說：『不要再沒有了，解放軍來要糧不交不行！』開始是小恩小惠，收買羣衆。當合理負担政策爲廣大羣衆了解後，反過來威逼羣衆還糧，勒交欠租。

（3）利用封建宗族矛盾，鼓動械鬥出村搶糧，這現象發生於鄱陽縣很多，七區十二保地主鼓動羣衆出村搶掠，並威脅欺騙說：『誰不去吃誰的！』『那莊搶的多，那莊担負少！』使社會秩序混亂，無法下手征收。

（4）收買拉攏我們下層幹部中某些落後的幹部，借以破壞我黨威信，這是普通現象。樂平縣三區鳴山鄉七保一地主企圖以兩個青年婦女拉攏利誘我工作同志。

（5）勾結會門土匪破壞征借工作。江淮壽縣匪特對誰家白天交了公糧，夜間被搶一光。匪特威脅說：『能交公糧，就有糧食』。誰家出工，夜間就被牽走牛。

到處打槍，恫嚇羣衆。

除以上鬥爭花樣，一般的是少報土地，分散糧食，少交拖交，逃避叫苦，花樣百出，使我征糧貫澈合理負担政策，遭到破壞與抵抗。爲了克服這困難，我們對用以上實際材料，向羣衆揭發地主陰謀花樣，對作惡多的地主堅決依法制裁，在鬥爭中堅決依靠羣衆。在各種運動中發現積極份子，初步成立征糧評議會代替原套僞保甲。

（四）從下面材料，可看到我們如何通過支前任務，發動羣衆的經驗。

附：江淮肥西縣城西區如何通過徵糧發動羣衆：

江淮肥西縣城西區在支援我軍渡江南下時，該區負担了徵借一八九一七〇〇斤糧食和動員一一七名民工的任務。

該任務佈置到區後，區卽平均分配各鄉，鄉也是平均分配各保，雖曾提出『有糧多借無糧不借』的口號，但保甲亦同樣是平均分配各花戶，這樣卽百弊叢生，保甲長包庇地富有糧不拿，窮的負担過重，任務很難完成。區卽决策要各鄉配合各保甲不管貧富挨家搜，搜出的糧食按三分之一借。地主的糧食在未解放前卽早已分藏，貧農無準備糧食全被搜去，弄的哭叫連天，特務乘機造謠說：『共產黨共產共妻查糧封糧一點都不假，以後還要抓兵！』當時羣衆對我產生懷疑，怕封糧怕當兵。

我們去後，派幹部到區及各鄉，重新研究了借糧的任務，並確定了重點鄉。

區幹分頭協助召開保民大會，進行形勢教育，揭破謠言，公開宣傳徵糧的政策，那些應多徵，那些少徵，那些不徵，强調公平合理，羣衆反映說：『早這樣講咱不就不害怕了！』羣衆對我們開始相信。

派去幹部宋懷富同志在重點保裏工作，發現一個貧農陳汝玉（九口人七分田），前幾天打魚賺了七石米，因保長與他有仇，這次借糧時借他十六石，保長五十畝才借二十石，陳終日憂愁，宋懷富同志便向他進行教育說：『只要你自己下決心作鬥爭，共產黨就是給人民辦事的。』並對他說了各種道理，陳汝玉說：『誰家守着饅頭還願吃糠呢？過去以爲人家有錢有勢，窮人沒辦法。』陳汝玉就去找保長講理，質問他辦事不公平，說爲什麼我七分地借十六石米，你五十畝田借二十石，和他找地方講講理。

陳汝玉去找保長時，二人吵起來，驚動了很多人。保長守着很多人講不上理去，便說他沒糧食，並說：『你上我家去翻也翻不出三十石糧食來！』陳汝玉眞的到他家去把倉蓋揭開，裏邊約有一二〇石糧食，這時宋懷富同志也去了，保長裝死論堆，宋懷富想訴請大家評評誰該借多少，羣衆都說陳汝玉不該借，叫保長担着他的。這時陳汝玉自報奮勇拿出兩石，宋同志又向大家說明：藉保長的勢力壓迫人是非法的，民主政府不允許，並當衆責斥保長的非法行爲，羣衆很佩服。

從此陳汝玉工作非常積極，團結農民發展農會，五天他就團結了十七個。很快就成立了農協，他經常去外村宣傳，講他自己鬥爭經過，和怎樣翻身支前等，羣衆很願聽。從此他就成了周圍村的中心骨幹份子。後被羣衆推選爲副鄉長。對該區工作推動起很大作用。

這區一個月中改造了三個保成立了村政，成立了三個農協會；發展了一四七名會員，提拔鄉幹五名；村幹四四名，改造了兩個保長，發展自衞團二一人。開展十七次鬥爭（包括反不平、反貪汚、反惡霸、反黑地等。）並順利徵借了一、六三八、三八八斤糧食，七九八〇〇〇斤柴火。

這一事實證明了，在新區凡是採取强迫命令，不掌握政策，信賴僞保甲，不依靠羣衆的作法；結果是百弊叢生，反動爪牙趁機活動，羣衆不滿脫離我們。只要是堅决貫徹政策，教育發動依靠羣衆，正確的對待僞保甲人員及地主階級，不但能完成支前任務，同時也打下了新區工作基礎。

建設支前基地的全部過程，也說明了這點。

第二、子弟兵團工作

淮海、京滬戰役中，僅山東地區即動員了民兵二二一五八人，共組成十七個子弟兵團，支援部隊作戰。各團隊員，絕大多數是翻身農民，且是農村中較積極進步的青年，他們經過各種鬥爭的鍛鍊，有着一定的政治階級覺悟。又加勝利形勢的鼓舞，和黨在子弟兵團中建立了經常的政治工作，教育克服了民兵在支援戰爭任務過程中，各個不同時期不同情况下的各種思想顧慮，開展了立功、愛民等運動；通過運動的開展培養了積極份子，發展了黨員，提拔了幹部。他們比民工更有組織性和紀律性。完成了警備鐵路，押運煤糧，新區剿匪，看押戰俘，保護倉庫等重大任務，成爲人民解放軍有力助手。在進入江南新區後，在華支各前辦與當地黨委政府領導下，成爲剿匪、徵糧、建設支前基地，將新區人力、物力、財力，迅速用於革命戰爭方面的力量之一。在完成任務中出現了一批英雄人物和模範，僅據十三個團的統計，就有一一五五四人立下功勞，佔總人數百分之六十七强，獲得了部隊與當地黨委政府的讚揚。今將子弟兵團完成的戰爭任務和黨對子弟兵團政治整訓與組織整理，概括如下：

（甲）政治教育與組織整理：

支前民兵由於地方上政治動員不够成熟，同民工一樣的存在着顧慮家庭生產，怕執行火線搶救任務等思想；在支援渡江戰役時，怕過長江，是主要顧慮，認爲長江有敵人封鎖，過江後水土不服言語不通，過江後情况變化服務無期等。因而形成思想混亂，情緒低落。又兼某些領導與幹部作某些落後民兵的尾巴，甚至以自己的落後思想代替民兵思想，强調困難，放鬆了對民兵的思想教育與政治領導，更助長了民兵落後思想，造成逃亡現象。據第九、十等七個團的統計，在三月份即逃亡一〇二八人，佔總人數一〇五七六人的百分之九·七，渤海十一、十二兩團的逃亡竟達總人數的百分之十八到十九。

根據以上情況，各團在華支統一領導和人武部的具體組織推動下，開展了對民兵的政治教育與組織整理。這方面同民工進行情況是大致相同的，下面只是簡單提出，不再詳細贅述。

（一）在政治教育方面——以新華社『將革命進行到底』的社論，及毛主席一月十四日對時局的聲明，爲時事教育的主要內容，從遼瀋、淮海、平津諸戰役的勝利，分析敵我力量的變化情況，反覆講解，爲什麼能一年內從根本上打倒國民黨反動統治的道理，使幹部、民兵認清形勢，奠定勝利信心，消除顧慮。各團並反覆進行了軍隊爲誰打仗，民兵爲誰支前的階級性的教育，加强幹部、民兵對支前的政治自覺性。在方式上也是首先整訓幹部，再進行廣大民兵的教育工作。

（二）整理組織方面——是和政治教育結合整理組織，統一編制，加強支部工作，建立羣衆性的組織。

統一編制是根據戰爭任務的需要。民兵在地方集中編制極不統一，又加精簡、逃亡的減員，使各連隊人數差額懸殊，如不進行整編，很難適應執行戰爭任務之要求。整編前，首先在幹部隊員中，普遍的解釋整理的道理，打通幹部、隊員克服本位主義的不良傾向，應從工作着眼、加强團結，保證整編任務之完成。然後根據『三三編制』與照顧原來組織和保證班排連滿員的三個原則進行整編，使得部隊組織、編制較前劃一與精幹，便於戰爭任務之執行。

進行黨的支部公開與改造，使黨的支部成爲連隊眞正的領導核心；首先在黨內進行教育，把支部公開的意義，反覆解釋，消除黨員怕支部公開後受羣衆的監督，怕在工作中帶頭吃苦等錯誤思想。在教育成熟公開支部基礎上，改選支部，一般進行的較好。以往在工作上消極落後的支委都落選，代之以與羣衆有密切聯系，在羣衆中有威信的新人物，使支部成爲强有力的核心組織。支部公開後羣衆對黨的認識較前明確了，黨員在工作上也積極了，一般的黨員都反映說：『咱共產黨員再比羣衆落後，眞是對不起黨與羣衆。』

各連隊都成立團員委員會；在教育與組織整理的基礎上，隊員情緒穩定，各種工作也較前正規了，各團便進行醞釀成立團員委員會，成爲連隊的羣衆性的組織。團員委員會的產生，由全連團員大會民主選舉在羣衆中有威信的幹部和團員作委員，根據連隊人數確定九人至十一人，委員會設正副主任委員，下設記功、文娛、經濟、民運、衛生等小組（有的設軍事組），各組人員由委員會研究聘請工作積極的三人至五人，小組長由委員兼任。團員委員會的成立，使各種工作通過這一組織討論、佈置執行，大大發揚了羣衆的民主與工作上的自覺性，隊員都把它看成自己的組織，在保證完成各種任務上起了一定的作用。

（三）各團經過了政治教育與組織整理，幹部、黨員、民兵在思想上、組織上、業務上，均有了顯著的提高，在整訓的基礎上，執行了支援我軍南征任務；同時提拔了幹部和發展了黨員。僅據六個團的統計，共提拔脫離生產幹部九六四名，村幹一〇四〇名。據二、三、四等七個團的統計，共發展黨員八三五名，據十三個團的統計，出現了人民功臣一一五五四名。由於子弟兵團進入新區後，參加了剿匪、征糧、宣傳教育羣衆等工作，大大提高了民兵的工作能力，五團的隊員百分之七十以上，能單獨召開村民大會，向羣衆講解時事，佈置征糧等工作。這樣於支援戰爭過程中，爲新中國建設，培養了人材與骨幹。

（乙）子弟兵團完成了下列任務：

（一）看管押解俘虜：淮海、京滬兩大戰役共有十二個子弟兵團，執行了看管押解戰俘任務，據不完整的統計，共看管押解戰俘一〇〇三〇六人。在執行這一任務中各民兵團隊進行了掌握戰俘政策和紀律教育，以及誓言守則的業務教育。絕大多數隊員，嚴格的遵守了戰俘政策和紀律。並以認真的負責的工作，打破了戰俘用金錢、物資對民兵進行利誘等破壞活動，防止了戰俘逃亡。一團一營六連一班隊員王肇榮站崗時，一俘兵拿出一隻嶄新的金殼手錶，要北海幣二仟元即出賣；劉進法値班時，一俘兵拿出三十元銀幣，要北海幣一萬元即賣，收買拖攏站崗警戒的民兵放走他們，但均被拒絕，並教育俘虜說：『我們是解放區的人民，不喜歡你們這些東西。』三團三營有一隊員站崗時，從廁所內拾到一個金戒指，當卽交到連部送還原俘，使俘虜感激的說：『共產黨領導的隊伍眞好，要是在俺的隊伍中，偷都偷不到手，拾着還能給原主嗎？』據不完全的統計：一團三營十連、十二連拒絕俘虜收買、利誘，不買俘虜東西，不與俘虜交換東西之幹部、隊員共八十一名，三團五、六連也各有二十多起。

相反有的團隊事先未能進行政策、紀律教育，幹部、民兵沒有對看俘任務引起足够重視，因而發生了個別違犯政策的現象。四團七連副政指張增木爲俘虜出賣金戒指，從中貪污八百元。隊員賈大愎貪污現洋五元，褲子五條，放走俘虜一人。八連的一個排三十個隊員換了俘虜三十二雙皮鞋和力士鞋。

看俘中表現了解放區人民的政治覺悟，一面看俘一面教育俘虜。當俘虜以寬大政策優待俘虜等藉口，公開對抗，不受管理時，民兵就向其說明寬大政策的限度。有的俘虜看到民兵的槍破，便諷刺的問：『槍破能打響嗎？』民兵很激動的答覆說：『別看我們槍破，但能打勝仗，過去用它打敗了日本帝國主義，今天又用它打敗了蔣介石，現在又用它來看管你們。』有的戰俘諷刺民兵的衣服破，民兵卽向其說明：『別看衣破，是我老婆子給做的，自己生產的，你們衣服好，還不是賣國賺來的嗎？』有的戰俘問民兵怎樣來的，什麼時候回去等，民兵答覆：『我們是爲了翻身解放，支援大軍渡江解放全中國的，什麼時候全中國解放了，我們就復員回去。』

（二）進入江南新區後，在華支前辦與當地黨委、政府領導下共八個團分佈贛東北、皖南、浙北、蘇南四地區，進行剿匪，支持了新區工作的開展，完成了征糧任務：

（1）剿匪方面：在進行剿匪中表現積極艱苦，英勇頑强的精神，八團的兩個班同區自衛隊員十五人，在紹興武進區被匪一百五十多人包圍，區自衛隊十五人，被匪威脅繳槍，而八團的兩個班與匪展開了激戰，幷逐屋抵抗，從下午二時直激戰至八時，將匪擊退。民兵在缺乏雨具與鞋子的情況下，冒雨赤脚出擊，給養不足則以挖野菜與勞動生產補足，克服了種種的困難，始終堅持完成任務。在剿匪問題上，掌握了軍事清剿與政治攻勢相結合。第六團到達浙江省肖山縣時除縣城我控制外，城外匪特活動很猖狂，該團卽集中全團兵力向威脅我最大股匪，僞浙江游擊支隊六大隊陸子銓部，用拉網形式包圍聚殲匪一個中隊，兩個中隊挿槍潰散，當卽打開了四個區局面。隨卽對散匪進行分點清剿結合政治攻勢，使千餘匪特爲我捕捉或向我投降，打開全縣局面。

在剿匪任務中，與當地黨委、政府成立統一的指揮部，統一行動，密切聯系；與羣衆反匪鬥爭相結合。子弟兵團在剿匪中，受到新區羣衆的擁護與歡迎，成了地方幹部與羣衆的依靠。不少地區羣衆在子弟兵團的支持下，自己組織武裝剿匪自衛，幷積極的供給情報，自動當嚮導協助子弟兵團。六團由於羣衆自動向我們告密，即起出匪插下的機槍一挺，步槍十三支，捕獲肖山縣僞匪吳永友。廣泛展開政治攻勢，宣傳我黨寬大政策，結合登記僞頑人員與處理安插散兵游勇，爭取瓦解敵人。六團便爭取了匪特三十七名，向我投降。八團六連對僞匪家屬，進行了寬大政策的教育後，僞匪家屬便動員藏匿的匪特六名向我登記。

同時在剿匪中有些領導單位與幹部思想上存在輕敵麻痺，而受到不應有的損失。八團在滁縣進行剿匪掩護征糧時，放出一個排哨，因思想麻痺，突遭江浦之敵一營兵力的襲擊，招致傷亡被俘十一人的損失。隨皖南前辦的十三團在剿匪作戰中因輕敵，受到犧牲二十八人傷七人的損失。

（2）協助地方完成征糧任務，子弟兵團在新區一方面武裝清剿匪特，掩護幹部進行征糧；一方面抽出幹部與民兵，直接參加征糧工作。在匪特完全肅清地區，子弟兵團則全部投入征糧任務。幹部與民兵，因是解放區經過各種鬥爭與工作的鍛鍊，他們在工作方法上與接近羣衆方面，是有些經驗的，在征糧工作中，較當地鄉幹還强，因而受到當地黨委與政府的表揚。成爲開展工作的力量之一。五團在玉山縣茅澤區執行征糧任務時，地主惡覇姚作云拒交公糧，幷鳴槍威脅羣衆，跑到山上隱避，子弟兵團即協助羣衆到山上圍剿，把姚作云捉回，逼其向羣衆低頭進行檢討，交出公糧，推動了全區征糧工作。

在征糧過程中加强了合理負担政策的宣傳，打破羣衆的懷疑與顧慮，五團五連在上饒四區金溪鄉征糧時該鄉地主大部跑掉，該連便組織宣傳組，有重點的到村去宣傳我們的征糧政策和意義，并通過了各方關係，把逃亡戶動員回家交糧。六團在浙江肖縣征糧時，民兵通過幫助羣衆勞動，接近羣衆對羣衆進行教育，發動了羣衆，了解了情况，查出了地主、富農所隱瞞的黑地，完成了征糧任務。有的保長及地主，用酒菜請客，收買拉攏民兵以達到減輕交糧目的，都被民兵拒絕了，并在村民大會上揭發其陰謀，使保長及地主向羣衆悔過檢討，取得了基本羣衆的擁護，啓發了新區農民階級覺悟。

（三）警戒鐵路，押運煤糧，並參加搶修鐵路橋樑工程。保證了交通運輸之安全，對部隊渡江南進後，作戰所需物資，與江南各大都市的所需煤糧，迅速恢復工業生產方面起了决定性的保證作用。

（1）警備工作方面：十團於完成看守宿縣至固鎮一帶之糧庫，並隨火車船隻押運糧食任務後，又担任徐州車站與油鹽站警衛的任務。自六月起全團轉入押運煤炭列車與警衛各煤炭廠，北至淄博，東至賈汪、連雲港，西南至九龍崗、合肥，南至南京、上海，分佈於三千餘里之鐵路線上。十四團於四月協助鐵縱修復蚌埠至明光的鐵路橋樑，五月與鐵縱搶修明光大橋竣工後，又轉入護路、警衛車站、橋樑任

—239—

務（北起臨淮關，南至花旗營，全長二百八十華里，車站二十個，橋樑二十二座）。七月間全部轉入搶修淮南鐵路，合肥至裕溪口段，九月一日全線通車。十二團隨華支船管部，押運糧食，看守糧庫。二、四團隨蘇南前辦，押運糧車，看守糧庫。一團警衛浦口車站。六、八團過江前在合肥看守倉庫，押運船隻，此外並派出很多排連任各機關警衛工作，保護後方的安全。

（2）民兵在整訓基礎上，在執行任務過程中，根據不同任務與情況，及時進行教育。所以各團在完成警備鐵路，看管物資等任務時，對國家資財的愛護表現了高度責任心與積極性，獲得了如下的成績：

第一、保護了車站，維持了交通秩序。當各車站剛接收或剛修復通車之際，缺乏武裝警備，秩序相當混亂，經常發生乘客被火車壓死事件。民兵接受了各站警備任務後，混亂現象逐漸減少。在執行警備任務中，民兵一般是嚴格執行自己的職責，大公無私。有些偷乘車，或走私之旅客，想以金錢物資進行收買，民兵都嚴格拒絕。同時對旅客講解在車站應遵守的秩序與乘車的規則。有些團轉變任務時，車站曾請求上級挽留其繼續服務。

第二、在押運煤糧任務中，對國家資財認眞愛護，減少了損失，煤炭列車每到一站，附近游民便進行偷盜，有的個別舊職員與游民勾結進行，使煤炭損失嚴重。子弟兵團負責押運後，由於民兵認眞看守，減少了偷煤現象。在押運糧食列車時，民兵及時打掃遺漏糧食，對破了的糧袋及時進行縫補。

第三、在押運煤糧列車，看管倉庫等任務中，表現了子弟兵團艱苦勤勞的本質，縮短了裝卸時間，增加了工作效率，減少了公家的開支。六團在合肥幫助裝砲彈時，僱用的工人兩人抬一箱，而民兵每人抗一箱；兩個鐘頭裝車工作，爭取了一個鐘頭完成。

第四、僅十四團協助鐵縱三支隊，進行搶修鐵路和建修明光大橋。在搶修明光鐵橋中，不顧天冷，赤身下水拉木馬、打木樁，克服了各種困難，在半月的時間，兩個營作出了以下成績：

搶修明光大橋成績統計表

類　別	數　目
人力打樁	19條
拉木馬	32個
運道木	1308條
運道軌	612條
運木棒	2674條
運鐵釘	12272條
運木墊橋頭	2 個
運煤	140000斤
運洋灰	39200斤
鋸橋撑子	127條

並於七、八兩月中，繼續協助鐵道工程隊，完成了淮南鐵路全線工程，於九月一號通車，使淮南煤炭順利運送京滬。

以上便是山東的翻身並武裝了的農民——民兵所組成的十七個子弟兵團，在人民解放戰爭，淮海、渡江戰役中，完成的看押俘虜，警戒、搶修鐵路，押運糧食、煤炭，新區剿匪、征糧，警衛機關，保護倉庫等重大任務。

第三、渡江戰役的船舶工作

淮海戰役勝利結束後，戰爭發展到長江南北，在交通運輸上，除依靠鐵路、公路外，船舶運輸也成爲支前工作中重要的一部份。爲支援大軍渡江，華支建立了船舶管理部，下設船管處、船管所等機構，負責組織動員船隻支前、根據巢縣、淮河、蘇北等地所了解的材料概述如下：

（甲）組織動員方面：

首先了解到船民一般的是怕調船拔兵、怕壞了船公家不賠、家庭生活困難、生產沒法照顧等思想顧慮。如淮河組織商船支前時，船民怕無利可圖，怕解放軍和國民黨一樣到船上刮錢，因而有的故意破壞船具與解僱工人；蘇北商船從來很少參加支前，認識頗差，加之作戰渡江，顧慮更大。

根據以上思想顧慮進行了教育動員。在三月份巢湖船隻集中時，提出渡江船隻損壞、人員傷亡等，公家按價賠償和撫卹，或按照革命軍人家屬待遇。淮河開始組織時，臨淮關船管所幹部深入船民，利用會議和閒談等形式進行政治教育和登記，說明組織起來力量大，並以國民黨反動派對船民坐船買魚發官價或不給錢隨便打罵等事實進行啓發教育。如淮河船塘分所指導員與船主孫本銀、王長友談話中了解他們在去年十月給蔣匪三十軍打差四十多天，僅拿到一百二十斤大米。蔣匪潰退時，向孫、王要還那些大米，但他們已經吃了拿不出來，就被罰了二十六萬元的金元券。就用這些事實說明支前是爲了自己，並說明只有積極支前打垮國民黨反動派，才能進行生產過好日子。在具體工作上採取有任務臨時通知，沒有任務打魚和擺渡等。該所一個半月中，卽有意識的進行教育一千二百餘次，共組織了五個分會五十四個小組，四百三十三隻船參加支前。

經過了深入的組織動員與政治教育後，消除了船民的思想顧慮，提高了政治覺悟，而主動要求支前。如臨淮關船管所船民由不登記到自動找我們反映情況。要求參加組織，提議成立船業工會，建立辦公地點，掛工會牌子等。當動員三個月的常備水手，送大軍渡江時，當場卽有三人報名參加，五十多歲的女船工施大娘要求參加渡江作戰，要報他兒子被國民黨抓去，媳婦被強姦的仇。巢湖船民張正佳也自動報名支前，並要求參加渡江突擊隊，他說：『不消滅了國民黨，那有咱的好日子過！』參加支前的船民據不完全的統計：

蘇北渡江船二六〇〇隻、隨軍運糧船一二〇〇隻、隨軍運彈藥船一一〇〇隻、部隊渡江前河運船二三〇〇隻、準備機動船八〇〇隻、共計七八〇〇隻。

淮河共組織船隻二六九八隻、臨淮關船管所動員組織四三三隻、共計三一三一隻。

皖北渡江、河運共計一〇〇三九隻。

以上三處共計是二〇九七〇隻。

爲加强船民教育，保證支援任務，船舶集中後，大部經過了半月到二十天的整編整訓工作，並從中了解其思想、組織、船的好壞大小、船上人口貨物、缺少工具及存在的困難等。並做到迅速適當的解決，在組織上一般是以五隻船爲一小組，四小組爲一排，四排爲一連，四連爲一營，兩營爲一團。這樣營團單位減少，幹部配備重點放在連以下。在編制時均照顧到原有地區，配備原來幹部，並按船的大小每船配足三至八個水手。除船上原有能服務之水手外，不足數均由另外動員水手補充。對缺少工具者亦同時補齊。巢湖船隻編制是以五、六隻爲一小隊，三小隊爲一分隊。以分所爲單位成立中隊。

相反的有的地區不是以動員教育啓發其自覺爲主，而單純的採取强迫命令，與收買欺騙的辦法，這樣既不能保證戰爭任務，又給羣衆以極壞的影響。特別蘇北高郵、寶應、江都地區更爲嚴重，所組織的二團一營二百一十六隻船，收買者佔百分之六十，其中林澤區佔百分之八十。高郵區幹部公開用米收買船工，定價升半米一天，一船的收買價格由四石稻到十六石稻不等，均統一攤派，這樣組織起來的船工極不鞏固，使戰爭受到很大損失。

（乙）完成任務與船工的英勇表現：

船工經深入的動員教育後，政治覺悟大大提高，在支前中表現了無限的積極與英勇，在渡江戰役中，蘇北船隻最快的一夜往返九次。二十三軍原定一夜渡四個團，結果在水手們的英勇積極擺渡下，共渡了十一個團。壽合縣船工張正佳參加先頭突擊隊，負了輕傷。他仍堅持將船划到對岸。臨淮關船工楊傳江、張孝光等，在渡江混亂中，一天吃不上飯並遇敵艦三次阻擊，仍完成任務。東路大軍渡江時，船到江心敵人炮火很猛，特等功臣船工徐官福，拍着胸膛對突擊隊連長說：『保險送過去沒問題！』一等功臣女船工梅老二，親身掌舵一夜間渡了五次。青年船工陸小牛，手上負了傷，依然頑强的下水推船。船工們爲了勝利渡江，積極想出各種克服困難，和勝利前進的辦法。如田炳章因爲缺乏材料，把自己的箱子拆了修補他的船，關樹高、紀德勝把船舵改裝，可以在激烈的戰鬥中駛進，胡卓元、陳息山研究出使船身鞏固的辦法。船工們在渡江中並下定决心，『叫開到那裏就開到那裏！』

運輸船隻在參加各種運輸工作中，已起了極大作用。據蘇北統計運輸船共有四六〇〇隻，淮河木船航運參加支前的一一四三隻（上至懷遠下至揚州），火輪二五隻（上至正陽關，下至盱眙），駁子三五隻（上至正陽關，下至盱眙）。據二五〇〇隻船三個月份的不完全運輸統計：即裝運彈藥一千二百萬斤，各種物資二百萬斤以上，河上擺渡物資亦在四百四十萬斤左右。

爲支援大軍迅速南進，淮河、巢湖等地船民搭了很多浮橋。據不完全統計皖北巢湖分區共有九道浮橋；淮河共有六道浮橋；第一道重浮橋共有九十六隻船（萬斤至四萬斤者）。第二道重浮橋共有一百一十五隻船（三萬斤至十萬斤者）。第一道輕浮橋一百一十五隻船（五千斤至一萬五千斤者）。第二道輕浮橋三十二隻船（其餘是鐵駁子）。第三道輕浮橋八十九隻船（在王家渡）。第四道輕浮橋七十七隻船（在臨淮關）。共六道浮橋五百五十四隻船。

由於淮河橋被蔣匪破壞，大車不能通過，因此浮橋在保證大軍勝利南進中，起着巨大的作用。根據淮河（蚌埠）三道浮橋的不完全統計，五個月中，除一道浮橋專門配合淮河大鐵橋的建修沒有統計外，其餘兩道浮橋，共計從上面通過了汽車三三〇九輛，炮車二〇四〇輛，馬車二四二四〇輛，平車六一三二〇〇輛，以及千百萬斤重的糧食、彈藥等一切戰爭物資。船民們在架設浮橋中，表現了無比的英勇與艱苦。特別以七十四條駁運划子作成的浮橋船工，爲保證浮橋不出事故，組織了十個浮橋小組，編成三個班，分担打錨、開橋、修理等工作。在最緊張的二十天中，部隊車馬日夜像流水一樣的在橋上通過。他們一刻不離浮橋照管着，準備好了斧頭、材料、小駁划子，以便隨壞隨修。並提出：『保證軍隊過完不發生意外。』

渡江船隻，據蘇北的統計共有二六四〇隻，皖北僅巢湖分區的統計九二九隻。這些船隻不但勝利的完成了任務，並在渡江中發揮了偉大的作用。有不少水手成了英雄功臣。如皖北渡江船中出現了特等英雄四名，英雄四名、一等功臣一七七名，二等功臣四二六名，三等功臣一〇三一名，四等功臣五〇八名。並獲得二十七軍贈送三面大紅旗，水手衣一千套。三十三軍贈渡江光榮旗一五〇面，水手英雄衣六件，另外除了獎狀功臣證外，並有紅黃五角星四百個，船管部每船發給渡江小光榮旗一面。

（丙）善後工作：

對人員的傷亡船隻的損壞，一般的都作到適當的處理，集縣船管處對善後工作的處理是：（1）船隻損壞船具失散者處理的原則，損壞什麼修理什麼，遺失什麼賠償什麼。（2）凡支援渡江之船工死亡者，均認爲是革命烈士，其直系親屬爲烈屬，並享受烈屬待遇。對死亡遺體均以棺木殮葬。若全家依靠此船生活，船隻毀壞船主犧牲，按原船賠償，並發給一至三月的生活補助費。全家依靠死者出僱而生活者，其家屬除發給三月的生活費外，並由當地政府予以經常照顧。家庭不全依靠犧牲者，船隻無大損失，按具體情況發給救濟糧。犧牲之員工發給船管處與專署聯合署名之烈屬證。參戰受傷者船管處發給負傷光榮證。負傷而致殘廢者，皆被認爲革命榮軍，由政府發給榮軍證。

將處理各種善後問題列表如下：

賠償損失損壞船隻統計表：

船隻分類	船隻數目	賠償數		備考
		人民幣	米	
小船	587	295,6470元		
賠二分之一船隻	16	67,7600元	320石	
全賠船隻	21	453,3750元	723石	
小賠		16,4520元		
輪船	3	5,9100元		
共計	627	839,3440元	1047石	缺少小賠船隻數

犧牲撫卹統計表：

犧牲數目	家庭人數		撫卹日期	撫卹金額		備考
	大人	小孩		糧數	折款	
10人	32人	14人	3210天	9450斤	94500元	按人算應96300元，因錯算二人實發94500元

傷亡撫卹其他費用統計表：

項目	埋葬費	醫療費	招待費	辦公費	養傷費	共計
數目	75000元	44100元	6948元	1940元	800元	19,8038元
備考	以上係零星費用，如未入醫院者，招待家屬個別尋屍費等。					

受傷撫卹統計表：

受傷數目	家庭人口		撫卹日期	撫卹金額		備考
	大人	小孩		糧數	折款	
29人	117人	22人	3460天	10382.5斤	10,3825元	小孩按大人計算折成大人數每斤10元錯發一人長25元

我們對善後工作的處理，船民一般是滿意的，並對船民有着很大的教育與影響，一般都體會到共產黨、民主政府與國民黨截然不同。如施口分所船主佘章華說：『國民黨那些王八蛋，把船弄去用完了就算了，別說壞了不賠，連人的死活他都不管！解放軍用了船，連損失一根篙子、裂一點縫，都要賠償，這才眞是爲老百姓打算。』有的船主一見我們的同志就說：『這不叫毛主席領導，我們那敢在這裏

坐坐，那敢來要船隻損失的款子！』在七械山醫院休養之船主繆經純，因爲我們連續兩次慰問，並代付醫藥費、伙食費、發給路費等。當時在病床上就說：『爲了中國人民的解放，別說負傷，就是犧牲了也是應當的。我已去掉一個胳膊但我不抱怨，上級對我這樣的照顧，我是一輩子也忘不了的。』

（丙）評功復員：船民評功大都是在部隊進行的，只有淮河浮橋是在華支民工復員委員會統一領導下進行了評功復員工作。

1. 評功情況：

首先了解船民對評功的思想情況：一般的存在着，我們沒有功，有功的是代表有功（即船上臨時選的代理幹部），橋是一起搭的，工作是一起作的，要有功都有功，要無功都無功。認爲功不功是個小事，只要上級能叫快拆橋，和多給我們一部份桐油，油油船就行。

根據以上思想情況，通過大會、幹部會、小組會進行教育。說明淮河浮橋的作用使我南下大軍各種車輛槍炮彈藥、支前民工、民兵、糧食被服等，能順利的從橋上通過，有力的支援大軍南下解放京滬杭，這是光榮的，是受大家尊敬的。爲了不埋沒大家的功績，我們要進行追功評功，並提出評功是根據工作成績具體條件，各人可找出支前中的工作成績和不够的地方，然後進行對比評論。經過教育後，工人船主認識到立功的光榮，和個人的工作成績。轉變了認爲無功和不要功的思想，積極的開展了評功工作。

整個支前中浮橋的建修和每次搶修，船上工人的作用最大。因此在評功中掌握了依靠工人爲主，同時也不放棄船主的原則。如船主李文章平時工作不積極，評功時在船民代表蔣新民的操縱下，在小組內評爲一等功，但在大會通過時，受到了大家的批評。工人組長欒國田說：『我從來沒看到李文章作什麼工作？』工人桂長富說：『李文章根本不够立功條件！』結果工人的意見得到了大家的擁護，都一致的說他沒有功。同時船民代表蔣新民，操縱本組的事實，也在大會被大家揭發出來。樹立了正氣，孤立了個別的落後份子，使評功工作順利的進行下去。

2.評功結果：全體工人八十一名，一等功者一名；雙二等者五名；二等者六名；雙三等者二十一名；三等者十四名；記功者十七名。只有十七人沒有功，是最後才來的。船主一百三十一名，近九十名是不僱工人自己幹活的，立一等功者三名；雙二等者四名；二等者六名；雙三等者十二名；三等者二十九名；記功者三十一名。沒有功者四十六名。並評出模範浮橋一座，模範搶修隊一個（工人隊），模範組一個，模範船三隻。並從中發展黨員四名，培養積極份子二十二名。

評功結束後，召開了隆重的慶功會。除對各種功臣進行表揚頒發獎狀、獎旗、復員證、榮歸證外，並對船民工人提出以下任務：（1）加强本身組織團結。（2）今後要積極帶頭生產，發展運輸事業。（3）功臣要成爲團結羣衆帶頭生產的骨幹，爭取在生產中立功。（4）並說明只有在共產黨毛主席領導下，才有這樣光榮，今後要永遠跟着共產黨走。

爲了鼓勵船民工人今後加强生產，決定凡是參加此次支前的船隻，每人發給獎金糧，大人每天六斤，小孩每天三斤，共計一百三十一隻船，發兩個月的大人七百六十名，小孩三十八名，發一個月的大人一百八十九名，小孩三十八名共發獎金糧三十三萬二千四百六十斤。

經評功後大大提高了船民的政治認識與積極性，奠定了依靠共產黨翻身解放的思想基礎，正如船民高代仁說：『國民黨在這裏沒想着用壞了東西還賠，只要能再還你就是好的，只有共產黨才眞是爲了老百姓的。』

上述一切證明了我們不僅能夠組織了新區船民參加支前，完成戰爭任務，並在支援戰爭的繁重任務中，教育與改造了船民，使船民在戰爭中得到提高，爲今後工作打下良好基礎。

附：支前組織機構一覽表

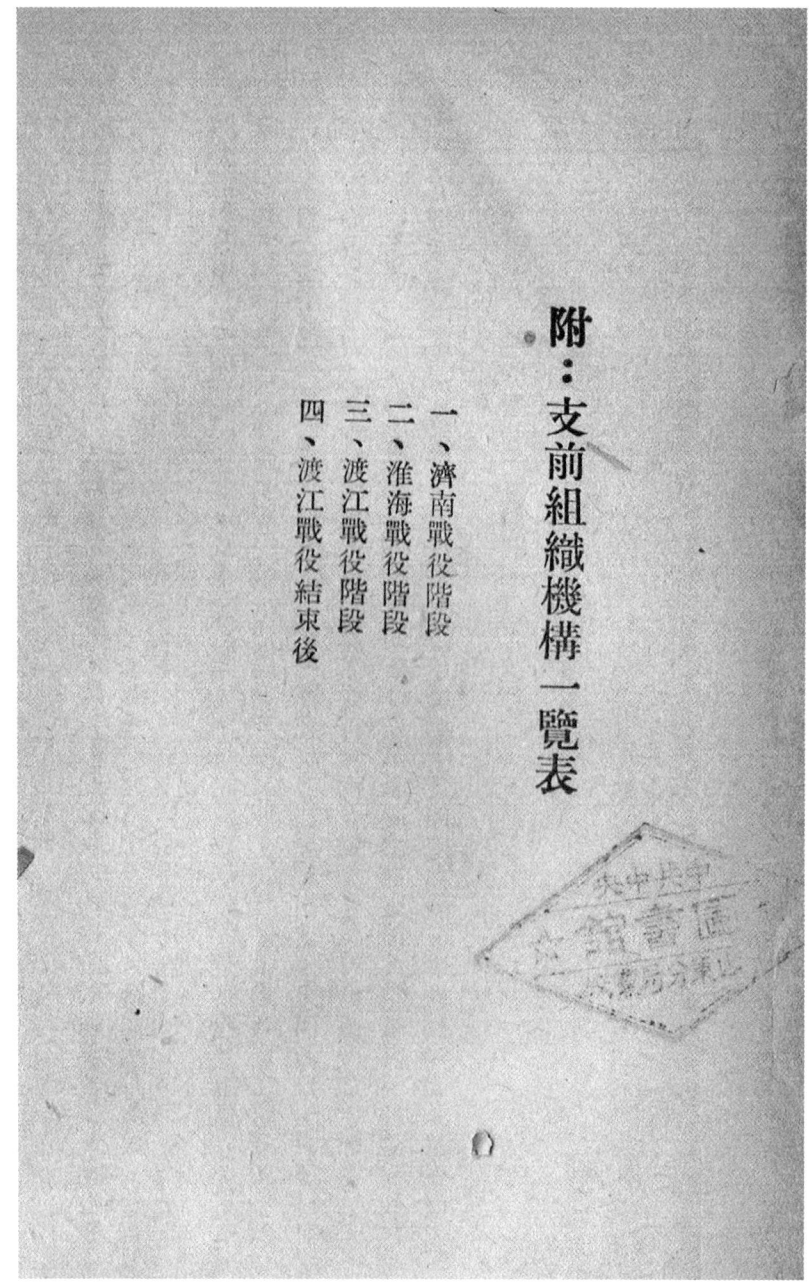

一、濟南戰役階段
二、淮海戰役階段
三、渡江戰役階段
四、渡江戰役結束後

前委員會

- 委員孫治方
- 委員辛葭舟
- 委員石英
- 委員趙志剛
- 委員徐雪寒
- 委員葉進明
- 委員劉基幹

—民力部部長馬馥塘

—三民管處

魯中南支前委員會

- 主任委員高克亭
- 副主任委員張光中
- 副主任委員李樂平
- 副主任委員謝輝
- 委員南竹泉
- 委員華山
- 委員閆康侯
- 委員蘇成海
- 委員曹軼歐
- 委員崔傑千
- 委員封虞臣
- 委員曹字光

—政治處主任曹軼歐
—糧食部部長閆康侯
—民站部部長華山　副部長蘇成海
—民力部部長南竹泉

渤海支前委員會

- 主任委員王卓如
- 副主任委員陳放
- 委員傅健吾
- 委員張應舉
- 委員李發
- 委員王其元
- 委員李文
- 委員顧準
- 委員王雲生
- 委員王以力

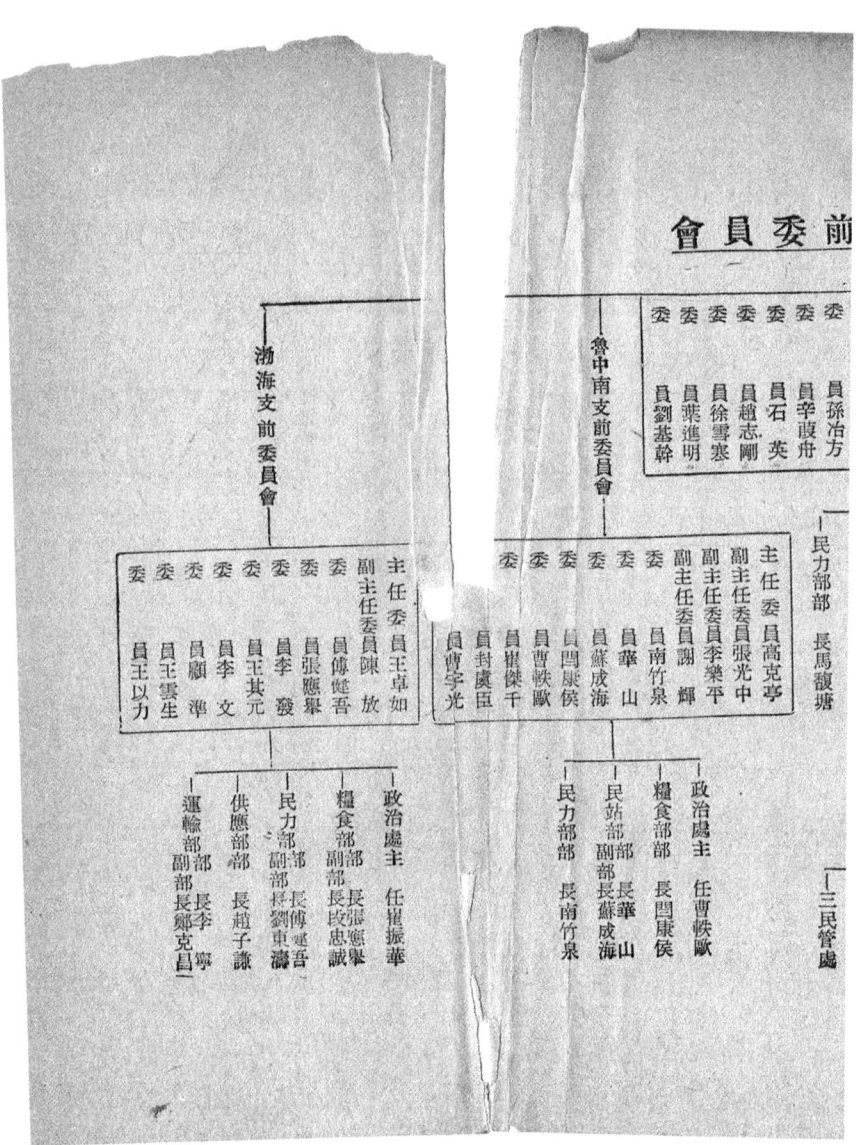

—政治處主任崔振華
—糧食部部長張應舉　副部長段忠誠
—民力部部長傅健吾　副部長劉東濤
—供應部部長趙子謙
—運輸部部長李寧　副部長鄭克昌

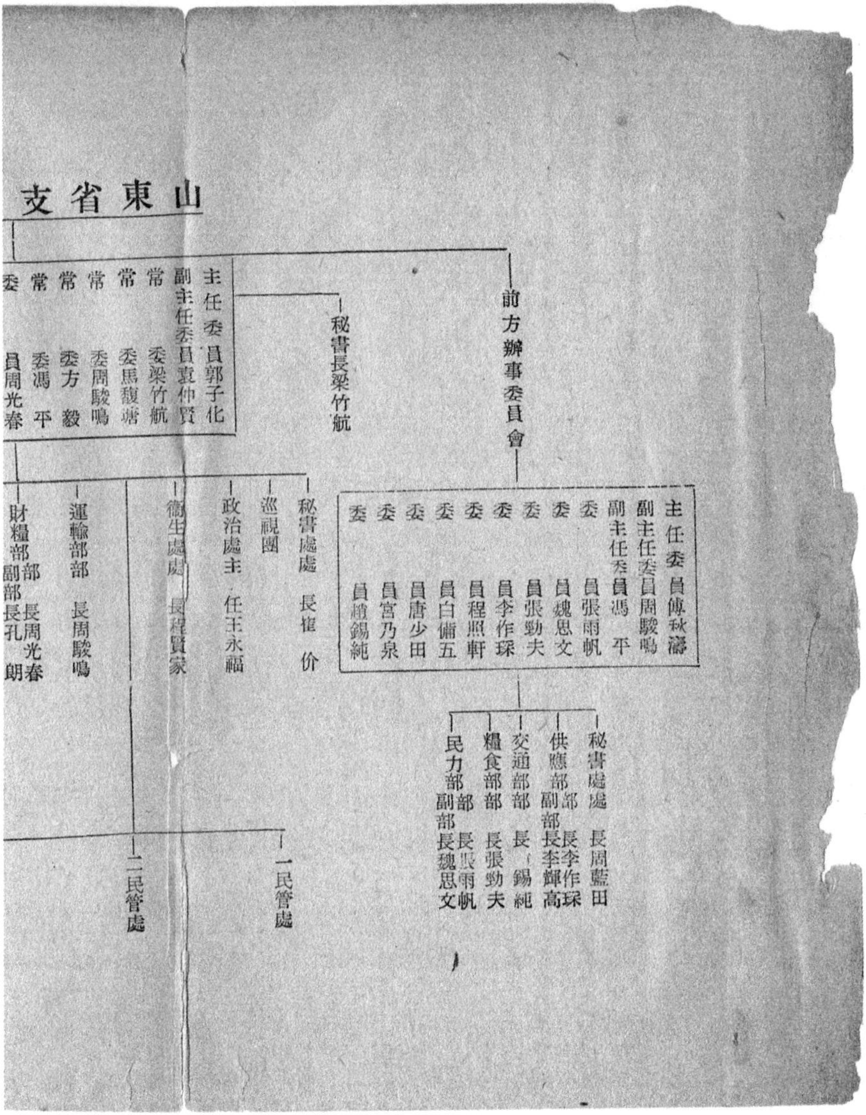
山東省支
主任委員郭子化
副主任委員袁仲賢
常委梁竹航
常委馬馥塘
常委周駿鳴
常委方毅
常委馮平
委員周光春
秘書長梁竹航
前方辦事委員會
秘書處處長崔价
巡視團
政治處主任王永福
衛生處處長程賢家
運輸部部長周駿鳴
財糧部部長周光春
副部長孔朗
二民管處
一民管處
主任委員傅秋濤
副主任委員周駿鳴
副主任委員馮平
委員張雨帆
委員魏思文
委員張勁夫
委員李作琛
委員程照軒
委員白備五
委員唐少田
委員宮乃泉
委員趙錫純
秘書處處長周藍田
供應部部長李作琛
副部長李輝高
交通部部長錫純
糧食部部長張勁夫
民力部部長張雨帆
副部長魏思文

會

一前辦 主任張慶林 政委林 岩

二前辦 主任謝 輝 政委李華林

（由兩前辦合併組成）

華支前辦

政 委張慶林
主 任謝 輝
[illegible]林

人力部 部長何 波 副部長紀書田

糧食部 部長王子謙 副部長劉君亞 副部長高鳳林

政治部 部長李華林 副部長王玉珏

評功復員委員會

主任委員張雨帆
副主任委員王永福
委員馮 起
委員王墨林
委員李村農
委員呂志先
委員張林夫
委員王介福
委員張慶林
委員夏 戎

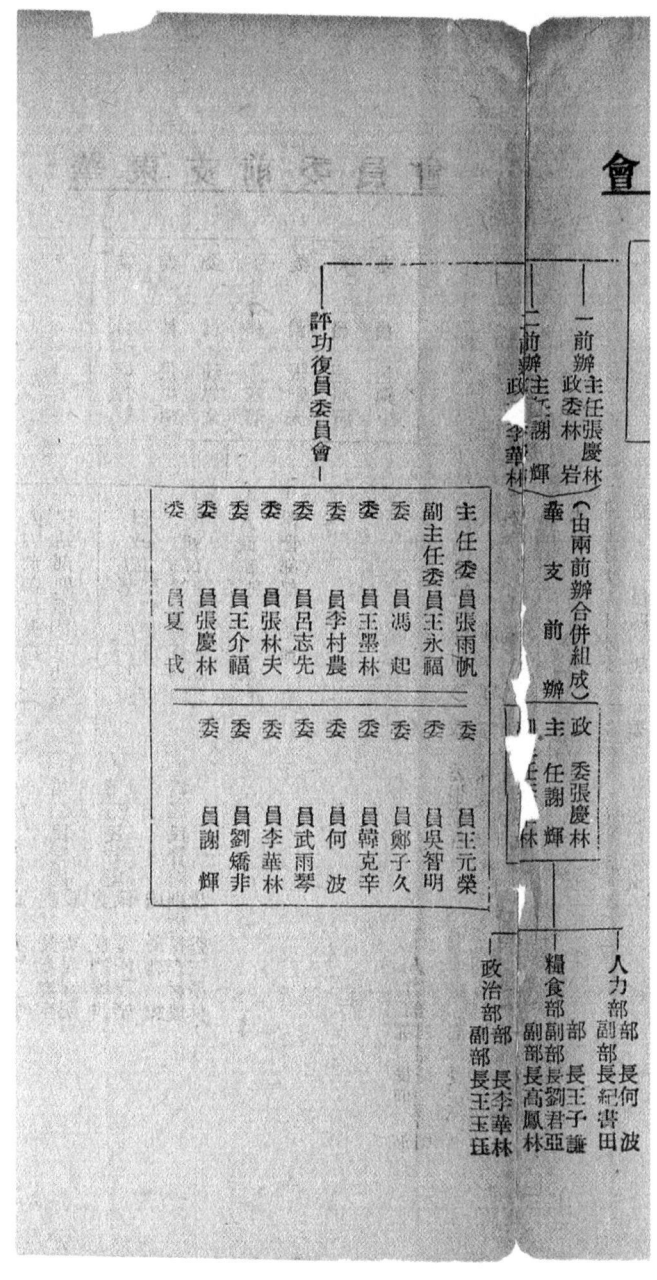

委員王元榮
委員吳智明
委員鄭子久
委員韓克辛
委員何 波
委員武雨琴
委員李華林
委員劉嬌非
委員謝 輝

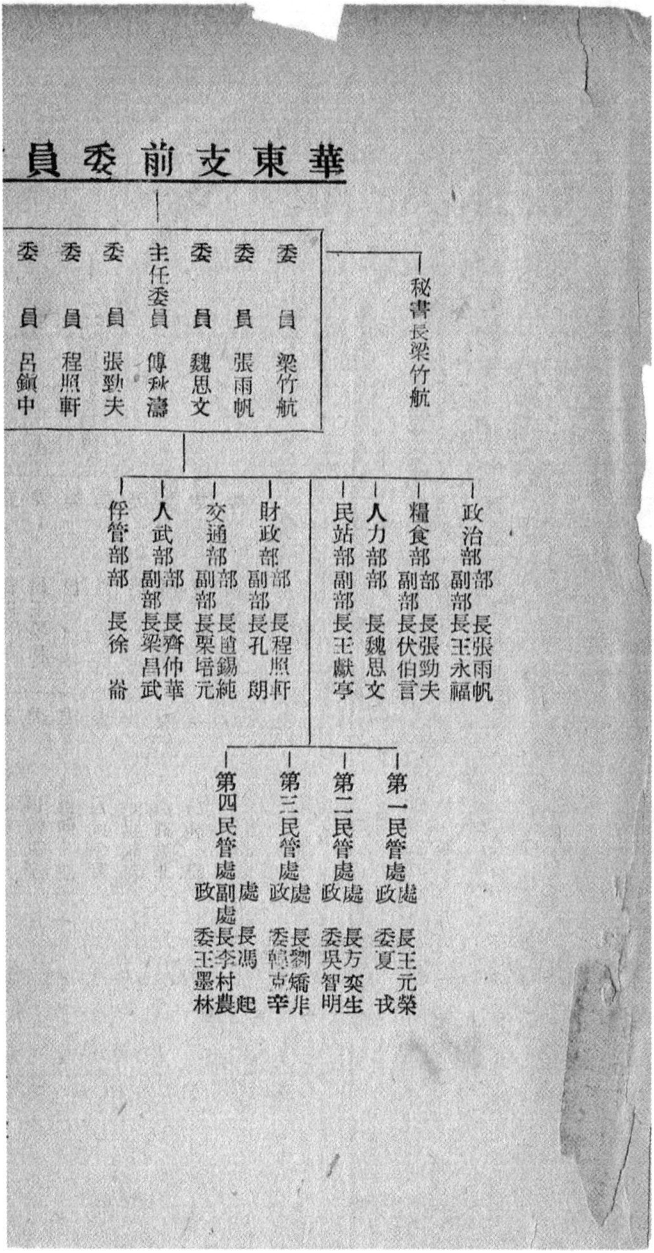
華東支前委員
委員 梁竹航
委員 張雨帆
委員 魏思文
主任委員 傅秋濤
委員 張勁夫
委員 程照軒
委員 呂鎮中
秘書長 梁竹航
政治部 部長 張雨帆 副部長 王永福
糧食部 部長 張勁夫 副部長 伏伯言
人力部 部長 魏思文
民站部 副部長 王獻亭
財政部 部長 程照軒 副部長 孔朗
交通部 部長 錫純 副部長 栗培元
人武部 部長 齊仲華 副部長 梁昌武
俘管部 部長 徐崙
第一民管處 處長 王元榮 政委 夏戎
第二民管處 處長 方奕生 政委 吳智明
第三民管處 處長 劉嬌非 政委 韓京辛
第四民管處 處長 馮起 副處長 李村農 政委 王墨林

華東支

一前辦
主任 張勁夫
副主任 張慶林

二前辦
主任 萬金培
副主任 謝輝

（渡江時改組爲四個前辦）

蘇南前辦
主任 王永福
副主任 張慶林
委員 徐亞雲
委員 林松
委員 叢戎

浙江前辦
主任 張勁夫
副主任 陳籌
委員 何波
委員 張種玉
委員 張鳳五

贛東北前辦
主任 謝輝
副主任 王子謙
委員 吳智明
委員 紀書田
委員 楊川

皖南前辦
主任 林岩
副主任 劉君雅
委員 夏戎
委員 郭煥中
委員 尹廼如

評功復員委員會
主任委員 林岩
副主任委員 王介福
委員 王墨林
委員 李振民
委員 周明
委員 馬雲漢

總結工作委員會
主任委員 謝輝
副主任委員 王介福
委員 王墨林
委員 徐亞雲
委員 馬雲漢
委員 張漢舟
委員 董桂
委員 張鳳五
委員 耶言夫

華東

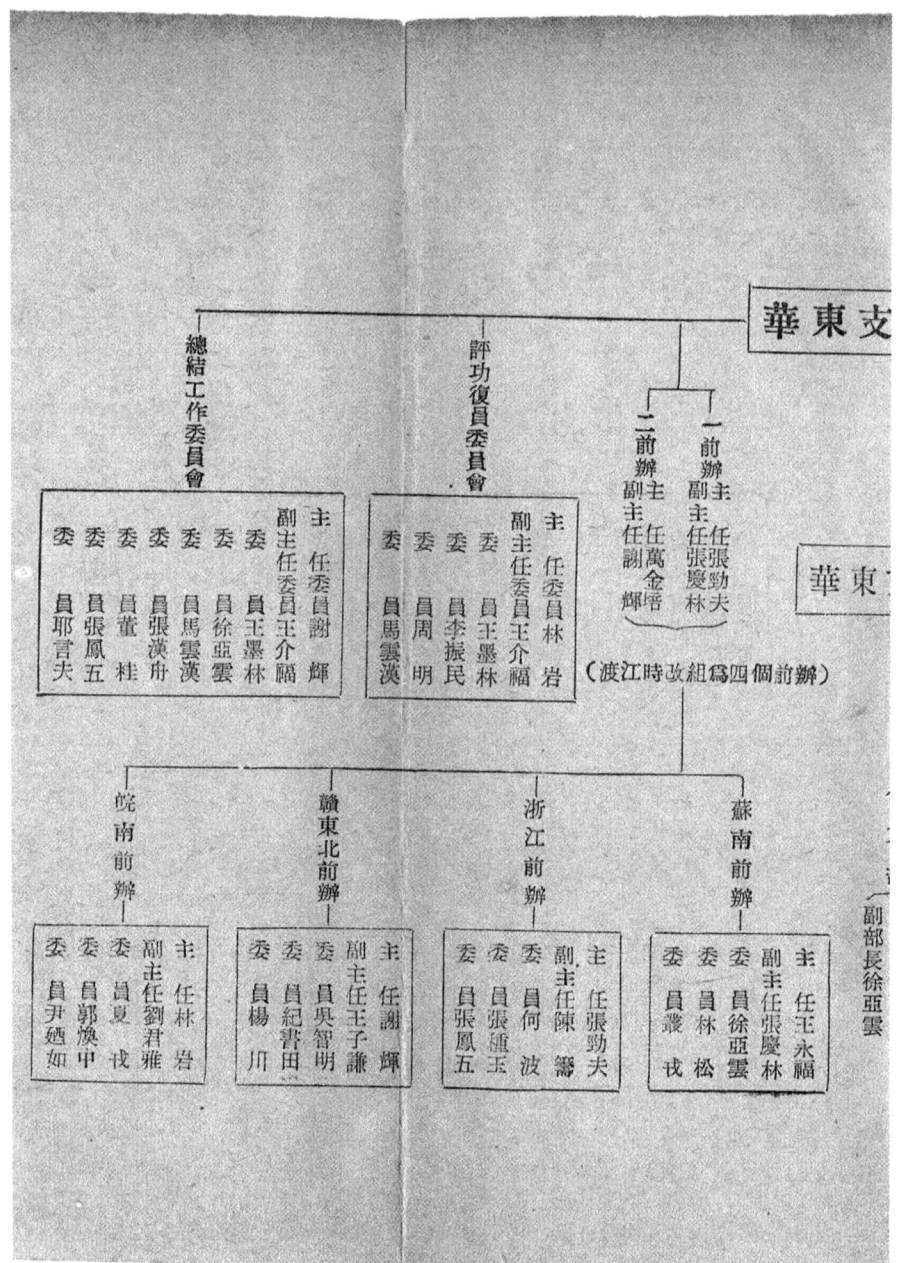

副部長徐亞雲

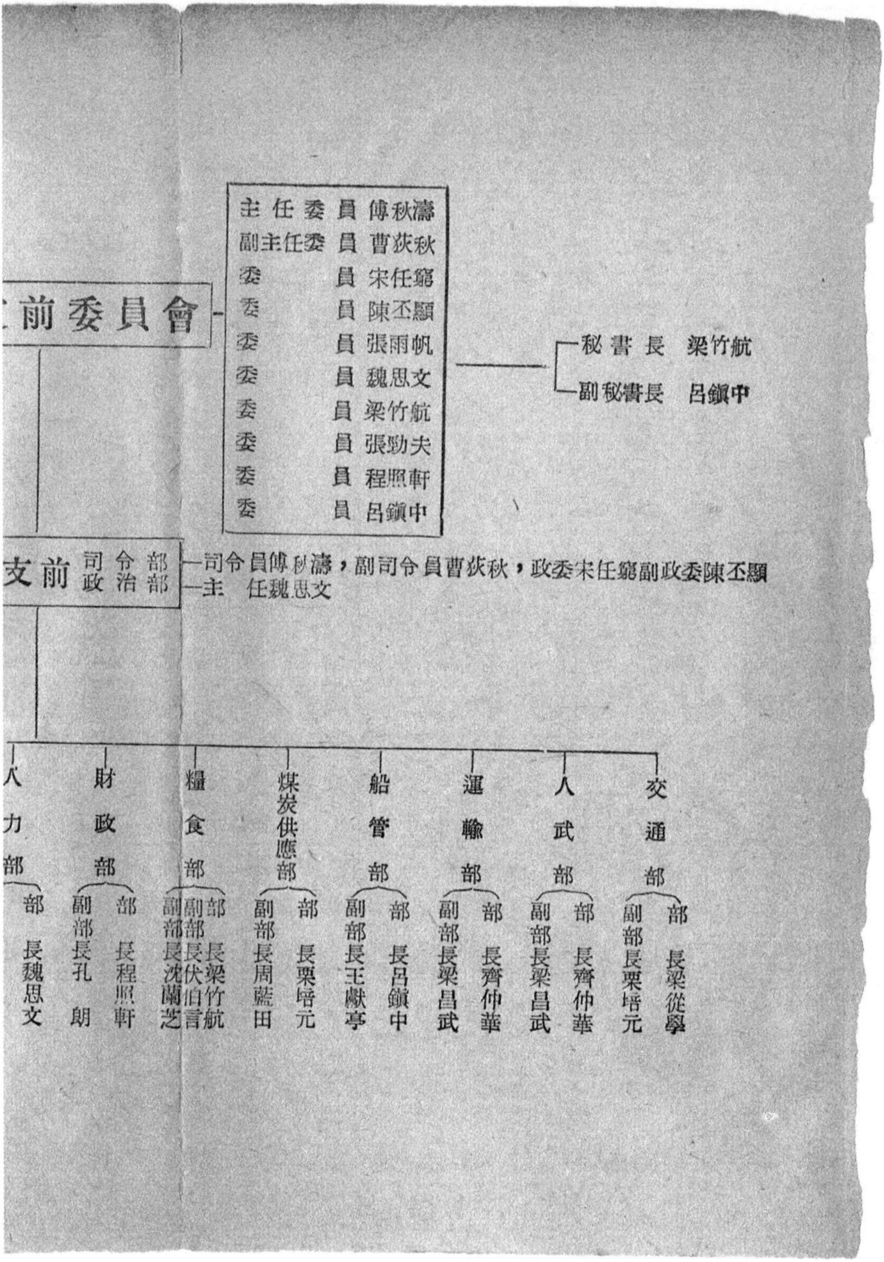
前委員會
主任委員 傅秋濤
副主任委員 曹荻秋
委員 宋任窮
委員 陳丕顯
委員 張雨帆
委員 魏思文
委員 梁竹航
委員 張勁夫
委員 程照軒
委員 呂鎭中
秘書長 梁竹航
副秘書長 呂鎭中
支前司令部
支前政治部
司令員傅秋濤，副司令員曹荻秋，政委宋任窮副政委陳丕顯
主任魏思文
力部 部長魏思文
財政部 部長程照軒 副部長孔朗
糧食部 部長梁竹航 副部長伏伯言 副部長沈蘭芝
煤炭供應部 部長栗培元 副部長周藍田
船管部 部長呂鎭中 副部長王獻亭
運輸部 部長齊仲華 副部長梁昌武
人武部 部長齊仲華 副部長梁昌武
交通部 部長梁從學 副部長栗培元

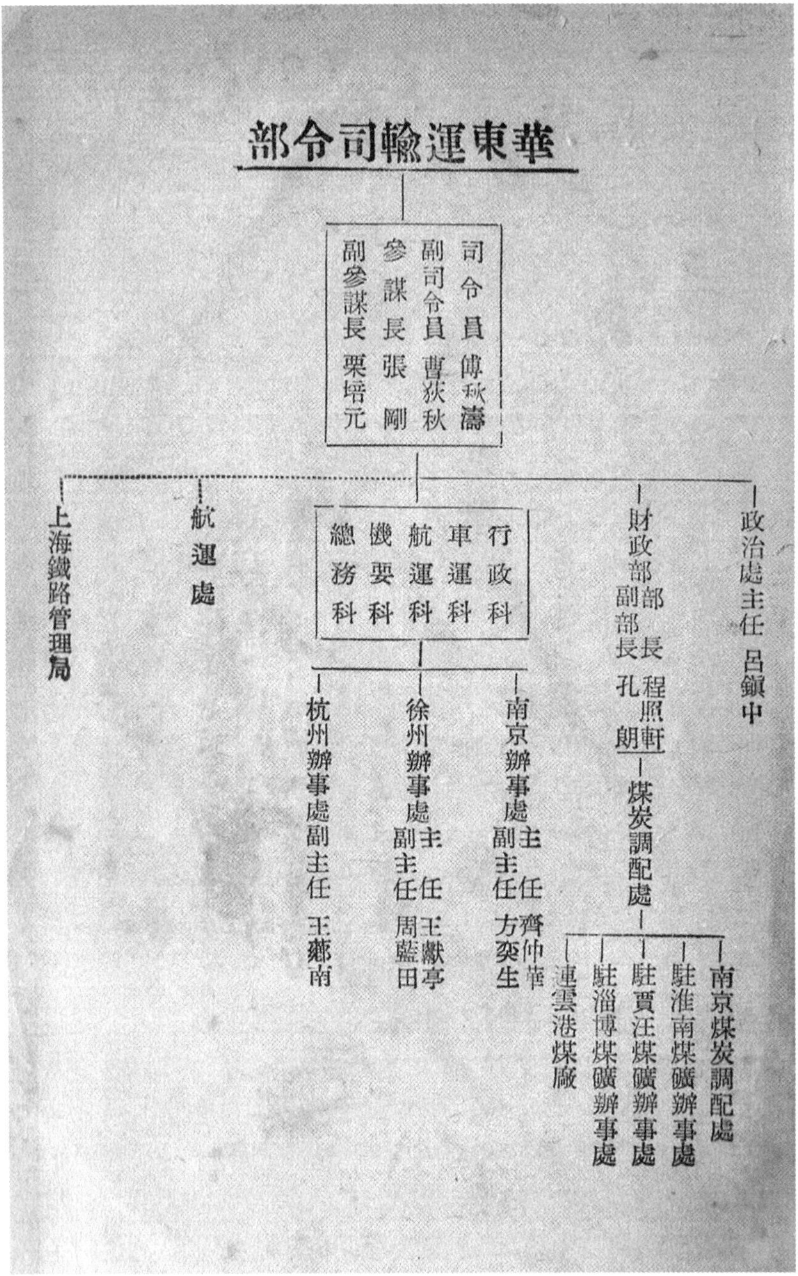
華東運輸司令部
司令員 傅秋濤
副司令員 曹荻秋
參謀長 張剛
副參謀長 栗培元
政治處主任 呂鎮中
財政部部長 程照軒
副部長 孔朗
煤炭調配處
南京煤炭調配處
駐淮南煤礦辦事處
駐賈汪煤礦辦事處
駐淄博煤礦辦事處
連雲港煤廠
行政科
車運科
航運科
機要科
總務科
南京辦事處主任 齊仲華
副主任 方奕生
徐州辦事處主任 王獻亭
副主任 周藍田
杭州辦事處副主任 王薌南
航運處
上海鐵路管理局

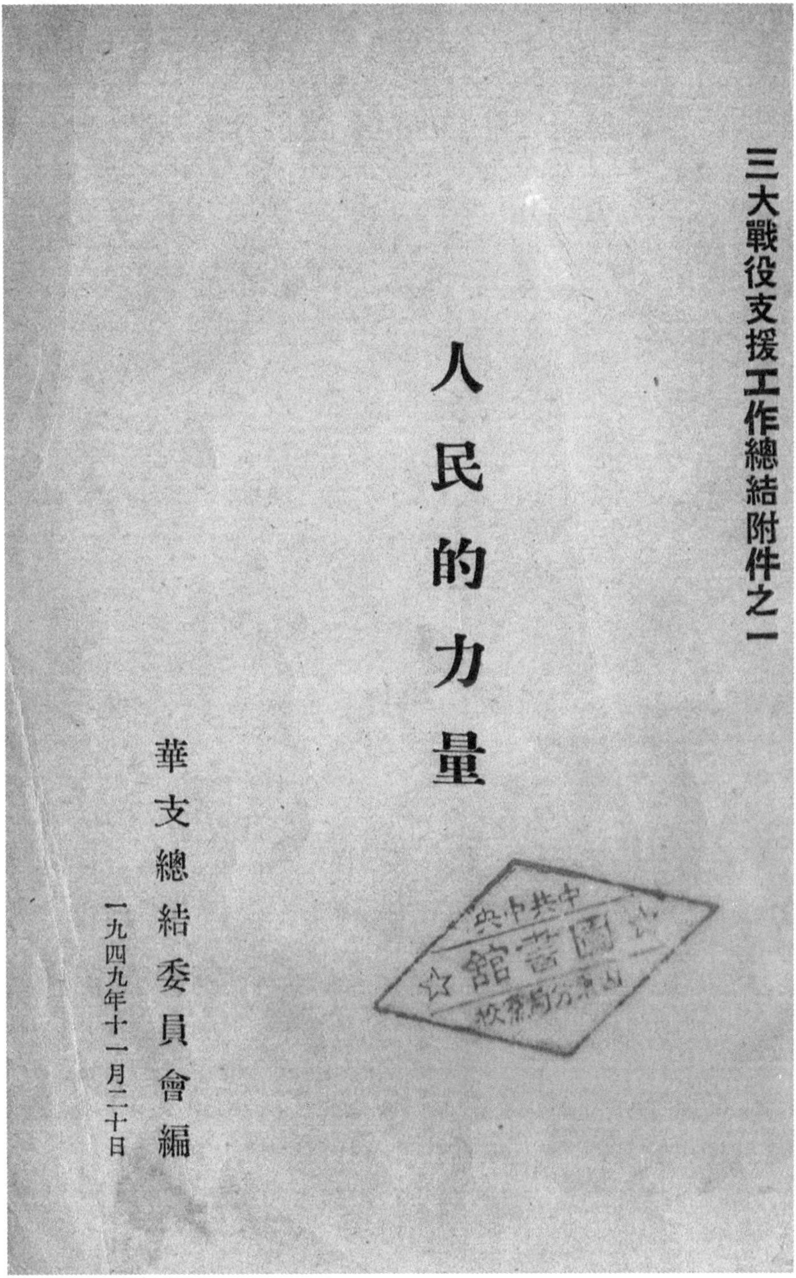

三大戰役支援工作總結附件之一

人民的力量

華支總結委員會編

一九四九年十一月二十日

寫在前面

『人民戰爭，人民支援！』

在偉大的濟南、淮海、渡江三大戰役中，我華東千百萬人民，在共產黨的領導下，以無比的英勇恣態，掀起了支援前線的熱潮。——不論在農村城市，不論在老區新區，農民扛起担架，挑起小挑，工人開起機器，揚起錘頭；幾乎是所有的人，都熱烈的捲入了這一熱潮中。就是停息在湖泊河岸的小船，也張起白帆，搖動櫓槳，日夜運送軍糧。

在這偉大的支前運動中，湧現出無數英雄模範，創造了不朽的動人事蹟。淮海戰役時，他們冒風雪侵凌，忍飢寒病痛；突破長江天險後，復於雨天泥濘中，隨軍追殲逃敵，在敵人的砲火襲擊和飛機轟炸下，終于完成了支援任務，贏得了戰爭勝利。

因爲我們在總結中，不能把這些人民奇蹟一一寫入史册，故搜集了一些零散材料，編輯了這樣一個小册子，或能表現於萬一。

華支總結委員會　一九四九、十一、廿

目錄

華東人民全力以赴

——淮海戰役支前概況——

華東後方黨政民以全副精力支援淮海戰役。各地除組織了大批担架隊、小車隊陸續開赴前線外，從靠近戰線的地區到遠離戰線的非戰區，從鄉村到城市，從機關到工廠，到處都沸騰着爲前線服務的熱情，緊張地完成着後方的戰勤工作。淮海戰役開始，華東軍區直屬各單位即進行戰爭動員，號召大家緊急動員起來，要求每個同志努力工作，使工作適應戰爭，爲戰爭服務。華東軍區後勤司令部、政治部於十一月二十日亦召開緊急動員大會，號召每個同志放下一切個人問題，集中全部力量做好後勤供應工作；後勤政治部並發佈『關於貫徹淮海戰役緊急動員工作指示』。膠東各直屬機關人員經動員後，紛紛整頓思想，提高工作效率來支援前線。如電話隊一個班在一個上午（包括栽桿子、釘磁葫、接線等）架好十里路電線，一個民工也未用；衛生部衛校學員都踴躍爲前方輸血，並積極工作，護理人員都一人頂幾個人用。華中黨政軍領導機關及江淮軍區暨區黨委亦相繼發出支前緊急動員令。因戰爭規模宏大，支援任務特別繁重，如再以平日的工作方法與工作作風來工作，則勢必難以完成任務，山東臨沭縣爲此即轉變把領導力量平均、分散的狀態，集中力量加强支前工作。日照縣委在檢查支前工作中發現幹部因勝利而產生的痲痺鬆懈思想，馬上進行糾正，並作緊急佈置，縣委各委員並親自分赴各區檢查協助。由於從上至下，都經過戰爭動員而全力投入支前，故任務雖繁重而艱巨，但均能貫澈完成。

在修築公路、橋樑以保證戰時運輸方面：蘇北淮海、鹽阜兩區數十萬羣衆，兩個月中先後修好公路九百五十里，大路三百七十里，橋樑一百五十座。雖在器材技術人員奇缺、時間緊迫（兩個月中有二十餘天下雨）等困難中，但在黨政民的艱苦努力下，仍使工程提前完成。蘇魯公路鹽東××區段本要五天完成，但由於幹部帶頭羣衆爭先以一人抵兩人的勞動强度，三天不到即全部完工。葉挺城接到敲三萬多籮碎磚任務後，全城三萬六千餘戶羣衆，即有三千一百餘戶踴躍參加敲碎磚。從長江邊到隴海路邊廣大地區內的羣衆均以這種高度的支前熱情，鋪平了無數可通行汽車、砲車、馬隊的大路與橋樑。當路修成通車時，很多地區的羣衆自動組織起護路隊維持交通。魯中南地區廣大羣衆亦在十月二十日至十一月二十日的一月間，在隴海路北的大片新解放區內修通臨（沂）滋（陽）、台（兒莊）濰（縣）等長達一千三百餘里的三十一條公路，及大路九十五里，開闢附路轉道九十九處，修建橋樑三百八十座。現東至黃海，西至運河，南至隴海路，北至膠濟路，全魯中南地區之主要交通幹線已全部暢通無阻。在修橋補路中湧現了不少模範人物。當修建××大橋時，水深湍急，冷氣砭人，在當地區長、分區書及鄉長、鄉支書帶頭下，三百餘青年一齊下水打樁，有的還鑽到寒冷刺骨的水中拴繩子；經過三四小時的艱苦奮鬥，終於完成了打樁堵埝的任務。其中雖有三人曾凍得失去知覺，但亦不曾叫一聲苦。

膠東西、南海一萬五千民工開赴前線後，各村羣衆立即詳細討論幫助民工家屬生產。平度岔道口村羣衆在民工出發的頭一天，即運了四十車泥送到民工家門口，以備冬季積肥；婦女並挨戶慰問民工家屬，出發民工均極滿意。

在運送糧食與製加工糧等工作上，黨政民均全力以赴。渤海行署頒佈調運糧食命令後，各有關部門、各區、縣黨政負責同志均迅即佈置。貿易公司連夜電告所屬各商店購買土布（縫裝糧袋子用）。糧食分局特發佈關於調運糧食的緊急通知，並星夜往各分區送達撥布撥蔴袋的命令。各分區專員、地委委員、部長均分頭到各縣幫助佈置動員。各村婦女除碾米外，還突擊縫製袋子，全區已縫起六十餘萬條，每個袋子均超過規定（五百針）縫了六百針。濱海在十月廿日以後的月餘中，數十萬婦女亦趕辦了三批加工糧兩千餘萬斤。莒南三批加工糧九百餘萬斤，均各在三天內完成，婦女們都一連數夜未眠。日照台莊鄉且超過規定數量一萬三千七百斤。有的地區由於抓緊對羣衆進行了擁軍教育，不但完成任務迅速，並且做到米中無糠無穀，麵裏無砂無麩；如平邑福山區在三天完成十一萬六千斤的碾米任務中，做到百分之九十八的米中無穀糠。在碾米中，有的地方碾少不够用，便想出各種辦法來加快速度；如日照召莊鄉因全鄉僅有四盤碾，即想出用磨推的辦法，把破簸箕或秫稭鍋蓋弄得和磨一樣大，中間鑿一個孔用水弄溼（這樣耐用），套在磨臍上推，這樣不但解決了碾少困難，而且還比碾快一倍多。緊張的把米碾好，又迅速地運送前方，渤海三個分區組織了大車三千餘輛，小車五萬餘輛轉運軍糧。膠東諸城、莒北兩縣羣衆在十一月中旬即開始將三百萬斤公糧南運。莒北全縣參加運糧者達一萬餘人，兩天中即將一百五十萬斤公糧全部運走。諸城城西區占家屯村每輛小車平均載重四百六十多斤。均表現了高度的支前積極性。華中六分區平均每日約有六千婦女磨麵六萬斤左右，全區共有二萬八千輛小車、六千四百八十二隻驢子、四千輛牛車、二百餘隻帆船，已全部使用運送軍需物資；該區支前司令部並佈置運糧辦事處自十一月二十日起組織一萬輛民車每日轉運糧食。五分區北線運糧處在兩月中，共運糧一千多萬斤。新收復或新解放地區的羣衆除出担架小車外，也同樣踴躍地完成後方支援任務。郯城全縣收復後，各交通要道即設立了糧站、民站，每天集中三五萬斤糧食供應部隊、民工；嶧縣於解放後第三日，羣衆即踴躍繳公糧；當解放新海前後，灌雲全縣約有一萬四千婦女動員起來磨麵十四萬斤供應部隊。運糧的每條路口均設有茶水站、糧草站便利運糧民工的行進。每日每夜，大路上，大河中，車船不斷地馳向前線。

各地婦女除担負磨麵等任務外，還日夜不停地爲解放軍縫製棉衣棉被及鞋襪等，渤海婦女連日趕縫了六十萬雙軍襪，二十萬床棉被（僅據第三總廠統計）支援前線。掖縣婦女在日夜突擊下，半月完成二十二萬雙軍襪。華中東台富安區並議定每鞋底要做到六十五針二十八行，半斤重一雙。各地婦女在勝利形勢的鼓舞下，均縫得非常細緻。

在全力支前的號召下，除了廣大農村的農民熱烈投入支前外，其他如江淮軍區後方機關人員，蘇北各地宣教人員、淮海各地醫務人員、魯中南黨校的學員等機關幹部亦均相繼抽調去前線服務。各地的工廠，如蘇北各後方工廠等均以增產節約來支援前線，某廠工人自動停止一切例假，提出『爲前方多流汗，爲人民多立功』口號，日夜突擊製造鏍絲，並自動將工作時間從九小時延長到十二小時。華東被服局第二被服廠鞋廠全體工人把『前方打勝仗，我們迎頭幹上去』的口號變爲實際行動。縫鞋綁的十一架機器，由每日出成品六百六十雙增至八百八十雙，並保持原來質量。濰坊、濟南等城市亦相繼成立支前組織，動員城市的力量投入支前，濟市已有六十輛民營汽車開赴淮海前線担任第二線運輸。各後方機關均響應黨的號召，將大批汽車等交通工具陸續開赴淮海前線服務，軍大並將僅有的二輛『大道奇』亦供獻出爲戰爭服務。

（轉載大衆日報）

條條道路通向勝利

——渤海人民的支前洪流——

『解放軍攻打濟南啦！』

廣大的渤海平原，爲這勝利的號召所震動，幾百萬人民被激動了起來。××城向西的公路上，一眼望不見邊的挑子隊，健步如飛的湧向西南。

『哪一縣？』『壽光……』

『侯鎮的小伙子一個頂五個！』

一個挑炮彈的老漢打趣的說：『上濟南給王耀武送乾糧去！』

一個民工向幾個戰士問：『同志，上濟南嗎？』又指一指自己肩上的担子說：『憑這個也能像你們一樣的立功啊！』

九月十三號傍晚，經××城向西，高人一頭的大騾子拖着大砲，一輛輛匆匆地走過去。戰士們興奮的看那沿途激動人心的標語：『解放軍如猛虎，一心要打濟南府！』禹城担架隊跟隨在後面，隊員們用高粱葉子、蔓草自己編成的防空帽子，花樣翻新，街上的人看了都哈哈大笑。他們隨軍服務已四個多月了，這回打濟南勁頭更大啦。

『轉來轉去又轉回來啦！』

『這回可掏他娘的老窩了！』

他們一面走一面嚷着。

膠濟路以北各縣，不少支前模範、支前功臣，這一次又奔赴前線。他們懷着比過去更飽滿的情緒，來迎接這次光榮的進攻。『這是解放全山東的大仗！』一個質樸不愛說話的農民這樣說。他名叫張百安，壽光民兵團一營一連二排長，那一次支前都爭先去，莊裏人送他個外號『支前癮』。那裏有什麼『癮』，只不過他覺悟到：是爲了保護自己翻身後的好日子。

成千的幹部和民工共負艱苦，在塵土瀰漫的大路上，壽光挑夫團的白麵担子擁擠前進，他們的團長——縣委武裝部長劉會雲同志，也同樣肩負重担一同前進，他的肩膀都壓的紅腫了。熟悉他的人，都知道他的腿有嚴重的風濕病。

喜訊飛快的傳播，到處可以見到人們爲着一件事忙碌流汗，在桓台、鄒平、耀南……等地，成千的小車、担架組織起來等候調用，在××區糧庫的門前，送加工糧的像集市一般。我們行軍到章歷縣刁鎮區史家莊，房東顏大娘說：『火頭、白麵早預備好了，你們來了多少人啊？眞盼到頭了，往後再也不受國民黨匪軍的禍害了！』她的八九歲的孩子歪着頭問：『濟南府很大嗎？』

人民對自己的隊伍是更加親密了。在鄒平香陽店，隊伍剛在街上坐下，一個同志忽然跑向東去，從一個老人肩上接下一小担熱水，她拄了拐杖，彎着腰走，一面笑嘻嘻的說：『八十二歲的人真不中用了，給同志們送這點水就辦不了！』

幾乎是所有的人，都表現了一種前所未有的情緒，那就是對進攻勝利的確信無疑。有人說：『在進攻昌濰時，還聽到民工們背後的議論：「準能打下嗎？」但這一次在民工中，再也沒有聽見這種疑問了』。從濟南來的商人則說：歷城的官太太們正拚命向西逃竄，汽車擠的快破肚皮了，擠不上去的就在地下心慌意亂的奔走。當十八日隆隆的砲聲傳來的時候，章邱八區的羣衆送戰鬥器材從前方回來，他們以堅定愉快的語調說：『一直送到歷城根底下，依我看不多時就能攻進去！』

『打濟南啦！』

——這聲音實在叫人振奮。人們正以自覺的勇猛，付出血和汗的代價，人們也似乎已經看到不久以後的遠景，十萬反動武裝將被消滅！山明水秀的山東省會——濟南將屬於人民，七十萬濟南人民將重見天日。而在他周圍，又有多少地方將擺脫國民黨匪軍的燒殺掠奪而獲得解放！濟南解放以後，渤海解放區以至整個山東解放區，就更可以放手進行大規模生產建設，以支援全國解放戰爭了。

（轉載大衆日報）

人民的力量無限雄厚

津浦鐵路兗（州）臨（城）段，自一九四八年十一月十七日動工，至十二月廿日僅卅三天，長達一百一十公里，大小四十七座橋樑的搶修工程，即提前全部竣工（原計劃一九四九年一月十五日方能通車），使濟南、徐州段得以順利通車。修復中表現了人民力量的無限雄厚。搶修兗臨段共需枕木十七萬根，夾板二萬五千付，道釘七十五萬個，鏍絲五萬個，土方兩萬餘。開始時，有些工程師、監工感覺材料奇缺，對完成搶修任務缺乏信心，某工程師說：『這些東西從美國運來，也得三個月。』

可是，人民的力量是無限雄厚的。沿線人民踴躍應徵枕木，僅滋陽一縣即徵購枕木達一萬五千根；鳧山（滕縣西北新設縣）、鄒縣、滕縣、濟北（濟寧北新設縣）、曲阜等縣各區村一面準備木材，一面發動木匠趕製枕木，並動員組織大小車輛運送枕木。同時沿線各縣動員了二百四十多個鐵匠爐打夾板、道釘，單濟寧市即組織了八十餘家鐵匠爐，日夜趕做，許多鐵工自動合爐成立小組，四區打繩巷鐵工張玉柱等三家合爐，二十天中，完成夾板二百六十九個。永順號鐵工一連四天白黑趕做眼都熬紅了，半月完成兩千多個鏍絲釘。打繩巷鐵工孫興邦打傷了頭，稍加包紮繼續幹活；孫鳳年脚趾砸掉，不能掄錘還拉風箱；在打夾板時，鐵工們一連打六七遍，夾板結實耐用。各種器材，由於廣大農村人民及城市工人一齊動手，從四面八方源源運來，十七萬根枕木，不到二十天即全部送齊。

鐵路工人在『建立一條人民鐵路』，『快修鐵路，支援前線』的口號下積極工作。一人一天釘道釘四百三十多個，工人田法才被鐵錘打破頭，休養七天，傷還未好又回鐵路幹工。據監工任士信說：『國民黨時，十六付架子釘夾板（每付二人至三人），一天頂多釘二公里四，現在只十二付架子，一天能釘三公里還多。』軌道隊舖完軌道又參加修橋，在修兩下店大橋時，十七個軌道工人一天打三個橋座子。橋工隊在鄒縣南關搶修沙河大橋時，因橋坍下河底，石滿才帶頭下深水撈出鐵軌二百多條，做了橋樑，一天半即搶修完成。

沿鐵路兩側廣大人民，除供運器材外，男女老少並齊動手修路基、扒石子、舖道床、添土方、扛道木。魯中南四分區武裝部隊，也駐在路旁，一面護路，一面參加搶修，白黑不息。沿路村莊農民、婦女識字班組織了護路小組，搭起草棚，拿起土槍、大刀巡迴於鐵路兩側。

（轉載大衆日報）

一切反動勢力，擋不住革命的車輪前進

淮河最下游津浦鐵路上的大橋——淮河鐵橋，於一九四九年一月十五日被蔣匪劉汝明部以八十噸炸藥破壞了，妄想以此來阻止人民解放軍的前進。但是蔣匪的這種毒辣的陰謀，除更增加了人民對蔣匪幫的仇恨，更激勵了我們向江南進軍的決心與勇氣外，它是絕對絲毫阻止不了人民解放軍前進的。就從那時起我大軍迅速雲集江北，江南各大城市解放在卽，正因爲如此，爲了支援戰爭，爲了供應江南各大城市人民以及工廠的燃料——煤炭。那麼，建築一座淮河橋，使津浦路迅速全線通車，則是具有非常重大的意義和迫不急待的事了。

修橋工程於五月一日開始了，河北堆集着自東北運來的木料，原舊鐵橋上響着兩台七十五匹馬力的發電機的馬達聲， 它供給着工作現場的全部動力；電鋸鋸木聲、電鉋聲、斧頭砍木聲、電鑽聲、內燃打樁器的錘聲和瓦斯爆發聲；還有蒸氣吊船不時發出的汽笛聲；運送木材的列車每到了橋頭，總也鳴幾下汽笛；拖拉機吼叫着來往的送木材到河邊去；廣播機在幾處高懸的喇叭筒裏放出立功歌；修橋戰士們的歌聲等等；交響着的這些聲音，告訴了人們這裏是一個緊張、愉快、偉大的工作的場面。

工程的主力是中央軍委鐵道兵團第三支隊（原東北野戰軍鐵道縱隊第三支隊），協助他們的有皖北三分區兩千餘民工，蚌埠五十餘木工，還有十餘名山東榮成縣威海市常年打漁會潛水的農民。他們是在時間緊迫和許多困難條件下接受了黨所給予的這一任務的；南岸却是岩石底，木樁打不下去，中間水深十二米達且流的很急，每秒流速一米達；河水混濁不見底；這對於了解水底的地勢是有極大困難的；河水每到七、八月間便大漲起來，這一情況又促使着工程要及早完成；加以現在是雨水連綿時期；這些都增加了工程上的困難。

但是，共產黨人有忠實於爲人民服務的本質；因而也有着高度的勞力和智力來戰勝各種困難的，這裏有着巨量的勞動力，現代的工程技術，人民軍隊堅强的政治工作和組織紀律，大家對克服困難完成任務是有充分信心的，當軍委鐵道部滕、呂部長向他們號召：『三月任務二月完成』時，他們是愉快的響應了。首先是技師根據水底的地勢設計了三種橋墩的形式；支隊部擬訂了整個工程計劃，每十天佈置總結一次，每天開技師、幹部會議檢查和總結一天的工作，以隨時糾正缺點和吸取經驗。並有力的開展着政治工作，橋墩兩旁掛着『戰勝淮河洪水，提前完成任務』！『提高技術，節省木材，愛護工具』等大字標語。

在每一工程進行之前以及日常工作中，都發起互相競賽。工程的指揮機關是『現場指揮所』，他們一致的口號是『爲七一通車而努力』！他們在炎熱的日光下不懈怠，在風雨中不停歇，在他們中間聽不到牛句叫苦的話，却到處洋溢着歌聲和互相鼓勵的口號。爲了很好的又及早完成任務。大家都發揮了創造能力，三大隊二中隊四連十班鏇盤組組長趙進臣，鉗工張金榮他們每人每天工作十小時僅打螺絲墊五百個，他們又用心研究，把原切鐵機上裝上手工冲眼子用的『悶』子，即可冲眼子又能切鐵，這樣每小時就冲螺絲墊子五百個，一天可冲五千個，工作效率提高了十倍，四班、七班集體研究了製造鉗子，管子鉗，克服該項工具缺乏的困難。類似這種創造是很多的。這裏眞是具備了現代的工程技術，除了電鋸、電鉋、拖拉機等以外，起着最大作用的是一隻吊船，這個吊船原是清朝光緒年間的產物，至今有些損壞，僅能吊兩噸重，經過我們工程師的設計和技師的改造，能舉起十噸重的大木排架。還有打樁船，是兩個六十噸的鐵駁船組成的，上面建設了三台打樁機。橋上游一百米處有一台平船，上面有四台捲揚機，它是固定在一條攔河的大鋼絲繩上面，它能使打樁船和船上帶的沉箱左右移動，以使沉箱放到我們需要的一定位置上。此外，還有近代化的潛水器械和服裝，工人可以使用它潛到水底工作。在使用的器械中還有全中國唯一的雙臂架橋機（該架橋機爲蘇德戰爭中蘇聯工程師所發明，曾得二等斯大林奬金現使用爲在東北三十六號工廠工友所仿造）。

— 13 —

六月五日忽然發生了一件障礙事故，就是當第八號到第九號橋墩上架設鋼樑時，八號橋墩下水深又急，水下沉箱外表被大石頭堵住了，裏邊空隙很大，這樣在大水的浮力下，沉箱不能到一定的位置上，橋墩上面有三四百噸重的架橋機（合三個火車頭的重量）走到該橋墩上來了！五分鐘的時間橋墩歪斜了六十公分，這是多麼危險的事啊！這一故障的發生，也正成了一件英勇的事蹟，這更激起了全體同志的積極性，掀起了突擊運動，支隊長、政委、政工幹部等，都親自下手在現場工作，這時連日風雨，戰士的衣服被淋得透濕的，有時起了風身上很涼，但這些都沒人去管他，只是一股的熱勁在工作，三大隊×連有十六個病號聽說在突擊工程，要求參加工作。領導上因他們未十分好，未答應他們，他們表示『寧願在現場上坐着，也不呆在家裏』。在用石頭把沉箱圍繞起來，以使沉箱牢固的時候，他們許多人扛不動大石頭便搬小石頭。當這個沉箱發生了故障以後，技師決定把沉箱的四週掛上鐵鉤子，拴上四條鐵繩用捲揚機把沉箱調度到正當的位置上，這個工作須要下水去掛鉤的，膠東榮成縣潛水工共產黨員王吉珍担負了這一任務，他不顧疲勞連續下水五次，每次都在兩小時左右，掛上兩個鉤子，但當他第六次下水的時候，被急流冲進沉箱裏去了，頭上戴的鐵帽子被木頭壓下去了，王吉珍犧牲了，這時戰士孟照禮王庭和便自動接受了這一任務，立即下水，終於完成了掛鉤的任務。在整個工程中共有四個同志像王吉珍這樣奮不顧身，為完成艱巨任務，而光榮犧牲了。與共說這座橋是用石頭、木頭、鋼鐵作成的，毋寧說這是汗與血加上智慧的結晶。

在這種極度緊張的趕修情況下，一座十六孔五百零五公尺長的大橋，終於六月三十日試車，『七一』舉行落成通車典禮了，它是在中國共產黨誕生二十八週年的今天落成的，給黨增加了光榮，同時也給千百萬人民帶來了莫大的喜訊，一羣參觀大橋的人自相議論着：『真不容易啊！這些人不分黑白，不管括風下雨拚上命也是幹』。『修起橋來，老百姓的生活也好辦了』。再看大橋旁邊掛着的『一切反動勢力擋不住革命的車輪前進』十六個大字時，更是意味深長啊！

（轉載支前快報）

湖上風光

淮海戰役時，從南陽湖到微山湖的航路上，日夜不停的，來往着運糧船隻，成千成萬的船工，熱烈參加了這個偉大的支前工作。

順風和順水行舟是很輕鬆的，但他們有時則要逆風和逆水行舟，船工們高度發揚了積極支前的熱情，不辭辛勞，星夜兼程，他們唯一的希望是把糧食全部運上前方。每當轉運站的同志們，碼頭工人們給他們迅速的裝上糧食後，你看吧！入夜，船上、岸上都燃起了燈火，一片火花在水面上跳動着。有時岸上轉運站的同志爲了早把糧食裝上船，忙着過秤、裝袋……從清早一直工作到下半夜兩點鐘，甚至徹夜不眠。不住宿站內的碼頭工人，他們也都從黎明即從家裏趕來裝船，直到深夜才回家去，他們的口號是：『幾時裝完幾時休息。』南陽湖的馬學全，他家除老兩口和兩個孩子外，還僱着一個夥計，五十多歲終年掌舵的馬大娘熱情的說：『解放軍一來船工就有飯吃有活幹了，俺都是誠心情願自動來運軍糧的，常言說：兵馬不動，糧草先行，運糧到前線，軍隊吃飽飯，才能多打勝仗啊！』馬義寬說：『在國民黨統治時期光指望販點爛草，沒吃的沒穿的。現在解放後的日子好過了。』剛完成運粮任務回來的任立榮，他把船撑到岸邊，投下鐵錨，便啦起：『國民黨在這裏時，船工沒飯吃，沒有自由，給商家裝點貨，國民黨「湖警隊」就扣住要錢，掙點工資還不够他敲詐的，現在運軍粮，支援前線，是給自己幹活了，早一天打倒蔣介石，咱也過個好光景。』據了解參加運粮的船工，多數是過去貧苦的漁民，一九四五年日寇投降後，民主政府曾貸給他們款，發救濟粮，有的並分得了土地，有的參加了工會。但不久，蔣匪侵佔了這些地區，從他們手裏奪去了土地，奪去了自由的日子，他們曾在長久的苦難日子裏，懷念着共產黨，因此，當此次動員運粮時，他們奮勇的參加了這一行列，正如七十四歲的老船工胡四洗所說的：『咱船工還得依靠共產黨，要不，那有個出頭的日子，這次運粮，大家都從心裏樂意，知道是給自己幹的。』

他們臨開船前，還是按照祖傳的習慣，敬上一爐香，祈禱着：『一路平安，送上軍粮支援前線，打倒蔣賊過太平年……』。這雖是封建迷信的舊習慣，但也表現了積極支前對蔣賊仇恨的心情，每當他們在掌穩了舵的時候，欣然自得的高唱着：『你是燈塔，照耀着黎明前的海洋，你是舵手，掌握着航行的方向……』鼓風前進。

（轉載大衆日報）

七十四條划子

——記淮河××浮橋——

蔣匪爲圖阻撓我人民解放軍南下渡江，將蚌埠淮河大鐵橋破壞了。爲保證我雄偉的野戰軍、和各種炮車、軍運汽車、大車、挑子、馬匹等，迅速渡過五十米寬的淮河，進軍江南。一月底，我華支淮河船舶管理處動員了大量的船隻，搭起三座浮橋；其中尤以七十四條結實、吃重的駁運划子搭起的一座浮橋，起着巨大作用，且每天對它的照顧工作也相當繁重。

浮橋經常發生變化：水漲時船身上浮，橋面凸起，兩頭就需增添船隻，水落時船身下沉，橋面即凹，又必須要減去船隻，每一增減，都得把樑木、鐵索重整一番。還有拋在水裏的一百六十多個空船鐵錨，也不時會被沙土壓住或鑽入河泥，有磨斷繩索的危險，故每隔三天到五天，必須把鐵錨拉起來，換上乾繩，再拋下水去，此外，每天要開關橋門，指揮，照顧穿過的船舶……爲了保證上面這些事情做好，七十四條駁運划子上的船工們，組成了十個浮橋小組（每組六人至十人），根據體力強弱、年老年壯的調劑，從各組裏每天輪流抽出四人，十個組共四十人，編成三個班，分担打錨、開橋、修理等工作。

在三月間最緊張的二十天中，部隊、車馬日日夜夜像流水一樣的在橋上通過，他們一刻不離浮橋，守在那裏照顧着，準備好了斧頭、材料、小駁划子，以便隨壞隨修，並且提出口號：『保證軍隊過完，不發生意外。』一次，過了一整天部隊，大家忙得一天沒有吃飯，晚上下雨，還繼續要過一隊炮車，他們仍不回去睡覺。當第一輛炮車剛上橋頭時，因載重過度，斷了一根樑木，船工們就掌着燈，跟炮車走，發覺什麼地方壓壞，立刻動手修理，通過一輛，再走第二輛，這樣壓壞了許多次，他們都很快的修理好；有的炮車實在太重，船工們就幫助部隊把炮彈卸下來扛到對岸，讓輕車走過。這樣，使七十四輛炮車一整夜全部順利通過。

四月十四日，×部的一批馬車跑過，忽然斷了大樑木，橋頭掛了下去，如等着修理就耽誤行軍，當時即有倪華庭、倪懷君、聶鳳台等二十個壯年船工自動跳入水中，用肩抵住橋樑，讓那些軍用馬車繼續通過，直到其他船工去弄了一隻鐵皮船來，才把他們替下。

這些範例，駁運工會和船管所都及時發揚了，經常隔三、四天召集一次全體駁運船工大會或小組長聯席會，進行時事、階級、支前等教育，使船工們都認識了浮橋的重要和應該保護浮橋。有一次，上游輪渡碼頭倒了七十二根木樁，順着急水直向浮橋冲來，那木樁上都有若干大鐵釘，要是打中船身，必有損壞。第二組長李永福發現了這樣情況，急忙叫喚全組船工，使了個鷗鳥浮水之勢；雙脚勾住船頭，兩手插在水裏，等候着急流而來的木樁，來一根撈一根，整整撈了四個鐘頭，終將木樁撈完，保護了浮橋。

除了上述浮橋的本身工作以外，他們還要兼顧來往的運輸船舶，每天許多裝着軍粮、軍草的船從下游上駛，通過浮橋門時，逆水激流，很難上進，浮橋上的船工們就盡力幫着拉繩。曾有一次，兩隻運輸船不小心碰着浮橋翻了，他們立刻奮勇下水將人和粮草搶救起來。

船工們每當出力的時候總是口口聲聲說：『爲了支前。』但是，『爲什麼要積極支前呢？』記者曾問到幾個船工，房錫和說：『過去，國民黨統治的時候，我們駁運划子是够苦的呀！受國民黨政府、舊的「蚌埠總工會」及老闆們的壓迫、剝削非常厲害。比方說，一個駁運划子辛辛苦苦在河上駁運了一天物資，掙多少勞力錢，得向舊組織報賬，他們就把你所掙的錢全部拿着，老闆先提去一成八，到月底再一一扣下保甲經費、福利基金（給當官的福利）、壯丁費、軍衣費等等好幾種稅捐，自己到手的不過所掙的一半，家裏人口多的就不能維持生活，有的船只得把鐵錨、蓬、甚至碗、盆都賣了。解放軍來後，我們得到了解放，船工有了自己的新工會，人民政府還救濟我們，幫助我們營業，我們認識解放軍爲人民，自願支援解放軍解放江南，讓長江船工和內河裏的船工也翻了身。』船工倪懷君說：『國民黨在

—21—

這裏時，强迫叫我們打差，搭浮橋，他們一點也不給吃，壞了船更是不管，動不動就打人，還要在我們身上敲詐刮錢。解放軍辦事公正，要用船隻，只是說服動員，叫我們討論。這次搭浮橋，公家每天發我們大人六斤粮食，小孩三斤，還常常向我們講道理，所以我們七十四條搭浮橋的駁運划子都有一條積極支前的心啊！」

（轉載支前快報）

四百里風雪淤泥蕩

宿遷大興區短勤運輸大隊千餘民工推九〇七輛小車，在淮海戰役的支前運動中，他們四百里長途運輸，克服了風雪泥濘和飢寒的艱苦，勝利的把九萬餘斤大米運到戰地。

十二月廿三號晚上，車子從×橋繼續西運，西北風夾着雪片迎面撲來，昏黑裏逼得大家頭難抬、眼難睜，脚底還得要留神，一個個緊縮着脖子傾着頭，使勁瞟着前面的黑影子。民工予成高咬住牙根，兩手握緊車把，雙脚挺着帶勁，一根繩緊勒住的破棉褲，雪水和汗水整整把它濕透了。四十多歲的濕熱眼劉秀生，一個水珠『撲地』一下，瞇糊了他的眼，心裏一急，脚一滑，連人帶車跌到二尺多高的路埂下，李中隊長忙把他拉起來，重又推着走，一中隊女分隊長朱永蘭，專門在隊前摸路，眼一花就滑跌在腿肚深的泥堆裏，車子跌倒，又馬上起來，這支運糧大軍就這樣，仍然堅持着前進。

廿四號以後，以中隊爲單位，分頭向戰地東南角的三個接收站出發，誰也清楚只有三十里路程了，離前方越走越近，路途却也越發困難起來，一中隊走在×××西北一里多的大泓子中，因爲爛泥越陷越深，後面的車子就掉轉了車頭，另行改道追上去，共產黨員施訓凡不斷鼓動着大家，迎面就是從前方押下來一隊隊的俘虜，勝利更鼓舞了大家的熱情，雖然機關槍『撲撲』地在震響，但並沒有一個人表現得畏懼，相反信心百倍，忘却了疲勞和飢餓，一步緊跟着一步拖泥帶水，跋涉前進。

到了張灣河，張灣河沒有水，河底河坡，共有六丈多寬，五十多歲的李奮，推到河中央，因爲累和凍，腿麻了，倒跌在一尺多深的淤泥裏，休息下，又一鼓勁爬起來繼續前進，魏洛堂組五輛車子陷在泥裏，雖然又餓又凍，但五個人連扛帶拉，終究把車子拔了過去，王青雲夫妻倆同推四斛米，掉在隊後，肚餓身冷，推拉不動，最後老婆看車子，王青雲先扛去一趟，第二趟終於把車子推過去。

兩個隊三百餘輛小車，廿五日經過一里多的碎石山路，全隊三分之一赤脚走上面，許多人的脚被戳破了，接着又是黃×莊，前後十六里的兩個大蕩子，頂淺的泥水，漫過腿肚，小車漫過車耳，全隊經過一天多時間才過去，泥水拔破了鞋子，赤脚的增加到三分之二，刺破了脚的更加難拔難走，車子推了十步就停轉，這時大家把腰帶縮緊，有的互相抬，有的卸米扛，這樣一天走了八里蕩，當晚駐在黃×莊，一天只吃一頓飯。

廿六日下午，離卸米地點只有一里多路了，但前面一道丈餘寬的旱河，這是最後的一個難關，河底淤泥更深，空身人陷下去全難拔上來，陡淑的河涯，使推車的人不敢把車絆套在脖上，因此每輛過河，至少需要四人互助（前後左右各一人），這時已沒有隊形，到處漫河而過，在這裏跌倒爬起的人也最多，×小隊廿多民工，就跌倒十九個，這條一丈多寬的旱河，全隊就這樣一夜帶半天才通過。

當米推到接收站還有十幾里路時，前方部隊接到消息大爲感動，連夜派數百名常備民工前來迎接，幫推幫拉，有一個騎馬路過的戰士看見了，親自下馬把米袋放在馬上代馱，黃×莊部隊在黃昏看到民工泥水中刻苦搶運時，×戰士竟感動得流下淚來，馬上引火給他們烤，替民工找房找鍋，有的讓出自己的房子，×部還撥了三百五十八斤大米給民工做飯吃。

二十七號民工經四天的泥水路，終於把米送到了前方，四百里的長途運輸任務完成了，在戰地上，部隊同志吃到了新送來的大米。個個迎着笑臉趕來慰問說：『辛苦了！』民工們打聽勝利消息時，戰士們拍着胸膛：『杜聿明已吃到馬皮，保證把他消滅掉，讓大家過勝利年。』尤其二中隊民工同志，親眼看到一個老百姓以一把鍋鏟繳敵人三條大蓋槍捉三個俘虜的事實，大家更加興奮。部隊同志看到民工們赤着脚，紛紛自動獻鞋，單第一中隊在米站旁就有十個人得到鞋子。

分別了，部隊同志還不過意，×縱×師供給處主任，特寫信給民工大隊負責同志，對全隊表示鼓勵，××師供給處也寫信再三叮囑全體民工同志要功上加功。

（轉載新華日報華中版）

— 25 —

劉官莊民站

蒙陰十幾個民站中，以劉官莊民站爲最好。該站在二十餘天，招待過往民工四千四百餘人，民工反映很好，有的民工隊中流傳着：『到了劉官莊站，好比進家吃飯。』

該站是在濟南戰役開始時建立的，當時只有一個副站長，一切設備均不健全，也沒設糧站，過往民工如有百人以上時，就得到十八里路外的蒙陰城去撥糧；因招待不好，過往民工均不滿意。十月初，民站部又派了三個幹部去，他們去後即召開站幹會議，計劃當前工作，並作了如下分工：王克除負責全盤領導外，並着重對過往民工進行敎育，婁和祥與張緒榮負責招待、檢查，倪庚負責介紹、登記。第二天即按計劃進行民站的準備工作：首先是號房子，劉官莊周圍共十三個莊的房子，都劃歸他們使用；站幹分頭到各村先召開村幹會議，使村幹認識建站也是他們自己的任務，是支前中應該負的責任，糾正認爲民站是上級建立的，不願負責任，嫌麻煩，向外村推脫的思想。然後再進一步組織村幹分工；有的設招待委員，有的成立支前股，專門招待過往民工。村幹分工以後，再推動村幹召開村民大會，除向全村羣衆說明以上情況外，並着重進行民愛民的教育，說明『天下農民是一家』，民工辛辛苦苦出來支前，爲的是消滅蔣匪，使大家好過太平日子。人家來到咱村，咱應好好幫助他們，如讓房子、舖舖草、借傢具等。其次，便和村幹號房子，在門上寫明幾間，能住多少人，並按家編號登記入冊，村幹也留底。這樣民站和村幹都能精確了解全村及誰家有幾間房子，能住多少人，好按數分配民工住宿。

號房子時並結合作了如下工作：（一）反覆的深入進行『民愛民』的教育。向羣衆動員解釋，對不願讓民工去住的羣衆，說明不管鍋屋草屋，只要能睡覺卽行，他們同是解放區的人，他們出來支前是爲的咱們大家，咱出去也是一樣等。經過上述動員解釋後，一般羣衆均能讓給房子，打好舖、準備好燈。如某村一老大娘，堅決不願讓房子，後了解她是軍屬，就和她具體解釋說：這些民工就是給你兒送棉衣的，民工在路上咱如不幫助，棉衣就送不到前方去，你兒不是要挨凍嗎？結果她允許了，並打好舖。（二）調查登記木匠、醫生、賣油鹽、賣茶飯的和種菜園的等。對醫生動員他們爲支前民工服務，並以『留好名聲，大家齊支前』等鼓勵動員他們。經動員後，過往民工有病時，這些人一般都能隨請隨到，配合站內衞生員進行衞生治療工作。對木匠、賣菜、賣油鹽的提出作『支前生意』，『兩得其便』，教育他們在民工過往時，不抬高物價，公平買賣。如無賣茶飯和油鹽的，卽通過村幹發動貧苦羣衆販賣。經教育後，他們有的按市價規定了價格；如木匠按四斤燒柴換一斤木料給民工修理用具，因此民工不用化錢，只要自己拾些燒柴就可換到木頭，僅化手工錢就可修工具；賣飯賣茶的也按市價規定了價錢，如開水每大罐三百元，中罐二百元，小罐一百元，一壺五十元，民工說：『比領草票自己燒還便宜。』羣衆只要兩個小孩拾柴燒賣，每天便能賣一萬八千元到兩萬元，不化本又賺錢多，不但給民工生活上以很大便利，同時推動了羣衆的副業生產。這樣，各主要交通路口、莊頭，賣茶飯、油鹽的很多。

其次，建議區公所在該村建立了糧站。撥來一定數量的糧柴，但只派了一個糧庫副主任來（按規定每一糧站四、五人），在這種情況下，民站同志即幫助糧站同志收發糧食、算賬、記賬等。何時有較多民工過往，也及早告知糧站作準備。民站同志忙時，糧站同志也幫助，民站糧站配合很好，雙方工作均極順利。

房子、糧柴、鍋、油鹽、糧站等各種準備工作作好以後，即進行內部建設工作：（一）製圖表，劃了一個劉官莊民站圖，劃出該站所屬十三個村的大小、遠近、大路小路、河溝等；並製表列出各村村長姓名、多少路、多少鍋、多少房子、能住多少人。民工來後，只要問明那裏民工，誰帶隊，有多少民工後，即可和他們看圖表，根據其人數多少，選擇決定住村，民站幹部也可省去很多時間，避免一時的擁擠忙亂現象。在分配住房時，民站一般叫小車隊住離公路近的村，挑子住較遠的村，便利他們行動。（二）寫好介紹信。一種是給糧站的，即寫明是那裏的民工，多少人，誰帶隊，要多少糧草，民工持信到糧站去領；另一種是介紹到住村的，也同樣寫明那裏的民工，多少人，誰帶隊，住幾天。等民工來時，只塡上帶隊幹部姓名、民工數目，使民工馬上可前往住宿及領到糧柴。（三）設路燈、路標。一般民站把燈掛在門口，但他們是用兩根長桿子在民站的住院當中高高掛起，使民工在公路上即可看到，知道民站在那裏。

民工來到時，並簡單介紹住村及當地情況，到外莊住的寫介紹信去，在本村住的即找村幹領到各家住。民工住下後，站幹便分頭去了解慰問民工，問他們住的怎樣？還有什麼困難等。並以『雁過留聲，人過留名』『拿着人家比自己』等內容教育民工遵守羣衆紀律。民工走時或走後，再去檢查一次，發現民工有違犯羣衆紀律現象，一面向羣衆說服解釋加以處理，一面寫信給民管處對犯紀律的進行教育。

民站幹部本身，雖然担負着繁忙的工作，但除每天按時完成外，並經常堅持學習，不斷進行戰爭動員，加强戰爭觀念。五天檢查討論一次工作，及時研究改進。因此大家均安心積極工作，作風也切實深入，這就是該站工作所以能作好的重要原因之一。

縣民站部將該站的工作方法、經驗，及時傳播推廣，改進了全縣十二個民站的工作。但該站也並不是十分完美的，據該站倪庚同志談：工作中還存在如下兩個主要缺點：（一）對民工的管理教育，站幹在思想上還沒有引起足夠的重視，未能更有組織、有計劃運用各種方式各種機會更多的去進行。（二）沒有準備一定的細糧，供過往民工調劑生活及給民工病號吃，是值得在今後工作中仍須注意改進的。

（轉載大衆日報）

光輝的七個月

膠東民工五團、九團，一九四八年十二月初開始出發，原準備支援淮海戰役，但趕至戰場時，戰役已經結束，後卽轉變任務；經過兩月餘的整訓，編成二十四軍後勤担運團，四月中隨軍渡江，支援京滬杭戰役，直至勝利結束。該團服務歷時近七月，跋涉山東、安徽、江蘇、浙江四省。自隨二十四軍執行任務以來，每次都能順利完成，得到軍後勤部各使用單位的好評。在四月軍隊渡江前掃蕩江北蔣匪據點太陽洲、江心洲、劉家渡等地時，傷員都能及時轉運下來，糧食、彈藥也能及時運上；部隊過江時，要三個營隨師執行任務，六個營進行民主討論，在討論時，每個營都爭着去，一營提意見要按次序往下派，但六營却要從後面向前派，三、四營則要求從中間往兩邊攤，弄得團部無辦法，最後團部決定一、二、四營去，其他各營却都不高興。在二十一號隨師渡江時，蔣匪飛機軍艦以密集的砲火掃射轟擊，但民工始終和戰士一樣的沉着緊緊跟隨着部隊前進。六營二連過江後卽扛着炮筒砲彈和軍隊一齊向敵人進攻；李學章不顧炮彈落在身旁的威脅，乘砲彈炸響後的濃煙，快步將炮彈担至炮手跟前，又回來帶着五付担架上去，渡江後，部隊不問白黑向前追擊敵人，民工將担架都改成挑子運子彈、藥品、食糧，在十餘天中，休息、睡覺、吃飯的工夫都很少，脚上大部都起了泡，有的脚也腫了，又逢接連下了三、四天雨，道路泥濘難走，時常跌倒，但仍然奮勇向前，全團只有三人掉隊。在復員慶功會上，全團得到『完成任務支前有功』的奬旗二面。

該團民工百分之八十是翻身農民，對前線英勇負傷的指戰員，都寄予極大熱情，在團部號召下，掀起自覺愛護傷員熱潮，都能做到上下担架小心謹愼，服侍傷員大小便，將自己被單給傷員蓋，三營二連一排從合肥向孫櫝坊轉運傷員時，集體湊錢買鷄蛋及冰糖給傷員吃，榮獲了愛傷連榮譽稱號。三營一連四排的韓志斌、張青化、相世岡、劉佃士四同志，在劉家渡向×地轉運傷員途中遇兩架敵機掃射，他們立卽伏在傷員身上，張青化對傷員說：『你不要怕，我和你在一起，好好守衞着你。』傷員到院後，有些戀戀不捨，相互記下名字籍貫作爲留念。

當該團分到新解放區時，碰到了很多困難，新區羣衆對民工扛着槓子、挑着担子，很不了解，不願意給他們房子住、傢具使，後經後勤處政委及團部號召幫助羣衆生產，獲得新區羣衆好評，幷一面用積極行動來敎育羣衆，從生產中進行宣傳，來克服各種困難，後來凡經過駐過的村莊，都留下了良好的印象。

（轉載支前快報）

艱苦完成任務的模範

——沂東担架團

魯中南沂東担架團開到前方時，正是黃百韜即將消滅，邱李兵團拚命增援的時候。因爲那時担架趕到的還少，他們在阻擊方面的轉運工作，便担負了特別繁重的任務。從十一月十二日到廿五日十三天中，每晚最短路程是往返八十里，當中還有兩次是一晚上運兩趟，往返一百六十里，四次上下担架，直到第二天下午才能回來，得不到休息，晚上又得接着出發。在這樣情況下，民工佔半數腿脚都腫了，個別還有腫臉的，但十五號一夜趕運了兩次，十六日晚又有任務時，團裏的幹部，連翟政委、高團長在內，一律編成了幹部担架，自己動手帶領民工，這樣又完成了任務。他們每個民工在十三天當中，都走了往返雙程不下一千里路，幹部差不多每人也都參加抬了幾次，僅據該團一營統計：全營十三天中轉運總路程雙程七七二四八三里，平均每人跑路一〇九〇里，全營有五十三個幹部參加抬担架，雙程四二〇九里。

他們在艱苦的轉運中，出現了很多模範事蹟：一營四連排長孫振榮，十三天中參加抬運十二次（按：排長規定不抬担架），往返四八二里，腿腫了叫他休息，他說：『咱還能說累，咱要說累民工怎麼辦？』一連排長陳達是二等榮軍，担架不够他就說：『我也算一個。』他担運路程七二〇里，和普通民工相差不多。三連排長楊樂華參加抬送十三次，担架路過水溝過不去，他怕躭誤時間不叫別人脫脚，自己脫了鞋，到水裏找石頭放上當橋，幷站在水裏叫民工扶着他走，一排二班長高振榮，接受任務時就發了疥毒，別人睡着休息，他只能仰在床上還得使手撑着被子，但是他還堅持抬担架，別人勸他不去，他說：『咱不去誰去？咱是共產黨員啊！不去怎麼領導羣衆？』有一次抬到台兒莊，半路上實在不行了，排長替下他來，他已經不能走，就在路上爬，別人說：『你在這裏等着吧，我們卸下担架回來抬你回去。』但他到底還是自己掙扎着回去了。三連二排五班郭奎三，是個軍屬，脚腫了穿不上鞋，他就光穿着襪子抬了一蹓，回來襪子磨爛了，又光穿着鞋抬，在這樣許多幹部和積極分子帶頭推動下，民工們都說：『上級不用動員，俺能爬動俺就幹。』二營四連李森班只有九個人，每次完成十個人的任務，一營四連九班全班八個人，也每次出兩付担架，沒少去一次，幷且不發怨言。

他們在轉運當中對愛護傷員非常注意：一營四連排長郭東餘經常對民工說：『咱雖然累得厲害，還是穩鬆的，你看咱抬的傷員同志，到院都得住兩三個月，常言「傷筋動骨一百天」，咱要不好好抬，就對不起良心。』五連班長朱立明是軍屬，他常對班裏說：『咱不幹誰幹？咱兒子也在部隊裏，抬着傷員還不和抬着自己的人一樣？』五連六班郭西廣在班裏說：『俺哥參加部隊，打兗州掛彩，我雖沒看着，但今天看着這些同志就是一樣。』他動員全班提出口號：『傷員就和咱弟兄一樣。』有一次出發碰上下雨，他們全班的被子衣服，都拿給傷員蓋，到了八里屯，又叫傷員烤火，傷員都說：『您都濕透了，您先烤吧，俺別說沒濕透，濕着也不能先烤。』一營二連有一次在邊塘接受任務，因醫院轉移，和團部失掉聯系兩天，民工自己也吃不上飯，還想辦法照顧傷員，有的買東西給傷員吃，有的傷員口部負傷，就找稀飯用竹筒給他灌，把傷員感動得叫了民工的指導員去，親口囑咐說：『這些民工您回去千萬別忘了給他們評功啊。』

在羣衆關係方面，他們也很好，一營在魯莊子住時，幫羣衆搧房子，鑿磨，搬莊稼，拾草，編蓆，除糞，說做那樣就做那樣，在這地方才住幾天，一營三連六班邵世田，就給房東紡了十四兩線，四營二連七班因爲房東太苦，全班湊了八千多元，給房東買糧食吃，下雪以後，他們又普遍幫助羣衆掃雪。

由於他們艱苦模範完成任務，後勤醫院特獎勵給他們每個營一面大旗。

（轉載支前支社電稿）

— 36 —

快速小隊

當解放軍總攻礮莊黃百韜匪軍司令部的那天晚上，膠東招（遠）北担架大隊的二中隊五分隊抬了二十五付担架，到野戰軍×師轉運所去。第二天早上，因另有任務，其他小隊都走了，只留下第一小隊，單獨担負從師到縱隊的轉運工作。

從張韓莊到良口要經過運河鐵橋，鐵橋已被飛機炸得不能通行，靠舢舨擺渡，而白天爲了防空，舢舨不擺渡。一小隊隊員爲了在天明前趕到渡口，所以加快了速度。他們兩手扶穩担架槓疾速劃一地移動着脚步，好像一葉小艇駛行在靜靜的水面上，沒有顚簸。

王吉雲那個小組抬了一位負傷的營長，他舒服地躺在担架上，聽見脚步聲好像在奔跑，他把頭伸出被外，一陣凉風從他臉上掠過，他詫異得很，當了多年解放軍，才第一次睡上這樣快的担架，他便注意記下了出發時的時間。到目的地他看了看手錶，整整走了四十分鐘；他又問了問路程，是十八里路。他立刻寫了一封信請担架隊員交給師的衞生部，他向衞生部建議，應該稱這個小隊爲『快速小隊』，他把精確的時間記錄也寫上以作確切的證明。

從此，一小隊便正式成爲『快速小隊』了。他們得到野戰軍東海部隊四二支隊獎勵的一面紅色錦旗，上面描着四個鮮明的大字：『快速小隊』。

人們對於快速小隊的時間記錄暗地裏是表示懷疑的：一個空身人一個鐘頭最多不過走十三四里路，而他們抬着傷員，還不使傷員有絲毫痛苦，却在四十分鐘內走了十八里。

當從後王堂向戴士園轉運的時候，四小隊的小隊長說：『你們是快速小隊，咱倒要看看是怎麼個快法，咱一定跟上您。』

按照老方法，他們有秩序地抬起担架，整齊劃一地挪動脚步，耳邊的風便呼呼地響起來了。快速小隊轉運這趟任務的時候，還額外增加了一付担架，而他們小隊中却有四個病號——兩個重一點和兩個輕一點的，輕病員、小隊長、炊事員都一個頂一個；每付担架四個人，他們共是二十四名，不折不扣，連一個替換休息的都沒有。

四小隊跟在快速小隊的後面很起勁，跟了三里、五里，眼看跟到靠十里的時候，再也跟不上了。這時候，快速小隊却更加快速起來。汗液濕了襯衣，後來連棉衣也浸濕了。四十六歲的戰月元咬咬牙齒，狠勁的說：『我奉陪你們年青的幹，奉陪到底。』轉運兩趟九十多里，快速小隊完成任務的時候，天剛拂曉，他們睡了一覺，晌午起身吃早晨飯，還有個別的小隊沒回來。

因爲速度快，所以常常任務要比別的小隊繁重一些。從蘇莊向後王堂轉運的時候，來回二十四里，別的小隊轉運了兩趟，他們却連運了三趟，還早回來一個多鐘頭。當淮海戰役第一階段結束，黃百韜匪部被完全消滅乾淨的時候，由二十六個担架隊員組成的快速小隊，共轉運傷員一〇八名，而一般小隊平均轉運的僅是八十名到九十名。快速小隊成績高出一般小隊約百分之二十七强。因此便又得到野戰軍東海部隊最高司政機關獎贈『快速小隊』紅旗一面。

記得在淮海戰役開始時，在邳縣城北太平莊附近，一里多寬的沂河阻擋在前面，戰場便在距離南岸五里遠的地方，天空上又有敵人八架戰鬥機在來往飛旋，企圖封鎖河面。——一小隊從行軍的行列當中被調到前面來了，隊員曹金殿憑着他支前三次的經驗，領着一小隊走在前面。他們拉開約二十步的距離，等第一個人走下河床，第二個人才到河邊去脫衣服，他們極有秩序而且鎮靜地開始了搶渡，飛機一梭一梭地打着機槍，打出的火光在空中疾馳閃射，在水面上飛濺起一排排水花。但人們在水深及胸的河水中仍舊繼續鎮定地前進，而沒有受到任何傷害。登岸以後，十一月的寒風吹在被淋着涼水的赤裸裸的身體上，可是連擦乾的時間都沒有，裹起衣服就跑。一小隊的安全渡過，使得後面幾個小隊減少了很多顧慮。後勤處的胡寶慶同志誇獎說：『戰士過河也不過這樣。』

『快速小隊』的特色還不僅是不怕艱苦，不怕疲勞，甚至在團結友愛和團結互助上，也能稱爲好榜樣。有一次轉運傷員到藏士園時，他們一鼓勁走了二十五里路，到目的地後剛想抽袋烟歇歇，但看見二小隊卸傷員不大胆不熟練，就趕忙上去幫助他們。行軍小山口歇宿時，他們先找好房子了，三小隊趕到還沒找上，他們便把好房子讓給三小隊，自己則擠在兩間又矮又小的鍋屋裏。

許多人都問過快速小隊的担架隊員們：『爲什麼你們偏能這樣快速呢？』特等功臣小隊長王吉輝這樣回答他們說：『我們首先是平日的生活快，集合快，吃飯睡覺簡單，衣服、担架、被子隨時隨地準備好，要集合扛起就跑。再一個是抬卸傷員快，平日將管担架的，管舖被揭被的，管抬的，誰抬頭誰抬脚等都固定好，大家都有了經驗了。每抬傷員時，只要問一聲：「同志，傷口在那裏？」問清楚了，就用各種不同方法來抬，又大胆，又爽快，從不迂磨，傷員也能減少受苦。再有，抬卸傷員都有秩序，從不搶先，從不推讓，一組、二組……挨着來。還有是在路上轉運時不休息，管他二十里三十里，一股勁到頭，扣好到一處替傷員檢查傷口的時間，才吸袋烟休息休息。』

（轉載支前快報）

鋼鐵分隊

膠東招北担架隊六分隊在淮海戰役中獲得了『鋼鐵担架分隊』的稱號。他們是一九四八年九月十四日出來的，十一月十日，在邳縣前線轉運傷員的第二天正午，給敵機發現了目標，即接連投下了三枚重磅炸彈，不久，又遭第二次轟炸。傍晚時，跑散的民工集中後，他們又隨部隊向運河邊前進，十一月十三日，碾莊外圍打得很激烈。二更天光景，他們上火線來回抬了兩趟傷員，前面有一部份傷員，還需抬一趟，但天已大亮，怕有飛機，後勤科孫科長不敢叫他們去抬，但民工們很堅決地說：『不礙，要去這就去。』他們抬下了傷員，回來的路上又遇到十二架飛機低空盤旋，担架隊員迅速地用柳樹枝僞裝好，蓋在傷員身上，依然繼續趕路。當飛機俯衝或翻側時，他們才迅速蔭蔽下來。

秦樓戰鬥的炮火，比以前幾次戰鬥都要猛烈，敵人的炮彈在營包紮所附近的地方爆炸，機槍彈不斷飛過頭頂，他們敏捷的把傷員抬下。前方戰士犧牲奮戰的情景，給了担架隊員以極大的感動，膽子亦大了許多。

被敵機炸毀了七付担架，在劉增典提議下，將節約的菜金六萬七千五百元買了樹木，分隊部和木匠日夜加工趕製，補足了原數。人數不够，原來五人一付的改爲四人，輕傷的或傷癒的人都自動要求參加。接着，他們開始四百餘里的急行軍，隨部隊追殲逃跑的杜聿明匪部。在永城東北的戰場上，過分緊張的追擊，分隊裏多了八個病員，炊事班長佘通海提早燒好晚飯，便請求指導員允許他上火線；小隊長王希賢、李克齊亦補上了缺額。他們先到李莊找營部包紮所，而李莊是在敵人的火力圈內，那裏不僅炮能轟到，甚至步槍也能射到，但是到李莊後，沒有找到包紮所，連一個解放軍戰士也沒有找到。黑夜中，對面的槍聲很緊，他們等了一個多鐘頭，才等到師部派人來帶領他們到營部包紮所進行轉運任務。

由於這些光輝的功績，『東海』部隊四二支隊特獎予寫着『轟不垮，拖不亂，担架越毀越多，從無逃亡』的『鋼鐵分隊』字樣的一面錦旗。

從淮海戰役開始到結束，鋼鐵担架隊共運傷員五十次，計九九九名，其中火線轉運的就有四八三名。在大風、大雨、大雪、轟炸、炮擊之下，除光榮犧牲七人外，一百四十三人全部立了功，這裏面有兩個特等功，八個一等功，四十個二等功，九十一個三等功。

他們從前方凱旋歸來時，高擎着野戰軍贈送的三面紅旗，在後方慶功大會上又獲得華東支前委員會贈送的『堅如鋼鐵』紅旗一面。（轉載支前快報）

—42—

水手連

膠東民工六團水手連七十九名水手，在擺渡解放大軍過江及運輸任務中付出巨大貢獻，全連全部光榮立功。在渡江時，該連擺渡我廿七、卅三兩軍×萬×千餘健兒勝利橫渡長江，并運送彈藥六十餘萬斤；渡江後，又轉運槍砲、糧食等七百餘萬斤。二十七軍首長對他們的顯著功績亟爲嘉許。二十七軍司令部、政治部特獎給該連『運送大軍過長江，英勇頑强功蹟高』錦旗一面。

渡江前，該團爲協助我大軍渡江，動員各營民工成立水手連，七十九名水手立即踴躍報名參加。但因他們在膠東海岸駛船都是用櫓，渡江突擊隊的船却是用槳，剛到時感到很大困難。團領導上即據此情況，對他們進行了政治、立功教育，號召發揚革命英雄主義，加强信心。並對他們說：『只要積極學習，一定能够學會。』自此，他們即緊張的投入學習熱潮中，每天吃過晚飯就練習划船，直至深夜十二時以後方止。

他們剛到船上時，船上老闆看到他們不會划槳，有些瞧不起，又因他們穿着軍裝不敢接近。他們看到這種情形，爲保證渡江任務的完成，就主動團結老闆，幫助船老闆刷船，領給養、買菜做飯等。劉文宏並把自己剛領來的新鞋送給一個沒鞋穿的船工，把上級發的煙錢買菜和他們吃。並時常對船工講解放軍英勇的事蹟給他們聽。有些老闆怕渡江時有危險，張吉雷等許多民工就進行解釋，打破其顧慮。船老闆看到他們這種誠實態度，感情逐漸融洽，普遍要求和他們交朋友。

渡江前夕全連上書二十七軍軍首長，表明『決心和船老闆團結一起，不動搖、不怕犧牲，在危險情況下挺身而出，堅決把大軍送過長江去』。幷在日記本上寫上自己的名字和家鄉住址，將自己的行李交給上級或自己原來連隊。

四月二十日夜一點鐘，我大軍開始大規模的渡江，各船水手們都站在船頭上，奮勇划槳。三月六號運送偵察營渡江左臂負傷的張吉雷，傷口還沒長好，幹部不讓他去，他堅決要去，與全連水手參加了渡江突擊隊。船駛至江心，即被敵人發覺，機槍、大砲瘋狂的向他們打來，但他們毫無畏懼，齊聲高呼：『快搖，捉活的！』『爭取第一船，爭取渡江英雄！』我方砲火向敵人展開猛烈轟擊時，大家情緒更高漲起來。民工劉嶺臂部負傷，他一聲不響的繼續划槳，到南岸後，又堅持划回北岸，後因他流血過多，不能堅持下去，才對船上另外兩個人說：『我負傷了！』船老闆很驚奇的問他：『爲什麼不早說？』他說：『我早說了，恐對大家有影響。』石恩超的槳被砲彈打斷，他馬上又換上一枝繼續搖。離岸不到一丈遠的地方，敵人在水底下釘了很多木樁，上面綁着橫樑，王廣英、李學芝等很多民工跳到四五尺深的水裏用斧頭把木樁上的橫樑砍斷，把船推過木樁，豎起梯子讓戰士順利登岸。在他們緊張奮勇精神下，僅十五分鐘即渡過寬約三里的江面，全連僅二人負輕傷。

渡江後，他們又自抱奮勇從烏鎮、桐鄉、青鎮往江蘇泗涇（上海西南）運輸糧食，亦表現異常艱苦，下雨，他們把自己的衣服脫下蓋在糧食上，甯肯自己挨淋，不讓糧食受潮。

他們支前半年餘，創許多光榮事蹟，艱苦完成任務，全連都光榮立功，計一等功臣三十九人，二等功臣二十七人，張吉雷、劉嶺兩同志榮立特等功。全連幷由二十八名中共黨員發展到三十九名。

（轉載支前快報）

生金第一班

楊丙信是渤海四分區担架二團六營一連一班的班長，是團的特等功臣。他所領導的第一班，就是爲全團所頌揚的『生金第一班』。

該班共有十個人，有八個是自報奮勇參加支前的。從淮海戰役開始到結束，不但沒有發生逃亡，而且成爲鼓動、推動全連全營工作的核心。

過隴海路時，有的民工情緒動盪，講怪話，楊丙信就領導本班民工討論：『咱出工是爲了誰？』『大家是否願意爭取爲模範班？』他自己並表示了決心：『上次出工評功時，人家都評了功，就是咱沒評上，這回要再不立功回去可沒臉見人啦！』全班同志也都保證說：『咱報名出來幹啥來？這回要不立功，就不回家，一定跟班長幹到底！』接着他們就討論寫了個挑戰書，貼到營部的門口，向全營挑戰競賽。第二天各連就開會討論怎樣應戰，沒等到下午，營部的門口就貼滿了各連的應戰書：三連提出了『十大保證』，二連提出了『五不怕』。全營掀起了熱烈的挑戰立功運動。

— 45 —

二連沒一人逃亡，人家都稱他是『鋼二連』，楊丙信向全班同志說：咱都是一樣的，他能成爲鋼二連，咱就不能和他『標標』嗎？他是鋼二連，咱是『生金第一班。』他就和全班商量分成宣傳、勞動、學習三個組，來經常推動全班的工作，楊丙信分任宣傳組長。

在宿縣丁村駐時，他們三個月的服務期已滿，當時有的民工對延期復員打不通思想，楊丙信就先和本班民工討論，打通思想，一定堅持到底，到淮海戰役結束後再復員；並又和孫鳳文、王進中、楊景三等五人討論出了統一的宣傳提綱，用啦閒呱的方式分頭到各班去宣傳。

楊丙信先和大家啦起了共產黨給人民的好處，他說：『這幾年要不是共產黨民主政府給咱想辦法和貸欵，咱早就餓毀了，就今年春天的生產救災說吧，上級爲咱不知貸了多少欵，幫助咱渡過了春荒。』他又說：『支前是爲了打倒國民黨反動派，保住咱過安穩日子。現在新的民工還沒來，咱們多待幾天還算啥？人家同志們拚命流血的十幾年都不回家，大家夥憑憑良心吧！』這幾句話感動了大家，民工陳宏義拍着自己的胸膛說：『咱怎麼就想不起這些事來，怎麼咱就忘本呢！』全班民工並通過上團部要求上前線，其他四個班也都不肯落後，說：『好吧，老大哥怎樣做咱就怎樣做吧！』以後，一切工作都通過該班的帶頭，然後推廣到全連，一班成了全連的火車頭。

住在新解放的曲阜于村時，楊丙信就向羣衆宣傳共產黨民主政府幫助勞動人民翻身的情形，一位十八歲的貧苦青年張先明，聽到解放區有這樣的好光景，他高興得跳了起來，一定要跟着楊丙信去支前，並準備跟着楊丙信一同復員回家，到老解放區去看看。後經解釋後才作罷。在郯縣新八莊住時，亦曾發生過同樣事情。

因爲有了學習組的推動，所以大家的學習都非常積極認眞，就是接受了任務，每天也能學兩個到三個的生字。學習組長王金中，並創造了一個新的教授方法。例如先教一個『口』字，再在中間添上一横，就是個『日』字，再添一豎，就是個『田』字……。這樣，大家也容易記，又有興趣。在一個月中，楊經山學了一百五十個字，盧玉西學了一百二十個字，楊丙信學了一百一十個字，最少的也學了三十個字。大家都高興的說：『咱不光支了前，還提高了文化。』

勞動組經常推動大家幫助羣衆幹活，每到一地，他們就問房東有什麼活沒有。在宿縣木佛莊住時，三天幫房東刨了二畝花生，種了一畝麥子，還打了兩次場；此外掃地挑水都成了經常的事。

他們對於傷員更是照顧的無微不至。在接受任務前，楊丙信就和全班的民工討論出了『愛護傷員』的辦法，宣傳組就到各班去宣傳推動。如在曲阜轉運傷員時，那時都還沒套被子，他們就把被單縫起來裝上麥穰給傷員舖。經他們的推動，全連都這樣做了，使傷員減少了痛苦。至於關心傷員喝茶水，幫助傷員大小便，出錢買東西給傷員吃，這些，都已成了極平常的事情了。楊丙信並非常注意愛護與節約公家的東西。給華野三院運毛毯時，楊丙信就號召全班脫下襖來包着它，以免磨壞了毛毯；有一次，他們一個班單獨隨華野衛生部到宿縣西南的××運藥品，因爲在那裏買不到菜，因此，他們在四天中就節約了四斤十二兩小米、一千元菜金和五十斤柴火，回來後，就全部交了公，受到了連部的表揚。

他們有經常的會議制度，在每晚睡覺前，差不多都要開會檢查一天的工作，看誰『五愛』（即愛護傷員，愛護羣衆，愛護担架，愛護資財，愛護功勞）『五不走』做得最好，班長就把他記下來。

由於他們保持了積極、努力、認眞和堅持到底的支前熱情，在評功大會上被評爲全團的模範班，榮獲團部贈給『生金第一班』的光榮稱號。

（轉載支前快報）

女英雄董大姐

在華東第一屆婦女代表大會上，大家都認識了一位傑出的女英雄——董大姐，她是濱海區的勞動英雄，竹庭鋼鐵担架隊的一等功臣，晉墩莊的莊長。

董大姐從小生在一個貧苦的家庭裏，全家五口只有三畝薄地，老爹爹長年生痨病，哥哥被窮逼的逃了荒。董大姐從七歲就拾在山裏、坡裏，拾柴拾糞，十二歲被迫到青島當了女工，日寇佔領青島時，她忍受不了日僞統治下的痛苦，就跑回家學着種地，全家生活便壓在這十五歲的女孩子身上。勞動鍛鍊出董大姐一付鋼鐵般的身子，她不但會做莊戶活，閒時還學着做買賣，運鹽、販糧，來養活全家，她十七歲那年，就能挑一百二十斤地瓜乾，推四百多斤重的車子。舊社會人人瞧不起勞動，董大姐推着車子路過各莊時，莊裏都跑出來看『假大妮子』，董大姐只有紅着臉急忙的走過去。

一九四三年，董大姐的家鄉解放了，勞動變成了光榮的事情。她在濱海勞模大會上，被選爲全區的勞動英雄，上級還獎給她一頭毛驢，董大姐從此更提起生產的動兒，並把全莊十幾頭驢子組織起一個運鹽隊，繼續運鹽生產，不到三年功夫，她便以自己勞動生產掙下的錢，買了七畝地，從此她貧苦的家庭便變成了有吃有穿的富裕中農。莊裏的人都對她的爹娘說：『誰說閨女不中用，你的閨女比兒強得多啦！』

一九四七年蔣匪在山東發動了重點進攻，董大姐可氣紅了眼，她想：『俺吃够了舊社會的苦，共產黨來了俺勞動人才有吃有穿有了地位，蔣老賊要奪去俺的好日子，咱那能饒他！』有一天莊裏接到兩付担架的任務，董大姐第一個報了名，莊裏的人知道她有一付長年肩挑磨練出來的鐵肩膀，也就答應了她的要求。可是外莊的人，聽到大閨女抬担架都偷偷的笑着說：『抬担架可不是扭秧歌，別叫別人抬回來就行。』董大姐惟恐區裏不叫她去，就偷偷的在先頭裏溜着走了。當五千多民工浩浩蕩蕩的開赴前線的時候，一路上的羣衆，都爭着出來看這位紮大辮子的女担架隊員。

担架隊剛出莊十里路，就遭上三架敵機掃射，有些人很驚慌的亂跑，可是董大姐和她全莊的民工們很沉着爬在地上不動，她並動員大家說：『炸彈，沒有眼，只要咱別亂跑就沒有事。』戰爭考驗了董大姐的勇敢和沉着，事後她莊的民工便選她當了班長。董大姐當了班長之後，她首先領導全班做防空準備，把白担架床用鍋灰染成灰色，民工們的白布衣服也都設法換成藍色；接着她便動員全班向別班展開競賽，提出挑戰的條件，全團民工們看到董大姐的模範行動，有的說：『咱還不如個女人嗎？』都紛紛起來應戰。

担架團到達指定地點後，沒有馬上接受任務，董大姐兩隻勞動慣了的手可就閒不住了。她便和班裏的人說：『咱沒有事做點生產不好嗎？』民工們知道董大姐做生產是很有辦法的，就擁護她出主意，用暫時吃不着的菜金做本錢，做豆腐，炸香油果子，不到十幾天的工夫，就掙了二萬多元錢，除了改善生活以外，每人還分了千多元錢，另外，他們又商量着買了一升大米，半斤白糖，準備給傷員吃，其他班裏看到董大姐班裏生產賺錢，也都學着來做。

在担架隊休整的時候，羣衆正忙於春耕，董大姐的班除了自己生產還幫助羣衆推土、送糞、耕地、扶耬，這些活董大姐樣樣都做得好。有一次，她剛趕集回來，看着房東的糞還沒有送出去，她連忙去給房東送糞，一車子推了四百多斤，全莊裏都把董大姐當成了奇談。識字班都爭着來看她。董大姐趁機向她們宣傳說：『勞動就是咱婦女的本錢，咱不能光想着穿什麼衣服帶什麼花，能勞動才能翻身。』識字班裏有很多青年婦女，受到她的影響，也都學着下坡勞動。老大娘們更是喜歡董大姐這個能幹的閨女，都是讓她在自己的床上睡覺。

出名的孟良崮戰役開始了，担架隊奉命到沂蒙山去接受轉運任務，在一個雨天的黑夜，對面不見人，董大姐和民工們爬山越嶺，摸到一座靠敵人不遠的山下，把傷號一個個的抬到担架床上，一氣跑了三十多里路，才摸出了那崎嶇不平的沂蒙山，當担架住下休息的時候，董大姐的衣服上扭下水來，不知是雨水還是汗水。董大姐不顧自己的疲勞，把担架床僞裝到麥地裏，就忙着去給傷號買鷄子，熬稀飯，自己還沒來得及吃飯，又接到連續轉運的任務，董大姐雖然又餓又累，又來了月經，兩腿都燒起了燎泡，但她却咬住牙，一個勁的往前趕，疲勞和饑餓使得她頭昏眼花，一不留神歪着了脚脖子，但董大姐却不叫一聲苦，還揹着傷員爬山，傷員感動得有的給她鞋子穿，有的拿錢買菜給她吃，有的拉着她的手喊董大姐，並向她表示：傷好了一定馬上回前線殺敵，回答她愛護傷員的一片熱心。

担架隊出發五十七天，就光榮的完成任務復員了。董大姐和全體『鋼鐵担架團』員們，一路上蒙受着羣衆的歡迎和熱愛！縣支前指揮部開會給他們慶功，董大姐光榮的被選爲一等人民功臣，識字班給她披紅戴花。董大姐笑着說：『從小穿衣服沒配過顏色，現在大紅大綠的穿起來了！』

董大姐支前回來以後，在羣衆中的威信更加提高，村民選她當了莊長。偉大的淮海戰役開始之後，董大姐在全力支前的號召下，日以繼夜的進行工作，上級佈置三次加工糧，她都能發動全莊羣衆按期完成，當時有些羣衆不了解，感到上級規定一百斤麥子推八十斤麵太多，她耐心的向羣衆解釋說：『解放軍不是不想吃細一點的，省是給咱大家省的，一百斤麥子多推十斤麵，您算算一萬斤能多推多少麵！』

爲了不使某些羣衆故意添粗麵，她稱出一部份潔白的標準麵放在辦公處門口，做大家推麵的榜樣，結果，全莊的麵，推的又細又白又够秤。

在第二次佈置兩千七百斤加工糧時，還得自己到三十里路以外去運麥子，當時全莊大部的青壯年都上了前線，董大姐便號召識字班來完成這個任務，八個識字班隊員，雖然都是小脚，但是也有的挑，有的抬，跟着董大姐一齊幹。董大姐又到外莊去借了一輛破大車，動員了四頭小驢，一天的工夫就把麥子全部運來，兩天就全部推好。

每次運送加工糧，董大姐都是親自參加，民工們也喜歡和她一起出發。有一次她帶着民工到新解放的郯城去送給養，因爲送的太多，一時輪不上，他們一直在那裏等了三天，敵人飛機又天天在那裏掃射轟炸，炸彈就落在他們的車子旁邊，有些民工等得不耐煩，就要求回去，董大姐說：『上年過年咱還得逃難，現在咱的家鄉解放了，咱吃點苦怕什麽？吃的苦比前線戰士還差得遠。』不管白天或是黑夜，她都是叫其他民工到屋裏去休息睡覺，自己躺在車子底下看給養，民工們看到她那種模範行動，和沉着態度，都很受感動，一直陪着她在那裏等到卸了車子才回去。

董大姐不論在農村或在前線，因爲她能和羣衆聯系在一起，並能以模範行動來影響大家，因此在羣衆中取得了極高的威信。當她被選爲華東第一屆婦代大會的代表的時候，莊裏開會歡送她，很多人囑咐她：『你可快些回來，咱好一塊出發支援大軍南下渡江啊！』

（轉載大衆日報）

雙重光榮

魯中南沂山担架團民工孫永海，在支援偉大的淮海大戰中光榮入黨了。同時又光榮立了特等功；這是他一輩子無上的光榮，再也沒有比這雙重光榮還光榮的事情了。

當然，光榮不是輕易可得到的，孫永海的光榮是以他『忍勞、忍寒、忍飢、堅持到底』的支前熱情換來的，他的事蹟，可歌可泣。

一九四八年九月濟南戰役時，他即自告奮勇出來抬担架，但到前方後却生了一身十分厲害的疥瘡，勉强執行了兩三次任務，實在支持不下去了，連裏就把他送往治療隊休養。當他的疥才好了七分光景，又心急的要歸隊服務。但那時濟南戰役已結束，他很過意不去地說：『只有等下一次多幹些吧！』可是不幸得很，淮海戰役剛開始時，他莊的村幹忽寫來一封信，說他的父親病故，喪事已料理，家裏只有三個弟弟，兩個妹妹（最大的才十六歲）要他立刻回家。一方面，村幹又替他要求上級給復員。當時領導上准許他復員，大夥也叫他快家去看看。但他流了幾點痛親之淚後衷懇的說：『俺爹已經死了，回去也沒用，不如支前要緊。』說罷，他拿起一條從治療隊帶來包瘡的白色綳帶，綁在小腿上悲壯地說：『喪事村幹給辦理完了，上級再可寫信去叫村幹代俺照顧弟弟妹妹，俺是堅決要完成任務後再回家，這個白布算俺在外邊給爹帶的孝。』感動得有些鬧復員的民工也不鬧復員了。十一月上旬，他隨軍進入淮海戰區時，天氣已經很寒冷了，他下身只穿着一條短到膝上的破單褲，上身穿着兩件單褂子，一件破狗皮襖，脚上套一雙夏季的漏空鞋，也沒有襪子，但他的情緒却比有棉衣的民工更高，還時常教育其他穿着單褲的民工道：『想想敵人進攻山東的時候吧！現在受點苦算得什麼！比起打仗的同志來還差得遠呢。』

有一深夜，連渡沭河等兩條河流時，孫永海的雙脚受寒風冷水的刺割，開了好幾條裂口，脚底又磨了泡，仍一蹺一蹩地走了五十里，一路上他還時時督促同擡子的民工緊跟上隊伍。

又一晚上，在津浦路宿蚌段李莊車站以西，他翻過一座高山時，滑了一跤，小腿跌得皮開血流，連一聲痛也沒叫，很快爬起來擡着担架繼續行軍。第二天人們發現了他的傷處，叫他空身行軍，他却不願離開担架，不願離開負傷的同志。當然他很愛護傷員，照顧傷員大小便，喝茶，把自己僅有的狗皮給傷員禦寒，走路時注意小腿用勁把脚步放穩，使傷員睡的舒服等等，是他每次擡運時必做的課目。

他對任務的執行常常是積極主動，起骨幹作用。他為了行動迅速，睡覺不打開行李。有一次，担架團在宿縣孟莊宿營，半夜忽來緊急任務，部隊裏來人領担架，他立刻從乾草堆上跳起來，約夥了同擡子的民工跟着先去了，排長還不知道，當他開了小差，第二天早晨他已轉運了三次傷員後笑嘻嘻的囘來了。又十二月二十九日，天上正下着大雪，部隊裏要一些民工去擡運軍用品。孫永海在班裏第一個報名要去，大家都說他穿着單褲子在家裏暖和好了，讓有棉褲的去吧。但他不肯少幹一次，堅決爭着去了。

無論什麼事情，只要上級分配到孫永海，縱使在敵人飛機大砲的轟炸射擊下，他從無畏縮，奮勇當先。

他不僅執行任務如此堅忍，在平時的勞動、紀律、團結等各方面都稱全連的模範。在九曲住時他曾一天幫助羣衆刨地瓜二分，推糞八車，戰時也常幫房東挑水、扛糧食。連續行軍中，他體貼炊事員的疲勞，每次總要替伙房帶擡三十斤以上的給養。吃飯時他總是自己少吃些，讓別人吃够。宿營時他讓別人住上房子，自己用秫稭搭棚睡覺。因此，連裏沒有一個不讚揚、敬愛他的。幹部叫他好隊員，民工叫他好弟弟，年老些的叫他好孩子；因爲他還是二十一歲的小青年。看他的身體很乾瘦，但他的階級覺悟相當高。他本來是貧農的兒子，十九歲給人家當過僱工，一九四八年五月間才回家過翻身日子，他家在莒沂棋山區葦子溝村。

他到担架隊後一貫優良的表現，早被連的指導員器重了。經常找他個別啦呱，他很傾心接受指導員的教育，用心聽黨課，了解了一般的政治常識。同時，他支前四個月，到了豫、皖、蘇。親眼看見解放軍爲了老百姓拼命流血。看見担架隊的共產黨員都是帶頭幹。他很實際的認識了共產黨。他說：『現在共產黨領導大家支前是要消滅蔣介石反動派，保住老百姓過安穩日子。』他又舉了一個例子說：『去年受了國民黨的災，今年春荒時要不是共產黨領導的政府想辦法叫咱運鹽，俺和俺莊的人早餓死了。』他的階級覺悟已顯著提高，他向指導員要求入黨，全連的黨員和民工都說他够黨員的條件，支部大會上把他通過了。我們堅忍的担架員——孫永海同志，就在十二月二十七日，在河南省永城東北張莊，在圍殲徐州逃敵的戰線上，在隆隆砲聲中，投入了母親的懷抱——參加了中國共產黨。他入黨後說：『同村去要積極去做黨的工作，帶領羣衆好好生產。』

（轉載支前快報）

兩朵大紅花

——榮軍周永華支前立功的故事——

『英雄周永華，
不以榮軍自己誇，
自動支前，
立功回家，
功上加功，
人人誇他……。』

這是風傳在射陽河一條支流的北岸，十三個莊子上歌頌周永華熱烈支前功上加功的小調。

周永華是一個復員榮軍，家住徐梅莊，年二十六歲，是共產黨領導下翻過身來的貧苦農民。一九四五年他參加了新四軍，一九四七年解放鹽城戰鬥中，他左膀子第三次帶花，子彈穿斷了骨頭，比前兩回都重，完口後成了殘廢，上級也沒有再批准他重上前線去。他光榮地復員回家了。

回家後他和爺娘弟妹在一起種田，凡是他能做的事全頂上前去，平時他也不要村裏代耕代種，他說：『我還能做活，家裏人手不缺，請你們多幫助那些不能苦做的烈軍屬和榮軍吧！』他還幫助鄉裏、村裏搞工作，組織生產，動員支前都領頭幹，徵公糧，他是照數的搶先交，他說：『這是打勝仗的本錢！』

從一九四八年秋季攻勢到淮海戰役的開始，大後勤任務一到，他跟着鄉裏、村裏幹部日夜忙，還盤算一件心思。他這樣想：『我的左膀子雖沒有用處了，但我還有力氣，右膀子能舉能動，反動派最後要垮了，人家都去揪，我一定也去幹他一傢伙，一定，一定……上担架隊去！』

在村裏、鄉裏幾次羣衆會上，公議出後勤。他全報過名，要求做民工上前方，可是鄉裏羣衆全不贊成，衆口同聲對他說：『這就不在道理上，你參軍打反動派立過功了，現在一條膀子殘廢了，復員在家裏各事又不要我們照應，還日日夜夜幫助搞工作，這次出工怎能還要你呢……』他三番五次的要求，也三番五次沒有得到通過。

他急了，再加聽說鄉裏這回六十五個担架隊第二天大早就出發，就更急，決心也下得更大：『一定要去！』

在歡送大會上，徐鄉長話還沒有說了，他就擠上了主席台，抱着個扁担向大家要求着：『請各位准我去做後勤，我雖一條膀子廢了，担架還能抬，路還能跑。何況後勤又是人人應盡的責任，莊上人全能去，就能丟着我一個不算嗎？各位不讓我去是照顧我受過傷，這個情分我領，只要大家准我去，我周永華就了掉一樁大心願。』

在場的人直喊：『我們還是不贊成周老大去，他是殘廢人，在前方流過血……』他最後被攔住了，不，沒有，當担架隊剛出莊下去半里路，沒有讓一個人曉得，他還是拖着一條扁担趕上去了。

× × ×

光榮完成了支前任務以後，鄉裏的担架隊回來了。在鄉政府門前的大場上，舉行五千多人的歡迎會，鑼聲、人聲，鬧得一片響。

全鄉民工連周永華，共是六十六個担架隊員參加運河線戰鬥立功榮歸了。六十六個人裏有十八個是全隊的三等功，十一個是二等功，五個是一等功，還有一個特等功。當賀功會上，人們曉得這個特等功就是周永華之後，手拍得響應天。都叫道：『請功臣周老大出來讓我們看看！再講兩句呀！』還有人說笑道：『哈呀！他還是「偸溜」去的呢!?』周永華在大家歡迎聲中站到台面口，臉通紅，半天講不出一句話，還是楊景才搶過去說了：『要說我們周老大嗎？是全隊特等功臣，我們那天去時，他攆上我們，一定要跟我們去，一直到現在。有任務他頭等積極，又頂勇敢，我們自動上火線去搶救傷員，全鄉的担架，他的那一付當先，而他又是在頂頭一個。仗打起來砲火往下一蓋，人眼不敢睜，他一個人領着吉大綱子他們四五個人半里路往返三次，馱馱抱抱搶救下來十一個傷員。全班民工在他的影響下，一個也沒有退後。他可兒呀！在砲火下直向前衝，耳根下擦去一塊皮，他也沒有怕死，你們看，他這塊還有一個疤呢！我們鄉的光榮主要是靠他爭來的，我們大家就選他做特等功臣！』

在鞭炮鑼鼓聲中，三十五個功臣都掛了大紅花，排齊在主席台前，周永華站在第一名。一朵頂大的紅花，掛在他的胸前。

幾千人吵鬧的聲音像海潮，一齊喊：『周老大還要掛一朵大紅花！人家打反動派受傷殘廢，就是一功，這回自動去抬担架又得功，不是功上加功嗎!?……』

徐鄉長隨卽恭恭敬敬再替他插上一朵更大的紅花！

『功上加功！雙花掛胸!!榮軍周永華是人民的英雄!!!』口號隨着人聲向四面八方傳散開去。

（轉載蘇北日報）

『運輸英雄』杜效東

在淮海前線奪得『運輸英雄』大紅旗的民工杜效東，原是山東郯城縣的一個農民。民國卅一年，他受不住日寇、地主、國民黨的威逼勒索，逃到淮海解放區泗沭縣，才安上家。土地改革中分得了地，翻了身。淮海戰役開始，他雄赳赳的推起大紅車運糧上前方。第一次任務完成後，他又第一個要求參加四百里長途推運。他對鄉長說：『翻身不能忘本，讓我多推一些，大家也會跟着多推的。』自己足足的裝了二百斤，大家也推了一百六十斤。

一路上，他的大紅車總是開在頭裏，到了某某集，上級動員加米，他自己掏出一千元，買了三個大蒲包，一下就加了六十斤，又把攢來的六十斤火草、三十斤口糧麥子，裝上車子。民工老范等，看他天天開頭車，吃苦耐勞，工作又積極，就選他當運糧小組長，從此他工作更來勁。王立奎脚上害瘡，他就自動把王推的五十斤口袋搬到自己車上，整整推了三百七十斤。從此人人稱他『杜拾斛』。在他的影響下，全組每車普遍推到一百八十斤左右。

行到某地，運糧隊開展了『奪旗』競賽，他非常有把握地把『運輸英雄』的大紅旗先插在自己的車頭上，還在全組民工中間競賽保旗。

『杜拾舟』不但推的多，走得快，同時非常關心全組同志生活，領口糧總是自己去，儘量讓大家休息。他還經常教育大家愛米，有一次，住在一家沒有大門的人家，他心想沒有門，米不好看，先叫全組臨時休息，自己又去找了家有大門的，領着全組去住，晚上門好門還不放心，又把米搬到舖邊。還有一次因風雪很大，路上油滑難行，只好幾人抬着車子，一輛輛向前趕到莊內，但還有幾輛車子在半路沒有過來。而莊上家家擠滿了人，插不進米車。他想定主意看米要緊，自己伴着米車睡在外邊草堆根，寒風刺骨地吹來，他一夜沒有合過眼，也沒叫過一聲苦。

杜效東熱心支前的模範行爲，很快傳遍了全中隊、全大隊、全總隊。×日，初次評功時，他獲得縣裏獎的『運輸英雄』大旗，六分區支前司令部在十二月二十九日特發佈第一號嘉獎令嘉獎他，還發給『支前模範』銀質獎章一枚，毛巾兩條，襪子一雙。三十日，泗沭縣徐副縣長特代表支前司令部冒雪趕來，參加運輸隊獎功會給獎。當民工們一齊向他祝賀時，他笑着說：『咱有這付力氣，推多是應當的，今後還要下勁幹。』

（轉載大衆日報）

破冰河前進

一九四八年十一月二十五日，在清晨凛冽的寒風裏，老黃河的兩岸擁集着數不清的人羣。人羣中夾雜着不同的車輛，担架和挑子，一批又一批的從四面八方湧來，等待着穿過那用幾十輛四輪大車架成的輕便橋樑，把炮彈、糧秣一直運上戰場。

在老黃河以南，戰場附近的上空，敵人的戰鬥機盤旋着，炸彈的炸裂聲和炮聲混成一片。而麕集老黃河兩岸行進着的人羣却越聚越多，他們湧過橋樑，湧向南方的碾莊。

有一長列滿載麵粉的小車，困難地從人叢中擠上這『長橋』，但不久他們的道路便被担架隊、挑子隊、牲口……所阻塞，指揮的人有些焦急，他立即命令車輛迅速退回，他折回到岸邊，向着正趕上前來的指導員走去。

指導員李崇潔是一個溫和、誠懇、勤樸的農民，從泗水出發以來，他帶領着他的第三連已戰勝過許多困難，他和向他走來的中隊副張友珠商量，他們需要用最快的速度渡過這約半里長的河面，第一爲了讓激戰中的部隊早吃上麵粉，同時也應避免飛機隨時可能加予的襲擊。

他們決定搗破冰層，涉寒流前進。

李崇潔脫去棉褲，用毛巾綁紮着腿上潰爛的瘡口，他疼痛得皺了皺眉。張友珠突然攔阻了他，對他說：『你不能下水，我去也一樣，你可以在橋上指揮，別叫麵粉弄濕。』張友珠甚至連單褲也脫了，清晨的朔風吹得他面孔發青，他忍不住的接連打顫，猛力舉起粗木棍向冰層搗去，冰層『嘩啦』綻開，渾濁的泡沫泛起在小小的水面上。通訊員小吳也緊跟着跳了下去，在澈骨的寒流中他幾乎不能站穩。

守在岸邊車輛旁的人們全都脫去了衣服，楊士友的車子推進水了，緊接着是第二輛，第三輛……。爲了要支穩車輛的重心，推車的人便向冰層銳利的銼角上硬撞過去，腿被劃破了，凍僵的皮膚被劃開。但車輛仍舊繼續有秩序的前進着，沒有掉隊的，甚至連距離也沒拉長。

水漸漸深了，漫上膝蓋，淹近胯彎。『排長，抬一抬啊，別濕了麵袋！』楊士友高叫着。車輛的行列，安全地渡過水面，登上對岸。

走過長橋的担架隊員，向這羣運糧的伙伴們讚揚地伸出大拇指。一個膠東口氣的人高聲問道：

『好伙計！是哪一縣的？』

『泗水三連的！』

『泗水的好，泗水三連的好！』

泗水運輸團三連接受了這光榮的讚許，繼續前進。

（轉載大衆日報）

特等英雄——車勝科

無爲湯溝區楡樹鄉村幹部車勝科，當接受了參戰渡江的光榮任務之後，就興奮地一面和父親、弟弟們整理着船隻，一面又去動員鄰近船家。他不分日夜，緊張地忙着，忙着！有時連飯也忘了吃。

四月二十日的夜裏——這個中國革命史上的光輝的日子，人民解放軍開始大舉渡江了。他精神抖擻地拿着木槳等划船工具，讓渡江突擊隊的勇士們上滿了船。恰巧，他年老的父親在這時跑來看他。

『勝科！要用心，手快眼快，完成任務要緊！』父親在勉勵着兒子。

『爺！連你也不必同去啦！幫我掌舵，完成任務，我們父子都光榮！』兒子反過來在號召着父親。

當老父親已經坐到船後梢上的時候，他就用熟練的手法把槳划動起來。

風平浪靜，雙槳如飛，船像箭似的直指大江南岸。一霎時，隱約地已可看到對岸敵碉的影子。這時，英勇的戰士和船工，心情都同樣的萬分緊張起來，恨不得一口氣靠岸才好。

『噠噠噠』，南岸的敵人突然掃起機槍來，老爹不幸中彈犧牲了。一種復仇的怒火，激動着他更加緊張的動作起來，船很快的靠了岸，他用盡生平氣力，扶着梯子，幫助勇士們順利的登了岸。這才以交織着忿恨和哀痛的心情，用船上的蔴包把父親的屍體掩蓋好，然後把船划向北岸，一面把屍體搬運上岸，一面派人去把他的二弟找來：

『父親的死是光榮的！我們弟兄倆，只有繼續送大軍過江，替父親報仇。至於父親的屍體，等我們完成任務回來時再收殮。』

二十一日夜裏，他和二弟以同樣英勇的姿態，緊張的動作，繼續着參戰的工作。船到江心，遭遇到敵艦的掃射，二弟和另外一個船工都負傷了，他就拚死力把船划了回去，又把他的四弟找來，終於完成了參戰渡江的光榮任務。

他弟兄倆勝利歸來之後，他的母親和妻子已經把父親收殮，他在父親的靈柩前，沉痛地禱告說：『爺！你的孩子們已經完成任務回來了，我們把自己的部隊一船一船的送了過去，他們正在江南消滅蔣匪，替父親報仇啊……！』

（轉載皖北日報）

葉大嫂的船划在最前頭

葉大嫂四十來歲了，今天，她穿件柳條布短衫，髮髻梳得又光又亮，胸前還帶着一朶紅花。她隨着丈夫來到江岸，船上的同志們馬上樂的鼓起掌來，有的趕快把大槳遞將過去，給她當扶手。葉大嫂縱身一跳，那兩隻纏裹過的小脚，早落到船板上了。

『葉大嫂！你今天怎麼也來了？』戰士們說，葉大嫂馬上板起面孔道：『我爲什麼不該來？』

『不是不該來！今天不是操練了，回頭要打仗的。』

『扯怪，打仗就能嚇我？』

『難道你一個女人家，也要送我們到江南嗎？』

『女人家？』葉大嫂不平地說，順手奪過一根大木槳，『就憑我這個，保險爭個第一船。』

這半月以來，這一船戰士就住在她家裏，每天他們在湖泊裏練習，葉大嫂總是非常耐心地教這夥來自北方的人民英雄撑篙、撑船、划槳、拔錨等等一整套水上本領。葉大嫂自小就是個窮苦人，她爺爺說岸上種田人難當，十幾歲時就把她嫁給水上的漁戶。從此她就在大江上搖船賛飯、生兒養女，閑時就跟丈夫捕魚。三十年的水上生活，總是披着星星出去。頂着月亮回家。可是半輩子還是吃不飽、穿不暖，只記得長江那一年的風最大，那一次起的浪最高。

這次解放軍來到江邊，葉大嫂老是說着兩句話：『好啊！你們快打過長江吧，以後我這隻破船撑上蕪湖也好做買賣了。』今天聽說要渡江了，她向戰士們認眞地說：『我們要爭取第一船。』

第一次軍號吹起的時候，停在長江北岸的無數船隻，就開始拉錨、啓棚，駛向暮色蒼茫的江心。等到每隻木船升起了白色烟幕，第二次軍號響了。於是，每隻船的速度都增快起來。炮火震撼着。江面不時揚起炮彈掀起的水柱。所有木船，都不相上下地前進着。不一會，一隻白色木船划到船羣的前頭去了，跟着另一隻張起滿帆的木船趕了上去，兩隻船緊緊地並排前進着，好像比賽似的，誰也不願落後。後面的大隊木船，也以這兩隻船為競賽目標，加快前駛。但誰也趕不上他們。突然，船羣的前面，又出現了另一隻張着舊帆的木船，箭似地疾追上去。同前邊那兩隻船打了並排，轉眼間又超越過去了。『那是誰的船啊？』戰士們興奮地嚷着、辨別着，誰個說了一聲『葉大嫂的船！』江面簡直沸騰起來了：『對啊，就是葉大嫂的船，同志們！快加油啊！』

葉大嫂的木船充滿着勇氣，駛在最前面。她手裏那面木槳，就像風車似地在江水裏旋轉。她的丈夫葉義昌把着舵，嘴邊掛起微笑。全船戰士們興奮地連聲稱讚說：『葉大嫂，要得，好樣的。』正說着，後面那兩隻船又緊緊追上來了，相距只一兩尺遠。『葉大嫂快，趕快追上去！』後船的人嚷着。『葉大嫂，加油，快！』前船的人嚷着。葉大嫂滿頭是汗，上牙咬着下唇，拚命搖着那隻大木槳，同洶湧的江水搏鬥。

突然，敵人一陣炮火迎面打過來，在周圍掀起一陣陣惡浪，向着船上猛撲、猛捲。葉義昌第一次經受這樣猛烈的炮火，頓時無法自持了。船已停止前進。戰士們安慰他說：『葉老大，不要怕，炮彈落在水裏打不着人。』但是當他還沒有從癱瘓狀態恢復過來的時候，一陣炮彈又打在周圍。葉大嫂透過掀起的水柱同炮火的烟幕，向前看去，只見那兩隻船早已趕到前面，後面的船眼看也要趕上來了。葉大嫂急的把丈夫一推，抓起舵柄就往回一收，這隻船又活轉過來了，飛速的朝前駛去。妻子的勇敢使得做丈夫的也清醒過來。葉義昌連忙接過舵把，葉大嫂便抓起大木槳使勁地划。船又箭似地向前駛去，趕上前面那兩隻船了。三隻船又並排同行起來。各不相讓。

敵人炮火雖然猛烈，而這三隻船始終奮勇前進。同時帶着渡江第一船的榮譽，最先到達南岸。而葉大嫂這個光輝的名字也很快地在成千成萬的戰士中間傳開了。

（轉載大衆日報）

冒烈火搶汽油

一九四九年四月廿七日上午。國民黨反動派數架飛機飛往我南京×機場上空，施行掃射，致使我倉庫汽油、彈藥中彈起火。此時隨三十五軍服務的渤海担架一團三、四營民工，正在池塘邊分散洗衣服，他們發現機場冒起黑煙後，即自動集合起來，從十里外跑步前往搶救。到達機場時，敵機依然在上空盤旋，民工們即在濃煙烈火中，奮不顧身的先把牆拆開，將未着的汽油向外滾。在搶救中，一民工手指被油筒擠傷，仍拚命不停地在搬。後來民工們把自己的衣服脫掉，光着背膀去搶救在烈火中尚未燃着的一堆汽油，不少民工都負了輕傷。當汽油快搶救出來時，東北角的彈藥房屋頂又被敵機打着，當卽有民工二、三十人迅速跑去，把房門打開，冒煙火向外搬運彈藥，後來愈燃愈烈，房頂快被燒塌，但房內還有十多箱彈藥，此時，馬上有幾個民工冲進房去，把彈藥搬了出來。經過大家數小時的搶救，七千多筒汽油和一房彈藥，終於勝利地搶運出來了。

（轉載文前快報）

共產黨員的高貴品質

膠東牟平桂山區王家沙子村的翻身農民蔡吉元同志，是一個光榮的共產黨員。他在支援偉大的京滬杭戰役中，以崇高的政治覺悟及無比的堅忍精神，獲得了全營唯一的特等功臣的尊貴稱號。

一九四八年十二月，他自告奮勇參加了常備民工隊，到達前方之後，被編入跟隨三十一軍服務的担運團小挑營十三連二排四班，當了副班長。

渡江前夕，各連紛紛召開渡江立功誓師大會，他在十三連全體大會上首先提出立功計劃，說：『這次渡江，上級告訴我們「進軍勢如破竹」，這毫無問題是要一個勁的往前躥啊！我只有半個眼——右眼沒有瞳人，左眼又是「雀矇」，這是大家都知道的；但是我保證做到：挑的多，不掉隊，小病決不去「壓舖草」，大病也盡力堅持。一定不折不扣地完成支前任務！』過江以後，果然是急行軍追殲逃敵，民工都挑着彈藥，每夜隨軍急進百餘里；按規定長途行軍時，每個民工挑三十斤的重量，但是蔡吉元同志，眞的實踐了他的立功計劃，每次都是挑到五十多斤，加上自己的行李，足有六十多斤重；而且在泥濘的稻田路和崎嶇的山嶺上，隨軍追殲逃敵，他始終沒有掉過隊。他們到達蘇州滸墅關以後，蔡吉元同志的右肩上，忽然生了四個膿瘡，他爲了保證立功計劃的完成，沒向任何人透露一句；五月十二日夜裏，他們的行程是從吳江二斗村到嘉興鐵板橋去，這一段路程，共計一百二十華里，剛走了不遠，扁担便壓破了蔡吉元同志肩上的瘡，膿、血滲透了他的上衣，劇痛使得他有些發抖，但是他却咬緊了牙關，沒叫一聲苦；走到中途時，他確是再也堅持不下了，心裏便盤算：『怎麼辦呢？……』但是很快的，他想出了一個『辦法』，將自己的行李和衣服包統統扔掉了，這樣就減輕了一部份負重；因爲是深夜的關係，他扔掉行李和衣服時，誰也沒有知道，所以他便仍然强打着精神，裝得和沒事一樣緊跟着部隊前進。到達目的地後，天色已經大亮，才被別人發覺了。營、連、排各級幹部及本班民工都勸他以後不要挑了，但是他却頑强地說：『我出來是幹什麼的？』經過三四次的動員，他總是這樣對答，最後一次他更堅毅地說：『只要壓不倒我，我就堅決完成任務！』由於他這種崇高表現，許多幹部、民工，都深深受了感動，表示一定學習蔡吉元同志的這種忘我精神；營裏負責同志爲了表揚他，並號召全營向他看齊，特藉隊前講話的機會，將他的被膿、血沾了一大片的上衣拿給全營民工看，民工不約而同的發出了一陣敬佩的呼聲，並表示一定向他學習。在以後的幾天行軍中，果然大家都能忍受艱苦，跟上了隊伍。

五月十七日，他們開始支援上海的浦東戰鬥，第一夜，他扛了一箱頂重的砲彈到陣地上去送，箱邊又將他的肩瘡割破了，膿、血直流到他的腰上，但是他仍不向艱苦屈服，表示一定幹到底。班裏民工感動的說：『班副以後可別再扛了，我們替你去完成任務。』他急的接着就駁道：『不行！戰士比我苦的多啦！他們還都在火線上堅持呢！』經過班裏民工熱情的勸阻，他不得已才答應他們：『以後不揀頂重的就是了』。但是當第二次任務下達後，他又帶頭搶着去送，民工一看就蠭擁而出，有的因爲是脫了鞋子睡的，便落到了後面。於是從第二夜起，他那一班睡覺時都不脫鞋子了，一聽到命令就一齊往外跑；若是不用全班都去時，大家就爭得面紅耳赤，這個說：『這次我去吧！』那個便會立即反對的說：『你去了幾趟啦!?還能光你去嗎?這次應該我去！』誰也不肯在屋子裏悶住。

後幾天，蔡吉元同志肩上的瘡蔓延到背上了，班裏民工給他數了數，一共有二十多個。但是他還是不肯休養，肩不能扛，背不能負，他就把砲彈箱放在屁股上，用兩隻手托着，躬着腰，在泥濘的戰地上冒着砲火和雨水，繼續支援偉大的上海解放戰役。在將近十天的陣地運輸中，十三連二排四班在他的推動下，成了全營的模範和骨幹。

（轉載支前快報）

民工俘敵繳槍記

（一）

一九四九年四月二十四日，隨三十五軍服務的担運團五營二十連的民工行軍到達浙江下山坡村附近，遇到對面來了十五個逃敵，民工立刻團團圍住了他們，大家高聲喊：『繳槍留命』『不投降，消滅你！』同時民工中的幾根長槍，緊緊地對準了他們，敵人嚇慌了，放下槍來，兩手舉起，連忙叫着：『不要打槍，我們投降！』於是這十五個敵人乖乖的做了我們民工的俘虜。敵人的兩挺輕機就變成了該民工連中最好的武器！

第三天的拂曉，該連在駐地又發現有四五個人，鬼鬼祟祟的向南走去，五營長親自帶了幾個民工趕上前去擋住去路，那些敵人不了解是民工就問：『咱的隊伍在那裏？』民工裝成和敵人是一家人，五營長隨便回答了敵人幾句就問：『你們是那一部份的？』那幾個敵人顯得很神氣，其中有一個說：『我是八十九軍裏的團長，他是中尉副官，那位是指導員……』民工托槍對準着他們說：『好極了，舉起手來，做我們的俘虜！』這些敵人嚇得目瞪口呆，只得繳出了美式匣子槍和美式手槍。就這樣民工不費一槍一彈抓到俘虜繳到槍。

（二）

一九四九年四月二十八日隨二十七軍服務的膠東担運團牟平營隨軍到達浙江長興城以西太平橋附近，部隊及担運團大部已頭前走了，只剩下該營營部及八連的一個排在後面走。這時從南京、蕪湖等地逃跑的敵人被我解放大軍在廣德附近打得落花流水，只有少數散匪到處逃竄。下午一點鐘左右，該担運營不到六十人的行列（後面有江淮區的一部民工）順公路往東走。聽到不遠的地方斷斷續續的響着槍聲，這顯示了附近是有敵人。行軍中的民工，不了解具體情況；怎麼辦呢？領導上考慮以後決定：『繼續前進，途中遇到敵人，堅決消滅它！』於是立即組成了七八個人的戰鬥組，走在隊前，偵察情況。

該營到達太平橋北山，發現前面有一股敵人潛伏在樹林裏向外打槍。這時八連三排副張明新同志、營部通訊員劉平一、曲橋等同志不顧敵人密集的火力威脅，奮勇冲上去，大喊：『繳槍不殺，優待俘虜！』『不投降，堅決消滅！』後面全體民工一齊大呼『冲啊！捉活的，不讓他跑走一個！』文書李延平、衛生幹事李延俊二同志沒有槍，每人拿了兩個手榴彈也隨着冲上去。敵人在民工同志的猛冲和喊聲下，吓的開始動搖不敢向我們打槍了。張明新同志首先冲去，繳槍一枝。緊跟在後面的通訊員劉平一同志繳到了敵人輕機一挺，中正式步槍一枝。曲橋同志向前冲去的時候，途中碰到一個敵人，他跳了一個快步抓住了敵人背在身上的子彈袋，敵人用力掙扎，那子彈袋被曲橋同志扯下來了。敵人丟了一桿槍沒命的向前逃跑，這時後面的民工同志全部冲上來，一齊大喊：『繳槍繳槍，優待俘虜。』那羣敵人在重大壓力之下，全部跪下投降。戰戰兢兢的說着『投降……投降……繳槍……繳槍……』不到十分鐘，戰鬥卽告結束。共俘敵十三名，繳獲輕機槍一挺，湯姆式一枝，匣槍一枝，長槍三枝，子彈三百多發，馬兩匹。民工同志們抗着繳獲的槍，牽着新得的馬，滿面笑容，與高彩烈地交談着：『敵人眞熊了（孬種的意思），一觸卽潰，沒想到咱們民工也能抓俘虜』。同志們一點也不感到疲勞，唱着雄壯的勝利歌聲繼續踏上了征途。

（轉載支前快報）

覺悟

這一天行軍的方向是正南，路程有八十里。到達目的地×莊時，天已呈現了淡灰色。担架隊員們疲倦地坐在場上等管理員去找房子。

高登山忽然一眼望見莊南頭橫躺着一條比較寬闊的河流，水光亮亮的閃得他心不安。他連忙低聲問旁邊一位老大爺道：『這是條什麼河？』那大爺告訴他說是『澮河』。高登山聽不清安徽口音，聽做是『淮河』；心裏立刻波動起來了。他想：『上級再三說一定把敵人消滅在長江以北，淮河以北，怎麼現在到了淮河邊了，倘使今晚上或明天一行動，那沒有問題要過「淮河」了。』『但是，黃維兵團聽說快要消滅了，過淮河幹什麼？』他又進一步想：『勝利很快，當不住往南打下去，打到南京。』『如果打到南京，咱得抬着担架過長江』。一想到長江的時候，老高的眼前立刻浮現出層層叠叠的沂蒙山；沂蒙山裏面有着他所修的一間堂屋，一間鍋屋，一塊小場，場上有一頭向政府借了貸款買來的小牛……。

高登山的家鄉觀念嚴重地發展起來了。

× × ×

因爲村莊小，房子擠不下。高登山的一組五個人用秫稭在場上搭了一個棚，底下堆了些乾草，大家各自打開狗皮一舖，就團在上面取出黃煙袋吱吱的抽起來。一邊談談笑笑，不多時，也就倒下去呼呼睡着了。而高登山思想上有包袱，還是靜靜的躺着想他的沂蒙山。一直到二更時分，才漸漸入眠。

說也奇怪，這晚上老高恰又做了一夢，夢見和老婆孩子圍坐在炕上，中間放着一張小桌，桌上有一碗粉條炒豆腐，一碗白菜湯，一碟子辣醬，一家三口快快樂樂的吃着小米煎餅，喝着糊塗，孩子身上穿着一件新棉襖，那紅布面子還是自己出來支援濟南戰役的前幾天趕集去剪的。……

忽然，東北角一陣敵人突圍的砲聲把老高驚醒了。

他坐起來，抽上一袋黃煙，定了定神想：『剛才那夢做的逼眞。那一片安樂的光景，活像回到了家。今年生產救災以後，家裏有時的確能吃上個小米煎餅和白菜豆腐。』

老高愈想着那個味道，愈想家想的厲害，想着想着，老高猛的一骨碌爬起來，捲起狗皮，鑽出秫稭棚，直向莊外跑去，他開小差了。

× × ×

他急忙忙地才走了一里多路，雞已叫了好幾遍，天已微明，砲聲也漸漸稀少了。東北方逃出來一羣難民，扶老攜幼，趕着牲口和高登山走了一路。老高就夾在難民羣裏，只見他們個個愁眉苦臉，後面幾個婦女更是哭哭啼啼，他心裏也不大好受。

和他並肩走着的是一位老大娘，約有六十來歲，撑着一根拐杖，高登山就跟她啦起呱來。那老大娘老淚橫流地告訴了他許多悲慘的遭遇。

她說她姓汪，從家裏逃出來已兩天了，她莊是在包圍圈內，住有兩千多『中央軍』，他們死到臨頭，喪良心的事情什麼都幹了，汪大娘就給他們弄得家破人亡。她家本來有兩個兒子，大兒子三十五歲，二兒子三十歲，大媳婦已經死了，留下一個七、八歲的小男孩。二媳婦只有二十三歲，娶進門還不到一年，一家五口人種十來畝地，受國民黨敲詐壓迫，已經够苦啦。那知道這一下『中央軍』逃來，把他家裏所有糧食連地瓜在內都搶光、吃光。一頭牛和一頭驢也給宰了，房子全被拆下做工事、燒飯、烤火。

『這還不算，』汪大娘向老高哭訴着說：『我大兒去求留點東西，被他們用尖刀活生生的刺死了，二兒給他們抓了起來，換上軍裝就拉到火線上去。他們又捉住我那個小孫子的手說：「將來是個八路種。」也就給砸死了』。

『他們還蹧蹋女人……』這時她的二媳婦在後面低着頭嗚嗚地哭泣。不用說，高登山心裏也明白了。他不由得停住了脚，眼淚直淌，只管讓難民們前去了，自己却掉過頭來奔原路回去，行向他們担架隊的駐村。

× × ×

高登山正走着原路回去，忽見對面有三個人飛步趕來，他定眼一看，見是班長金傳根和同組的小陳、老趙，雙方碰面後，小陳第一個說道：『老高，你開小差，丟下担架叫咱三個人怎麼抬？』老趙說：『高登山，咱不是常說的一塊出來了，完成任務一塊兒回家，你這樣太不對了。』高登山紅着臉說：『俺是想着開小差不對，所以又拐回來。』小陳却插嘴道：『你自己拐回來的？要不是你望見咱趕上來，你早就家走了吧！』

高登山只好『賊吃一牛虧。』沒有話可講。金班長即過來說開了小陳，與老高並肩走着，一面用許多道理向他解釋：『老高，你想想，咱們出來支援了濟南戰役，接着又支援這個淮海戰役，經過了江蘇、河南、安徽三省，雖然離開家千把里地，可是咱山東老解放區的人來幫助南邊人解放過安穩日子，才是個光榮任務呢，再說吧，只有大家努力把這夥敵人消滅了，咱山東才得永遠太平。』高登山連連說着：『俺明白！俺明白！』眼淚乃不斷的滾下來。

他們回到班裏不一會，指導員就把高登山叫了去。

老高一到指導員那裏，不等問話，就傾吐他的心底話說：『指導員，俺一時思想糊塗，光想家、想老婆、孩子，怕走遠，怕艱苦，怕炮火，才開了小差。可是俺走在路上見到一羣難民，被反動派蹧蹋得眞苦，糧食搶沒了，房子燒沒了，男人有的被殺死，有的被抓去當砲灰，婦女也被强姦……』高登山十分痛苦地繼續說：『俺就想到了自己的苦，去年國民黨進攻山東，「掃蕩」咱沂蒙山區，俺家的房子也是被國民黨燒了的，糧食也搶個乾淨。還說俺父親分到八路的地，就活埋了。俺老婆也被蹧蹋……。以後弄得俺沒有飯吃，只好把十八歲閨女換了二斗糧食。』老高說到這裏，已伏在乾草上泣不成聲。指導員慢慢把他拉了起來，接着說：『咱們沂蒙山的老百姓像你這樣受國民黨罪的是很多。這下努力支援淮海戰役，正是報仇的時候啊！』

× × ×

第二天吃過了早飯，在連部的院子裏召開了一個全連民工大會。先有指導員說道：『咱今天歡迎高登山覺悟歸隊，繼續支援前線。』話罷，只見老高接着就站了起來。他把自己爲什麼開了小差，走在路上遇見難民，引起自己的苦楚，又自動回來的情形詳細說了一遍。這時會場上幾個民工也給他說得紛紛掉下淚來，高登山突然提高了喉嚨說：『兄弟爺們！俺高登山眞是瘡疤好了就忘了痛。眼前家裏過的安樂日子是那裏來的？還不虧了解放軍消滅了進攻咱沂蒙山的敵人。今年春荒，政府又救濟俺，扶助俺生產，俺家才沒有餓死，還修好了一間小堂屋。夏天收到了麥子，秋天收到了高粱、穀子，一家有了飯吃……。』

他又說：『大夥看着，從今天起，俺決不再開小差，堅決完成任務，撈不着回家過年也沒有關係，隊伍打到那裏，俺一定支援到那裏。』高登山講完後，全場個個感動。大家齊聲呼道：

『高登山的苦就是咱們的苦！』

『決心要支前報仇！』

『幫助解放軍，消滅蔣匪軍！』

就此鼓起了一片慷慨激昂的情緒，大會散了。

× × ×

晚上，高登山和其他的担架員們都自動要求去參加總攻黃維兵團。

（轉載支前快報）

徐州之夜

——記光榮復員民工夜過徐州——

一支洪流

一九四九年一月十二日晚上，月色朦朧，寬濶的淮海路上已經照射着路燈的光芒。忽然一陣陣宏壯的歡呼從淮海路的西首傳過來，漸漸地由遠而近，出現了一支四路縱隊的民工行列，無盡頭的沿着大路向東挺進。這支行列的前鋒湧到那裏，那裏就擠滿了觀衆，寬濶的馬路已充滿了擁擠不堪的人羣，僅僅能使這支四路並行的行列在路的中間通過去。他們高舉着鐵掌，振奮的歡呼着：

『人民戰爭，人民支援。』

『支前立大功，回家做模範。』

『打倒蔣介石，建立新中國。』

『毛主席萬歲！』

『朱總司令萬歲！』

『中國共產黨萬歲！』

『…………』

雄壯的隊列從人們面前無盡頭的湧過去，勝利的歡呼激發着人們沸騰的情緒與勝利的信心。不用任何的說明，大家都知道這是支援偉大淮海戰役，勝利完成任務；光榮復員的民工大隊。這一支遠征軍邁着整齊的步伐，肩着紅旗、武器、担架杆子，挑着担子、行軍鍋、食糧……在勝利的歡呼，驕矜的前進。

連續不斷的一列列的過去了，每一個列隊的前首都飄揚着光榮的紅旗。

『那裏的？同志！』觀衆們問。

『膠東的。』他們驕矜的回答着。

又是一列大的橫旗飄過來。

『那裏的？同志！』

『渤海的。』

『魯中南的。』

『…………』

這支偉大的人民力量激動得觀衆們跳躍起來，它呈現出這有歷史意義淮海戰役偉大場面的一角；它給徐州市人民帶來了淮海大勝利的歡騰鼓舞。

『勝利門』下

在中山路東首鑫記商店附近路的正中，出現了一座矗立着的燈光輝煌的松門；頂橫額寫着『勝利門』三個大字，兩旁寫着『人民戰爭，人民支援，』『完成任務，光榮復員。』毛主席和朱總司令的巨幅畫像，在耀目的燈光下，感召着每個人的勝利信心與無限的希望。這是爲歡迎勝利歸來的民工大隊特紮的松坊。

這個無盡頭的行列被歡迎者阻住了，暫時停住了脚步；各種職業的人們都擁擠上來向民工同志問長問短。

一位膠東民工告訴市民說，本來是服務兩個月，爲了爭取完全勝利又自動提出再延長兩個月，消滅了江北敵人，咱們才能永遠過太平日子。另一位民工說：『咱們回家過個勝利年，再跟着部隊打過長江去，解放全中國。』

忽然東車站的火車呼嘯了幾聲，膠東乳山縣宋學才和李錦章說：『去年在魯南復員時，還要偸偸摸摸的轉着走；今年是正大光明的坐着火車走，以後好日子都是咱們的啦。』

一位商人問宋學才：『你們在前方也聽說老蔣要求講和嗎？』

『講和！那是蔣介石的「老把戲」，人民不聽他那一套，毛主席也不會答應，就是答應老百姓也不「散」啊！』他理直氣壯的解答着：

另一位長了鬍鬚的老大爺搶着說：『我四十六歲了，按理說，我就不出工啦，爲了早早打倒蔣介石，我在村民大會上自動要求支援前綫，現在他（指蔣匪）看看完蛋了，還要耍「舊花套」，不聽他那一套，一下子打到底，咱們就永遠翻身了！』

突然，擁擠着的人們向圓場內推動起來，原來是華野某部文工團開演了勝利腰鼓，鑼鼓喧天，軍樂齊奏，娃娃劇團的小孩子們也揚起了歌聲，呼喊着歡迎的口號，樹德中學的教職員也擺成一列，持着紅旗歡迎，在各種縈迴不斷的舞蹈、歌唱、歡呼、軍樂聲中，這支民工行列又在開始向着車站挺進。

一列列武裝整齊的民工，揹着槍，帶着鋼盔，雄糾糾地向前走着，記者詢問其中的一位民工同志，才知道他們是魯中南蒼山縣（臨沂西南新設縣）的民工。董得分和劉慶若說：『軍隊打了勝仗，咱們也裝備起來啦，有了好武器，回家好好保家鄉！』在行列中多數的民工有的穿着蔣軍的上衣或袴子，有的穿着蔣軍的各式各樣的大氅，有的戴着蔣軍的帽子……一位商人看得很得味，他側着頭對另外幾個商人說：『蔣介石又把「民伕」裝配好了；看這樣子，就知道「中央軍」全被殲滅了！』後面又是看不盡的豎抗着担架杆的大隊，望去像一片林木，它表示着人民的偉大力量，克服了一切運輸的困難。

軍樂還在合着民工的步伐在後面不斷的奏着，一列列紅旗隨着步子的移動在電燈光下閃耀着。『支前模範』，『堅強的核心』，『節約歸公，行動先鋒』，『……』一面面紅旗清爽的白字吸引着人們的視線。這是他們勝利完成任務的光榮標誌。

步上『月台』

已是夜深了，民工大隊踏進了津浦東車站，火車在不斷的嚎叫着，站內一片燈光，輝煌奪目，一列列望不盡的車廂，在靜候着光榮復員支前有功的民工同志，幾隻火車頭，也在軌道上冒着濃烟來回的馳着，民工們，更加興奮起來。

在月台西邊的入口處，又是一個燦爛美麗披戴彩綢的勝利凱旋門，大隊飛速的湧上了月台，魯中南文工團在松坊的西邊高呼着口號，歡奏着軍樂，一陣陣熱烈的鼓掌，這表示了人民對民工們堅苦支援完成任務的無限尊崇與愛戴。每一個從這裏經過步上『月台』的民工同志，都裂着嘴，擺着輕捷的步子，表露着無限的光榮與驕傲。

『坐着火車回家過新年了！』一位同志對着民工說。

『辛苦啦，同志。』又一位同志說。

『有苦才有甜哪！』一位民工踏入月台的第一道台階時笑着說。

另一個民工在這歡呼、軍樂聲中，邁着步，眼望着燦爛的松門不自主的狂歡的喊出：『這滋味，眞「恣」啊！』

光榮列車

一行行的列車，在靜靜地等待着這支洪流分批的湧上車廂，這一支强大的人民力量，光榮地完成了長期支援的任務，有歷史意義的偉大淮海戰役，這支洪流在這一個光榮的戰役史上寫下了光榮的一頁，這一列列光榮的列車，載着這支光榮復員的民工很快地要和久離的家鄉相見，他們在前線是支援的英雄，回到家鄉又將是生產及各種工作的『火車頭』。

幾聲嚎叫，車頭突出了幾突濃煙，漸漸地移動得快起來，終於這幾支光榮的列車在夜幕中消逝了。

（轉載新徐日報）

光榮的凱旋

八面大旗在天空呼喇喇的迎風飄展，旗下的人們，揹着嶄新的美造槍，扛着扁担，邁着大步在路上行進。沿途的羣衆望着這浩浩蕩蕩的隊伍，驚奇的跑來爭看他們的大紅旗，旗上的大字是『支援淮海戰役著勳功』，人們明白了，這是支前歸來的民工。隨軍轉戰三千多里，歷經五個多月，完成支援淮海戰役任務的海陽担運團一營六百多民工光榮的復員了。

舊曆正月十三日，隊伍開入海陽縣境。『啊！五個月眞快，一轉眼又回來了。』他們這樣歡呼着，望着那每座像自己親人面孔一樣熟識的山峯，步伐更有力了。周圍的鄉村得了訊，人民從三里五里外跑來了，擠在路旁，在走過面前的隊伍裏找着他們的熟人，打着招呼：『辛苦啦，辛苦啦！』經過一個村莊，莊頭就敲起鑼鼓，喊起口號，迎他們進莊，又送他們到縣裏去開大會。

縣裏的歡迎大會設在小紀村，小紀村老少羣衆在吃過早飯就準備了歡迎，他們排隊等在村頭，直到太陽平西。西山頭一陣號響，第一面紅旗首先在山坡上飄搖着出現了，接着黑壓壓的人羣越過山嶺，『啊！來了！來了！』人們一陣歡呼，於是鑼鼓使勁的敲起來了，秧歌輕快的扭起來了，口號一齊喊起來了，『歡迎勝利歸來的功臣們！』……民工們老遠也喊口號回答：『我們前方立了功，回家生產做模範！』『蔣介石就完蛋，咱們大夥使勁幹！』……兒童團再也忍不住規規矩矩的站隊歡迎，早就『哄』的一聲一窩蜂的圍上去了。

民工的隊伍通過了人山人海開進莊內，縣府民政科徐科長首先代表縣府及全縣人民前往慰問。民工們住的屋子，早在兩天前就收拾好，舖了厚厚的舖草，村幹部領着一班一班的住好了，一連連部的房東還特地倒出熱炕給他們。村內婦救會員們又送來了茶水，才喝了水，又送來了洗脚水，老大娘們拿着盆子和擦脚布，把熱水端在民工身前，不住的安慰着：『燙燙脚解解乏吧，為咱大夥，你可真受累了。』洗完了脚，婦救會又要衣服縫洗。七十五歲的老婦救會員陳春生的母親，也爭着來參加慰問，老人家坐在民工身前 像對久別的兒女樣的問長道短，也要拿衣裳洗，她在黑夜裏摸着路挨門的慰問着，民工扶着她送出門口。

每個屋子裏都擠滿了人，那一桿桿的槍枝，一面面的旗幟，功臣們胸前閃亮的證章，圍滿了腰的子彈……前方帶來的一切，光輝地眩耀着所有圍觀的人們。民工們興奮地說着前方戰鬥故事：大炮，坦克，捉俘虜，繳機槍，活捉杜聿明，打死邱清泉，國民黨逼得人民逃難，蔣匪兵被困投降，……從根到梢的淮海大戰，真比全套『三國誌』『水滸傳』還引人入勝，聽的人越來越多，他們越談得起勁，忘掉了連日行軍的疲勞。後方的人們也忙着告訴去年的豐收，苞米打的强於頭兩年，地瓜刨的比前年多出一半，今年雨水合適，滿坡的麥苗『青蒿蒿』的挺旺盛，他們聽了更高興得不想睡覺了。

第二天，歡迎大會開始了。一陣陣的鑼鼓，一隊隊的秧歌，潮水樣的人羣，從村子的四面八方，大街小巷向會場湧來。老大爺們拄着拐杖，老大娘抱着孩子，人們爭着和熟識的民工握着手，笑着，說着，一隊隊的秧歌隊輪流表演，唱着新編的慰問小調，民工們聽着，看着，忍不住一陣陣的鼓掌歡笑。大會上縣府代表向民工致歡迎慰問詞，並號召大家回家後爭取生產立功，做好生產支前與擁軍工作，民工代表向大會報告了出發經過，特等功臣于全青報告出發經過，談着戰區老百姓被國民黨糟踏的情形，和前方的大勝利，最後號召大家說：『咱們回家來還要緊接着動手幹，支援咱的部隊過長江。』

為了給光榮歸來的民工同志過個豐富的正月十五慶功節，小紀村婦救會給民工磨了二千斤小麥，白天她們要參加歡迎會，就在晚上推，沒有牲口，就互助起來自己推，正月十五那天，她們又分工給民工包餃子、切麵條、做菜、炒肉。

開完會回家了，民工們自己的村頭，也早等好了歡迎的人羣，家家門口大人小孩一齊往外跑，跑上去接下了槍枝扁担和背包，婦女們攔上前去把大紅花掛在功臣的胸前，民工們忙亂的答應着，喜笑着。民工的歸來使整個村莊哄動起來了！一等功臣紀兆萬回家看看家內生產提高，囤子裏滿滿的糧食，圈裏走時買的小猪現在餵得又肥又大，村裏互助幫耕，去年還比前年多種了一畝麥子。他興奮的表示要在生產支前中再立大功。

（轉載大衆日報）

五十九面紅旗那裏來？

渤海一分區担架一團，在淮海戰役結束後，得了華東支前委員會獎予的六面紅旗。在這以前，他們早就抗着五十九面各色各樣的旗幟了，要問這麼多的旗幟那裏來的？民工們指着每一面旗就能說出一個動人而且眞實的故事。

寡婦送的旗子

三營在嘉祥縣高山村駐防的時候，才到莊，只見家家關門閉戶，村民以爲是來了『槓子隊』了，居民都很害怕。十一連王如林那一班號在一家姓高的寡婦家，但那寡婦却堅決不讓住。民工們好說歹說總算在她的前院住下來，那寡婦還是不高興的噘着嘴；那時候正逢秋收，該莊成熟的莊稼都澇在半尺深的水裏，該班十六個人就打赤脚去給她割高粱穗子，打了綑又給她在場上晒着，接着又給她把帶泥的高粱稭從地裏抗回來，一共收割了七畝高粱。那寡婦喜的給他們打酒喝，還備了好幾樣菜，民工們堅決不吃；那寡婦非常奇怪說：『世界上還有這樣的人？要是雇個人要化十五塊現洋也不跟你們做得扎實。』民工們就給她說：『我們那裏，各個村子對鰥寡孤獨都有特別照顧，所以我們出來參加打仗，到一個地方還是要幫助那個地方的孤寡老弱和貧民們。』那婦女感激而羨慕的說：『眞的嗎？這不是太好了嗎！』

自此以後，那房東對他們就完全不一樣了。本來她是很封建的，可是我們有個民工病了的時候，她親自端茶給他喝，還擀麵條送到他床前，親切的安慰他叫他不要想家。

她存有一百多斤烟葉，沒人給她賣，民工們就說：『你跟着我們去趕集，我們給你把煙挑着。』那寡婦說：『不用我去了，你們給我賣了吧！』她還求他們賣了烟葉再糴點麥子來家。民工們都照辦了，把剩下的一些錢交給她，並且細細的算賬給她聽，她感激的不肯接錢，說：『你們這樣周到，剩下的留給你們抽烟吧！』民工們一個錢也不要。她沒有辦法來表示自己的感謝，看着村裏旁人家給民工隊送旗子，她也就用了一塊紅布，精細的繡了花邊，請人寫了四個字：『感德不忘』。

眞是一幫奇怪的人

該團駐在嘉祥城西一帶整訓，領導上起先沒佈置幫助羣衆勞動；開始是四營三連在十里鋪幫助房東收割，結果全團就表揚了四營後，各連各營全都爭着給駐村的缺乏勞動力的農民幹活。一個村子的所有秋莊稼，本來淹沒在半尺深的水中，村民都愁着沒法子弄，結果三五天完全抗到場上。貧農家沒有牲口打場，民工們就三個五個用繩子拉着轆軸，有一家房東起初把兩間漏了屋頂的房子給民工住，看到民工給自己做了活，一定要他們挪到堂屋去。但民工們不但不挪，而且給房東泥屋苫草，把原來漏了的房子修得很好。房東喜的買酒買肉請他們，並且慚愧的說：『自己以前太瞎了眼，沒有看出你們這樣的善。』民工們沒吃他的酒菜，却忙着給他解釋：『這不能怪你，只怪蔣介石隊伍害的，叫你們一看見了軍隊頭皮就發麻。我們就是爲了打倒這種姦淫搶掠的隊伍才出來支前的。他是害民，我們是愛民，他是殺人，我們是救人。我們跟他自然不一樣的？』接着這人一句，那人一句就把老解放區的情形講給他聽。

十里鋪的磨是民工們給鍛的；十里鋪許多菜刀和剪刀是民工們給磨的；十里鋪的許多屋頂都已經重新泥過；地裏的菉豆、棉花是民工們去拾撮的；菜園裏的菜是民工們種的、澆的；天不明，民工們還到地裏幫助打靛。地裏的活，場上的活做完了，於是就各顯其能，有的就給房東編笊籬，有的打繩子；不會手藝的就編起組來出糞汪；營裏事務處的木工班，給村民修桌椅板凳，按門，修猪欄，農民說：『這眞是一幫能人。』本來他們請個木匠總得管他酒足飯飽，但民工們連茶也不喝一口。不但是能人，而且還是一幫奇怪的人咧！

在民工們離開十里鋪的時候，全村送給四營十多面旗子。有的寫着『助我農民』，有的寫着『全民榜樣』或『勞動模範』。在分別的時候，全村村民打鑼敲鼓送行，許多房東都戀戀不捨的送出去很遠。

學了好幾種手藝

他們走過魯西，還順便教會了魯西農民一些新的生產辦法，比如嘉祥、汶上一帶，農民揚場是用簸箕往上撒，撒得不高，盛得又不多，還得多一個人把糧食弄到簸箕裏，人也吃累。民工們就把渤海的辦法教他們：用鍁往上揚。揚得高還快。他們的這個方法，雖然仍是幾百年前祖輩流傳，但比起魯西的農民來是高明了一些。

其次魯西新解放區汶上、嘉祥的紡車很笨，輪子的柱子太稀，不結實，中間的軸搖起來不滑溜、不快。木工組親自給居民做了一些手紡車，中間添了一個轉輪，同時增加輪子上的柱子，並使它比例相等。大娘們個個叫好，說：『毛主席教育的人，心眼都巧！』

民工們在幫助房東抬糞的時候，同時還指教居民如何改造糞汪。有些房東在場活完了以後準備賣牲口，民工們又去給他解釋養牛的好處，並且告訴養了牛少負担。嘉祥、汶上一帶的人民還從他們那裏學到一個手藝，就是編苕帚。他們過去只會編一頭粗的苕帚，掃的面積不大，又不結實。民工們就給他們編了許多扇面形的苕帚，一邊還把編的辦法教給當地人。

當地農民說了這樣一句深情厚誼的話：『你們眞好，只要一拿起笤帚掃地，就想起了你們！』

二掌櫃

嘉祥縣高山村有一個做小買賣的，名叫高殿升，他的小店賣些烟捲、洋火、醬、油、鹽、茶葉之類。民工們才進莊，他就很機靈的把門上了鎖走了。因爲以前蔣匪曾搶過他的小店，他一看忽然來了這麼一幫穿着破爛衣裳的人，每個人抗着一根大棍，好像要到村裏來拾東西，或是打人哩！

民工們在他門口等着他來開門，好進去住。一直等到天黑，高殿升從旁的地方打聽這些人不搶也不打人，怪和平，他也就回來開開了門，讓民工們進去住。

民工們幫助他砍了六畝高粱，一畝穀子。他非常歡喜。有一天他要出去趕集，家裏沒人看家，他就託付民工在小店裏給他代做買賣。民工中有會記賬的，把一天收支寫得一清二楚，高殿升回來交賬。不錯分毫，後來高殿升就索性把小店託付給民工們，自己出去趕了四集。班長董數樓病了，高殿升包餃子給他吃。民工們臨走的時候，高殿升在自己店裏寫着『藏珠』的匾上，把全班的姓名村莊寫在上頭，說是留作永遠紀念。

該班民工們回憶起這段故事，笑着說：『這次出來支前，還當了一任二掌櫃！』

爲民除害

有一面小旗子上寫着『爲民除害』四個字。這旗子引出以下一段故事來：

三營在高山村住着，開頭幾天，村民總是對他們側目而視，惟有一個瘸子名叫牛在乾的對民工們有說有笑，十分親熱；教導員就開始研究他。

那瘸子好找通訊員攀談，問長問短。當全營幫助村民勞動以後，村民都敢接近我們，並且把實話也告訴我們；才知道他以前是個流氓，給還鄉團和蔣佔時期的聯保辦事處上的人有勾連，並曾給還鄉團存過一枝槍。後來又了解，他所存的槍已經交給新解放以後的區公所了。教導員研究這個人還有爭取的可能，於是派人教育他，給他宣傳寬大政策，把解放區怎麼對付敵僞人員的實際情形，舉例來教育他。牛在乾聽了也有點轉變。

營部住的房東是個老破鞋，那天來了一個人來找房東，要想住下，一看按了營部，拔腿就跑。牛在乾瘸着腿來報告：說這個人就是汶上縣的還鄉團中隊長，姓張。可是你們要小心，他帶着一支二把匣子。

民工們就很快的把他逮住了。本村村民有認識他的，說：『這人頭幾天還在前邊莊上殺過人！』附近好幾個莊的村民都很歡喜，民工們把他送到了縣公安局。

娘家的人

在打下濟南以後，民工們又拉到嘉祥山北一帶休息。那裏離上次住過的十里鋪還有十多里遠，那天正下着小雨，新區的農民見了民工，有房子也不讓他們住，民工們老老實實的在雨中站着，靜等着愛民小組逐戶去給房東打通思想後才作安排。這時候一個三十多歲的婦女歡歡喜喜的給民工們打招呼，熱情的說：『這不是在十里鋪住着的那幫好人嗎？把你們淋成這個樣子！』她親自到各鄰舍家去勸說：『讓他們住吧！咱們這兒有福才攤着他們來這兒住呢！他們是俺娘家的人。好得很！』原來她娘家是在十里鋪，經她一勸說，很快各戶都帶着笑搶着叫民工們進去住了。

民工們在濟南戰役中怪辛苦，本來決定是到這兒來休息兩天；但是民工們還是熱烈的幫助農民幹活；又是那個娘家是十里鋪的婦女出的主意，她說：『這幫人不喝酒，不吃烟，送他們紅旗他們就收下。』因此，村民們送了幾面旗子給他們。

一碗辣椒和柴票

到了蕭縣張家灣，離火線只有六里；村民們都跑光了。要做飯，沒有柴火，房東柴火有的是，但房東不在家，怎麼辦呢？後來決定在用柴火以前，把柴火稱一稱，臨走的時候把柴票留下，並叫事務處留下一封信，信上寫着：不得已用你家的柴火，我們一共燒了若干斤現在付你若干斤柴票，將來民主政府一定照數還你柴火，或頂應繳的糧草都可等語。他們把柴票和信夾在劈開的秫楷棒上，插在醒目的地方。在另一個班，發現房東家裏還有一碗吃剩的辣椒；隊員們好久沒吃到菜了，看了不禁饞的慌，經連長允許才吃了辣椒，吃完也用一個棒插着二百塊錢留在房東家裏。快出發了，發現從村外回來一個老頭，問一問是本莊人，民工隊就把柴票和吃辣椒的錢交給他，告訴他誰家多少多少斤，叫他一定要還給房東。到了天黑，逃出去的村民有些都回來了，他們在街上唧咕着：有的說丟了糧食了，丟了柴草了。那老頭就把柴票和信舉在頭上，到街上吆喝：『誰家少了柴草的，到俺這裏領柴票，還有一家吃了辣椒的，錢也在這兒呢！』所有少了東西的都來找那老頭，老頭把柴票一份一份交清楚，還找了一個識字的來唸民工們寫的那封信。

（轉載支前快報）

—103—

爆竹相送，洒淚而別

——記膠東東海民工與駐地羣衆關係——

一 戶戶掩家具，老少守燒草

天傍晚受命赴二十七軍服務的膠東東海民工，到達了目的地，各營陸續的開進指定的防地——新解放的安徽省宿東縣符離集以東幾個小莊。頓時引起了村民的一陣波動，冷淡的注視着這一羣穿便衣的担架隊，婦女們在家裏忙着掩藏鍋、碗、瓢、盆，並故意將一切東西散放着，力求使屋裏塞滿東西，小孩都跑到門前場園裏守着草垛，甚至有的沒有病也直嚷着『生疥』、『生瘫子』。各營幹部見此情景，知道有緣故，馬上佈置人調查了解，原來是前幾天海州民工在此地住時，紀律不够好，引起羣衆惡感，於是隊部馬上開會教育大家，要以良好的紀律行動來挽回影響。

二 疥也治好了

張老莊靠西頭有個老大娘，見到民工來要住她的屋，她就說：『不是不讓你們住，俺一家人都長了疥，怕着了你們。』於是民工們不得不另找地點。當這位老大娘看這幫民工給每家房東挑水、鍘草、拾糞；對老百姓的東西却一點也不要，她熱心地找了原來的那幫民工，在街上大聲的勸說：『昨日我是哄你們的，快到俺家去住吧！俺沒長什麼疥！』她將在草屋子和場屋子裏住的三連五排接到家去。

三 小羊回家

二月三日由團部開會回來，一隻失迷了方向的小羊。在半路上跟着跑進莊裏到處亂竄，我們估計這一定是從外莊跑來回不去了的，十五連張洪言便把牠送到連部，連部馬上交到營部，根據情况的分析，可能是南面幾個莊裏的，第二天卽派人去調查，失主前黃屯黃老大娘，聽到這意外的消息後驚喜萬分，反覆的囑咐跟着來領小羊的兒媳說：『到那裏好好謝謝人家，千萬別忘了這句話。』又說：『要是叫那些「國軍」別說他是拾了去的，就是攔在家裏他們也來摟去吃了。這個（指民工）還來叫咱去領，天下那有這樣好的隊伍。』

四 兩個小孩子的生命

二月九日的傍晚，後屯段德安夫婦到鄰家賭錢，撇下孩子們在家裏關着門烤火，不小心火燒到屋頂蔓延起來了，兩個大孩子趕緊跑出來，剩下的兩個小孩子被烟薰的不知東西南北，孩子的哭叫聲讓十六連炊事員王洪喜、黃培增聽見了，忙衝進屋裏將兩個小孩子從火焰中搶救出來。這時鄰莊的民工也趕來救火。十四連一排長于福桐等跳上房子，接桶潑水，全身上下溼的像水鷄一樣，有兩個民工蹬草房擦下來跌壞了腿。一陣搶救將火撲滅了，五間房子保住了三間，四鄰的大娘們，爭着送草生火給民工烤衣服，『同志！這回幸虧了你們，不的話俺這個莊也不一定保險，風刮的這麼大。』有些老年人在高聲罵着說：『兩口人都他媽的去賭錢，要不是這些同志來拚上命的幫咱孩子都會燒死的』。

失火的教訓與民工搶身搶救的影響，教育了段德安，慚愧的表示：『起下咒誓，今後再也不能賭錢啦！』

五 功德雙全

後屯李文忠家的老大娘有宿疾病，好幾年來沒治好，六連衛生員杜同志耐心的給她診斷開方，她的病漸漸好了。老大娘感激不盡，送來禮物全被謝絕了。最後她做了一面『功德雙全』的大旗，一再解釋說：『你們支前有功，給俺治病有德，功得雙全。』

六 要價少還價多

賣紅蘿蔔，房東知道不要錢民工是不吃，所以只要一百元一斤（市價是二百元左右）一連事務員想：那裏有這樣便宜的？馬上說：『這些錢太賤了』。『自家地裏長的不要緊』房東很乾脆的這樣回答了。難的事務員只得去請來村裏的幹部評個價，確定一千元買六斤。秤草的時候，羣衆常常會將草垜一指『你自己去秤吧！稱了以後告訴我個數就行啦！』

七 『民愛民』合歡晚會

六營營部的房東老佃戶段安然大爺，同閭長商議：『人家給咱幹的活老多啦！咱得開個會歡迎歡迎，人家湯水不用咱一點，我看咱做上幾支小旗，演塊小劇，表表心吧！』這舉動獲得全村的響應，並告訴六營要求民工們也準備娛樂節目。

舊曆正月十五日晚上，後牛屯村的羣衆個個臉上顯得格外喜悅，民工們更是興奮愉快，大家齊奔會場，前幕上張貼着『民愛民合歡晚會』七個大字，四周散佈着各色各樣歡迎膠東民工的標語，佈置的雖簡單，但充滿了融洽親熱的氣氛。

開會了，村民代表說：『膠東老解放區的民工同志將咱村的活都給幹啦！咱沒有別的報答，做了四個小旗表示紀念吧！』繼續是民工代表講話，他首先對村民的愛戴代表全營致謝，又指出：『我們在此給大家添了很多麻煩，我們有很多地方做的不够……』

『沒有的事！』『沒有的事！』『俺從來沒見過這樣好的担架隊！』台下羣衆的呼聲隔斷了代表的話。

獻旗了，鑼鼓齊鳴，掌聲如雷，村代表將『紀律嚴明』、『中國模範』、『功德雙全』、『榮譽永存』的四面大旗獻給六營全體民工。最後演劇助興……。

八　爆竹相送，洒淚而別

調動防區的消息被羣衆知道了，張老莊、兩半秦家及其周圍的小莊，不約而同的忙着派人到宿縣城買布，連夜做大旗，寫標語，陳公義夫婦還特別給三連二排做了一支紀念旗。

十四號的上午，不知怎的，歡笑的臉都添上眼淚，後牛屯王雲中家老大娘抓着十三連四班民工的大衣說：『您別走了，好好向上面說說吧！』眼淚不斷的滾下來，張老莊靠東門的房東都哭着送出來，一個青年拉着張志玉的手說：『你不要走吧！在俺家我管你吃的！』

二連把千多斤紅蘿蔔抬在街上，準備分散帶着，房東高低不讓，『我套上車給您送去』，『不用你，我去送』，都爭着回家套車送。

在離別會上，有的放爆竹、火鞭，各村將『勞苦功高』，『團結友愛』，『民工模範』……的各式各樣的大旗獻給各營、連，以作分別紀念。

爆竹聲中隊伍出發了，突然一個不很相識的老大爺（張老莊的）從後面追來，手裏拿着錢，眼中含着淚，在追尋他所留戀的人——在他家住的民工，送來幾個抽烟錢。

九十八面旗

由駐防到調防的十一天中，全團共幫助羣衆挑水六四二九担，抬糞九二九三抬，抬泥一七一七抬，搗糞九一三三車，送糞七四五車，鍘草一三五三二斤，拾草二七二九斤，墊（刮）欄七七五個，喂牲口三二次，磨刀剪一六四把，磨糧六三五斤，紮笤帚二六八把，編筐簍一二六個，刨地一九·五畝……榮獲各村羣衆獻給大小旗子共十八面。

（轉載支前快報）

—110—

嚮導的大襖

沂東担架團二營五連在蕭縣城經過時，夜裏找了一個嚮導：這個嚮導是在國民黨那裏敎了十二年書的一個人，不大願意給我們帶路，一路上想回去，他心裏不知在想着什麼事，把路帶錯了，到了一個莊一問，走錯了很多路，他覺着是出了亂子，這時他的大襖還蓋在傷員身上，他也沒敢拿，就偷偷溜跑了。

以後我們檢着這件大襖，就好好的給他保存着，有一天有個同志到蕭縣城去趕集，這個同志記得這家的大門，就又給他把大襖捎回去，並且宣傳了我們的政策，說了很多安慰他的話。

那個嚮導說：『眞想不到你會這樣好，一件大襖還再找着門給送回來，那天晚上我只覺是惹下大禍了，要是給國民黨那樣帶錯了路，那他一準就把我殺了。』

（轉載支前快報）

看花生

有一天，招遠担架隊五中隊，在淮海戰區肖銅縣下洪莊住，他們的王教導員去一一查看民工們的宿址。他走到一分隊一小隊的院子裏，見地上有一大堆花生，房東却不在家。這幾天正當糧、菜難搞的時候啊！王教導員皺着眉頭對分隊幹部說：『在這新區，我很担心着民工的羣衆紀律。』這話被旁邊的民工聽見了，有的就插嘴道：『教導員放心，俺一顆不會動他的。』當天晚上，一小隊的高學奎就寧願不睡覺，在院子裏站崗，他守了一會，發覺有一黑影蹲在那裏裝花生。他就大喝一聲：『那一個偷老百姓的花生！』那黑影道：『不是：是我呀！』高學奎說：『你？你也不行！』黑影又道：『我就是這裏的房東，白天躲飛機去的。』高學奎走上去，見果是一位老大爺，就笑着回來了。

第二天，那大爺捧着一堆花生送給該小隊的民工說：『你們不隨便拿，還給我看着，眞好！』民工邊謝邊辭笑道：『羣衆紀律不光是解放軍講究，咱解放軍領導下的民工也是一樣講究的。』

（轉載支前快報）

『東西滿街道，不能動絲毫！』

——記張許民工團遵守城市政紀範例——

渤海二分區張許民工團，在濟南戰役中，提出『東西滿街道，不能動絲毫』，『空手進城，空手出城』等遵守城市政紀的口號；在執行中成績良好，充分表現了解放區人民在土地改革以後政治覺悟的提高。他們認爲『拿了一個碗，再賠償一百個碗也難挽回政治影響。』在進入濟南後，他們都互相告誡：『不要破壞了共產黨、解放軍的政策紀律和名譽。』該團商河營三連一排奉命住在經二路緯一路的新市場內，商店的掌櫃爲躲避砲彈都跑光了。三班有一付担架住在東昌洋服店裏，班長劃着洋火一照，看到四周墻上掛滿了衣服，房中放着縫衣機，床上還舖着六床被子，王振升立即對大家說：『什麼東西也不要動。』這時從排裏也傳來了『休息不要解背包』的命令，大家就互相叮囑說：『我們身上有泥，不要蓋人家的被子。』大家就倒在地上睡了一夜。次日拂曉，掌櫃的回來拿被子，跨進門看見衣裳原樣未動，所有的民工都屈腿睡在地上，他驚奇的說：『天怪冷的，怎麼不蓋這些被子呢？』說着要留四床給民工蓋，民工謝絕了，並請掌櫃查查是否少東西，掌櫃趕忙說

：『被子都不動，東西那裏會少，你們担架隊也和八路軍一樣的好。』住在天慶戲院大門東北頭一個飯舖裏的是炊事班，他們做飯找不到柴火急得到處亂鑽，雖然脚下到處有被砲彈炸壞的門板，但是他們都不揀來燒，飯舖的灶頭西北角也堆着煤，大家進出十幾次沒有一個去剷上一鍬；他們冒着敵機掃射，找了幾個彈藥箱做上了飯。兩個掌櫃看着這情形齊聲說：『解放區老百姓的紀律也這樣好呀！』該團三營五連×排住萬盛街偽警察所時，內有槍械及日用物資甚多，他們馬上派人看守移交部隊。二連張開樹在十一馬路用自己的急救包給一個頭部負傷的老大娘包紮。他們在國家口附近宿營時，接受挖戰壕、地堡的任務，借羣衆鎬、鍬一百四十多張，又緊急轉移駐地到六十里地以外，用完後，副連長張玉堂同志立即帶領大家如數給羣衆送了回去，並向羣衆道歉。老大娘接着鎬、鍬歡喜的說：『沒尋思還能送回來。』戰後到飛機場附近小劉莊檢查政紀時，該莊老百姓說：『怪不得解放軍打勝仗，你看担架隊都這樣正派哩！』

（轉載大衆日報）

—113—

十八次

王延鼎是膠東子弟兵八團一營二連一排一班長，在濟南、淮海兩大戰役看俘任務中，先後拒絕了戰俘十八次收買，創立了全團遵守執行政策紀律的範例：

淮海戰役後，配合渤海俘管處去前線接受任務，在朱樓村剛從戰場上下來了大批俘虜，有一個俘虜拿着兩支鋼筆走過來給王延鼎說：『同志，我拿這個沒用，送給你，你讓我出去吧！』王延鼎當時解釋說：『我們不要你們個人的東西，你留着將來到後方學習的時候用，我也不能隨便放走你們的』。當天王延鼎出來巡崗，有一個俘虜從老百姓家換了飴餅出來，引得俘虜們都想出去換，有一個穿着軍官衣服的俘虜掏出兩塊銀元送給王延鼎說：『送給你這兩個東西，可以讓我出去嗎？』王延鼎回答說：『我不是爲了兩塊銀元出來的，你趕快回去坐下吧！』說得那個俘虜以立正的姿勢，點着頭連說：『是，是，是。』有一次駐在大劉莊，一個俘虜拿着皮鞋、手巾、線衣等要出來換東西，被老王看見了，便制止他，那個俘虜立刻要把皮鞋送給老王，又被老王拒絕了。在大劉莊南邊的一個莊裏，有一個俘虜託一個老百姓拿着三四雙高筒襪子送給老王，老王問道：『爲什麽你拿這些東西給我呢？』那個老百姓說：『有個人（指俘虜說）見你老是不要他們的東西，才託我叫我來給你送東西』。老王笑嘻嘻的說：『老大爺你是不懂得的呀！他們送東西給俺是爲了叫俺放他跑，他們還沒有受到咱的教育，若是跑了還可能繼續做壞事，所以要留下教育他。俺來看押他們也不是爲了圖他們的東西，就是爲了改造他。你趕快把東西送回去給那個人吧』！

好多貴重的東西在老王看起來都不如政策紀律寶貴，在他的影響之下，他的全班從未違犯過政策紀律。在淮海戰役中，他曾接連兩次立了三等功。

（轉載支前快報）

—116—

第三野戰軍
函謝山東等地人民支援

人民解放軍第三野戰軍在勝利渡江幷深入江南地區獲得大捷後，特致書山東、蘇北、淮海地區的人民和黨、政、軍全體人員，對他們的全力支援前線表示感謝。原書稱：此次渡江作戰所以能獲得如此偉大的勝利，是與江北各地的人民和黨、政、軍全體人員的努力支援前線分不開的。數年來，雖然各地人民在敵人的『全面進攻』，『重點進攻』，反覆『掃蕩』下，受到了極大的痛苦和損害，但在這次作戰中，無論在糧食、彈藥、器材、被服的供應上，在水陸的運輸上，都盡了最大的努力，保證了部隊的需要。特別是成千成萬的民工隨軍遠征，修路架橋，架設電話線，疏河築壩；成千成萬的船工奮不顧身地冒着敵人砲火，載運部隊過江，更在中國歷史上寫下了光輝的一頁。國民黨反動派在臨死前，必然會想盡一切辦法來作最後掙扎，我們當堅決執行毛主席、朱總司令的命令，奮勇向前，把一切敢於反抗的殘餘敵人澈底消滅。希望繼續發揚過去的光榮傳統，發展生產，加緊建設，鞏固後方，支援前線。我們將繼續以南進的勝利來答謝你們。

（轉載大衆日報）

一切為了傷員

膠東北海担運團係由棲霞、蓬萊、黃縣的翻身農民、工人、學生所組成，共一千八百餘人，自濰縣戰役即隨軍轉戰膠濟、津浦沿線：當這次『打進濟南去，活捉王耀武』的戰鬥號召下達後，他們更興奮得晝夜不息的忙碌起來。担架員們紛紛演習護理與抬運傷員、整理裝備、洗滌被褥，並用高粱稭和麥稭編成遮雨和陽光的小蓆、草簾、甚至枕頭等，上面並刻畫或繡上花紋和標語、漫畫之類，如二連四排的小蓆棚上繡着『紅旗插在濟南城上』和『王耀武被活捉』的漫畫。炊事員也忙着研究改善生活，二連炊事班怕戰鬥中買不到菜，就預先買好十一種乾菜。在『不讓傷員多受一分鐘痛苦，減人不減担架』的口號下，該團又調整了組織，二連担運員們按身體强弱自動結合起來，輕病號完全抱病工作，較重的換到伙房去工作，有三個病員自動組成釘鞋組給全連釘鞋子。五連又增添了五付担架，八連則抽出了一個班來做機動力量。機關幹部、勤雜人員、馬匹等也都組織起來運糧運草，力求不閒着一個人。

自九月十六日濟南外圍戰鬥開始，該担運團就投入了緊張的轉運任務，連續十晝夜的轉運中，每付担架平均走路七百多里。三連十天的轉運路程達八百三十里。二連在由××到××的二十四里轉運途中要經過大小山口四處，最大的須走四里路，一晝夜中就轉運了三次。七班謝金鐸組抬一重傷員，臨走時醫生囑咐須在兩個半鐘頭內趕到目的地，他們一路記着這話，過大山時路沒法走，就以兩人抱着桿，兩人往上拉，頭上的汗流到嘴裏，身上的汗透濕衣服也不休息；半途中，謝金鐸忽聽傷員喘氣『打忽隆』，急忙放下担架仔細檢查，發現有幾個凝結了的血餅堵住傷員喉嚨，他連忙幫他挖出來，待傷員氣喘通了再趕快抬起担架走，這樣一路上一連挖了三次，到了包紮所還只有一個半鐘頭。二連五班十三個人的脚都起了泡，于培祥的脚上起了十三個泡，在脚心連成一片化了膿，班長勸他休息，他說：『傷員爲咱掛了彩，咱起兩個泡就休息，怎對得起他們？』該班王仁和、王仁書兩人抬一個傷員，過大山路難走，不幸王仁書磕倒昏過去了，腿破血流；當他醒過來，忙爬近担架向傷員道歉：『對不起同志，沒磕壞你嗎？』接着又支撐起來，不顧自己的頭痛腿傷，一蹶一蹶抬着担架翻山前進，到目的地時他腿上傷處的血肉都已黏在褲子上。

担運團員們不顧砲火，爭着到前線去搶救傷員，一連自動組織到營指揮所搶救兩次，共搶救下二十三名傷員；二連四個排亦自動組織起來到東城去搶救傷員。他們對傷員的愛護更無微不至，二連二班牟鍋抬着一個重傷員，那傷員不能下來小便，他就拿了自己的碗替傷員接尿；五連九班馬增仁曾見醫生用一個管子給重傷員吸痰，途中傷員喘氣，馬增仁卽用手扒開傷員嘴，把自己的嘴咬着管子將傷員的痰吸出吐掉；九班陳恒日見傷員不能下担架大便，卽用自己的雙手去接，傷員不肯，他解釋說：『你爲俺掛了彩，俺幹這點事還不應該嗎？手洗一洗就行了。』二十二日天下雨，十二班長欒擧仁怕傷員淋着，把自己身上的夾襖脫下給傷員蓋，自己光着膀子抬。有些担運員拿自己的錢買東西給傷員吃……由於他們對傷員的愛護，傷員們大受感動，紛紛向他們表示決心：傷好歸隊後一定以多殺敵人來報答；宋耿團一連一班長並親自寫信建議爲他們立功。

同樣該担運團的炊事員同志們，在戰爭中也貢獻了自己的全部精力，七連炊事班爲了鼓舞隊員情緒，把饅頭做成了各種式樣，如石榴、桃子、柿子、老虎、兎子等，上面並揷有寫着各種口號的小旗。二連炊事員爲了不使隊員饑餓，在轉運途中分成三組，前面一組燒稀飯，中間一組設在山上燒水，後面一組設上飯店，伙房門口置有板凳和石槽，門口還寫着許多標語，如：『來來來！裏面坐，先喝水，再吃飯，燙燙脚，抽袋煙；小歇一會快去轉，小腿溜輕走的歡，看看能幹不能幹。』担架來了，炊事員馬上根據人數拿飯盛菜，隊員吃飽了，讓他們到石槽裏燙脚；爲了不使隊員吃冷飯，炊事員們創造了一口鍋可蒸六十斤饅頭的空前紀錄，蒸熟了的饅頭又放到大鍋裏去保温；因此，他們不僅能使隊員吃得飽，而且大大鼓舞了隊員們的情緒，抬起傷員來更有勁。在抽得出時間的情况下，炊事員們更去幫助轉運。

濟南戰役結束，某部評功時，全團榮立集體一等功。

（轉載大衆日報）

一雙棉鞋

清早上，滿地銀霜，冷氣眞有些刺人。張金保和另外三五個老鄉，接受了緊急任務，把幾個重傷的同志轉運到醫院去。

張金保今年差不多四十歲了，一股勁跑下三四里，氣喘喘的，滿頭豆大的汗珠子直往下滾。他並不在乎，他順眼看着担架上的傷員一動也不動，黑黝黝的臉上，已失去了紅色，由於太痛苦吧，眼角旁撮着幾條縐痕，牙齒緊緊的咬着嘴唇，他想：『這同志傷在小肚上，聽說腸子總看得見，現在哼都不哼一聲，眞是鐵打的人……』他又看到傷員同志被子斜蓋在一旁，兩隻脚露在被外，衹剩了一隻鞋子，凍得鷄皮子縐縐的……。張金保跑着跑着，突然的喊着前面抬的老鄉：『夥傢，停一停！』前面問：『幹什麼？』張金保一聲不作，彎下腰來，敏捷的脫下自己脚上的棉鞋，慢慢的、輕輕的，替傷員穿了起來。棉鞋面子是黑嗶嘰的，裏子是駱駝絨的，還是去年冬天分的地主的浮財，穿在傷員脚上不大不小，剛剛合脚。他又把被子蓋正了，傷員的膀子動了一動，感到了溫暖，微微的睜開眼，感激的說：『謝謝你！」一路的霜地上，清楚的印着張金保的光脚印，連五個脚指頭都看出來。

（轉載新華日報華中版）

脫險

一月十三日下午，從宿縣二郎廟出發的担架第二大隊，抬着在殲滅蔣匪軍李瀰兵團中負傷的×縱同志們，轉運到夾溝去；掉在大隊後頭老遠的兩付担架，是四連的第一担架組，這組總共十個人，組長陳壽貴同志是淮陰人，原來在家當村長，是共產黨員，另外民工李長慶同志也是共產黨員，他們工作一貫很積極。

下午四點鐘光景，大隊到吳山附近了。在吳山南邊不遠的山窪裏躲着二十一個蔣匪散兵，有匪八軍四十二師的，二七三師的，營的番號有十幾個。幾天前，他們從蕭縣西南祖老樓一帶逃出來的，一切都丟光了，狼狽不堪的帶有十支步槍，子彈很少，最多的一支槍只有兩排，甚至還有兩發的，當發現担運大隊過境時，他們妄想攔路搶一頓，但是不敢碰，於是就決定做『剪尾隊』了。

『拍！砰——砰！』一排槍，對着四連一組打過來，組長陳壽貴同志，眼看南面散匪迎面撲來，四周是一片曠野，沒有好藏的地方；前頭離大隊又很遠了，趕也趕不上，幸好北邊有座小山——吳山，就有李長慶領頭，兩付担架穿梭樣的跨上彎曲的山路，直朝上奔，吳萬明脚上剌裂了小孩子嘴大的口子，還不肯稍慢一步。迅速的跑進了山上一座破廟。

吳山像個饅頭，不很高。東邊陡峭，從來沒有路；再去東邊十幾丈遠，橫着一條小河。南邊和北邊，都僅有一條不常走的小路，西邊山路稍爲寬些。山頂上是一座四合頭的觀音廟，大殿比較完好，東西廂房破壞了。廟的南邊，西邊還有機槍陣地——這是過去蔣匪爲了保護南邊大路而構築的。他們一進廟便敏捷地把傷員隱蔽在大殿子東邊牆角裏，並且安慰傷員說：『同志，放心點睡吧，我們堅决保衛你們』。壽貴轉身出廟門，只看一小隊散匪，已到南山脚下，有三四個向上張望，另外，有的向東，有的向西，共有十幾個塞在西邊路上要上來；還有五個轉到北邊，陳壽貴非常着急：『怎麼辦呢？南、北、西邊都被包了，東邊又沒路下去。』又想：『上級黨說過，就是犧牲自己，總要保護傷員的安全。但是，空着兩手怎麼同敵人幹呢？』忽然發現一堆堆亂石，隨即堅决對大家說：『只有拚，才是生路，沒有武器，我們只有用石頭幹！』李長慶，周永吉等在廟裏廟外跑了幾轉，連一根棍子也沒找到，急出滿頭大汗。陳壽貴根據地形、敵情便佈置大家都到過去蔣匪挖就的單人壕裏去，老湯、老周監視南邊敵人，老李、呂榮康看守北邊，自己和田太祥等六人在西邊抵抗。

西邊敵人衝到山腰了，子彈嗚嚕嗚嚕的打來，陳壽貴他們齊用石頭塊子往下摑，乒里乓啷的落在敵人面前。周圍的碎石用光了，吳萬明隨即跳出工事，把後面的石塊源源向前搬運。不幸得很，王金樓剛舉起右手，被一顆子彈穿過洞了，鮮血直冒，他從褂上撕下布紮住以後，還是用左手摳着。這時候，散匪子彈快打完了，也拿石頭向上摳，但，向上摳是無效的。北邊樂康趕來增援了，石頭越摳越猛，散匪一個兩個的倒下去。敵人的衝鋒，就在這石塊如雨的反擊下悲慘地失敗了，三個敵人受傷。

太陽落了，刺骨的西北風越括越緊。有四個散匪不敢再進攻，冷得站不住脚，拖着空槍向南逃去了。還有十一個散匪，拿着平均祇有二三粒子彈的五六支槍，同痴猫守窩一樣，呆呆的守在山脚下。

天逐漸黑了，戰鬥也沉靜下來了。

雖然，看到敵人被打倒和逃走的共有七八個，但是，仍不敢冒險突圍。六七個人你看我，我看你，談不出什麼好辦法，陳壽貴把李長慶同志手一拉：『到東邊望望！』兩人在暗涼的月光下，走到東山頭，滿眼盡是頭二尺高的黄草，大小石頭零亂得一塌糊塗，整個東坡，十分陡僻，沒有一絲路影……『呼——呼！』一陣大風捲來，險險乎把他倆括倒，一塊石頭，被脚推動了，骨碌碌地滾下去，李長慶急智地對壽貴說：『組長，我們不好像石頭一樣滾下去嗎？』，『可以』……倆人笑嘻嘻的回來了，大家用耳語計劃了一番。

大約是半夜。個個忘了飢餓、寒冷和疲勞，忙把朱、張兩位傷員用棉被裹了起來，大家都脫下小棉襖，包好頭部，拆下担架的繩、竹竿和扁担繩子等等，分別抱在懷裏，倒下來，一直滾下去。到山脚根，又把繩、竹竿湊湊紮紮，裝成担架，輕手輕脚的把傷員抬上肩了，忽然山上響着嘶嘶聲音，好像有人追來，田太祥着急的催：『快走！』陳壽貴掉頭一望，三個黑影已經抵到後面，不由一驚，一個黑影說：『組長，我們才離開吳山的時候，敵人乒乓的打了幾槍，即佔了觀音廟！』他說完緊張地抬起担架床。

陳壽貴快走幾步向東，到河邊，一隻船也沒見；連忙脫褲下水，一步一步走到河心，腿凍得麻木了，牙齒連連打戰，走到對岸，担架也趕到河邊了，他說：『同志們，水只到……到心口，快過……快。』李長慶等九位民工，在他這樣帶頭下水的影響下，也都跨下河，把担架舉過頭頂，穩穩重重的抬過了河。

陳壽貴担架組勝利的脫險了。

第二天上午，暖和和的太陽掛上天角，兩位傷員安逸地躺在×縱醫療室裏。

陳壽貴担架組，光榮的完成了黨交給他的任務。

（轉載蘇北日報）

人民的熱愛

十一月二十日晚上，轉運我們的是山東莒南縣担架二團二營四連劉獻中班，他們將我輕輕的抬上了床，被子蓋得好好的抬到了集合場，担架將我放下，劉班長從腰內掏出一包糖對我說：『同志喫糖吧？』我很奇怪，問他們那裏來的糖？劉班長笑嘻嘻的解釋說：『是我們同志節省下來的菜金、津貼費及從家裏帶來的幾個錢，特爲給前線同志準備的一點小意思』。我聽了大受感動，不好意思喫他們的，我說：『爲人民服務流血是應該的，是我們的責任，等「來回」（下一次的意思）盡你們的好意吧。』但他們却硬給了我們，異口同聲的連說：『這也是我們的責任！』這時副班長邱萬新同志又端來了一碗放有糖的茶，叫我們幾個同志快點趁熱喝，並以很關心的話對我們說：『夜晚要走路的，免得渴』。

冷風不斷刮來，夜很冷，劉班長等二同志脫下了棉袍子蓋在老子同志身上，『同志，你冷吧，我把小棉襖給你蓋』，但我知道副班長他僅是一件小棉襖，在我堅决拒絕下，他幾次的要從身上脫下來的行動才告制止。一路他們不時的掖緊我的被子，並安慰我說：『同志，別凍着！』在休息時，不斷傳來：『同志吸烟吧？我給你點火』，使我無限感動，我很久在腦子裏快活舒暢的想着：『人民爲何這樣愛護他們的兒子——我們。』到宿營時，他們問我：

『同志，喝茶吧』，我說：『不用』，但不一會却端來一碗熱氣騰騰的茶給我，很久就想喝茶的我，很高興的接過來，一看碗內有鷄蛋還有紅糖，感動得我很久說不出話來：想了半天我只得說：『同志，你們待我們太好了！』這時在我的四周也傳來了：『同志，吸烟吧？』『快點喝吧』的聲音。

第二天，好幾個輕傷同志來看我一齊說：『抬我們的担架員同志太好了，每隻床上都有烟、有糖，床抬得穩穩的，對我們照顧太周到了、看不出他們是担架員還是看護員了！』我對他們說：『東西雖少，均是他們按時應得的菜金節省下來的，這種意思更深呀！』小鬼通訊員說：『同志，給我們是活生生的敎育，我們必須安心休養，重上前線。』大家都異口同聲的說：『對！』

（轉載支前快報）

三縱與民工

華東千萬民工在担架轉運傷員中，對傷員愛護無微不至，部隊對支前民工也親如兄弟。下面是華野三縱對待隨軍民工的一般情形：

渤海一分區第一担架團，隨華野三縱服務八個月，他們經常在砲火中竄來竄去，在敵機狂炸掃射之下，參加火線搶救，竟無一犧牲。（八個月來只有一人受傷，二人生急病而亡故。）主要的原因，除幹部領導堅强，黨的核心作用，羣衆覺悟高以外，三縱對該團的照顧和關切，眞是到了如漆如膠的地步，也是一個重大因素。三縱某師專門派人給該團進行防空防砲的敎育，並實際指導如何挖防空壕；一到駐地，部隊便檢査民工們的防空設備。民工參加火線搶救，在拂曉的時候部隊卽讓民工撤到戰場後邊若干里。

有幾次部隊和民工同時駐一個村莊，部隊卽讓出房子給民工住，自己用秫稭在露天搭篷子睡，前方做飯，鍋很難找，部隊總是讓民工先做好飯。部隊看到民工身上衣裳都破得不能穿了，有的民工露出脊樑來，三縱敎導團的戰士們自動交出多餘的褂子來接濟他們，一個民工營就分到了三十來件。當天冷的時候，民工還沒有棉衣，該縱又將戰場所繳獲的棉衣單衣一千多件發給該民工團；炮兵團民運股的王紹英和胡述廷兩同志經常到民工連隊去問寒問暖，民工中一有病號，部隊衞生所馬上來人負責診治。有一次宋再全有了急病，怪危險，王紹英同志親自跑來問候三趟，並且找了醫生給打針，很快就治好了。二四大隊張隊長，經常來問民工有房子住嗎？糧食够嗎？一直看着民工把房子安排好了，他才走。二三大隊則專門派人負責給民工籌給養，因爲民工在前方籌糧食常常籌不到；這樣，有了部隊的幫助該團民工從沒有斷頓。行軍的時候，一條路上總是四五路人馬並行，而部隊總是把好的一股留給民工走。三縱是上下一致熱烈的照顧民工，完全沒有單純使用觀點。

三縱爲了更密切的與民工聯系，並加强對民工的領導，專門指派民運股長至該團任副政委，並派了三位同志至民工營任副教導員。民工的英勇事蹟在該縱麓水報上經常登載。八個月之中，三縱及時的幫助了該團評功，獎功，計兗州戰役後一次，濟南戰役後一次，淮海戰役後一次。每次獎功，縱隊方面總是拿出很多東西獎給功臣們。第一次獎功，每個一等功即獎被單一條，手巾一條，襪子一雙，還有獎旗。使初上戰場的民工眞正認識立功的光榮，打下民工們爭取立功高潮的基礎。

民工五營跟着砲兵團執行任務。砲兵團寫了挑戰書給民工們，民工們先開了黨員大會討論挑戰條件，又召開全體會通過挑戰條件。競賽條件共四條：（一）服從命令聽指揮；（二）愛護傷員如兄弟，堅決不丟傷員；（三）空手進城，空手出城；（四）保證不逃亡，不減員，作到五快三不走。（五快：集合快，行軍快，吃飯快，上下担架快，執行命令快；三不走：不打滿水缸不走，不打掃乾淨不走，不做好宣傳不走。）民工們一致對敎導員說：『這些條件保證能做到，你放心去應戰，反正不能丟人。』

後來炮兵團專派人來經常檢查民工們執行的情形，民工也派出愛民小組去檢查炮兵團執行條件的情形。砲兵團和民工們雙方都提高了紀律性和積極性。

民工們在講到他們自己的功蹟的時候，總要把三縱待他們怎麼怎麼好的事實說一說，並且說：『三縱待咱那麼好，許多人想開小差也不開了，開了就太對不起主力軍了。』他們異口同聲的讚揚三縱：『眞是的，從前是在家靠父母，出外靠朋友；我們這次是在家靠父母，出外靠三縱咧！』

（轉載支前快報）